Wolf-Dieter Raftopoulo

Kulturführer Steigerwald

Dokumentation einer alten Kulturlandschaft

J.H. Röll

Umschlagbild Titel: Schloß Schwarzenberg über Scheinfeld
Rechte Reihe (von oben nach unten): „Huscher-Epitaph" in Abtswind,
Würzburger Tor in Uffenheim, Marienaltar von Kleinweisach
Mittlere Reihe: Burgruine Stollberg, Kirchenburg Altheim
Links: Löffelkreuz von Lülsfeld

Die Deutsche Bibliothek – CIP-Einheitsaufnahme

Raftopoulo, Wolf-Dieter:
Kulturführer Steigerwald
Dokumentation einer alten Kulturlandschaft / Wolf-Dieter Raftopoulo –
Dettelbach: Röll 2003
ISBN 3-89754-220-X

Gedruckt auf chlorfreiem, alterungsbeständigem Papier.
Fotografien, Layout, Satz, Grafik und Umschlaggestaltung:
Wolf-Dieter Raftopoulo
Druck: CityDruck GmbH, Würzburg
Gesamtherstellung: Verlag Röll

Printed in Germany

ISBN 3-89754-220-X

Inhalt

Geleitwort des Verfassers

Schon früh lernte ich die Schönheiten des Würzburg nahen Steigerwalds kennen, wenn auch zur damaligen Zeit die Interessen weniger breit gefächert waren. In Erinnerung blieben mir aber archaisch wirkende Steinkreuze und die Burgruinen, die, wenn sie auch nicht so spektakulär wirkten, doch ihren ganz eigenen Reiz hatten. Die Heimeligkeit in den fränkischen Ortschaften hält noch immer an, wenn auch leider durch Neusiedlungen am Ortsrand oft wenig typisch fränkisch anmutend. Erst in den letzten sechs Jahren verdichtete sich das Interesse an der fränkischen Heimat, besonders an dem Steigerwald, so zwischen der Trias der schönen, fränkischen Städte (Würzburg, Bamberg und Nürnberg) gelegen. Geboren wurde die Idee einen Steigerwald-Kulturführer zu verfassen erst durch die Begeisterung an mittelalterlichen Burgen und Schlössern - also einen Führer - objektbezogen - über den Steigerwald und sein Vorland zusammenzustellen. Bei den ersten Exkursionen wuchs das Interesse, sich mit Ortsgeschichten und anderen profanen, sakralen Bauten auseinanderzusetzen. Das Potential dieser fränkischen, regional typischen Baudenkmäler ist für diesen kleinen Raum recht groß und vermag in jedem Falle mit den typisch bayerischen Regionen mitzuhalten, wollte man Kulturlandschaften vergleichen. Die Schätze des Steigerwald finden sich auch abseits der großen Straßen, die ihn durchqueren, beeindrucken durch ihre vielseitige Offenbarung und Kunstgeschichte. Beim Durchstöbern des vorliegenden Materials wird der Leser regional Bedeutsames wie kulturgeschichtlich Uberregionales antreffen und den Weg hierhin ohne Mühe finden. Franken als Land der Gaumenfreuden und Gastlichkeit ist ja bekannt, so wird sicher der Tourist sich hier wohlfühlen und durchaus Erstaunliches entdecken und nach gewisser Zeit wiederentdecken.

Wie schon in meiner Zeit der Nachforschungen und Exkursionen mußte ich sporadisch feststellen, daß sich aus vielerlei Gründen die Kunstgegenstände in Kirchen und anderen Gebäuden oft an anderen Stellen befanden und oft auch unterschiedlich beschrieben worden waren. Sicherlich wird der Leser auch auf Veränderungen stoßen, die in dieser Ausgabe freilich noch nicht berücksichtigt werden konnten.

Im weiteren Sinne fiel es mir auch schwer die gesamten, seitenfüllenden Informationen in diesen Umfang zu bringen, so daß ich gezwungen war manche Informationen vorneweg zu streichen. Die Ortsgeschichten erscheinen so lückenhaft - halte man sich aber doch bitte vor Augen, daß sich die historischen Abläufe oft auch gleichen. Dennoch war ich bemüht prägnante Abrisse als Bestand zu integrieren. Die Bewohner mancher Gemeinde werden es mir sicher verzeihen können, wenn ich nicht „ihre" Gemeinde so ausführlich wie andere beschrieben habe.

Ebenso erging es mir bei der Bildauswahl, die gesamten Bilddaten aus meinem Archiv konnte ich unmöglich miteinbringen. Der tausendschöne Steigerwald „muß" also anhand der Beschreibungen besucht und erkundet werden. Und der Interessierte wird es bestimmt nicht bereuen.

Für die speziellen Freunde mittelalterlicher Objekte (Burgen, Figuren, Schnitzaltäre, Flurdenkmäler, Wehrkirchen usw.) habe ich eigens Register angefügt, so daß eine gezielte Suche nach diesen Objekten leichter fällt.

Es hat mich erstaunt, daß über diese kultur- und kunstgeschichtlich bedeutsame Region Frankens in den letzten Jahrzehnten keine überarbeiteten Führer herausgegeben wurden. Ein Gesamtführer liegt mehr als 40 Jahre zurück. Wenn sicherlich auch bei der Abgrenzung des behandelten Raumes unterschiedliche Meinungen auftreten würden – wie auch schon in den Kultur-Führern vor dem meinigen angedeutet.

Zur Handhabung des Führers sei gesagt, daß sie nach einem einfachen Suchsystem funktioniert: Den Gemeinden sind Ortsteile untergeordnet, im Anhang findet sich das Ortsregister, fett gedruckte Ortsnamen nennen die Gemeinde, die als eigenes Kapitel im Führer zu erblättern ist, normal gedruckte sind Ortsteile, die auf der ebenfalls angegebenen Seite auffindbar sind. Will man zwecks Übersicht und zum Vergleich den Ort schnell auffinden, so muß man lediglich die Koordinaten auf den Kartenseiten nach dem Ortsnamen ablesen. Z. B. „Rauhenebrach K 368/B6: Kartenseite 368, Buchstabe B, Ziffer 6.

Dem Ortsnamen folgt unmittelbar die Angabe des Landkreises, die Wegbeschreibung, von einer Anreise auf der Autobahn ausgehend, eine Auflistung der Sehenswürdigkeiten in genannten Objekten und die der Ortsteile mit den in Klammern stehenden Sehenswürdigkeiten. Im Fließtext des Hauptortes wird deutlich in Ortsgeschichte, Sehenswürdigkeiten untergliedert, die Details werden fett herausgestellt. Die Ortsteile folgen als abgetrenntes Kapitel, wobei hier auch die Reihenfolge Geschichte und Sehenswürdigkeiten eingehalten ist.

Eine gute Fahrt und schönen Aufenthalt wünscht Ihnen
Wolf-Dieter Raftopoulo

Kontakt email: wdraftopoulo@t-online.de · www.woelfflin.de

Der Steigerwald in urkundlichen Erwähnungen

DEUTUNGEN UND ÜBERLIEFERUNGEN

Um die Namensherkunft des Steigerwaldes zu erklären sollte man sich mit der Begehung des alten Mittelgebirges auseinandersetzen. Tatsächlich scheint der Name vom Wort „Steige, steigen" herleitbar zu sein. Die alten Wege führten als „Steigen" vom flachen Vorland in das Gebirge, mäßig steil bergan. Der Ort Breitbach am westlichen Naturparkrand führte früher noch den Beinamen „unter dem Steig".

Weg„steige"

So erscheint auch im Jahre 1151 die erste Nennung des Steigerwaldes in einer königlichen Urkunde, die sich auf ein Waldgebiet bei Oberschwarzach bezieht. Möglicherweise wurde später - mit dem langsamen Vergessen alter Gaunamen jene sogenannte Berg- und Waldumgebung auf die gesamte Berglandschaft übertragen.

Erste Nennung 12. Jh.

1152 ist ein Gütertausch zwischen König Konrad III. und dem Kloster Ebrach (Abgesandte des ersten Abtes Adam) in einer Urkunde Papst Eugens bestätigt worden. Hierbei wurde die Region erneut erwähnt. Indirekt zutreffender erscheint uns da dann auch die mittelalterliche Nennung „sylva ardua" (steilansteigender Wald) gegenüber dem mystifizierenden „sylva styga", (unterweltlicher Wald). Anhand der besonders am Westrand dieses sich von Norden nach Süden erstreckenden Gebirges, auf hohen Bergen erhebenden Burgen kann man die Beschreibung *„sylva steigerwalt alias castlwalt"* nachvollziehen. Also ein *Wald der Castelle*, die an allen Gebirgsseiten und im Gebirge selbst sichtbar waren.

Erscheinung und Gestalt des Steigerwaldes

GEOGRAPHISCH, GEOMORPHOLOGISCH, GEOLOGISCH

Die nach Westen sichtlich abfallende Steilstufe des Steigerwalds gehört zu den markantesten Schichtstufen im süddeutschen Raum. Zwischen Vorland und Stufenrand herrscht ein relativer Höhenunterschied von 200 - 250 m vor.

Aus der Luft besehen erscheint uns das alte Mittelgebirge zwischen 49°35' und 50° nördlicher Breite als ein grüner Rechen, dessen Querholz sich von Nord nach Süd erstreckt und dessen Zahnung östlich durch die Rodungsinseln der Ebrachflüsse und der Aurach gebildet wird. Bevor wir den Steigerwald näher kennenlernen, dienen einige

Sätze als Einleitung zu seiner prägnanten Erscheinungsbeschreibung: Westlich ist das weitere Vorland des Volkacher Beckens durch den Main begrenzt. Nördlich schlängelte sich der nun recht begradigte Main durch jenes Mittelgebirge, das durch die Haßberge und den Steigerwald zusammengesetzt, aber durch den Main zersägt scheint. Östlich kreuzen sich Main- und Regnitzfluß bei Bamberg. Letzterer bildet die Grenze des grob rechteckigen Groß-Areals, mit dem in älterer Literatur als Steigerwaldvorland - dem alten Radenzgau bezeichneten Kulturraumes. Weiter südlich folgen nun die Städte Fürth, Erlangen und Nürnberg. Der nahe, südöstlich des Steigerwald gelegene Naturpark und Höhenzug der Frankenhöhe wird durch das Aischtal als Grenze angesehen. Hier wird auch offensichtlich, daß man die Weiherlandschaft des Landes zwischen Steigerwald und Regnitz unmöglich als eine zum Kulturraum Steigerwald zählende Region beschreiben kann. Ebenso erscheint es unsinnig, die weiten Mainterrassen im Westen gegen den Main als Steigerwald zu beschreiben. Die Naturparkgrenzen folgen dem eigentlichen Kulturraum und lassen somit eine Mitaufnahme des näheren Vorlandes zu. Nordwestlich erscheint uns der verbliebene Waldbestand größer als im landwirtschaftlich stark genutzten Süden. Deutlich ist die West-Ostabdachung des Gebirges mit den nach Osten abfließenden Gewässern (Im Norden zur Regnitz hin die Ebrachflüsse, Aurach, Weisach...) , im Südosten die Ehe, Bibart, die zum Aischgrunde fließen. Hier sind es die fränkischen Triasschichten, die den Wald im Westen auf ihren Höhen tragen, und die gen Osten und Südosten mäßig abfallen, so daß der Steigerwald im Osten hin entwässert zu sein scheint. Nördlichster Fluß ist die bei Neuschleichach, am Euerberg ans Tageslicht tretende Aurach, weiter südlich durch die Höhenzüge getrennt, die bei der Vollburg quellende Rauhe Ebrach, die sich außerhalb des Naturparks bei Grasmannsdorf mit der Mittleren Ebrach - von den Gressingen-Orten kommend vereinigt und bei Pettstadt in die Regnitz mündet. Die Reiche Ebrach wird durch zwei Bäche von Grafenneuses und Ebersbrunn kommend gebildet und mündet bei Hirschaid in die Regnitz. Weiter südöstlich findet der Ehefluß, als südlicher Grenzfluß, von Herbolzheim kommend die Mündung bei Diespeck. Steinbach und Kleine Weisach finden im Mittleren Steigerwald den Aischzufluß. Westlich und südwestlich orientieren sich wenige Flüßchen, wie die Breit, die Volkach und Schwarzach, fließen aber auffälligerweise dem Maintal zu. Die bei Neuhausen entspringende Volkach durchfließt westlich den Gerolzhofener Gau und mündet bei dem Städtchen Volkach in den Main. Südlich quellt die Schwarzach im Handthal hervor, durchfließt ebenfalls den Gau bei Gerolzhofen, mündet aber bei Stadtschwarzach in den Mainfluß. Im Südwesten ist es das Breitflüßchen, das von Nenzenheim kommend die Iphöfer Bucht durchfließt und im Ort Marktbreit, in unmittelbarer Nähe vom Steigerwald-Gebirge, dem Main zufließt.

Gebirgsabdachung nach Osten

Betrachtet man den Steigerwald aus gewisser Entfernung von seinem Vorland aus, so wird deutlich, daß dessen schönste Schauseiten im

Westen (nördlich bei Gerolzhofen mit dem Zabelstein, der Vollburg und den Knetzbergen, südlich dem Murrleinsnest), von Kitzingen kommend mit dem Schwanberg beginnen und liegen. Imponierend stellt sich im Südwesten, nach einer Art breiten Mulde, der Bullenheimer Berg dar. Weiter östlich dann der Hohenlandsberg als südöstlicher Eckpfeiler. Deutlich scheint das Gebirge gen Osten einzusinken, wenn es auch an der Südostecke zum Gollachgau hin mit dem Wildberg, Schloßberg sich noch einmal aufzubäumen scheint. Dem Aischtal zu schwinden die Höhen, scheinen eingesunken zu sein. Die weiten, landwirtschaftlich genutzten Rodungsflächen westlich des Aischgrundes verdeutlichen gering ansteigende Höhen. Die höchsten Berge im Nordwesten sind der Euerberg und der Zabelstein (489 m), wobei der Zabelstein durch seine Randlage dies besser vermitteln kann. So bilden auch die Knetzberge mit dem Großen Knetzberg eine sichtbare Höhe von 488 m. Im Mittleren Steigerwaldbereich sind es Höhen um die 400 m. Der sagenumwobene, breit dahingelagerte Schwanberg mit seiner Hochfläche ist noch 472 m hoch. Die höchsten Berge im Südwesten sind trotz des formschönen Bullenheimer Berges mit dem Tannenberg, der 489 m hohe Hohenlandsberg und der Scheinberg. Das sich östich anschließende Gebirge zeigt noch mit dem Zeugenberg Wildberg Höhen um die 400 m. Bis auf die genannten formschönen Berge wie der kegelförmige Hohenlandsberg, der vielspornige Bullenheimer Berg und der steilkegelige Wildberg, zeigen sich die übrigen Steigerwaldhöhen am Rande als stufig ansteigende Höhen, im Steigerwaldinnern als langgestreckte Ketten.

Nördliches Gebirge

Während im Norden die weiten Hochflächen und ansteigenden Höhen das Landschaftsbild durch eng eingeschnittene Täler und Gründe (Böhlgrund) beherrschen, erscheint uns die Region im mittleren Teil als ein lebendiger Wechsel von Riedelfächen und weiten, muldenförmigen Tälern. Die Flußtäler verlaufen meist paralell zueinander und fließen alle Richtung Osten ab. Die Hochflächen tragen meist noch Waldbestand, aber am Stufenrand beginnt ein Wechselspiel von Wald- und Ackerland. Dieser typische Keuperlandtalcharakter bildet einen krassen Gegensatz zu den am Stufenrand entspringenden Bächen, die durch schluchtartige Einrisse (Westabfall – Sambach) dem flachen Maintalgrund zustürzen, hier aber zum Main hin sichtlich träger fließen.

Südliches Gebirge

Der südliche Steigerwald wird durch breite Talmulden gekennzeichnet, die Berge stellen sich mehr als aus dem Grund ragende Hügelketten dar. Auffallend sind jedoch die Zeugen- und Halbzeugenberge, die weit nach Westen in das Vorland ragen und breite Talpforten bilden. Schönstes Zeugenbergpaar scheint hierbei der kuppelförmige Tannenberg gegenüber dem sargdeckelähnlich aufgebauten Bullenheimer Berg zu sein. Halbzeugenberge wie der Schein- oder Iffigheimer Berg sind durch Pässe miteinander verbunden und bilden natürliche Wälle zwischen der Iphöfer und Windsheimer Bucht.

Das Vorland

Die Steigerwaldvorgelände der mainfränkischen Platte werden durch zwei Landschaftsbilder geprägt. Hierbei steht die Hellmitzheimer

Bucht als fruchtbare Gäulandschaft im Süden dem Schwanbergvorland mit Wiesen und Ackerland im Norden gegenüber. Die Hellmitzheimer Bucht zeigt sich als leichtwellige Muschelkalk-Lettenkeuperebene mit Lößbedeckung. Flüßchen, wie der Breitbach haben sich hier tief in die Muschelkalke eingefressen. Das Ackerland des Schwanbergvorlandes erscheint hügelig und zum Beispiel östlich von Iphofen tun sich Flugsandfelder auf.
Die Windsheimer Bucht lagert sich weit in das Keuperbergland ein und bildet mit dem Aischfluß eine natürliche Abgrenzung zum Frankenhöhe-Bergland.

DIE FRÄNKISCHE URLANDSCHAFT

Im sogenannten Erdmittelalter entstand vor etwa 180 Millionen Jahren, während der „Germanischen Trias" die fränkische Urlandschaft. In dieser Zeit gab es Großreptilien, erste Säugetiere, die Flora wurde durch Farne und Schachtelhalme mitbestimmt.
In dem Zeitraum großer und bedeutender Überschwemmungen – dem quartären Diluvium – lagerte der Urmain große Schottermassen ab. Durch die sinkende Jahresmitteltemperatur herrschten in der damaligen Region eiszeitliche Zustände, es gab aber keine Vereisungen, die die Landschaft in eine tundraähnliche Moos- und Flechtensteppe verwandelten. Flugsande und Lehmmassen wurden neben den erwähnten Schottermassen angehäuft. Hierauf folgte das Alluvium, mit erneuten Anschwemmungen im Norden und Osten. Später entstanden fruchtbare Täler wie das der Reichen Ebrach oder das der Aisch. Absterbende Pflanzen erzeugten die im Nordwesten lange noch vorherrschenden Moorgründe.

Keupergebirge

Der Steigerwald wird auch als ein *Keupergebirge* bezeichnet und hierbei ist das Wort „Keuper" oder *„Keiper"* ein fränkisches Wort, das im volkstümlichen Sinne, einen gewachsenen, ungemischten, noch nicht in Ackererde umgebildeten Lehm – eine zähe Lette darstellt.
Hierbei wird auch die Beurteilung des „Keupermenschen" – als Steigerwälder erklärbarer. So ist der Keuper die Hauptschicht des Trias und zeigt mit der Gestalt der heutigen Region einen urzeitlichen Kampf zwischen Wasser und Land, der die Aussüßung der Region durch die Anhebung des Meeresbodens und den damit hereinströmenden Salzwassern der See verursachten. Jene erwirkten also eine Versalzung, die ein Überleben von Tieren wenig förderte, weswegen im Steigerwald keine spektakulären Fossilien gefunden werden können. Man sollte sich die urzeitliche Region durch die vor- und zurückweichende Küstenlinie einer offenen Küstensee als eine Art Landplatte mit deltaartigen Einmündungen vorstellen. Mit der Versalzung des Keupermeeeres wurden die Gipskeuperschichten gebildet, die durch die bunten Mergellager (Mergel = kalkhaltige Tone) auffällig in Erscheinung treten.

In der mittleren Muschelkalkzeit versiegten aufgrund klimatischer Verschiebungen Flüsse und die große, flache Salzsee. Durch die Austrocknung der See entstand ein riesiges Salzsteinlager, das man unter dem gesamten Steigerwald vermutet. So gehen manche der ehemaligen und noch existierenden Wildbäder (ältestes das Wildbad zu Haßfurt, im 15. Jh. erwähnt, neben dem Wildbad zu Castell) und Heilquellen (Sol- und Mineralbad Windsheim mit Bitterwasserquellen, Salzquelle) zurück und zeigen die aus den Verwerfungsspalten austretenden Quellen auf.

Wildbäder und Quellen

Die „Steigen" genannten, noch gut sichtbaren Schichtstufen des Mittelgebirges verdeutlichen also einen Wechsel einer Landschaft zwischen Meer, Lagune und Sümpfen. Die Sandmassen der Sand- und Sumpfwüsten wurden durch vorzeitliche Flüsse transportiert und zu

Bergen aufgehäuft. Durch die natürliche Ablagerung kam es zu den Schichtbildungen des Muschelkalks im Mainbereich, den Keuper- und Buntsandsteinschichten im Steigerwald, die durch Wind- und Wassererosion weiter modelliert worden waren und heute noch hiervon betroffen sind. Die Weinlagen wachsen entlang der Schilfsandsteinkante auf deutlich herauspräparierten Terrassen (etwa halber Berghöhe) und bilden hierbei meist die Grenze zum Wald. Als Bodenschatz des Steigerwald wird hierbei der Gips angesehen.
Dreischichtig stellt sich der Keuper dar: Der sogenannte Kohlenkeuper verweist auf die urzeitliche Pflanzenwelt, der Lettenschiefer ist als schwerer, aber fruchtbarer Boden bekannt, die gelben Grenzdolomite (Kalke) schlossen nach oben hin den Kohlekeuper ab und wurden als Baumaterial (grünlich bis gelbgrau) für Häuser und Kirchen gern verwendet.
Die Urflüsse schwemmten große Mengen Sand ins Landesinnere, der heute zu Blasen- oder Plattensandstein ausgebildet, auf den obersten Bergschichten ruht. (Die Blasen rühren von der löchrigen Oberflächenbeschaffenheit her, aus der Tongallen herauserodiert worden waren. Der Sandstein bedeckt weite Teile des westlichen Steigerwaldes und schließt die wasserstauenden Lettenschieferschichten unter ihm ab. Hieraus sprudeln dann zahlreiche süße Quellen. Neben dem Eltmanner Sandstein gibt es den sogenannten Kellersandstein, volkstümlich auch Burg- oder Stubensandstein genannt. Das vorstehende Wort „Keller" zeigt die Nutzung als der in den Felsen geschlagene Bierkeller des östlichen Steigerwalds. Andererseits wurde der Stein auch klein gemahlen und zum Stuben-Ausstreuen am Wochenende von Bauern und Bürgern benutzt und erklärt somit den Begriff Stubensandstein.

Kulturgeschichte im Steigerwald und seinem nahen Vorland

DER STEIGERWALD IM LAUF DER GESCHICHTE

Altsteinzeit
600.000 - 10.000
Jahre vor unserer
Zeitrechnung

Das Maintal wurde wohl schon zur Altsteinzeit (Paläolithicum) von Menschen aufgesucht. Allerdings haben sich bisher lediglich an einer Stelle des heutigen Steigerwaldraumes eindeutig altsteinzeitliche Funde machen lassen. So erregte der Fund eines Acheul-Keils bei Oberschwappach neben dem größten „unterfränkischen" Faustkeil- und Schaberfundgebiet aus der Jungsteinzeit Aufsehen. Tatsächlich handelt es sich um Funde, die ab 100.000 v. Chr. Werkzeug gewesen sein könnten. Im oberen Aischtal will man Spuren einer mittelsteinzeitlichen Siedlung (Tardenoisien) nachgewiesen haben. Das Maingebiet scheint schon wenig vor und doch zu dieser Zeit „Treffpunkt“ von Siedlern aus West und Ost gewesen zu sein. Etwa um 4.000 v. Chr., also am Übergang zur Jungsteinzeit, wissen wir von seßhaft gewordenen, frühen Ackerbauern, die auch Tiere domestizierten und erste Brandrodungen anstellten.

Funde aus der Jungsteinzeit, dem Neolithicum mit der Michelsberger und Altheimer Kultur, sind uns beispielsweise auf dem Schwanberg oder wie schon erwähnt bei Oberschwappach erhalten geblieben.

Jungsteinzeit
5.500 - 1.800 Jahre

Mehr und mehr Siedlungen entstanden im Maingebiet, die Bronzezeit (1.800 - 1.200 v. Chr.) hinterließ deutlichere Spuren im behandelten Raum. So sollen die Illyrer als Urnenfelder-Leute (in Erdschächte eingelassene Urnen mit der Asche der Toten, (keine bestätigenden Funde) sich als indogermanische Besiedler sich mit später hinzukommenen Kelten vermischt haben und auf dem Hohenlandsberg eine Befestigung gehabt haben. Mit Beginn der Urnenfelderzeit (ca. 1.200 v. Chr.) und der Hallstattzeit (ca. 700 - 450 v. Chr.) und der darauffolgenden Latènezeit (ab 450 v. Chr.), häufen sich die Funde von Geräten, Werkzeugen und Waffen auf entdeckten oppidalen Befestigungen (wie auf dem Schwanberg, Großen und Kleinen Knetzberg, der Vollburg und dem Bullenheimer Berg). So konnten auch Nekropolen in Form von Hügelgräbern im Südwesten des Steigerwald nachgewiesen werdem, die noch heute als verflachte Hügelchen selbst im Innern des Steigerwald zu finden sind und eine verstärkte Rodungsarbeit annehmen lassen. Keltische Viereckschanzen (Bimbach) deuten auch jene Besiedlung um 400 v. Chr an. So könnten die Flußnamen Aisch und auch das „iffig“ vom illyrischen *„ep“* = Pferd, Roß stammen und verdeutlichen unter Umständen die Siedlungsvorstöße ins Gebirge vom Maintal aus.

Bronzezeit

Germanische Stämme der Markomannen und germanischen Burgunder hinterließen bisher keine entdeckbaren Spuren im Gebiet, wenn man auch annehmen muß, daß sich die Markomannen bis zu ihrer Wanderung nach Böhmen im Maingebiet aufgehalten haben könnten. Bekannt ist, daß Elbgermanen im 6. und 7. Jh. n. Christus auf die hier im Maingebiet siedelnden keltischen Stämme trafen. Die Elbgermanen rückten mainaufwärts vor, wobei die mainkeltischen Befestigungen nacheinander zerstört worden sein könnten. Die Mainsueben könnten sich um Oberschwappach niedergelassen haben, wie sprachliche Wurzeln aufzeigen könnten. Die Burgunder wanderten im 3. - 5. Jh. mainabwärts, die hier jedoch auch keine Spuren hinterließen. Germanische Hermanduren (Tacitus) könnten zumindest im oberfränkischen Raume gesiedelt haben, da sie sich bis zur Donau hin ausgebreitet hatten. Östlich von Bamberg wurde hierbei eine Grabstätte aus der Zeit des 1.-4. Jh. nach Christi gefunden. Von der römischen Landnahme (um 100-250 n. Chr. (Kaiser Augustus) blieb der Steigerwaldraum als östlich des Limes liegendes Durchgangsland vermutlich unbehelligt, wenn auch das Doppel-Legionslager von Marktbreit recht nahe gewesen war.

Um 250 n. Chr. begann die Alemannische Landnahme im südwestlichen Franken (zwischen Donau und Limes), von der der Steigerwald unberührt zu sein blieb.
Für diesen Teil Frankens ist die Siedlung von Thüringern im 4. Jh. nach Christus von Bedeutung. Im Schweinfurter Gau verweisen mehrere auf *„-leben“*-endende Orte auf die Thüringischen Siedlungen, die als dritte Siedlungswelle angesehen werden. Dieser waren als erste Siedlungswelle *„-stat“*-Orte und in der zweiten *„-ingen“*-Orte. Trunstadt, Roßstadt könnten somit thüringische Siedlungen gewesen sein. Allerdings fehlen hier beweisende Bodenfunde. Bleiben jedoch die Thüringer hier auch schriftlich unerwähnt.
So kann man eine keltisch-elbgermanische und thüringische Volksgruppe annehmen, die zu Ende des 5. Jh. nach Christus durch die von Westen (Niederrhein) hereinfallenden Franken als Mischbevölkerung angetroffen wurde. Die Geschichte der Franken – fränkischer Stämme zwischen Weser und Rhein siedelnd, findet in den ersten beiden Jahrhunderten nach Christus Geburt ihren Anfang. Nach der Romanisierung, später aber Befreiung von der Großmacht Rom gründete das Frankenvolk 486 nach Christus ein eigenes Reich. Im 6. Jh. vereinigten sich Franken, romanisierte Gallier unter den Merowingern mit den sagenumwobenen Merowech zu einem Kulturvolk. Chlodwig (481-511) begründete das Fränkische Reich. Chlodwig schlägt 496 die Alemannen, dessen Söhne schlagen das Thüringerreich (531) vernichtend nieder. Mit den Slawenvölkern der Böhmen und Sorben als Nachbarn entstand vor 531 unter dem Schutz einer Heeresmacht die sorgfältig organisierte Durchsiedlung des Landes, wobei Alemannen und Thüringer als Resteinwohner des gut besiedelten Landes, das als militärisch, politisch und wirtschaftlich wichtig galt, miteinbezogen worden waren. Das Mainland wurde hierbei als „Francia“ bezeichnet und war also eine Militärkolonie Ostfranken, deren fränkisch gewordene Einwohner als Kolonisten mitunter der Region Steigerwald als „milites agrarii“ – waffenbereite Siedler galten. Vermutlich ging jene Besiedlung von den südwestlichen Gauen (Iff-, Ehe-, Ran-, Gollachgau) aus, nachdem die Region um Würzburg kolonisiert worden war. Hierbei enstanden die Siedlungsräume der -„heim“-Orte bei Groß- und Kleinlangheim über Seinsheim und Uffenheim bis hin zur Aischquelle und den Fluß weiter bis nach Schauerheim. Zur gleichen Zeit ist sicherlich auch die weitere Region im nordwestlichen Vorland des Steigerwaldes bis nach Haßfurt vorangetrieben worden. Nach 630 übernahmen die fränkisch-thüringischen Grenzherzöge den Schutz über die erschlossenen Gebiete. Somit gehörte die Region zu Austrasien, das nördlich bis in die Umgebung Fritzlars, südlich bis nach Hirsau, zum Osten hin bis zur Mark Thüringen reichte und dessen westlichster Königssitz die Pfalz Ingelheim gewesen war. Bedeutenstes Kloster war hierbei Fulda.
Mitte des 7. Jh. wurden die Franken durch die von Samo geführten Slawen mit einer Niederlage bedacht, die unmittelbar die Gründung des aus Franken und Thüringen entstandenen Großherzogtums zur

Die Franken – Wegbereiter Europas

Rodungs- und Siedlungswellen

Militärkolonie Ostfranken

Großherzogtum Franken

Folge hatte. Hauptstadt des Herzogtums wurde das junge Würzburg. Bekannt sind die vier Herzöge: Radulf, Gosbert, Hetan I. und Hetan II., mit dem das Herzogtum erlosch, unter Karl Martell mitsamt Land in königliche Verwaltung gelangte. Im 8. Jh. bis ins 11. Jh. wurden Grafengaue gebildet - solche waren die Region eingrenzend und betreffend: der Volkfeld-, Radenz- Gollach-, Rangau und Iffgau. Der Ehegau mag Teil des Iff- oder Rangaues gewesen sein. Die Gaugrafen hatten im Namen des Königs die Gerichtshoheit und Militärgewalt inne. Zu Anfang des 8. Jh. kam es unter der Obhut der auf dem Schwanberg sitzenden Pipiniden zum zweiten Siedlungs„angriff" von Königshofen aus. Die Hauptgruppe des argrarwirtschaftlichen sorgfältig erfaßten Raumes zählten Rheinfeld bei Schweinfurt, Rügshofen (Gerolzhofen), Dettelbach, Iphofen, Willanzheim, Gollhofen, Ickelheim und Riedfeld. Eine zweite Siedlungsgruppe - die sogenannte *Rednitzgruppe* von Hallstadt und Forchheim drang im Osten des Steigerwaldes ein. Noch in der ersten Hälfte des 8. Jh. begann eine dritte Siedlungswelle, die immerhin 400 Jahre lang andauern sollte. Maßgebend waren hierbei die Grafengaue des Volkfeldes, Iff- und Radenzgaues. Die Rodung und Besiedlung erwuchs in einem kreisförmigen Gebiet. Hierbei erscheint auch der Casteller Adel, der als Nachkommensadel der Mattonen - Hausmeier Karls des Großen zu erblühen scheint. Die Mattonen - jener fränkische Großadel soll mit dem Grafen Megingaud Begründer des Klosters Megingaudeshausen gewesen sein, das 819 in der Abtei Münsterschwarzach weiterexistierte und hierbei als Siedlungsmittelpunkt zu deuten wäre. Die Waldgrafschaft Castell entstand östlich von Castell, Besitzungen am Main und dem Steigerwaldvorland gingen dem Adel im Laufe der Zeit verloren, hingegen entstand das Amt Burghaslach mit zahlreichen Neusiedlungen (z.B. „gräflicher Neusitz"- Gräfenneuses).

Franken-Mission

Ebenfalls in der ersten Hälfte des 8. Jh. begann mit der Rodung die Missionierung des Waldlandes, wenn auch die Konvertierung zum Christentum anfangs nur Privatangelegenheit des Adels gewesen war. Um 723 ist es Bonifatius, der aus dem Nordwesten kommend die Abtei Fulda gründet (später auch das Bistum Würzburg). Die angelsächsische Missionsführung ging 744 vom Kloster Fulda aus. Hierbei verzweigen sich die Missionswege nach Thüringen, Sachsen, dem heutigen Mittel- und Mainfranken. Der iroschottische „Frankenapostel" Kilian mit seinen Gefährten Kolonat und Totnan missionierte 742 von Südwesten kommend. Zu hetanischer Zeit wurden die drei Missionare in Würzburg hingerichtet. Ostfranken wurde jedoch erst unter der Kirchenpolitik der Brüder Karlmann und Pippin missioniert. Beide hatten dank der großzügigen Schenkungen der Grundherren und des Königs die Bistumsgründung Würzburgs als neue Kirche ermöglicht - zu der die grundherrlichen Eigenkirchen geschenkt worden waren. Die Eigenkirchen zeigen sich als Fundamente der fränkischen Großpfarreien, die mit jeder Neurodung und Neusiedlung sich veränderten, vergrößerten und den Bau von neuen Kirchhäusern als Predigtmittelpunkte förderlich machten. So soll im 8. Jh. der edelfreie

Guntbert dem Missionar Kilian Eltmann und sein östliches Hinterland geschenkt haben. Die Erschließung und Missionierung erfolgte also in der Region zwischen Main und Aurach.

Dreifelderwirtschaft

Zu karolingischer Zeit wurde hierbei auch die vorangegangene, raumzehrende Landwechselwirtschaft durch die Dreifelderwirtschaft als revolutionäre – und bis heute teilweise übliche Landnutzungsform abgelöst. Hierbei wurden Wintergetreide-, Sommergetreidefeld und Brachland in einer jahreszeitlich sinnvollen Rotation wirtschaftlich genutzt.

Im 9. Jh. wurde vom „Castrum Babenberg" (Bamberg) von den „älteren Babenbergern" oder Popponnen das Bamberger Hinterland erschlossen. Vermutlich kann die Burg Lisberg hier als Vorwerk aus einer ganzen Gruppe weiterer Burgen wie Burgebrach und Windheim gedeutet werden, die zum Schutz der Siedlungen (Rauhe und Mittlere Ebrach) und auch als Jagdsitze enstanden waren. Von Südosten drangen die Neusiedler der aus dem Grabfeld stammenden Grafen von Höchstadt und von Bergtheim in die Waldregion vor. So soll das Dorf Kötsch auf Gozwin von Höchstadt – *„Gozwinesdorf"* zurückgehen. Beide Grafenhäuser waren die „jüngeren" Babenberger und erscheinen als Grafen von Schweinfurt und Markgrafen im Nordgau 960 als Radenzgaugrafen, die als solche neue Besitzer der Burg Babenberg (nach Zusammenbruch der „älteren" Babenberger) königlich wurden und einen eigenen Burgsitz innehatten. Im 10. Jh. versuchten die Popponen die Herzogswürde zu erlangen, scheiterten aber hierbei. Zu Anfang des gleichen Jahrhunderts führte der Bischof zu Würzburg den Titel „Herzog von Franken". Zur Zeit des Ostfrankenreichs König Ottos I. fiel auch ein Magyarensturm um 937 in das Land südlich des Mains ein. Dank der Befestigungen am Schwanberg oder bei Castell wissen wir von Befestigungen gegen die Ungareinfälle, die mit der Niederlage auf dem Lechfeld 955 ein Ende gefunden hatten. Einer der wichtigen Feldzüge Ottos gegen die Magyaren streiften hierbei die Region.

Hochmittelalter

Zu Zeiten des Hochmittelalters kam es in der Region auch zum massiven Ausbau der Siedlungsräume, die sowohl (siehe Anmerkung zu Rodungen und Siedlungen) durch die Bistümer Würzburg und Bamberg, als auch von den weltlichen Grundherren wie den Grafen zu Castell vorangetrieben wurden. 1007 wurde das Bistum Bamberg gegründet, das von seinem Stifter (dem späteren heilig gesprochenen Heinrich) den Radenzgau und das Volkfeld erhalten hatte und im Norden die Ämter Ebersberg-Zell neben dem im inneren Steigerwald liegenden Oberscheinfeld und dem südöstlichen Oberhöchstadt innehatte. So war das junge, aber aufstrebende Bistum von nicht minder aufstrebenden Würzburger Bistumsländereien umgeben, und besaß kirchlich weitere Würzburg zugehörige Besitze. So waren Burgebrach und Höchstadt kleinstaatlich bambergisch, kirchlich aber würzburgisch. Die würzburgischen Archidiakonate (Archidiakonat = die Bischöfe teilten ihre Herrschaftsgebiete zwecks Verwaltung in Archidiakonate, „Erzpriestersitze" auf) waren Gerolzhofen, Iphofen, ein kleiner Teil des Volkfeldes, Königshofen, Hallstadt, Forchheim, den Ran-, Iff- und den Ehegau. Das Dekanat Schlüsselfeld mit 28 Pfarreien, Landkapitel Gerolzhofen. Anders dargestellt zeigte sich das Gebietsverhältnis zu Ende des Alten Reiches zwischen den Bistümern folgendermaßen dar: Das Bistum Bamberg griff gleich einem Dreieck von Osten nach Westen in den großen Bogen Würzburgs ein. Der rechtwinklige Haken legte sich im Südosten das Markgrafentum Brandenburg mit Ansbach in westlicher Richtung. Unzusammenhängend stellten sich die Besitzungen Ansbachs im weiten Vorgelände dar. Von allen Territorien eingeschlossen zeigten sich die Herrschaften Castell, Schwarzenberg und Limpurg. Über alle Territorien verstreut gab es zuguterletzt die Besitzungen der reichsunmittelbaren fränkischen Ritterschaft – mit der Neuordnung des Reiches im 16. Jh. erreicht.

Zu Ende des 11. Jh. fielen viele der Grafschaften in sich zusammen, da der hier rechtsprechende Graf durch Befreiungen und übrige Herausnahmen Besitzungen verlor oder aufgeben mußte. Die Grafschaften waren hierbei in Cente unterteilt, in denen die sogenannten Centgerichte unter der gräflichen Herrschaft Recht sprachen. Der regierende Bischof hatte somit auch die Herzogswürde inne.

Während des Hohenstaufenreichs (1152-1250) wurde die Region von geringen und eher unbedeutenden Ereignissen beeinträchtigt.

Städtebünde und Städtekriege

Während der Gotik und zur Zeit des Interregnums (1254-1273), der kaiserlosen Zeit, in der auch das früher königliche Recht zur Anlage von Befestigungen ein Ende fand, sorgten die durch königslose Regierungsgewalt erstarkten Adligen für allerlei Wirren mit den nicht minder einflußreichen Städtebünden. Beispielhaft für die Region erscheint hierbei die Fehde zwischen den Raubrittern unter Eppelein von Geilingen und den fränkischen Reichsstädten 1381. Während dieser Zeit wurden Burgen der Fehdeverbündeten zerstört. Doch gab es Städtekriege unter den Städten selbst. Beredtes Beispiel ist Eltmann, das 1388 von Haßfurtern und dem Fränkischen Städtebund zerstört worden war, da sich die Eltmänner gegen Beitritt in den Städtebund ausgesprochen hatten.

Pestnöte

Jedoch gab es schon vorher – 1347/48 die Zeit der großen Pestepidemien, die auch vor der fränkischen Region Steigerwald nicht halt machte. Neben der Verwahrlosung und dem Verlassen von Gemeinden zeigte sich eine erschreckende Zahl von Pestopfern und einen spürbaren Niedergang der regionalen Wirtschaft. Darüberhinaus sorgte eine, nicht nur die Region tangierende Klimaänderung – die „Kleine Eiszeit" zur Schwächung der gesamten Region, bei der unzählige Ortschaften „wüst" zurückblieben.

„Kleine Eiszeit"

1363 nutzte der Burgrafenadel zu Nürnberg als Hohenzollern, die Schwächung der großen Territorialherren (Bistümer Bamberg und Würzburg) und erhob sich in den Fürstenstand römisch-deutscher Nation. 1415/1417 galt die Mark Brandenburg als ihr Territorium, so daß man gegen die fränkischen Nachbarn aufbegehren konnte. Der Burggraf von Nürnberg war somit Markgraf von Brandenburg. Mit der

Teilung des mark- bzw. burggräflichen Landes von 1437 gab es ein „ober- und untergebirgisches Fürstentum" - das der markgräflichen Herrrschaft Kulmbach-Bayreuth und das der Markgrafschaft Ansbach. Ab dem 15. Jh. erscheint der Bischof zu Würzburg als Herzog von Ostfranken. So wurde der Steigerwald und Teile des Vorlandes von drei Mächten beeinflußt. Markgraf Albrecht Achilles (1440-1486 in Ansbach), ab 1464 auch in Kulmbach und ab 1470 Kurfürst von Brandenburg wandte sich also nicht nur gegen den schwächeren Adel, sondern schaffte es durch päpstliche und kaiserliche Privilegien die Bistümer in Osten und Westen zu bedrängen. Man sprach davon, sich *„ein Fenster zum Main hin zu öffnen"*. Die Bedrängnis wurde jedoch nicht nur durch Gewalt im weltlichen Sinne, sondern auch durch die Zurückdrängung der bischöflichen Kirchorganisationen, der eine eigene Organisation - das Landeskirchentum entgegengestellt worden war. *„Der Brand ziert den Krieg, das Magnificat die Vesper."* Jener Ausspruch soll auf den Markgrafen Albrecht Achilles zurückgehen. Der Erste Markgräfler Krieg war aufgeflammt und führte zu zahllosen Zerstörungen und Belagerungen in der Region.

1. Markgräfler Krieg

So war die behandelte Region Teil eines fränkischen Fleckerlteppiches und Folge einer territorialen Zersplitterung. Neben den Bistümern Bamberg und Würzburg waren es somit die Burgrafen von Nürnberg, die Markgrafen von Ansbach-Bayreuth, der starke, aber durch die großen Territorialherren bedrängte Adel, die Ritterschaften und Orden und auch die freien Reichsstädte wie Schweinfurt, Nürnberg, Rothenburg und Windsheim, deren Bewohner niemand untertan waren. Überraschend erscheint da die Tatsache, daß 1512 der fränkische Kreis als Verwaltungseinheit erstmals erwähnt wurde.

Ritterkanton

Um 1500 erscheint amtlich der Ritterkanton Steigerwald, einer der sechs reichsunmittelbaren Kantone des Landes zu Franken.

Wirren der Reformation

Bauernkrieg

Martin Luther löste 1517 die Reformation aus und gab hiermit neuen Zündstoff für die territorialen Machtkämpfe zwischen den Bistümern und der erstarkten weltlichen Macht. Viele der Steigerwaldorte wurden erst nach dem Bauernkrieg reformiert. Der Bauernkrieg 1525 scheint nicht allein aus der lutherischen Reformation entstanden zu sein, vielmehr sollte er als eine soziale Erhebung der unteren Schichten verstanden werden, die sich an allen Ecken Europas bemerkbar machte. Burgen, Schlösser, Klöster und Kirchen wurden belagert, eingeäschert und zerstört, oft richtete sich auch der Volkszorn gegen die weltlichen und kirchlichen Einrichtungen in den Städten und Ortschaften. Franken als eines der Zentren der Aufstandsbewegung um soziale Gerechtigkeit, resultierend aus den schon im innerdörflichen Gemeinschaftsleben aufkeimenden Mißständen, widerfuhr das Schicksal einer aufständischen und unruhigen Zeit, die die Bistümer von oben herab zurückschlagen ließ, den Adel entzweite. *„Von unserer Hände Arbeit lebt die Welt - wem gehört die Welt"*. So ist uns auch ein Marschlied der Bauernhaufen erhalten geblieben, das hier zitiert werden soll: *„Zahn um Zahn! Ins Burgtor werft den Loderspan! Den Burgherrn sollt ihr binden. Ihr sollt ihn streichen mit der Rut' - drei-*

hundert Streiche, zählet gut! Und dann sollt ihr ihn schinden! Es steht geschrieben „Aug um Aug"! Nach ihres Burgherrn eigenem Brauch, soll seinem Weib willfahren: sie diene uns in Stall und Feld und soll als Hur aus dieser Welt zur Hölle niederfahren!" Nach dem Bauernkrieg kam es erstmalig in größerem Umfang zu der Verweltlichung des kirchlichen Besitzes - der Säkularisation (siehe Säkularisation).

Die Neue Lehre setzte sich ab 1520 wohl vornehmlich im Niederadel durch. Jedoch förderte der einflußreiche Adel der Region die Neue Lehre. Sogenannte Konsistorien wurden eingerichtet. Das castellsche in Castell, das zu Schwarzenberg in Marktbreit, das speckfeldische in Einersheim. Die Markgrafen zu Ansbach und Bayreuth förderten entgegen den immer mehr an Macht und Boden verlierenden Bistümern auch die neue Religionsform. Würzburg litt unter den Verlusten von jenen Flecken, in denen es keine weltlichen Rechte mehr hatte und somit in kirchlicher Hinsicht verlor. Das Lehenswesen blieb von der Reformation jedoch unberührt. In den Städten konnte sich die neue Lehre bei den Oberen Zehntausend ebenfalls mehrheitlich durchsetzen. Von Nürnberg breitete sich der Protestantismus aus und wurde ab 1527 von Markgraf Georg von Ansbach gefördert und unterstützt. Nachdem sich die Reichsstadt Nürnberg, einst ein bedeutender Verbündeter des Bistums Würzburg, wie auch die übrigen freien Reichsstädte, sich zur neuen Konfession bekannten und Nürnberg sich obendrein noch mit dem ehemaligen Erbfeind, den Markgrafen von Nürnberg verbündete, deutete sich der Ausbruch eines zweiten Markgräfler Krieges an. 1552-54 richteten sich die „Raubzüge" des Markgrafen Albrecht Alkibiades und des mit ihm verbündeten Ritters Wilhelm von Grumbach bis 1567 gegen die drei geistlichen Fürstentümer (Bamberg, Würzburg und Eichstätt), den Deutschen Orden, sowie die Reichsstädte Nürnberg, Rothenburg und Windsheim.

2. Markgräfler Krieg

Letztendlich konnte der Markgraf mit vereinten Kräften in die Schranken verwiesen werden.

Der berühmte, katholische Rechtsgrundsatz des Augsburger Religionsfriedens von 1555 *„Wessen das Land, dessen (ist auch) die Religion"* scheint sich einer der für die Gegenreformation bedeutendsten Fürsten zum Grundsatz gemacht zu haben. Fürstbischof (nach 1573) Julius Echter von Mespelbrunn, war erbitterter Gegner der Reformation, die unter Mithilfe von Jesuiten und dem Land Bayern in Bewegung gesetzt worden war. War die Stiftung der Universität zu Würzburg, sowie die Einrichtung von Spitälern noch der Gesellschaft nützliche Vorhaben, so setzte sich der die katholische Lehre fördernde Bischof mit dem Erneuern und Erbauen von Kirchen (typischer „Juliusstil" - echterzeitliche Kirchtürme, Inschrifttafeln und Grundrißaufbau von Kirchen), Amtshäusern zahlreiche, auch im Steigerwald vorkommende Denkmale. Unter ihm wurden - gerade in der Blütezeit der Inquisiton, als größtes Verbrechen der katholischen Kirche die Hexenverfolgungen (1616/17) fortgeführt.

Gegenreformation

Veränderungen während der Echter-Ära

Blütezeit der „heiligen" Inquisition

Um 1570 waren die Getreidepreise weiter gestiegen, so daß Neusiedlungen entstanden waren. Mit der Gegenreformation, die auch oftmals gewaltsam von allen Bevölkerungsschichten vertreten worden war, verließen viele der vermögenden Glaubensflüchtige die einflußreichen und durch sie wohlhabend gewordenen Städte. Hinzu kamen die Veränderungen in der außerregionalen Wirtschaft, die zu Inflationen führten. So wirkten sich Glaubensstreitigkeiten und Wirtschaftsdepressionen nachteilig auf das durch die bedeutenden Handelsstrassen zentral gelegene Franken aus.

Dreißigjähriger Krieg

Zu den Problemen der Hexenverfolgung und Wirtschaftsdepression kam der Dreißigjährige Krieg (1618 - 1648), der aus den konfessionellen Gegensätzen in Deutschland Fuß gefaßt hatte und weniger aus Glaubensfragen, denn aus politischen Vormachtstellungen gerade auf deutschem Boden heftig ausgefochten worden war, und auch im Steigerwald beträchtliche Schäden und Opfer forderte. Der Religionsfriede von Augsburg hatte die Protestanten durch seine vertretene Glaubensauffassung verletzt und hielt diese an, ihm zu widersprechen. Den Steigerwald und sein weiteres Vorland betreffend, tangierte der Zug des Schwedenkönigs Gustav Adolfs 1631-32 von Nordosten, aus Anhalt (Schlacht bei Breitenfeld 1632, Sieg der Kaiserlichen) kommend, wo sich der Zug nach Westen in Richtung Pfalz und nach Süden – ins calvinistische Ansbach wandte. (Zug weiter nach Süden). Neben den Verwüstungen von Land und Siedlungen kam es zu einer Entvölkerung von 33-66%. Eine weitere Säkularisation setzte nach dem Kriege ein. Gerade die protestantisch gebliebenen Territorialherren von Brandenburg-Ansbach ließen Exilanten aus Österreich hinzusiedeln.

Die Markgrafschaft Brandenburg unterdrückte innerhalb ihres Territoriums die von der Reichsritterschaft angestrebte Unmittelbarkeit und schuf sich so einen neuen Gegner. Am 30.8.1721 erwirkte die Ritterschaft auf ein kaiserliches Patent hin die Reichsunmittelbarkeit.

Franken wird preußisch

1791/92 war aus dem hausverwandten Ansbach (Hohenzollern) ein preußisches Fürstentum geworden, das so mancher Gemeinde in der Region seinen verwaltungstechnischen Beamten-Apparat auferlegt hatte. Der napoleonisch-französische Graf Montgelas, von Historikern als „Staatsbaumeister“ bezeichnet, ließ den letzten bayerischen Kurfürsten Max IV. Josef, ab 1806 erster bayerischer König – das fränkische „Erbe“ – die junge Regierung antreten. Der umstrittene Reformer ermöglichte eine einheitliche Verwaltungsstruktur und veränderte hierbei Grenzzustände, in dem er neue Grenzen setzte und frühere Herrschaften miteinander verquickte. Zwischen 1803 und 1806 wurden die fränkischen Territorien immer mehr vom Verfall heimgesucht. Größere und kleinere Staatsgebilde lösten sich auf, strukturieren sich weiter um.

Die Napoleonischen Kriege berührten Franken wenig, wenn auch Einheimische auf den Feldzügen des Feldherrn dabei gewesen waren und manche von ihnen auch nicht mehr von diesen zurückkehrten. Da Franken als Teil Bayerns zum Rheinischen Bund gehörte, läßt sich für die lange eigenständigen Franken ein eher weniger günstiger Entwicklungsprozess aufzeigen, der schon damit begann, das mit der

Mediatisierung von kleinen Herrschaften und geistlicher Fürstentümer 1802 unter napoleonischer Regierung ein „Länderschacher" einsetzte. Die Säkularisation von klösterlichem Besitz 1802/03 ließ eine gewisse gerechtere Landverteilung zu. Die napoleonischen Kriegspartner wie Bayern wurden durch die Abtretung ihrer linksrheinischen Territorien an Frankreich durch die Abtretung von Franken an Bayern entschädigt. Seit dem 1.1.1806 mußte sich Franken an das junge Königreich Bayern verschachert wissen, das durch Frankens Größe erst den Status Königreich und somit flächenmäßig zu dem wurde, was es bis heute geblieben ist. Die Ländereien der Markgrafenschaft Ansbach-Bayreuth steuerten hier einen erheblichen Anteil bei. Die Konstitutionssäulen erinnern an die Konstitution vom 1. Mai 1808, die an die Aufhebung der Leibeigenschaft und an die Einführung der allgemeinen Schulpflicht – einer positiven Nebenerscheinung der Annektierung erinnern sollen.

Franken wird bayerisch

1806 bis 1814 wird in einem weiteren Ländertausch Bayerns mit den Habsburgern unter Ferdinand von Toskana das Großherzogtum Würzburg auserkoren. Die Tauschgeschäfte gingen hierbei mit bürokratischen Grenzbereinigungen vonstatten, so wurde die behandelte Region mit dem südlichen Teil dem Rezatkreis – dem späteren Mittelfranken zugewiesen, der Hauptteil dem Untermainkreis – nunmehr unter König Ludwig I. als „Unterfranken und Aschaffenburg" bezeichnet. Die Centgerichte verschwanden und Landgerichte entstanden. Die bewußte Aufteilung des einst so großen Frankens in eigenwillig benannte Bezirke (Ober-, Unter- und Mittelfranken) ließen das einst so starke Wir-Gefühl der Franken aufspalten. So stellen die Steinmale wie die Dreifrankensteine eher ein mißverstandenes Traditionsbewußtsein dar, das sich leider in den Köpfen neuer Generationen immer mehr durchsetzt und mit der Zugehörigkeit zu Bayern vom Rotweißen zum Blauweißen wandelt. Vor der Ausrufung zum Königreich Bayern (1806) wurde auf dem Wiener Kongreß die fränkische Bevölkerung – die zuvor unter der geistlichen Herrschaft gestanden war – dem weltlichen Kurfürstentum Bayern zugeordnet. Diese territoriale Veränderung vom Beamtenschreibtisch aus führte zu der Herrschaftssäkularisation, der unmittelbar die Vermögenssäkularisation der aufgelösten geistlichen Fürstentümer und Herrschaften folgte. Dem jungen und vorerst kleinen bayerischen Staat wurden neue Grundherrschaften und Forste übertragen, die „Annahme" von Kunstgegenständen, Bibliotheksbeständen und Archivalien bereicherte die Kammern der Stadt München. Die jungbayerische Regierung sorgte indes auch dafür, daß das fränkische Traditions- und Nationalbewußtsein auch unter Verbringung der „Insignien" geschwächt wurde. Nicht nur daß die fränkische Herzogsfahne ihres Schmucks beraubt und zerstückelt wurde, nicht nur daß das Herzogsschwert als Museumsobjekt verschleppt wurde, so entschieden auch bayerische Beamte das Abreißen der Balthasar Neumann-Abteikirche zu Münsterschwarzach, die einst ein stattliches Barockgebäude gewesen war.

Großherzogtum Würzburg

Ober-, Mittel- und Unterfranken werden von Bayern aus erfunden.

Vom Rotweißen zum Blauweißen

Fränkisches Traditionsbewußtsein wird zerschlagen und Kunstobjekte werden verschleppt

Nach 1862 werden Verwaltungsbezirke mit Bezirksämtern und Landkreise geschaffen.
Der Erste Weltkrieg berührte glücklicherweise den Steigerwald überhaupt nicht, sieht man davon ab, daß unzählige Einheimische in der Fremde an Fronten kämpften und gefallen waren.
Im Zweiten Weltkrieg verloren auch viele Familien aus der Region ihre Väter und Söhne, bis in den letzten Kriegstagen 1945 durch an für sich unsinnige Bombardements und Fliegerangriffe viele Ortschaften teilzerstört wurden und es Menschenopfer zu verzeichnen gab. Hierbei wurden schöne, typisch fränkische Ortsbilder empfindlich beschädigt.

Allierte zerstören altes Kulturgut

Heutzutage findet die Veränderung und oft auch bewußte Zerstörung dieser fränkischen Kulturlandschaft immer noch statt. Die Prägung und Umwandlung der Orts- und Stadtbilder und einzelner Gebäude wird durch oft rücksichtlose Stahl-Glas-Bauten empfindlich gestört und kaputtsaniert. Erst langsam entdecken heimatverbundene Menschen den Wert dieser Region wieder und versuchen das Alte zu bewahren.

Abtswind *K367 E2*

Landkreis Kitzingen

ANFAHRT/WEGBESCHREIBUNG
Autobahn A3 Würzburg-Nürnberg, Abfahrt Wiesentheid, der B 286 nach Rüdenhausen folgen, hier links abbiegen und in Richtung Geiselwind fahren. Nach 2 km erreicht man Abtswind.

SEHENSWÜRDIGKEITEN
Dorftorhäuser, Winzerhöfe, Ortskirche (spätgotischer Flügelaltar) Friedhofskanzel, Friedhofsarkade, Rokoko-Grabstein

ORTSTEILE/SEHENSWÜRDIGKEITEN
Schloß Friedrichsberg, Herper, Dürnitz

ORTSGESCHICHTE: Die sicherlich karolingische Siedlung ist 783 mit dem Namen „Abbatissaewinden" erstmalig urkundlich erwähnt. In dem unweit befindlichen Eichsee will man laut Urkunden auch eine frühchristliche Taufstelle unter dem irischen Wandermönch Kilian sehen. Offenbar war der Ort vormals einer der vielen, mehr als handvollen Slawensiedlungen im heutigen Steigerwaldraum. Hier wurden Slawen oder Wenden als Arbeitskräfte für Rodungs-, Feld- oder Forstarbeiten angesiedelt: „zu den Wenden des Abtes". 1270 wird erst der Ort durch eine Veräußerung eines Gotfridus de Abtswinden, der ein Ministeriale des gräflichen Castells war, erwähnt. Das Kloster Münsterschwarzach, das Kloster Ebrach, die Herrschaften von Castell und die Fuchs von Dornheim waren mit je einem stellvertretenden Schultheißen unter anderen die wechselnden Verwalter und Besitzer des Fleckens, bevor es durch eine Eheschließung zwischen der Witwe des letzten Fuchs mit einem Grafen von Derrnbach und durch eine testamentliche Verfügung einem ihrerseits gestifteten Damenstift in Würzburg zugesprochen wurde. So lag Abtswind auch unmittelbar an der Königsstraße, die von Bamberg nach Würzburg führte. Den Grafen von Castell wurde 1631 Abtswind von den dankbaren Bürgern nach den Glaubensstreitigkeiten übertragen. Im Verlauf des Dreißigjährigen Krieges mit diversen Einquartierungen von „Kriegsvolk" wurde der Ort geplündert und gebrandschatzt, 1628 obendrein noch durch den Schwarzen Tod heimgesucht. In der ersten Hälfte des 18. Jh. siedelten sich in Abtswind Salzburger Emigranten – Protestanten an.

SEHENSWÜRDIGKEITEN: Von der einstigen Markt-Befestigung aus der Zeit um 1605) zeugen heute nur noch die zwei erhaltenen, **Dorftorhäuser** des frühen 17. Jh. an den Ortsausfallstraßen nach Rüdenhausen und Geiselwind. Dorftorhäuser

Winzerhöfe und Hoftore

Kennzeichnend sind für das Dorf die charakteristischen **Winzerhöfe** mit teilweise schönen Zugängen, die durch Pfeiler gebildet sind - so ein barockes **Korbbogentor** von 1778 mit Kasettenschmuck an Pfeilern und Türsturz mit Sturzstein. **Steinpfostentor** von 1741 mit rechteckigem Zugang. Kasettierter Pfeiler, Inschrift (Besitzername und Reim) in schlichtem, hohem Sturzbalken mit Gewände, mittig als Spitze zu stark profilierter Abdeckplatte weisend. Beidseitig Kugelaufsätze auf Sockeln. Beachtung findet so auch die 1747 bezeichnete **Rundbogenpforte** mit schönem Volutgiebelabschluß, Wappenrelief, zwischen schlanken, pilasterartigen Säulenpfosten. Rahmenschmuck vor dem örtlichen Fachwerk-Rathaus.

Spätgotischer Flügelaltar

Die evangelische Pfarrkirche mit ihrem fünfstöckigen Turm aus der ersten Hälfte des 15. Jh. wurde im späten 17. Jh. (barocke Turmhaube mit doppeltem Laternenaufsatz) umgebaut und ist wegen des spätgotischen Flügelaltars - aus der Zeit um 1500 - eine Besichtigung wert. Sie erhebt sich als spätgotischer Saalbau inmitten einer ehemaligen Kirchburgbefestigung mit Gadenanlagen. Dies wird unter anderem durch die eng umstehenden Wohnhäuser deutlich. Der **Schreinaltar** mit ungleichen Flügeltüren zeigt zum Saal hin das Hochrelief der Pietà, während sich links die Hl. Dorothea und die Hl. Katharina den inneren Schreinflügel teilen, rechts aber die heilige Barbara solitär zu betrachten ist. Die Außenseiten zeigen gemalte Darstellungen der Verkündigung, Heimsuchung, Anbetung der Heiligen Drei Könige und Christus, der seiner

Der spätgotischer Flügelaltar in der Ortskirche von Abtswind. Das linke Relief zeigt die Heiligen Dorothea und Katharina, das rechte Flügelrelief die heilige Barbara. Mittig sitzend Pietà mit Christus.

Mutter als Auferstandener erscheint. Schöpfer des Kunstwerkes könnte der Marthameister gewesen sein. Die Bemalung ist noch original. Die dreiseitige, dem Chorraum zugewandte, auffällig schön gezimmerte, hölzerne Doppel-Empore ist aus der Zeit um 1705. Die Orgelanlage mit schönem Gehäuse stammt aus der gleichen Epoche. Im Chorgewölbe sind Christuskopf und Lamm Gottes an den Schlußsteinen zu erkennen. Die Kanzel stammt aus dem Jahr 1573.

Der am Ortsrand befindliche Friedhof wartet mit einer regionalen Besonderheit auf: hier erhebt sich auf dem Gottesacker durch die den alten Friedhofszugang einschließenden **Friedhofsarkaden** (mit einigen schönen Epitaphien) eine **Friedhofskanzel** von 1792. In unmittelbarer Nähe zu den Arkaden fällt auch ein herzförmiger **Rokoko-Grabstein** (1775/77) auf quadratischem Sockel auf. Er steht eingedenk des verstorbenen Bürgermeisters Johann Michael Huscher und seiner Ehefrau Anna Elisabetha Huscherin. Die Inschrifttafeln, umrankt von pflanzlichen Ornamenten und Engelköpfen, im Fußteil von einem Totenschädel abgeschlossen, teilen sich auch wieder in Herzform. Rückseitig befindet sich folgender Sinnspruch: *„Wan die Gebeine schon verwesen So ist mein leicht Spruch noch zu sehen Er ist auf dem Grabe Stein Du bist mein und ich stets dein."*

Friedhofsarkaden
Friedhofskanzel
Rokoko-Grabstein

Aus den nahen Sandsteinbrüchen des Schwanbergs stammen viele der Bausteine für die Würzburger Residenz oder mächtiger Kirchenbauten Frankens.

ORTSTEILE/SEHENSWÜRDIGKEITEN: Oberhalb des Markt-Ortes liegt das Ausflugsziel **Schloß Friedrichsberg**, von dem man auch einen Ausblick (465 Meter) auf das Umland haben kann.
(Erreichbar über die Fahrstraße nach Rehweiler, Waldparkplatz.)
Friedrichsberg wurde als zweistöckiges, schlichtes Barockgebäude mit Walmdach 1735 von Graf Johann Friedrich von Castell-Rüdenhausen als castellsches Jagdschloß erbaut.

Das Rokoko-Epitaph „Huscher" auf dem Friedhof von Abtswind.

Südöstlich von Abtswind liegt der über eine kleine Zufahrtsstraße erreichbare Weiler **Herper**. Und in geringer Entfernung zu Abtswind stößt man im Wald nördlich der Verbindungsstraße zwischen Greuth und Oberscheinfeld und unweit des sogenannten „Klosterweges" (Hochstraße) auf den „Dörnerisberg" in unmittelbarer Nähe zum Greuther Berg. Der sogenannte

Ortswüstung

„Dörnerisberg" trug im Mittelalter eine Kleinsiedlung, wie noch durch Geländeformen zu erkennen ist. (Weiheranlagenreste durch Dammspuren). Ein Hügel in den Wolfsrangen soll Kirchstelle gewesen sein. Auf einem Bergsporn des Weißen Rains soll zudem auch eine ortszugehörige Burg gestanden haben. Als Besitzer der Wüstung Dürnitz sind vermutlich die Brüder Johann und Albrecht von Vestenberg anzunehmen, denn diese tragen die Siedlung dem Kloster Michelsberg zu Lehen auf. Unrentabiltät muß dazugeführt haben, daß die mit 35 Höfen bezeugte Siedlung aufgegeben werden mußte und schließlich um das Jahr 1400 als abgegangen galt. Das mittelhochdeutsche „durnitz" erklärt möglicherweise den Ortsnutzen als Herberge. *„Dürnitz " = Rittersaal, Herberge, Herbergssaal.* So kann das nahe Herper ebenfalls als der namensverschliffene Begriff einer alten Herberge erklärt werden. Längs der Hochstraßen entstanden neben Schmieden auch Herbergen – immerhin wurde der Klosterweg von Pilgern und Reisigen begangen.

Unfallbildstock

Beachtung findet ein **Unfallbildstock** an der Straße zwischen Abtswind und Rehweiler. Er erinnert an den tragischen Unfall (Juni 1916) des Josef Berthold, der hier unter sein Pferdefuhrwerk gekommen war.

Altheim *K370 B4*

Landkreis Neustadt an der Aisch-Bad Windsheim

ANFAHRT/WEGBESCHREIBUNG

Bundesautobahn A7 Würzburg - Ulm, Abfahrt Bad Windsheim, der B 470 in Richtung Neustadt an der Aisch, bis Dottenheim folgen, im Ort links nach Altheim abbiegen.

SEHENSWÜRDIGKEITEN

Pfarrkirche St. Maria (Wandmalerei), Wasserschloß, Fachwerkwohn-stallhäuser, Schäferei, Altheimer Mühle

ORTSTEILE/SEHENSWÜRDIGKEITEN

Dottenheim (Wetterfahnen)

Ältester Ort der regionalen Orts-„Heim"gruppe

ORTSGESCHICHTE: Ein merowingisches Gräberfeld mit einer frühbezeugten, – hölzernen Martinskirche beweist eine frühmittelalterliche Gemeinde. Das Haufenwege- und Kettendorf Altheim im Aischgrund war vermutlich eine kaiserliche Domäne unter dem Kaiser Ludwig dem Frommen (erste Hälfte des 9.Jh.) und wird bereits 750 mit Kirche als Besitz des Klosters zu Fulda, später indessen zu Münchaurach gehörend erwähnt. Hiermit ist Altheim der wohl älteste Ort der auf

„-heim" endenden Ortsgruppe, könnte als sogenanntes Stammheim und deshalb als Altheim bezeichnet verstanden werden. Urkundlich ist auch dessen „Oberhirte", der heilige Bonifatius (8. Jh.) erwähnt.

SEHENSWÜRDIGKEITEN: Die damalige Kirche soll von Burkard, dem 1. Bischof von Würzburg, geweiht worden sein. Der Altarunterbau soll noch aus dieser Zeit stammen. 1136 wird die am östlichen Ortsrand gelegene pittoresk mit Fachwerk geschmückte Kirche, jetzt evang.-lutherische **Pfarrkirche** St. Maria, früher Simon und Judas bezeugt. Sicherer erscheint jedoch die urkundliche Erwähnung durch Kaiser Friedrich I., einer Kirche und Kapelle 1158 in Altheim, zum Kloster Münchaurach gehörig. Umfassungsmauer und Teile des Chorturms stammen wohl noch aus dem 12. Jh. 1317 wird ein Pfarrer überliefert. Mitte des 15. Jh. wird der Kirchhof befestigt - dieser Zeit entstammt auch das Fachwerkgeschoß des Langhauses, während das (1610) des Chorturmes erst später aufgesetzt wurde. Von den ehemaligen Kirchgaden ist nur ein einziges Häuschen verblieben. Im Kirchinnern ragt zweiseitig eine Doppelempore auf. Aus der Umbauzeit stammen die beachtenswerten Kreuzwegdarstellungen aus der 2. Hälfte des 15. Jh. an der Südwand. Die Wandmalereien an der Langhausinnenwand stellen einige Passionszenen (Kreuztragung, Christus vor dem Hohepriester und vor Pilatus, Geißelung und Christus am Ölberg) dar. Der Rest ist leider schlecht deutbar und zum Teil auch erneut bemalt. Die gewölbte Seitenkapelle wird ins 15. Jh. datiert. Der Altaraufbau und die Kanzel sind barockzeitlich und werden der Werkstatt Brencks zugeschrieben. Der Altar unter dem kreuzgratigen Barockgewölbe zeigt mittig das Kruzifix und die Figuren des Johannes, Maria, des Hl. Simon und des Judas Thaddäus zur Rechten oder zur Linken. Die im steinernen Altarunterbau ausgesparte rechteckige Öffnung stellt den Aufbewahrungsort einer Reliquie dar. Der Kirchbau ist noch von einer alten Wehrmauer (Mitte 15. Jh.) umgeben. Das Sakristeigebäude wurde zur Mitte des 15. Jh. hinzugefügt. Überdachte Emporenstiege und vierseitiger Treppenturm in Fachwerkmanier mit achtseitigem Aufsatz und Zwiebeltürmchen wurden an das Langhaus angebaut.

Fresken in St. Maria

Ein gut erhaltener Wassergraben umgibt das **Wasserschloß**. Kastenartiger, schmuckloser Bau mit Halbwalmdach aus dem 17. Jh. über Fachwerkobergeschoß. Im 13. bis ins 14 Jh. unter der Besitz-Herrschaft des Seckendorffer Adels. Danach Vogteiamt

Kleinod des Dorfes Altheim ist die Pfarrkirche St. Maria mit Wandmalereien im Innern.

des Klosters Münchaurach und später Zehnt- und Kastenamt der Markgrafschaft Ansbach.
Sehenswert sind die **Wohnstall- und Fachwerkwohnstallhäuser** im Ort (eingeschossiger Fachwerkbau aus der 2. H. des 17. Jh.) und das **Schäferei**gebäude, ein mächtiger Fachwerkbau mit Satteldach – erbaut von den „Schäferey Besitzern anno 1821..." Die **Altheimer Mühle**, ein zweigeschossiges Wohn- und Mühlen-Gebäude ist gen Westen mit reichem Schmuckfachwerk ausgebaut.

ORTSTEILE/SEHENSWÜRDIGKEITEN: Gerademal 500 Meter östlich von Altheim liegt an der B 470 der zu Dietersheim gehörige Ort **Dottenheim**. Wegen einer Schenkung des ortsadligen Rather von Dottenheim an das Kloster Lorsch wird der Ort schon 774 bezeugt. Die wohl während der Siedlungsgründung der fränkischen Landnahme grundherrliche Eigenkirche steht möglicherweise anstelle einer vorchristlichen Kultstätte. Im 12. Jh. (1158) ist ein Pfarrer Arnoldus im Dorf Tottenheim offenkundig seelsorgerisch tätig.
Die im ummauertem Friedhof befindliche Chorturmkirche St. Cyriakus auf kleiner Anhöhe außerhalb des Ortskerns weist ein erhöhtes Chorgebäude und ein schönes Doppelkehlkreuzrippengewölbe im selbigem auf. Der Wohnsitz des Ortsadels scheint im 15. Jh. aufgegeben worden zu sein.
Im Ort gibt es auch schöne Fachwerkwohnstallhäuser aus dem Zeitraum des 17.-18. Jh.

Wetterfahnen

Kurios sind die **Wetterfahnen** auf dem Kirchturm und am Dorfbrunnen. Beide tragen einen Halbmond, die am Brunnen obendrein stellt einen Osmanen, in einem Halbmond stehend, dar. Beide erinnern an die Beteiligung Dottenheimer Bürger an der Schlacht gegen die türkischen Invasoren um Wien im Jahre 1683.

Ausschnitt aus Merian-Prospekt der Stadt Windsheim, mit Weinturm und Steigerwald-Bergen.

Bad Windsheim *K369 F3*

Landkreis Neustadt an der Aisch - Bad Windsheim

ANFAHRT/WEGBESCHREIBUNG
Bundesautobahn A7 Würzburg - Ulm, Abfahrt Bad Windsheim, der B470 in Richtung Neustadt/Aisch bis Hinweisschild folgen.

SEHENSWÜRDIGKEITEN
Stadtpfarrkirche St. Kilian, St. Maria am See (gotische Schreinfigur), ehemalige Augustinerklosterkirche (jetzt Stadtbibliothek), Spitalkirche Heilig Geist, Alte Lateinschule (Vorgeschichtsmuseum), Rathaus, Städtische Bauhof, Evang.-lutherisches Gemeindehaus, ehem. Zeughaus, Heimatmuseum, Haus zum Storchen, ehemaliges Zollhäuslein, Freilandmuseum, Museum im Ochsenhof.

ORTSTEILE/SEHENSWÜRDIGKEITEN
Berolzheim, Erkenbrechtshofen, Humprechtsau, Ickelheim (Flügelaltar, Amtsschloß, Torhäuser) , Külsheim (Figuren, Gemälde), Lenkersheim (Malereien), Oberntief (Saalkirche, Bauernhofmuseum), Rehhof, Rüdisbronn, Unterntief, Wiebelsheim (Flügelaltar)

Ur-Ort des Rangaus

ORTSGESCHICHTE: In „Frankens gemütlicher Ecke", dem Rangau liegt das einzige Heilbad und bedeutende Erholungszentrum Mittelfrankens. Der Ursprung, ältester Kern und die Keimzelle des Ur-Rangaus (822 erwähnter Grafengau) des heutigen Bad Windsheims mit ca. 12.500 Einwohnern ist auf einen fränkisch-merowingischen Königshof *„villa dicta Wenigenwindesheim"* zurückzuführen, der bei der heutigen, westlich der Stadt gelegenen Kleinwindsheimermühle zu vermuten ist. Diese 1604 bezeugte Walk-Mühle ist sozusagen das Überbleibsel von Kleinwindsheim, das genauso wie z. B. Kleinochsenfurt auf der anderen Mainseite von Ochsenfurt in Mainfranken den Mutterort dargestellt hat. Als Gründer dieser Siedlung (um742) kommt hierbei ein Winid(er) in Frage, der als königlicher Freibauer oder adliger Grundherr seinen Hof auf dem örtlichen Hügel erbaute. So wurde das Königsgut Windsheim mit der auf einem Hügel solitär stehenden St. Martins-Kirche (jetzt Stadtpfarrkirche St. Kilian) vom Karolinger Herzog Karlmann 741 an das Bistum Würzburg verschenkt. Das ferne, im Rheintal gelegene Kloster Lorsch erhält auch noch in der gleichen Herrschaftsepoche Güter in Windsheim von den Freibauern Herebrant und Ermenolt ohne

Ausschnitt von einer Holzschnitt-Darstellung nach einem Kupferstich von Georg Wechter, 1576

Kauf übertragen. Um den Jahrhundertwechsel des 10. ins 11. Jh. erscheint der Bischof zu Würzburg mit gräflichen Privilegien im sogenannten Rangau. Im 12. Jh. begründeten die Staufer unter Friedrich II. im nördlich und nahe von Windsheim gelegenen Lenkersheim, die geplante und unvermittelt neben der bäuerlichen Altsiedlung angelegte Stadt mit Befestigungen. Die kirchliche Gegenseite mit dem Bischof Konrad von Würzburg fürchtete hierbei eine mögliche Konkurrenz, die die politisch und handelspolitisch wertvoll begüterte und weiter entstehende Siedlung an dem alten Verkehrsweg hätte unwichtig werden lassen können. So wird nicht ausgeschlossen, daß dieser Bischof im späten 12. und beginnenden 13. Jh. versucht hatte, sein junges Windsheim zu befestigen. Zum 13. Jh. ließ der Würzburger Bischof Konrad I. rund um den genannten Kirchhügel 1210 eine Siedlung anlegen, 1234 einen Markt bestimmen. Während dieser Neustrukturierung änderte sich wohl auch der altfränkische Namenspatron St. Martin der Kirche zum St. Kilian. Jedoch konnten die einflußreichen und mächtigeren Staufer auch durch eine für sie günstige Gebietsabtretung des Bischofs (Windsheim war ein bedeutendes, regionales Machtzentrum des Hochstiftes), dies mit der Begründung der Bischof habe gegen die Krone gehandelt unterbinden. Der Bischof von Würzburg blieb jedoch der Titel des Grafen erhalten, besaß damit weiter die Vorrechte dieses Titels und war somit landherrschaftlicher Grundherr in einer staufischen Königslandzone. Als solcher setzt er 1208 den bischöflichen Ministerialen Marquard als würzburgischen Schultheißen ein. 1280 verleiht Rudolf von Habsburg Windsheim letztendlich das Recht sich Stadt nennen zu können. Seitdem erwarb die junge Stadt die charakteristischen Stadtrechte und hierbei kam es wohl nach 1379 zu einer ersten steinernen Befestigung. Ab 1295 bis 1410 wird die Stadt erst reichsunmittelbar, ab 1410 dann freie Reichsstadt (und dies bis zum Jahre 1803) und unter Kaiser Sigismund 1433 erhält sie die für ihre Zukunft weiter bedeutsame Reichsfreiheit und Gerichtshoheit. Im vorangegangenen Jahr 1317 muß das Hochstift auch das Kirchpatronat aufgeben, als der König dieses als Reichslehen dem Deutschen Ritterorden mit der Kommende Virnsberg (Flachslanden, Naturpark Frankenhöhe) vermacht. So war Windsheim die einzige Reichsstadt dieses damaligen Landes und der behandelten Region. Das nahe und erst als Konkurrenz angenommene Lenkersheim konnte sich gegen die ideal gelegene und reich begüterte Stadt nicht behaupten. Friedrich III. vermachte ihr Mitte des 15. Jh. den Blutbann (vgl. Mainbernheim). 1464 erstritten sich die Windsheimer unter ihren Führungskräften die volle Gerichtshoheit ihres stadteigenen Rates innerhalb ihrer Mauern von den Burg- und Markgrafen, die natürlich ihr kaiserliches Landgericht als oberste Instanz innerhalb der Reichsstadt sehen wollten. Dies war für die Windsheimer ein Trumpf mehr gegen die Markgrafen, die sich zweimal die Stadt durch Verpfändungen zukommen ließen, sie aber wieder an die engagierte Ratspolitik Windsheims verloren. Um den Landfrieden zu wahren, da umliegen-

Siedlungsplanungen

1280 Stadt genannt

Freie Reichsstadt bis 1803

der Adel sich als angeblicher Raubadel hervortat, sorgte die Stadt mit einem kleinen Heer für Zerstörung der Burgen, (vgl. Eppelein von Gailingen) brachte durch Kauf deren verbundene Güter und Besitztümer an sich und schaffte es durch Kapitalanlage unter dem Bürgertum vornehmlich soziale Einrichtungen und kirchliche Gebäude zu ermöglichen. So hatte die freie Reichsstadt als Dorf- und Gemeindeherr in sieben Dörfern (Erkenbrechtshofen, Humprechtsau, Illesheim, Külsheim, Obern- und Unterntief und Wiebelsheim) uneingeschränkte Herrschaftsrechte neben dem stattlichen Besitz von 276 gezählten Bauernhöfen des Umlandes und zwei großen Forsten. (Grafholz, „die Gräf" nordwestlich der Stadt und der Schußbachwald). Diese Besitze wurden im Zuge der Reformation 1525 säkularisiert. 1530 ist die Reichstadt bei der Unterzeichnung der Augsburger Konfessionen mit von der Partie. Die im Grundriß rechteckige alte Stadt wurde im übrigen 1380 mit einem weiteren, dreitorigen Mauerring (von 10,6 ha auf 29 ha) umgeben, der ihre Vorstädte mit einbezog. Folgende Erweiterungen und Ausbauten sind zur Zeit der Hussitenkriege (1424-1428) unter Umwehrung einiger neubegründeter Gebäude (Spital, Pilgerhaus und Kirche Maria am See) und während des 16. Jh. nachweisbar. Hatte die immerhin zwanzigtürmige Stadtbefestigung 1434 einen von der Aisch doppelt flutbaren Graben. Ein großer Wall umschloß, mit Geschützständen besetzt, diesen Platz. So wurden also zur Zeit der verbesserten Fortifikationstechniken gegen und für Geschütze im 16. Jh. letzte Verstärkungen vorgenommen. Mit der Verlegung der bedeutenden Fernstraße Nürnberg-Würzburg und dem letztlich nicht auf Dauer ausreichenden Bestreben, sich territorial vor den Brandenburger Markgrafen behaupten zu können, verlor die Stadt zunehmend an Bedeutung. Stolz der Stadt war hingegen auch das hiesige Gymnasium. Mit dem andernorts funktionierenden Einzug der neuzeitlichen Bürokratie konnte die Stadt seltsamerweise nicht mithalten, was vielleicht auch an dem gewissen Stolz der Windsheimer, die sich im Laufe der Zeit so unabhängig von allem gemacht hatten, gelegen haben könnte. Vor der letzten Optimierung der Festungswerke wurde die Stadt im Dreißigjährigen Krieg schwer mitgenommen. Laut Bekundungen schwand auch die Bevölkerungszahl in dieser Zeit erheblich. Die freie Reichsstadt Windsheim wird 1802 erstmals dem bayerischen Land zugeschlagen, wird jedoch durch einen Tausch dem preußischen Machthaber zugeteilt, wobei auch hier Reichsfreiheit aufgegeben werden mußte. Am 21.1.1804 marschierten preußische Truppenverbände in Windsheim und seinem Umland ein. Zwei Jahre später wird die der französischen Militärregierung unterstellte Stadt, die 1810 aus „Napoleonischem Erbe" von Bayern in Besitz genommen wurde. Mit dem Jahre 1817 wurden die Befestigungen niedergerissen, 1882 verschwand langsam die einst schützende Umwehrung, so daß jetzt nur noch Straßennamen auf die Wälle hinweisen.

Zwanzigtürmige Stadtbefestigung

Söhne einer Stadt

Im späten 16. Jh. (1576) wurde hier der 1659 verstorbene Mathematiker Sebastian Kurz geboren. Berühmtester Windsheimer war der

Naturforscher und Forschungsreisende Georg Wilhelm Steller, 1706 in Windsheim geboren, 1746 in Sibirien gestorben. Jener war mit Bering nach Nordwestamerika aufgebrochen und hatte als dessen langjähriger Begleiter die nach ihm benannte Stellersche Seekuh entdeckt.

Stadtbefestigungen

SEHENSWÜRDIGKEITEN: Ehemalige **Stadtbefestigungen**: Der auf dem Hügel gelegene älteste Stadtkern aus der Zeit um 1380 läßt sich noch anhand der folgenden Straßenzüge „An der alten Weed, Riemenschneiderstraße, Metzgergasse, Kumpfgasse, Holzmarkt und Schirmergasse nachvollziehen. Einziger, wohl auch unverbauter Rest scheint ein Stück Quadermauer am östlichen Ende der Kumpfgasse zu sein. Die zweite Befestigung außerhalb dieser frühen rundlichen ist ovalförmig, mit einem nach Norden schmäler werdenden Grundriß, dessen einstige Umwehrung mit den Mauern und Türmen gänzlich verschwunden sind. Die zur Zeit der Hussitenkriege entstandene äußere Stadtbefestigung mit ihren der Waffentechnik dieser Zeit angepaßten Wehranlage wird von mehreren namhaften Chronisten wie Merian oder Delsenbach beschrieben und aufgezeichnet. Das Urkataster von 1822 zeigt eine beeindruckende Befestigung, die mit Abbruch des Rothenburger Tors ein Ende fand. Der ehemalige Grabenkomplex ist stellenweise noch anhand von Gartenanlagen zu sehen. Namen wie Spital- oder Bauhofwall verweisen auf die abgetragene Befestigungen und die hinter diesen liegenden Gebäude.

Das Zentrum der Altstadt wird am höchsten Punkt des alten Siedlungshügels (318 m ü. NN) durch den heimelig anmutenden, rechteckigen Platz, durch Stadtkirche, Rathaus und einigen schönen Bürgerhäusern gebildet.

Pfarrkirche St. Kilian

Wahrscheinlich ist die **Stadtpfarrkirche St. Kilian** anstelle der ersten Kirche St. Martin aufgeführt worden. Urkundlich erstmals belegt ist dieser romanische Bau tatsächlich um 1190. Die beiden Türme an den Seitenschiffen belegen diesen hochmittelalterlichen Kirchbau. Der spätmittelalterliche Umbau muß wenig nach 1400 erfolgt sein. 1439 beginnt der Bau des Nordturms, so muß auch das Langhaus mit seinem schönen Rabitzgewölbe im wesentlichen gegen Mitte des 15. Jh. vollendet gewesen sein, da wir 1449 schon von einer Stiftung des Heiligen-Blutes-Christi-Altares erfahren. Noch in der zweiten Hälfte des gleichen Jahrhunderts wissen wir dank Ablaßbriefen von weiteren Bautätigkeiten. Während der Reformation gab es keine Veränderungen mehr, erst mit Renovierungen Ende des 16. Jh. und Anfang des 17. Jh. Der Stadtbrand vom 3. Dezember 1730 zerstörte die Kirche so sehr, daß nur noch das Mauergerippe übrigblieb, der einen barocken Neubau durch Johann David Steingruber unter Miteinbeziehung , der spätmittelalterlichen Bauteile mit sich brachte. Die beiden, ungleich hohen Kirchürme, die den kreuzgratig gewölbten, noch gotisch verbliebenen Chor umschließen, prägen das Stadtbild am westlichen Ende des Marktplatzes. Das dreischiffige Langhaus mit Tonnengewölbe mit seinen beiden spiegelgewölbten Seitenschiffen wird durch hohe Rundbogenfenster erhellt. In den Seitenschiffen Doppelemporen. Zwei Emporengeschosse mit stuckverzierten Brüstungen beleben das Innere, das auch durch den großen Stuckvorhang am Chorbogen (frühes 18. Jh.) mit Darstellung von Putten und die Pfeilerkapitellstuckierung eine typisch barocke Gestaltung beweist. Der einjochige Chor wird durch ein Kreuzgratgewölbe gebildet. Das mittelalterliche Kircheninnere barg schon acht Altarbauten. Kilians- und Katharinenaltar waren schon in der romanischen Kirche von 1307 vorhanden. Drei Hauptaltäre des Spätmittelalters standen wiederum St. Kilian und St. Katharina neben dem St. Johannes dem Täufer-Altar Pate. Letzterer wurde 1404 geweiht. 1420 reiht sich der St.-Nikolaus- und Zwölfbotenaltar ein, für den der bekannte gotische Bildhauer Tilman Riemenschneider eine Retabel schuf. Der Zwölfbotenaltar ist heute im Kurpfälzischen Museum in Heidelberg zu bewundern. 1509 sind auch diese Figuren für den Choraltar und ein Kruzifix, die während des Brandes oder später verschwanden, bezeugt. 1424 wird der Martinsaltar bezeugt und zuletzt 1449 der gestiftete Heilig-Blut-Altar auf der Westempore. Altar, Taufstein, Kanzel, Gestühl, sowie die Stuckarbeiten stammen vom Bildhauer Johann Friedrich Maucher. Dieser schuf auch das **Orgelgehäuse** von 1734

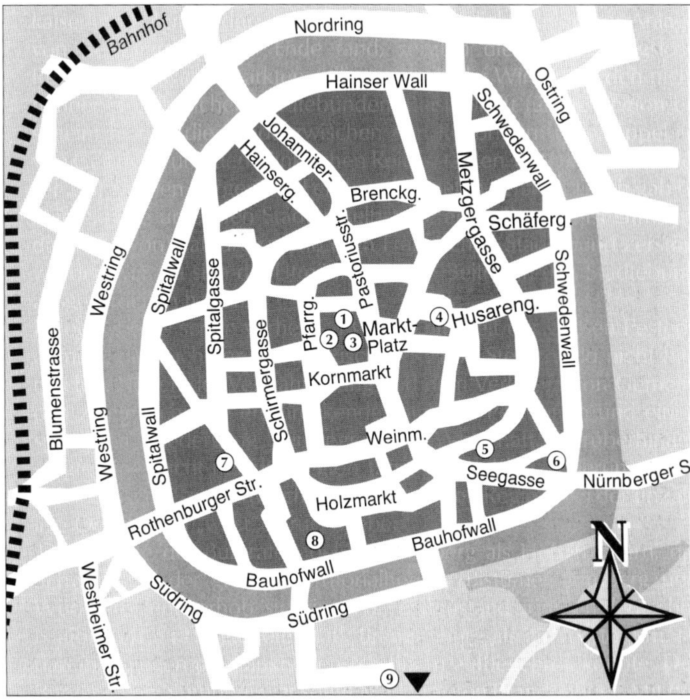

Legende
Altstadt Windsheim

- ① Stadtpfarrkirche St. Kilian
- ② Rathaus
- ③ Vorgeschichtsmuseum
- ④ Stadtarchiv
- ⑤ St. Maria im See
- ⑥ Ochsenhof (Stadtmuseum)
- ⑦ Spitalskirche
- ⑧ Bauhof
- ⑨ Fränkisches Freilandmuseum

mit 4112(!) Pfeifen. Der hohe Chorbau wird von den beiden ungleich hohen Türmen lebendig bestimmt. Scheint der achteckige Südturm in seiner spätmittelalterlichen Bausubstanz dem Rathaus teilweise zu entwachsen, so ist er auch von diesem weltlichen Gebäude aus über zwei Turmgeschosse zu erreichen. In den Obergeschossen des Nordturmes sind barocke Stilelemente wie Pilaster und Säulengliederung zu erkennen. Modernisierte Verkaufsstände erheben sich zwischen den Strebepfeilern. Eine Bemerkung wert ist das Baumaterial, dem im Steigerwald häufig verwendeten Schilfsandstein, der zu diesem Bau aus den reichsstädtischen Steinbrüchen bei Illesheim einst gebrochen wurde.

St. Maria am See

Die evang.-lutherische Nebenkirche – **ehem. St. Maria am See** geht ebenfalls aus einer Stiftung eines in die Nürnberger Kartause eingetretenen Windsheimer Bürgers – Peter Kumpf im März des Jahres 1400 hervor. Der 1405 bereits vollendete Bau enstand beim ehemaligen Seetor der ersten Windsheimer Stadtmauer. Während der Bauarbeiten aufgetretene Schwierigkeiten zogen statische Korrekturen an der südlichen Chorwand nach sich. Der als See bezeichnete Weiher wird später trockengelegt. Kirchabschluß durch einen dreiseitig schließenden Chor. Das Langhaus zeigt sich durch eine Flach-

Fachwerkhäuser am Martin-Luther-Platz in der Altstadt von Bad Windsheim.

decke und einen Terrazzofußboden mit Doppelemporen gestaltet. Auffallend ist, daß die Spitzbogenfenster unterschiedlich groß sind und ungleich aufeinander folgen. Im Norden des Langhauses rückt eine angebaute Kapelle aus dem Kirchbau, dessen breites Korbbogenfenster mit gotischem Maßwerk geschmückt wurde. Das achtseitige Pyramidendach zieht durch die verschieden farbigen Glasurziegel im Rautenmuster (1587) die Blicke des Besuchers auf sich. Hier zeigen sich auch noch an den Außenseiten zwei Tafeln mit Stifterwappen. Die Stuckarbeiten im Chor und Langhaus sind wohl um 1725 entstanden. Aus dieser Zeit an der Kapellendecke leichtes Rank- und Bandelwerk, im Langhaus Cherubim mit Wolkendarstellung. Der 1623 ursprünglich für die Hl. Kreuzkirche in Ansbach geschaffene Altar ist wie die Kanzel ein Werk Georg Brencks. Desweiteren sind hier eine schöne **gotische Schreinfigur** aus Holz zu sehen: eine stehende Maria mit Kind, eine Arbeit aus dem Zeitraum um 1450/60.

Ehemalige Augustiner-Eremiten-Klosterkirche

Die **ehemalige Augustinereremitenklosterkirche** ist jetzt Stadtbibliothek. Das 1291 gegründete, von Albrecht Geiling zu Illesheim gestiftete Augustinereremitenkloster, das einzige dieses Bettelordens (Orden Martin Luthers) dieser Art, der sich in der freien Reichsstadt Windsheim niederlassen konnte, lag an der Nordostecke der ersten Stadtbefestigung. 1295 Weihe der Kirche und der Grablege des Adels zu Illesheim. Mit der Auflösung des Klosters ging der Bau 1525 unter dem letzten Prior mitsamt den dazugehörigen Gütern an die Stadt, die es wohl im Zuge der Säkularisation niederlegen ließ. Bis jetzt blieb lediglich noch der Chor aus der 2. Hälfte des 14. Jh. erhalten, in dessen Obergeschoß 1623 durch Einziehen einer Balkendecke die jetzige Stadt-, frühere Ratsbibliothek eingerichtet wurde. 1739 und 1741 entstanden anstelle der rustikalen Balkendecke ein Tonnengewölbe, so auch im Bibliotheksraum. 1617 wurde im übrigen das an der Südseite sich erhebende Fachwerktreppentürmchen angebaut. **Ehemaliges Sakramentshäuschen** aus der 2. Hälfte des 14. Jh., so auch die ehemalige Sediliennische mit ihrer in das Gewölbe eingesetzten **Kopfmaske** aus dem ausgehenden Mittelalter. Am Türschloß zum Bibliotheksraum beachtenswerte **Ornamentik** des frühen 17. Jh.

Spitalskirche

Evang.-lutherische Spitalkirche – ehem. Heilig Geist: Das Spital mit großem Innenhof mitsamt seiner Kapelle geht auf eine Stiftung des Bürgers Konrad Forster zurück, wie die bischöfliche Bestätigung 1318 belegt. Mitte des 14. Jh. war der Kirchenbau vollendet worden. Ursprünglich noch vor den Stadtmauern gelegen, mit der Stadtmauererweiterung jedoch ins Stadtinnere gerückt. Ein hoher, gotischer Chorbau an einem Langhausgebäude mit Flachdecke, deren beachtenswerte **Stukkaturen** (Heilig-Geisttaube, von Wolken mit Engelsköpfen und Strahlenkranz umgeben) ebenfalls auf den Bildhauer Johann Friedrich Maucher zurückzuführen sind. Im Innern gibt es auch eine hufeisenförmige Doppelempore. Aus der Mitte des 14. Jh., stammen die beachtlichen **Rankenbeschläge** der Sakristeitür. Beachtenswert ist hierbei auch die **Sitzfigur des Hl. Hieronymus** (Mittelfränkisch, 1460/70, stammt wohl aus dem Altarschrein des

1443 von Dr. Iodocus Lehmacher gestifteten Hieronymusaltars.) Beachtung verdient auch das **Altarbild des Jüngsten Gerichts** mit den rechts und links befindlichen Darstellungen von Adam und Eva, ein farbiges, **gotisches Flachrelief** und die **Kanzel**, ein Werk von G. Brenck dem Älteren. Offensichtlich erschloß sich von dem Kirchlanghaus ein westlicher Bau - ein ehemaliger Krankensaal. Das nördlich an die Kirche anschließende Spitalgebäude bestand aus mehreren, um diverse und unregelmäßige Höfe angeordneten Gebäuden. Um 1100 erhob sich hier vor dem spätmittelalterlichen Spital ein Johanniterhospital. Vom Spital zeugt nur noch ein Keller, die weiteren bezeichneten Häuser stammen aus der zweiten Hälfte des 16. Jh. (u. a. Brunnenhaus) und manche aus dem Zeitraum zwischen 1730 und 1740.

Am Martin-Luther-Platz erhebt sich noch die **Alte Lateinschule** (1573), des jetzigen **Vorgeschichtsmuseum** in schönem Fachwerk.

Hier war bis 1623 nicht nur das reichsstädtische Gymnasium, sondern auch die Stadtbibliothek untergebracht.

Rathaus

Wie schon an anderer Stelle erwähnt, stellt das **Rathaus** mit der Stadtpfarrkirche ein schönes Ensemble dar. Wie verschmelzend erscheinen weltlicher Profanbau und kirchlicher Bau. Vom mittelalterlichen sind uns keine Reste mehr erhalten, aber es muß sich als Massivbau mit erdgeschossiger Verkaufshalle und obergeschossigem Fachwerkaufbau präsentiert haben. Im Jahre 1540 wurde die dem Markt zugewandte Fassade von einem gewissen Hans Graf bemalt. 40 Jahre später ist im Erdgeschoß ein Archiv untergebracht. Zu Beginn des 18. Jh. (1713-17) entstand das barocke, schwere, neunachsige Gebäude in palastähnlicher Manier nach Plänen von Gabriel de Gabrieli. Die ausführenden Arbeiten wurden u.a. von dessen Polier Johann Rigaelia und dem Maurermeister Michael Asbacher getätigt. Arkaden, Pilastergliederung und lebendige Fensterausrichtung zeichnen den Bau mit einachsigem Mittelrisalit und Attikagiebel aus. Die Durchfahrt wird durch gedoppelte Säulen nebst Pilasterschmuck ausdrucksvoll bestärkt. Mit dem großen Stadtbrand von 1730 wurde auch das imponierende Rathaus, bis auf die Grundmauern zerstört. Eine, die alte Erscheinung berücksichtigende Wiederherstellung fand in den 50er Jahren des gleichen Jahrhunderts statt. Die Attikafiguren stammen auch vom Wiederaufbau. Der leichte Attikagiebel lugt vor dem Mansarddach mit zwiebelförmigem Dachreiter empor, bezeichnet aber den erd-

Das Rathaus des alten Windsheim.

geschossigen Torbau, der von einem Balkon im wenig auffälligen Mittelrisalit bekrönt wird. Der erdgeschossige Unterbau wirkt durch seine neuen Arkadenbögen langgestreckt und durch die durchlaufenden Quaderbänder und deren Bogensteine massiv und monumental. In der zweiten Jahreshälfte 2000 wurden während Sanierungsmaßnahmen unter dem Marktplatz vor dem Rathaus Kellergewölbe eines königlichen Verwaltungshofes, Latrinen und Überreste eines karolingischen Friedhofes des 9. Jh. aufgedeckt. Fast 50 sterbliche Überreste wurden in ausgehöhlten Baumstämmen freigelegt. Ein Scherbenfund in einer Latrine entpuppte sich als umfangreichster Flachglasfund des 14. Jh. in Europa. Auch wurde der Stadtbrunnen aus dem Jahre 1408 ergraben. So sollen „archäologische Fenster" und ein Tunnel, das Areal öffentlich erschließen.

Aufsuchenswert ist in jedem Falle der **Städtische Bauhof,** (am Holzmarkt - originaler Standort) der als einer der größten Fachwerkhallenbauten (1441) Süddeutschlands gelten kann. An diesem reichsstädtischen Bauwerk auf einer Grundfläche von 22 x 32 m wird die Zimmermannskunst des Spätmittelalters nicht nur anhand des frei überbauten Raumes von immerhin ca. 14 auf 24,6 m deutlich. An den Längsseiten ragen sechs Ständerpaare (insgesamt 18 Innensäulen) auf Pfostensteinen von 4,8 m in die Höhe. Durch Windbelastung und durch spätere und schwerere Ziegeleindeckung des Vollwalmdaches sanken die stark überlasteten Pfostensteine an der Nordseite in den Untergrund ein, so daß dem Ständerbau geringe Veränderungen widerfuhren. Kompliziertes Sprengwerk im Dachgestühl, die niedrigen Außenwände wurden später vermauert. Auffällig ist, daß keinerlei Bretterböden als nutzbare Flächen im Dach zu sehen sind. Vielleicht war das Gebäude Abbundplatz der Zimmerleute, war aber laut anderer Fachleute als solches zu aufwendig gestaltet und könnte eher als gemeinschaftliches Kelterhaus angesehen werden. Laut einer dendrochronologischen Bestimmung der Fällungsjahre der Balkenhölzer wurde eine Fällung ins Jahr 1441/42 datiert. In Stadtrechnungen wird ein *„bawhoff"* in Zusammenhang mit Zimmerleuten und Latten, quasi als Vorgängerbau schon 1404 erwähnt. Die Vorhofzufahrt ist stichbogig und mit Fußgängerpforte gestaltet. Westlich steht eine kleine spätgotische Fachwerkscheuer aus der 2. Hälfte des 14. Jh. Der Bauhof ist jetzt (Besichtigungs-)Teil des Freilandmuseums und kann inklusive diesem besucht werden. Städtischer Bauhof

Das stadtgeschichtliche und volkskundlich orientierte **Reichsstadtmuseum im Ochsenho**f (Seegasse 27) sei hier ebenso empfohlen. Werden hier neben einer reichen Dokumentensammlung auch Gegenstände zur Stadthistorie neben der hiesigen Volkskunde gezeigt. Telefon 09841/1073, März bis Dezember, am Dienstag, Donnerstag, Samstag und Sonntag von 14 bis 17 Uhr geöffnet. 1397 wird der Ochsenhof erstmals urkundlich überliefert und dies im Zusammenhang mit dem gegenüber befindlichen Gasthofs zum Ochsen - als Namensgebung erklärt. Heutzutage als zweistöckiger Fachwerkbau von 1537 sichtbar. Als „Kasten" bezeichnet - zum Getreidespeicher Reichsstadtmuseum

Der Schöne Brunnen mit Karls-Statue, Rokoko-Bürgerhaus und Turm der Kirche Maria am See.

der markgräflich-bayerischen Herrschaft erhoben. So wurden hierher die Zehntlieferungen der umliegenden Dörfer verbracht. Hervorgehoben werden sollte noch das **ehem. Zeughaus**, 1612 erweitert, aber leider zu späterer Zeit umgebaut - ein dreigeschossiger Massivbau mit Walmdach, Hofmauer mit Blendarkaden. Im Vorhof stehen auf beiden Seiten Wachhäuschen.
In Bad Windsheim finden sich darüberhinaus weitere ansehnliche **Fachwerkhäuser** des 15./16. Jh.: In der Eisengasse 1 - das solitär stehende Fachwerkhaus mit reichem Fachwerkgiebelschmuck aus dem Jahre 1562, am Martin-Luther-Platz das ehem. **Stadtschreiberhaus** von 1570 mit Zierfachwerk.
Hierbei ist das **Haus zum Storchen** von 1580 am Weinmarkt ein kleines Schmuckstück. Am Weinmarkt 2 fällt auch die reiche Rokokofassade (Mitte 18. Jh.) auf. Weitere massive Gebäude mit schlichtem Mittelrisalitbau und Mansarddach, - auf Krauß zurückzuführen, finden sich am Kornmarkt oder in der Seegasse. Ein ehemaliges **Zollhäuslein** erhebt sich am Äußeren Ring - Rothenburger Straße als kleiner Fachwerkbau des 18. Jh.
Der **Schöne Brunnen** auf dem Weinmarkt wird durch die Statue Karl VI. (1725/26) über altem Becken von 1590 geziert.
Am Südring erhebt sich eine **historische Geleitsäule**.

Dank seiner Natrium-Calcium-Chlorid-Sulfat-Quellen konnte hier die Stadt Windsheim mit seinem modernen Kurviertel sich den Titel Bad aneignen und ist hiermit das bedeutende, wenn auch einzige Erholungszentrum der mittelfränkischen Region. Fünf Heil-Quellen laden hier zu einem Gesundheitsbesuch ein. Am 14. Juli 1891 wurde in Windsheim eine Heilquelle aufgespürt, die Kochsalz und Glaubersalz enthielt. Der Würzburger Johann Schwarz und dessen Onkel, der Windsheimer Georg Schwarz kauften 1902 diese Quelle und eröffneten sie als „Sankt-Anna"-Quelle.

Fränkische Freilandmuseum

In jedem Falle besuchenswert ist das **Fränkische Freilandmuseum**, das als größtes seiner Art im nordbayerischen Raum, mit seinen ca. 50 ha (1979 begonnen) die schönsten, wertvollsten und typischsten Gebäude des alten und älteren Frankens (zur Zeit 65 historische Gebäude) begehbar und begreifbar macht. Die in regional zusammengefaßten Baugruppen aus fünf Jahrhunderten, vom Mittelalter bis in die Neuzeit; Bauern- und Handwerkshäuser*, Mühlen, Schmieden, Brauereien können täglich von Mitte März bis

Anfang Dezember (auch mit Führung) besucht werden. Telefon 0 98 41/6 68 00. So stammt ein Stall- und Lagergebäude von 1622 aus Bad Windsheim, neben einer hölzernen Marter (Gleißende Marter) von 1886 mit beschlagenem Kopfteil. Aus einigen Ortschaften, die hier im Führer aufgeführt sind stammen folgende Gebäude: Eine Schäferei aus Hambühl→ von 1744, ein Häckerhaus aus Ergersheim→ (1707) mit Scheune von 1591, ein Bauernhaus aus Herrnberchtheim→ von 1722 mit Scheune (1600) und Schweinestall, sowie eine Schmiede aus Westheim→ (1780).

Man kann täglich eine Stadtführung in der Zeit zwischen 1. April und 31. Oktober in Anspruch nehmen. Auskünfte hierüber erteilt die Tourist Info: 09841/4020.

Ein Landwirtschaftlicher Lehrpfad kann vom Parkplatz Oberntiefer-Straße, Rondell begangen werden.

Nordwestlich der Stadt erhebt sich auf dem langgestreckten Weinturmhügel der im Grundriß kreisrunde **Weinturm**, der um 1428 als Wachtturm zu Windsheim erbaut wurde. Der Nürnberger Markgraf Friedrich IV. hat ihn 1490 schleifen lassen, mußte ihn aber aufgrund eines Abkommens mit Windsheim wieder aufbauen lassen. Seitdem zeigt er sich wieder mit aufgeführtem Mauerbund und einem achteckigen Fachwerkaufbau. Weinturm

ORTSTEILE/SEHENSWÜRDIGKEITEN: Der Windsheim zugeordnete Ort **Berolzheim** liegt 6 km in nördlicher Richtung von Bad Windsheim. Möglicherweise ist dieser schon in karolingischer Zeit entstanden. So beschreibt jedenfalls die an die fränkische Landnahme erinnernde Endung in der in dieser „Bucht" auftretenden Gruppe von „-heim"-Orten eine mögliche, bezeugbare Entstehung als „Heim des Berold". Sie war wohl bis 1526 zur Würzburger Zent Schopfenlohe bei Deutenheim gehörig. Der ansonsten größtenteils markgräfliche Flecken war im 17. Jh. auch partiell dem Mitgrundherrn Reichsstadt Windsheim zugehörig.

Die gotische Ortskirche St. Jakob mit Fachwerktürmchen, eine dreiachsige Saalkirche am südöstlichen Ortsrand am Tief-Bach gelegen, wird 1468 erstmals in Urkunden erwähnt. Im Innern: Emporen aus dem 16./17. Jh., **Kreuzigungsgemälde** aus der Mitte des 16. Jh., spätgotische **Predellatafeln** aus der ersten Hälfte des 16. Jh. von Hanns Ochs aus Rothenburg. Predellatafeln

Ein spätmittelalterliches, einarmiges – „archaisch" wirkendes **Sandsteinkreuz** findet sich am Abzweig Humprechtsau nach Rüdisbronn. Steinkreuz

Etwa 5 km nördlich hinter der Ortsgrenze von Bad Windsheim liegt das in Urkunden als *„Erkenbreteshusen"* 1182 bezeugte **Erkenbrechtshofen**. Der Name scheint sich auf den Personennamen Erkanbrecht zu beziehen. Besitz des Bamberger Klosters St. Theodor. Weitere Erwähnung findet das Dorf unter anderem durch dessen Verkauf durch Hans von Seckendorff von Hoheneck an das Hospiz von Windsheim im Jahre 1400. Im Ort steht ein schönes Fachwerkwohnstallhaus aus dem frühen 18. Jh. Innerhalb des Ortes wird die Burgstelle des ortsverbundenen Ministerialadels vermutet.

Etwa 5 km westlich der Ortschaft Herbolzheim liegt **Humprechtsau**. Der Ort geht vermutlich auch auf die fränkische Besiedlung zurück, so daß der Name mit dem Personennamen Huntbrecht zu erklären wäre. Das mundartliche *„Mumeratsaa"* liegt dem 1303 bezeugten *„Humbrechtsawe"* im Osing etwas entfernt. 1533 ist ein Kauf der Reichsstadt Windsheim vom Amtsmann zu Windsbach, Simon von Zedwitz überliefert.
Im Ort steht neben einigen schönen Fachwerkhäusern die kleine Barockkirche mit älterem gotischen Chorturm mit Fachwerk im Obergeschoß. Südlich der Ortschaft die für die Region bekannten Gipshügel. Im Osten entdeckte man im sogenannten „Schaukelrasen" (ehem. Moorgebiet) verkieselte Baumstrünke.

Ickelheim liegt etwa 5 km südlich von Bad Windsheim, nahe der Naturparkgrenze Frankenhöhe. Schon im 8. Jh. wird der Ort im Zusammenhang mit seiner Zugehörigkeit zum Würzburger Bistum erwähnt. Die Pfarrei erlangte aber erst um 1000 Unabhängigkeit. Mitte des 13. Jh. erhielten die Burggrafen von Nürnberg von den von Hohenlohe den Ort, bis Ende des 13. Jh. der Burggraf Konrad IV. dem Deutschorden Virnsberg und Ickelheim stiftete. Nach dem Bauernkrieg, der Zerstörungen von Schloß und Ort mit sich brachte, wurde der Ort zum Zankapfel zwischen Deutschorden und dem Markgrafentum Brandenburg bis zum Jahre 1754, da sich die Bewohner zum evangelischen Glauben bekannten. Mit der Deutschordenskommende ging Ickelheim schließlich 1806 in Bayerischen Besitz über. Ganz vom Deutschorden und seinen Bauten geprägt zeigt sich heute noch Ickelheim: Das **Amtshaus des Deutschen Ordens**, 1565 errichtet, ein eindrucksvoller, schloßverwandter Dreigeschoßbau mit Treppenturm und einer Hauskapelle aus der Zeit um 1650.
Auffällig hierbei auch einige **Wohnstallhäuser**, teilweise mit Deutschordenskreuzen aus dem Zeitraum 17.-19. Jh. Markant ist aber auch das **Gasthaus Goldenes Kreuz**, ein Fachwerkbau aus der 2. Hälfte des 17. Jh. mit dazugehöriger Fachwerkscheune von 1760.
Einen verheerenden Stadtbrand von 1857 scheinen viele Häuser überstanden zu haben, so auch die sehenswerten **Fachwerktorhäuser** mit den hohen, rechteckigen Tordurchfahrten der ehemaligen, aber späten Ortsbefestigung. Das nördliche, barockzeitliche Torhaus, gen Windsheim gerichtet, ist mit der Jahreszahl 1713 bezeugt. Einen Besuch wert ist auch die **Chorturmkirche** –

Neuzeitliches Torhaus in Ickelheim

ehemalig St. Georg - mit ihrem einjochig kehlrippennetzgewölbtem Polygonchor, die 1430 im Zusammenhang mit einer gestifteten Messe und Pfarrer bezeugt wird. Sie steht als dreischiffige Anlage mit Chor und Westturm (2. H. 15. Jh.) im früheren Friedhof, der mit rundbogiger Durchfahrt des klassizistischen Portals und seitlichem Pfortenbogen zugänglich ist. Der hohe, massive Vierseitturm ruht auf weit ausladenden Mauerböschungen. Das flachgedeckte mit Rahmenstuck und Ornamentik aus dem späten 18. Jh. versehene Langhaus wird in seinem dreischiffigen Aufbau durch schlanke toskanische Säulen räumlich aufgeteilt. In den Seitenschiffen erheben sich die Emporen. Das Chorgestühl mit der vergitterten Herrschaftsloge entstammt dem 18. Jh. Der regional nicht selten auftretende **Kanzelaltar** ist wohl ein Werk Johann Friedrich Mauchers (1744 bez.) mit dem Kanzelkorb Georg Brenck des Älteren (frühes 17. Jh.). Eine eingehendere Betrachtung verdient jedoch der **Flügelaltar** (um 1510) - eine wohl nürnbergische Arbeit. Die Schnitzkunst verweist möglicherweise auf den Meister des Martha-Altars der Lorenzkirche in Nürnberg. Die Innenseiten zeigen die Kreuzigung, die Flügel Josef von Arimathäa und Maria Magdalena. Die gemalten Außenseiten mit Welterlöser und Mariä stammen wohl aus der Werkstatt des Hans von Kulmbach.

Im nördlich nahgelegenen **Külsheim,** einer merowingischen Ortsgründung, dessen Siedlungsherr vielleicht *Gullo* hieß, befand sich wohl einst das „Heim des Gullo". Dieser Name erscheint urkundlich in *„Villa Gullesheim"* zu Ende des 8. Jh. 1144 als *„Cullesheim"*, 1263 *„Kullisheim"*. Der hier sich nach dem Ort benennende Dienstmanne Otto de Cullesheim erscheint 1144 als Ministerialer. Der Niederadel bestand offenbar mit einem Eberhard bis 1413, wenn auch dessen Burg im sogenannten Städtekrieg zerstört wurde. Ein Wiederaufbau ist urkundlich nicht greifbar. Die Klöster zu Heilsbronn und das nahe Birkenfeld hatten im

Der spätgotische Flügelaltar in der Ortskirche von Ickelheim. Untenstehend die Reliefgruppe der Predella.

Ort Untertanen. Ersteres unterhielt sogar ein Kastenamt im „Schlößchen". 1525 sind Überfälle von Bauernhaufen bezeugt. Im letzten Jahr des Dreißigjährigen Krieges wurde neben dem Ort die Kirche schwer beschädigt. In der nachreformatorischen Zeit gelangten die Klostergüter an das Klosteramt Birkenfeld und an das Markgrafentum Bayreuth mit seinen Kammerämtern, dem Ort Ipsheim und der Reichsstadt Ipsheim. Jene behielt sich auch die Kirchhoheit und das Patronat vor.

Interessant ist eine Besichtigung der teilweise spätgotischen **Kirche** – ehem. St. Walburg. Diese wurde 1502 errichtet. Der hohe, viergeschossige Turm besitzt noch in seinem Untergeschoß ein gotisches Netzgewölbe. Zugänglich durch einen reich profilierten Triumphbogen birgt die Kirche in ihrem Chor drei beachtenswerte **gotische**

Holzfiguren

Holzfiguren, die zum einen die Kirchenheilige Walburga, eine stehende Maria mit Kind und einen nicht gedeuteten männlichen Heiligen darstellen – offenbar Werke des späten 15. Jh. Schön auch

Brüstungsgemälde

das sechsteilige, ehemalige **Brüstungsgemälde** der Empore, das Abendmahl, Fall Christi unter dem Kreuz, Kreuzaufrichtung, Kreuzigung, Kreuzabnahme und die Auferstehung Jesu darstellt. Über der im Stil des Barocks kunstvoll gearbeiteten **Orgel** hängt das Wappen der Reichsstadt Windsheim. Die **Kanzel** ist ebenfalls ein Werk Georg Brencks des Älteren (1623).

Das im Ort, Haus Nr. 11 stehende stattliche Wohnhaus (1832) mit Fachwerkobergeschoß fällt durch seine ehemalig dazugehörige Zehntscheune von 1662 auf. Burgstall im Ort – noch wahrnehmbare Wall- und Grabenreste.

Für Naturfreunde sind die „Külsheimer Gipshügel" von Bedeutung. Hier kommen noch seltene Steppenheidepflanzen vor, die als Relikte der eiszeitlichen Steppenlandschaften zu deuten sind (NSG).

Der an der B 470 (Richtung Neustadt a.d. Aisch) westlich gelegenen Ort **Lenkersheim** führt heutzutage eine Art Schattendasein, obwohl ihn die bedeutende Landstraße und Alte Straße zwischen Bad Windsheim und Neustadt/Aisch tangieren. Die Endung des Ortsnamens verrät es wieder, daß es sich hierbei um eine altfränkische Siedlung innerhalb einer großangelegten Siedlungswelle handeln muß. Grundherr und Führer war vermutlich ein *Landger*. Schon vor dem Hochmittelalter werden Freibauern von *„Lengirsheim"* offensichtlich erwähnt, die ihre wertvolle und beachtliche Unabhängigkeit bis gegen Ende des 12. Jh. behaupten können, aber sich am 15. März 1200 dem König Philipp als dessen Getreue von Lenkersheim unterstellen und ihre Unabhängigkeit gegen die ihnen verliehenen städtischen Freiheiten eintauschten. Dazu gehörte auch das Recht einen eigenen Schultheißen zu wählen – natürlich unter der Obhut der Nürnberger Vogteibeamten. So hat Lenkersheim trotz seiner später nicht unbedingt positiven Geschichte ein einzigartiges Dokument bewahren können. Dieses wird als die erste schriftliche Urkunde über eine Städtegründung der Stauferepoche in Ostfranken angesehen und ist beredtes

Zeugnis über das Bestreben dieser imperialen Macht, einen königlichen Flächenstaat zu gestalten. Doch verlor das Stauferhaus, vielmehr dessen stellvertretenden Gewalten das Interesse an der jungen Stadt, die von Anfang an im noch heute deutlich wahrnehmbaren Schatten der Reichsstadt Windsheim entstehen sollte. Das damals schon wohlhabende und selbstgefällige Windsheim mit seiner nahen Lage an den bedeutenden Straßen in Südwest nach Nordost, Nordwest nach Südost, ließ Lenkersheim recht ungeschickt in die Lande gesetzt erscheinen. König Rudolf belehnt 1282 also den Nürnberger Burggrafen Friedrich mit der Siedlung. Hierbei ist auch der Übergang an das markgräfliche Verwalten bis 1792 nicht verwunderlich. 1360 wird es unter den Burggrafen zum Amt. Die Lenkersheimer stellten sich im Bauernkrieg auf Seiten der Bauern, was noch Folgen haben sollte. So läßt der Markgraf die Stadtbefestigungen abtragen und entzog den Bewohnern die städtischen Freiheiten. 1553 war der Ort im 2. Markgräfler Krieg aufs Ärgste beschädigt und somit geschwächt. Im späten 16. Jh. wird noch das „Freidorf", 1617 ein „Freiflecken" vermerkt. Hierbei auch Nennung von neu organisierten Jahrmärkten, die vormals abgeschafft oder wegen Unrentabilität eingestellt worden sind. Die grundherrliche Aufteilung war für den Ort nicht besser. Im Dreißigjährigen Krieg wurde der Flecken, wie so ziemlich jeder Ort drangsaliert, konnte aber den typisch fränkischen Charakter einer Bauernsiedlung (!) mit ihren Dreiseithöfen bewahren. Im 19. Jh. freilich nach Preußen an Bayern übertragen. Dennoch interessant die Ansicht des alten Siedlungsbildes: deutlich nicht dörflicher Siedlungscharakter, sondern eine planmäßig regelmäßige Strukturierung (Schachbrettmuster) mit Siedlungszellen durch Parallelstraßen zur Hauptdurchgangstraße mit senkrecht hier zustoßenden Gassen. Hierbei sind diese Durchgangsstraßen im Marktbereich sichtlich verbreitert, das einen Straßenmarkt ermöglichen sollte. Mit Aufbau der Siedlung entstanden festgelegte Umwallungen. Im Verlauf seiner Geschichte kann man den Ort Lenkersheim als ein gutes Beispiel einer von Anfang unter falschen Voraussetzungen geplanten und durch hervorsehbare Mißstände nicht entwicklungsfähigen Stadt erklären. Daß die stauferzeitliche Stadt eine Burg, möglicherweise im direkten Verbund mit der Stadtwehr hatte, ist durch die Nennung ihrer Zerstörung 1381 im Städtekrieg durch Windsheim, sowie durch Nennung eines hier sitzenden Ministerialadels, der den Stadtnamen annahm, sicher. Jener Adelige wird als ein Schultheiß 1228 bezeugt. Als mögliche Stellen kommen Historikern und Heimatforschern zwei in Betracht: eine wird südöstlich des Ortes – hier wohl nicht mehr nachweisbar und die andere anstelle der Ortskirchen-Hügel.

Staufische Siedlungsplanung

Am nördlichen Ortsende erhebt sich die besagte, **ehemalige St. Johannis-Kirche**. Die Filialkirche von Windsheim war dem Patronat des Reichs unterstellt. Um 1400 scheint sich der Deutschritterorden um das kirchliche Haus als dessen Besitz gekümmert zu haben. Die ehemalige Deutschordens-Pfarrei St. Johannes wird 1406 bei einem

Pflanzlich-ornamentale Malerei im Chor

Tausch an das Kloster Wülzburg erwähnt. Ab der ersten Hälfte des 16. Jh. wechselnder Besitz zwischen der Markgrafschaft Bayreuth, Preußen und Bayern. 1552 erlitt sie starke Brandbeschädigungen. Es sollte bis 1862 dauern, bis der Wiederaufbau vonstatten gehen konnte. So mußten die Gläubigen der Gemeinde den Gottesdienst in der nunmehr abgetragenen St. Sebastians-Kapelle feiern. Der Kirch- und mögliche Burghügel war früher von einem Wassergraben umgeben. Der älteste und erhaltengebliebene Bauteil ist gotisch (Chor mit Strebepfeilern). Der Fassadenturm ist deutlich in Barockmanier angefügt worden. Besuchenswert ist die Kirche wegen ihrer pflanzlich, ornamentalen **Malereien** von 1684 an der Langhausschildwand zum Chor. Umlaufende Holzemporen unter kassettierter Holztonne. Der Altar stellt ein gutes Beispiel des regional hier öfters auftretenden **Kanzelaltar**s dar und stammt vermutlich aus dem Jahre 1770 unter Integrierung einer älteren Kanzel von 1682. Beachtung verdienen auch die beiden, hölzernen **Apostelfiguren** des Andreas und Johannes. Die Schreinfiguren aus der Zeit gegen das Jahr 1500 sind vermutlich Bestandteile eines barocken, eines nicht mehr zuzuordnenden und verschwundenen Apostelaltars.

Malereien an Chorwand

Schöne **Fachwerkhäuser** des 18./19. Jh.finden sich meist längs der Bundesstraße 470. Das Haus der Gastwirtschaft zum Roten Roß stammt aus dem 17. Jahrhundert.

Nicht ganz 6 km nördlich von Windsheim liegt ein Ort mit wunderlichem Namen: **Oberntief**. Die im Hochmittelalter mit dem naheliegenden Unterntief→ mit Tief bezeugte Mark und Gemeinde Tief hat ihren Namen von einem Bach erhalten. Dieser hat sich tief in die Umgebung eingeschnitten, so daß der Gewässername nicht weither geholt erscheint, gerade wenn man den Durchfluß von Unterntief betrachtet. In der gleichen Zeit wie auch die beiden Ortsnamen erscheint der Niederadel der Herren von Tief – also Reichsministerialen, die Güter in Nesselbach und anderen umliegenden Orten hatten. Vor 1238 werden diese mit einem Albert erwähnt. 1303 Nennung von *„in superiori Tief"* neben einem *„Tief castrum"*. Wenn auch der Namensursprung im unweiten Unterntief zu liegen scheint, so bauten die Würzburger Lehensträger in beiden Siedlungen Burgen. Die Cent oblag der Reichsstadt Windsheim. Ein hier,

Das Bauernhofmuseum des Trachtenvereins „Frohsinn" von Oberntief.

auf der Burg sitzender Götz Schoder überläßt durch Verkauf Besitzungen und Untertanen dem Spital zum Heiligen Geist in Windsheim. Interessant ist auch die neuzeitliche grundherrliche Aufteilung, mit den Anteilen der Reichsstadt, dem Adel von Schwarzenberg und mit einem Hof, der der sogenannten Ratsstipendiensitzung Kitzingen gehörte. Die preussische Zwischen-Regierung löste im Zuge ihrer Verwaltungs-Strukturen das Patronat auf.
Die ehemalige Wasserburg der Herren von Tief ist 100 m östlich des Dorfweihers als verflachte Erhebung zu suchen. Am südlichen Ortsausgang steht noch ein neuzeitliches Kleinschloß in Form eines zweigeschossigen Hauses.
Die alte, wohl noch mittelalterliche **Dorfkirche** wurde in der ersten Hälfte des 19. Jh. abgebrochen. Eine neue im Stil eines klassizistischen Saalbaues errichtete man 1828 nordöstlich – wenig außerhalb vom Ort – gegenüber dem örtlichen Dorfweiher. Die frühere St. Maria-Kirche stellt einen für Franken ungewohnten Anblick dar und zeigt sich gegensätzlich zu dessen schönen, heimeligen Bilderbuch-Kirchen. Ein stilgerechter, antikisierender Giebelteil und eine eingezogene Vorhalle mit seitlich zu den Emporen hinaufführenden Zugängen. Der schlanke Kirchturm erhebt sich vor der nördlichen Abschlußwand des breiteren Saalbaues.

Klassizistische Saalkirche

Für kulturgeschichtlich Interessierte ist neben einigen schmucken Fachwerkwohnstallhäusern ein Besuch des hier eingerichteten **Bauernhofmuseum**s des örtlichen Trachtenvereins „Frohsinn" sicherlich empfehlenswert. Öffnungszeiten: Ende März bis Ende Okober an Sonn- und Feiertagen geöffnet. Auskunft: 0 98 41/ 27 52.

Bauernhof-Museum

Die klassizistische Saalkirche von Oberntief. Gesamtansicht und Fassaden-Gestaltung an der Eingangsseite.

Vielleicht einen Kilometer nördlich von Rüdisbronn, 9 km nördlich von Bad Windsheim liegt der **Rehhof**. Im Mittelalter als seckendorffscher Pachthof bezeugt, der für viele Generationen der Familie Nikola in Erbpacht bewirtschaftet wurde. 1576 als *„Rehehof"* genannt. Auffällig an seiner Gestaltung ist der dem fränkischen Dreiseithof ferne Aufbau mit einem großen zweigeschossigen Fachwerkhaus in Hofmitte.

Der Nachbarort **Rüdisbronn** – Einheimische sagen zu dem kleinen Ort *„Räsbrunn"* liegt mit Kirche und altem Herrenkasten pittoresk auf einer recht steilen Erhebung. Die im Mittelalter als *„Rüdigersprunn"* urkundlich bezeugte Siedlung, macht den namentlichen Zusammenhang zum Personennamen Rüdiger deutlich. In einer Urkunde des Kaisers Friedrich I. erscheint 1158 erstmals sicher der Ort und wird in dieser dem Kloster Münchaurach als zugeeigneter Besitz bestätigt.
Die **Kirche** wird 1460 als „Sankt Maria von Rudsbrun" beschrieben. Jedoch ist diese Kirche älter. So werden die älteren Bauteile noch romanisch, in jedem Falle aber gotisch eingestuft. Das Turmuntergeschoß der Chorturmkirche ist ebenso wie der gedrungen aufgemauerte Chor mit seinen Strebepfeilern gotisch. Im Langhaus ist auch ein schönes Netzgewölbe zu bewundern. Neben der Kirche erhebt sich ein als „**Herrenkasten**" bezeichnetes Gebäude, offenbar das Speicher- und Zehnthaus des erwähnten Klosters.
450 m südöstlich des Ortes findet sich noch ein spätmittelalterliches **Steinkreuz** und der **Burgstall Spielberg** – ein ovaler Turmhügel mit Graben auf dem Bergkegel (421 m) des Spielbergs. Die Burganlage auf dem nach drei Seiten steil abfallenden Berg kann man vermutlich zum 10. oder 11. Jh. rechnen. Zur mäßig ansteigenden Bergseite wurde der geschlossene Ringgraben deutlich zum Halsgraben eingetieft. Der Hügel, auf dem sicherlich mal eine Art Wohnturm (6-8 m Seitenlänge) stand, mißt ungefähr 24:12 m. In der näheren Umgebung und unterhalb des Berges finden sich noch weitere Befestigungsspuren, wie Gräben mit Wällen. Weitere geschichtliche Daten fehlen. Ob jedoch der Platz schon in vorgeschichtlicher Zeit befestigt war ist nicht sicher. Der Name „Spiel" bezeichnet die frühere Zusammenkunft, also einen Versammlungsort von Leuten zu gerichtlichen Zwecken. Dies lebt mundartlich im sogenannten „Leutspiel" weiter.

Etwa 5 km nördlich von Bad Windsheim liegt jenseits eines Abzweigs nach links ein weiterer Ort mit wunderlichem Namen: **Untertief**. Im Vergleich zum nahen Oberntief→ ist Unterntief sozusagen der Ursprungsort, als dessen Lehens-Besitzer die Reichsministerialen von Tief bezeugt sind. Urkundlich werden diese 1226 als „de Tiefe" und 1238 als „de teyfen" bezeichnet. 1303 wird die Unterntiefer Burg mit „tief castrum" sicher bezeugt. Sie war eine der beiden Burgen der Würzburger Lehensträger, die mit Albert de Teyfen 1238 Güter in Nesselbach und im Rangau besaßen. Mit dem Jahre 1400 ließ die Reichsstadt Windsheim, nachdem sie den größten Teil der Güter in den folgenden Jahren aufgekauft hatte, die beiden Burgen abreißen. (Oberntief 1447, Unterntief zwei Jahre später). 1453 wechselte der gesamte Ort an die Reichsstadt, nachdem die von Seinsheim diesen zum Kauf anboten. Jetzt erschien die Reichsstadt als Dorf- und Gemeindeherrschaft mit einem Hochgericht. Die wohl auch stärker befestigte und größere Tiefen-Burg lag oberhalb der heutigen Gemeindehäuser auf einer steilabfallenden Mergelbank. Jenseits eines halbkreisförmigen Halsgrabens liegen im stark aufgeworfenen und hügeligen Gelände der ehemalige **Vor- und Hauptburgplatz** mit noch sichtbarem Zwischengraben. Möglicherweise könnte der unterhalb der Burg liegende Bauernhof anstelle des ehemaligen Wirtschaftshofes der Burg entstanden sein.

3 km in westlicher Richtung vor Bad Windsheim liegt der Ort **Wiebelsheim**. Während der fränkischen Landnahme im 6./7.Jh. dürfte aus dem ersten „Heim des Wibil" später das *„Wiblesheim"* 1102 im Zusammenhang einer Güter-Schenkung des Dorfadligen Rauenolt an das Kloster Hirsaus geworden sein. Weitere Erwähnung schreibt das Jahr 1237 mit *„Wiebiliesheim"*. 1350 wurde eine dorfeigene Kaplanei eingerichtet. Seit 1972 Ortsteil von Bad Windsheim, an der Rannach gelegen. 1496 erscheint die Form *„Wiboldsheim"*, das dem Personennamen Witbold und seiner Kurzform Wibilo am nächsten kommt. Andere Deutungen sprechen vom Namen eines Tieres, sprich eines Käfers. Sollte diese Deutung etwa auf eine schon im frühen Mittelalter bewußt gewordenen überzähligen Verbreitung solcher Insekten hinweisen? Der ursprünglich merowingisch-karolingische Königsbauern-

Der spätgotische Hochaltar von Wiebelsheim, Schreininnenseiten.

boden wurde später zum reichsstädtischen Dorf unter dieser Stadt Windsheim, die auch die Dorf- und Gemeindeherrschaft innehatte. 1342 erfahren wir von der hiesigen Filialkirche St. Nikolaus, die acht Jahre später durch eine Meßstiftung des Abtes Hermann von Aschhausen und dem Bürgerpaar Hermann und Katharina Stahler bezeugt bleibt. Jedoch wird erst 1728 eine selbständige Pfarre beschrieben.

Erdgeschossige, schöne **Wohnstallhäuser** aus dem 17./18. Jh., teilweise in Fachwerk, birgt der Ort neben der leicht erhöht stehenden evangelischen **Pfarrkirche**, die früher einmal eine befestigte Kirche gewesen sein muß. Dies beweist noch eine Wehrmauer, die partiell den Kirchhof umgibt. Eine mittelalterliche Kapelle des Hl. Nikolaus muß als Vorgängerbau angenommen werden. 1350 Nennung einer Kirche. In diesen Zeitraum mag auch noch der Chorturm passen. Nach einer baufällig gewordenen Kirche wurde in der ersten Hälfte des 18. Jh. das Kirchenschiff niedergerissen und völlig neuerbaut. Alt ist noch das gotisch gewölbte Untergeschoß vom Chorturm. Im Choinnern ist der **Hochaltar** von 1510 sehenswert. Der Abt Georg Truchsess von Wetzhausen gab den gotischen Altar, der möglicherweise als Nürnberger Werk eines Leonhard Schäuffelein gefertigt wurde, als Patronatsherr in Auftrag. Der Benediktiner stammte selbst aus dem Kloster Anhausen (Ehem. Pauliner-Eremiten-Kloster bei Gröningen in Hohenlohe). Die Flachreliefs mit den Vorfahren Christi könnten von Hans Schäuffelein und in Ausführung von Sebastian Dayg stammen. Die mit feinem Rankenwerk überrahmten Schreine zeigen im fast quadratischen Mittelschrein den Hl. Nikolaus links vom Apostel Petrus und rechts vom Apostel Johannes in die Mitte genommen. Der linke Altarflügel stellt den Hl. Benedikt, rechts den Hl. Bernhard dar. In der Predella bildet das Jesuskind wiederum den Mittelpunkt mit Großmutter Anna und Mutter Maria dar (Anna Selbdritt). Die Tafeln erklären bildlich die Vorfahren Jesu. Bei geschlossenem Altar kann man innen Szenen aus dem Leben des Hl. Nikolaus erkennen, außen hingegen je zwei männliche und weibliche Märtyrer: St. Sebastian, St. Laurentius, St. Katharina und St. Barbara. Unten verbleibt eine ungeklärte Heilige und die Hl. Apollonia. Im Aufsatz kann man einen Papst mit Pinienzapfen und das Paar Maria und Johannes erkennen.

Hochflügelaltar

Baudenbach *K370 B6*

Landkreis Neustadt an der Aisch/Bad Windsheim

ANFAHRT/WEGBESCHREIBUNG

Bundesautobahn A7 Würzburg - Ulm, Abfahrt Bad Windsheim, die B 470 in Richtung Neustadt an der Aisch bis zum Abzweig B 8 in Richtung Kitzingen befahren, nach ca. 6 km rechterhand nach Hambühl/Baudenbach abbiegen.

SEHENSWÜRDIGKEITEN

Pfarrkirche St. Lambert, Friedhofshalle, Brunnenhaus, Mühle am Rüblingsbach, spätmittelalterliche Steinkreuze

ORTSTEIL/SEHENSWÜRDIGKEITEN

Hambühl

ORTSGESCHICHTE: Vom Ort wissen wir unter anderem, daß er 1421 mit den in Urkunden auftauchenden Namensformen *„Pawtenpach"*, *„Beuttenbach"* und *„Butenbach"* beschrieben wurde. Tatsächlich könnte der Ortsname vom alten Wort „biute"=Beute herrühren. Vergleiche hierzu die namensverwandte Beuthenmühle bei Diespeck. Hierbei scheint eine spätmittelalterliche Wassermühle eines Grundherrn eine weitere Ansiedlung geboten zu haben.

Die evang.-luth. **Pfarrkirche St. Lambert** findet 1413 erstmals urkundliche Erwähnung. 1438 ist von einer Pfarrei die Rede und 1497 wird ein Ende der Kirch-Bauzeit beschrieben. Erst in der ersten Hälfte des 18. Jh. durch den Markgraf Friedrich erhält der Flecken das Marktrecht. Der markante viergeschossige Chorturm mit Fachwerkläutgeschoß steht wie auch der quadratische Chor mit Kreuzrippengewölbe und dem Langhaus mit seinem Spiegelgewölbe in der ehemaligen Friedhofsbefestigung, welche an drei Seiten noch mit ihren spätmittelalterlichen Schießscharten nach Westen hin erhalten geblieben ist. Im Kirchinnern findet sich einfacher Rahmenstuck, eine beidseitig aufragende Empore des 17. Jh. mit Malerei. Beachtung verdient ein **Bronze-Epitaph** des späten 16. Jh.

Die ursprünglich offene, eingeschossige, schön aufgeführte **Friedhofshalle** wurde 1732 errichtet. Auffallende Sinnsprüche auf Steintafeln befinden sich rechts und links der Pforte.

Im Ort selbst fallen schöne ein- und zweigeschossige Wohnstallhäuser auf, besonders aber ein drei- und viersäuliger **Brunnenbau** aus der 1. Hälfte des 16. und 2. Hälfte des 18. Jh.).

Sinnspruch an der Friedhofshalle von Baudenbach.

ORTSTEIL/SEHENSWÜRDIGKEIT: Unweit der Ortschaft Hambühl liegt an der Straße nach Baudenbach die **Mühle am Rüblingsbach**, ein zweigeschossiger Bau mit hübschem, dreisäuligem **Brunnengehäuse** von 1544, 1607 erneuert. **Spätmittelalterliche Steinkreuze** ragen unweit des Friedhofs am Fußweg nach Hambühl auf. Sie wurden nach der Flurbereinigung dorthin versetzt.

Nur durch den Ehebach getrennt, liegt in südöstlicher Richtung **Hambühl.** Der Ort wurde um 1150 als *„Hagenbuhel"* bezeugt. In ähnlicher Form erscheint er 1421 als *„Hanpuhel"*. Der Ortsname beschreibt eine bebaute Örtlichkeit - einen Bühl (Hügel) in nächster Nähe zu einem bedeutenden Flur- und Rechtsteil - einem „Hagen" (umhegte Waldparzelle). Nachweisbar sind heute noch der nahe, in ostnordöstlicher Richtung liegende Altenhanwald und der südöstliche „Neue Han". 1414 wird die Kirche St. Matthäus mit Kaplan erwähnt, wobei das Chorturmuntergeschoß vermutlich dem 15. Jh. angehört. Die Grundherrschaft führte überwiegend das Kastenamt zu Neustadt unter sich. 1414 wird ein Erhard von Abenberg zu Stübach, der eine ewige Messe an der Kapelle stiftet mit großem Besitzanteil im Ort bezeugt. Sie liegt in der Ortsmitte auf dem Friedhofsgelände. Auffallend ist außen an ihrer Pforte der **Emporenaufgang** aus Holz, der regional auch zum Beispiel an der Ortskirche von Baudenbach→ in Erscheinung tritt. Das alte Schäfereigebäude (Schäfer- und Hirtenwohnung und Armenhaus) aus dem Jahre 1744 steht jetzt als Anschauungsbeispiel im Fränkischen Freilandmuseum von Bad Windsheim→.

Bischberg *K368 G6*

Landkreis Bamberg

ANFAHRT/WEGEBESCHREIBUNG
BAB A70, Richtung Schweinfurt-Bamberg, Abfahrt Bamberger Hafen, bis Ortsausfahrt Bischberg folgen.

SEHENSWÜRDIGKEITEN
Pfarrkirche St. Markus, Oberes- und Unteres Schloß, Waisenmarter

ORTSTEILE/SEHENSWÜRDIGKEITEN
Trosdorf, Tütschengereuth

ORTSGESCHICHTE: Laut volkstümlicher Überlieferungen im Frühmittelalter einer der Orte, in dem der vermutlich in Würzburg hingerichtete irische Wandermönch Kilian - später heiliggesprochen - gepredigt haben soll. Vom Ort Bischberg erfahren wir erstmals, als dieser mit Hallstadt 1007 vom Würzburger Bistum von Kaiser Heinrich II. an das junge Bistum Bamberg als Besitz bestimmt wird. 1013 ist die erstmals erwähnte Höhensiedlung *„Biscoffsberg"* neben der zweiten Keimzelle namens „Fischerei" (siehe unten) bezeugt, war offenbar aber doch älter als angenommen. Die unterschiedlichsten Lehensträger wechselten sich bis Anfang des 19. Jh. ab, ab dem das Kloster Michaelsberg, das Elisabethen- und das Katharinenspital zu Bamberg die Dorf- und Gemeindeherrschaft innehatten. Während und nach dem Dreißigjährigen Krieg wegen Armut, Verwüstungen und Kontributationen wirtschaftlich zurückgeworfen, sich aber danach wieder schnell erholend. Der Ort an der Einmündung der Regnitz in den Main entstand sicher schon frühzeitig als Fischer- und Flößerdorf. Im 12. Jh. erhalten wir Nachricht über Flößer, die hier rasten und Versorgung erhalten. Offenbar war der Flecken eine bedeutende Anlaufstelle der Flößer aus dem Oberen Maingebiet und dem Frankenwald. Das alte Fanggebiet der Fischer erstreckte sich mit Vererbung der Fischfangrechte von Vater auf den Sohn von der Schwarzen Brücke bei Gaustadt (Vorort von Bamberg) bis zum westlich am Main liegende *„Marburghausen"*. (Mariaburghausen→) Die ortsgebundene Zunft wurde zwischen den beiden Weltkriegen aufgegeben.

Einstmals Fischer- und Flößerdorf

SEHENSWÜRDIGKEITEN: Im 9. Jh. soll in Bischberg schon eine Kapelle bestanden haben, die als Vorgängerin der ganz in ihrer Nähe stehenden **Pfarrkirche St. Markus** zu deuten ist. Unter dem Fürstbischof Lothar Franz von Schönborn und einem von Eyb, Domdekan kam es zum Neubau der Kirche (siehe Wappen im Innern der Kirche). Die Chorturmkirche St. Markus zeigt sich mit ihrem dreigeschossigen spätgotischem Turm, äußerlich in Gestalt des 19. Jh., zeigt die alte Erscheinung und Umgestaltungen im spätgotischem Maßwerk und barocker Innengestaltung. Beachtenswert ist das gotische **Sakramentshäuschen** im Chor: An diesem befindet sich die Darstellung eines schlafenden Wächters vor dem Grab Christi.

Kirche St. Markus

Bischberg hat zwei Schlösser: eines davon ist das **Obere Schloß**, jetzt „im" Gasthof, erst Ende des 18. Jh. von den Zollnern von Brand erbauter, einflüglig zweigeschossiger Bau mit Fachwerkobergeschoß. Das einflüglige **Untere Schloß** ist ein schwerer Walmdachbau des 18./19. Jh., Im Kern noch aus dem 17. Jh., jedoch in der ersten Hälfte des 18. Jahrhunderts umgestaltet.

Oberes und Unteres Schloß

An Straßeneinmündung der Straße nach Trosdorf erhebt sich in der Bischberger Flur die **Waisenmarter** anstelle einer verschwundenen Mühle.

Waisenmarter

ORTSTEILE/SEHENSWÜRDIGKEITEN: Das vielleicht 1 km westlich liegende Straßendorf **Trosdorf** geht 1317 als *„Trons-"*, ab 1382 als *„Trasdorf"* hervor. Offenbar bekundet der Name den Personennamen eines Grundherrn Traso, der möglicherweise auch jener war, der Trossenfurt→ begründete. Der unter einer größeren Anzahl von

Grundherren aufgeteilte Flecken gehörte zu größeren Lehens-Teilen dem Kloster Michaelsberg und den Zollern. Einst wurde das Ortsbild durch ein von einem Glockentürmchen bekrönten Fachwerkrathaus des 17. Jh. bestimmt. Heute verweist nur noch ein am Straßenrand gesetzter Türmchenbau auf das abgerissene Rathaus.

Tütschengereuth liegt nicht ganz 5 km südwestlich von Bischberg und ist über Trosdorf zu erreichen. Der alte Name ist sicherlich das im Hochmittelalter bezeugte *Tuschengreuth* (1352) am hervorquellenden Viehrittbaches, dem heutigen Viehbach. Der Ort ist Gegenstand einer Vertragsurkunde zwischen Kaiser Heinrich II. und dem Würzburger Bischof Heinrich im Jahre 1008. Das anhängende Wort „greuth" beschreibt die mittelalterliche Entstehung einer Rodungssiedlung im 13. Jh. Während das vorstehende Wort wohl ein Personenname sein könnte. Als Rodung eines gewissen Tutzo zu verstehen. Oder aber als Rodung eines von Rohrkolben (vgl. Dutzenthal) bestandenen Platzes. Hierzu erscheint 1540 „Dutschengreuth". Die unter mehreren Herren aufgeteilte Siedlung bestand aus Adelshöfen mit bäuerlichen Lehensleuten. So bleibt als das von Würzburg ausgegebenes Lehen Schloßgut der Lisberger nicht in dessen Besitz, wechselt später an die Schaumberg. 1495 werden die Berg, als „Schrimpf" bezeugte mit einem „Schloßhof", „Bergshof" oder einem „Schlößlein" genannt. Nach Aussterben der Berg wird 1607 das Lehen vom Bistum Würzburg zurückgezogen. Der Vorgängerbau mag wohl inner- und unterhalb der Schloßgaststätte stecken. Jetzt ein einflügliger rechteckiger, kastenartiger Mansarddach-Bau mit Stadel (Mitte 18. Jh.) So stellt auch der Zollnershof im südöstlichen Ort einen zuletzt dem Bamberger Hochstift zu Lehen gegebener Besitz dar, vormals vom Bistum Würzburg als Lehen an den Adel gegeben.
Das St.-Wendelins-Kirchlein ist ein Bau des späten 18. Jh. mit Kuppeltürmchen über der Fassade, der zu Beginn des 20. Jh. durch ein im Grundriß kleeblattförmiges Querhaus erweitert wurde. Im Kirchinnern erhebt sich ein frühklassizistischer Hochaltar mit der Statue des Namenspatrons. St. Wendelin tritt hier als Abt neben den Figuren des Hl. Nikolaus und einer Immaculata auf. Die Seitenaltäre sind frühe Rokokowerke eines J. A. Stühr.

Buchheim *K369 E3*

Stadt Burgbernheim, Landkreis Neustadt an der Aisch - Bad Windsheim

ANFAHRT/WEGBESCHREIBUNG

BAB A 70 Würzburg-Ulm, Abfahrt Uffenheim/Langenstainach, Richtung Uffenheim, rechts ab zur B 13 an Custenlohr vorüber, auf der B 13 Richtung Ansbach weiterfahren, nach ca. 5 km links ab nach Buchheim einbiegen.

SEHENSWÜRDIGKEIT

Kirche St. Blasius

ORTSGESCHICHTE: Sicherlich eine frühmittelalterliche, merowingische Siedlung. Die lokale Christianisierung soll durch die iro-schottischen Wandermönche und Missionare Kilian und dessen Gefährten Kolonat und Totnan stattgefunden haben. Sicherer ist aber der älteste, überlieferte Name - *„Bouchheym"*. Im Jahre 760 überträgt der dort ansässige Adel, der ohne Nachkommen geblieben war, die Siedlung Buchheim mit Besitzanteilen im unweiten Ergersheim dem Kloster Fulda. So blieben auch gerade im späteren Verlauf des Mittelalters die Besitzverhältnisse aufgeteilt. Zum Beispiel unter den Herzögen von Rothenburg Heinrich und Friedrich, Söhne des Stauferkönigs Konrad III. und dem Adel von Hohenlohe. Der Hohenlohsche Teil ist 1227 Inhalt einer Schenkung unter Bischof Hermann von Lobdeburg. Ein weiterer Grundherr war auch die Reichsstadt Windsheim, später die Nürnberger Burggrafen. In mittelalterlicher Zeit erhielt auch der Ort die volle Hoch-Gerichtsbarkeit.

SEHENSWÜRDIGKEIT: Die in der Ortsmitte, inmitten einer teilweise abgegangenen Kirchhofswehr befindliche gotische **Kirche St. Blasius** steht als Nachfolger (1607) einer außerhalb Buchheims bezeugten, frühmittelalterlichen Kirche, namens St. Martin, die auf eine Schenkung des Reichsministerialen Ludwig von Stolberg und seines Neffen Heinrich von Nortenberg an das Johanniterspital in Rothenburg zurückgeht. Wir müssen sie anstelle des heutigen Friedhofes suchen, der aufgrund der Pestnöte hierher verlegt wurde. Der polygone Chor und das Turmuntergeschoß des zweigeschossigen Westturms sind spätmittelalterlich. Die Kirche zeigt sich als einfacher Barockbau mit dreigeschossigem Turm, der im Obergeschoß ins Achteck nach mittelfränkischer Manier übergeht. Georg Brenck der Ältere fertigte 1611 die **Kanzel**. Die Pfarrei war selbst einmal im Besitz des Patronats des Johanniter-Ordens, der auch den Pfarrer stellte. Die ehemalige Kirchhofbefestigung ist noch anhand von Spuren in einem kreisrunden Grabenverlauf erkennbar. Reste der Wehrmauer südlich des Langhauses.

Burgebrach *K368 E4*

Landkreis Bamberg

ANFAHRT/WEGBESCHREIBUNG
BAB A70 Schweinfurt-Bamberg, Abfahrt Viereth/Trunstadt, nach Viereth fahren, hier rechts ab über Trabelsdorf, Lisberg und Steinsdorf nach Burgebrach.

SEHENSWÜRDIGKEITEN
Oberes Tor, Pfarrkirche St. Vitus (Deckengemälde, Hochaltar, spätgotische Figuren), Ölberg, Amtshaus, Bildstöcke, Ringwall

ORTSTEILE/SEHENSWÜRDIGKEITEN
Ampferbach, Büchelberg (Magdalenenkappel), Grasmannsdorf (Klasbrücke), Mönchherrnsdorf (Kirche), Mönchsambach, Oberköst (Altarflügel), Treppendorf

ORTSGESCHICHTE: Die Bewohner von Burgebrach können auf ein 1000jähriges Bestehen zurückblicken. Laut Historikern gab es schon zur Zeit des Königs Ludwig des Frommen (um 814 n. Chr.) eine erste Kirche, als geistlichen Mittelpunkt einer kleinen Gemeinde. Die urkundliche Ersterwähnung 1023 als „urbs eberaha" bezeugt, erläutert die Zugehörigkeit zum Bistum Würzburg. Eine Pfarrkirche, eine möglicherweise mehr als zweihundertjährige „Nachfolgerin" der frühmittelalterlichen wird 1154 im Ort „Burgebera" bezeugt - sicherlich eine der 14 Slawenkirchen. 1290 Kirche, Patronat, Zehnt und Einkünfte, sowie Pfarreisprengel mit sieben Lehenshöfen werden von Würzburg an das Kloster Ebrach verschenkt, das es (Mönch)sambach zuführt. Der Ort geht ab 1377 bis 1399 von Würzburg an Bamberg, wird danach wieder an Würzburg zurückgetauscht. 1472 erhält der Ort Marktrecht, 8 Jahre später das Recht ein eigenes Wappen zu führen. 19 Jahre später darf sich der Markt befestigen. Drei Tore an Nord-, Süd- und Westseite sind neben mehreren Türmen bekannt. Die beiden Läufe der Ebrach gaben den Ort eine gut zu verteidigende Lage, so daß starke Befestigungen nicht nötig waren. Sie sind lediglich als Graben und doppelte Wallanlagen zu verstehen.
Im 19. Wettbewerb „Unser Dorf soll schöner werden - Unser Dorf hat Zukunft" wurde die Gemeinde zwischen Rauher Ebrach und Mittelebrach 1998 mit der goldenen Plakette ausgezeichnet.

Oberes Tor

SEHENSWÜRDIGKEITEN: Von dieser Befestigung kündet, wenn auch in modifizierter Form das **Obere Tor**, das Ph. Nattermüller 1720 zu einem barockzeitlichen Torhaus umbauen ließ. Später, ähnlich wie die Torhäuser (der Kirchenburgen) von den Gemeinden Markt Einersheim, Mönchsondheim und anderen, später Rathaus. Im Obergeschoß durch Fachwerk malerisch anzusehen.

Das Obere Tor von Burgebrach. Rat- und Torhaus.

Das gotische Pfarrkirchhaus **St. Vitus** (Veit) stammt in seinen Chor-Bauteilen aus dem Jahre 1454 (gotische Minuskel-Bauinschrift über Mittelfenster des Chors). Der Chor mit Strebepfeilern und Maßwerk ist an sich recht breit, seitlich zum nördlichen Chorturm mit Stützmauer angebaut. Das kleine **Kreuzigungsrelief** in Sandstein außen an der Ostseite des Chors stammt aus dem Jahre 1490: zwei Engel, die eine Monstranz halten. Sicherlich handelt es sich hier um einen vermauerten Bauteil eines Sakramentshäuschens. In dem Chorinnern gotisches Kreuzgewölbe mit Pelikandarstellung als Schlußstein. Der Turm scheint noch der ältere Teil der Kirche zu sein, so wird der Turm in seinem unterem Geschoß auf das 13. und 14. Jh. datiert. In der zweiten Hälfte des 17. Jh. erhielt er den typischen Julius-Echter-Turmhelm. Das barocke Langhaus von 1731 wurde im 20. Jh. erweitert. Der weite Kirchsaal wird durch die wenig hervortretenden Wandpfeiler und das mit Stuckumrahmung und Deckengemälde verzierte Spiegelgewölbe vergrößert. Die Bemalung mit der Veitslegende wurde 1931 relativ einfach ausgeführt. Der barocke **Hochaltar** als Doppelsäulenbau mit reichem Figurenschmuck ist ebenso ein gemeinsames Werk von Hans und Georg Nessler (1712 bez.), wie die **Seitenaltäre** und das Gestühl. In der Mittelnische steht eine Figur des Hl. Veit, aus der Hand des B. Kamm. Die **Maria** am linken Seitenaltar stammt von Gollwitzer. Beachtung verdienen an der Chorwand die **spätgotischen Figuren** des Kaiserpaares, insbesondere die der Hl. Kunigunde, die man beide der Veit-Stoß-Schule zuschreibt - 1520.

Ölberggruppe

Den Blickfang des Kirchplatzes stellt die solitär stehende **Ölberggruppe**, die als schönste des Steigerwalds angesehen wird, dar. Ein sechseckiger, reichverzierter, nach allen Seiten offener, spätgotischer Steinbaldachin mit Netzgewölbe und hoher Barockhaube. In seinem Innern wacht eine Christusfigur über die schlafenden Jünger. Knieend reichen seine Hände nach dem heiligen Kelch. Die Gesichter sind anspruchsvoll und lebendig gearbeitet. Der kulturhistorisch wertvolle Ölberg soll aus dem Ort Fürnbach stammen. Am Kirchplatz steht auch ein barocker **Bildstock** von 1705. Gänzlich aus dem Ortsbild verschwunden sind die erwähnte Michaels- und Katharinenkapelle.

Amtshaus

Noch in jüngster Zeit will man anstelle des Amtshauses Relikte einer ehemaligen Wehranlage gesehen haben. Daß das in bayerischer Zeit umgestaltete **Amtshaus** sich an der Stelle der Burg erhebt scheint sicher. Der Freiherr von Hohenhausen gestaltete das Portal in ägyptisch-griechisch antikisierenden Stilformen zu Beginn des 19. Jh. um.
An der Brücke lag früher der Centgerichtsplatz, heutzutage durch drei schöne **Bildstöcke** markiert. Einer davon mit oktogonaler Säule von 1522.

Etwa 2,2 km von Burgebrach in westnordwestlicher Richtung liegen im Staatsforstdistrikt Hahn, in der Abteilung Wolfsbacher Hänge Überreste eines **Ringwalles** auf schildförmigen Grundriß mit geradem Abschluß im Nordwesten, hier auch Außengraben sichtbar.

ORTSTEILE/SEHENSWÜRDIGKEITEN: Daß die Umgebung des Ortes **Ampferbach** schon in vorgeschichtlicher Zeit besiedelt war, ist durch Funde belegt. Ampferbach lag früher an einer wichtigen Handelsstraße. Heute liegt der Ort 2 km nördlich vom Markt Burgebrach. Auf der Wildbannkarte wurde der Ort schon 1023 berücksichtigt. Mit dem Jahre 1059 scheint das Bistum Bamberg Inhaber des Ortes gewesen zu sein. Vorher Besitz des Domprobstes Hermann von Bamberg und seines Bruders Theoderich, Domdiakon von Bamberg, die beide dem Adel der Grafen von Formbach entstammten. Im Jahre 1103, an Maria Lichtmeß (2. Februar) zog der Bamberger Bischof Otto - später heiliggesprochen, von seiner Reise von Köln kommend durch den Ort, in dem ihm Bamberger Adel und Klerus ihre Aufwartung machten. Ampferbach mag auch schon zu dieser Zeit Sitz eines fürstlichen Forstamtsschlosses gewesen sein.

Das auch zu jener Zeit schon eine **Kirche** bestanden hat, ist wahrscheinlich, sicher ist aber unter anderem eine Erweiterung in der ersten Hälfte des 14. Jh. Zu Beginn des 19. Jh. beseitigte man die alten Zeugnisse der ehemaligen Friedhofswehr mit Türmen und Toren, so daß nicht einmal mehr sichtbare Spuren zu erkennen sind. Aus gotischer Zeit zeugen noch der im Grundriß quadratische Chor mit Spitzbogenkreuzgewölbe auf Ecksäulen mit Knospen- und Würfelkapitellen und ein dreigeschossiger Turm mit frühgotischem Gewölbe. Das Querschiff schließt sich dem älteren Chor und dem südlichen Turm der gotischen Kirche an. Zu Beginn des 20. Jh. ist ein neuer Umbau der Kath. Kuratiekirche zur Auffindung des Hl. Kreuzes verzeichnet. Zum Inventar gehört ein aus Relikten bestehender (frühklassizistische Johannes- und Marien-Figuren des im 18. Jh. erworbenen Altars aus Kloster Ebrach) **Hochaltar**. Die Figuren aus der 1. Hälfte des 18. Jh. stammen aus der Hand des Bildhauers Johann Peter Wagners, dessen Sohn schuf die Seitenaltäre in spätbarocken bis frührokokozeitlichen Formen. Beachtenswert ist neben den **spätgotischen Figuren** der Hl. Helena und die Figur der fein herausgearbeiteten Muttergottes auf der Mondsichel, von einem Himmelsstrahlen-Kranz „geschmückt".

An der Straße nach Schönbrunn erhebt sich neben einer kleinen Nischenkapelle ein gotisches Steinkreuz des 14. Jh. Die vermutlich altehrwürdige Kreuzdarstellung zeigt zwei Wappenschilde - offenbar ein altes Rechtsmal.

Altarbildstock

Am Weg nach Burgebrach steht noch ein barocker **Altar-Bildstock** mit Fruchtgehängen. Nach dem Ortsende Ampferbach kann man linkerhand einer Fahrstraße zum nahen Waldrand folgen. Von einer Wegkreuzung führt ein gekennzeichneter Weg zur **Burgstelle Windeck** auf dem nahen, langgezogenen Berg. Der recht große Burgplatz mit in Spuren kenntlicher Vorburg und Halsgraben der früheren Höhenburg des namhaften Ministerialadelgeschlechtes zu Windheim, weist nur noch geringste und kaum noch sichtbare Mauerreste auf. Deutlicher zeichnet sich noch südlich und südwestlich ein Innengraben mit vorgelagertem Außenwall im Gelände ab. Die Windheimer mit dem Windhund im Wappen hatten in Windheim (1263 ff. Windecke – „Burg der Windheim auf der Bergecke") und Burgebrach weitere Tieflandburgen. Mit Aufgabe der Burg zu Windheim wurde Windeck ein bedeutender Hauptsitz des Ministerialadels. Die Burg mochte schon im 12. Jh. an der bedeutsamen und zu bewachenden Hochstraße zum Eigenschutz von Gütern und dem erworbenem Lehen bestanden haben. Zerstört wurde die gotische Burg im Bauernkrieg, wurde wohl danach auch weiter abgetragen und verfiel bis zur Unkenntlichkeit. Als Letzte des Geschlechts wird Ursula von Windheim 1451 genannt. Das Dienstmannengeschlecht hatte bis zu seinem zeitigen Erlöschen einen Domkeller namens Dietrich im späten 14. Jh. gestellt. Ein anderer Windheimer namens Johann war nach 1317 Burgvogt der Salzburg bei Neustadt an der Saale im heutigen Unterfranken. Unterhalb des Burgplatzes erhebt sich am Fahrweg eine deutlich barocke **St. Georgens-Marter** von 1703. Südlich unterhalb der Burg führte auch einst die bedeutsame Handelsstraße – die jetzige **„Hohe Straße"** vorüber und erklärt somit auch die andere Funktion der Burg. Die Handelsroute führt noch heute begehbar über die Höhen über den Hirschberg bis in den Stollberger Forst. (siehe Hochstraßen).

Etwa 8 km in südöstlicher Richtung Burgebrachs, abseits der B 22, gelangt man über eine kleine Fahrstraße von Mönchherrnsdorf in den Ort **Büchelberg**. Im Mittelalter unterschied man im Gegensatz zum heutigen Weilerdorf Büchelberg zwischen einem dem Kloster Ebrach zugehörigen *„Ober-"* und *„Nieder-Büchelbach"*: Vor 1340 war *„Oberbüchelbach"* wohl Besitz der Grafen zu Höchstadt. 1376 Verkauf von Gütern in *„Nideren Buchelberg"* des Hans und Hartung von Lauffenholz an das Kloster. *„Ober"*- und *„Niederbüchelberg"* wurden zwischen der Domprobstei Würzburg und dem Kloster Ebrach besitzrechtlich aufgeteilt, an den Adel von Schlüsselfeld (mit Burg?) verlehnt. Der Weiler Magadalenenkappel ist das alte Oberbüchelbach. Die durch die Burgwindheimer Klosterpfarrei versorgte Kapelle mit dem Namenspatrozinium der Hl. Magdalena ist 1566 bezeugt. Vermutlich lag südwestlich auf dem Höhenpunkt 341m eine nunmehr abgegangene Burg des 13. Jh., die man offensichtlich als Sitz eines Ministerialen deuten muß. So wird aber auch anstelle der Marienmarter die Burg vermutet, da die Lage – höhere Spornlage – topographisch markanter ist. Allerdings erhebt sich der Weiler **Magdalenenkappel** auf einer deutlichen Kuppe. Hier konnte man auch eine massive Steinquadermauer bezeugen. Die in der kleinen Bergfurche liegenden Weiher sollen im übrigen auf alte Weiheranlagen zurückgehen. Bei der Räumung des ehemaligen Friedhofes wurden unter anderem Leichenteile mit nach unten gekehrten

Eine ehemalige Burgkapelle mit romanischem Relief.

Gesichtern gefunden (Ungetaufte). Die frühere Burgkapelle wurde im Dreißigjährigen Krieg mitsamt dem burglichen Ansitz (um 1625) verwüstet. Der Ebracher Abt Johann Dressel beschließt einen Neubau der Kapelle mit einem bezeugten Friedhof noch im 17. Jh. Die Weihe vollzog sich 1631. Ursprünglich sollte der Neubau im Niederen Büchelberg stattfinden, wobei auch Burgsteine der Ruinen verschleppt wurden. Daß die neue Kapelle jedoch nicht dort erbaut wurde, verdanken wir einer Sage. Angeblich sollen die Steine immer wieder zum Burgplatz zurückgekehrt sein. Offenbar war die Kapelle Ziel einer Wallfahrt. Am Magdalenentag wallfahrten von umliegenden Gemeinden (Burgwindheim, Burgebrach, Oberköst, Reichmannsdorf, Schönbrunn und Schlüsselfeld) die Leute hierher. Für den Steigerwäldler war die Hl. Magdalena Patronin des hiesigen Flachsanbaus. Mit der Säkularisation von 1803 wurde jedoch das kleine Gotteshaus eingerissen. Mauerreste der Nordwand und Stücke der Westwand waren bislang noch sichtbar. Jetzt ist eines der als „Lindwurm“ oder „Murmeltier“ und „Löwen“ beschriebenen Tierreliefs in einer Scheunenmauer eingemauert zu sehen. Es handelt sich hierbei um ein spätromanisches (13. Jh.) Abbild eines Löwen mit doppelendigem Schwanz. Vermutlich ein Wappenstein. Das Relief des Lindwurms blieb jedoch unauffindbar.

Etwa 3km in westlicher Richtung von Burgebrach liegt über eine kleine Fahrstraße zu erreichen **Grasmannsdorf**. Durch das Weilerdorf führte auch die alte Hochstraße Würzburg-Bamberg. Im 14. Jh. wird der Ort noch als *„Transmanns-“* und *„Transmarsdorf“* bezeichnet, erst 1434 in der heutigen Namensform, dessen Güter offenbar unter der Domprobstei zu Würzburg und der Adelsfamilie von Rotenhan 1434 aufgeteilt waren. Mit dem letzten Kriegsjahr des Dreißigjährigen Krieges 1648 war der Flecken immer noch unter gleichen Herrschaften aufgeteilt. Sophie von Rotenhan verkauft zu Ende des 17. Jh. schließlich Güter in G., dessen Rittergut dem Ritterkanton Steigerwald angehört. 1692 wird unter anderem der Hoflastner Tobias Münch, als ein bedeutender und wichtiger Beamter der Stadt Bamberg erwähnt. Während das Hochgericht Bamberg untergeordnet war, unterlag das Amt dem nahen Burgebrach. 1780 wird der Bau eines neuen Schloßes anstelle eines älteren erwähnt, das in seiner Erscheinung als dreistöckiger Blockbau innerhalb eines nunmehr gänzlich abgegangenen Grabens einer älteren Schloßanlage gebaut wurde. So wird das Haus mit der Nummer 1 als früheres und jetzt durch Baumaßnahmen stark entstelltes Schloß des späten 18. Jh. bezeichnet. Das Schloß war in Händen mehrerer Besitzer, dessen letzter den Bau wohl aus Geldmangel verfallen ließ. Im späten 18. Jh. war es Brauhaus, die Kapelle, ebenfalls von dem Bamberger Hofrat Franz Josef von Heinrichen erbaut, geht an die Gemeinde.

Die klassizistisch geprägte **Schloßkapelle** (um 1769) birgt im Innern einen recht schönen **Rokoko-Hochaltar** der Marienkrönung mit Bildhauerarbeiten von Bernhard Kamm. Als Weiterführung der alten

Hochaltar

Hochstraße und dem zugestoßenen Kunigundenweg enstand hier schon über dem Fluß der Rauhen Ebrach wohl frühzeitig eine Brücke. So ein hölzerner Brückenbau trug auch schon damals nebst einem Opferstock das bezeugte Holzbild des Hl. Johannes Nepomuk, eines in Franken sehr oft auftauchenden Brückenheiligen. Mit 1590 datiert ist die älteste urkundlich sichere Erwähnung. Im 18. Jh. kam es zum allmählichen Ersatz durch sieben (vormals acht) Heiligenfiguren, zum Beispiel der Hl. Nikolaus, Johann Nepomuk (1715), Kilian, Wolfgang (1724), Veit (1739), Heinrich und dem Hl. Otto (Bischof von Bamberg). Mundartlich sagt man heute noch zur Brücke **„Klasbrücke"**, dessen Verwalter „Klasmeister" genannt wurden und die zur offiziellen *Nicolei*-Brückenpflege eingeteilt waren.

Klasbrücke

Nicht ganz 7 km in westlicher Richtung von Ebrach liegt **Mönchherrnsdorf**. Den jetzigen Namen erhielt das Haufendorf, an der sogenannten „Zisterzienserstraße" gelegen, erst ab dem Jahre 1810, als die Diozöse zu Bamberg zwecks Unterscheidung zu einem anderen, schon in dessen Verwaltung aufgeführten und gleichnamigen Ort das Wort Mönch beifügte. Ein Grundherr namens Herin könnte laut dem Ortsnamen Herr über eine früh- bzw. hochmittelalterliche Rodungssiedlung gewesen sein, so daß der Name *„Her(e)sdorf"* erst zustande gekommen war. Als *„Herrensdorf"* war es bis kurz vor Ausbruch des Dreißigjährigen Krieges bezeugt. Da heißt es in mittelalterlichen Urkunden: *„Herrnshoff, ein einiger Hof neben einem Wirtshaus und Schloß, dem Abt zu Ebrach gehörig."* 1144 schenken es die von Lauda an die Zisterzienserabtei Ebrach. Bald danach Amtssitz bis 1728 und hierbei Sitz eines Abtes. Während der Reformation wird es dem Kloster Schlüsselau als Pfarrei zugeschlagen. 1728 geht es mit 21 weiteren Zinsorten an Burgwindheim.

Vom **Ebracher Amtsschloß**, das sicherlich von einem Wassergraben umgeben war, zeugt nicht mehr als der ein achteckiger – später zu anderen Zwecken erhöhter Treppenturm mit der Jahreszahl 1568. An der ehemaligen Schloßstelle (leichter Geländeanstieg im Ort) erhebt sich nun die 1874 neugotisch erbaute Kirche St. Ägidius. Die mittelalterliche, gotische Kapelle, wohl Teil des Schlosses wurde später auch zu einer Scheuer umfunktioniert. Sie wurde 1559 unter dem Ebracher Abt Johann von Rothenfels umgebaut.

Brückenheiliger St. Nepomuk auf der Klasbrücke im Rauhen Ebrach-Tal.

In noch gotischer Balkendecke Inschrift mit Jahreszahl 1559, drei Wappen (Reich, Kloster Ebrach und das des Abtes) neben einer Wandmalerei erhalten.
Den Kern des Dorfes, den Altort sozusagen, kann man anhand von einem im Grundriß quadratisch angelegten Mauerzug als frühere Befestigung noch teilweise erkennen.

5 km östlich von Burgebrach liegt an der B22 in Richtung Ebrach der Ort **Mönchsambach**. Dieser wird um das Jahr 1000 urkundlich erwähnt, der damalige Name war auch 1303 noch *Wulfrichsambach*. Der Ort war schon im Mittelalter als Lehen zwischen dem Bistum Würzburg und den Casteller Grafen aufgeteilt. 1291 übertragen Eberhard und Heinrich von Stolzenrode Güter an Friedrich Zollner zu Bamberg, der sie wiederum an die Zisterzienserabtei Ebrach verschenkt.
Südsüdwestlich liegen in der Mönchsambacher Waldung, zwischen der Wolfsbacher und Mönchsambacher Freiung, die **„Bürg"** und die **„Burgwiesen"**. Beide Plätze sind wohl in vorgeschichtlicher Zeit bebaut und bewohnt gewesen.

5,5 km südlich von Burgebrach gelangt man in den Ort **Oberköst**, das mit dem nahen Unterköst als ehemalige slawische Siedlung (Das slawische Wort für Knochen (cost) könnte wiederum auf eine frühzeitliche Begräbnisstätte hinweisen.) gedeutet wird. In der kath. **Kuratiekirche Mariä Himmelfahrt** kann man zwei **Altarflügel** mit Szenen der Passionsgeschichte, wohl zum Teil nach der Vorlage Dürers aus dem Jahre 1566 bewundern.

Altarflügel

Der „Schloßsee" beschreibt den Standplatz eines schloßähnlichen Anwesens, möglicherweise mit burglichem Ansitz als Vorgänger.

Im 3 km südlich von Burgebrach gelegenen **Treppendorf** liegt ein rechteckiger, eingeschossiger Einflügelbau mit Walmdach und Fachwerkobergeschoß. Es handelt sich hierbei um einen barockzeitlichen **Schloßbau**.

Schloß Treppendorf

Burghaslach *K368 C1*

Landkreis Neustadt an der Aisch-Bad Windsheim

ANFAHRT/WEGBESCHREIBUNG
BAB A3 Würzburg-Nürnberg, Abfahrt Schlüsselfeld, bis Burghaslach fahren.

SEHENSWÜRDIGKEITEN:
Schloß, Chorturmkirche, Synagoge und Schule, spätmittelalterliche Steinkreuze

ORTSTEILE/SEHENSWÜRDIGKEITEN
Breitenlohe (Schloß, Kirche, Düllberg), Buchbach (ehem. Gutshof), Burghöchstadt, Fürstenforst (Schloß), Gleißenberg, Kirchrimbach (Chorturmkirche), Niederndorf (Mühle), Oberrimbach (St. Sebastian), Seitenbuch (Burgstelle Plank)

ORTSGESCHICHTE: Schon im frühen Mittelalter wird – im Zusammenhang mit der karolingischen Siedlungswelle – der Flecken als vermutliche Rodungssiedlung um 800/900 erstmals bezeugt. Burghaslach war auch Mittelpunkt eines altfränkischen Centgerichtsbezirkes mit mehreren Ortschaften. 1136 wurde die Pfarrei genannt, die an das vom Bamberger Bischof Otto gegründete Kloster Heilsbronn verliehen wurde. 1144 tauschte der Würzburger Bischof Embriko diese ein. 1213 als Markt bezeichnet. Die unter Würzburg eingerichtete Großpfarrei besaß eine große Anzahl von Tochterkirchen im Umland. 1301 als Hochstiftslehen des Klosters Heilsbronn erwähnt. In der ersten Hälfte des 14. Jh. wird die Steigerwälder-Rodungsherrschaft mit der Burg Haslach im Zusammenhang mit dem Besitzerwechsel 1317 als Hohenlohe-Speckfeldisches Lehen an die Familie des Johann von Vestenberg in Urkunden erwähnt. Hingegen konnte das gleichermaßen interessierte Haus Castell sich nur das Kirchenpatronat sichern. 1412 war der Flecken bei Castell und Limpurg, 1482 konnten die Limpurg den ganzen Besitz als ihr eigen nennen. Lediglich nach Aussterben der von Vestenberg ging der Besitz 1687 an Castell. Hier gab es bis Mitte des 19. Jh. das Herrschaftsgericht, – Mittelpunkt einer reichsritterschaftlich lehensbaren Herrschaft unter den Castell.

Rodungssiedlung und Mittelpunkt einer Cent

SEHENSWÜRDIGKEITEN: Eine fünfbogige Schloßbrücke führt auf den rechteckigen Burgplatz, der einst von dem Geschlecht der gleichnamigen Familie bewohnt wurde, ehe das **Schloß** in den Besitz derer von Hohenlohe kam, seit 1314 zu denen von Vestenberg und 1678 und 1783 fürstlich castellsches Eigentum wurde. Jetzt zeigt sich der Schloßbau im schlichten mainfränkischen Barock, wobei die früheren L-förmigen, dreigeschossigen Bauflügel zusammengebaut wurden. Der Nordflügelkernbau ist auf das 16./17. Jh. datierbar, erfuhr aber im

Schloß

19. Jh. weitere Veränderungen, der Ostflügel ist erst auf das 19. Jh. zurückzuführen. Das westliche Stallgebäude hingegen geht auf das 18. Jh. zurück. Im Schloß sichtbar ist die Niederlassung der Castellbank: 1774 Gründung der im Sinn des aufgeklärten Absolutismus Castellschen Creditkasse, galt bis 1941 als öffentlich rechtliche Sparkasse. Gräflich – später fürstlich anerkannte Castellsche Alte und Neue Creditkasse. Ab 1941 wurde sie als Fürstlich Castellsche Bank in eine Privatbank umgewandelt.

Die Pfarrei ist erst 1136 bezeugt. So steht die einschiffige Chorturmkirche auf einem Rost von 120 Pfählen aus dem Zeitraum des 14./15 Jh. (Sicherlich früher sumpfiges Gelände) Die **Kirche des Hl. Ägidius** mit dem viergeschossigen Chorturm, dessen unteres Turmgeschoß noch aus gotischer Zeit stammt, besitzt ein Treppentürmchen. Innen finden sich doppelgeschossige Orgel und Seitenempore. Langhaus und Inventar mit Stuckausschmückung stammen aus der ersten Hälfte des 18. Jh. Auffallend ist auch die im Stil der Neorenaissance errichtete **Synagoge** und **Schule**.

Synagoge, Schule

Steinkreuze

Spätmittelalterliche Steinkreuze finden sich am Abzweig nach Freihaslach oder nach Oberrimbach.

ORTSTEILE/SEHENSWÜRDIGKEITEN: 2 km südlich von Burghaslach liegt der Flecken **Breitenlohe**. Durch Hügelgräber in der näheren Umgebung kann man eine frühzeitige Besiedelung dieser Kleinlandschaft durch Kelten annehmen. Jedoch scheint erst eine nachweisbare Siedlung – eine mittelalterliche Rodungssiedlung („große, breite Lohe"= Rodung) zu spätkarolingischer Zeit mit den nahen Rodungsflecken (Burg)haslach und (Klein)weisach einfacher belegbar. So kreuzten sich hier auch zwei bedeutende Straßen – eine Altstraße und die einer in Ostwest-Richtung verlaufende Hochstraße (von Höchstadt im Aischgrund nach Schwarzenberg-Dürrenbuch). Das Dorf erscheint im 14. Jh. als Besitz des Hohenloher Adels mit Albrecht von Hohenlohe.

In die frühmittelalterliche, spätkarolingische Zeit dürften die **Ringwallreste** auf dem östlich gelegenen Düllberg (393m) zurückreichen. Ein *„Dulliberg"* ist urkundlich hier erwähnt. Im Volksmund taucht noch das Wort „Gedüll" auf. So ein „Gedüll" war ein Plankenwall, also eine ehemalige Umzäunung. Die Ruinen sind auf halber Höhe noch sichtbar. Möglicherweise war dieser Berg vor der Erbauung des Ortsschlosses ein ständig bewohnter Burgplatz.

Schloß Breitenlohe

Beachtung verdient in jedem Falle **Schloß Breitenlohe**. Seine äußere Erscheinung repräsentiert die Bedeutung und die „Versetzung" eines eher typischen Tieflandwehrbaues in ein bergiges Umland, in dem man eher auf Hügel gebaute Burgen und Schlösser trifft. Im 14. Jh. erwirbt der ortsnahe Adel von Vestenberg ein *„steinernes und festes Haus"* als Lehen von den Hohenlohe. Für runde 200 Jahre bleibt es auch in dessen Besitz. Hierbei kam es zu Um- bzw. Anbauten am Schloß. Die vier zylindrischen Ecktürme wurden hinzugebaut. Der Adel von Vestenberg erwarb auch den Markt Burghaslach.

1412 tauchte nun der Name des Schlosses und des darin wohnenden Adels als Castellsches Lehen auf. So waren die Vestenberg auch verpflichtet einen Ritter der Familie in die Rittermannschaft des Kantons Steigerwald zu stellen. Im späten 16. Jh. (1592) geht der Besitz an Lorenz von Münster zu Lisberg. Dessen Nachkommen waren es auch, die Burgportal und den Figurenschmuck auf der steinernen Schloßbrücke (1720) gestalten ließen. Hier erheben sich heute noch eine Immaculata (= Unbefleckte) und der typisch fränkische Brückenheilige Nepomuk. Im späten, ausgehenden 18. Jh. wurde das Schloß wieder Castellscher Besitz und Sitz eines Amtes. Auf annähernd quadratischem Grundriß erhebt sich innerhalb eines Grabenkomplexes eine von vier Ecktürmen flankierte Vierflügelanlage. Drei Hauptflügel - der westliche Trakt wurde später erhöht, umschließen einen rechteckigen Innenhof mit Treppentürmen. Markant sind die renaissancezeitlichen Vorhangbogenfenster. Ein Innenbesuch ist wegen der Gefangenenzeichnungen im Südwestturm empfehlenswert. Hier kann man eingeritzte Zeichnungen beispielsweise von Männern in Pluderhosen und Hut, Galgen, Henker und Gehängte, zwei Landsknechte mit Hellebarden und einem inschriftigen Sinnspruch von 1549 entdecken. Der Rittersaal ist im Régencestil zu Beginn des 18. Jh. ausgestaltet. Fragmente einer Wandbemalung finden sich im Korridor des Südflügels. Eine Schloßbesichtigung ist durch die Familie Friedrich möglich. Der vor dem Schloß liegende frühere Wirtschaftshof, ist noch durch ein hohes, wenig starkes Mauerwerk mit Mannspforte und großbogigem Tor zu erkennen - früher sicher von umlaufendem Graben und Außenwall umgeben.

Die ehemalige **Schloßkirche Kreuztragung Simon** (Schloßkaplanei 1512) des 16. Jh. steht vis-à-vis dem Wasserschloß. Die barocke Kirche wurde um 1560 unter dem Adel von Vestenberg umgestaltet.

Portalseite Schloß

Blick durch Tor des Wirtschaftshofes auf Eckturm des Hauptschlosses.

Schloßkirche mit Epitaphen

Besuchenswert ist sie vor allem wegen des **Doppelgrabmals** des Christof von Vestenberg (verstorben 1571) und dessen Gattin, einer geborenen von Rosenberg. Es befindet sich in einer Nische im Kirchenschiff. Interessant sind auch die regionaltypischen **Felsenkeller** mit rundbogigem Eingang in der Quaderfassade nördlich des Ortes an der Straße nach Burghaslach.

Südwestlich von Burghaslach liegt der ehemalige **Gutshof Buchbach**, über die Straße Richtung Breitenlohe erreichbar. Es handelt sich um ein zweigeschossiges Wohnstallhaus aus dem 17. Jh. mit Scheune, dazugehörigem Stall und Knechtsgebäude. Nun an der Stelle eines 1303 erstmals bezeugten Gutshofes, der im Jahre 1594 als Besitz des Lorenz von Münster zu Lisberg beschrieben wird. Später gelangte das Anwesen an die Herrschaft von Castell.

Ungefähr 6 km von Burghaslach in westlicher Richtung liegt über Freihaslach erreichbar, das Kettendorf **Burghöchstadt**. In der Zeit vor der urkundlichen Erwähnung 1317 als Burghovesteten aus „Hofstatt" hervorgegangen. Ein bedeutsamer Name, der auf einen verwaltenden An- und Besitz hinweist. Noch 1592 nochmal in abgewandelter Form als *„Burkhofstadt"* bezeugt. Das Präfix „Burg" erläutert einen Burgsitz des Adels von Vestenberg. Die Burgstelle ist wohl auf dem auffälligen Hügel nordöstlich über dem kleinen Ort anzunehmen. Heutzutage erhebt sich in einem geräumigen Kirchhof anstelle der Burg die St.-Martins-Kapelle. Vielleicht fußt die jetzige Martinskirche auf einer altfränkischen Kirche mit gleichem Namenspatrozinium. Im Spätmittelalter waren neben dem Adel von Vestenberg das Kloster Ebrach und auch St. Jakob in Bamberg begütert. Die Cent oblag dem Amt Burghaslach, im 18. Jh. ging sie an Schlüsselfeld.

Oberhalb von Burghaslach liegt der Ortsteil **Fürstenforst**. Auf einem steil abfallendem Berghang ruht auf den Resten einer Höhenburg – einem ehemaligen Ansitz der Ritter von Haslach, ein kleinräumiger, zweistöckiger Schlößchenbau jenseits einer doppelten Grabenanlage. Die Burg wurde im ausgehenden 13. Jh. unter Kaiser Rudolf von Habsburg geschliffen. 1321 wird ein Hans von Vestenberg erwähnt, der als Begründer der Linien Schernau und Fürstenforst weiter beschrieben wird. Anscheinend wurde unter seinem Sohn Veit ein zweijähriger Neubau - Beginn 1485 vollzogen. 1525 wurde das Schloß von Bauern gestürmt und zerstört. Nach einem Wiederaufbau kam es im Dreißigjährigen Krieg zu erneuten Zerstörungen, aus denen sich wieder ein Schloß erhob. Im frühen 18. Jh. wurde in 13 Jahren ein Barockneubau auf den Überresten errichtet, wobei auch der alte Bergfried aus dem 13. Jh. (Mauern im Untergeschoß mit späten Schießscharten) miteinbezogen wurde. Mit dem Aussterben des Geschlechts von Vestenberg fiel das Lehen 1687 an die Markgrafen von Brandenburg-Ansbach. Die heutige Bauerscheinung geht auf Carl Wilhelm Friedrich von Brandenburg-Ansbach zurück (1735) .

Letzter Besitzer war Friedrich Eyßelein, ein Amtsmann unter den Fürsten von Castell zu Beginn des 19. Jh., der den Besitz nach mehrfach vorausgegangenen Besitzerwechseln aufkaufte. Der gedrungene Baukörper des „Schlößchen" genannten Hauses steht anstelle des ehemaligen Bergfriedes. Im Ort selber birgt ein Haus, ein zweigeschossiges Wohnhaus mit Fachwerkobergeschoß, eine im Dachgeschoß befindliche „Judenschule" mit sporadischer Bemalung und hebräischen Zierinschriften.

Nicht ganz 4 km von Burghaslach, liegt in östlicher Richtung, oberhalb des Haslach-Flüßchens das Weilerdorf **Gleißenberg**, 1303 *Glizzenberg* genannt. Gemeint ist hiermit wohl die lokale Beschreibung eines „glänzenden, weithin sichtbaren (freigerodeten?) Berges. Als Lehensträger war hierbei eine ministerialadlige Familie, die sich gleichermassen nannte. Das zeitig erwähnte Schloßgut besaß offensichtlich eine Familie von Gleißenberg, die es als Lehen der Grafen zu Castell empfangen hatten. Im 15. Jh. ging es nach dem Adel von Gleißenberg als Lehen an die Markgrafen, dessen Lehensträger die von Grumbach waren. Jene sind es auch, die das Schloß nach den zerstörerischen Folgen des Dreißgjährigen Krieges wieder herstellen ließen. Zuletzt erscheinen uns die nach Mitte des 18. Jh. ausgestorbenen Dangrieß. Jetzt ging das Anwesen wieder an die Casteller Grafen, unter denen auch die örtliche Zustellung eines Ritters zur Mannschaft des Ritterkantons Steigerwald besiegelt wurde. 1853 wurde das Schloß auf der heute noch „Schloßwiese" bezeichneten Flur niedergerissen. Dank einer Miniaturdarstellung aus der Zeitstellung des Jahres 1444, ist es als zweigeschossiger Fachwerkbau inmitten eines rund ausgehobenen Wallgrabens und ebenfalls runden Berings als feste Behausung beschrieben. Westlich vom ehemaligen Schloß, anstelle einer von der Familie Grumbach erbauten Kapelle, erhebt sich eine Chorturmkirche mit einem ansprechend geschnitzten **Holzkruzifix** aus der ersten Hälfte des 16. Jh. im Kirchinnenraurn.

Circa 5 km westlich erhebt sich im Rimbachtal der Ort **Kirchrimbach**.
1125 wird dieser als *Rintbach* bezeugt. Mitte des 13. Jh. besaß das Klarissinnenkloster zu Nürnberg hier Güter, diese wurden vom Papst Innozenz IV. urkundlich bestätigt. Rintbacher Bewohner hatten auch Ministerialen, die dem Hause Castell dienten und die sich nach dem Ort benannten. Als folgende Lehensträger sind die von Vestenberg, später die von Münster bezeugt. Deswegen war Rintbach auch dem Amt und der Gerichtsbarkeit in Burghaslach unterstellt, da sich das

Ansicht der Chorturmkirche St. Mauritius – auch „Schiestl-Kirche" genannt. Kirchrimbach.

gräfliche Haus auch die Kirchhoheit und das Patronatsrecht vorbehielt. Die auf einem kleinen, aber steil abfallenden Hügel stehende Gemeindekirche **St. Mauritius** steht vermutlich anstelle einer älteren Wehranlage. Sie hat den Namen von dem frühchristlichen, hingerichteten Märtyrer Mauritius erhalten. 1336 findet die Chorturmkirche mit dem heutigen auffälligen Verputz erste urkundliche Erwähnung. 1681 kam es zum Fachwerkaufsatz des zweigeschossigen Turmes. 1732 wurden der Aufbau von Turm und das Kirchenschiff erneuert, wobei auch grundlegendes Interieur ausgebaut wurde. Der Chor mit Sakramentsnischen selbst ist kreuzrippengewölbt und seine erdgeschossigen Mauern stammen noch aus der Zeit des 14. Jahrhundert. Das Langhaus trägt ein einfaches Holztonnengewölbe. Der Maler Matthäus Schiestl benutzt die Kirche als Motiv für sein Bild „Kirchlein in Franken" (1902). Seitdem wird auch die Kirche „Schiestl-Kirche" genannt.

Im nahen **Niederndorf** an der Haslach fällt ein zweigeschossiger Walmdachbau mit obergeschossigem Fachwerk auf. Das Mühlengebäude wurde 1733 als erbaut bezeichnet. Im Türsturz finden sich neben dem Zunftzeichen, eine Kartusche mit Inschrift, von einem Blütenkranz umrahmt.

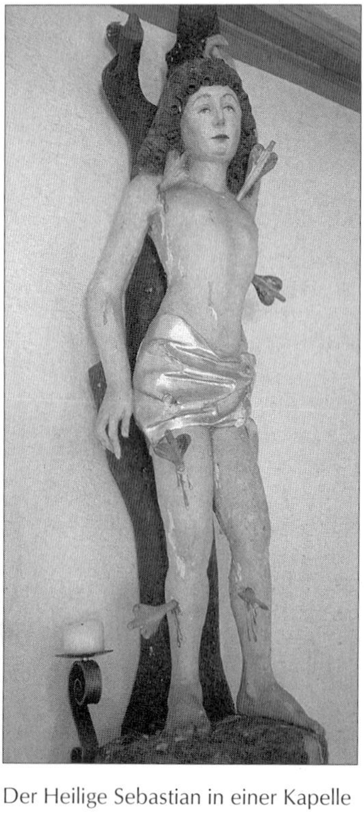

Der Heilige Sebastian in einer Kapelle

Nahe dem Ort Kirchrimbach, im Ortsteil **Oberrimbach** steht in einer kleinen Gutskapelle (Fam. Nirsberger) ein ansprechender **gotischer St. Sebastian**.

Schon im Umkreis von Scheinfeld, mehr als 11 km südwestlich von Burghaslach liegt der kleine Ort **Seitenbuch**, nur über eine Sackstraße erreichbar. Besitz, Dorf- und Gemeindeherrschaft oblag den Casteller Grafen, so daß der Ort zur Cent Burghaslach gehörte. Die zum Kloster Michaelsberg bei Bamberg gehörende Vogtei Plank wird mit den Orten Seitenbuch, Abbenbach und Appelsdorf, Kirchrimbach und Dutendorf genannt. Der Besitz wird 1125 von Bischof Otto von einem Abt des Klosters Hirsau erworben und dem Kloster zugeeignet, übergibt aber einem Grafen Rapoto die Obhut über diese Güter. Am östlichen Schloßberghang, oberhalb der sogenannten Schloßbrunnen-Quelle stößt man auf die rechteckige **Burgstelle** der 1341 erstmals erwähnten Burg Plank. Urkundlich weiter als Plankenstein oder Plankenfels bezeichnet. Name verweist vermutlich nicht auf einen „hellen, leuchtenden Stein" sondern auf einen Holzverhau. Zur Burg gehörten genannte sechs Bauernhöfe, die 1489 als *„gewesen"* bezeichnet werden und die möglicherweise mit der Burg zerstört worden sind. Immerhin haben Burg und Höfe noch 1472 bestanden. Auch existiert noch eine Wüstung am Fuß des nach Osten steil abfallenden Berges (460 m). So beweisen die Schloßbrunnenquelle, die auch einen rechteckigen Graben speiste (noch sichtbar) und Schuttreste - auch die der ehemaligen Vorburg, einen ehedem bebauten Platz. Hierbei erscheinen die von Giech als belehnter Adel, nach ihnen von 1300 an der Adel von Vestenberg. 1414 Besitz Kilians von Vestenberg. Später erscheinen die von Münster. Um 1615 ist von einem Schloß Plankenfels die Rede, das bis und nach 1665 als ruinös bezeichnet wurde.

Burgwindheim *K368 C4*

Landkreis Bamberg

ANFAHRT/WEGBESCHREIBUNG
BAB A3 Würzburg-Nürnberg, Abfahrt Schlüsselfeld, in Schlüsselfeld links weiter nach Aschbach fahren - in Richtung Geiselwind, dem Schild nach rechts abbiegen.

SEHENSWÜRDIGKEITEN
Barockschloß, Pfarrkirche, Wallfahrtskapelle z. Hl. Blut, Hl. Blutbrunnen, Gasthaus zum Löwen (ehem. Klosterrichterhaus), Bildstock

ORTSGESCHICHTE: 1140 erscheint urkundlich erstmals der Ortsname *„Windeheim“* . Das Wort „Wind“ im Namen hat nichts mit den oft angenommenen Wenden, also Slawen zu tun. Es verweist auf das Heim des Wind, einen fränkischen Personennamen. Hier stand auch der Stammsitz als eine wohl vom Wassergraben umgebene Tieflandburg derer von Windheim mit dem springenden, bekrönten Windhund im Wappen. Sicherlich Lehensbesitz dieses Ministerialadels, der 1278 unter Ludwig v. W. das *„castrum windheim“* und Dorf - auch mit anderen Orten unter dem Würzburger Bischof Berthold an die Zisterzienser-Abtei Ebrach als Schenkung vergab. Ludwig von Windheim trat im Übrigen selbst in das Kloster ein. Der Ort mit Kirche galt seit dem späten 13. Jh. für immerhin 150 Jahre als selbständige Pfarrei und sein geistlicher Herr besaß bischofsverwandte Rechte. Im Ort hatten jedoch auch noch andere Lehensherren Besitz, so die Blümlein, genannt von Karlburg, deren Besitz das Kloster Ebrach 1275 aufkauft, diesen aber 1319 wiederverkauft. Doch darüberhinaus kann das Kloster Ebrach durch einen weiteren Erwerb von Gütern in Burgwindheim dessen Abhängigkeit ihm gegenüber deutlich machen: 1324 verschenkt eine Tochter namens Edellinde eines gewissen Supan diese Güter. Vor 1398 erhält der Ort durch den böhmischen König Karl VI. Marktrechte und dessen Sohn König Wenzel erlegt dem Ort und dessen ganzer Umgebung Haupt-, Hals-, Stock und Galgengerichtsbarkeit auf. Eine Befestigung des Ortes in Form von Mauern und Toren rings um den Ort zu dieser oder späterer Zeit ist wahrscheinlich, wenn gleich hiervon keine Reste mehr künden. 1465 wird die Markt-Siedlung durch ein famoses Hostien-Wunder Anlaufstelle einer Wallfahrt, die bis heute zur größten (Blutprozession) des Steigerwalds werden sollte. Seit 1728 war in Burgwindheim die Kurie von Mönchherrnsdorf hierher verlegt. Nach der Säkularisation kam es zur Aufhebung des Amtssitzes. Bedeutungsvoll war für den Ort aber auch die Lage, da hier die Poststraße Würzburg-Bamberg verlief.

Amtsschloß

SEHENSWÜRDIGKEITEN: Während vermutlich das abgegangene Stammschloß der Herren von Windheim im Wiesengrund zwischen der Mittelebrach und dem heutigen stattlichen **Schloß** zu suchen ist, erhebt sich das Amts- und Kurienschloß, zeitweilig auch Sommerresidenz der Äbte von Ebrach, rechterhand der Straße nach Bamberg. Bis ins 20. Jh. – bis zur Säkularisation war es Amtsschloß gewesen. Der Ebracher Abt Wilhelm Sölner erscheint ab 1720 das Bauvorhaben des repräsentativen Amts-Schlosses in die Tat umgesetzt zu haben, als er zwischen1720 und 1725 unter Balthasar Neumann ein in französischer Manier gestaltetes Schloß erbauen läßt. Vielleicht kommen die Pläne von Johann Leonhard Dientzenhofer, oder von J. Greising, die nach dessen Tod von Balthasar Neumann übernommen wurden. Das Schloß mit ausgeprägter Pilastergliederung ist ein hoher, zweigeschossiger Bau mit dreiteiliger Staffelung auf doppelt T-förmigem Grundriß mit vier, an den Ecken hervortretenden Pavillons mit hohen Mansarddächern, vormals mit geschweiften Kuppeln gedeckt.

Das klösterliche Amtsschloß auf der Schloßwiese anstelle des „castrum windheim“

Südlich und östlich springen ummauerte Terrassen (Gartenanlagen) vom Baukern aus in den Wiesengrund. Der Kernbau wird durch zwei Mauerstufen vom Flügelhaus abgehoben. An den vier Schauseiten befinden sich schöne Portale, - zwei Haupteingangsportale unter schweren Balkonnischen, über doppelläufige Treppen zu begehen. Im Innern erwartet den Besucher ein interessantes, aber durch die geringe Raumhöhe gedrungenes Stiegenhaus mit parallellaufenden Treppen. Ebenso wie der Festsaal mit Stuckdekor von Georg Hennick 1723/24 versehen.

St. Jakobus Major

Die örtliche, eher unspektakuläre **Pfarrkirche St. Jakobus Major** von 1748-51 ist in kirchenkunstgeschichtlicher Hinsicht einen Besuch wert. Womöglich wurde sie von Balthasar Neumann erbaut. Äußerlich noch mit schlichter Fassade, mit südlich stehendem, schlankem Turm von 1615, der den Bau des hier zu erwartenden Fassadenturms unnütz machte. Betritt man aber die Kirche so fallen in dem ungegliederten dreiseitig geschlossenen Saal unter einer Spiegeldecke recht interessante Ausstattungen des Barock und Rokoko von Balthasar Neumann und Peter Wagner auf. Die Entwürfe der kulissenhaften Altarbauten gehen wohl auf Entwürfe B. Neumanns und van Auweras zurück, die plastische Ausformung sind Werke Wagners. Von B. Neumann stammen immerhin drei Altäre (Seitenaltäre, die bescheiden wie Kulissen in den Raum treten), Peter Wagner schuf den figuralen Schmuck neben den Fenstern und Vorhängen. Der Rokokoaufbau des **Hochaltar** wird durch ein das Kruzifix einschließendes Säulenpaar gebildet, das „göttlich" schwebend zwischen Gitterwerk und Vorhängen erscheint, oberhalb von Maria und Johannes, Gott Vater und Heiligem Geist. Mit guter Perspektive bemalte Seitentüren schaffen eine gewisse Tiefe. Hier auch eine schöne frühklassizistische **Schnitz-Kanzel** mit den Allegorien von Glaube, Liebe, Hoffnung und dem Wappen des Abtes Hieronymus Held. Orgel im prächtigen Schnitzwerk. An Kanzel und Orgelgehäuse entdeckt man auch das Wappen des Abtes Hieronymus Helds wieder. Aufwendig gestaltet ist die **Rokoko-Stuckdecke** in italienischer Manier, von Wolfgang van der Auwera, der auch das Muschelwerk und die übrigen Stukkaturen fertigte. In der Spiegeldecke drei im Stuck gefaßte Gemälde mit Bezug auf die örtliche Wallfahrtslegende. Anton Clemens Lünenschloß' Werke sollen unter Tiepolos Einfluß in punkto Farbgebung und Gestaltung entstanden sein. In der Kirche befinden sich auch drei schöne

Einstmals auch Sommerresidenz - jetzt ein Gebäude unter Denkmalschutz, an der Ortsstraße.

spätgotische Passionsreliefs, die im gerade beginnenden 16. Jh. unter dem Einfluß Tilman Riemenschneiders entstanden waren.

Wallfahrtskapelle

Am Ortsrand erhebt sich die **Wallfahrtskapelle zum Hl. Blut**: Das kirchlich bezeugte Hostienwunder spielte sich folgendermaßen ab: So soll sich während einer Corpus-Christi-Prozession auf unerklärliche Weise die Monstranz geöffnet haben, aus der eine Hostie zu Boden fiel. Anscheinend getraute sich niemand das heilige Objekt anzurühren, sonst wäre es nicht zum Auftritt des herbeigerufenen Abtes gekommen, der die Hostie ohne sie anderweitig zu berühren durch ein Gebet telekinetisch dazu veranlaßte, sich wieder in die Monstranz zu bewegen. Just an dieser Stelle nun soll sich der Altartisch der ab 1591 erbauten und 1596 geweihten Kapelle erheben. Unter diesem also auch die kleine Bühne mit figürlicher Darstellung des Wallfahrtswunders. Die pentagonale Kuppelkirche – sie zeigt mystische Beziehung zu den fünf Wunden Christi – in nachgotischer Manier mit einfacher, ungegliederter Fassade, gotisch empfundener Tür und symmetrischen Rund- und Rechtecksfensteröffnungen. Die hufeisenförmige Empore blickt auf den barock zweisäulig gewundenen **Hochaltar** mit verkröpftem Gebälk, Teilgiebelstücken und Muschelwangen. Das **Altarblatt** mit Darstellung des letzten Abendmahls stammt von Hans Rottenhammer von 1651. So gibt es auch Figuren des Schmerzensmannes und der Schmerzensmutter, ein Tabernakel mit Elfenbeinkruzifix, viele alte **Votivtafeln**. Das Kreuzgewölbe ist rundbogig gestaltet.

Hochaltar

1626 „entdeckte " man östlich der Kapelle eine Heilquelle, der spätere **„Heiligblutbrunnen"**. Gefaßt und überdeckt durch einen brunnenhausähnlichen, quadratischen Barockbau, der auf einen Entwurf Leonhard Dientzenhofers hin verwirklicht wurde. Das nach den vier Seiten geöffnete Brunnenhaus wird durch Bogen auf dorischen, durch Nischen getrennte Pilaster zugänglich gemacht. Der Haupteingang trägt Inschrift und Wappen der Heiligen Blutsbruderschaft. Ein achteckiger Kuppelbau mit offener Laterne als Bedachung. Alte Votivtafeln zeigen ein vier- bis sechssäuliges Brunnenhaus (Dieser Zustand sicher vor 1690) mit spitzem Holzdach über einem runden Brunnentrog (17. Jh.).

Heiligblutbrunnen

Neben den sichtlich barocken Häusern des Ortes ist das **Fachwerk-Gasthaus zum Löwen** mit Tor, Pforte und ansehnlichen, seitlichen Galerien als Behausung des damaligen Klosterrichters, 1579 bezeichnet. Das „Nonnenhof" genannte Haus war Wohnsitz der hier ansässigen Beginen, die 1331 Erwähnung finden.

Bildstock

Ein beachtenswerter **Bildstock** erhebt sich an der ehemaligen Grenze zwischen der Bamberger und Würzburger Geleitregion. Hier wurde Reisenden vom jeweiligen Landesherrn ein Geleitschutz zugeteilt. Führungen durch Kirchen und Schloß nach Anmeldung: 0 95 51/ 10 50 oder 10 52.

Die Bundesstraße nach Ebrach führt durch den kleinen Ort **Kappel**. Hier erhebt sich linkerhand eine neuromanisch aufgebaute Marienkapelle, die als Nachfolgerin der 1278 als „capel" bezeichneten frühgotischen Kapelle anzusehen ist.

Castell *K367 E1*

Gemeinde, Landkreis Kitzingen

ANFAHRT/WEGBESCHREIBUNG

BAB A3 Würzburg-Nürnberg, Abfahrt Wiesentheid, auf der B 286 über Rüdenhausen nach Castell.

SEHENSWÜRDIGKEITEN

Archivgebäude, Grafschaftskirche, Fürstlich Castellsches Schloß Frühmittelalterliche Abschnittsbefestigung, Oberes Schloß, Alt-Castell (Unteres Schloß)

ORTSTEILE/SEHENSWÜRDIGKEITEN

Rüdenhausen, Trautberg

Grafschafts-Mittelpunkt

ORTSGESCHICHTE: Castell ist heute als idyllisch gelegener Weinort des westlichen Steigerwaldrandes und als Haupt-Sitz der Grafen zu Castell bekannt. Erste Nachricht vom Ort erhalten wir 816. Hier wird auch schon ein Castell erwähnt, das anläßlich einer Stiftungsurkunde als Besitz des Grafen Megingaud mit seiner Gemahlin Imma an das von ihm gegründete und an vielen Stellen im Steigerwald gesuchten Kloster Megingaudeshausen im Iffgau (Vorläufer des späteren Münsterschwarzach) vergeben wird. Der erwähnte Edelfreie Rupert I., nennt sich wohl nach dessen Behausung „von Castell" und geht vermutlich als Ahnherr der beiden Linien Castell-Rüdenhausen und Castell-Castell hervor. Der begründende Adel, vermutliche Nachfahren der Mattonen wird Ende des 11. Jh. erwähnt. So ist Castell Mittelpunkt einer ehemaligen reichsunmittelbaren Grafschaft, die Jagd, Forstwirtschaft und Landbau betreiben konnte. Als Erboberschenken unter dem Würzburger Hochstift erscheinen sie 1168. Seit 1205 zeichnet sie der Grafentitel aus, 1233 das Prädikat „von Gottes Gnaden". Um Mitte des 13. Jh. haben die von Castell den Zenit ihres Machtbereichs erreicht und sind zur Landesherrschaft gereift. 1258 ist von einer Teilung der Grafschaft die Rede. Zwei Burgen sind bezeugt: *„castrum dictum kastel"* auf dem Herrenberg und *„purch ze castel"* - dem sogenannten Oberschloß gleichzusetzen. Jedoch schwand der große Besitz in Folge von Fehden, Klosterstiftungen oder Familienstreitigkeiten, so daß 1321 bis 1684 der Besitz einer älteren Linie Pfandbesitz der Nürnberger Burggrafen war. 1321 fiel die damalige Burg sogar ebenfalls an den Burggrafen Friedrich IV. von Nürnberg zu Pfand, konnte aber von Graf Hermanns III. von Castell wenig später schon wieder zurückgewonnen werden. Grund hierfür war die 1321 bezeugte Verschuldung Graf Hermann III. 1457 erhielt der Würzburger Bischof Johann III. von Graf Wilhelm den Besitz, rechnete aber auch mit dem endgültigen und vollständigen Zufall des Lehens, da Graf Wilhelm einen noch unverheirateten Sohn hatte.

Mit der Vermählung einer Elisabeth von Reitzenstein wurde der Casteller Besitz jedoch gewahrt. Aus der Ehe gingen drei Söhne hervor, von denen einer, Graf Wolfgang I., den Stammvater der jetzigen Castell darstellt. Im späten 16. Jh. kommt es zur Bildung der älteren Linie Remlingen und der jüngeren Linie Rüdenhausen. Beide hatten Stellvertreter auf der fränkischen Grafenbank. Mitte des 16. Jh. vergrößerte sich wieder der Besitz und die Herrschaft trat zum Protestantismus über. Nach Ersterben der Linie Rüdenhausen kam es 1803 zur erneuten Bildung der heute noch existierenden Linien Castell-Castell und Castell-Rüdenhausen. Die Castell-Bank geht im übrigen auf die Gründung einer gräflichen Landeskreditbank 1774 zurück – siehe unter Burghaslach→. 1806 unterstand dem gräflichen Besitz ein Gebiet von mehr als 200 Quadratkilometern mit bis zu 8000 Einwohnern. Einige der 50 dazugehörigen Ortschaften unter Casteller Herrschaft waren Wüstenfelden, Greuth, Rehweiler→, Rüdenhausen→, Feuerbach, Eichfeld, Krautheim, Frickenhöchstadt, Burghaslach→, Breitenlohe→, Sixtenberg, Seitenbuch→ und Ziegenbach.

SEHENSWÜRDIGKEITEN: Neben dem Schloßberg mit seinen Ruinen und dem neuzeitlichen Schloßbau der Grafen von Castell wird das schön gelegene Ortsbild auch von der spätbarock-klassizistisch geprägten, evangelischen Pfarr- und Schloßkirche (1784-92) dominiert. Die **Grafschaftskirche** wurde nach Plänen des Würzburger Hofbaumeisters Joseph Albert (1784/92) als ansprechender Saalbau zum Teil auf den Grundfesten einer mittelalterlichen Kirche ausgeführt. Die Grafschaftskirche wird äußerlich durch den hohen, eingezogenen Fassadenturm und die große Fensteranlage äußerlich und umlaufenden Empor- und Herrschaftsgestühl und ihrem klassizistischen Stuckwerk im Innern geprägt. Dabei ist der hier regional vorherrschende Kanzelaltar aus Alabaster zu beachten. Altarbau und Stuckarbeiten wurde 1788 von Johannes Michael Krieger geschaffen.

Ein auffälliges Gebäude ist die **Fürstlich-Castellsche Domanialkanzlei**. Im Untergeschoß des Renaissancegebäudes mit Volutgiebeln findet sich eine zweigeteilte Badstube unter einem einfachen Kreuzgewölbe. Das Badhaus war Teil des 1601 durch Martin Haag (Wiesenbronn) erweiterten Heilbades von 1600, das aus einem ehemaligen Wildbadhaus des 16. Jh. hervorgegangen war. Das Wildbad Castell wurde im 18. Jh. aufgegeben. Nun ist es **Archivgebäude**.

Innenansicht Grafschaftskirche mit Kanzelaltar und Emporen.

Das **Untere** oder **Fürstlich-Castellsche Schloß**: Nach 1686 - andere Quellen sagen seit 1681 - begann Peter Sommer unter Graf Wolfgang Dietrich mit der Errichtung des dreiflügligen, Barockschlosses - einem „Fürstenschloß mit Parkanlage" (zugänglich) im Stil englischer Landschaftsgärten. Die Gartenseite wird durch eine massive Baufassade mit Mansarddach und schön gestalteter Freitreppe belebt. Den Torbau krönt ein Dreiecksgiebel, hier das Ehewappen Castell-Limpurg. Das Schloß wurde 1691 fertiggestellt.

Nähert man sich dem gräflichen Castell beispielsweise von Birklingen kommend so fällt bei der Anfahrt der von alten Bäumen bekrönte, abgeteilte Bergsporn mit kegelförmig herausgearbeitetem Gipfel auf, dessen Hänge unterhalb des „Hügels" von Weinreben besetzt sind. Der „Herrenberg" birgt auf seinen Höhen drei Burgstellen, die eine kontinuierliche Bebauung in Form einer Abschnittsbefestigung des Frühmittelalters über das Hochmittelalter mit seinem Turmhügel Altkastell bis hin zum spätmittelalterlichen Höhenburgrest - zum Burgschloß gewandelt, erkennen läßt. Erreichbar sind die drei Burgstellen von einem Wanderparkplatz aus - an der Straße nach Wüstenfelden gelegen.

Frühmittelalterliche Burgstelle

Der Besucher passiert zuerst die frühmittelalterliche, in karolingischer und ottonischer Zeit vergrößerte **Abschnittsbefestigung** die nur noch in Trapez-Form durch einen tiefen und breiten Halsgraben mit hohem Wall begrenzt vom Wüstenfelder Plateau getrennt erscheint. Zur Zeit

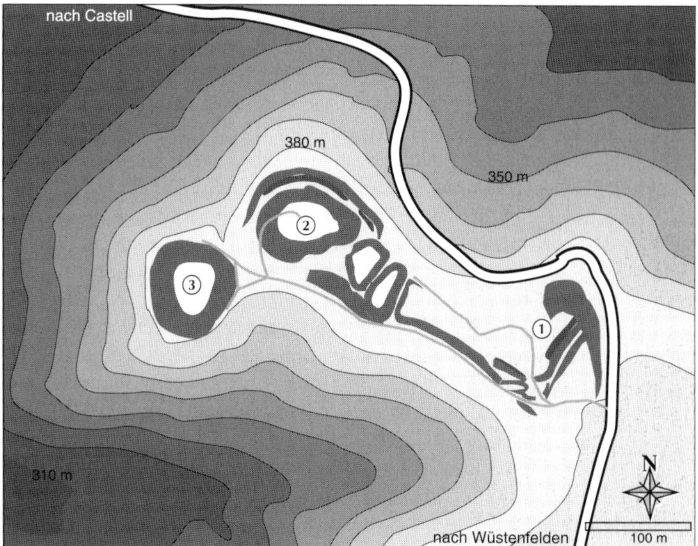

Legende Casteller Burgen
① frühmittelalterliche Befestigung ② Oberes Schloß ③ Alt-Kastell

Der Burghügel Altkastell, rechts die Treppenturm-Ruine des Oberen Schlosses.

der Ungareinfälle in der ersten Hälfte des 10. Jh. entsteht also der Wall mit breitem und tiefem Graben. Einzig steil abfallend und so ausreichend Schutz versprechend zeigen sich Nord- und Südhang, die herausgerarbeitete Fläche mißt 150 m Länge und eine Breite von 30 m im Westen bis 80 m im Osten. Eine ehemalige Toranlage ist in Form zangenartig ausgebildeter Wallenden zu vermuten. Die frühmittelalterliche Befestigung bestand sicher nur aus Holz- und Erdwerken. Allerdings geriet diese durch die Erbauung der zweiten Burg von 1258 und durch die inkonsequente Nutzung der großen Fläche (1,8 ha) ins Abseits. Wahrscheinlich wurde die Befestigung im Laufe des Dreißigjährigen Krieges durch Schanzwerke verändert (diese 1626 bezeugt).

Oberes Schloß

Anschließend gelangt man auf den Herrenberg, dessen Burgplatz Mitte des 13. Jh. – 1258 als *„purch ze kastel"* – das **Obere Schloß**, erwähnt wird. 1258 erscheint die Grafschaft unter den Casteller Brüdern Hermann II. und Heinrich II. getrennt. Der nordwestliche Bergsporn des Herren- oder Marenberges überragt hier den Ort, der bis zur Zeit des ausgebrochenen Bauernkriegs durch ein „Unteres Schloß" – „Alt-Castell" – *„castrum dictum Kastel"* beherrscht wurde. Das Untere wurde jedoch nicht mehr aufgebaut. Das Obere Schloß hatte eine annähernd ovale Grundrißform, eher denn die Form eines Rechtecks mit stark abgerundeten Ecken. Die beiden Flügelgebäude standen parallel in dem von vier Rundtürmen eingefaßten Areal und bildeten einen offenen Hof. Ein allseitig umlaufender Graben mit Außenwall ist wahrscheinlich. An drei Bergseiten steil abfallend, wurde eine dreiteilige, durch tiefe Gräben getrennte Burganlage geschaffen. Die Turmruine steht freilich auf dem 60m langen und 30m breiten Hauptplateau. Auf dem äußeren, durch einen Graben vom Massiv und der inneren Vorburg getrennten Plateau wurden runde Fundamente einer Art Bastion nachgewiesen. Noch im Norden und Nordwesten und Südosten sind Hanggräben mit Außenwällen erkennbar. Die beiden östlich gelegen Vorburgen sind durch Gräben deutlich vom Massiv und zur Hauptburg hin und untereinander getrennt. Der Außenwall des Hauptburggrabens steigt zum inneren Vorburgplateau auf. Zur Zeit des 2. Markgräfler Krieges werden 1553 vier Türme zugefügt, die Gräben eingetieft und verbreitert, Palisaden um den Bering errichtet. Nach der Zerstörung der Burg (als Oberes Schloß bezeichnet) – vormaliger Besitz der Familie vor Wegzug nach Remlingen, (1595 deren Wohnsitz). Im Bauernkrieg wurde ein Wiederaufbau unter Graf Johann II. in Form eines wohnlichen Burgschlosses unter harten Frondiensten der Bauern beschlossen. 1554 wird das Obere Schloß verstärkt und umgebaut. So wird zum

Beispiel der Graben zwischen Schloßbau und innerer (zweiter) Vorburg zu ungunsten der Vorburgen (beide hierdurch verkleinert und aufgegeben) vergrößert. Von 1607-15 waren Umbauten in Form eines neuen Torhauses, eines Turmes und der Neubau des Hauptbaues vorgenommen worden. Die Schloßanlage war aber im Dreißigjährigen Krieg eingenommen (1634, 1640) und teilweise beschädigt worden, wobei auch in dieser Zeit schon zum Neubau des Oberen Schlosses mit Erlaubnis der Grafen Bauteile des Unteren Schlosses eingerissen worden waren. Die bauliche Erscheinung um 1614 zeigt einen ovalen Bering mit (umstrittenen) acht bzw. vier Rundtürmen, einem Zwingerhof und einem zweiflügligen Schloßbau im Innern des Berings. Instandsetzungen gab es auch nach Sturmschäden. Zur Mitte des 18. Jh. werden die baufälligen Schloßruinen eingerissen, im Jahre 1818/19 weiter abgetragen. So steht nur noch der weithin sichtbare Treppenturm des renaissancezeitlichen Burgschlosses mit reichem Portal, Treppengewände und Wappenschmuck (Graf Wolfgang II. und Juliana von Hohenlohe). Ein verbliebener Mauerrest an ihm zeigt noch zugesetzte gotische Maßwerkfenster.

Deutlich als typischer Burghügel kenntlich, ist der des isoliert stehenden **Altkastells**, von alten Bäumen bekrönt. Offensichtlich eine kontinuierlich genutzte Befestigung. Außer einigen Grabungsresten, die vor nicht langer Zeit freigelegt wurden, und die einen burglichen Adelssitz des Mittelalters (1258 anläßlich einer Aufteilung zwischen den Casteller Brüdern Heinrich IV. und Hermann I. belegt) nachweisen sind keinerlei Reste mehr erhalten. Bebauung wahrscheinlich in frühmittelalterlicher und hochmittelalterlicher Zeit. 1075 als Sitz des Rupert mit Kapelle, Turm und zweigeschossigem Gebäude bezeugt. Die künstlich steiler geböschte Bergkuppe, von der man auch eine gute Aussicht auf das Umland genießen kann, jenseits des Bergsattels, trägt ein Plateau von ungefähr 40 m Durchmesser. Die mit einer Kapelle ausgestattete Burg geriet als Pfandschaft 1321 an die Nürnberger Burggrafen aus dem Hause Hohenzollern, die ihren Amtsmann auf der Burg hatten. 1497 scheint es zu Brandzerstörungen im Verlaufe einer Fehde der Markgrafen (Friedrich IV. gegen Moritz von Guttenberg) gekommen zu sein. Wie schon erwähnt, wurde das feste Haus, 1525 wie auch das Obere Schloß zerstört und nicht mehr aufgebaut. Anscheinend hatten die Bauern nicht vergessen, daß Graf Wolfgang I. zu Castell auf der Feste Marienberg über Würzburg diese gegen die Bauern verteidigt hatte. Laut einer Wildbannkarte wurde die ehemalige Burg gegen Ende des 15. Jh. als Altkastell bezeichnet.

Altkastell

Auf dem Bergsattel zwischen Altkastel und Herrenberg erhob sich einst eine Gerichtslinde.

ORTSTEILE/SEHENSWÜRDIGKEITEN: In einer wasserreichen Keupermulde, 2km in nördlicher Richtung von Castell entfernt, liegt die eigenständige Gemeinde **Rüdenhausen**. Der Ort, der erst zur Mitte des 18. Jh. das Recht hatte, sich Markt nennen zu dürfen, besteht seit dem 13. Jh.

Ehem. Wasserschloß

Das von gotischen und renaissancezeitlichen Baulichkeiten geprägte, ehemalige **Wasserschlo**ß erhebt sich auf einem unregelmäßigen Grundriß und wurde 1258 als Casteller Besitz erwähnt. Im 13. Jh. kaufte der Johanniterorden Güter im Ort – Verkäufer war Graf Heinrich von Castell. Der Casteller Burgsitz wurde Ministerialen zu Lehen gegeben. Er war zeitweiliger Familienbesitz nach Aussterben der Schelle von Rüdenhausen, des Friedrich von Seckendorff zu Rödelsee und des Hartmut Fuchs von Dornheim, die die Wasserburg an die von Gnottstadt abtraten. Nach Aussterben dieses Geschlechts ging es mitsamt Lehen 1533 wieder an die jüngere Linie der Castell, die es seit dem Jahre 1556 zum Schloß ausgebaut hatten und bis heute noch besitzen. 1573, 1615 und auch 1697 kam es zu Um- und Anbauten am Schloß. Im Dreißigjährigen Krieg wurde es, wie auch der Ort durch Kaiserliche 1632 überfallen, gebrandschatzt und geplündert. Dem, im Groben, hufeisenförmigen Mauerring mit der Bauerscheinung des 14.-16. Jh. entwachsen im Süden zwei gotische, zylindrische Flankierungstürme, die in ihren Grundfesten wohl noch dem 14. Jh. entstammen. Ein länglicher Hof mit Renaissanceportal durchschneidet zwei Bautrakte. Der östliche mit rundem, im nördlichen Drittel der Gebäude angebauten Treppenturm folgt mit einem leichten Bauknick der östlichen Mauerflucht. Der westliche Trakt mit Torhalle scheint nördlich aus dem Hufeisengrundriß auszubrechen und stößt so mit dem rechteckigen Mauerteil in den nördlichen Grabenteil vor. Der Graben umlief, den ungefähren Umriß des Schlosses folgend, das Schloß.
Im klassizistischen Stile erscheint hingegen das **Neue Schloß** (1803/07) mit angrenzendem, angliziertem Schloßpark.
Gegenüber dem Schloß erhebt sich das unscheinbare Nachtwächterhäuschen.
Die Schlösser sind Privatbesitz und sind daher der Öffentlichkeit nicht zugänglich.
Im Mittelalter gab es in der Siedlungsmarkung drei burgliche Ansitze, von denen nur das erwähnte „Alte Schloß" nicht abging. Jedoch bezeichnet der Hügel, wo sich nun noch die unter dem Casteller Grafen Johann Friedrich 1408 gegründete Pfarrkirche erhebt eine weitere Burgstelle. Die dritte Stelle scheint verloren.

Rathaus

Das **Rathaus** von 1817, das ehemalige Fürstliche Domänenamt wurde als stattlicher Bau mit Fachwerkobergeschoß unter einem Mansarddach über hohem Rundbogentor erst im 20. Jh. von der Gemeinde erworben.
Die evangelische **Pfarrkirche**, ein Saalbau mit Polygonchor wurde 1708 errichtet. Im Langhaus erheben sich an Süd- und Westwand eine doppelgeschossige Empore mit Herrschaftsstand der Fürsten zu Castell-Rüdenhausen. Ungewöhnlich für fränkische Kirchen ist der im Chor freischwebende Taufengel über einem barocken Altarbau aus der Bauzeit. Bis 1803 war die Kirche Grablege der Fürsten von Castell, weswegen sich hier auch kunstvoll gefertigte **Epitaphe** befinden.

Epitaphen

Hervorstechendster Epitaph ist der renaissancezeitliche, alabasterne, reich verzierte **Doppelepitaph** von 1589, für Graf Georg II. und Gräfin Sophia, den Stammeltern der Linie Castell-Rüdenhausen. Rokokozeitlicher und äußerst schön gearbeiteter Epitaph des Grafen Johann Friedrich,sicherlich aus den Händen des Hohenlohe-Öhringischen Hofbildhauers Joh. Baptista Lauggas. Ursprünglich stammen drei der ältesten Epitaphe aus dem ehemaligen Karmeliterkloster Vogelsburg und wurden im frühen 19. Jh. hierher verbracht: Der des 1285 verstorbenen Grafen Hermann II., Stifter des erwähnten Klosters, der des 1325 verstorbenen Grafen Friedrich V. mit Relief in Erinnerung an den Fünfjährigen, wie er mit Tieren spielt und der des 1363 verstorbenen Graf Hermann IV. Doppelepitaph

Ein gebürtiger Casteller war der Anatom Dr. Heinrich Müller (1820-1904)

Über dem südlich von Castell liegenden **Trautberg**, im 10. Jh. als *„Trutberg"* - wohl als Berg der Druden zu deuten, soll diesbezüglich vermutlich eine heidnische Kultstätte auf dem Keuperriff gelegen haben. Trautberg wurde später hingegen als Casteller Schafhof bezeugt.

Dachsbach *K370 E7*

Landkreis Neustadt an der Aisch - Bad Windsheim

ANFAHRT/WEGBESCHREIBUNG

BAB A3 Würzburg-Nürnberg, Ausfahrt Höchstadt Ost, auf der B 470 in Richtung Neustad/Aisch bis Dachsbach fahren (ca. 17 km).

SEHENSWÜRDIGKEITEN

Pfarrkirche St. Marien (Schwurhand), Wasserburg, Amtshaus

ORTSTEILE/SEHENSWÜRDIGKEITEN

Oberhöchstädt (Kirche, Gasthof Sonne), Rauschenberg (Schlösser)

ORTSGESCHICHTE: Nähert man sich dem Haufenwegedorf Dachsbach, fällt dem Besucher der mächtige Wohnturm der einstigen Wasserburg einer gleichnamigen, edelfreien Familie auf, die 1129 urkundlich mit dem Ort als Besitz unter Heinrich von Dachsberg erstmalig genannt wird. 1158 als *„Dachsbachium"* weiter bezeugter Ort, der mit Siedlungen der Umgebung einen grundherrlichen Forst und/oder eine Großrodung beschreibt. Dachsbach erscheint als Mittelpunkt einer Rodungsinsel der Grafen von Bergtheim. Unter den Grundherren (Bistum Bamberg, Nürnberg, der Grafen von Öttingen und dem Adel von Wertheim), als Erben der Grafen von Bergtheim,

Brunnengehäuse in Oberhöchstädt.

Burg und Pfarrei an ein edelfreies Geschlecht, das sich nach dem Ort zu benennen wußte, erinnert. Im 13. Jh. wird ein kleines Halsgericht des Bistums Bamberg erwähnt, das seinen Besitz an das Dienstmannengeschlecht derer von Seckendorff (mit Burkard Hörauf zuerst bezeugt) zu Lehen gibt. Bedeutend war hierbei die Lage des Ortes mit Herrschaft. Diese wird gerne mit einem Finger verglichen, der als bambergischer Sprengel in das ritterschaftliche, bayreuthische Gebiet hineinragt. Der Ortsname *„Obernhochstet"* erscheint 1357. Die Einheimischen sagen kurz und bündig *„Höschat"*. Unklar ist noch die Gründungszeit der Pfarrei, die im späten 14. Jh. allerdings sicher bezeugt ist. Während der Reformationszeit kam die Lage Höchstadts für das Markgrafentum Bayreuth „einem ärgernden Dorn" gleich, blieb aber konfessionel protestantisch. 1558 an die Superintendantur Neustadt geschlagen. Im ausgehenden 18. Jh. noch grundherrlich in verschiedenen Händen. Die preußische Zwischenregierung wurde „als spürbar" verzeichnet.

1391 wird die **Pfarrkirche St. Nikolaus und Peter** erwähnt. Seit 1536 wird die Gemeinde am Aischgrund von einem evangelischen Geistlichen betreut. Die auf einem kleinen Hügel stehende Kirche St. Nikolaus und Peter ist eine charakteristische Chorturmkirche mit dreigeschossigem, gotischem Chorturm mit kreuzrippengewölbtem Chor und einem barock geprägten Langhaus mit hölzernem Tonnengewölbe. Das auffällige, reich verzierte **Vortragekreuz** stammt aus dem Jahre 1703. Der Altar selbst ist ein Werk des ausgehenden 17. Jh. Die hier mittig aufgebaute **Kreuzigungsgruppe** ist noch aus spätgotischer Zeit.

Gasthaus Sonne

Brunnengehäuse

Sehenswert sind einige Fachwerkwohnstallhäuser, besonders aber das **Gasthaus Sonne** aus dem Ende des 17. Jh. und baulichen Veränderungen aus der Mitte des 18. Jh. und die im Ort verteilt erscheinenden fünf **Brunnengehäuse** aus dem ausgehenden 17. Jh., frühesten 18. Jh. an der westlichen und nördlichen Straßenkreuzung nach Rauschenberg bzw. Uehlfeld. Am südlichen Ortsende stößt man auf gerade noch sichtbare Erderhebungen, die die Stelle der einstigen Burg bezeichnen. Die Flur wird heute noch als Schloßberg bezeichnet. 1347 wird die Burg unter Vigner von Meinberg an Burkard von Seckendorff-Hörauf verkauft. Nach einer Zerstörung im Jahre 1553 wird die bambergische Amtsburg nicht mehr aufgebaut. Seitdem Verfall und Abtragung. Um 1830 werden noch Mauerreste beschrieben und der Fund einer Bleiplatte mit der Darstellung der Hl. Hedwig bekundet.

Noch weiter westlich, nach Oberhöchstädt folgt der Ort **Rauschenberg**. Von diesem Höhendorf erfahren wir erst um das Jahr 1700, als es in nächster Nähe zum Alten Schloß enstand. Als ehemaliger Ansitz der von Seckendorff-Aberdar geht der Ort vermutlich schon früher hervor. Vormals gab es lediglich den *„Gänshof"* (bezeugt 1532), bald mit der Unterscheidung zwischen einem *„Unter-"* und *„über'm Gänßhof"* (bezeugt 1541), der auch nur als eine Art Vorwerk der Burg Oberhöchstadt zu verstehen war und der als sicher befestigter Ökonomiehof bestand. So wird dieser auch „Schlößchen" oder auch das „Alte Schloß" als errichtet genannt, welches als Besitz der gut begüterten Grafen von Bergtheim von diesen an die Seckendorff-Aberdar zu Lehen gegeben wurde. Durch Verkauf besaßen die Markgrafen einen Teil dieses Lehens, der restliche Teil wurde mit dem Gänshof als Rittergut, Gütern in Oberhöchstädt und Reinhardshofen an Siegmund von Wirsberg verkauft. Unter dem Wirsberger Adel erhielt schließlich das Gänshof genannte Vorwerk seinen heutigen Namen Rauschenberg. Dieser Name könnte eine Flur mit Binsen = „rauschen" vom mittelhochdeutschen „rusc" kommend beschreiben. Im Jahr 1492 starb diese Linie der Wirsberg aus, so daß der Gutsbesitz als landsässiges Rittergut und brandenburgisches Mannlehen seine Besitzer wechselte. Hierbei ist auch die Stellung und Bedeutung des besagten Rittergutes interessant, hatte es doch den Status einer landsässigen-voigtländischen Ritterschaft. Die anderen Rechts- und Verfassungsformen wären zum Beispiel das reichsunmittelbare Rockenbach und das landsässige Bergtheim. Der Besitz hatte im Lauf der Jahrhunderte weitere Besitzer adliger oder auch bürgerlicher Abstammung. Bedeutend war hierbei auch die Familie der Wurster von Creutzberg, die das Alte Schloß noch im 17. Jh., ab 1741 als Vogteisitz übernahmen.

Die Schlösser von Rauschenberg

Das **Alte Schloß** ist ein schlichter, querrechteckiger Zweigeschoßbau mit Mansarddach mit einem Dachreiter und einem achtseitigen Brunnenhäuschen (18. Jh.).

Unter den Wurster von Creutzberg entstand 1763 bis 1765 auch das nach außen repräsentativere **Neue Schloß**: Wenn auch nur ein kastenartiger, zweigeschossiger Rechtecksbau, so doch, abgesehen vom barock- und rokokozeitlichen Innern, äußerlich durch Eckpilaster und einen aufgesetzten Mittelrisaliten schön gestaltet. Das Schloßinnere ist durch seinen barocken Jagd- und Gartensaal mit Rokoko-Stuckierung in Rocaillezierwerk in unaufdringlicher Weise belebt. Im umliegenden Schloßgarten steht ein kastenförmiger Brunnen mit Wappen der Familie Creutzberg.

Diespeck *K370 D5*

Landkreis Neustadt an der Aisch-Bad Windsheim

ANFAHRT/WEGBESCHREIBUNG
BAB A7 Würzburg-Ulm, Abfahrt Bad Windsheim, der B 470 in Richtung Neustadt/Aisch folgen, etwa 3 km nach Neustadt/Aisch folgt der Ort.

SEHENSWÜRDIGKEITEN
Kirche St. Johannis der Täufer (Gestühl, Hochaltar, Deckenmalerei)

ORTSTEILE/SEHENSWÜRDIGKEITEN
Bruckenmühle, Ehe, Stübach (Steinkreuz, Fachwerkhäuser)

ORTSGESCHICHTE: Das langgezogene Straßendorf erhielt seinen Namen vom mittelalterlichen Begriff *„spekce"*, was soviel wie Knüppeldamm bedeutet. So wird ein solch befestigter Weg durch sumpfiges Land im Aischgrund von Neustadt kommend, nach Würzburg gehend, beschrieben. „Beginnt" hier auch die alte Hochstraße, die im weiteren Verlauf den Steigerwald durchschnitt. Der besagte Knüppeldamm am Dietweg „Dietspecke" ist wohl anstelle einer ehemaligen Furt, der Stelle, wo sich heute noch die Bruckenmühle erhebt, zu suchen. 1170 stoßen wir urkundlich erstmals auf den Namen *„Dihespecke"*, dessen wechselnde Grundherren seit dem 14.-18. Jh. alle (sage und schreibe 22 Adelsnamen – einige durch das Bistum Würzburg begünstigte Lehensträger) namentlich bekannt sind. Den Anfang scheinen Gottfried und sein Bruder gemacht zu haben, die sich als Ministerialen nach dem Ort benannten. Im Laufe des 15./16. Jh. werden die Stiebar, Lauffenholtz, die Seckendorff zitiert. Mitte des 18. Jh. existieren im Ort vier Adelsgeschlechter, die eine namentliche Zugehörigkeit zum Ort führen. Mitbesitzer Diespecks waren auch die von Truhendingen, die einen Teil an die Burggrafen von Nürnberg vergaben. Der Burgsitz der Truhendinger wurde wieder ergraben, ist aber sonst verschwunden. 1363 kaufen die von Teuerlein von den Burggrafen mit Friedrich V. Teile des Ortes. Der Dreißigjährige Krieg mit seinen Überfällen und brandschatzenden Heimsuchungen machte auch vor Diespeck nicht halt, so daß der Ort in jener Zeit als „stark verödet" bezeichnet wurde. Zu- und Einwanderungen aus dem „Ländlein ob der Enns" belebten den Ort wieder.

Ortskirche

Die **Kirche St. Johannis der Täufer** wird unter Conrad von Diespeck bezeugt. Im ehemals befestigten Friedhof gelegen, stammt sie noch aus der 2. Hälfte des 15. Jh. Das innen barocke Langhaus mit gotisch kreuzrippengewölbtem und großzügig im Raum gestaltetem Polygonchor mit Strebepfeilern und nördlich angebautem, viergeschossigem Turm mit Mansarddach beherbergt in seinem Innern einen frühgotischen Taufstein in Kelchform, ein schön gezimmertes und den Kirchenraum belebendes Laien-, Chor- und Stiftergestühl aus dem 17. Jahrhundert. 1681 mußte die Kirche nach den Verwüstungen des Dreißigjährigen Krieges wiederhergestellt werden. Der **Hochaltar** aus der Zeit um 1681/82 stellt eine Kreuzigungsgruppe, Moses und Johannes den Täufer, dar – seine Predella zeigt ein Abendmahlrelief von 1752. Besonders sehenswert sind die **Deckenmalereien** bäuerlichen Charakters von Johann Georg Rühl von 1760 im Langhaus . Sie beziehen sich auf die Ausgießung des heiligen Geistes und Szenen aus Christis Leben. Die ehemalige **Kirchhofbefestigung** ist noch allseitig mit teilweise sichtbarem Absatz für den Wehrgang mit Spitzbogen an der Südwestecke erhalten, ist aber spätmittelalterlich-neuzeitlich. An der nordwestlichen Ecke ragt ein Rundturm mit Schießscharten empor. Am westlichen Dorfende finden sich noch Mauerreste der abgegangenen Frühmeßkapelle, die 1464 durch die Stiftung einer Frühmesse durch Margaretha Feuerlein – geborenen von Seckendorff, Erwähnung findet.

Deckenmalereien

In dem heutigen Gasthaus „Schlößchen" ist vermutlich der im 17. Jh. bezeugte Ansitz eines Johann Christoph von Senger zu suchen, der Mitte des 18. Jh. an die Markgrafschaft Bayreuth geht.

Weiter sind im Ort ein- und zweigeschossige **Wohnstallhäuser** mit Fachwerk aus dem 18./19 Jh. in der Bamberger-Straße und Neustädter-Straße oder am Rathausplatz sehenswert. Ein jüdischer Friedhof aus dem 18. Jh. liegt an der Straße nach Dettendorf.

ORTSTEILE/SEHENSWÜRDIGKEITEN:

Verläßt man den Ort über die Straße nach Stübach (ca. 3 km), so fällt am Aisch-Flüßchen ein zweigeschossiges, allerdings verfallendes Mühlengebäude aus der 2. Hälfte des 18. Jh. mit Walmdach auf. Die **Bruckenmühle** wird nachweislich 1833

Deckenmalereien in der Kirche von Diespeck.

durch Andreas Beigel erbaut. Eine steinerne, spätmitttelalterliche **Marter** steht ca. 200 m westlich der Mühle an der Straße nach Stübach.

Bevor man Stübach nach ca. 3 km erreicht, durchfährt man den Ort **Ehe**. Der wegen seines Namens seltsame Ort ist unter Umständen ältester Ort am Ehebach. 1421 als *„Ee"* und *„Ewa"* in der als Rangau bezeichneten Landschaft erwähnt. Erstmals allerdings schon 1170 als Besitz des Klosters Lorsch bezeichnet, das sicherlich von einem Grundherrn dorthin vergeben wurde, der vielleicht selbst von dort stammte. Der Name mag vom germanischen *„ewe"* = Gesetz, gesetzliche Grenze kommen, muß aber nicht damit eine solche längs der Ehe ausdrücken.

Stübach. Erst Mitte des 14. Jh. erscheint der Ortsname *„Stübech"*. Die Herkunft scheint aus dem mittelhochdeutschen Wort für Reisig = *„Stubich"* zu stammen. Damals und sicher auch schon vor dieser Zeit sind im Ort zwei Burgen und zwei Rittergüter bezeugt. Beide Burgen werden mit einer Ministerialenfamilie von Abenberg in Zusammenhang gebracht, die sich nach den Grafen, ihren Lehensherren benannten. Die Anlage zweier Burgen in einem Ort spricht auch für eine Erbteilung der besagten Familie. Der ortsnahe Berg erhielt seinen Namen von diesen. Die zweite der beiden Burgen wird als Lehens-Besitz des Nürnberger Burggrafen Friedrich V. zwischen 1361 und 1365 beschrieben. Um 1480 wird hier ein Euchar von Abenberg „auf dem Turm" weiter bezeugt. Im Bauernkrieg brannte die Burg aus und wurde auch nicht mehr neu errichtet. Hingegen wird das eine der beiden Schloßgüter als Würzburger Lehen bezeichnet, dessen Lehensträger vom Markgrafen Albrecht Achilles während des ersten Markgräfler Krieges 1462 von hier vertrieben wurden und sich einen neuen Ansitz im nahen Kornhöfstadt ertrotzten. Später war das Stübacher Gut Besitz der Familie von Crailsheim und ihrem Amt in Fröhstockheim nach 1529 untergeordnet worden. Der heutige Schloßbauernhof gibt den Standort des 1626 von den Crailsheim neuerbauten und 1822 abgebrochenen Gutes an. Der große Zehnt wurde dem Kloster Engelgarten in Würzburg geliefert. Als bekanntere Grundherren in Stübach erscheinen die Grafen von Castell, später die sich abwechselnden von Stiebar, von Lentersheim zu Obersteinbach. Diese verkauften in der ersten Hälfte des 18. Jh. ihre Güter an einen Auriz zu Obersteinbach, nachdem der Sohn der Lentersheim zu Obersteinbach dieses Rittergut an Erasmus Wurster von Creutzberg verspielt hatte. (vgl. Schloßhistorie von Obersteinbach). Die von Künßberg übernehmen schließlich den Besitz. Als Lehensträger der Markgrafen zu Brandenburg-Ansbach erscheinen in der Neuzeit die Meyern-Hohenberg.

Neben dem ehemaligen Schloß der Abenberger ist die 1393 zum Kapitel Schlüsselfeld gehörige erwähnte evang.-lutherische **Pfarrkirche St. Bartholomäus** besuchenswert. Der Nordturm überragt die einschiffige Kirche mit ihrem Polygonchor (14.Jh.) und dem Langhaus

Ortskirche

(Neubau des späten 19. Jh.) mit kassettierter Brettchendecke, die gotische Tür- und Fensterbögen aufweist. In ihrem Innern kann man noch eine **Rankenmalerei** entdecken. Ein Grabstein des Johannes von Abenberg, laut Inschrift 1384 gestorben und die Ruinen der Friedhofsumwehrung aus Quadern sind ebenfalls zu besichtigen. Hier erhebt sich auch ein **Steinkreuz** mit Pflugscheren und Raute (16. Jh.) Von der ehemaligen Wasserburg der Schenken von Schenkenstein zu Cadolzburg, die vor denen von Crailsheim bis ins 16. Jh. Besitzer waren, waren noch bis ins 19. Jh. Schloßruinen erhalten. Jetzt stehen lediglich noch Turm und Gewölbe des Burgkerns im Ehebachgrund. Das alte Schloß der Abenberger findet 1361 mit Hans von Abenberg zu Stubech Erwähnung, 1504 als „Steinhäuslein" bezeichnet. Ein Besitzerwechsel wird 1598 zwischen den Familien von Stiebern an die Lentersbach-Obersteinbach beschrieben. Sehenswerte Privathäuser sind z. B. ein zweigeschossiges, im Erdgeschoß quadergemauertes, mit obergeschossigem Fachwerk erhaltener Frackdachgebäude des 18. Jh. oder der eingeschossige, schöne **Fachwerkbau** von „Johann Georg 1734 Holtzberger".

Steinkreuz

Dingolshausen *K367 F6*

Landkreis Schweinfurt

ANFAHRT/WEGBESCHREIBUNG:
BAB A3 Würzburg-Nürnberg, Abfahrt Wiesentheid, Der B 286 bis nach Gerolzhofen folgen, Landstraße Richtung Rauhenebrach bis Dingolshausen (3 km).

SEHENSWÜRDIGKEITEN
Kirche, Amtshaus, Hoftore

ORTSTEIL/SEHENSWÜRDIGKEITEN
Bischwind (Wallfahrtskirche, Kapelle)

ORTSGESCHICHTE: Im 12. Jh. als *„Dingolvesheim"* bezeugt und sicher schon damaliges Straßendorf an der bedeutenden Straße Gerolzhofen-Bamberg gelegen. Mit „Haus des Dingolf" möglicherweise nicht unsinnig erklärt. Dingolshausen war im späten Hochmittelalter Unteramt des Würzburger Hochstiftes. Als Würzburgische Lehensträger sind hierbei 1303 die Herren von Langheim neben den von Lilisvelt, von Scherenberg, von Stetberg und von Grumbach bezeugt. Auch besaß die Zisterzienserabtei Ebrach hier Besitz. Später erscheinen die Fuchs von Bimbach, die hier einen Freihof besaßen. Im frühen

17. Jh. ging dieser und anderer dörflicher Lehens-Besitz an die Echter von Mespelbrunn. Im Dreißigjährigen Krieg wurde der Ort, wie meist anzunehmen, heimgesucht.

SEHENSWÜRDIGKEITEN: An der höchsten Stelle im Ort liegt der früher wehrfähig gemachte Kirchfriedhof, der durch moderne Anbauten entstellte Bau der **Chorturmkirche St. Laurentius und St. Sebastian**. Unter Fürstbischof Julius Echter von Würzburg erhielt der spätgotische, aber auch in seinem Umfang starke und gedrungene Chorturm im ausgehenden 16. Jh. seinen renaissancezeitlichen Aufbau mit dem typischen Spitzhelm, dem hierzulande nicht seltenen „Echter-Turm". Wie bei den meisten der unter dem Fürstbischof renovierten Kirchen, wurde auch diese in ihrem Aufbau vereinheitlicht, um ihre typische echterzeitliche Gestalt (1612) zu erhalten. Hier ist auch eine der an diesen Kirchen und anderen Gebäuden dieser Epoche typischen Inschriftstafeln zu sehen, in der in immer sich wiederholender Manier zu lesen ist: *„Bischof Julius hat regirt Viertzig Jar und die Pfarr dotirt Baut die Kirch und Pfarrhaus ganz neu, Nachfolget mehr aus Vaters Treu, Fürt ein die alt Religion, die erkenet frei sein Underton, Das Alles nur zum Glück und Segen Der treue Fürst thuet Gott ergeben."* Im Langhaus des 18. Jh. findet sich Barock- und Rokoko-Inventar.

Echter-Inschrift-Tafel an Kirche

Fürstbischof Julius Echter ließ auch den ehemaligen Würzburger **Amtshof**, einen nüchternen, renaissancezeitlichen Zweigeschoß-Bau mit Schwunggiebeln um 1600 errichten.

Ehem. Würzburger Amtshaus

Auffallend sind beim Ortsbesuch die für das Zabelsteiner Umland typischen, mintunter figurengeschmückten **Hoftore**. Hier ist auch eines mit der recht schönen Darstellung eines Botenfuhrwerks.

Hoftore

ORTSTEILE/SEHENSWÜRDIGKEITEN: Etwa 3 km nördlich von Gerolzhofen liegt **Bischwind**. Der Ortsname läßt sich vermutlich von den offenbar hier angesiedelten Slawen begründete Ortschaft *„Biscofes-Winiden"* – „zu den Wenden des Bischofs" herleiten. Ein Bischof scheint hier Grundherr gewesen zu sein, der die Slawen zur Arbeit hier ansiedelte. Der Dorfadel Richolf von Bischwind schenkt im Mittelalter den Platz mit Kirchlein dem Domkapitel, das als ehemaliges Pfründengut in der ersten Hälfte des 16. Jh. der Domdechantei angehört. Der Hügel soll zu Zeit der Wenden-Siedlung möglicherweise eine Kultstelle gewesen sein. Auf dem Marien-Kirchhügel befand sich einst ein Burgsitz, der offenbar als Dienstmannensitz diente und nachdem sich die Herren von Bischofswinden nannten, die mit den Geschlechtern Zabelstein und Scherenberg verwandt waren. Einer jenen Adels – Sigelohus war im 12. Jh. Kanzler unter dem deutschen Kaiser Heinrich VI. Sein Grab findet sich heute noch im Dom zu Würzburg. In der ersten Hälfte des 18. Jh. litten die Bischwinder unter der Not einer folgenschweren Rinderseuche. So wurde der heilige Wendelin Schutzpatron des Dorfes und Namenspatron der über dem Ort sich erhebenden **Kirche**. Innerhalb der Napoleonischen Kriege wurden auch im Ort französische Soldaten untergebracht.

Die Wallfahrtskirche von Bischwind.

Der Turm ist noch auf die Echterzeitlichen Renovierungsarbeiten zurückzuführen. Der Chor ist halbrund an das Langhaus (19. Jh.) angefügt. In der Kirche stehen die rokokozeitlichen Abbilder der Erzengel Gabriel und Raffael, die den **Hochaltar** umgeben. **Kanzel** und **Nebenaltäre** sind in spätbarocker Ausführung gestaltet worden. Markant ist hierbei das Wappen eines Deutschordensritters. Bemerkenswert ist auch eine **spätgotische Vespergruppe** aus der Zeit des frühen 16. Jh.
Einen schönen Blickfang stellt die auf einer Anhöhe, über den Feldern sich erhebende **Wallfahrtskirche St. Maria-Helferin der Christen** (19. Jh.) dar. Auf dem Hügel tun sich auch noch verflachte Gräben auf, die mit der Gestalt des Hügels mit seinen an drei Seiten ansteigenden Flanken den Burgplatz des Ministerialadels unterstreichen. Die dritte Kirche steht als neugotisch erbaute anstelle der vorangegangenen Bauten.

Donnersdorf *K367 F8*

Landkreis Schweinfurt

ANFAHRT/WEGBESCHREIBUNG
BAB A 70 Schweinfurt-Bamberg, Ausfahrt Haßfurt, Richtung Gerolzhofen fahren.

SEHENSWÜRDIGKEITEN
Gadenkirchenburg, Stationsbilder, Hoftore, Musikantensteine

ORTSTEILE/SEHENSWÜRDIGKEITEN
Falkenstein (Burgstelle), Pusselsheim (Kirche, Burgstelle, Hoftor), Traustadt (Kirche), Dürrfeld (Kirche, Rathaus), Zabelstein (Burguine)

ORTSGESCHICHTE: Der heutige Ortsname hat mit Donner oder ähnlichem nichts zu tun. Schlicht und ergreifend ist er nach dem Flüßchen, der Dampfach benannt. Deutlich im Namen *„Damphesdorf“* um 820 bezeugt, aus dem sich später das *„Damsdorf"* gebildet hat. Im Mittelalter waren hier die Herren von Zabelstein-Scherenberg begütert. Grundherrlich auch unter dem Zisterzienserkloster Ebrach, dem Zisterzienserinnenkloster Mariaburghausen, der Kartäuser-Kartause und dem Bistum Würzburg aufgeteilt. Im Ort wurde der regional bekannte Bildhauer Johann Halbig (1814-1882) geboren.

Gadenhäuser

Der klassizistische Saalbau der von Großherzog Ferdinand 1808-11 erbauten **Kirche** mit ihrer schlichten Flachdecke und dem querrechteckigen Chor, der durch zwei Säulenpaare vom Langhaus baulich getrennt erscheint, steht inmitten eines spätmittelalterlichen Wehrfriedhofberings mit an der Mauer angebauten **Gadenhäusern**.

Im Neuen Friedhof gibt es eine barocke **Kreuzigungsgruppe** (1730, aus Untertheres stammend) mit überlebensgroßen Figuren zu bewundern. Hier auch 12 recht plastische **Stationsbilder** von 1750.

Die Musikantenstein: Das Steinkreuz- und Kreuzstein-Nest von Donnersdorf/Falkenstein

Im Ort sind auch schöne Beispiele für fränkische **Hoftore** des 18. Jh., die im Zabelsteiner Umland in jedem Dorf anzutreffen sind.

Die sogenannten **Musikantensteine** - ein Nest von Steinkreuzen und Kreuzsteinen teilweise noch romanisch oder noch älter (?), die aus verschiedenen Plätzen der Umgebung hierher zusammengetragen wurden, stellen ein sehenswertes Ensemble an der Straße von Donnersdorf nach Falkenstein dar. Auffällig ist hierbei eine annäherend runder Stein mit Reliefkreuz neben einer Platte mit Kreuz und einem ausgeformten Steinkreuz. In Chroniken sprechen die ungefähr bis zu ein Meter hohen Sühnekreuze von Mord- bzw. Unglücksfällen.

ORTSTEILE/SEHENSWÜRDIGKEITEN: Ungefähr 1km südöstlich liegt der kleine Ort **Falkenstein** mit seiner Kirche St. Nikolaus, die im 14. Jh. als *„ecclesia in Valkenstein sub castro Zabelstein"* bezeugt wurde. Der Neubau vollzog sich 1611/12, die Ausstattung ist barock- und rokokozeitlich. Im hochmittelalterlichen Ortsname erscheint somit die **alte Burg** des Ministerialadels von Falkenstein. Jene ist noch in deutlichen Geländeformen aus spätromanischer-gotischer Zeit oberhalb des Ortes auf einem kleinen Berg aufzufinden. Es handelt sich um einen ovalen, an drei Seiten steil abfallenden Turmhügel mit tiefem Graben zur Berghangseite hin.

Burgstelle Falkenstein

4 km nordwestlich von Donnersdorf erhebt sich der Ort **Pusselsheim**, das als sicher während der fränkischen Landnahme - als Heim des Busold - entstandene Siedlung gedeutet wird. Diese Siedlungsgruppe ist zu den Orten Gäd- und Euerheim gehörig gewesen. Grundherrlich gehörte der Grenzort bis 1692 zum Würzburger Amt Mainberg, später zum Amt Gerolzhofen.

Die **Ortskirche St. Burkard** ist ein Neubau des 19. Jh. mit ansprechend gestalteter Fassade und einer spätrokokozeitlichen Ausstattung – siehe so den bemerkenswerten **Hochaltar**. Der Hochaltar gestaltet sich viersäulig mit seitlichen Durchgängen und den Heiligenfiguren des Frankenapostels Kilian und des Bischofs Burkard. Decke und Chorbogen sind mit Muschelwerk, Palmen, Bandelwerk in Stuck und Deckenfresko ausgeschmückt.

Am südlichen Ortsende erhebt sich eine ehemalige Burgstelle. Vielleicht ein ehemaliger früh- bis hochmittelalterlicher Ansitz eines Grundherrn, später eines Ministerialen von Pusselsheim. Grabenrelikt erkennbar, ungefähr noch 4 m breit und bis zu 2,50 m tief. Diesem vorgelagert ein grabenlanger Wall mit 1 m Höhe. Rundliche Burgstelle mit einem Durchmesser von vielleicht 20 m. Der Burgstall ist im Süden durch Friedhofsgelände gestört, im Osten durch eine Fahrstrasse im Grabenrest beseitigt.

Hoftor

Schönes **Steinpfostentor** in klassizistischer und Biedermeier-Prägung von 1846. Breite, rechteckige Pfeiler mit Sitzkonsole und schmalem Radabweiser. Fein verzierte Girlanden ziehen sich mittig zum schmalen Türsturz mit leichter Wölbung hin, und wirken hier wie angehängt, durchlaufen rechts und links reich verzierte Pfostenpartien unterhalb der nicht minder verzierten Abdeckplatte, mit beidseitig aufgesetzten Urnen und einer mittig auf Konsolen stehenden Marienfigur mit Kind.

Unweit von Pusselsheim fährt man in **Traustadt** ein. Das exakte Entstehungs- beziehungsweise Gründungsjahr steht wie bei den meisten Ortschaften nicht fest. Zwar gibt es eine urkundliche Erwähnung von 1194 eines „Trudbaches", doch ist nicht sicher ob hierbei das heutige gemeint sein kann. Sicherer erscheint hingegen die 1287 bezeugte Siedlung „Trugstatt". „Trug" ist vermutlich das sprachlich verschliffene, althochdeutsche „*druhi*", also eine Wildfallenstelle. Neben dem Ort wird auch eine hier stehende Burg, als dem Bistum Würzburg zu Lehen ausgegeben, erwähnt. Lehensträgerwechsel gab es viele, zum Beispiel erscheinen im späten 17. Jh. die Voit von Rieneck. Der freieigene Ritterort gehörte zur fränkischen Reichsritterschaft. In den letzten Kriegstagen (1945) wurde der Ort, wie auch das Schloß stark beschädigt. Ein mittelalterlicher Burgbesitz im Talgrund gelegen – offensichtlich Wasserburg – geht nachweislich 1345 als Lehen des Hochstifts zu Würzburg an den Ritter Thomas Fuchs hervor, der 1474 Besitz eines Erhardt von Schaumburg wird. 1616 erhält Dietrich von Mespelbrunn, ein Neffe des Fürstbischofs Julius Echter, das Schloß mit dem Ort. Dieser prägt die bis in die moderne Zeit bewahrte jüngere Schloßerscheinung. Nach 1629 bis zum Ende des gleichen Jahrhunderts kommt es zu mehrmaligen Verpfändungen und Besitzerwechseln, bis letztendlich der ganze Schloßbesitz durch Kauf an den Domprobst zu Würzburg Voit von Rieneck gelangt. Dieser scheint das Schloß in seiner baulichen Gesamterscheinung vollendet zu haben. Während das Land durch den Dreißigjährigen Krieg ausblutet,

Rathaus von Dürrfeld

zerfällt auch laut Urkunden zusehends das verlassene Schloß. Aus der quadratischen Burganlage mit Graben ging die in der letztsichtbaren Gestalt eine Schloßerscheinung des 17. Jh. als ein zweiflügliger Hauptbau mit Remise und Torhaus hervor. Die dreigeschossigen, quadratischen Türme am Hauptbau traten risalitartig aus dem Hauptbau aus. Hier auch eine zweiflüglige Freitreppe. Im Nordflügel befand sich eine sehenswerte Stuckierung mit Deckengemälde und barocker Dekoration aus der Zeit um 1700. 1963 wurde das Schloß nach Genehmigung des Landesdenkmalamtes gesprengt und fast vollständig vom Erdboden getilgt. Torbau vom abgerissenen Schloß noch erhalten.

Die im typischen, nachgotischen Echterstil erbaute **Kilians-Kirche** (1630) mit eingezogenem Chor und Langhausflachdecke besitzt in ihrem Innern einen bemerkenswerten barocken **Hochaltar** (um 1700) mit viersäuligem Aufbau nebst den schönen, **spätgotischen Holzfiguren** des Hl. Sebastians und des Hl. Georgs, die im Stile Tilman Riemenschneiders entstanden sind. Die beachtenswerte **Kanzel** ist um 1600 entstanden. In der Kirche gibt es auch einige **Epitaphe** der Voit von Rieneck.

4 bzw. 2 km südlich von Ober-/Untereuerheim (Gemeindeteil von Grettstadt) liegt auf sandigen Böden der Ort **Dürrfeld**, 1187 bezeugt mit Gütern der Kartause von Ostheim und des Klosters Ebrach. In der barocken **Chorturmkirche Mariä Geburt** (um 1700) mit dem im Untergeschoß noch spätmittelalterlichen Turm steht als **Hochaltar** der zopfstilige Tabernakel aus dem Karmeliterkloster zu Bamberg stammend. Bemerkenswert ist das zweistöckige **Rathaus** (1594) mit Fachwerk mit Gerichtslaube im unteren Geschoß. Westlich des Dorfes steht zwischen zwei alten Linden eine Kreuzgruppe.

Rathaus

Der **Zabelstein** über dem Neuhof bildet mit seinen 489 m die herausragende, nordwestliche Naturbastion des alten Gebirges. An seinem Steilabfall kann der Besucher gut die Abfolge der regional typischen Gesteinsschichten nachvollziehen. Heute ist der Zabelstein ein beliebtes Ausflugsziel, wie Gastronomie und Aussichtsturm beweisen.

Die Familie vom Zabelstein war mit der von Scherenberg eng verwandt. Ihr Wappen war das einer eisernen Schere in goldenem Feld, während die von Scherenberg ein rotes Feld führten. Allerdings starb das Geschlecht von Zabelstein mit der älteren Linie schon Mitte des 12. Jh. aus (Wipprecht von Zabelstein), so daß die zum Lehen freigegebene Burg an das Hochstift Würzburg überging, freilich aber an die jüngere Linie von Zabelstein zu Lehen gegeben wurde. Im 13. Jh. ist von den drei Brüdern die Rede, von denen ein Albrecht und ein Arnold den Titel der Würzburger Domherren führten und der dritte, Wolfram , Burgherr in der ersten Hälfte des 13. Jh. wurde. Dessen Söhne Konrad und Heinrich waren die letzten männlichen Nachkommen von Zabelstein. Mit der Heirat von Heinrichs Tochter konnten Thomas von Hohenberg (Burgruine Homburg ob der Wern) als neuer Besitzer des Zabelstein hervorgehen, als Heinrich verstarb. Thomas von Hohenberg verkaufte 1303 aber die Burg an das Würzburger Bistum, das diese sogleich mit den befestigten Berg zum sicheren Verwahrungsort für Archiv und für etwaige Notfälle als Schatzkammer zu nutzen wußte. So ist auch der Zabelstein als eine Art Sommerfrische der Bischöfe von Würzburg, wie auch als Amtssitz überliefert. 1525 wird nun aber am Mittwoch nach *Misericordia Domini* von einem 200 Mann zählenden Aufgebot der Bauern aus einem Lager von Gerolzhofen stammend berichtet, das die Belagerten zur bedingungslosen Herausgabe der Burg fordert. Aber die Brüder Konrad von Giech, Amtmann der Burg Zabelstein und sein Bruder Hans von Milz, Amtmann auf der Burg Waldburg bei Eltmann wiesen die Forderung zurück. Anscheinend zogen die Bauern hiernach ab, denn sie sollen erst am Dienstag nach Cantatae wieder vor dem Zabelstein erschienen sein. So sind auch die Überfälle auf Bimbach→ und Stollberg→ auf das gleiche Datum der ersten Belagerung zu datieren. Nach der berichteteten Übergabe wurde die Burg unter bäuerlichen Plünderungen verwüstet. Der Würzburger Bischof Julius Echter ordnete nach 1568 einen Wiederaufbau an.

Hinter tiefem Halsgraben befindet sich ein ovaler Bering, Mauerzug mit zwei runden, spätmittelalterlichen Ecktürmen und tonnengewölbtem Keller des 16. Jh. In östlicher Richtung kann man vom Zabelstein aus die Ortswüstung der **Zabelsteiner Höfe**, im 14. Jh. erwähnt, erwandern. Wegen Wassermangel und anhaltender Dürre mußten die Höfe verlassen und 1840 an den bayerischen Staat verkauft werden. Bodenwellen bezeichnen ehemalige Weiheranlagen, andere Unebenheiten vermutlich die Stellen der Hofanlagen. Hierbei sind auch noch eine Zisterne und ein Kellergewölbe als letzte Reste deutlich zu sehen.

Unweit von den Höfen, weiter in östlicher Richtung folgt auf der Hochfläche des Berges der industriearchäologisch wertvolle Kohlenmeiler, der bis zum Ende des 2. Weltkriegs in Betrieb war. Dieser modernere, ruinöse Meiler besteht aus einer kleinen und großen Brennkammer.

Ebrach *K368 A4*

Landkreis Bamberg

ANFAHRT/WEGBESCHREIBUNG
BAB A 3 Würzburg-Nürnberg Abfahrt Geiselwind, in Geiselwind rechts ab in Richtung Schlüsselfeld, an nächster Kreuzung links ab nach Fütttersee, hier über Kleinbirkach-Großbirkach fahren.

SEHENSWÜRDIGKEITEN
Ehem. Zisterzienserabtei mit Klosterkirche , Marter

ORTSTEILE/SEHENSWÜRDIGKEITEN:
Großbirkach (Chorturmkirche, Steinrelief), Grossgressingen (Vespergruppe), Hof, Kleingressingen, Magdalenkappel, St. Rochus

ORTSGESCHICHTE: Die im Dehio als *„großartigsten, frühgotischen Bau, den Deutschland hervorgebracht hat"* zitierte Zisterzienserabteikirche Ebrach erhebt sich im weniger breiten Mittelebrachtal. Viele Historiker gehen davon aus, daß sich die Klosteranlage anstelle der Burg des Edelfreien Berno von Eberaha erhebt. Andere sprechen von einer vormals slawischen Siedlung. Jedenfalls erscheint jener Berno später als in das Kloster eingetretener Laienbruder. Dessen Bruder Richwin und dessen Schwester Berthrade sollen an der Stiftung mitbeteiligt gewesen sein. So erscheint auch der spätere Stauferkönig Konrad III. als namhafter Geldgeber. Das erklärt zumindest auch, warum dessen Gemahlin Gertrude (1146 verstorben) und der Sohn Friedrich hier in der Klostergruft beigesetzt worden waren. Das Kloster Ebrach sollte das älteste und bedeutendste Kloster Frankens werden. Nebenbei aber war Ebrach die dritte Klostergründung des Zisterzienserordens im deutschen Raum und die am weitesten in die östlichen Markungen erbaute. 1127 wurde es von den Mönchen der

Die Abteianlage in einem Stich von M. Merian.

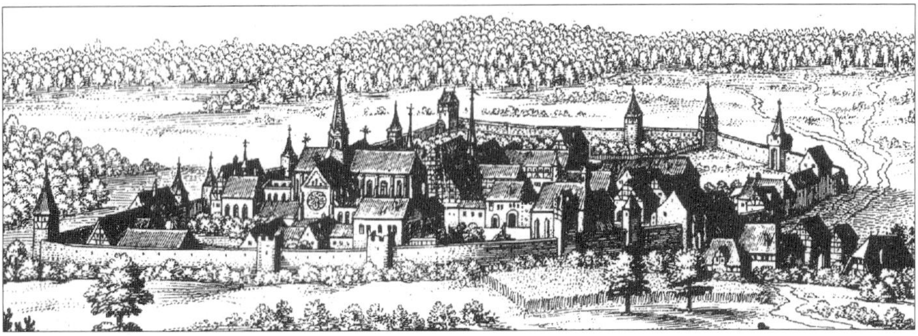

französischen Zisterzienserabtei Morimond, dem vierten Tochterkloster der Gründerabtei Citeaux, mitbegründet und besiedelt. Die erste Erwähnung einer solchen Abteikirche findet 1134 Bestätigung. Die Grundsteinlegung ist mit dem 4. Juni des Jahres 1200 überliefert worden. Ganz nach dem Grundsatz der Zisterzienserbauweise und der in Stein gefaßten Ordensregeln, zeigt sich auch heute noch dieses beeindruckende Klostergebäude. Der Zisterzienser und spätere heilig gesprochene Bernhard wird als Priesterasket eingeschätzt, nach dessen Vorbild sich die Ordensregeln orientierten. Unbehelligt von den Versuchungen aus der mittelalterlichen Zins- und Feudalwirtschaft galt es von den geringen Gaben zu leben, zu arbeiten und zu beten. So ist nicht zufällig, daß die Zisterziensabteien vom Trubel und Treiben der Städte in entlegenen Tälern zu suchen waren. Allerdings ließ sich das in den nächsten Jahrhunderten mit all ihren Neuerungen und neuen Anschauungen kaum beibehalten. Wenn auch gerade in den Zeiten des 17./18. Jh., unter der Annahme von Zins- und Pachtwirtschaft und den damit erzielten Einnahmen, den freiwilligen Schenkungen und großzügigen Stiftungen Dritter, letztendlich auch die Mönche dem asketischen Leben entsagten und aus dem ordenstypisch einfachen und schmucklosen Bau einen reich geschmückten, residenzähnlichen Klosterkomplex entstehen ließen, so blieb in dem Erscheinungsbild der Anlage diese Bauweise sichtbar erhalten. Schon zu Beginn des Klosterbaus ist der Einfluß einer damals modernen Stilform zu erkennen gewesen. Gerade weil aus dem Zisterziensermutterland Frankreich die burgundische Frühgotik im Aufbau mitintegriert wurde. Dennoch versagten Bauregeln den Baumeistern und Kunstschaffenden der Zisterzienser den Bau von „weltlich, feudalen Türmen als Zeichen von Machtdemonstration des Adels, sowie die Ausschmückungen der sakralen Orte durch Malerei und Ornamentik. Der klare Grundriß mit geradem Chorabschluß und einem

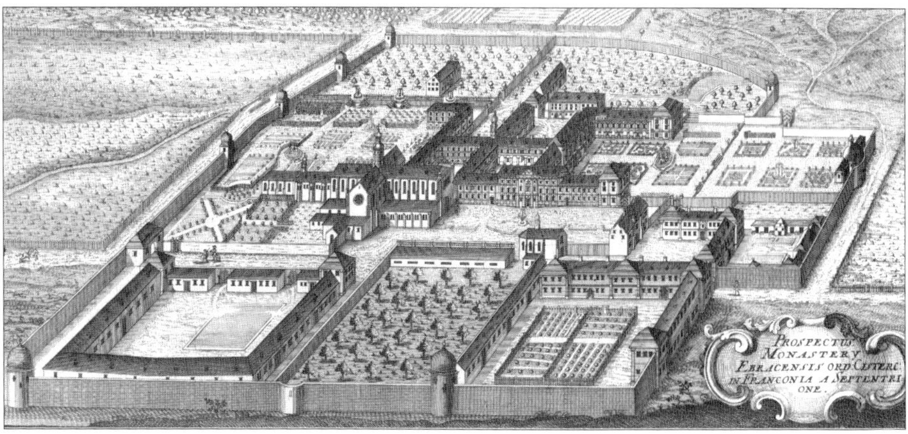

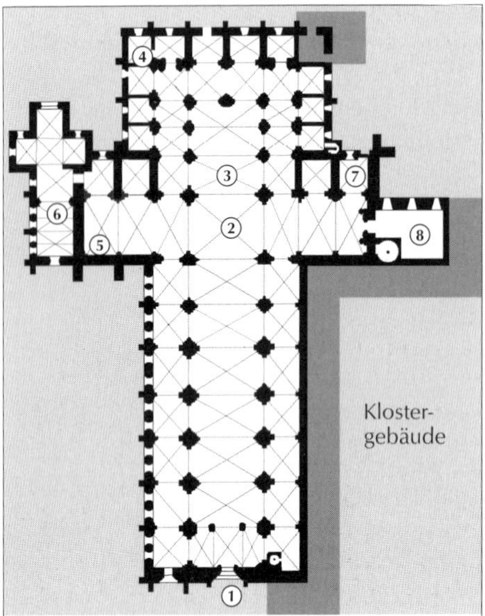

Grundriß Klosterkirche: ① Portal Westfassade ② Chorgestühl ③ Hochaltar ④ Katharinenkap. ⑤ St.-Bernhards-Altar ⑥ Michaelskapelle ⑦ Tumba 1. Abt Adam ⑧ Pfingstwunder

Querhaus für die Messen der Klosterbrüder war gefragt. Wir wissen zudem von einer ganz stattlichen Zahl klösterlicher Besitzungen. Zur hochmittelalterlichen Zeit erscheinen um 1340: 200 bezeugte Ortschaften und Flecken mit dazugehörigen Untertanen, Gütern und Rechten. Auch wurden in Ebrach die Herzen der machthungrigen Bischöfe zu Würzburg beigesetzt. Da sich aber das Kloster beizeiten schon in der Reichsunmittelbarkeit selbst regieren wollte, hatte das den Bruch jener Beziehung zur Bischofsstadt und anderer gewichtiger Zusammenhänge zur Folge (Vom 15. Jh. bis zum 19. Jh .). In vielen Quellen, wie Verzeichnissen und anderen Urkunden, taucht das Kloster Ebrach meist als Eigentümer über verschiedene Besitzungen auf, so ist es deshalb nicht verwunderlich, daß Ebrach als eines der größten und wohlhabendsten Klöster Frankens hervorging. Noch heute begegnen uns in den größeren, städtischen Wirtschaftszentren wie Kitzingen, Würzburg, Bamberg u. a. die ehemaligen, verwaltenden Amtssitze, wie auch in den früheren Amts- und Wirtschaftshöfen wie zum Beispiel Burgwindheim→, Rödelsee→, Mönchstockheim→, Oberschwappach→ (im behandelten Raume).... Der Bauernkrieg forderte 1525 seinen üblichen Tribut; das Kloster wurde durch Brand beschädigt, aber nach und nach in den folgenden Jahrzehnten renoviert. Keine hundert Jahre später, nämlich im Dreissigjährigen Krieg kam es nicht nur zu Plünderungen und Zerstörungen, hierbei wurde im übrigen auch der vorsorglich vergrabene Kirchenschatz von schwedischen Soldaten verschleppt. Erzwungene Kriegssteuern leerten die Kassen zudem. Anhand der regen Bautätigkeit des Ebracher Abtes Wilhelm Sölner in den genannten Amtsschlössern neben der Abtei können wir in der Zeit nach dem Krieg eine erneute Bereicherung des Ordensbetriebes annehmen. Sie zeigt eine fast 100jährige Baufreude (gegen Ende des 17. Jh.) in den städtischen Verwaltungen und ländlichen Verwaltungssitzen. Doch folgten schlechte Zeiten: Lange hatte das Kloster keinen Bestand mehr, 1803 wurde es im Zuge der landesweiten Säkularisation als klösterlicher Betrieb aufgehoben, das heißt der Besitz wechselte ins Staatseigentum Bayerns über. Der 49te und letzte Abt vom Kloster Ebrach, Eugen Montag, übergab dem bayerischen Staat 5000 ha Wald. Die Amts- und Wirtschaftsgebäude wurden versteigert, während andere Bauteile einfach niedergerissen wurden. (Torhaus, frühgotische Sepulturkapelle und die im 13. Jh. gestiftete Pfarrkapelle). 1803 wurde die Klosterkirche Pfarrkirche. 1811 starb der letzte

Mönch, Eugen Montag im Amtsschloß Oberschwappach→. 1851 wurde das Gefängnis in den Klosterbauten eingerichtet. In der langsam hinzugewachsenen Gemeinde wurde am 15. Februar 1901 der fränkische Heimatdichter Friedrich Deml geboren.

Söhne und Brüder der Abtei

Kirchenpolitisch angesehene Persönlichkeiten entsprossen diesem Kloster: beispielsweise der erste Abt von Ebrach, Adam, war vertrauter Begleiter und Kreuzzugsprediger des Hl. Bernhard; der Bibelschreiber Vitulus (frühes 14. Jh.); der Theologe Conrad (spätes 14. Jh.) oder auch der Ebracher Abt Bartholomäus Fröwein, der als Mitstreiter des Konstanzer Konzils im 15. Jh. bekannt ist. Nicht zu vergessen ist auch der letzte Ebracher Abt, Eugen Montag (1741-1811), der in Oberschwappach als Staatspensionist seinen Lebensabend verbrachte und der sich auf dem Gebiet der Rechtsgeschichte mit der Einsicht über die deutsche Anschauung und Verfassungsgeschichte des Deutschen Reiches auseinandersetzte.

SEHENSWÜRDIGKEITEN: **Ehemalige Zisterzienserabteikirche Hl. Maria und Johannes Evangelist und Nikolaus**. Die Grundsteinlegung ist seit dem 4. Juni des Jahres 1200 überliefert. Ersichtlich ist hierbei eine Verschmelzung der spätromanischen mit den frühgotischen Formen an den nordöstlichen Bauteilen von Chor und Querhaus. In der ersten Hälfte des 13. Jh. waren vermutlich auch die Chorkapelle, Hochchor und Querschiffe fertiggestellt worden. Das Kirchgebäude muß in der zweiten Hälfte

Die Westfassade mit dem Portal und der Rosette.

Das Hauptschiff der Klosterkirche

des 13. Jh. vollendet gewesen sein. Eingeweiht wurde die Kirche durch den Würzburger Bischof Berthold von Sternberg (9.9.1285). Dreischiffige Gewölbebasilika mit siebenjochigem Langhaus (circa 88 m lang) und dreijochigem Querhaus (circa 49 m lang). Typische zisterziensische Grundrißschemata, ähnlich das der Mutterabtei Morimond. Gerader Chorabschluß, rechteckiger Chorumgang, die Chorkapellen zum Chorumgang offen. An der Nordseite befindet sich die im Grundriß kreuzförmig gestaltelte (1200-07) Michaelskapelle. Im Grundrißschema ablesbare Maß- und Proportionsverhältnisse weisen daraufhin, daß hier in mediävaler Zeit bedeutungsvolle, figurale Geometrien zugrunde liegen. Die burgundische Frühgotik hat mit der Ebracher Abteikirche und so auch von Maulbronn in Deutschland auf damals moderne Weise in den deutschen Baualltag Einzug gehalten, die an den noch spätromanischen Kirchenbauten und Domen stilgerechte Veränderungen mit sich brachten. Es dauerte nicht allzu lange, da wurde aus dem fortschrittlichen und baumaßgebenden Frankreich dieser Zeit die Hochgotik auch an der gerade erst frühgotisch geprägten Klosterkirche eingeläutet - siehe Westfassade. Von außen besehen, steigen die kantigen, unregelmäßig abstufenden Strebepfeiler bis zu den Rundbogenfriesen unterhalb des Daches auf. Die Stirnmauern des Chor- und Querhauses werden durch prächtige, leicht hervortretende vollrunde **Rosetten** geöffnet. Architektonische Gemeinsamkeiten und Vorbilder scheinen hierbei im Dom zu Straßburg oder der Kirche Rufach sichtbar zu sein. Das Original der

Michaelskapelle - ältester Bauteil der Kirche

Repräsentationsgebäude von Gartenseite aus

Rosette befindet sich jetzt im Münchner Nationalmuseum. Der mittelalterliche Dachreiter wurde zu Beginn des 18. Jh. durch einen Vierungsturm Greisings ersetzt. Begeht man den basilikalen Innenraum der Klosterkirche, wird man von der Ausschmückung des späten 18. Jh. überrascht, die jedoch die Formen der gesamten, gotischen Innenerscheinung nicht unangenehm stört, so daß diese Formen zumindest noch erkennbar sind. Das Langhaus zählt allein 10 klassizistische Nebenaltäre aus Stuckmarmor. Den frühklassizistischen Louis-Seize-Stil verwirklichte in der zweiten Hälfte des 18. Jh. der Würzburger Hofstukkateur M. Bossi, die Skulpturen und der plastische Schmuck stammen von Johann Peter Wagner. Die marmorne, weiße und goldene Erscheinung mit den zur damaligen Zeit wieder angenommenen antikisierenden Elementen schaffte den Eindruck einer *„ästhetischen Vernichtung"*, wie sich Dehio zu der vornehmen, aber nicht abweisenden Veränderung weiter äußert. Die Wandfelder schmückenden **Stuckreliefs** zeigen Szenen aus dem Leben des Hl. Bernhard, (z. B. Bekehrung des Herzogs von Aquitanien.) Beachtenswert sind in jedem Falle die folgende Altäre: Im Chorraum, der mächtige **Hochaltar** (1778-80) von M. Bossi, der den östlichen Chor fast ganz einnimmt, Figurenwerk und Tabernakel von Johann Peter Wagner. Zur Mitte des 17. Jh. wurden die bedeutenden **Epitaphe** in die Wand hinter dem Hochaltar eingelassen: Epitaphe der Würzburger Fürstbischöfe Berthold von Sternberg (†1287) und Mangolds von Neuenburg (†1303), gegenüber an der südöstlichen Chorschranke erheben sich die Grabdeckplatten der Sarkophage des staufischen Hochadels: Königin Gertrud, Gemahlin Konrads III. (†1146) , deren Sohn Herzog Friedrich von Schwaben (†1161). Im Querhaus erhebt sich an der nördlichen Stirnwand der schöne **Spätrenaissance- bzw. Frühbarockaltar des Hl. Bernard** (1621-26, 1760 umgestaltet), dem Hauptwerk dieser Epoche und Art in Franken von Veit Dümpel, der sich (auch größter der Region) als monstranzartiger, auf vier Geschossen verteilter Säulenbau beschreiben lassen kann. Predella mit Leichnam Christi, den drei Visionen des Hl. Bernhard im Hauptgeschoß, der Heilige selbst vor der Mutter Gottes und darüber eine Kreuzigungsgruppe mit der Marienfigur über dem Gekreuzigten. Das Thema der gedrehten vier Säulen setzt sich in jedem Geschoß kleiner werdend fort. Der Altar wurde gekonnt in die halbrunde Nische mit vorstehenden Säulenkulissen integriert. Francesco Julio und J.B. Brenno schufen den barocken **Johannisaltar** in der nördlichsten Querschiffkapelle, mit dem abschließenden apokalyptischen Weib über der Themenfigur des Hl. Johannes (Ende des 18. Jh.). Durchschreitet man die letzte Kapelle, so gelangt

Hochaltar

Bernhardusaltar

Repräsentationsgebäude von Gartenseite aus

Katharinenkapelle

man in die renaissancezeitliche **Katharinenkapelle**, der ehemaligen Schreibstube des Klosters mit **Terracottaaltar** (N. Lenkhardt, 1608). Die Wandmalereien schreibt man Cunradt zu. Das Gewölbe ist mit Streublumen bemalt, wie sie die ganze Kirche geschmückt haben sollen. So stellt die Kapelle sicherlich den einzigen Rest der Klosterkirche während der Renaissance-Epoche dar. In der Predella des Altars die Beschneidung und Taufe Christi. Im Hauptfeld Katharina vor Diokletian, Martyrium. Obenstehend die Hl. Elisabeth.

Pfingstwunder

Über dem Eingang zur Chorkapelle fällt eine barocke, plastische **Darstellung des Hl. Johann von Nepomuk** in einer Engelschar auf (D.F. Humbach, 1741), über der Sakristeitür befindet sich die **Darstellung des Pfingstwunders** (J.B. Brenno, Ende des 17. Jh.). Vor der Südkapelle des Querhauses steht die **Grabplatte des 1. Abtes Adam** und andere Grabdenkmäler der Ebracher Äbte wie zum Beispiel das Renaissancegrabmal des Abtes A. Hölein. Das an das Oegg-Tor der Würzburger Residenz erinnernde **Rokokogitter** unterhalb der Empore wurde vielleicht von J. G. Oegg auch geschaffen (1. Hälfte des 18. Jh.) und stelllte die ehemalige Lettnerabtrennung dar. Die Westempore mit ihrer monströsen **Hauptorgel** von 1742/43 stammt vom Würzburger Orgelbauers J. P. Seuffert, mit Rokokoschnitzereien A. Gutmanns.

Michaelskapelle

Der Zugang zur mittelalterlich gebliebenen **Michaelskapelle mit Krypta** (nach 1200) mit ihrer spätromanischen Prägung ist durch die nordöstliche Seitenkapelle des Querhauses möglich. Der Ostgrundriß hat die Form eines griechischen Kreuzes. Die Kapelle wird vom Friedhof der Laienbrüder umgeben. Die Krypta war früher Stiftergruft, später Beinhaus. Der Kapellenraum ist mit schönem Kapitellschmuck, Schaftringen, frühgotischen Kreuzgewölben und Überresten spätromanischer Linearmalerei und am Boden mit den Grabplatten derer von Lisberg, von Thüngfeld und von Windheim ausgestattet.

Kloster: Ein Stich Merians zeigt eine Befestigung des Klosters (man kann schon fast von einer Klosterburg sprechen) mit geschlossenem, recht wehrhaftem Bering und 12 Türmen. Hoher Wartturm an der südwestlichen Ecke der Ringmauer mit Galerie, zurückgesetztem Geschoß mit Haube, Laterne und einer vergoldeten Muttergottes – möglicherweise von Küchel. Das Kloster hat freilich in der Zeit nach der bedeutsamen Säkularisation unter Gebäudeabrissen und Veränderungen gelitten. Ihre barockzeitliche Prägung an manchen Gebäuden ist jedoch noch deutlich. Jetzt Justizvollzugsanstalt ist

Brunnengruppe Antäus und Herkules,

eine residenzähnliche, um zwei geschlossene und vier offene Höfe gruppierte Barockanlage, zwischen den Jahren 1687 und 1702 entstanden. Der ausführende Architekt einer ersten Bauperiode war J. L. Dientzenhofer. Ursprünglich waren vier geschlossene Innenhöfe geplant. Errichtet werden konnten nur Konventsgebäude nebst dem Kreuzgang, Kapitelsaal, Dormitorium, Refektorium, Bibliothek und der Kanzleitrakt. Die Stuckarbeiten übernahmen F. J. und J. B. Brenno und J. J. Vogel. Joseph Greising nahm nach einer kurzen Bauunterbrechung 1715 die Bauarbeiten bis zu seinem Tod für sechs Jahre wieder auf. Dabei kam eine neue Ausführung unter neuen Plänen in Frage. Der Nordbau wurde durch ein Treppenhaus ergänzt, der Abteibau als eine nach Westen geöffnete hufeisenförmige Anlage umgestaltet. Hierbei enstand im Mittelrisalit (Ehrenhoffassade nach Westen) der **Repräsentations- oder Kaisersaal.** Absolut schlüssig oder erwiesen ist aber noch nicht, wer nun diesen residenzählichen Charakter durch seine Pläne vorbestimmt hat. Neben den bekannten Barockbaumeistern Balthasar Neumann und J. Greising werden freilich noch Johann Dientzenhofer oder M. von Welsch diskutiert. Das **Treppenhaus** mit dem fulminanten **Deckenfresko** von A. Ramela (ein apokalyptisches Weib und Kampf des Erzengels Michael gegen den Drachen), Stuckarbeiten (G. Hennicke), figuralem Schmuck (D.F. Humbach) wurde 1721 fertiggestellt. Der **Kaisersaal** ist mit illustren Motiven an der Decke ausgemalt: Huldigung des Ordens vor dem Lamm Gottes, oder Aussendung eines zisterziensischen Ritterordens (von C. Lünenschluß und A. Ramela), Stuckarbeiten von G. Hennicke und Figuren von B. Esterbauer. Um 1730 wurde der fehlende Südflügel erbaut. Nach 1717 wurden wohl die leider ebenfalls zerstörten, nur stellenweise erhaltenen Gartenanlagen und Wirtschaftsgebäude wie Krankenhaus, Mühle Viehhof (jetzt Hotel) und Offiziantenbau (jetzt Forstamt) nach und nach errichtet. 1741 entstand der untere **Abteigarten** mit seinen Pavillons und der sehenswerten **Brunnengruppe** Herkules und Antäus von Johann Peter Benkert begonnen, von J. W. Auwera 1747 vollendet. Nach 1739 Wirtschaftshof mit Ställen, Handwerkerstätten und Remisengebäude. Nach 1753 muß auch das noch heute verbliebene Bamberger Tor (Johann Michael Küchel) mit Muschelwerk fertiggestellt gewesen sein. In der zweiten Hälfte des 18. Jh. bis Ende des 18. Jh. wurden noch der Obere Abtsgarten, die auch noch erhaltene Orangerie, ein weiteres Krankenhaus und schließlich das Klosterwirtshaus ergänzt. Flurdenkmal vor der ehem. Klosterkirche in den Anlagen: **Bildstock** – dessen Stifter und Schöpfer der Laienbruder Heinrich (um 1400) gewesen sein könnte. Figur des Schmerzensmanns zwischen dem Hl. Bernhard und dem Frankenapostel Kilian.

Kaisersaal

Brunnengruppe

Besichtigung Klosterkirche: Anfang 1. April bis Ende Oktober, täglich von 9.30 bis 11.30 und 14 bis 18 Uhr. Führungen können unter der Telefonnummer 0 95 53/2 66 erfragt werden. Besichtigung der ehemaligen Zisterzienserabtei mit Kaisersaal, Treppenhaus täglich von 10.30 bis 15 Uhr, Gruppenführungen erfragen Tel., (0 95 53/1 70).

Interessant ist auch das **Zisterziensermuseum** in der ehemaligen Abtswohnung mit der Abteigeschichte. Tel.: 0 95 53/9 22 00.

Tauf- und Missionskirche

ORTSTEILE/SEHENSWÜRDIGKEITEN: **Großbirkach** auf den Steigerwaldhöhen gelegen, erreicht man nach 6 km Fahrt südlich von Ebrach. Im 9. Jh., um das Jahr 815 wurde vermutlich jene frühmittelalterliche Tauf- und Missionskirche St. Johannes der Täufer inmitten einer kleinen Gemeinde gegründet. Diese bildete eine Art Mittelpunkt des sich in den noch jungen Rodungssiedlungen miteingebrachten christlichen Glaubens. Die kleine Kirche auf dem höchsten Punkt über der Siedlung inmitten einer Friedhofsummauerung stellte sich sogar als östlichstes befestigtes Vorwerk der Großpfarrei Stadtschwarzach dar. Die Mönche des Benediktinerklosters veranlaßten laut einer Inschrift die Grundsteinlegung in dem zu ihrem Besitz zählenden Großbirkach (877-1325). Damit war die Kirche Eigen- und Patronatskirche des Klosters. Offenbar gab es östlich der Ortskirche eine Beginenklause, diese wird 1317 erwähnt. Im Mittelalter eine Zeitlang noch als „Hoh-", 1325 und folgend, als bedeutendes „Kirchbirkach" bezeugt. Als Lehensträger des Klosters wird mit dem Jahre 1325 der Adel von Thüngfeld zu Schönbach mit Hermann erwähnt, der das klösterliche Eigentum von dem Abt Johann I. zugewiesen bekommt. In der ersten Hälfte des 15. Jh. (1420/28) wissen wir davon, daß die Kirche mit Gemeinde Erwerb des Zisterzienserkloster Ebrachs wird. Dieses verkauft es als Lehen 1533 an die Familie von Crailsheim zu Altenschönbach. Mit dem Besitz der Familie hält die Lehre Luthers in der Gemeinde Einzug. Die Gerichtsbarkeit lag beim Amt Burghaslach.

Ansicht der Chorturmkirche von Großbirkach

Wie schon eingangs erläutert wird die sehenswerte **Chorturm-Kirche** von einem nicht sonderlich starken Mauerrund und ohne erkennbaren Graben umgeben. Dieses ist freilich nicht früh- oder hochmittelalterlich und zeigt auch keine Wehrfunktion auf. Es stammt aus der 1. Hälfte des 18. Jh. Vom romanischen Kirchenbau des 12. Jh. zeugen die Erdgeschosse vom Chorturm (2. Hälfte des 12. Jh.) und das Langhaus aus großen Quadersteinen gefügt. An vielen von diesen hier wiederverwendeten vermauerten Quadern eines älteren Kirchbaues ist das altertümliche Fischgrätenmuster im Beschlag zu erkennen. Die Erhöhung beider Bauteile wird auf das 13. Jh. datiert.

Bemerkenswert ist auch das an der Südwand des Langhauses sich öffnende **Portal** mit starkem „normannischem" Zickzackbogenornament. Betritt man durch dieses Portal das Kirchinnere ist auch die gotische Ausformung des Gewölbes im Chorabschnitt deutlich.

Die oben erwähnte Inschrift finden wir im Innern, an der Nordwand des Altarraumes der Kirche, in der sich auch das älteste, erhaltene **Steinrelief** (130 x 70 cm) im fränkischen Raum befindet. Vermutlich stammt es vom Vorgängerbau der Kirchanlage. Johannes der Täufer (inschriftlich: JOHANNES BAPTISTA) steht erhöht mit dem Lamm Gottes vor der Brust zwischen zwei männlichen Heiden in Mänteln, die selbst im Wasser stehen, und die ihrem Glauben durch erhobene Hände abzuschwören scheinen (Tauf- und Missionszeremonie). Die nächste Inschrift aber beweist die Beziehung zum Kloster Schwarzach: „WOLFHERUS ABBAS", dessen besagter Abt Wolfher 1034-36 Abt von Schwarzach war. Am Chorturm kann man auch zwei männliche **Steinfiguren** an der südlichen Turmwand erkennen, am Sattelstein der Schallarkade ist ein bärtiger Mann (dreiköpfig) auszumachen. An dieser Turmseite ziert auch ein **Sonnenrad** einen Quader. Folgt man dem Waldweg in Richtung zum nördlich gelegenen **Winkelhof**, gelangt man zum sogenannten **Schwedenkreuz**. Der Weg beginnt kurz nach dem Ortsende linkerhand, führt erst über freies Feld, dann in den Wald.

Bevor man nach Ebrach einfährt, zweigt rechterhand eine Straße nach Buch ab. Von dieser fährt rechts eine Zufahrtsstraße nach **Großgressingen**. 1244 galt es zum einen Teil als Eigentum des Klosters Ebrach, war aber vorher Besitz des Stifts Haug in Würzburg. Der andere Teil wurde 1274 von Hartmut von Scherenberg vergeben, 1340 als *„Gressen major"* bezeugt, 1373 *„Dürrengressen"* oder *„zu Gressen"*. Das südlich über dem kleinen Ort gelegene **Bergkirchlein St. Rochus** und Sebastian (beides Pestheilige) wurde im Jahre 1615 vom Ebracher Abt Hieronymus Hölein (siehe dessen Wappen neben dem des Zisterzienserordens über dem Portal) erbaut. Der einschiffige Saalbau zeigt sich insgesamt nachgotisch gestaltet, hingegen das **Portal** aber ein Zusammenwirken von gotisierenden und renaissancezeitlichen Formen darstellt. Aus spätgotischer Zeit um 1500 stammt noch die **Vespergruppe** in einer vorherrschend rokokozeitlichen Inventarisierung. Altarstiftung vom Abt Aberich Degen, 2. Hälfte 17. Jh. Ganz in der näheren Umgebung der Kirche steht ein altes **Steinkreuz.** Offenbar war das *„Große Gressen"* schon in vorchristlicher Zeit besiedelt, so wurde anstelle des heutigen Dorfes ein solch altertümliches Kultbild vorgefunden, das jetzt im Historischen Museum zu Bamberg ausgestellt ist.

Ältestes, romanisches Steinrelief Frankens. St.-Johannes der Täufer-Darstellung.

Südlich von Ebrach, nahe der alten Hochstraße, liegt der kleine Ort **Hof,** der vermutlich Nachfolgesiedlung des 1319 erwähnten *„Wüstenfutersee"* ist. An der alten Straße befindet sich eine Wegkapelle mit einem klassizistisch geprägten **Kreuzschlepper** (Kniefall Christi, 1771). Von hier oben aus hat man auch eine schöne Aussicht auf die Steigerwaldhöhen und Wälder, an klaren Tagen sogar bis nach Bamberg.

In oder bei dem Walddorf **Kleingressingen**, etwa 4 km südwestlich von Ebrach entfernt, entspringt der Mittelebrachfluß. Dieser wird im übrigen erst im 18. Jh. als solcher namentlich erläutert. Die Ortsgeschichte ist freilich eng mit der von Großgressingen verknüpft. So 1317 mit *„Grungresen"* - *„zu den grünen Gresen"* zur anderen Siedlung unterschieden. Schon 1340 erscheint der Name *„Gresen minor"*. Hier – südöstlich gelegen, ist auch einer der in der steigerwald-fränkischen Region typischen *wilden-berge* erwähnt. Die *„Wilden Berge"* bezeichnen oft „(ver)wilderte Berge, auf/an denen sich Ortschaften erhoben. 1405 verkauft Engelhard von Scherenberg den Ort an das Kloster Ebrach, als dessen klösterlicher Besitz es lange Zeit erscheint. Die Cent gehörte zu Oberschwarzach. Im Süden des Dorfes ist noch die Burgstelle des kleinen Scherenbergschen Burgsitzes in Form einer Stützmauer und eines Grabenrestes erkennbar. Nordwestlich zwischen dem Kloster Ebrach und dem Ort Schönaich stößt man in der Kalten-, Golt- oder Volkmannsklingen auf eine verwachsene Ortswüstung.

Burgstelle und Ortswüstung

Der **Winkelhof** genannte Weiler liegt südwärts von Ebrach in einem kleinen Waldtal. Der jetzige Gebäudekomplex erhebt sich wohl auf alten Gehöften. 1325 wird dieser Hof als befestigtes Schlößchen des Heinz von Thüngfeld erwähnt. 1421 verkauft dieser das Anwesen an das Kloster Ebrach. In Chroniken sind hier Treffen von Jagdgesellschaften überliefert.

Eltmann *K368 D8*

Landkreis Haßberge

ANFAHRT/WEGBESCHREIBUNG

BAB A70 Schweinfurt-Bamberg, Abfahrt Eltmann.

SEHENSWÜRDIGKEITEN

Pfarrkirche St. Michael und St. Johannes Baptista (Fresken), Ölbergkapelle, Kreuzkapelle, Rathaus, Fachwerkhäuser, Burgruine Wallburg

ORTSTEILE/SEHENSWÜRDIGKEITEN:

Burgstall Zell, Dippach am Main (Creussenhof), Lembach (Vesperbild), Maria-Limbach (Wallfahrtskirche), Roßstadt

ORTSGESCHICHTE: Eltmann, am linken Mainufer gelegen, bildet eines der vielen Tore zum Steigerwald, hat aber auch die Übergangsfunktion zum nahen Naturpark und Landkreis Haßberge. Die Siedlung liegt auf einer Bodenwelle, die sich aus einem Gleithang zum Main hin vorgeschoben hat. Eine erste Siedlung mit Befestigung auf dem Wallberg als *„Eltimoin"* bezeichnet, scheint bis ins 8. Jh. Besitz eines Grafen Gumbert gewesen zu sein, der diesen mit „Burg" (?) dem später heiliggesprochenen Burkard, Mitte des 8. Jh. dem ersten Würzburger Bischof schenkte. Sichere Bestätigung über den als vor 1100 *„stark befestigtes"* Castellum bezeichneten Ort erhalten wir aber erst um 1100 in der Lebensbeschreibung des Hl. Burkard, in der auch das Schenkungsjahr 775 an Bistum Würzburg überliefert blieb. Zu dieser Zeit lag die Befestigung ruinös brach. Die spätere, städtische Siedlung bildete sich nun in dem Flußtal zu Füßen der Steigerwaldhöhen, wobei jedoch die Gestaltung nicht als typische Flußufer- oder Furtsiedlung betitelt werden kann. Ältester Siedlungskern dieser Entwicklung muß wohl um den heutigen Marktplatz zu suchen sein.

Im beginnenden 14. Jh. wird dieser Platz noch als *„sal"* oder *„palatium"* genannt – später fürstbischöfliche Amtskellerei, danach Amtsgerichtsgebäude. Eine ursprüngliche Taufkirche (Pfarrkirche mit Namens-Patrozinium St. Johannes Baptista) weist auf eine Vorgängerkirche hin, eine örtliche Pfarrei ist im 12. Jh. mit der Nennung eines Pfarrers sicher belegt. 1335 erhält in einer Urkunde des Kanzlers Kaiser Ludwigs des Bayern der Würzburger Bischof Hermann von Lichtenberg das Recht eine Befestigung in Form von Mauer und Graben anlegen zu dürfen, Wochenmarkt abzuhalten und in der Stadt und Markt das reichsstädtische Recht nach Gelnhäuser Vorbild in Anspruch zu nehmen. 1346 taucht der Titel eines Zentgrafen in Eltmanns Büchern auf, der mit dem Zenthochgericht auf dem erwähnten Sal tagte. 1387 bestätigte Bischof Gerhard von Schwarzenburg der Stadt ein eigenes Stadtgericht nach dem Muster der Stadt Ebern in den Haßbergen. Eltmann war auch Sitz eines Vogts oder Centgrafen (Stadtschultheiß). Jetzt wurde die Stadt zum zweitenmal befestigt, nachdem Eltmann 1399 im sogenannten Städtekrieg von Haßfurtern und dem Fränk. Städtebund niedergebrannt worden war – Eltmann hatte sich im übrigen geweigert dem Städtebund beizutreten. Das bischöfliche Amt Albrecht von Hohenlohes wurde Mitte des 14. Jh. an die Ministerialen der von Fuchs durch Pfändung übergeben, die es bis 1477 behalten konnten. Danach kam die Stadt als Hauptort des Hochstiftszenten und Sitz einer fürstbischöflichen Kellerei wieder in den Besitz des Würzburger Bistums, bis es 1803 Bayern einverleibt wurde.

SEHENSWÜRDIGKEITEN: Von den alten Stadtbefestigungen ist durch Verbauung und durch spätere Abrißarbeiten kaum noch etwas zu sehen. Am ehesten läßt sich aber noch der Verlauf der mit dem Jahre 1335 möglich gewordenen Stadtmauer in den Straßen Brunnengasse, Unterer- und Oberer Schottengasse in Form eines unregelmäßigen Vierecks verfolgen. Möglicherweise handelte es sich bei dieser Stadtmauer aber auch um eine Erweiterung einer schon, wenn auch ruinösen Befestigung, die aber noch nicht nachweisbar war. 1792 muß die Stadtmauer noch gänzlich intakt gewesen sein, wurde aber im 19. Jh. nach und nach eingerissen. In allen vier Himmelsrichtungen kann man noch in den Häusern verbaute Mauerreste aufspüren.

Pfarrkirche

Katholische **Pfarrkirche St. Michael und St. Johannes der Täufer:** Anstelle der spätgotischen Hallenkirche (um 1300), deren Reste noch in dem Kreuzrippengewölbe des unteren Turmgeschosses (Ende 13. Jh.) und des Chores aus dem frühen 15. Jh. mit freigelegten **Fresken** ersichtlich sind, wurde in der ersten Hälftes des 19. Jh. eine neoromanische Kirche errichtet. Der Plan hierzu stammte von Leo von Klenze. Italienisch-romanisch gestaltete Halle mit Kassettendecke durch einen halbrunden Chor abgeschlossen. Hier ist eine Nische mit Abbild des Reformators Nas als Gedenkstätte beachtenswert. Der alte Chor als Seitenkapelle wird durch ein schönes Sterngewölbe

Memorandum Reformator Nas

Fresken im alten Chorraum der Pfarrkirche zu Eltmann

abgeschlossen. Hier findet man auch ein spätgotisches Sakramentshäuschen. Interessant sind aber die **Fresken** in dem Gewölbe. Im alten Chor befinden sich bemerkenswerte Steinmetzarbeiten wie etwa das **Kinderepitaph** der Altenstein-Hutten von 1540, der des Fuchs Hans Wilhelm von Bimbach, sowie eine **gotische Steinfigur** der Maria Verkündigung. Dem viergeschossigen Chorturm wurden die oberen Turmgeschosse zur Zeit des Würzburger Fürstbischofs Julius Echter in dessen Manier 1602 aufgesetzt. Achteckshelm mit Zwerchhäusern und Schwunggiebeln deckten den Turm. Außen kann man ein **spätgotisches Relief** eines Knieenden erkennen.
Sehenswert ist auch die **Ölbergkapelle**, ein spätgotischer Bau des 13. Jh., das als ältestes erhaltenes Gebäude der Stadt gilt. Ein spätgotischer, dreiseitig offener Hallenbau mit 2 Bögen und kräftig dargestellten Figuren.

Heilig Kreuzkapelle

Im Friedhof steht die **Heilig Kreuzkapelle**, die zu Ehren des heiligen Kreuzes, anläßlich einer Friedhofsverlegung 1612 erbaut wurde. Sie wurde 1768 neuerbaut und 1962 auf den Friedhof verlegt. Barocke, eingeschossige elliptische Anlage mit korbbogigem Portal und gestelzter Pilastergliederung, drübergesetzter Nische mit Heiligenfigur, korbbogigen Fensteröffnungen und welligem Kuppeldach. Innen Spiegeldecke, mit Puttenfiguren über den Fenstern von P. Hellmuth. Kreuzgruppe des 18. Jh. am Altar. Als Baumeister ist uns Konrad Fink überliefert.
Das **Rathaus** im Ort wurde im Barockstil erbaut. Es steht dort, wo sich ehedem im 14. Jh. ein Salhof mit Gerichtstätte erhob. Das Gericht tagte damals im Hof unter freiem Himmel.
Am Gasthaus Schwarzer Adler fällt ein schmiedeeisernes Schild auf - dieses entstammt dem späten Rokoko.
Einige schöne **Bürgerhäuser** mit Fachwerkgeschossen und Schmuckfachwerk in den Giebeln beleben das Ortsbild.

Die Heilig-Kreuzkapelle in Eltmann.

In der Stadt Eltmann wurden zwei recht bekannte Männer geboren: Zum einen der Franziskaner Johannes Nas 19.3.1534 geboren, der sich als beliebter gegenreformatorischer Volksprediger und Domprediger zu Brixen, Titularbischof von Bellin, Hofprediger zu Innsbruck, am Hofe des Erzherzogs Ferdinands von Österreich (1. Hälfte des 16. Jh.) hervortat, bevor der Kontroverstheologe 1580 Weihbischof von Brixen wurde, wo er zehn Jahre später auch verstarb. Bekannter Polemiker seiner Zeit. Sein Grabmal befindet sich in der Hofkirche von Innsbruck. Zum anderen der am 11.7.1766 geborene und 1841 verstorbene Johann Baptist Graser, der nach Pestalozzi einer der großen Denker in der pädagogischen Weltanschauung war. Sein Hauptwerk und wichtigstes Anliegen war die Erziehung des Menschen und der Jugend zur Gottähnlichkeit (Divinität). Er ging als Verfasser des Buches „Divinität oder das Prinzip der einzig wahren Menschenerziehung" hervor, widmete sich also als Professor der Theologie und Pädagogik mit der Erziehungslehre und der Entfremdung des katholischen Bekenntnisses. Das örtliche **Heimatmuseum** (Brunnenstr. 4) zeigt unter anderem noch einige Gegenstände aus der Bronzezeit bis ins 20. Jh. Im Sommer sonntags von 14-16 Uhr: 0 95 22/79 44.

Heimatmuseum

Burgruine Wallburg: Der manchmal auftauchende Name *„Wald - burg"* ist lediglich eine verschliffene Form von Wall, und keine eine Umgebung bezeichnende Nennung. Ein nach Westen zur Stadt hin gerichteter, nach drei Seiten steil abfallender Bergsporn war idealer Bauplatz für eine Befestigung. Im Jahre 775 existiert tatsächlich eine erste Erwähnung mit 17 Dörfern, wie schon bezüglich der Siedlung angedeutet. Eine erste sichere Bezeugung der hochstiftischen Burg erhalten wir aus dem Jahre 1303. Übertragung an Burgmannen, einer davon 1316 Dietrich von Hohenberg. 1363 gegen Öffnung verpfändet und so an die Ritter Dietrich, Eberhart und Apel von Fuchs gekommen. 1404 besaßen sie sogar die Stadt selbst inklusive Amt und Gericht und mit sämtlichen dazugehörenden Dörfern „zu einem rechten Erbkauff". Damit hatten sie alle Hoheitsrechte inne und benannten sich Fuchs von Wallburg. Auslösung aus der Pfandschaft durch Rudolf von Scherenburg 1477. Im Bauernkrieg 1525 eingenommen und zerstört, danach Wiederaufbau. Es folgten noch zwei Verpfändungen, die 1542 auch wieder mitsamt dem Amt an Ph. Truchseß und 1552 an Hans und Martin von Rotenhan gingen. Die Wiedereinlösung ließ mehr als zwanzig Jahre lang auf sich warten. Ab dann für sieben Jahre Amtssitz des Hochstiftszenten Eltmann - also im groben Würzburger Hochstifts-Besitz, das nach seinen eigenen Verpfändungen die Burg wieder zurückgewonnen hatte. Größere Veränderungen im Ausbau erfuhr sie unter Fürstbischof Julius Echter. Neue Plünderungen und die damit verbundenen Zerstörungen während des Dreißigjährigen Krieges blieben nicht aus. Hiernach Wiederaufbau des Schlosses. Der auf dem Burgschloß sitzende Oberamtmann zieht nach Haßfurt. Seit Anfang des 14. Jh. bis Ende des 18. Jh. war die Burg, das Burgschloß Sitz von Amtsmännern des Amtes Wallburg, dem auch Eltmann angehörte. 1777 wird die Wallburg wegen ihres Verfalls als nutzloser Amtssitz fast ganz abgetragen und deren Steine an Baustellen in der Stadt verwendet. Quadratischer Bauplatz, von tiefem Ringgraben und mächtigem Wall (im Norden verschwunden) umgeben. Zur mäßig ansteigenden Bergseite hin ist der Wall deutlich höher und breiter aufgeschüttet. Erhalten ist ein hoher, zylindrischer Bergfried (volkstümlich „Krautstücht") des 12./13. Jh. in Buckelquaderverkleidung, jetzt Aussichtsturm. Der Palasanbau an den Turm ist noch anhand von Baufugen sichtbar.

Der „Krautstücht ist ein Wahrzeichen Eltmanns.

Der Eltmänner Bürgerwald wird im Salbuch von 1592 als *„der gemeindte waldt"* erwähnt. Der Forst mag auch schon zu altfränkischer Zeit Besitz der Markgenossen gewesen sein. Somit über Jahrhunderte Eltmann zugehörig. Das ca. 876 ha große Gebiet hatte 1464 noch für 134 Rechtler gezählte Herdstellen, *einen Stoß Holz abzugeben*. In der ersten Hälfte des 18. Jh. wurde jedoch das Holz nicht mehr auf die Bürger verteilt, sondern auf die Häuser. Hier war auch die Hohe Jagd erlaubt und die Außengrenze blieb nahezu unverändert. So enstanden aber auch Rodungen für Weingärten, die 1442 erwähnt wurden. Ein „Kalchofen" wird 1513 als wüst bezeichnet. Im 30jährigen Krieg wurde der Ort Enzelberg verwüstet und blieb verlassen. Diesem gegenüber der folgend beschriebene Burgstall. 1658 und 1662 verschworen sich Eltmänner Bürger gegen die Aufgebote zur Sauhatz. Im 17. und 18. Jh. florierte das Geschäft mit dem Holz.

ORTSTEILE/SEHENSWÜRDIGEKEITEN: **Burgstall** im Stadtwald, westlich von Eltmann, auf langgestreckter Bergzunge zwischen dem Altengrundbach- und Lochbachtal. Von der B22, in Richtung Sand am Main gefahren, bevor die Autobahnbrücke die B22 überquert, von dieser Bundesstraße links in Fahrstraße einbiegen und der kleinen Straße bis zu den Weihern im Lochbachtal bis zur nächsten Wegkreuzung folgen. Rechts abzweigendem Weg folgen, von dem linkerhand ein Fußweg auf den Bergsporn führt. Der Burgstall erstreckt sich dreiteilig auf einer Länge von 180 m, jenseits eines nur noch mäßig tiefen und breiten Grabens mit Wall vom übrigen Bergrücken. Die erste Vorburg mißt 40 x 20 m, und wird durch einen Graben von der zweiten (35 x 20m) getrennt. Die Hauptburg liegt wiederum jenseits eines noch recht tiefen und breiten Grabens, der in einen Hanggraben übergeht, den gesamten Sporn umläuft, aber durch einen aufsteigenden Weg gestört ist. Die Hauptburgstelle mißt 60x35m, der noch einmal ein Wall zum Abhang hin vorgelagert ist und mit dem umlaufenden Hanggraben als Außenwall fortgesetzt wird. Spärliche Ruinen einer Ringmauer nebst einer großen Vertiefung (offenbar Keller eines größeren Gebäudes) auf dem Hauptburgplateau. Burgstelle Zell

Ein schöner und interessanter **Bildstock** steht gegen Limbach. Er stellt ein Beispiel dafür da, wie die Menschen früher der Unfälle und Unglücksfälle ihrer Bekannten und Verwandten gedachten. Dieser ist mit 1682 bezeichnet und zeigt das Unglück des hier 1679 *„vom Pferd gefallenen Stefan Corn aus Sand"* dreiseitiger Schaft, Kopfstück mit Schlangenbändern. Bildstock

Dippach am Main. 4 km östlich von Eltmann an der Bundesstraße nach Bamberg gelegenes Haufendorf. Vielleicht schon zu Zeiten der karolingischen Siedlungs- und Rodungsbestrebungen ein forstwirtschaftlicher Ort eines Grundherren, der hier namentlich unbekannt bleibt. Später aber grundherrlich in verschiedener Zugehörigkeit. Umstritten ist, ob der Ort Teil einer Gumbertschen Schenkung war. 1228 als *„Dipach"*, 1291 als *„Diepach"* erwähnt und der somit sicherlich einen

„tiefeingeschnittenen Bach" beschreibt. Sicherlich auch Centgrenze zwischen der Stadt Eltmann und Hohenaich. Amtszugehörig zur Wallburg. Überliefert ist hier auch eine Abhängigkeit und somit erwiesene Zugehörigkeit zu Amt und Cent, die im westlichen Hanwald (Han = vgl. Handthal) vom Ort beschrieben wurde: *„eine Gerechtigkeit Holz in dem Eltmänner herrschaftlichen Wald"*.

Creussenhof

An der Straße nach Hohenaich liegt ein ansehnlicher, großer Dreiseithof, jetzt Gasthaus, „Kreusen-" oder **„Creussenhof"** genannt. Ein zweigeschossiger Hauptbau mit Fachwerk aus dem 18. Jh. Besitzer waren unter anderen die Fuchs.

8 km südöstlich von Eltmann liegt im Steigerwaldbergland der Flecken **Lembach**. Vermutlich einer jener Orte, die schon in fränkischer Zeit als Rodungssiedlung entstanden sind. *„Lem"* hat nichts mit einem verschliffenen „Lehm" an einem solchen Bach zu tun. Dieses Wort kommt vermutlich von *„leen"*, dem vom althochdeutschen *„lîn"* herrührenden Wort für Spitzahorn. 1584 zum Amt Wallburg gehörig, Grundherr war die Probstei St. Stephan in Bamberg.

Vesperbild

Die **Filialkirche St. Georg** geht auf ein Legat des Domdechanten und Stiftsherren Eustach von Werdenstein in der zweiten Hälfte des 18. Jh. zurück. Im 19. Jh. Renovierungsarbeiten des kleinen Kirchbaues mit seinem geschweiften Giebel. Turmloser Bau mit eingezogenem Chor, Dachreiter. Im Innern aber stößt man auf Deckenstuck mit Medaillonbildern. An der Langhausinnenwand erhebt sich eine **Kopie des Gnadenbildes Maria-Steinbach** in schönem Muschelwerkrahmen (1750). Beachtung findet das **spätgotische Vesperbild** (um 1580), das aus einer Stiftung der Deutschritterbrüder Jörg und Heinrich von Werdenstein geschaffen wurde. Interessant an dieser Darstellung ist, die als recht deutsch empfundene Stadt Jerusalem im Hintergrund. In dem Stadtprospekt findet sich kurioserweise der Turm von Zeil.

Wallfahrtsstätte

Der B26 in Richtung Knetzgau/Sand am Main in westlicher Richtung folgend, durchfährt man nach ca. 4 km den Ort **Limbach** und erreicht die **Wallfahrtskirche Maria-Limbach**. Bronzezeitliche Schlackenfunde und Hügelgräber in der Abteilung Ranleite beweisen eine Besiedlung dieser Umgebung in vorchristlicher Zeit. 1260 gibt es eine urkundlich sichere Erwähnung eines Ortes *„Limpach"*, zur damaligen zeit noch direkt am Main gelegen – jetzt alte Mainschlinge noch sichtbar. Der dem Bistum Würzburg angehörige Teil war in Händen verschiedener und wechselnder Herren. Bis 1506 gehörte den Fuchs zu Gleisenau mehr als die Hälfte des Dorfes mit Kapelle und Forst. Diese verfügten auch über den Salhof im unfernen Eltmann. Im Bauernkrieg (1525) ist die Zerstörung eines hier aufragenden burglichen Ansitzes mehr als wahrscheinlich. Er erhob sich wohl ehemalig anstelle des heutigen Gebäudes der Oberen Wirtschaft. Nach dem Dreissigjährigen Krieg (ab 1651) wieder Besitz des Hochstifts zu Würzburg. Wann die Wallfahrt ihren Ursprung hatte ist nicht bekannt, jedenfalls soll schon um das Jahr 1023 eine Kapelle hier gestanden haben. Dieses alte und kleinere Gotteshaus soll sich selbst anstelle eines früh- und vorchristlichen Kultplatzes erhoben haben. Nach dieser Kapelle gab es an dem Wallfahrtsort eine ähnlich bemessene Kapelle mit einem hier erwähnten Gnadenbild. 1507 wird die Weihe eines Hochaltars erwähnt. Was sich während des Bauernkriegs und des 30jährigen Krieges hier abspielte ist nicht genau erläutert. Anzunehmen sind Verwüstungen in beiden Kriegen und Vernachlässigungen einer langsam ersterbenden Wallfahrt. Einen neuen und ab hier bedeutsamen Aufschwung erlebt die Örtlichkeit durch die Entdeckung eines Gnadenbrünnleins 1727. Kurios ist wieder einmal die „Entdeckung" des Gnadenbrünnleins: das Gebet einer erblindeten Frau verhalf zum Auffinden der Quelle. Hiernach entstand eine nötig gewordene neue Kirche für eine neue, ertragreiche Wallfahrt. Der bestehende Kirchbau geht auf eine 12000 Gulden schwere Spende des Würzburger Fürstbischofs Friedrich Karl von Schönborn zurück. Am 14.7.1751 war die Grundsteinlegung. Die Bauleitung (beweisträchtige Rißzeichnungen erhalten) oblag dem mit Frankens Bauwerken besonders verknüpften Baumeister Balthasar Neumann. Die Kirche Mariä-Heimsuchung gilt als das letzte, größere Bauvorhaben Balthasar Neumanns. Er verstarb am 19.8.1753, so daß er selbst die Fertigstellung und Vollendung des Projektes von 1753 nicht mehr erleben konnte. 1755 erhält der kirchliche Bau die Weihe durch den Fürstbischof Adam Friedrich von Seinsheim.

Ansichten der Wallfahrtskirche Maria-Limbach.

Eingangsfront

Kunsthistorisch gesehen ist die **Kirche** auch schon wegen ihres Übergangs vom späten Rokoko in den frühen Klassizismus sehenswert. Die quadratische Nord- und Schauseite ist dem Maintal zugewandt und zeigt sich in einem schmäleren Obergeschoß und Giebel mit recht großem Wappen des Fürstbischoflichen Hauses von Schönborn. Eine kräftige Pilastergliederung mit regelmäßigen Fensterreihen schönt den Bau. Dem einschiffigen Kirchsaal mit Umgängen folgt ein eingezogener, halbrund endender Chor im Süden. Hinter diesem erhebt sich der schlanke, dreigeschossige Kirchturm mit eingeschnürter Kuppel und einer schlanken Laterne. Betritt man die Kirche sind die Chor und Langhaus vollständig umlaufenden Emporen auffällig. Diese umlaufen in den Raum vorrragend ebenfalls die Orgel. Das fünfjochige Tonnengewölbe des Chors, aus Wandpfeilern erstehend, zeigt sich in leichter Stuckierung. Das Stifterwappen befindet sich in großer Art über dem Chorbogen. Beachtung verdient aber vor allem der **Hochaltar** von 1761, ein frühes Werk Johann Peter Wagners. Die gesamte Chorbreite wird durch dieses Rokoko-Werk in typischen Stilformen belastet. Säulen tragen einen merklich leicht wirkenden Baldachin aus Voluten, der wiederum die fränkische Herzogskrone in den Raum drückt. Der Tabernakel ist durch üppiges Muschelwerk verziert und hebt ein fast schwebendes Glasgehäuse in

Hochaltar

Emporengestaltung Kirchinneres

Hochaltar in der Wallfahrtskirche Maria-Limbach

die Höhe. In diesem befindet sich eine spätgotische **Muttergottesfigur** aus der Zeit um 1500. Dito vom Bildhauer Johann Peter Wagner sind die spätrokokozeitlichen **Seitenaltäre** und die **Kanzel**. Diese zeigt sich als darstellerisch wertvolle Marienkanzel. Hier sichtbar der *Turm Davids*, an der Rückwand *die Zuflucht der Sünder*. Die Marienfigur ist als Immaculata dargestellt, die ihr brennendes Herz in der erhobenen Rechten hält. Der Kanzel gegenüber eine gotische **Vespergruppe** vom beginnenden 15. Jh., deren menschliche Gesichter eine deutliche seelische Vertiefung dem Betrachter näherbringen. Neben einem spätgotischen **Vortragekreuz** und schweren und schönen **Beichtstühlen** ist die von Fürstbischof Adam Friedrich von Seinsheim gestiftete Orgel auffällig. Die Altarreliquien sollen von 1461 stammen.

Marienfigur

Vespergruppe

Unweit östlich der Kirche kann man noch eine gedeckte Zisterne in einem barocken Kleinbau sehen, die wohl das 1727 entdeckte **Gnadenbrünnlein** birgt. Gegen den Ort Limbach steht die **„Weiße Marter“.**

Weiße Marter

Roßstadt liegt 6 km in östlicher Richtung an der Bundesstraße nach Bamberg. Während der fränkischen Landnahme begründeter und westlichster Ort in einer Gruppe von weiteren „-stat“-Orten. Grundherr und Siedlungsführer war vielleicht ein Ratbert oder Rudogais. Wenn auch im heutigen Ortsnamen nicht mehr zu erkennen, aber im 14. Jh. deutlich mit *„Rutstat“* beschrieben. Wohnhäuser und die Mühle mußten im Mittelalter Bamberg Steuern zahlen, wobei sieben Höfe zur einen Hälfte dem Bamberger Oberamt Zeil, die andere Eltmann angehörten.

Neben einem empirezeitlichen **Brunnenbau** und einem schönen **Barock-Bildstock** von 1707, dürfte die **Kapelle St. Georg** Beachtung verdienen. Diese fällt als ansprechend bemalter Barockbau von 1748 mit Volutgiebeln an der Fassade und reichem Portal auf. Statt eines Turmes krönt ein Dachreiter den kleinen Kirchbau mit eingezogenem Dreiseitchor und einem frührokokozeitlichen Inventar.

Detailansicht Maria mit Kind im Strahlenkranz

Ergersheim *K369 E3*

Landkreis Neustadt an der Aisch-Bad Windsheim

ANFAHRT/WEGBESCHREIBUNG

BAB A7 Würzburg-Ulm, Abfahrt Bad Windsheim, auf der B470 in Richtung Neustadt/Aisch bis Kreuz zur B13 fahren, der B13 in Richtung Uffenheim bis Abfahrt Buchheim folgen. Den Ort Buchheim durchqueren.

SEHENSWÜRDIGKEITEN

Burgstelle Altenburg, Stephanuskapelle (Flügelaltar, Kreuzigungsrelief), Pfarrkirche St. Ursula (Dreikönigsaltar, Moses-Kanzel), Pfarrhaus und Schulhaus, Ermetzhofen (Brechhaus, jüdischer Friedhof))

ORTSTEILE/SEHENSWÜRDIGKEITEN

Neuherberg (Grabmal, Flachsbrechhaus), Seenheim

ORTSGESCHICHTE: Die Windsheimer Bucht wurde schon zur Mittelsteinzeit von Menschen besiedelt, und hier bei Ergersheim verweisen allein die Grabhügel auf eine weitere Besiedlung. Zur Zeit der fränkischen Landnahme muß die jetzt sicherlich älteste Siedlung *„Arch“*- oder *„Argiresheim“* des oberen Aischgrundes als „Heim des Hariger“ oder in anderer Quellen-Deutung als „Heim des Argiro“ („Ar“ und „Gar“= Adlerkrieger) bekannt gewesen sein. Kaiser Ludwig der Fromme „berichtet“ in einer seiner Urkunden im Jahre 822 als *„villa Angaranheim“*. Erst zu Beginn des 12. Jh. wissen wir vom bekannten *„Egeresheim“*. Bis in die Neuzeit hinein strebten die Bewohner des Ortes Reichsfreiheit an. Im ausgehenden Mittelalter gibt es Quellen, die von einer *„unruhigen Dorf- und Bauerngemeinde zu Ergersheim“* berichten. Das ortseigene Siegel trug sogar die Inschrift *„Frey Fleck Ergersheim“*. Im 15. Jh. konnte die ewige Streitangelegenheit ad acta gelegt werden. Die Hofanlagen des Haufenwege- und Kettendorfes unterstreichen ein die Zeiten überdauerndes Ganerbendorf. Grundherren waren im Hochmittelalter, Spätmittelalter und der Neuzeit neben dem Deutschen Ritterorden als Patronatsherren (bis 1806), der Johanniterorden, die Reichsstadt Windsheim, das Bistum Bamberg, die Nürnberger und die Markgrafen von Ansbach. Diese bringen 1528 für Ergersheim die Reformation.

Burgstelle Altenburg

SEHENSWÜRDIGKEITEN: Der Flurname **Altenburg** unterstreicht jegliche Annahme, daß eine Burg circa 3 km nördlich von Ergersheim auf dem Altenberg gestanden haben muß, sind hier auch noch neben einem noch tiefen Graben „Wall-“reste zu sehen. Die ehemals hohenlohsche Burg – vielleicht sogar an vorgeschichtlich bebauter und umwehrter Stelle stehend – wurde 1291 aus „Not“ von Albrecht und

Friedrich von Hohenlohe-Uffenheim an den Johanniterorden verkauft. Die Windsheimer zerstörten die Burg 1381.

Stephanus-Kapelle

Am Ortsrand erhebt sich auf einem kleinen Hügel die **Stephanuskapelle**, die als eines der ältesten sakralen Gebäude der Region gilt. Allerdings entspricht die heutige Gestalt dem Stil um 1400, das vorangegangene Gebäude mag im 8. Jh. vermutet werden. So war sie - bevor die Pfarrkirche St. Ursula durch den Deutschen Ritterorden als Gotteshaus genutzt werden konnte - die einzige Kirche der Umgebung. Nach der Reformation wurde sie seit 1528 baufällig und geriet in Vergessenheit, wurde sogar zu profanen Zwecken (Stall und Schuppen) mißbraucht. Nach dem 2. Weltkrieg erst kam sie wieder zu Ehren und erstand in neuem Glanz. In ihr blieb uns trotz aller Zerstörungen und Entnahmen der gotische **Flügelaltar** von 1515 erhalten. Hierbei wurden drei, aus der Kirche stammende Figuren zusamengebracht: Der nun moderne Schrein beinhaltet die Standfigur der Hl. Maria mit Kind (Riemenschneiderschule), die Flügelinnenseiten Reliefs des Hl. Jodukus (Jobst, Pilgerhut und Krone - Krone weil dieser Jobst als Fürstensohn auf diese Würde verzichtete) und des Hl. Sebastians. Kunstschaffender war vermutlich der Marthameister. Eine spätmittelalterliche **Kreuzigungsgruppe** in Stein, als gerade noch erkennbares Relief, befindet sich an der Chornordwand.

Spätgotische Maria mit Kind im Strahlenkranz in der Stephanuskapelle von Ergersheim.

Dreikönigsaltar von Ergersheim in der St. Ursula-Kirche.

Die aus dem 13./14. Jh. stammende **St.-Ursula-Kirche** inmitten des ummauerten Friedhofs (auf Initiative des Deutschordens) erbaut und befindet sich noch im Ort an der Ortsstraße nach Wiebelsheim. Das Ursula-Namenspatrozinium ist für Franken freilich untypisch, und wie dies ausgerechnet nach Ergersheim kam, ist nicht mehr feststellbar. Sicher ist, daß es eine Ursula-Verehrung im 15. Jh. gegeben hat. So ist die in der Kirche noch an anderer Stelle erwähnte Ursulabüste aus diesem Zeitraum. Von der früheren, mittelalterlichen Kirchbefestigung um 1400 zeugen noch Wehrgangsreste an den Mauern, sowie Relikte der Kirchgaden. Der fünf Geschosse hohe, vierseitige Turm paßt gut zu dem hohen gotischen Chorbau mit hohem Dachstuhl und Gewölbe und kennzeichnet einen herrschaftlichen und geistlichen Mittelpunkt von Ergersheim. Chor und Turm stammen somit noch aus der gotischen Zeit, das Langhaus noch aus dem 15. Jh., wurde aber zur Mitte des 16. Jh. erweitert. Unbestreitbares Kunstwerk ist der **Dreikönigsaltar** aus dem Jahre 1510-15, ebenfalls Hans Jehen (dem Marthameister, Schöpfer des Martha-Altars in der Nürnberger Lorenz-Kirche) zuerkannt. Im Mittelschrein erkennen wir die Anbetung des Jesuskindes und Marias durch die Hl. Drei Könige. Umgeben von Petrus mit dem Attribut des Schlüssels und dem Hl. Blasius mit dem Attribut der Kerze. In Melchior, der vor der Marienfigur kniet, sehen Kunsthistoriker den Stifter des Altars, der aber namentlich nicht genau ermittelt ist. Im linken Flügel sehen wir Petrus mit seinem Attribut des Schlüssels, im rechten den Hl. Blasius mit der Kerze. Die Flügelrückseiten sind szenenhaft mit der Geburtsgeschichte Jesus bemalt. Die Predella zeigt die Hl. Katharina (Schwert und zerbrochenes Rad), Johannes mit Kelch und Schlange und die Hl. Dorothea mit dem Blumenkörbchen. Um 1600 ergänzte man das Kunstwerk durch ein Renaissance-Gesprenge: Die **„Moseskanzel“** gilt als eines der Frühwerke des aus der Windsheimer Bildhauerfamilie stammenden Georg Brenck, dem Älteren (1603 bezeichnet). Thema ist hierbei, daß das Neue Testament, versinnbildlicht durch die vier Evangelisten (Markus-Löwe, Lukas-Stier, Matthäus-Engel, Johannes-Adler) aus dem Alten Testament, der Mosesdarstellung erwächst. Bemerkenswerte **Reliqienbüste** des frühen 15. Jh. der Hl. Ursula im Chorraum – wohl aus süddeutschem Raum stammend. Die sogenannte Johannesschüssel ist eine Nürnberger Arbeit aus der Zeit um 1500. Das Ursularelief ist Überbleibsel eines ehemaligen Kanzelaufgangs. Die Hl. Ursula ist mit ihrem Attribut, dem Pfeil dargestellt. Das geschnitzte Haupt des Johannes des Täufers wird auf das beginnende 16. Jh. datiert. Die **Bemalung der Empore** auf volkstümlichem Stützwerk (16. bis 18. Jh. verbildlicht die Heilsgeschichte, angefangen vom Sündenfall bis Himmelfahrt, sowie Jesus mit seinen 12 Aposteln. Das Ortsbild wird auch noch von einigen schönen Fachwerk- und Wohnstallhäusern belebt, so auch vom **Pfarrhaus** von 1749, das an seinem Portal noch das Deutschordenswappen trägt. Das ehemalige **Schulhaus** aus der zweiten Hälfte des 18. Jh. – anstelle eines Torhauses der spätmittelalterlichen Kirchenburg zu dem eine verschwun-

Dreikönigsaltar

Moseskanzel

St.-Ursula-Büste

dene Brücke führte, ist ein massives, zweigeschossiges Walmdachgebäude und Tordurchfahrt zum Friedhof.
Das Häckerhaus (Häcker, ähnlich wie Köbler = Kleinbauern, die auch ein Handwerk betrieben) , 1707 erbaut, steht jetzt im Fränkischen Freilandmuseum Bad Windsheim →.

ORTSTEILE/SEHENSWÜRDIGKEITEN: **Ermetzhofen** liegt ca. 5 km jenseits der Bundessraße nach Ansbach in südwestlicher Richtung. Der hochmittelalterliche Ortsname *„Erimbrechtishusen"* (1136) läßt sich möglicherweise auf den Grundherrn, vielleicht sogar einen bäuerlichen Siedler zurückführen. 1256 wird ein niederadliger Heinrich de Ernbrechtishoven erwähnt. 1337 wird *„Ernbretzhofen"* vom Würzburger Bistum Pfarrei genannt. Der jetzige Ortsname erscheint aber erst im frühen 16. Jh. Der Ort liegt in einer dem Rannachbach zugewandten Eintiefung. Der Deutsche Ritterorden der Komtur Virnsberg (Schloß im Naturpark Frankenhöhe) war zum größeren Teil gegenüber anderen Grundherr und führte unter sich das Patronat. Die Kirchhoheit oblag dem Markgrafentum Ansbach.
Im Rund des ehemaligen Friedhofs liegt auf einem Hügel die **Markgrafenkirche**, die Pfarrkirche Heiligkreuz mit dreiachsigem Saalraum. Markgrafenkirche
Auf dem Turmhelm des alten Chor- und Ostturms steht noch die Wetterfahne mit Deutschordenskreuz. Er geht in den Obergeschossen ins Oktogon über. Westlich am Langhaus (1689 neu aufgeführt) schließt sich ein Treppenhaus an. Der Chorturm entstammt dem 15. Jahrhundert. Das stattliche, zweigeschossige **Pfarrhaus**, ein Werk vom Stadtzimmermeister Georg Christian Lang im Auftrag der Deutschordenskommende Virnsberg errichtet, ist aus dem 18. Jh. Doppelwappenrelief des Landkommandeurs von Lehrbach (Komturei Ellwangen) und des Kommandeurs von Eyb (Virnsberg).
Weiter ist im Ort auch noch ein altes **Brechhaus** mit altem Inventar Brechhaus
aus dem 18./19. Jh zu besichtigen. Ein ummauerter, **jüdischer Friedhof** dessen Grabsteine noch aus dem Zeitraum 17. - 19 Jh. stammen, liegt am südlichen Ortsrand. Hierbei ist auch das Leichenhaus mit wohl erhaltenem Inventar erwähnenswert. Der Friedhof wurde 1630 von den Markgrafen zu Ansbach zur Eröffnung genehmigt. Bestattet wurden hier jüdische Bewohner von Uffenheim und dem Umland der Stadt.
Unweit des Dorfes erhebt sich in der Flur der sogenannte **„Rannachstein"**, der den Ursprung der Rannach markiert. Der Rannach-Bach ist Namensgeber für eine ganze Landschaft – Rangau genannt. Gesetzt wurde er 1989 anläßlich des Rangautages.

Das in 4 km westlicher Richtung liegende **Neuherberg** ist gleichwohl in fränkischer Zeit zwischen den beiden Königshöfen Gollhofen und Windsheim entstanden. Er nimmt beinahe die Mitte der Distanz zwischen diesen Orten ein und die heutige Namensform zeigt auch noch den frühen Grundzusammenhang auf. 1318 erfahren wir in Urkunden von einer Siedlung *„Herwerig"*, die sicherlich Nachfolgerin einer älteren Herberge war. 1489 kam es zu der Ergänzung „Neuen": *„gen der Newenherberig"*. Jener Ehrbergshof ist wohl gegenüber der Ortskirche zu suchen. Im Mittelalter gab es hier mehrzählig Hohenlohsche Dienstmannen und Untertanen, später markgräflich ansbachische Herren.

Im Ort laden kleine Bauernhäuser im Fachwerk des 19. Jh. zu einem Besuch ein. In der evang.-lutherischen **Pfarrkirche St. Andreas** ist neben der Rokoko-Orgel ein weiteres Exemplar der regional typischen Kanzelaltäre unterhalb einer Empore vorzufinden, der mit dem Kirchneubau 1741 bezeichnet ist. Der Kirchturm ist noch Teil der Vorgängerkirche von 1337.

Im Friedhof fällt als volkstümlich und kunstgeschichtlich bedeutsam eingestuftes **Grabmal** des 18./19. Jh. auf. Es handelt sich hierbei um das des „Johann Leonhard Stahl, Königreich Bayern, *„Untertahn und Bauer in Neuherberg"* mit der angebenen Lebensdauer von 1758 bis 1831. Auf dem Schaft ist eine Urne, auf dem Sockel sind Pflugschar und Pflugmesser, sowie gekreuzte Fackeln dargestellt.

Flachs-Brechhaus

Im gerademal 1,5 km entfernten **Rudolzhofen** befindet sich am Ortsausgang Richtung Uffenheim ein ehemaliges und sehr gut erhaltenes **Flachsbrechhaus** nebst der dazugehörigen außenseitig stehenden Schürhütte. Bevor der Flachs gebrochen, dies geschah durch eine Art Schere und später geflochten werden konnte, mußte der Naturrohstoff gedörrt werden.

Geiselwind *K367 G2*

Gemeinde, Landkreis Kitzingen

ANFAHRT/WEGBESCHREIBUNG
BAB A3 Würzburg-Nürnberg, Abfahrt Geiselwind

SEHENSWÜRDIGKEITEN
St. Burkard, Rathaus, Bürgerhäuser (Hs. Nr. 3/61), Wurstmännla

ORTSTEILE/SEHENSWÜRDIGKEITEN:
Burggrub (ehem. Schloß) Ebersbrunn (Ortskirche), Füttersee (Flügelaltar, Kaisereiche, Steinkreuz), Gräfenneuses (Toreinfahrt), Ilmenau, Neugrub, Rehweiler (Schloßanlage)

ORTSGESCHICHTE: Geiselwind an der Reichen Ebrach ist nicht nur wegen seines westlich gelegenen Familien-Freizeitparks eine Besichtigung wert. Vermutlich können slawische Siedler als von den karolingischen Grundherren eingesetzte Rodungshelfer als Begründer des

Ortes *„Ze den Winden des Gisilo"* (Gisilo wird der fränkische Anführer gewesen sein.) angesehen werden (9. Jh.). Die alte Kirche der Slawen könnte auf dem kleinen Hügel im Altkern der Siedlung gestanden haben. Sicherlich stand sie unter der Großpfarrei Iphofen - war auch die regionale Besiedlung vom südwestlichen Iffgau erfolgt. Diese Kirche erscheint am 19.12.823 als Besitz des Bistums Würzburg, von König Ludwig dem Frommen bestätigt. In Urkunden erscheint der Ort im 11. Jh als *„Gisen"*-, dannach *„Geyselwinden"* sicher bezeichnet. 1314 wird erstmalig die Pfarrei St. Burkhard genannt. 1306 verzichten die Grafen von Castell, 1314 Ludwig von Hohenlohe auf die Güter in Geiselwind, und lassen sie so dem Zisterzienserkloster Ebrach zukommen. 1422 wird der Ort zum Markt erhoben, der dann auch 1426 bauliche Veränderungen mit sich bringt. Um den Marktplatz werden Häuser der Handwerker und Wirte erbaut. Hier gab es früher ein eigenständiges Halsgericht - zur Cent Scheinfeld gehörig, 1426 mit Stock- und Galgengericht unter der Schwarzenberger Herrschaft. In späterer Zeit größtenteils schwarzenbergisch nach einer langen Phase von vielfachen Besitzwechseln und den damit verbundenen Aufteilungen. Markgraf Albrecht Achilles von Brandenburg sucht 1462 die Ortschaft - mit einer Befestigung undzwei Toren - im 2. Markgräfler Krieg, heim. Folgende Zerstörungen wurden aufgezeichnet. 1504 kam es zum Wiederaufbau dieser Befestigung um *Alt-* und *Neu-Geiselwind.*

SEHENSWÜRDIGKEITEN: Der älteste Bauteil der Saalkirche - **ehem. St. Burkhard und Laurentius**, mit polygonem, gotischem Chor (dieser nach 1462) ist im als „wehrhaft" ausgebildeten Turmuntergeschoß des dreistöckigen Turmbaus zu vermuten, datiert auf das 12. Jh. das auch in der Moderne verlängerte Langhaus ist von 1521. Der Turm trägt eine barocke Haube mit Laterne. Die Schlußsteine im hohen Kreuzrippengewölbe zeigen die Wappen Frankens, des Adels von Schwarzenberg und einer bischöflichen Halbfigur - als die des Bischofs Egidius mit der Hirschkuh gedeutet. In der Langhausmauer ist das **frühromanische Tympanon** (Tür-Giebelfeld) eingemauert. Es zeigt zwei miteinanderverschlungene Sonnenscheiben und einen Lebensbaum. Innen befinden sich ein neugotischer Hauptaltar und barock-rokokogeprägte Seitenaltäre. Beachtenswert sind die **Vortrags- und Prozessionsstäbe** der verschiedenen Zünfte mit Figuren der Zunftpatrone und der Handwerkerabzeichen.

Romanisches Tympanon

Das ansehnliche **Rathaus** des ausgehenden 17. Jh. besticht durch Giebel und Obergeschoß im Schmuckfachwerk.

Fachwerk-Rathaus

So fallen auch im Ort eine Reihe interessanter **Bürgerhäuser** am Marktplatz auf, so das **Haus Nr. 3** mit einer ansprechenden Giebelfassade im Jugendstildekor und Mittelbalkon auf zwei Geschossen. Ansehnlich und auffällig ist auch das ehemalige **Amtshaus** mit Hofeinfahrt. Dieses wird durch toskanische Pfeiler und Rokokovasen geziert. Das **Gasthaus zum Stein**, ein zweigeschossiges Giebelhaus, mit rundbogigem Tor und Zunftzeichen (vermutlich 16. Jh.).

Murmann

Der **Marktbrunnen** (1753) trägt die Heiligenstatue des Hl. Nepomuk. Geiselwind ist aber auch wegen seines alten Rechtsmales mit vorchristlichem Glaubenshintergrund, dem **„Murmann"**, volkstümlich als „Wurstmännla" bezeichnet, am Marktplatz bekannt. So geht auch folgende, den Touristen gern erzählte Sage von einem schwedischen General, der im Dreißigjährigen Krieg Geiselwind belagerte, es aber letzlich nicht einnehmen konnte: So kamen zwecks Verhandlungen Vertreter der Stadt ins Zelt des Generals, der gerade dabei war eine größere Bratwurst zu verzehren. Freilich forderte der Schwede die bedingungslose Kapitulation von den bittenden Bewohnern. Dies mit einer Art Beschwörung: *„So wahr ich diese Wurst in den Händen halte, komm ich hinein!"* Unmittelbar hiernach sprang, so heißt es, eine Katze dem Fremden über die Schulter, riß ihm die Wurst aus der Hand und sprang hinfort. Die folgende und dauernde Belagerung Geiselwinds brachte tatsächlich nichts und die Schweden zogen unverrichteter Dinge ab.

Der Dreifrankenstein: Zeuge eines von Bayern willkürlich aufgeteilten Frankens

Im nördlich gelegenen Wald erhebt sich der **Dreifrankenstein** als alte Grenze zwischen Ober-, Unter- und Mittelfranken. Allerdings stellt dieser Stein genau das dar, was Franken nicht ist: mit der Annektierung des fränkischen Landes durch das Land Bayern wurde das vorher nie geteilte Franken in beliebige Regionen aufgeteilt. So erinnert den Franken dieser Stein eher an eine künstliche und willkürliche Teilung seines Heimatlandes im Jahre 1892. Der Neue Stein zeigt die Aufteilung nach der Gebietsreform von 1970 auf.

ORTSTEILE/SEHENSWÜRDIGKEITEN: 6 km in nordöstlicher Richtung liegt der kleine Ort **Burggrub**. Schon vor den Zeiten des 13. Jh. müssen sich Rodungssiedler in einer *„Mulde"*, in der *„sie sich geschützt fühlten"*, so sagen Urkunden aus, niedergelassen haben. Eine Örtlichkeit, bestehend aus acht kleinen Höfen unter Casteller, später Ebracher Herrschaft stehend, wird als *„Grube"* bezeichnet. 1258 werden Güter mit allen Rechten zu *„Grube"*, Ilmenawe und eines abgegangenen *Horwe* von Heinrich und Adelheid von Castell an das Kloster verschenkt. Der heutige Ortsname ist freilich auf den burglichen Ansitz zurückzuführen: Das einstige **Schloß**, jetzt ein schlichter Wohnhausbau mit hohem Kellergeschoß, Walmdach und Glockentürmchen ging aus dem castellschen Gut hervor, das 1568 durch den Verkauf unter den Casteller Grafen an Wolf von Crailsheim von letzterem erbaut wurde. Ehemaliger Wassergraben im Nordwesten noch erkennbar. Hier erheben sich jetzt zwei Höfe. 1623 wird der Adlige Junker Crailsheim von Grub, der sich nach dem Sitz benannte, erwähnt. Durch Zusiedlung unter dem Anwerben der von Crailsheim und unter dem späteren gleichen Handeln derer von Schwarzenberg (1732) konnte sich die Zahl der Höfe auf 13 erhöhen. Früherer Name *Altengrub* – offensichtlich Aussiedlung zum auf der Höhe gelegenen Kleindorf Neugrub. Zur Cent Burghaslach zählend, aber zehntfreier Ort.

Der „Murmann", volkstümlich „Wustmännla"

Etwa 5 km nördlich von Geiselwind, über Gräfenneuses erreichbar liegt **Ebersbrunn**. Die im 9. Jh., als *„Eburenesbrunno"* erwähnte Rodungssiedlung wird in punkto Namensgebung mit zwei Deutungen beurteilt: die eine beschreibt einfach den Umstand der Art von Objekt zu ihrer Umgebung – „Brunnen der Ebrach", der andere den Umstand des Objekts zu seinem Besitzer oder Gründer: Personennamen des Grundherrn Eberhart, im Ortsnamen *„Eberhartzbrunnen"* von 1340 zu erkennen. So auch im späten 16. Jh. *„Ebertsbrunn"*. Neben dem Zisterzienser-Kloster Ebrach und dem Spital zu Prichsenstadt hatten die Fuchs von Bimbach hier schon relativ zeitig Besitz. In den letzten Kriegstagen des 2. Weltkriegs wurde der Ort durch amerikanische Fliegerangriffe schwer zerstört. Auffällig ist, daß der Ort in einer Hochmulde inmitten des Waldes liegt.

Ortskirche

Die protestantische, alte **Chortumkirche** und eine der Tochterkirchen des nahen Großbirkach, liegt auf der höchsten Stelle im Ort. Sie besteht aus einem quadratischem, kreuzrippengewölbtem Chor, dessen massiver, breiter Chorturm in seinen drei unteren Geschossen spätromanisch, in seinem Gewölbe aber schon gotischen Charakters ist, und dem Langhaus, das hingegen von 1713 stammt. Im Kirchinnern ist die volkstümlich bemalte **Holzempore** beachtenswert.
Südlich vom Ort, im Wald gelegen erhebt sich der **Alte Dreifrankenstein**, ein altes Grenzmal von 1892, der die Angrenzungen fränkischer Länder zwischen Ober-, Unter- und Mittelfranken – noch vor der Gebietsreform von 1970 aufzeigt.

Nordöstlich von Geiselwind gelangt man in den Ort **Füttersee**. *„Villa Futerse"* im Tal der Reichen Ebrach wird Mitte des 12. Jh. mit allen Zugehörigkeiten dem Kloster Münchaurach bestätigt. Der Ort wird 1317 mit einem grundherrlichen Verkauf unter Graf Hermann III. von Castell an die Ebracher Abtei ein anderes Mal erwähnt. Die **Chorturmkirche St. Laurentius** (14. Jh.) mit Beinhaus ist wegen des hölzernen, gotischen **Flügelaltars** aus der Zeit um 1450 eine Besichtigung wert. Das aus vermutlichem Nürnberger Bildhauerkunstgewerbe stammende, farbig gefaßte Objekt wurde im Auftrag eines Edlen von Weingarten angefertigt. Die Relieffiguren auf den Seitenflügeln – eine zeigt sich als Johannes mit Kelch, scheinen auf die Figurengruppe des Mittelschreins zuzuschreiten. Hier der Kirchenpatron St. Laurentius im Kreis von den Aposteln Petrus, Paulus und Andreas. Die Rückseite

Flügelaltar von Füttersee

zeigt das reizvoll dargestellte Leben Mariens (Verkündigung, Heimsuchung, Tod und Krönung). Auf engstem Kirchraum war denoch der Einbau einer einseitigen Empore möglich.

So birgt der Ort auch schöne **Fachwerkhäuser** des 17. und 18. Jh.: ein eingeschossiges Traufhaus mit fachwerkfassadigem Giebel (1669) und einer schönen von Pfeilern gesäumte Nachrokoko-Hofeinfahrt (1862), von Vasenaufsätzen bekrönt.

Kaisereiche

Einen Besuch wert ist ein Naturdenkmal auf den Hutwasen östlich des Ortes (an der Straße nach Ilmenau) – die **Kaisereiche**, die mit einem geschätzten Alter von ca. 900 Jahren auch als stattlichster, solitär stehender Baum des Steigerwalds gerühmt wird. Der Name Hutwasen beschreibt wieder den Umstand einer weidewirtschaftlichen Nutzung. Die Friedenslinde steht am Ortsausgang nach Kleinbirkach.

Sühnekreuz

Ein **spätromanisches Steinkreuz** mit eingeritzter Axt kann man am Fußweg nach Geiselwind aufsuchen. Das Sühnekreuz erinnert an einen hier im Umfeld erschlagenen Zimmermann

Von Geiselwind aus 3 km in Richtung Prichsenstadt fahrend, erreicht man den Ort **Gräfenneuses**. Der Ort geht 1290 als *„Grefennusezze"* hervor, war sicherlich unter den Grafen von Castell und der nahen Kartäuserkarthause Ilmbach aufgeteilt. Die Cent oblag Stadtschwarzach. Dank einer Zinsnennung des Klosters Schwarzach 1493 wissen wir von der Existenz eines *„Grevennewses"*.

Kapelle Beatae Mariae Virginis

Neoromanischer Prägung und Bauart (1886-88) ist die katholische **Kapelle Beatae Mariae Virginis** – ein würfelartiger Bau mit Blendarkaden und einer Apsis mit ihrem dreigeschossigen Turm.

Ein Kuriosum ist aber neben den Bauernhöfen und einem solchen stattlichen zweigeschossigen Walmdachhaus von 1781, (Straße nach Ebersbrunn), das hierher verbrachte, triumphbogenartige **Klostertor** der ehemaligen Kartause Ilmbach→. Ein Ort mit Namen Ilmbach verweist auf die ehemalige Kartause. Sicherlich 1848 aus der Greisinger Bauschule von Johann Georg Dietmeyer hier neuerrichtet. Das Rokokotor war offensichtlich Geschenk des Schönborner Grafen Erwein, der dies seinem alten Jagdfreund Dietmeyer zum Geschenk machte, bevor das Kunstwerk abgerissen und zerstückelt werden konnte. Im Gesamtbild ein hohes, rundbogiges Einfahrtstor durch zwei rechteckigen Pfortenpfosten gebildet, mit rechteckigen Pforten zu beiden Seiten. Besitzt eine reiche Profilierung und rocailleartige Medaillons als Zier. Der den Rundbogen schließende Stein zeigt die Jahreszahl 1634 auf. Der Bau wird von einer Pfostenreihe bekrönt, die eine kleine Balustrade bilden. Belebend machen sich die urnenartigen Aufsätze und spitzpyrami-

Das „Ilmbacher Tor" von Gräfenneuses.

denförmigen Filialen aus. Mittig „wacht" eine Maria mit Kind in einer Nische über die „Ein- und Ausfahrenden".

Wallfahrtsbildstöcke stehen im Ort und säumen in auffälliger Weise die Straße nach Geiselwind. Südlich vom Ort, der Autobahn, erhebt sich im Obersambacher Wald, ein mittelalterliches **Sühnekreuz.**

Wallfahrtsbildstöcke

Das nordwestlich von Geiselwind befindliche Weilerdorf **Ilmenau** liegt nur wenig südlich der alten Hochstraße. Der Name (1174) *„Ilminowa"* – zu Ulmenaue gedeutet, zeigt wieder das fränkische Ilme zu Ulme. Der Steigerwälder sagt im übrigen auch zur Pappel Ilme. 1340 gilt der als städtisch bezeichnete Ort als Besitz der Casteller Grafen und des Zisterzienserklosters Ebrach. Die Ortsstelle geht wahrscheinlich auf eine frühe Bebauung der Einwohner des unweit gelegenen, ehemaligen Dorfes Grube (späteres Neu- und Burgrub) zurück. 1678 als „wüst" bezeichnet. Die örtliche St. Laurentius-Kirche ruht noch auf hochmittelalterlichen Mauerzügen. Ortsnaher Burgstall bekannt, offenbar Sitz eines Dienstadels unter den Grafen zu Castell.

Die nördlich von Geiselwind, nahe Füttersee liegende Siedlung **Neugrub** scheint erst seit 1618 zu bestehen. Sicherlich als eine neue zweizeilige Siedlung des früheren Altengrub (jetzt Burggrub) zu verstehen. Die offensichtlich, mit jüngste Siedlung des Steigerwald kann aber als Besonderheit hervorgehoben werden, da sich gleich einem Muster, neun Hofstellen um einen Anger reihen, in dessen Mitte eine Dorflinde steht. Die Hausgiebel sind zum Anger und zur Straße hin ausgerichtet.

3 km südwestlich von Geiselwind liegt der kleine Ort **Rehweiler**. Anstelle der längst abgegangenen und verschwundenen, aber 1281 bezeugten Orte – offenbar Rodungsstellen *„villa fuhstatt"*, einem allodialen Kammergut („Fuchsstadt", 1480 wüst, heutige Waldabteilung nordwestlich mit Fuchsstatt und Fuchsberg beschrieben) und *„villa wielere"* soll die neue Siedlungs-Gemeinde enstanden sein. Offenbar als castellscher Besitz zur Cent Stadtschwarzach gehörig. Im besagten *„Wieler"*– Weiler erhebt sich eine für den fränkischen Raum merkwürdig gestaltete Schloßanlage. So ist 1734 von einem Kauf der Gemarkung durch den Grafen Friedrich Ludwig Friedrich von Castell-Remlingen die Rede, der hier, nach Vorbild der Dresdner „Brüdergemeinde" Herrnhut die „Schlößleinskolonie" begründete. Der Grundgedanke dieser evangelischen Glaubensbewegung – stand im Zeichen des Pietismus – einem Streben nach Gemeinschaft bei und mit der Gottesverehrung. Die im Grundriß quadratische **Schloßanlage** stellt sich – als bescheiden in äußeren Formen erbaute, symmetrische Anordnung von sechs Häusern dar, von denen noch vier (Schule, Waisenhaus, Saalkirche, Forsthaus mit dem castellschen Wappen) existent sind. Die Saalkirche mit achteckigem Glockentürmchen und Kuppel – die einzige Herrnhuter Saalkirche Bayerns birgt in ihrem Innern einen rokokozeitlichen Altar und Kanzel.

Herrnhuter Schloßanlage

Gerolzhofen *K367 E6*

Landkreis Schweinfurt

ANFAHRT/WEGBESCHREIBUNG
BAB A 70 Schweinfurt-Bamberg, Abfahrt Schweinfurt Hafen-Ost, der B 286 17 km folgen.

SEHENSWÜRDIGKEITEN
Stadtbefestigung (Scherenbergtürme, Bibra-, Bettel-, Weißer-, Eulenturm), „Steigerwalddom" – St. Maria de Rosario und St. Regiswindis, Friedhofskapelle St. Johannis (Dreikönigsgruppe, Kreuzigungsgruppe, Plastiken), Rathaus, Oberamtshaus, Neue Vogtei (Gefängniszellen), Rentamt , Zehntstadel, Pfründnerspital (Schnitzwerk des „Gewappneten"), Bürgerhäusern des 16./17. Jh., Wohnhaus am Weißen Turm, ehemaliger Stiftshof, Haus Nr. 206, Wetterstein, Bildstock

ORTSTEILE/SEHENSWÜRDIGKEITEN
Frankenwinheim, Lülsfeld, Rügshofen

ORTSGESCHICHTE: Die nahezu konzentrisch gewachsene Stadt auf einer Lettenkeuperschwelle wird mit ihrem Marktplatz oft als Frankens größte Weinstube bezeichnet. Der Volkach-Bach durchfließt hier von Prüßberg kommend in mehreren Bögen die Gerolzhofener Ebene. Lesefunde aus der Alt- und Jungsteinzeit sowie das Auffinden von Siedlungshorizonten der Bronze- und Urnenfelderzeit zeigen zumindest eine frühe Besiedlung des Gerolzhofener Umlandes auf. Alemannen oder vorgermanische Volksgruppen des mit ihnen entstandenen (?) Volkfeldgaues (Volkach) waren die Nachfolger dieser Menschen. Nach der Zeit um 500 begann nun die fränkische Landnahme und Planbesiedlung dieses Gaues. Mitte des 8. Jh. erhalten wir erste, urkundliche Erwähnung, der *„villa gerolteshove"* genannten

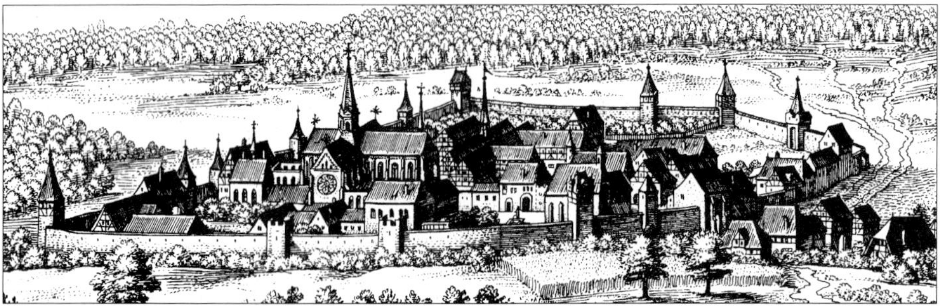

Merian-Prospekt der Stadt Gerolzhofen

Siedlung, das mit klösterlichen Besitzungen zum Kloster Fulda beschrieben ist. Ab 750 erscheint da auch der Name *„Gerolteshove in Folcfelden"*. Namensgeber dieses frühen Hofes, der späteren Siedlung war wohl ein Karolinger namens Gerold, der als Grundherr und Siedlungsführer den Besitz in der Mark König Arnulfs an das Kloster Fulda verschenkt. Der Gutshof aus der Hausmeierzeit der Karolinger des Franken Gerold (Gerolde sind uns als führender Hochadel überliefert) sollte im Laufe der Zeit zum frühmittelalterlichen Burgsitz eines Lamprecht von Gerolzhofen werden. Nach einem gut drei Jahrhunderte (seit 906) andauernden und unerwähnten Schattendasein begegnet uns die ans Würzburger Hochstift gefallene Siedlung mit als Eigen- oder zu Lehensgütern augegebenen Besitzen im 13./14. Jh. in einer Folge von zahlreichen Nachrichten. Um 1300 wird ein Pfarrer genannt, 1327 *„oppidum"* -sprich Stadt geworden, dessen Stadtsiegel uns seit 1359 geläufig ist. Um 1350 auch Sitz eines Archidiakonats. Eine charakteristische städtisch, gemeinwesentliche Ratsverfassung scheint im 14. Jh. belegbar zu sein. 1397 ließ der Würzburger Fürstbischof Gerhard die in ihren Befestigungen erweiterte Stadt, im sogenannten von 1397 bis 1400 währenden Städtekrieg als wirtschaftlichen Handelsmittelpunkt seines eigenen Stiftsbereichs und Teil des fränkischen Städtebundes zwischen Main und Steigerwald belagern, allerdings ohne Erfolg, dafür mit einigen Beschädigungen. Die Unabhängigkeit der reichsfreien Stadt, seit 1397 unter dem böhmischen König Wenzel mit einer Gleichstellung gegenüber anderen fränkischen Städte bedacht, fand mit der Niederschlagung des Fränkischen Bundes bei der Schlacht bei Bergtheim im Januar des Jahres 1400 ein Ende. Der Fahnenträger der 11 aufständi-

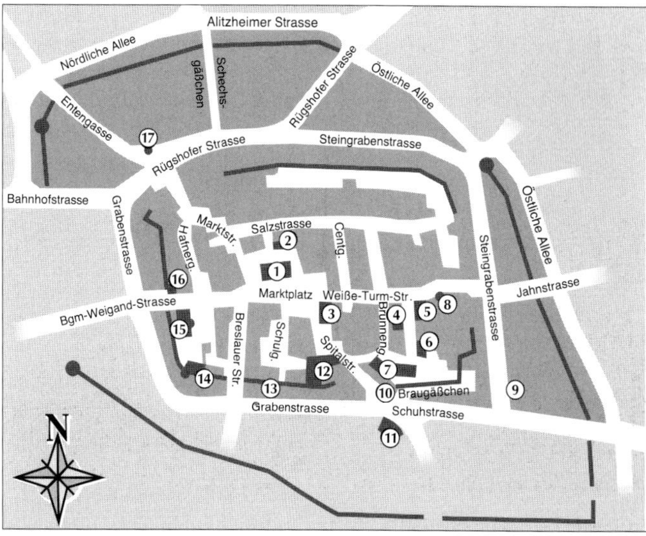

Legende
Altstadt Gerolzhofen

1. Kath. Stadtpfarrkirche St. Regiswindis und Rosario
2. Johannis-Kapelle
3. Altes Rathaus
4. Weißer Hof
5. Fachwerkhaus Teutsch
6. Echterhof
7. Oberamtshaus
8. Weißer Turm
9. Bildstock
10. Gabelmann-Brunnen
11. Lampertshof
12. Spital und Spitalkirche
13. Spottfratze „Till"
14. Zehnthof
15. Amtshaus
16. Eulen- / Hexenturm
17. Floriansbrunnen

schen Städte, Johann Braun, stammte aus Gerolzhofen. 1525 kommt es im Bauernkrieg zum erneuten Aufbegehren der Gerolzhofer gegen den Bischof. Die ortsansässigen Bürger und die mit ihnen verbündeten Bauernhaufen drangen gewaltsam in die bischöflichen Einrichtungen ein, raubten oder zerstörten das Inventar. Im Markgräflerkrieg ist es der Markgraf Albrecht Alcibiades von Brandenburg-Kulmbach der die Stadt brandschatzen ließ. Rathaus, Pfarrkirche und Spital wurden hierbei schwer beschädigt. Im Dreißigjährigen Krieg litt die hungernde Bevölkerung, ohnehin schon durch die Pest dezimiert, ab 1632 unter den ständigen Plünderungen und Verwüstungen, so daß im Laufe dieser Zeit gut ein Viertel der Bevölkerung verstorben war. Durch die Beherbergung von kaiserlichen Truppen des Erzherzogs Karl von Österreich beschossen 1796 französische Revolutionstruppen die Stadt und beschädigen diese nicht minder. Bis zum Jahre 1802 - der Bayerischen Annektierung war also Gerolzhofen Landstadt unter dem Bistum Würzburg geblieben.

SEHENSWÜRDIGKEITEN: Von der alten **Stadtbefestigung** ist nicht mehr viel erhalten - man kann aber noch 13 Wehrtürme im heutigen Stadtbild erkennen. Daß die durch zwei Vorstädte gewachsene Stadt folglich doppelt umwehrt war, erfahren wir unter anderem durch die Erwähnung der 1397 belagerten Stadtmauer, die den rechteckigen Altstadtbereich mit zwei Toren betrifft. Erst durch die großzügige und weiträumige Umschließung im 15. Jh., der weiter wachsenden Altstadt und der beiden Vorstädte, der Zent- und Spitalvorstadt erhielt die Stadt ihre eher konzentrisch gestaltete Befestigung mit vier Toren. Im 19. Jh. wurden zum großen Teil die Stadtmauerzeugen eingerissen, so daß diese nur noch an der Ostseite der Vorstadtbewehrung mit dem Weißen Turm, zwei Rundtürmen und an der Südmauer mit dem südwestlich sich erhebenden „Bibraturm", westlich mit dem „Eulenturm" und dem früheren Betteltum am ehemaligen Spitaltor erkennbar ist. Während der zylindrische **Weiße Turm** des 14.-16. Jh. als Auslug und bis 1803 als Centgefängnis dienend und der im Grundriß quadratische **Eulenturm** aus dem 14.-16. Jh. als Vogteiverließ für „Hexen" und später Gefängnis der Altstadtbefestigung angehörten. Der (mittlere) Marktplatz bildet den Mittelpunkt der Stadt Gerolzhofen, der mit der katholischen Stadtpfarrkirche mit nebenstehender Friedhofskapelle St. Johannis und dem Rathaus ein ansehnliches Ensemble bildet:

Der „Weiße Turm" - Centgefängnis und Auslug.

Der **„Steigerwalddom"** genannte spätgotische, dreischiffige Hallenkirchenbau mit

Chor steht anstelle einer älteren und im Städtekrieg brandzerstörten Kirche, deren Ursprung schon im Jahre 906 als „capella" erwähnt, aber im 13. Jh. zur Kirche ausgebaut wurde. Die heutige Erscheinung entstammt dem Neubau **St. Maria de Rosario und St. Regiswindis** im Jahre 1436, der gut 43 Jahre später abgeschlossen war. Das für Franken eher ungewöhnliche Namens-Patrozinium entstammt der altfränkischen Zeit und war ein Kult der Franken aus der Neckargegend. Regiswindis war ein heiliggesprochenes Kind. Vermutlich kam der fränkische Grundherr aus dieser Region und führte für die Eigen(?)-kirche diesen Namen ein. Im späten 16. und frühen 17. Jh. wurden umfassende Renovierungen vorgenommen. Zwei hohe, fünfgeschossige Osttürme schließen den eingezogenen, einschiffigen Chor ein. Die erdgeschossigen Gewölbe der echterzeitlich geprägten Türme öffnen sich als Kapellen zum kreuzrippgewölbtem Chor und den beiden Seitenschiffen. Das Langhaus besticht ebenfalls durch das hohe spätgotische Kreuzrippengewölbe und den bemerkenswerten viersäuligen **Rokokohochaltar** mit Baldachinaufsatz (1763/64), dessen Schöpfer der Würzburger Hofbildhauer Johann Peter Wagner war. Beeindruckend ist das Auge Gottes im Strahlenkranz inmitten eines polygonen Rahmens, der hoch in das Gewölbe ragt. Oswald Onghers malte hierbei die in prächtig geschnitzte Rokokorahmen eingepaßten Gemälde am Chorbogen. Die **Kanzel** stammt aus dem späten 17. Jh., Fuß und Figuren sind jedoch noch spätgotische Arbeiten. So besitzt das gänzlich mit Rokokoinventar ausgestattete Langhaus auch sechs Seitenaltäre. So gibt es eine nachgotische (um 1600) **Madonna im dreifachen Rosenkranz**, ganze vier Meter hoch an der Nordwand zu bewundern. Im zweites Fenster rechts sind auch original erhaltene, farbige **Glasscheiben** der frühen Bauperiode mit Madonna und dem dargestellten Kirchenbau aus dem 15. Jh. zu sehen. Im 19. Jh. wurde das vierjochige Langhaus um zwei weitere erweitert. Beachtung verdient auch der Portalabschluß der kleinen Kathedrale mit schönem gotischen Maßwerk. An der Südseite der Pfarrkirche sind die unter steinernen Baldachinen, zwischen den Außenstrebepfeilern eine **Dreikönigsgruppe**, eine spätgotische Arbeit aus der Zeit um 1530 bemerkenswerte Zeugnisse. Die Reliefdarstellungen (1. Hälfte des 15. Jh.) von acht Aposteln im **Ölberg** (2. Hälfte des 15. Jh.) sind ebenfalls spätgotisch. Die **Kreuzweg-**

Steigerwald-Dom

Hochaltar

St. Maria de Rosario und St. Regiswindis – der „Steigerwalddom". Ansicht Chor und Chortürme.

Stationen sind bildhauerische Meisterwerke Heinz Schiestls aus dem Jahre 1905.

Friedhofskapelle

Die hinter der Kirche ebenfalls spätgotische, zweigeschossige **Friedhofskapelle St. Johannis** wird wegen ihres im Erdgeschoß befindlichen Gebeinraumes auch als ehemaliger Karner bezeichnet. Das Obergeschoß ist durch gotisches Stab- und Maßwerk und Fensterbögen verziert. Der Erbauer der früher „Lorenz" geheißenen Kapelle war Bischof Lorenz von Bibra. Eine sehr gut erhaltene **Minuskelschrift** von 1497 dokumentiert diesen Bau. Im ausgehenden 15. Jh. errichtet, nach der Gegenreformation zu profanen Zwecken genutzt, wurde der Kirchenraum als Ausstellungsraum kirchlicher Kunstobjekte weitergenutzt. Noch bis gegen Ende des 19. Jh. konnte man hier einen Tilman Riemenschneider zugeschriebenen Altar bewundern, der ins Bayerische Nationalmuseum nach München verkauft wurde. Aus der Riemenschneider-Schule stammend ist das um 1510 gefertigte **Kruzifix** neben den **Holzfiguren** des Hl. Laurentius mit dem Attribut des Feuerrostes und des Hl. Sebastian (von Pfeilen durchbohrt).
Die katholische **Friedhofskapelle St. Michael** ist ein schlichter Saalbau des 18. Jh. Das **Gitter** (zweite Hälfte 17. Jh.) am Friedhofstor wurde aus dem Kloster Ebrach hierher verbracht.

Rathaus

Das aus zwei Gebäuden bestehende **Rathaus** steht anstelle eines alten Hofes, 1461 „zum Aufbau freigegeben" erwähnt. Das angebaute **„Küchenhaus"** von 1585 stellt eine Art Speise- und Festsaal der Ratsherren dar. Der spätgotische, dreistöckige Hauptbau mit spitzbogigem Portal und dem schönen dreiteiligen Fenster im 1. Obergeschoß trägt ein von stattlichen Stufenstirngiebeln getragenes Satteldach. Durch eine Galerie – man beachte die Kragsteine muß das

Ansicht Chorbau Friedhofskapelle St. Johannis, Portalseite,

Anwesen mit dem Nebenbau, ebenfalls dreigeschossig mit vorkragenden Fachwerkgeschossen, verbunden gewesen sein. In dem Erdgeschoß war einst die Markthalle untergebracht.

Schul-Museum

Das **„Museum Altes Rathaus"** ist mit dem **„1. Bayerischen Schulmuseum"** durchaus einen Besuch wert. Auskunft: 09382/ 60734. Im Museum werden vor- und frühgeschichtliche, geologische Exponate in Verbindung mit wirtschaftshistorischen Objekten und Dokumenten gezeigt. Eine Übersicht zur Stadtgeschichte, typisch fränkischer Flurdenkmale, wie Bildstöcke runden dieses Museum ab. Die ganze Woche über geöffnet.

Oberamtshaus

Weitere stattliche Bauwerke des spätgotisch geprägten Gerolzhofen sind außerdem: Das ehemalige **Oberamtshaus** von 1732, erhebt sich an der Südmauer der Altstadt, vermutlich auf dem alten Siedlungskern der Stadt, anstelle des ehemaligen „Fuchshofes" - einer Burgsiedlung der Herren von Fuchs - einem Schloßbau des 15. Jh., von einem bischöflichen Amtsherren verwaltet, aber im Bauernkrieg zerstört. Dreigeschossiger, 1580 bezeichneter, unter dem Würzburger Fürstbischof Julius Echter errichteter Renaissancebau mit hohen Schweifgiebeln und typischem Pilasterschmuck. Unweit von ihm das spätere „Speisenhaus", vormalige „Kalterhaus" und der 1238 bezeichnete Zisternenbau in der nördlichen Hofmauer.

Fürstbischof Julius Echter wird auch der ebenfalls dreigeschossige Renaissancebau des **Amtshauses** an der Westmauer der Altstadt in der ersten Hälfte des 17. Jh. zugeschrieben. Die „neue Vogtey" wird Ende des 15. Jh. (1495) als unter Fürstbischof Lorenz von Bibra erbaute Wohnung eines bischöflichen Stadtvogtes erwähnt. In der ersten Hälfte des 16. Jh. wird der Bau erweitert. Unter Julius Echter erhält der im Grundriß rechteckige Bau seine heutige, noch präsente und für seine Zeit typische Gestalt und diente anstelle der Vogtei als Sommerfrische der Bischöfe. Beachtenswert ist die große Inschrifttafel über dem schönen Hofportal und die renaissancezeitliche Bauform des volutgiebligen Gebäudes mit Treppenturm. In dem Gebäudeinnern kann man noch ehemalige Gefängniszellen gezeigt bekommen. Ab 1805 Gebäude des königlich-bayerischen Rentamtes. Unweit des Rentamtsgebäudes erhebt sich der **Eulenturm**, der Verliesturm der Stadt.

Südlich vom Rentamt der **Zehntstadel.** Ein als Getreidespeicher genutzer Bau, an

Ansicht des „Küchenhauses",Rathaus.

Der Till von Gerolzhofen

der Stadtmauer, der früher einmal aus zwei Gebäuden bestanden hat – jetzt ein viergeschossiger, stattlicher Hauptbau mit Torhaus (16. Jh.). 1402 wurde in Gerolzhofen das Pfründnerspital vom Schweinfurter Patrizier Betz Rückert und seiner Gattin Anna durch Verkauf, teilweisen Mitbesitz eines eigenen Hofes und dem Umbau eines stadtburgartigen Wohnturms eines Zollner zu Hallburg gestiftet. Im übrigen war die Gertraudskapelle, 1410 erbaut, auch auf eine Initiative des Berthold Rückert und dem Fürstbischof Johann von Egloffstein erbaut worden. Sie galt als kirchlicher Mittelpunkt der *„Nutz"*. Dem Gemeinbesitz der Stadt, zusammen mit Dingolshausen und Rügshofen. Um 1418 erfahren wir von Vergrößerungen des Spital-Anwesens durch weitere Schenkungen. Während das Untergeschoß noch aus gotischer Zeit stammen könnte, ist das Obergeschoß im Fachwerk des Julius-Stil aufgeführt. Der Fürstbischof Julius Echter von Mespelbrunn setzte sich für die Neugründung des **Spital**s um 1600 ein. Im Innenhof ist an einem Hauptpfosten das **Schnitzwerk** des „Gewappneten" zu sehen. Die mehr als zweieinhalb Meter hohe Relieffigur aus Holz zeigt wahrscheinlich Julius Echter mit Herzogsschwert und Wappen. Nebenstehend erhebt sich die nun barocke **Spitalskirche St. Vitus**, die 1710 von Fürstbischof Johann Philipp von Greiffenclau auf der alten im Stil der Zeit umgebaut wurde. Die Altarbauten stammen aus jener Bauzeit. Hier gibt es auch ein **Mariä-Himmelfahrt-Gemälde** (um 1600), eine Pietà (1450) und eine **Madonnenfigur** aus der Zeit um 1500. Im zweiten Markgräfler Krieg wird 1552 das Spital geplündert. Nahe dem Spital erhob sich früher das nunmehr unkenntliche Spitaltor (Spitteltor).

Renaissancezeitliches Bürgerhaus

Neben zahlreichen, schönen **Bürgerhäusern** des 16./17. Jh. , teilweise in Fachwerk, sollten folgende Anwesen empfohlen werden: Der **Fachwerkhausbau „Teutsch"** mit Erker und schönen Andreaskreuzgalerien, 1566 bezeichnet, 1644 als Vogteiwohnung erwähnt. Gleich diesem gegenüber der **Weiße Hof**, eine Amtsmannswohnung von 1595 mit Fachwerk und Hof mit großer Toreinfahrt und Mannspforte. Unweit von hier der **Echterhof** von 1609. Früher stand hier das 1525 im Bauernkrieg niedergebrannte Beginen-Nonnenkloster. Fachwerkgebäude mit Stufengiebeln und sechseckigem Treppenturm im Hof. In der Spitalgasse steht ein renaissancezeitliches Haus mit Schweifgiebelabschluß.

Ein Gebäude am 1882 abgerissenen Dingolshäuser Tor ist das **ehemalige Brauhaus**. Es wurde 1602 von Fürstbischof Julius Echter erbaut. Das hier vermauerte Wappen ist das

des Bischof Melchior von Zobel und stammt vermutlich vom abgerissenen Tor.
Der **Lampertshof** mit Fachwerkfassade vis-à-vis des **Florians- bzw. „Gabelmann"-Brunnen**s wird im übrigen schon im frühen 14. Jh. erwähnt. Dieser klassizistische Brunnen (1768) zeigt wie der gleichnamige in Neustadt/Aisch den (erneuerten) Meeresgott Neptun auf einer Mittelsäule mit Dreizack. Erbauen ließ ihn der ehemalige Bürgermeister Michael Teutsch.
Der frühere **Stiftshof** von 1577 zeigt sich in der Schulstraße mit dem von Säulchen flankierten schönen Renaissanceportal, mit Wappen des Fürstbischofs Julius Echter.
Amüsant ist auch der **„Till"** von Gerolzhofen. Eine spätmittelalterliche Spottrelieffigur am ehemaligen Wassergraben.
Im Nordwesten der alten Innenstadt erhebt sich in der Bahnhofstraße der **„Wetterstein"**, eine gotischen Grabplatte (14. Jh.) , die einen Schild unterhalb eines Kreuzreliefs im Kleeblattsymbol zeigt und von der gesagt wird, sie habe die Kraft Wetter abzuhalten.
Im Steingraben ist ein in der Hauswand aufragender **Bildstock** zu sehen. Er zeigt vor einer Mariendarstellung mit Kind ein betendes Mädchen, sowie die Hergangsschilderung eines Unglücks mit Todesfolge: *„Auf dem Weg vom Brunnen nach Hause auf freier Gasse niedergesunken und tot liegengeblieben, 17 Jahre alt."*

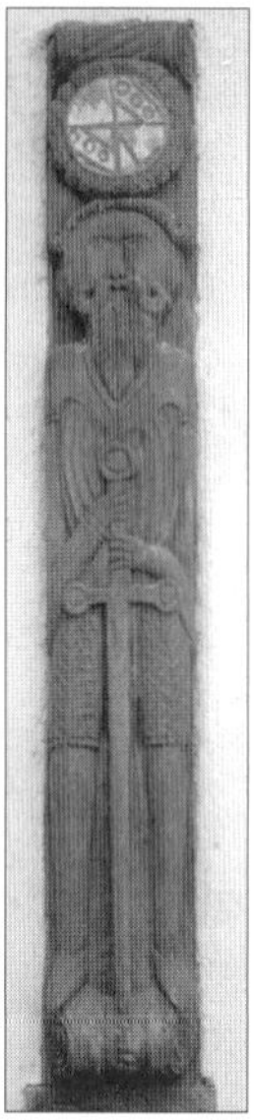

Der „Gewappnete" – Relief an ehem. Spital

Idyllisch zeigt sich auch die Umgebung Gerolzhofens mit den Naturschutzgebieten: Spitalgrund bei Prüßberg, den Sulzheimer Gipshügeln, dem Mahlholz (*„mahal"*=Gerichtsstätte: Diese Stätte lag auf einem flachen Hügel im unteren Mahlholtz, das mit dem Oberen Mahlholtz westlich von Gerolzhofen in einem Naturschutzgebiet liegt), mit dem Eichelmannsee und dem Mönchstockheimer See.

Unfall-Bildstock

Hoftor mit Rustika-Eckquaderung

ORTSTEILE/SEHENSWÜRDIGKEITEN: Die Gemeinde **Frankenwinheim** liegt etwa 4 km südöstlich von Gerolzhofen. Offenbar wurde auch diese innerhalb der fränkischen Siedlungswelle einer der „heim"-Gründungen, denn im 8. Jh. ist von einem *„Winidhochheim"*-hochgelegenes Heim des Winido die Rede. Das ehemalige Schloßgut (um 1400) war Lehen des Hochstifts zu Würzburg, dessen Lehensträger unter anderen die von Scherenberg waren. Im 17. Jh. erscheinen hier die Schmitt von Frankenwinheim. Schließlich bis zur Mitte des 19. Jh. schönbornscher Besitz. Die von Schönborn hatten ab 1733 die absolute Dorf und Vogteiherrschaft. Das zum Gut zugehörige Schloß lag sicherlich in der Gastwirtschaft. Im Pestjahr 1611, dem Dreißigjährigen Krieg 1631/32 und zur Zeit der Napoleonischen Kriege wurde der Ort heimgesucht und in Kämpfe verwickelt. Im hiesigen Pfarrhaus quartierte sich während des Bruderkrieges 1866 der spätere Prinzregent Luitpold und Prinz Ludwig, der spätere König des jungen Bayern ein. Hier steht auch eine echterzeitlich geprägte Johannes-Evangelist- und Johannes-der-Täufer-**Kirche** mit spätgotischem Sakramentshäuschen und steinernem **Vesperbild**, das als wundertätig urkundlich 1778 erwähnt wurde.

Wundertätiges Vesperbild

Die Gemeinde **Lülsfeld** liegt 2,5 km südlich von Frankenwinheim. Der fruchtbare Lößboden ermöglichte eine rasche vorchristliche Besiedlung. Spuren einer solchen Siedlung sind im heutigen Gemeindewald noch sichtbar. Zur Zeit der fränkische Besiedlung sicher begründeter Ort. *„Liliveld"* wird 906 als Teil einer Schenkung König Arnulfs an Fulda erwähnt. Später bildeten sich die Namensformen *„Lilisfeld"* oder *„Lillesfeld"*. Vielleicht ersieht man hieraus auch den Namen des

Das „Löffelkreuz" bei Lülsfeld.

Hoftor in Rühshofen

Grundherren - Lillo. Das Hochstift Würzburg besaß den Ort und teilte ihn unter diversen Grundherren auf. Grundherren waren überdies die Grafen zu Castell, die hier Lehensträger einsetzten, sowie das Kloster Schwarzach. Letztbekannte waren die von Schönborn-Wiesentheid als Dorf- und Patronatsherren.
Im Bering einer früheren Kirchenburg erhebt sich die **Allerheiligen-Kirche**. Dieser verputzte Chorturm ist in seinen Grundfesten noch gotisch (14. Jh.), während der Würzburger Fürstbischof Julius Echter 1614 diesen renovieren - so eine Inschriftstafel, sprich aufstocken ließ. Eine kleine halbrunde Apsis wölbt sich aus der Nordseite. Das Langhaus mit Rokoko-Deckenstuck und Chor haben in ihrem Innern barockzeitliches Inventar.
Das **Kloster Maria Schnee** hat nichts Altes oder Althergebrachtes an sich. Es wurde im späten 19. Jh. im schlichtesten Stil („Bahnhofsstil") erbaut und ab dieser Zeit vom Orden der Töchter des Allerheiligsten-Erlösers geführt. Beachtenswertes **Altarblatt** (um 1700) und eine spätgotische **Maria-mit-Kind-Figur** in der Klosterkirche.
Auf der Rimbacher Höhe erhebt sich der **Ruferer Stein**, ein Steinkreuz. Hier soll die letzte Hexe - Katharina Seufertin aus Obervolkach verbrannt worden sein. Markanter ist jedoch das an der Straße zwischen Rimbach und Lülsfeld stehende **Löffelkreuz**. Es handelt sich um ein großes Sühnekreuz mit mehreren, tiefen Einkerbungen im Steinkorpus.

Löffelkreuz

Im Norden von Gerolzhofen, am Abzweig nach Mönchstockheim gelegen liegt der kleine Ort **Rügshofen**. Der Ort wird in seiner Geschichte als ehemaliger Königshof eingestuft, dessen Zehnt der fränkische König Karlmann dem Bistum Würzburg schenkte. Urkundlich als *„Hruodeshof"* (Personennamen Hruodo) bezeugt. **Altes Gemeindehaus** in Fachwerk mit späteren Anbauten (siehe Baunähte) in der Ortsmitte zu sehen. Neben schönen, beispielhaften **Hoftoren** (vornehmlich 18. Jh.) findet sich eine große Anzahl von **Martern**. So am nordöstlichen Ortsrand unter einer großen Linde eine solche mit Pietàrelief, Stifterfamilie und einem St. Martin zu Pferd.
Im Ort gibt es auch ein volkstümliches, farbig gefaßtes **Relief**, in die Mauer eines Anwesens eingelassen.

Hoftore und Martern

Gnötzheim *K369 B6*

Gemeinde Martinsheim, Landkreis Kitzingen

ANFAHRT/WEGBESCHREIBUNG

BAB A7 Würzburg-Ulm, Abfahrt Marktbreit, Richtung B 13 in Enheim links nach Martinsheim abbiegen, hier wieder links über die Autobahn zum Ort.

SEHENSWÜRDIGKEITEN

St. Johannis (Wandmalerei, Sarkophag), ehemaliges Schloß, Sühnekreuz

ORTSGESCHICHTE: Als Heim des Gnoz deutbare Siedlung, die zur gleichen Siedlungsgruppe der Umgebung während der fränkischen Landnahme gehört. Später ging der Ort durch Einheirat mit der Familie Seinsheim in den Besitz von 1442 bis 1632 der von Rosenberg über. Um 1540 wurde die Gemeinde wohl evangelisch.

SEHENSWÜRDIGKEITEN: Die in der Ortsmitte des ehemaligen Ganerbendorfes erhöht gelegene einschiffige **Kirche St. Johannis** entstammt noch in ihrem Kern dem 12. Jh. Der vom Langhaus seitlich weggerückte, quadratische Westturm mit barocker Haube und Laternenaufsatz weist noch romanische Blendbogenfriese auf. Ebenfalls hochmittelalterlich, im romanischen Stil das **Portal** an der Südseite mit Kreuz- und Rosettenreliefs. Der eingezogene Chor besitzt ein Kehlrippenkreuzgewölbe, im Chorkreuzgewölbe trägt der Schlußstein auch noch das Wappen der von Rosenberg. Die Kirche geht auch auf eine Frühmesse-Stiftung der Familie Seinsheim zurück, die 1340 Eigentümer eines Hofes im Ort war. Sehenswert sind die **Wandmalereien** in der Bogenlaibung des Chores aus dem 14.-15.Jh. mit Darstellung der klugen und törichten Jungfrauen und Ranken auf rotem Grund (12. Jh.) Das Sakramentshäuschen dürfte aus dem Jahre 1500, die Kanzel aus dem 16. Jh. sein. Der vom Künstler und Steinmetz Sem Schlör geschaffene **Sarkophag** an der Chorrückwand stellt Conrad von Rosenberg lebensgroß geharnischt, verstorben 1596 und seine Frauen (1591/94) dar.

Fresken

Das **Pfarrhau**s der Gemeinde ist ein Fachwerkbau von 1713.

Aufsuchenswert ist auch der zweiflüglige Kastenbau des ehemaligen **Schlossgut**es der Rosenberger mit Treppenturm der Rosenberger aus der 2. Hälfte des 16. Jh., in deren Erdgeschoßgewölbe Wandmalereien aus dem 18. Jh. zu sehen sind. Einst auch von einem Wall-Graben umgeben, ein an der Südost-Ecke befindlicher Rundturm aus dem 15.-16. Jh. zeugt noch von der Befestigung. 1523 wurde es durch den Schwäbischen Bund zerstört, dann von den von Schwarzenberg nach 1632 aufgekauft und 1645 durch Franzosen niedergebrannt.

Schloßgut

Die frühere Burg des 14. Jh. lag 140 m südlich der Ortskirche. Wall und ein Graben wurden eingeebnet und sind nicht mehr sichtbar. Im Ort ist noch ein schmiedeeisernes Wirtshausschild mit Doppeladler aus der Zeit des 18./19. Jh. zu sehen.
Am Ortsende – in Richtung Gollhofen fahrend steht ein steinerenes **Sühnekreuz** mit eingeritzten Buchstaben und dem Relief eines Ritters, auf sein Schwert aufgestützt. Sühnekreuz

Gollhofen *K369 B5*

Landkreis Neustadt an der Aisch - Bad Windsheim

ANFAHRT/WEGBESCHREIBUNG
BAB A7 Würzburg-Ulm, Abfahrt Gollhofen, der B13 in Richtung Uffenheim bis Gollhofen folgen.

SEHENSWÜRDIGKEITEN
Ehemalige Wehrkirche St. Johannes der Täufer

ORTSGESCHICHTE: Gollhofen gilt als eine der ältesten Ortschaften des Gollachgaues (vgl. Uffenheim). Der ehemalige Königshof des Gaues („zu den Höfen im Gollachgau") war, wohl durch einen Graben und durch eine Dornenhecke, die einen rundlichen Grundriß ergaben einst geschützt. Daß der Frankenapostel, der irische Wandermönch in seiner missionarischen Tätigkeiten hier in diese frühe Siedlung kam, will man in dem kirchnahen Bischofsbrunnen bewiesen sehen. Der Platz, wo sich jetzt der derzeitige Brunnen auftut soll früher einmal Taufplatz gewesen sein. Jedenfalls heißt die Kirche St. Johannes der Täufer und taucht schon im frühen Mittelalter als Taufkirche auf. Die damalige Kirche, deren Stelle man unter der jüngeren Kirchenburg, des Rathauses oder anstelle eines Ketten- oder Kapellenbrunnen genannten Platzes vermutet, auch als eine der 25 Eigenkirchen des Herzogs Karlmann dem noch jungen Bistum Würzburg in der ersten Hälfte des 8. Jh. geschenkt. Interessant ist, daß sich schon im mittelalterlichen Dorf im städtischen Sinne mehrere Marktplätze gebildet hatten, was für einen regen Durchzug der Händler wie auch im Dorf ansässig gewordenen Handwerker spricht. In der heutigen Chorturmkirche will man den Chorbogen zwischen und Turmuntergeschoß aus dem frühen Mittelalter erhalten wissen. Andere vertreten die Ansicht hier hätte sich vormals eine Burg erhoben, aus der später eine Kirchenburg wurde. In der zweiten Hälfte des 13. Jh. wird eine bezeugte Pfarrei an das Domkapitel zu Würzburg übertragen.

Westturm und Mauerteil des Kirchenbaus sprechen für diesen Zeitraum. Als Erbauer der Kirche gilt ein Familienmitglied des Adels von Limburg-Speckfeld (siehe Wappensteine in der Kirche). Hingegen sind Langhaus und der Chor ins späte 15. Jh. zu setzen.
Die leicht erhöhte Lage der Kirche und auch die strategische Stellung (zwei Fernstraßen kreuzten sich hier) der Siedlung - bis ins 19. Jh. von einem Wall umgeben, erlaubte den Bau einer wehrhaften Kirchbefestigung, die auf einer skizzenhaften Darstellung aus dem Jahre 1815, ein wohl die Wirren der Zeiten überstandenes Bauobjekt zeigt, das gerade im fränkischen Raum in den sonst schutzlosen Dörfern recht häufig vorkommt. Ein Wallgraben umgibt einen wohl rechteckigen Bauplatz, dessen vier Ecktürme im Mauerring mehrgeschossig aufragen. Eine steinerne Brücke führt zu einem Torhaus, das als einziges Wehrelement aus dem Mauerzug vortritt. Das Langhaus stellt sich einfach und ohne Schmuck gebaut dar, der Chorturm trägt ein Fachwerkgeschoß. Fachwerk erkennt man auch an den Galerien der Ringmauer. Der umlaufende Wallgraben ist noch sichtbar, die Wehrmauer des 13. Jh. erreicht stellenweise noch eine Höhe von 5 m, an dessen dem Kirchhof zugewandten Seiten der Verlauf der Wehrgänge zu sehen sind. Die auf der Darstellung zu sehenden, zahlreichen Schießscharten finden sich auch noch in den Mauern. Ecktürme und Torhaus, nebst Karner wurden im 18. Jh. niedergerissen. Zusammenfassend ausgesagt, gab es also mehrere Kirchbauphasen an verschiedenen Orten: Eine „alte" Kirche mit dem Johannes-Patrozinium ist anstelle eines Rathauses zu suchen, das 1595 als Rathaus (1794 abgebrochen) eingerichtet wurde, nachdem an anderer Stelle eine neue Kirche gleichen Patroziniums errichtet worden war. So entwikkelte sich also die zweite Kirche an einer höher gelegenenen Ortsstelle im Südwesten, die durch einen natürlichen Grabenbereich vom ehemaligen Ort getrennt blieb. Der Ort wurde in den letzten Kriegstagen des 2. Weltkrieges zu fast 90% zerstört.

SEHENSWÜRDIGKEITEN: ehemalige **Kirchenburg St. Johannes der Täufer.** Auffällig ist im Kirchhof des von den Einheimischen stolz als „Dom im Gollachgau" bezeichneten Kirchbaues noch der verbliebene Brunnen. Im Kirchinnern erhebt sich als imponierendes Werk (für die protestantische Lehre) der ansehnliche **Rokokoaltar** mit Orgel in Form einer alles zusammenfassenden Wand. Der Gestalter war Johann Georg Auwera, 1765). Die auf dem Taufstein mit Wappen der Familie Limpurg-Speckfeld aufgesetzte Taube als Attributstier des Hl. Geistes wurde im übrigen ebenfalls von J. G. Auwera geschaffen. Diese künstlerische Vermengung von dem aus der Kanzel vorgetragenem Wort Gottes, der Musik aus der Orgel und der Anbetung des Heiligen ist eine über Franken hinaus einmalige und für diese Region typische Ausformung des protestantischen Glaubens. Anhand der hier angebrachten Sanduhr sollte dem Geistlichen die Länge seiner Predigt beschneiden. Die unveränderte Orgel ist eine bemerkenswerte, barocke Zimmermannsleistung eines gewissen Voit aus

Schweinfurt. Das Kanzelwerk ist eine Arbeit des späten 17. Jh. des Uffenheimers Hans Jörg Schäuffelein. Hier erhob sich dann auch der gotische Hochflügelaltar von 1509, von dem nur noch einige der **Tafelbilder** und ein kleines **Holzrelief eines Heiligen** erhalten sind. Über der Sakristeipforte erkennt man das Abbild der Anna Selbdritt. (Selbdritt erklärt sich aus der mütterlichen Einheit Annas zu ihrer Tochter Maria mit dem Jesuskind.). Mittig das Martyrium der Hl. Appollonia mit der legendenhaft bezeugten Darstellung der ihr ausgerissenen Zähne während der Christenverfolgung im 3. Jh. n. Chr. Das dritte Bild verdeutlicht die Gregormesse. Im Chor zu den Altarbildern gewandt, erhebt sich ein beindruckendes **Sakramentshäuschen** in strahlendem Weiß, mit 1517 bezeichnet. Das durch Umwelteinflüsse geschädigte Holzrelief eines männlichen Heiligen ist noch vor 1517 gefertigt worden. Zu beiden Seiten des Altars erheben sich die Chorgestühle der Kirchenvorsteher und der Gerichtsherren (um 1500). Bemerkenswert ist auch der sogenannte **Grafenstand**, einer 1619 bezeichneten Empore des im Ort herrschenden Adels der Schenken von Limpurg-Speckfeld mit ihren vielen kleinen Engelsköpfen, Inschriften und Verzierungen. In gleicher Zeit baute man die übrigen Emporen ein, die mit ihrer ansprechenden, eher sonst ungewohnten Verzierung einen anderen Blickfang darstellt.
Auf einem Dorfplatz erhebt sich ein schöner **Dreisäulenbrunnen** mit barocker Kuppel über einem hexagonalen Trog. Im westlichen Ort, gegen Gollachostheim liegt die ortszugehörige Burgstelle.

Großlangheim *K367 C2*

Landkreis Kitzingen

ANFAHRT/WEGBESCHREIBUNG
BAB A3 Würzburg-Nürnberg, Abfahrt Kitzingen/Schwarzach, die Landstraße Richtung Kitzingen nehmen, nach Bahnunterquerung links nach Großlangheim abbiegen.

SEHENSWÜRDIGKEITEN
Pfarrkirche St. Jakobus der Ältere (Kreuzaltar, Marienaltar, Gemälde der Rosenkranz-Madonna, Heiligenfiguren , Pietà), Antoniuskapelle (Fresken, Hochaltar, Plastiken), Martern, Bildstöcke, Wasserburgstelle

ORTSGESCHICHTE: Zwar ist die Namensherkunft des zwischen dem Rodenbach und Bimbach gelegenen Ortes umstritten, doch scheint das keltische Wort für Sumpf oder Teich „lanca“, die These, daß anstelle des heutigen Großlangheim schon in keltischer Zeit Besiedlung zu vermuten ist, zu untermauern. Sumpfflächen nördlich vom Ort unterstützen vielleicht auch diese Annahme. Bodenfunde zeigen sogar mittelsteinzeitliche Kleinstgeräte (10000 bis 4500 v. Chr.) oder Grabbeigaben eines Brandgrabes der Urnenfelder Kultur. Eine Missionierung mag unter dem irischen Wandermönch Kilian vonstatten gegangen sein, da eine Flurbezeichnung „Kiliansberg" existiert. Sicher und urkundlich belegt erscheint in einer Schenkungsurkunde des Klosters Megingaudeshausens aus dem Jahre 816 der Name „Lanckheim". Der Adel von Großlangheim wird ab dem 10. Jh. bis 13. Jh. genannt, die als Casteller Vasallen zu bezeichnen sind. Im 12. Jh. ist vom Weinbau unter dem Kloster Ebrach zu lesen. Im 14. Jh. wird der Ort mit der Burg immer noch im Besitz derer von Castell erwähnt. Diesen gehört hier ein größerer Teil der Besitzungen. Die Stiftung der Antoniuskapelle (1347) geht auf Graf Hermann IV. von Castell zurück. 1414 kann mit der Erlaubnis König Sigmunds der Casteller Graf Leonhard den Ort mit einer von Mauern, Toren und Türmen umwehrten Befestigung umgeben und dort Märkte ins Leben rufen. Zum einen am St.-Jakobus- und zum anderen am St.-Georgs-Tag, neben diesen dürfen auch Wochenmärkte abgehalten werden. Ab hier erscheint auch der Name Markt Langheim. Die bis 1447 nicht zu Lehen gegebene Wasserburg wird im Bauernkrieg zerstört. Die endgültige Dorfherrschaft erlangt aber 1517 nach dem Truchsess von Wetzhausen das Würzburger Bistum. 1554 erlebt der Ort Plünderung und Beschädigungen im Markgräfler Krieg des Markgrafen von Ansbach gegen das Bistum Würzburg. Nach dem schlimmen Pestjahr 1584 scheint Großlangheim stark dezimiert, im Dreißigjährigen Krieg erlitt es weitere Verwüstungen.

SEHENSWÜRDIGKEITEN: Die katholische **Pfarrkirche St. Jakobus der Ältere** entstammt mit dem Turmuntergeschoß aus dem frühen 15. Jh. Der Würzburger Fürstbischof Julius Echter ließ den Chor und die oberen Turmgeschosse, sein Nachfolger Gottfried von Aschhausen das Langhaus (1622) wieder neuerstehen. Und mit der Einweihung der Kirche unter Fürstbischof Adolf von Ehrenberg lebte wieder das von unruhigen Zeiten berichtende Dorf im geistlichen Sinne auf. Alle drei fürstbischöflichen Wappen zieren im übrigen den Apsisbogen. Im klassizistisch geprägten Kircheninnern mit seiner Rokoko-Kanzel, Figuren und Altären fällt der **Hochaltar** aus der Zeit um 1700 auf. Der **Marienaltar** besticht durch seine hierzulande eher untypische, dekorative Darstellung: Maria mit dem Jesuskind trägt ein Kopftuch, das mit Sternen geschmückt ist. Die Seitenaltäre entstammen dem Klassizismus. Ebenso sehenswert ist das **Gemälde der Rosenkranzmadonna** (17. Jh.) – ein Werk des Kitzingers Johann Paul Codomann. Die beiden halbrunden eingeschossigen Anbauten ans Kirchlanghaus zu Beginn des 19. Jh. lassen sich aus der Platznot erklären. Die Apsiden mit Kuppeln und neugotischen Fenstern und Portalen geben der Kirche einen architektonisch bemerkenswerten Charakter.

Hoch- und Marienaltar

Gemälde der Rosenkranzmadonna

Die Antoniuskapelle in Großlangheim

Die **Heiligenfiguren** im Langhaus, wie auch die in der Antoniuskapelle ordnet man der Würzburger Bildhauerschule Tilman Riemenschneiders zu. Die Omnipräsenz der Kunstwerke des Meisters läßt sich aus der Freundschaft mit dem damaligen Dorfherren Heinz Truchseß zu Langheim unter Fürstbischof Lorenz von Bibra erklären. Zu diesem Zeitpunkt mögen die Figuren der heiligen **Anna Selbdritt** (1510) und des heiligen **Sebastian** entstanden sein, während das Abbild der **Pietà** (nach 1490) selbst aus der Hand des Meisters stammen könnte. Ansehnlich ist auch der spätgotische **Ölberg** aus der Zeit um 1500 an der Kirchfassade.
Im Ort befindet sich auch die erhalten gebliebene gotische **Antoniuskapelle**, die 1399 erwähnt und während einer Renovierung aufgedeckten **Fresken** des 14./15. Jh. an der Nordwand mit Darstellung der Antoniuslegende und der Grablegung Christi birgt. (Antonius: Patron der Korbmacher und Metzger, Helfer bei Feuergefahr, gegen ansteckende Krankheiten bei Tieren und Menschen - somit auch eng mit Hautkrankheiten und Entzündungen verbunden, Heiliger der Eremiten und Vater der Mönche). Figuraler Schmuck zahlreicher Geistlicher fällt auch hier auf. Der neugotische Hochaltar beinhaltet unter anderem eine Grablegungsgruppe und ein **Relief** mit der Bestattung des Eremiten Paulus durch den Hl. Antonius aus der Zeit um 1500. Die großen **Figuren** zeigen die Heiligen Antonius, Jakobus und Laurentius. Hl. Laurentius, der der Legende nach auf dem Feuerrost gefoltert worden sein soll, galt als Schutzbefohlener der Armen, Bierbrauer, Schüler und Studenten und auch der Gastwirte. Der Namenspatron der Kirche findet sich neben den Statuen des Hl. Georg unterhalb der Hl. Mutter Gottes und dem Stifterwappen. Hier neben dem Casteller Wappen das der Hohenlohe, Teck und Montfort.
Auffällig ist, daß sich im Ort vielerlei **Hausfiguren** befinden. Hier auch eine **steinerne Pietà**, die auf Tilman Riemenschneider und das Jahr 1475 zurückgeht.

Gotische Pfeilmartern

Spätgotische Pfeilermartern finden sich am Friedhofseingang (1513, mit Kreuzigungsdarstellung) und an der Pfarrkirche (1501). Der Pfeileraufsatz zeigt die Kreuzigung mit Schmerzensmann, seitlich den Hl. Antonius mit Pestkreuz und Schwein, sowie den Hl. Jakobus. Ein klassizistischer, interessant bearbeiteter Bildstock von 1797 steht in der Großlangheimer Flur.
Von der alten **Wasserburg**, die nach einem Wiederaufbau nach dem Bauernkrieg im 17. Jh. als unbewohnt beschrieben wird und hierbei auch stark verfallen, beziehungsweise als Steinbruch benutzt worden ist, zeugen ein annähernd quadratischer Grundriß der Ringmauerfundamente und ein ehemaliges Wassergrabenrelikt.

Gutenstetten *K370 D6*

Landkreis Neustadt an der Aisch - Bad Windsheim

ANFAHRT/WEGBESCHREIBUNG
BAB A7 Würzburg-Ulm, Abfahrt Bad Windsheim, der B470 bis Neustadt/Aisch und danach Diespeck folgen. Nach Diespeck linkerhand nach Gutenstetten abbiegen.

SEHENSWÜRDIGKEITEN
Pfarrkirche St. Johannes der Täufer (Hochflügelaltar)

ORTSTEILE/SEHENSWÜRDIGKEITEN
Bergtheim, Reinhardshofen, Rockenbach

ORTSGESCHICHTE: Sicher geht die Begründung des Ortes auf die merowingische, sprich frühmittelalterliche Zeit der Besiedlungs- und Rodungswellen zurück. In der zweiten Hälfte des 8. Jh. werden Güter in einem Ort *„Tuntenstein"* von einem gewissen Ezzilo der Reichsabtei Fulda zugeeignet. Doch wird dieser Ezzilo sicherlich nicht der Folge-Namensgeber des alten Ortes gewesen sein. Man müßte hier eher einen Grundherrn Dudo vermuten. Die frühere und erste Kirche im Ort war die Reichskirche des heiligen Martin, die noch vor der Reformation zu einer einfachen Kapelle herabgewürdigt wurde.
Weiter urkundlich als *„Tutenstete"*, unter König Heinrich. 1234 wird ein Markt *„Tutenstetten"* genannt. Zur jetzigen Namensform kam es

Der Hochflügelaltar von 1511

Hl. Alban, Johannes Baptist, Hl. Veit.

erst im späten Mittelalter. Die Großpfarrei besaß Tochterkirchen zum Beispiel in Rockenbach, Reinhardshofen, Bergtheim, Unterlaimbach oder Baudenbach. Die Markung gelangte wohl im 13. Jh. aus der Herrschaft Dachsbach der Grafen zu Öttingen an die Nürnberger Burggrafen. Die Markgrafen reformierten die Gemeinde 1522. Im Bauernkrieg spielte Gutenstetten als Hauptsammelpunkt der aufständischen Bauern eine prägnante Rolle. Im 16. Jh. wird die genannte Pfarrei Superindentur. Weiter in punkto „Ort von Aufständischen“: zu Beginn des 18. Jh. bis um 1744, war Gutenstetten gleich nach dem nahen Neustadt wichtiger Sitz des Pietismus und Separatismus. In der zweiten Hälftes des 18. Jh. sorgte die Gemeinde für eine geregelte Begrünung des brachliegenden Landes insofern, daß es jeden Bewohner dazu anhielt für seine Person einen Baum zu pflanzen.

Hauptsammelpunkt der aufständischen Bauernscharen

SEHENSWÜRDIGKEITEN: Die kirchlichen Gebäude des Ortes sind in ihrer Beziehung zu einander deutlich zu erkennen: Die alte Kapelle mit dem Namenspatrozinium des Hl. Martin wurde 1416 urkundlich als abgetragen und an andere Stelle gebracht weiter überliefert. Diese andere Stelle ist im befestigten Friedhof der neugebauten Kirche (Grundsteinlegung 1493) bekannt. Nach der Reformation wurde diese „ausgediente Kapelle“, die erst einem größer angelegten Kirchbau weichen mußte als Scheune und später als Leichenhaus genutzt. So änderte sich auch der Namenspatron der Kirche: Aus der altfränkischen St. Martins-Kirche wurde eine spätmittelalterliche **St. Johannis der Täufer und Laurentiuskirche**. Sie erhebt sich heute noch als evang.-lutherische Pfarrkirche am nördlichen Ortsrand, zwischen den Straßen nach Münchsteinach und Neuebersbach. Recht gut erhalten ist auch noch die alte Kirchhofsumwehrung in einer Höhe bis zu 3 m. Die bereits erwähnte Grundsteinlegung erfolgte also erst viel später nach dem Abbruch der alten, kleinen Kirche. Der Neubau ist offenbar vollendetes Vorhaben des Abtes Wilhelm von Abenberg. Chor und Teile des viergeschossigen Kirchturmes waren wohl um 1499 fertiggestellt. 1500 Einweihung des Kirchgebäudes. Die weiteren Turmgeschosse stammen aus späterer Zeit. Im 20. Jh. blieben Langhausumbauten und -veränderungen nicht aus. Das alte Langhaus aus der zweiten Hälfte des 17. Jh. wurde 1717 baulich verändert. Die beiden Westtürme, die die Treppenaufgänge zu den Emporen mitdarstellen wurden erst zu Beginn des 20. Jh. dazugebaut. Im zweijochigen Mehreckschor mit schönem Sterngewölbe Sakramentsnische und der über die Orts- und Landesgrenzen hinaus bekannte **Hochflügelaltar** von 1511. Das aus Holz geschnitzte und bemalte Meisterwerk wurde als *„auf Wunsch des Abtes von Münchsteinach, im Staatsauftrag des Kurfürsten“* gefertigt. Mittelstück ist der Schrein mit seinen drei vollfigürlichen Skulpturen des Hl. Alban (links), des mittigen Johannes dem Täufer, und des Hl. Veit. Die Schreininnenseiten zeigen in Flachreliefs die Heiligenfiguren des Urban und Nikolaus. Außenseitig ist die achtteilige Johanneslegende bildlich festgehalten. In der Predella kann man die plastisch geschnitzte Taufe Christi im Jordan erkennen.

Hochflügelaltar

Die Außenseiten der Predellenflügel stellen links Johannes den Täufer und rechts Christus mit einem Engel, der das Gewand hält, dar, während die Innenflächen die vier Kirchenlehrer darstellen (von links nach rechts: Hl. Augustinus, Ambrosius, Gregor und Hieronymus). Die figürlichen Meisterwerke stammen aus der Hand des Veit Wirsberger, die Gemälde (Szenen aus dem Lebenslauf des Johannes des Täufers) vermutlich aus der Donauschule von Erhard Altdorfer. Interessant auch, daß sich der Stifter - Markgraf Friedrich IV. hier als ein das Johannishaupt anbetender Pilgrim neben dem Meister selbst hat darstellen lassen. Auf der Altarrückseite verweist ein Schriftzug *„Hans Peheim"* und die Jahreszahl 1511 auf den Schöpfer der Malereien. Am Altar befinden sich auch die regional bekannten Wappen der Grafen zu Castell und das der Nürnberger Burggrafen.

Pfarrhof

Pfarrhof, ehemals Sitz der Superindentur, ein schöner, zweigeschossiger Fachwerkbau (Ende des 17. Jh. bez.)

ORTSTEILE/SEHENSWÜRDIGKEITEN: Unweit von Rockenbach liegt das ehemalige Rittergut und Dorf **Bergtheim** verschiedener adliger Familien mit dem ehemaligen Schloß (Rundbogentür), das in einem Bauernhof versteckt verbaut liegt. Ab 1715 markgräfliches Mannlehen.

2 km nordöstlich von Gutenstetten gelangt man nach **Reinhardshofe**n. Über die genaue Ortsgründung kann man sich im Falle Reinhardshofen streiten. Manche vertreten die These die Siedlung sei mit einer ganzen Reihe hier im Aischgrund liegenden „-hofen"-Orte (Rappoldshofen, Gerhardshofen und dem Weiler Eckenhof) Teil einer spätkarolingischen Siedlungsgruppe. Die alte Königsmark Riedfeld mag sich hier durch Siedlungen von den Grundherren Reginhart, Gerhard oder Ratbold vergrößert haben. Gründer des Ortes wäre dann möglicherweise ein Reginhart von Riedfeld. Andere bezeichnen den Ort jedoch als Siedlungsplanung der Grafen von Bergtheim. Indiz hierfür könnte die recht späte Bezeugung sein. Der auf der anderen Aischseite gelegene Kleinort Forst beschreibt auch hier wieder entweder den Rest eines königlich gebliebenen Besitzes oder das forstwirtschaftlich genutzte Eigentum des Adels von Bergtheim.

Die in altbekannter Manier angelegte Chorturm-Kirche (ehem. St. Kilian) liegt innerhalb einer Kirchhofummauerung auf einem Hügel. Der dreigeschossige Chorturm mit barocker Haube und Laterne steht einem Langhaus mit Empore, barocker Kanzel und Altar vor. Am Altar kann man das bayreuthische Hoheitswappen erkennen. Die Kirche ist freilich Nachfolgerin einer in der Mitte des 15. Jh. bezeugten *„capell sand Kylians zu Rynhartzhoff"*. Urkundlich 1506 deutlich als *„alte Kapelle"* genannt.

Seckendorff-Aberdar-Schloß zu Rockenbach

Zwischen dem Ort und Bergtheim erhebt sich ein beachtenswertes, altes Rechtsdenkmal – ein spätmittelalterliches **Steinkreuz** mit Pflugreutedarstellung.

Nördlich von Gutenstetten entstand schon im Hochmittelalter die Rodungssiedlung **Rockenbach**, dessen Gründer vielleicht *Rocco* geheißen hat. In der Zeit der Grafen von Bergtheim entstanden, im 15. Jh. von diesen an die Seckendorff-Aberdar gegeben. Wird als *„Sitz Rockenbach dem Heinz von Stein zu Altenstein 1504 zugesprochen"* später aber in den Besitz derer von Lauter (17. Jh.), dann zu denen von Castell gelangte. Ein Wieder- und Umbauaufbau erfolgte unter Christoph Friedrich von Seckendorff-Aberdar ab 1743, wobei noch Teile des 16. Jh. erhalten blieben.

Die Seckendorff-Aberdar konnten bis 1848 das Schloß als ihr Eigen ansehen. Mit anderen Gebäuden reichsritterschaftliches Rittergut des Kantons Altmühl und eigener Dorf- und Gemeindeherrschaft, sowie Patrimonialgericht. 1810 ging der Ort an Bayern.

Das pittoreske **Schloß** ist ein zweigeschossiger, massiver Steinbau mit Fachwerk, Satteldach und einem runden Treppenturm. Schloß

Illesheim *K369 F2*

Landkreis Neustadt an der Aisch - Bad Windsheim

ANFAHRT/WEGEBESCHREIBUNG

BAB A7 Würzburg-Ulm, Abfahrt Bad Windsheim, der B 470 ca. 10 km in Richtung Neustadt/Aisch folgen.

SEHENSWÜRDIGKEITEN

Pfarrkirche Hl. Jungfrau Maria und St. Wendel (Kanzelaltar), Berlichingisches Schloß, Burgstellen

ORTSTEILE/SEHENSWÜRDIGKEITEN

Urfersheim (Kanzelaltar), Westheim

ORTSGESCHICHTE: Der Ort als fränkisch-merowingische Siedlung entstand an einer in diesem Zeitraum schon bedeutsamen Talstraße des 6./7. Jh. Diese könnte möglicherweise als „Heim/Gründung des Grundherrn Illin" gedeutet werden. So wird im 13. Jh. ein hier ansässiger Ortsadel mit Geilingus de Illinsheim bezeugt. Eine weitere Aufteilung dieser Markung ist die Ausbildung einer 2. Siedlung zur Zeit der Karolinger, die als Röllinghausen-Siedlung eines Rodiling zwischen Eisen- und Gackenmühle (östlich von Illesheim, im Aischgrund) zu suchen wäre. Der Ort war zum Beispiel im 16. Jh. ein ritterschaftlich-(Berlichingisch) und reichsstädtisch (Windsheim) geprägter und aufgeteilter (Doppel-)Ort, der auch anhand der hier fünf burglichen Ansitze des Adels und deren Schicksale im Zusammenhang mit der Stadt Windsheim gut nachzuvollziehen sind. Die Kirchhoheit oblag der Reichsstadt Windsheim. So waren die Bewohner in einem gewissen Zeitraum also teils berlichingsche oder windsheimer Untertanen. Vor jener Zeit war also Illesheim ein unter dem folgend angesprochenen Adel geprägter Ort.

SEHENSWÜRDIGKEITEN: Im noch teilweise ummauerten Friedhof liegt die evang.-luth., 1296 als „jüngst errichtete" bekannte Kirche der **Hl. Jungfrau Maria und St. Wendel**. Aus der gotischen Bauphase stammt noch der Bogen im Untergeschoß des recht massiven Turmes. Die Kirche und Gemeinde wird im Besitz der Esel von Dachsbach, und der Reichsstadt Windsheim genannt. Im Jahre 1769 wird sie abgebrochen und wenig später im Stile des späten Barocks unter Carl Christian Friedrich von Berlichingen mit der Reichsstadt Windsheim (hier ist dessen Stadtbaumeister Krauß genannt) wiedererrichtet. 1770 geweiht. Der Chorturm mit seiner Gruft der Berlichinger, hier Grabsteine des Miterbauers und zwei seiner Kinder, geht in mittelfränkischer Manier in den Obergeschossen ins Achteck über und trägt ein hochgezogenes Kuppeldach. Die im Markgrafenstil gestaltete Kirche beherbergt noch einen **Kanzelaltar** mit Taufstein aus dem Jahre 1770, ein süddeutsches **Gemälde um 1700** mit der Beweinung Christi, sowie ein Glasgemälde mit Jesus unter den Schriftgelehrten aus dem 17.-18. Jh. Der Kanzelaltar ist eine regionale Besonderheit, die auch in anderen Kirchen der Region gesehen werden kann. Ihm gegenüber befindet sich der **Adelsstand** .

Kanzelaltar
Gemälde

Wie schon angedeutet ist die Siedlung durch fünf Burgplätze gezeichnet. Alle diese fünf Burgen waren im späten Mittelalter zum größeren Teil Eigentum der Familien Esel und Gailing von Illesheim, die als hohenlohscher Dienstmannenadel verzeichnet sind. Die Familie der Esel erscheinen um 1280 mit einem Konrad früher als die Gailing in Illesheim. Sie gehen auch als Stifter der Kirche hervor und erwirkten so auch das Begräbnisrecht und hatten das Patronatsrecht inne, das sie selbst nach der Aufgabe ihrer Güter im Ort bis zum Verkauf an die Reichsstadt Windsheim 1591 behalten konnten. Von Röllinghausen wissen wir, daß dies sicherlich als Sitz der Gailing bezeichnet werden kann. Die Famlie zu Gailingen stiftete so auch 1241 die Augustinerkirche im benachbarten Windsheim. Die in Röllinghausen stehende Burg wird im Städtekrieg von Windsheimer Truppen 1381 angegriffen und zerstört, ein weiteres mal 1525 im Bauernkrieg. Übrigens stammt der in Franken berühmt gewordene Raubritter Eppelein von Gailingen aus diesem Haus. Die zu Gailingen waren 1381 mit anderen „Raubrittern" an einer Fehde gegen die fränkischen Reichsstädte beteiligt, in dessen Verlauf die Burg des Haupträdelsführers – des legendären Eppelein von Gailingen zerstört wurde. Noch in der ersten Hälfte des 16. Jh. (1640) stirbt das Geschlecht der Gailing zu Röllinghausen in der männlichen Erbfolge aus, so daß die in Illesheim sitzenden Gailing mit der Reichsstadt Windsheim sich das Schloßgut durch Kauf aneignen. So kommt es, daß die Gailing Röllinghausen den einen bestehenden Schloßsitz für einen Neuen aufgeben und zu diesem nach Illesheim umziehen. Mit der Heirat der Dorothea von Gailingen als Letzte des Hauses mit dem im fränkischen besonders bekannten Götz von Berlichingen wird der Besitz zwischen den von Berlichingen (1531 durch Mitgift und Kauf) und der Reichsstadt Windsheim aufgeteilt. (1542ff., die Reichsstadt kann Güter von den Pirkenfels abkaufen, die diese von den Gailingen erworben hatten). Im späten 18. Jh. (1792) ließ Christian Ernst von Berlichingen, der auch als Oberamtmann auf der Burg Hoheneck (Naturpark Frankenhöhe) diente, das **Neue Schloß** errichten. Später restaurierte es der Freiherr von Oefele. Seit 1833 im Besitz des Rittergutes. In Hufeisenform angelegtes zweigeschossigen Corps de Logis mit dreigeschossigem Mittelrisalit und seinem schönen, geschweiften Giebel in dreigeschossiger Erscheinung mit zwei Seitenflügeln, die den Ehrenhof umschließen und einer Gartenanlage.

Neues Schloß

Die fünf Burgstellen im einzelnen örtlich aufgezeigt: die Ministerialfamilie der Esel werden seit 1281 mit zwei nordwestlich und westlich gelegenen Wasserburgen erwähnt. 1) Niederungsburg mit Wassergraben (?) im sogenannten Weichselgarten nördlich der Aisch, in örtlicher Mundart *„Rempersee"*. Verglichen mit dem Rimpar bei Würzburg, das wohl auch auf *„rintbur"* zurückzuführen sein könnte- Bezeichnet also ein frühmittelalterliches Stallgebäude – Rinderhaus. Größtenteils verschwunden, nur noch Spuren, trockener Wallgraben. 2) weitere Niederungsburg im Nordwesten von Illesheim, jetzt Gärtnerei, vielleicht Turmhügelanlage der Karolinger, quadratische und recht gut erhaltenen Anlage mit erhaltenem Graben. 3) Ebenfalls erwähntes Röllinghausen – aus dem Röllingsdorf und später der heutige Oberhof wurde. Im Osten von Illesheim, möglicherweise auch Niederungsburg mit Wassergraben. Nach „Flurbereinigungsmaßnahmen" völlig unkenntlich. Zuguterletzt als 4/5) die „zwei Schlösser" in Illesheim. Urkundlich als solche 1396 bestehend bekannt. Offensichtlich in östlicher Richtung auch als „Wasserburg" ausgegebene Anlage im Hüttelgarten, südlich der Aisch, rechts und links der Nordstraßen, die durch den Weichselgarten führt. Die angesprochenen beiden Burgen sind wohl auf eine familienbedingte Teilung des einstigen Burgplatzes mit seinen Gebäuden zurückzuführen.

ORTSTEILE/SEHENSWÜRDIGKEITEN: Etwa 2 km in südwestlicher Richtung, an der Straße nach Oberzenn, liegt der kleine Ort **Urfersheim**. Sicher findet der Ort seinen Ursprung zur Zeit der fränkischen Landnahme (6./7.Jh.), wobei der Ortsname „Urbaresheim" erst 1007 sicher offenkundig wird. Die kleine evang.-luth. **Pfarrkirche Sankt Bartholomäus** dominiert den ummauerten Friedhof. Die Fundamente der Chorturmkirche geben das hohe Mittelalter als Bauzeit an. Hierbei ist auch das gedrungene und schmucklose, romanische Portal mit einfachem Stufengewände auffällig. Langhausbreiter, dickwandiger Turm. 1710 wurde die kleine Kirche zur Markgrafenkirche umfunktioniert, wobei der Umbau des Langhauses nicht ausblieb. Auch hier bestimmt der regional häufig vertretene **Kanzelaltar** das Bild der Kirche. Vor dem Friedhof steht das alte Schulhaus aus dem 18. Jh. Im Ort gibt es auch noch den allerdings recht unkenntlichen Turmhügel der alten Burg.

4 km in südwestlicher Richtung von Illesheim gelangt man in den eingemeindeten Ort **Westheim**. Der Ort Westheim, hart an der Grenze zum Naturpark Frankenhöhe gelegen, war früher noch im Besitz derer von Hohenlohe und wurde von diesen 1387 an die Reichsstadt Rothenburg verpfändet. Eine erste Kapelle soll bei einer Badestube im 11. Jh. bestanden haben. 1219 wird die in der Ortsmitte befindliche, inmitten der Friedhofsummauerung gelegene **St.-Gumbert-Kirche** errichtet. Das kleine, aber schmucklose Portal der Romanik zeigt das hohe Alter der kleinen Kirche auf. In ihrem Innern sind **Kanzelaltar**, Emporenbilder, **Tafelbild** aus der ersten Hälfte des 17. Jh, das das Jüngste Gericht darstellt und die Stuckarbeiten von 1733 beachtenswert. Die Altarwand, die den ehemaligen Chorraum markiert, ist ein beachtenswertes Inventar, aus Loggia- und Durchgangselementen aufgebaut. Die dortigen Stuckarbeiten gehen auf Johann Friedrich Maucher zurück, der Deckenstuck (2. Hälfte 18. Jh.) hingegen auf einen M. Krätzer.

Kirchengeschichts-Museum

Einen Besuch wert ist auch das **Kirchengeschichtsmuseum** St. Gumbertus, ausgestattet mit Kirchmobiliar und Kultgegenständen.

Inschriften in der Fingalshöhle *im nahen Naturpark Frankenhöhe*

In der Umgebung des nahen **Sontheim** liegt die **„Fingalshöhle“**, ein aufgelassener Sandsteinbruch mit **Inschriften** an fast senkrechten, künstlich geglätteten Wänden aus der Zeit vom ausgehenden 18. Jh., sie ist noch beredtes Zeugnis des Romantik-Zeitalters, mit der in dieser Zeit so beliebten Ossiandichtung, deswegen auch der Name Fingalshöhle. Die Lokalität wird im Zusammenhang mit den Freiherrn von Seckendorff aus Oberzenn öfters verbunden, die sich hier nachweislich mit anderen Erlesenen aus anderen Adelshäusern getroffen hatten. Hier auch diverse andere Inschriften, so zum Beispiel die des in der Schlacht von Montgommerey (Nordamerika) gefallenen Hauptmanns v. Erckert. oder die des Kanoniers Bondu von 1806. Mitunter die älteste (1780, v. Truchseß) ist jene, dessen in Stein gefaßten Gedanken mit „... mein Herz ist selbst ein Monument.“ enden.

Das Flurdenkmal **„Spinnerin am Kreuz“**, 2,5 km südlich von Westheim im Wald an einer Wegkreuzung ist eine Sandsteinsäule mit Relief, brandenburgischem Wappen und Grenzsteinen von 1753.

Im Freilandmuseum von Bad Windsheim → steht nunmehr die Schmiede aus Westheim. Von Lorenz Fischer um 1780 erbaut.

Iphofen *K369 C8*

Gemeinde, Landkreis Kitzingen

ANFAHRT/WEGBESCHREIBUNG
BAB A3 Würzburg-Nürnberg, Abfahrt Wiesentheid, der B 286 in Richtung Markt Bibart bis Birklingen folgen, hier rechts abbiegen.

SEHENSWÜRDIGKEITEN
Stadtbefestigung (Torhäuser, Eulenturm), St. Veit (Glasfenster, Figuren, Pietà), Friedhofskapelle St. Michael (Fresken, Glasgemälde, Holzfigur), Wallfahrtskirche Heilig Blut, Spitalgebäude, Rathaus (Kulturhistorische Sammlung), Aegidien- oder Ilgenhof, Zehntgericht, Würzburger Amtshof, ehemaliges Rentamt (Knauf-Museum)

ORTSTEILE/SEHENSWÜRDIGKEITEN
Birklingen (Klosterkirche), Dornheim, Hellmitzheim, Mönchsondheim (Kirchenburg, Rathaus), Nenzenheim, Possenheim (Wegweiser)

ORTSGESCHICHTE: Iphofen, ein malerischer und sehenswerter fränkischer Weinort liegt südlich des Schwanberges im schon seit der Merowingerzeit (6. und 7. Jh.) dicht besiedelten Iffgaues. Als *„Ipphihona"* in der Zeit um das Jahr 741 – dem Gründungsjahr des Bistums Würzburg erstmals urkundlich erwähnt, gehörte der fränkische Königshof zu einem größeren Königsgutbezirk der Merowinger und Karolinger. Jener ist im Bereich des heutigen Friedhofes zu suchen. Andere Ortschaften zwischen Main und Steigerwald wie Kitzingen, das abgegangene Kirchheim bei Einersheim, Willanzheim und Dornheim dürfen zu dieser Verwaltung gerechnet werden. So erscheint die Namensgebung „zu den Iffgauhöfen", also einer Reihe Königshöfe im sogenannten Iffgau als logisch. Eine frühere „Osthoven" genannte Siedlung lag neben dem heutigen Ort und wird 1340 noch bezeugt. Diese war der zentrale Ort im straff verwalteten Iffgau. Hierbei wird die frühe Taufkirche des Iffgaus an der Stelle der Spitalskirche beim Mainbernheimer Tor vermutet. Zur Zeit der Karolinger Pippin und Karlmann kommt es zu der Nennung einer ersten, sicher erwähnten Kirche (St. Johannis, 8. Jh.), die an das Bistum Würzburg übergeht. Auch ist von Zehntabgaben die Rede. So ist das königliche Frauenkloster zu Kitzingen als weiterer Grundherr wahrscheinlich. Die ältesten Siedlungsstellen in Form von Hofgruppen (eine davon die erwähnte *„villa dominica"* = Königshof) sind vermutlich am Zusammenfluß des vom Schwanberg kommenden Wehrbaches und des Sickersbaches zu vermuten. Der nördliche wird anstelle des Bürgerspitals Johannes der Täufer, der südliche anstelle des heutigen Friedhofes angenommen. Hier muß sich einst die Pfarrkirche St. Martin befunden haben, die die Ortslage als Königsgut nachweist, da überall dort, wo sich die Kirche dieses fränkischen Reichsheiligen St. Martin wie in Herrnsheim, Willanzheim u. a. erhob,

Baudualismus
Berg-Talsiedlung

ein Königsgut bestanden haben soll. Diese Siedlungsstellen bildeten mit der spätmerowingischen-frühkarolingischen Schwanbergburganlage am Iphöfer Knuck einen Baudualismus, wie er auch von anderen Berg-Talsiedlungen (z.B. Karlburg-Karlstadt/Main) bekannt ist. Sicherlich muß deswegen der südwestliche als ältester Teil der Stadt - das sogenannte *Kreben- oder Gräbenviertel* angesehen werden. Das hochmittelalterliche Haufendorf nahm hierbei jenen Raum ein, den die heutige Stadt bis zum Grabenteil ausmacht, bevor dieser die Stadt diagonal aufteilt. Hierbei werden durch die Hellmitzheimer Bucht vom übrigen Steigerwald getrennten Iffgauberge zu späterer Zeit als eine *„Frankenberge"* genannte staufische Reichsvogtei *„unter dem gebirg"* bezeichnet. Mit dem Zerfall des Hohenstaufenreiches und dessen absoluter Reichsmacht, begannen auch der damalige Würzburger Bischof als Territorialherr eine Siedlung - am besten als gesicherte Stadt gegen andere Territorialherren (so die Burggrafen von Nürnberg im Südosten - später auch auf dem Schwanberg, die Grafen zu Castell im Osten und die von Hohenlohe im Südwesten) zu schützen, wenn nicht sogar auszubauen. Im späten 13. Jh. erwirbt das Bistum Würzburg weitere Besitztümer in Iphofen. So entsteht neben den beiden landwirtschaftlichen Siedlungen eine planmäßig, rechteckig angelegte Stadt mit Gräben, viertoriger Stadtumwehrung mit 13 Türmen seit 1293 unter Fürstbischof Mangold von Neuenburg, mit Erlaubnis des Domkapitels. Verleihung des Stadtrechts auch zu jener Zeit. 1297 erfahren wir von der Kirche St. Veit. Da die Hohenlohe im von einem *„Kreben"* (Flechtzaun) umgebenen Dorf noch Besitzgrund und Güter innehatten, mußte noch von einem Ausbau abgesehen werden. 1323 erhält diese Stadt, welche unweit südlich der alten Königsstraße Würzburg - Nürnberg - Regensburg lag, unter König Ludwig dem Bayern ein verbessertes (Gelnhäuser-)Stadtrecht. Auffällig ist anhand von Schrifttum jedoch, daß trotz der Nähe zur alten Heer- und Handelsstraße (bis 1455) die Stadt kein Handelsmittelpunkt werden konnte. Besieht man sich die Stadtteile, so ist keine, das gesamte Ortsbild direkt, durchlaufende Verbindung (von Tor zu Tor, Tor zum Markt) zu erkennen. Der Stadtgrundriß zeigt in der Tat zwei eigenständige Straßen- und Gassensysteme, die keinerlei Verbindung zueinander kannten und somit keinen handelsfreundlichen Durchgangsverkehr ermöglichen konnten. So liegt die Vermutung nahe, daß die Stadt als Grenzbefestigung und Verwaltungsmittelpunkt und später als Zentrum der Gegenreformation (Heilig-Blut-Wallfahrt) bischöfliche Interessen in punkto Territorialherrschaft zu vertreten hatte. So gab es im Mittelalter hier lediglich den ertragreichen Weinanbau neben dem Gipsabbau. 1349 soll der Bau der Stadtbefestigungen vollendet gewesen sein. Neuer Besitzer der früheren Kitzinger Besitzungen um die Kirchen St. Martin (noch 1329 als *„Ippehouen Sancti Martini"*) und St. Johannes werden die Klöstervögte - die Herren von Hohenlohe, (noch im Spätmittelalter ist von einem hohenlohschen Stadtteil - dem „Gräbenviertel" die Rede). Diese umgeben diesen Siedlungsbereich mit Flechtzaun, Wall und Graben. Mit dem Verkauf der hohenlohschen Besitzungen an das Bistum Würzburg sollte ab 1421 jedoch auch diese Siedlung in die gesamte Befestigung miteinbezogen werden. Folglich setzte sich das damalige Iphofen aus drei Siedlungen zusammen: der jungen und neugegründeten Stadt im Osten, die St. Martinsvorstadt im Süden und das Gräbenviertel mit St. Johannis im Westen. Unter der gewonnenen Oberhoheit von Würzburg wurden die drei Siedlungen zusammengefaßt. Nach zahlreichen Veräuße-rungen von Hohenlohe an das Würzburger Hochstift hatte dieses das gesamte Hoheitsrecht über die Stadt (1384). Während die Martinsvorstadt nicht in den Mauerbering miteinbezogen wurde, und so die Kirche St. Martin vor den Mauern der Stadt blieb, wurde der ehemalige hohenlohsche Teil, von einer Mauer umgeben und so in die Mauer der Stadt integriert. Der alte Stadtbering wurde zu Beginn des 15. Jh. und um 1600 als doppelte Grabenwallanlage mit Vorwerken ausgebaut. Am 4. April 1525 versucht ein Bauernhaufen das bischofstreue

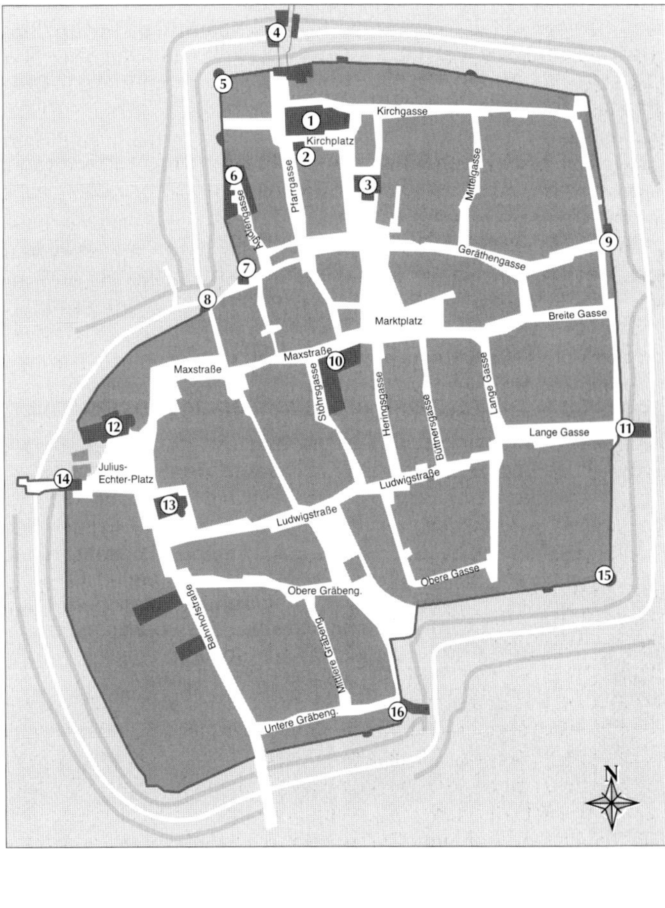

Legende Altstadt Iphofen

(1) Stadtpfarrkirche St. Veit
(2) Beinhaus/ Kapelle St. Michael
(3) Rathaus
(4) Rödelseer Tor/ Mittagsturm
(5) Bürgerturm
(6) Ägidienhof
(7) Henkersturm
(8) Hirtenturm
(9) Hackerturm
(10) Rentamt/ Knauf-Museum
(11) Einersheimer Tor
(12) Spital/Spitalskirche
(13) Hl.-Blutskirche
(14) Mainbernheimer Tor
(15) Eulenturm
(16) Pesttor/Zentturm

Eulenturm

Iphofen nach erfolglosen Verhandlungen die Stadt mit Gewalt einzunehmen und zu plündern. Der Versuch schlägt dank einer rührigen Bevölkerung fehl. Im Dreißigjährigen Krieg wurde Iphofen 1632 14mal geplündert. Die Bewohner scheinen auf dem Schwanberg und in den umliegenden Wäldern Zuflucht gefunden zu haben. In den „großen Pestjahren war Iphofen fast entvölkert. 1759 überfallen preußische Husaren die Stadt und versuchen ein Lösegeld für eine Brandschatzung der Stadt zu erpressen. Von den damals 12000 Gulden können nur 8200 aufgebracht werden. Die Husaren ziehen daraufhin mit einer Geisel - dem Bürgermeister ab. Kaiserliche Einheiten bewirken aber eine Flucht der Husaren. Bis zur Säkularisation war Iphofen würzburgisch und als solche Stadt von einem fürstbischöflichen Amtsmann besetzt. Das kurfürstlich-bayerische Iphofen wird 1805 preußisch, aber schon im August wieder Bayern zugesprochen. Im September geloben Iphofens Bürger dem Preußenkönig wieder Treue, ehe im November Kaiser Napoleon als neuer Herr auftaucht. 1809 wird aus einer österreichischen, zeitweise französischen Herrschaft eine bayerische, die 1810 als endgültig akzeptiert werden mußte. 1812 müssen sich Iphofens Bürger allerlei Boshaftigkeiten von französischen und russischen Truppen gefallen lassen, die lediglich auf Durchzug sind. Der Stadtgeschichte erklärend nah zeigt sich auch das Wappen Iphofens: über drei grünen Hügeln erhebt sich ein Eisenhut - Zeichen einer wehrhaften Bürgerschaft, in dem zwei rotweiß gestreifte Fähnchen, Zeichen des Bistums stecken.

SEHENSWÜRDIGKEITEN: Von der zweifachen Stadtbefestigung, diese kann auf einem Weg teilweise jenseits des Grabens, auf einem Wall eingesehen werden, stehen sehenswerte Befestigungen in Form von den drei zwingerartigen Toranlagen mit ihren spätmittelalterlichen

Das Rödelseer Tor von Iphofen

Kirchfassade, Glockenturm St. Veit

Fachwerkaufbauten; wie das pittoreske **Rödelseer Tor** mit Vorwerk bzw. Barbakane: 1455/56 unter Fürstbischof Johann III. von Grumbach, laut Wappen erbaut und unter Bischof Konrad von Bibra verändert. Die schalenturmartigen Fachwerkbauten mit späteren Anbauten (17./18. Jh., schöner Kegeldachabschluß) mit grabenseitiger, ehemaliger Vorrichtung für eine Zugbrücke stehen vor dem hohen, alten Torturm, dem **„Mittagsturm"**, der als ehemaliger Gefängnisturm bezeugt ist. **„Bürgerturm"** um 1600, Wacht- und Gefängnisturm für Gefangene, die leichtere Vergehen verübt hatten. Das **Mainbernheimer Tor**, aus der ersten Hälfte des 16. Jh., mit Vorwerk, Torturm mit Fachwerkgiebel. Das **Pest-** oder **Martinstor** mit Vortor und Cent-Turm des 14. Jh., und das **Einersheimer Tor** - Torturm des 15. Jh. mit Vortor mit dem jenseits des Graben liegenden Vortores durch befestigte Brücke zusammengebaut. Hier scheiterten - so wird überliefert - die aufgebrachten Bauernhaufen beim Versuch die Stadt einzunehmen. Vier Türme und sieben Rondelle sind von 13 erhalten: der hohe, zylindrische, mit Buckelquadern verkleidete **Eulenturm** (ehem. **Faulturm**, Gefängnis der Stadt, in dem Schwerverbrecher eingesperrt wurden.) Die Stadtmauer stellt sich somit nahezu lückenlos als gut erhalten dar. Nach Verwüstungen im Bauernkrieg war die alte Martinskirche vor den Stadtmauern abgerissen worden - jetzt breitet sich hier das Friedhofsgelände aus.

Mainbernheimer Tor

Pest- oder Martinstor

Einersheimer Tor

Eulenturm

Die **Stadtpfarrkirche St. Veit** erhebt sich auf einem kleinen Hügel und war im Hochmittelalter 1297 erstmals genannt worden. Der größtenteils noch heute sichtbare Bau des 15. Jh. (Turm und Chor) und 16. Jh. hatte eine 1351 geweihte Kirche als Vorgängerin. An der spätgotischen Hallenkirche mit eingezogenem Chor wurde während der unruhigen Zeiten des Bauernkrieges nichts verändert, erst 1581 - 1612 kam es unter dem Fürstbischof Julius Echter von Mespelbrunn zum Ausbau. (Turmerhöhung, Gewölbe). Im späten 16. Jh. wurde die Kirche geweiht, im Dreißigjährigen Krieg beschädigt und die Renovierung erst 1701 begonnen. Die dreischiffige

St.-Veits-Kirche

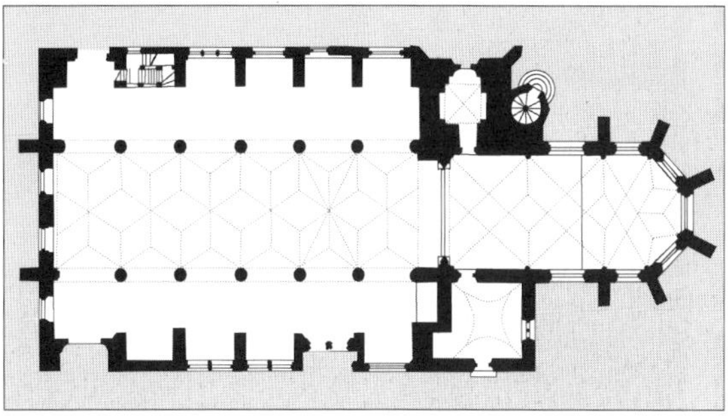

Eingangsgeschoß-Grundriß der Pfarrkirche St. Veit

Blick ins Hauptschiff von St. Veit

Kirche zu sieben Jochen mit seitlichen Kapellen und von Strebepfeilern gestütztem Chor besitzt einen sechsgeschossigen, schlanken, mit ungleich hohen Stockwerken aufgebauten Nordturm. Das Langhaus wird mit seinen Einsatzkapellen zwischen den Strebepfeilern der Seitenschiffe (1508) geprägt. Interessant ist der ehemalig freistehende Treppenturm mit Steinkegeldach (Beginn des 15. Jh.), an der Turmostseite des Kirchenbaus. Die ehemalige Brautpforte - ein doppeltes Portal mit einer steinernen Anna Selbdritt von 1529 liegt an der Südseite. An der Sakristei erhebt sich an der Außenwand des Chors zwischen den Strebepfeilern ein **Ölberg**, wohl um 1450 entstanden. Der **Kreuzschlepper** von 1713 geht auf eine Stiftung eines Iphöfener Ehepaars zurück. So finden wir gotisches Maßwerk neben den typischen Fenstern und einem hohen Stern- und Netzgewölbe über hohen, schlanken Rundpfeilern der Kirchschiffe vor. Die Farbgebung im Innenraum soll der originalen nachempfunden sein. Der einschiffige Chorraum wird durch das schöne Netzgewölbe abgeschlossen. Die schönen Glasfenster im Chor sind noch schmucke - mainfränkische **Glasfenster** (ca. 1429) zeigen Szenen aus dem Leben Jesu, des heiligen Veit und des heiligen Sebalds. An der nördlichen Chorwand erhebt sich eine **gotische Madonna** unter einem reich verziertem Baldachin aus der Zeit um 1420. Hier kann man auch noch an der Wand fragmentarisch eine **Malerei,** um 1600 entstanden, erkennen. Der in Schwarz und Gold aufragende **Säulenhochaltar** zeigt das St.-Veit-Martyrium als Gemälde. Die Seiten- und Nebenaltäre gehen auf Stiftungen des 17. Jh. zurück. Beide **Altargemälde** sind Werke des Kitzingers Paul Codomann und um 1685/87 entstanden. Das linke **Seitenaltargemälde** zeigt den Hl. Remigius und stellt hierbei auch eine alte Stadtansicht Iphofens vor. Im Chorraum: das **Gnadenbild der**

Ölberg

Glasfenster

Madonnenfigur

Altargemälde

Gebeine im Beinhaus St. Michael

Ansicht Spital und Spitalskirche

Pietà von 1460 stammt aus der ehemaligen Klosterwallfahrtskirche Birklingen. Die **„Schöne Madonna von Iphofen"** ist eine Marienfigur mit Kind (nürnbergische Arbeit, Mitte des 15. Jh.). Das figurale Werk des **Hl. Johannes** stammt von Tilman Riemenschneider, eine **Marientod-Darstellung** von dessen Schule. Neben einigen anderen, jüngeren Heiligenfiguren, ist das **Epitaph** eines Amtmannes Jörg von Knotstat auffällig. 1533 der Georg, dem Sohn Riemenschneiders zugeschrieben wird. In einem Seitenaltar befindet sich eine **„Christus als lebendiger Blutsbrunnen"-Darstellung** aus der Mitte des 17. Jh., die aus der im Gräbenviertel liegenden Heilig-Blutskirche stammt. **Kreuzwegstationen** um 1611, **Zunftstangen** des 17./18. Jh.

Beinhaus St. Michael
Fresken
Glasgemälde

Gegenüber der Pfarrkirche das alte **Beinhaus** und **Friedhofskapelle St. Michael** mit **Wandmalereien** (um 1600) an der Chornordwand und mit Darstellung der **Hl. Katharina** unter der Westempore. **Glasgemälde** des 15. bis 16. Jh., überlebensgroße, schöne Holzfigur einer stehenden **Maria mit Kind** aus dem Jahr 1420. Die sorgsam aufgeschichteten Schädel und Gebeine im Gewölbe unter der Kirche stammen aus dem Friedhof der Zeitspanne 1380 bis 1690. Dank einer Rettungsaktion konnte das einzigartige „Beinhausinventar" unter Mühen und nach Vorbildern erhalten bleiben, da es kurzzeitig „ausgelagert" worden war.

Wallfahrtskirche
Heilig Blut

Die **Wallfahrtskirche Heilig Blut** steht im sogenannten Gräbenviertel. Ende des 13. Jh. soll hier ein Mirakel einer blutenden Hostie in dem Haus eines Juden geschehen sein. 1294 entsteht eine Kirche anstelle des abgerissenen Hauses. Der älteste Teil ist der Chorturm und eine angebaute Kapelle (Mitte des 15. Jh.). Das Langhaus wurde unter Fürstbischof Julius Echter 1605 erneuert und zu einer Seite hin verbreitert. Zu barocker Zeit wurden die Emporen und Seitenaltäre

Das Spital, Renaissance-Volutgiebel

Rathaus, im Hintergrund die Veits-Kirche von Iphofen

eingebaut. Im Hochaltar erhebt sich ein Kruzifix des späten 15. Jh., Gnadenbild eines blutenden Christus (spätes 17. Jh.), Wallfahrtsdarstellungen in den Chorkapellen. Neugotischer Altaraufbau, ebenso die oberen Turmgeschosse und das Seitenportal. Schöne spätgotische **Maria mit Kind**.

Im Gräbenviertel, erhebt sich an der Kreuzung der Unteren und Oberen Gräbengasse ein barocker **Bildstock**, der an das Blutwunder im Jahre 1291 erinnern soll.

Spitalskirche
Spital

Neben der spätgotischen, 1338 gestifteten **Spitalskirche St. Johann Baptist** steht ein 1607 unter Fürstbischof Julius Echter errichtetes **Spitalgebäude**. Der Würzburger Fürstbischof renovierte den Kapellenbau und das Spital von 1609-1615. Das erste vom ersten Bürgermeister Iphofens, Berthold Schurig mit anderen wohlhabenden Bürgern, gestiftete Armenhaus, mit dazugehöriger Kaplanei stand früher vor dem Mainbernheimer Tor, wurde aber später ins Stadtinnere verlegt. Kirchenbau mit Flachdecke im Langhaus, kreuzrippengewölbtem Chor (15. Jh.) im Ostteil des 1615 vollendeten Baus der Echter-Zeit und dem Spital im Westen. Strebepfeiler und schönes Maßwerk bestimmen den Kirchbau, der innen durch einen barocken Hochaltar und Nebenaltäre aus der Zeit um 1740 bestimmt wird. Dreigeschossiges Spitalgebäude mit hohem Giebel mit Volut- und Kreuzbekrönung. Mittig angesetzter, achteckiger Treppenturm mit geschweifter Haube und schönem **Renaissanceportal**. In echterzeitlicher Manier wurde die **Inschrifttafel** mit Wappen und Text ausgeführt. Ein schöner, 1741 von Georgius Wenglein gestifteter **Bildstock** steht an der Kirchenpforte. Thema ist die Marienkrönung mit einer Umrahmung von Engelsputten.

Rathaus

Das städtische **Rathaus** wurde 1425 in Urkunden erstmals erwähnt. Ein Neubau ist 1484 verzeichnet. In der Zeit von 1716 bis 1718 erfolgte nach Baufälligkeit des Vorgängergebäudes ein weiterer dreigeschossiger Neubau unter Joseph Greising. Schön gegliederte Fassade mit Eckpilastern, Mittelrisalit und Dreiecksgiebel über drei mittleren Fensterachsen und aufgesetzter Dachlaterne. Im Giebelfeld des Rathausdaches das Wappen des Fürstbischofs Johann Philipp II. von Greiffenclau. Das reiche Portal wird durch einen segmentbogigen Giebelaufsatz mit allegorischen Figuren bekrönt. Die große, doppelläufige Freitreppe führt über je ein rechts und links liegendes, vergittertes Kämmerchen, den sogenannten „Hundslöcher". Es handelt sich hierbei um Kurzzeitgefängnisse für Leute, die Alltagsdelikte (Trunkenheit, Randalieren) begangen hatten. Im Rathausinnern beeindruckt eine **Holztreppe** mit geschnitzten Atlanten und einer farbigen **Stuckdecke** im Ratssaal im ersten Obergeschoß. Hier hängen auch Portraits von Würzburger Bischöfen. Gußeiserner Aufsatzofen von 1679. Im ehemaligen Jagdsaal ist nun auch die **Kulturhistorische Sammlung** untergebracht. Auskunft und Tourist-Info: 0 93 23/87 15-44.

Knauf-Museum

In Marktnähe, der Maxstraße steht das ehemalige Rentamt. Dieses ist jetzt das Knauf-Museum. Hier hat die weltweit bekannte Firma Knauf ein Museum eingerichtet, das kopierte Plastiken und Reliefs von den Hochkulturen der gesamten Welt zeigt, die ansonsten nur in eher namhaften Museen gezeigt werden. Telefon: 09323/31528, Anfang April bis Ende Oktober Dienstag, Donnerstag von 10-12 Uhr, 14-18 Uhr. Rundbogentor der „Alten Schenkstatt" – 1688-1693 städtisches Gasthaus, später fürstbischöfliche Amtskellerei und Rentamt. Korbbogige Zufahrt unter halbrundem Giebelfeld mit Voluten, mittigem Wappensteinrelief und Fratzenstein. Bogenzwickel mit pflanzlicher Ornamentierung. An Pfeilern, über den Radabweisern ebenfalls Fratzen, hier vorgesetzte Konsolen mit Fratzenreliefs. Der ehemaliger **Würzburger Amtshof** des späten 17. Jh. zeigt sich als zweigeschossiges, massives Quadergebäude mit einer schönen Hofeinfahrt, Masken und Wappenzier. Die „Schenkstatt", wurde ab 1723 vom fürstbischöflichen Amtsmann bewohnt.

Auf dem Markt erhebt sich ein achtseitiges **Brunnen**becken des späten 18. Jh. mit einer Immaculata-Figur.

Aegidien- oder Ilgenhof, 18. Jh. aus Hofbau des 15./16. Jh. hervorgegangen. Korbbogige Hofeinfahrt, Hauptbau mit Wirtschaftsgebäude.

Das ehemalige **Zehentgericht** heißt jetzt Haus zum Zehentkeller. Ein stattlicher Bau mit Mansarddach und schönem Barockhofportal von 1726. An der Maxstraße erhebt sich auch der Fachwerkbau des Gasthauses Weißes Roß (17. Jh.).

Am Gasthaus „Zum Hirschen" ragt ein ranaissancezeitlicher **Wirtshausausleger** des 16. Jh. hervor. Eine von der Wand schräg herlaufende Stütze hält eine horizontale Tragestange, an der ein zum Rechteck ausgebildetes Rankenwerk mit Hauszeichen hängt.

Schöne **Toranlage** von 1890, hohe, rundbogige Toreinfahrt mit Fratzenstein unter kleinem Dach, mächtige Radabweiser, rechterhand rechteckige Pforte mit reich profiliertem Türgewände und mittigem Reliefwappen. Hierüber volkstümliche Schreingruppe unter kleinem Giebelaufsatz.

Die älteste **Marter** Iphofens zeigt sich am Mainbernheimer Tor als eine Säule mit vierseitigem Kopfteil von 1515 mit der im Relief dargestellten Grablegung Christi, Kreuzigungsgruppe und der Hl. Anna Selbdritt mit Weintraube (!).

Älteste Marter Iphofens

Das große **Stein- oder Sühnekreuz** in der Einersheimer Toranlage soll an einen Bürger Iphofens erinnern, der hier im Jahre 1632 erstochen worden ist.

ORTSTEILE/SEHENSWÜRDIGKEITEN: **Birklingen** liegt 7,5 km nordöstlich von Iphofen auf einer Hochfläche im Gebirge. 1244 urkundlich bezeugt, lag der Flecken *„Birkelingen"* im Grenzland zwischen den Herrschaften Castell und Hohenlohe. Wohl 1316 von Albrecht von Hohenlohe, dem in Birklingen die Dorf- und Gemeindeherrschaft oblag und der hier eine Vogtei besaß, an den Deutschen Orden vermacht. 1404 ist ein Verkauf des Burkard von Seckendorff (Würzburger Domherr) an dessen Schwester Else von Thüngen überliefert, die es 1423 wiederum an das Johannes-Spital von Iphofen verkauft. Ein mirakles Marienbildnis, das an einem Baum „gefunden wird" und als wundertätig beschrieben und zu dem daraufhin fleißig gewallfahrt (1454) wurde, ließ das alte Augustinerchorherrenstift Birkelingen 1455 als Kloster-Stiftung unter dem Casteller Grafen Wilhelm II. erscheinen. 1452 als eigene Pfarrei und mit bedeutendem Reliquienschatz bezeugt. Mit Unterstützung der Casteller Grafen wurde über dem Bildnis des Würzburger Bischofs Johann III. von Grumbach eine Kirche erbaut. So war hier auch eine Grablege des Hauses Castell. Die Verwaltung der Stiftung oblag der Stadt Iphofen. So wurde das Kloster 1462 auch im Zuge einer Fehde zwischen dem Bistum Würzburg und dem Markgrafen Albrecht Achilles zerstört. Nach den nötigen Restaurationen und Neubauten wurde das Kloster zu Ehren der Hl. Dreifaltigkeit, der Hl. Jungfrau Maria und des Hl. Hieronymus geweiht. Erst im Jahre 1500 wird der Bau des Kreuzgangs abgeschlossen. 1459 erscheinen Augustinerchorherren in Birklingen, unter denen es als selbständiges Stift anerkannt wird, und die auch der Stadt Iphofen das Spital abkaufen. 1501 wird an einer Kapelle zwischen Iphofen und Birklingen

Streitereien um eine „falsche" Wallfahrt

von offenbar Iphofer Bürgern eine „falsche Wallfahrt" ausgemacht, die mit Konkurrenzstreitigkeiten in punkto Wallfahrt – eine solche Konkurrenz wurde von den Iphofern schnell ins Leben gerufen, und dem damit verbundenen Vesperbild als Ausbruch offener Feindseligkeiten gegen den Wallfahrtsort Birklingen gedeutet werden kann, und die im Bauernkrieg 1525 dazu führte, daß die Bürger Iphofens nach Birklingen zogen und das blühende Kloster mehr als nur beschädigten. Damit sollte das Kloster lediglich 91 Jahre Bestand haben: der Konvent mußte nachdem auch der Prior verstorben war, dem Hochstift Würzburg alle hier vertretenen Güter und dazugehörigen Einkünfte überlassen. Das Haus Castell verlegte nun auch seine bis dato hier beigesetzten Ahnen. Eine endgültige und deutliche Klosterauflösung gab es 1546. Unter Fürstbischof Julius Echter von Würzburg wurde das ruinenhafte Klostergebäude 35 Jahre später (partiell) wiederhergestellt. Erhalten ist heute noch der früher höhere **Chor** mit später angesetzter Barockfassade der Stiftskirche und dem Turm mit untergeschossigem gotischem Netzgewölbe an der Nordseite. So wurde der ehemalige Chor lediglich nur noch als Kapelle genutzt, so daß im engeren Sinn von einem echterschen Klosteraufbau kaum die Rede sein kann. Im

Madonnenfigur

Innern befindet sich eine spätgotische **Madonna mit Kind auf Mondsichel** in guter handwerklicher Arbeit, die noch aus der Klosterzeit (Ende des 15. Jh.) stammt. Beachtenswert ist auch das **Ölgemälde** mit der Darstellung der Erscheinung der 14 Nothelfer und dem Staffelberg im Hintergrund. Das alte Gnadenbild, eine Pietà des beginnenden 15. Jh. steht jetzt auf dem rechten Seitenaltar in der Stadtkirche von Iphofen. Vom ehemaligen Klosterkomplex zeugen noch einige Scheunen, Hütten und Ställe, in deutlicher Weise um die Kirche gebaut. Ferner war es bis zur Säkularisation Teil des fürstbischöflichen Amtes. Das vorher bayerische Amt ging ab 1804 für sieben Jahre an Preußen.

Sehenswert ist die am Wanderparkplatz zur Ruine Speckfeld (Markt Einersheim)→ stehende Bildeiche – ein Baumveteran an der Straße zwischen Iphofen und Birklingen. Vom dortigen Wanderparkplatz führt auch ein schöner Weg auf den nahen Schwanberg.

Dornheim, liegt 3 km südlich der Bundesstraße nach Neustadt an der Aisch am Naturparkrand. Altsteinzeitliche Faustkeile konnten beim Ort ergraben werden, so daß eine vorzeitliche Besiedlung dieser Region belegt ist. Der Ort wurde 741 erwähnt, und war schon im 8. Jh. dem Bistum Würzburg zugehörig. Sicher auch einer der vielen -„heim"-Orte, die im Zuge der fränkischen Siedlungswelle gegründet wurden. Das „Heim des Dornicht", eines grundherrlichen Siedlungsleiters wird auch oft als „Heim im Dorngehege" gedeutet. Um 816 gibt es eine Unterscheidung zwischen einem Großen- und einem Kleindornheim, das inzwischen verschwunden ist.
Hierbei ist die in Kleindornheim abgegangene, königliche Remigiuskirche als eine der vier Eigenkirchen im Iffgau bekannt. Der Heilige Remigius zählt zu den Hauptheiligen Frankens neben Martin. Karlmann, Vaterbruder Karls des Großen und Bruder Pippins schenkt sie dem Bistum Würzburg. In der zweiten Hälfte des 9. Jh. bestätigt Kaiser Arnulf der Kirche Würzburgs nach denen von Karl dem Großen und Ludwig dem Frommen und Ludwig dem Deutschen verliehenen Urkunden unter anderem auch den Besitz einer Kirche *„in honorem sancti Andreae apostoli in villa Chirikheim."* Besagtes Dorf und genannte Andreaskirche wären wohl in der näheren Umgebung vom späteren Markt Einersheim zu suchen. Sicher ist, daß die Siedlung an der Westgrenze des fast den ganzen Steigerwald abdeckenden Waldes lag, den Kaiser Heinrich II. 1023 dem Würzburger Bischof als Wildbann (=Recht zur hohen Jagd) zueignete. 1435 gelangte der Ort in Schwarzenbergischen Besitz. Später waren als Dorfherren die Schwarzenberg, die Hohenlohe bekannt, nach ihnen die Fuchs, die hier ihre Hauptlinie nach dem Ort benannten. Die als St. Laurentius 1359 erwähnte Pfarrei wurde durch einen Ortsbrand in der Mitte des 15. Jh. zerstört. Weitere Verwüstungen fanden im Markgrafenkrieg, dem Dreißigjährigen Krieg und zuletzt 1945 durch Allierte (80% des Ortsbildes zerstört) statt.
Allerdings haben sich recht schöne **Fachwerkwohnstallhäuser,** besonders eines mit Sütterlin-Inschrift an Balken erhalten. Die einschiffige Kirche mit Chor und Fassadenturm belebt in ihrer einfachen Erscheinung kaum das Ortsbild. Fachwerkhäuser
Der Schenkensee mit Schilf und Hutweide-Charakter liegt südöstlich vom Ort, eine kleine Wacholderheide östlich vom Fischhof.

Das in der Hellmitzer Bucht am Kirchbach gelegene **Hellmitzheim**, in etwa 6 km südöstlicher Richtung von Iphofen entfernt, weist noch einige ansehnliche **Trauf- bzw. Wohnstallhäusern**, teilweise noch im Fachwerk des 17.-19. Jh. auf. Ergrabene merowingische Reihengräber beweisen unter anderem die frühmittelalterliche Besiedlung dieser Siedlungszone. 1225 gibt es jedoch eine erste sichere Erwähnung. Zwischen 1435 und 1805 war der Ort unter der Herrschaft der Herren von Limpurg-Speckfeld. Im Dreißigjährigen Krieg wurden Verwüstungen bezeugt. Kirchenburg und Rathaus wurden in den letzten Kriegstagen 1945 stark in Mitleidenschaft gezogen.

Gadenkirch-
befestigung

Hellmitzheim mit seiner Chorturmkirche der ehemaligen **Gaden-Kirchbefestigung**, ist auch wegen seines reichverzierten **Fachwerkhaus**es in der Mönchsondheimerstraße einen Besuch wert. Hier ist auch ein ins Holz geschnitzter Kopf an der Giebelseite zu sehen. Er stellt eine Art Mahnmal dar, denn er erinnert an den während der Inquisition (Hexenverfolgung) zu Tode gekommenen Freiherrn von Rösch.

Ein schöner **Hofbrunnen** mit von Säulen getragenem Dachhelm steht in einem Bauernhof.

Aus dem Ort stammte auch der gebürtige Johann Crell (1590-1633), ein socinianischer Theologe.

Das gerne mit dem dortigen Kirchenburgmuseum in Verbindung gebrachte **Mönchsondheim** liegt abseits südwärts der Bundesstraße, etwa 2,5 km südlich von Markt Einersheim.

Ausgrabungen am örtlichen Hofberg bestätigen eine jungsteinzeitliche Besiedlung. Aufgefunden wurde ein Skelett aus dem Zeitraum 3.-5. Jahrtausend vor Christi. Während der fränkischen Landnahme gehörte Mönchsondheim, in der Hellmitzheimer Bucht gelegen, schon im 6. Jh. zum sogenannten Iffgau und galt als karolingisches Königsgut. Eine *„capella in suntheim"* erscheint 1224 erstmalig in den Schenkungsurkunden eines Scheinfelder Adligen. Somit scheint auch der Ort 1224 aktenkundig zu sein. In dem hochmittelalterlichen Zeitraum 1283-1340 hat das Kloster Ebrach überwiegend Besitzanteile in *„Suntheim"* oder *„Sundi"*. Mundartlich existiert heute noch das mittelhochdeutsche *„sunt"*. Der Namen beschreibt zum einen die Zugehörigkeit zum Kloster durch „Mönch" und zum anderen die Lage zum Königshof Iphofen – „südlich". 1283 bis 1802 unterstand die Gemeinde mit einem selbständigen Dorfgericht (aus ortszugehörigen Bauersleuten) dem Zisterzienser-Kloster Ebrach. Der Hellmitzheimer Galgenhügel bezeugt die ortsgebundene Gerichtsbarkeit. Der Ort war im 16. Jh. auch Freidorf, das heißt die Leibeigenen durften sich als typisches Sonderrecht königsfreier Wehrbauern ihre Schutzherren und Pfarrer selbst wählen. 1557 hielt durch die Markgrafschaft Ansbach die neue Lehre Einzug ins religiöse Miteinander. Mit der Säkularisation verlor Ebrach auch seine lange Grundherrschaft. Nachdem 1803 das alte Herzogtum Franken aufgelöst wurde, kam der Ort ebenso wie andere unter kurfürstlich-bayerische Herrschaft, während napoleonischer Herrschaft somit markgräflich-ansbachisch, um 1806 mit Auflösung des Fürstentums Ansbach endgültig dem bayerischen Staat zugeführt zu werden. Ortstypisch und einzigartig ist der sogenannte Kirchenspieß. Das war ein hellebardenähnlicher Spieß, der zur gemeindlichen Dorfhut von seinem Träger genutzt wurde. Ein jeder der Träger hinterließ auf dem Schaft sein Kürzel. Die Dorfhut war gerade während der sonntäglichen Gottesdienste wichtig. Der Spießträger mußte in dieser Zeit die Dorfhut ausüben und über mögliche Feuersbrunstausbrüche oder auftauchende Diebe wachen. Dieses ehrenvolle Brauchtum für den Einzelnen wurde noch bis 1930 aufrecht erhalten.

Dorfhut
Kirchenspieß

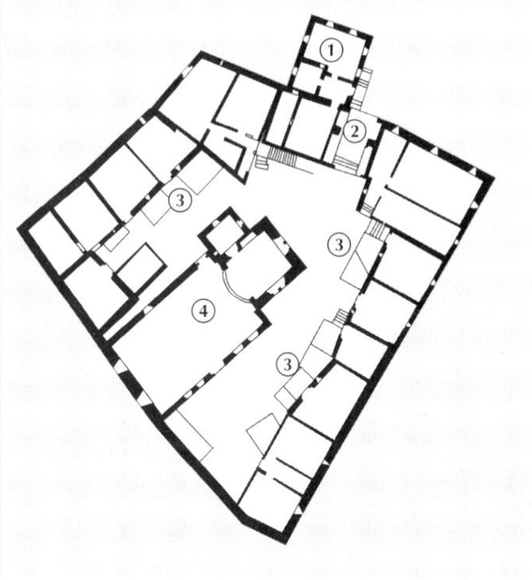

① Lehrer-/Mesnerhaus ② Torhaus ③ Gadenhäuser und Kellerhälse ④ Chorturmkirche

Als eine der bespielhaftesten **Kirchenburgen** Frankens zeigt sich diese annähernd im Grundriß rechteckige, aber eher im Trapez unregelmäßige Gadenanlage, die schon aus dem 15./16. Jh. zu stammen scheint. Die zweigeschossigen und unterkellerten Gadengebäude im Fachwerk, im Erdgeschoß gemauert, verweisen zum größten Teil allerdings auf das 18. Jh. Die vorgesetzten Kellerhälse sind tonnengewölbt und sind noch über rundbogige Eingänge unter Pultdächern zugänglich. Interessant ist, daß jedes Kirchhaus einen eigenen Zugang hatte. Von den umlaufenden Emporen im Kirchinnern ist der Chorraum mit dem darin aufragenden **Viersäulenaltar** des späten 17. Jh. gut einsehbar. Die Kanzel ist renaissancezeitlich. Der dreigeschossige Chorturm überragt mit seinem Echterhelm das Langhaus und das Torhaus mit dem spitzbogigen Torbogen, Torhalle und dem im Torflügel befindlichen Mannsloch. Außerhalb des Bering erhebt sich noch ein Brunnen. Auffällig ist, daß im ehemaligen Kirchhof anscheinend kein Platz für Grabmäler war. Wie schon eingangs angemerkt 1224

Ansicht der Kirchenburg. Torhaus und Mesnerhaus.

Erwähnung einer „capella", mit dem Bonifatius-Patrozinium. Im Hochmittelalter hat hier sicherlich keine Kirchenburg gestanden, da laut dem Nationalkonzil von 1287 jegliche unerlaubten Befestigungen und Zurüstungen von Kirchen und Türmen mit Exkommunikation bestraft wurden. Während des 30- jährigen Kriegs ist ein Einsturz des Holzturmes (!) 1638 bezeugt, der auch das Langhaus in Mitleidenschaft zog. So erhielt durch Wiederaufbauten im gleichen und im darauffolgenden Jahrhundert die Anlage ihr heutiges Aussehen. Das heißt die Kirchhäuser wurden doppelstöckig ausgebaut, das Lehrer- und Mesnerhaus wurden am Torhaus von 1689 angebaut. Eine Besichtigung wert ist das **Fränkische Bauern- und Handwerkermuseum Kirchenburg Mönchsondheim e.V.** in der Kirchenburg und naheliegenden Gebäuden: Mitte März-1.Advent, Dienstag bis Samstag 13.30 bis 18.00 Uhr und Sonntag von 11 bis 18 Uhr. August-Oktober von 10.00 bis 18.00 Uhr. Das Museumsdorf und Freilandmuseum zeigt im einzelnen neben dem Erwähnten eine Trachtenausstellung, eine Schule, ein Gasthaus, Hofhaus, Scheune mit Remise, Kegelbahn, Kräuter- und Rebsortengarten.

Neben dem **Pfarrhaus** aus dem beginnenden 17. Jh. treffen wir noch weitere im Schmuckfachwerk verzierte Häuser an (18./19. Jh.).

Rathaus

Beachtenswert ist aber besonders das **Rathaus** von 1557/58 mit Gerichts- und Ratsstube im Obergeschoß und einem Versammlungsraum, der auch zeitweilig als Schulraum oder Postdienstraum genutzt wurde. Schönes Schmuckfachwerk mit Andreaskreuzen und Fußbändern im Obergeschoß. Vermutlich gab es hier auch einen Laubengang. An der Giebelseite ist noch der Zugang zur Schmiede erkennbar. Das Untergeschoß ist gemauert. Hier war die Gemeindebäckerei untergebracht. Der frühere Anbau besaß auch den ehemaligen gemeindlichen Holzbackofen. So ist das Fachwerkrathaus das älteste des Landkreises.

Fachwerk-Rathaus von Mönchsondheim

Ein original eingerichtes Schulzimmer findet man im zum Museumsdorf gehörigen **Schulhaus** von 1927 vor.

Gegenüber der Kirchenburg erhebt sich der massiv dahingelagerte Gasthausbau **„Zum Schwarzen Adler"** mit schönem Wirtshausausleger. Ein schlichtes, aber angenehm verputztes altes Gasthaus aus dem Jahre 1790, das sich in seinen Räumlichkeiten (Gaststube, Küche, Knechtkammer, Privaträume und alten Tanzsaal), original eingerichtet zeigt.

Der von einer Mauer eingesäumte Friedhof nördlich des Ortes, jenseits des Breitbachs mit seiner 1597 erstmalig genannten Gottesacker-Kapelle stößt man wieder auf einen herzförmigen **Grabstein** (1729). Dieser zeigt sich folgendermaßen: In der Herzspitze Totenschädel über gekreuzten Gebeinen, Inschrift im Feld, vierpaßendiges Kreuz aus Herz wachsend. In der örtlichen Friedhofskapelle erhebt sich ein reich verzierter, barocker Retabelkanzelaltar von 1722/23 mit seitlichen Durchgängen aus markgräflicher Zeit.

Nenzenheim am Breitbach, etwa 10 km südöstlich Iphofens, wird Mitte des 12. Jh. als Ort bezeugt. Sicherlich muß man von einer fränkischen, also merowingisch-karolingischen Siedlung „Heim des Nanzo" im Zeitraum 600-700 n. Chr. ausgehen. Die Dorfherrschaft teilten sich der Adel von Hohenlohe, die Grafen von Castell, von Seinsheim, von Schwarzenberg und von Hutten. 1534 zählte der Ort zur Cent von Kitzingen. Ein Biedermann von Nenzenheim erscheint 1370 im Zusammenhang mit einem „Haus im Kirchhof" und so kommt es wohl zur ersten Nennung der **Kirchenburg**. Die Kirche besteht nun noch als neoromanischer und neubarocker Saalbau mit hohem Turm - im Untergeschoß noch spätmittelalterlich. Sie wurde auf den Ruinen einer Vorgängerkirche von 1910 erbaut, die sich auf den Resten einer barockzeitlichen Kirche aufgebaut hatte. Eine noch teilweise 3 m hohe Wehrmauer mit Schießscharten bildet eine rechteckige, an drei Seiten noch erhaltene - spätmittelalterliche Kirchbefestigung, an dessen Innenseite die fachwerkigen Kirchgadenhäuser mit tonnengewölbten Kellern und Kellerhäusern angebaut, noch zu sehen sind. Im Kirchinnern steht eine **Auferstehungsgruppe** von J. W. Gollwitzer (20. Jh.) Wie in Markt Einersheim ist hier auch das Tor mit kleiner Einlaßpforte als Torbau und Rathaus genutzt worden. Auf 1544 ist das Torhaus und gleichzeitige Rathaus in der Nordwestecke des Berings mit dem Fachwerk im Obergeschoß (18. Jh.) mit Umgestaltungen im späten 17. Jahrhundert datiert.

Gadenkirchenburg

In der Ortschaft sind auch stattliche, zweigeschossige **Satteldachhäuser** zu sehen. So stammt eines, mit seiner schönen Fachwerkzier aus dem Jahre 1688. Ein anderes Haus zeigt sich nebst Stall und Scheune mit **Hoftor**pfeilern, rundbogiger Tür mit Inschrift eines Johann Caspar Weygang (seit 1707 Besitz der Weygang) und stellt sich vor diesem Jahr als ehemaliger Sitz der von Hutten dar.

Von einem Wanderparkplatz an der Straße zwischen Nenzenheim und Krassolzheim kann man auf den **Aussichtsturm** des Iffigheimer Berges steigen, um einen schönen Rund-um-Ausblick zu haben.

Possenheim liegt 4 km in östlicher Richtung neben der Bundesstraße nach Neustadt an der Aisch. Ein archäologisch interessanter Fund, der Possenheim in die antike Zeit als *„schon besiedelt"* ausgibt, ist eine römische Merkurstatue aus Bronze aus dem 2. Jh. n. Chr. Ein merowingisches Gräberfeld (Östlich des örtlichen Bahnhofs) bezeugt eine frühfränkische Besiedlung. Der Ortsname könnte auf den Namen des Grundherren Bos(s)o zurückzuführen sein. Früher nicht so geheißen: denn einst wurde der Flecken *„Helmboltesheim"* genannt, also Heim eines *Helmbold*. Possenheim wird 1171 als *„Bossenheim"* erwähnt, so auch 1340 im Zusammenhang mit der örtlichen Filialkirche. Im Mittelalter als limpurgisches Pfarrdorf bekannt. In der ehemaligen, aber kaum noch sichtbaren Kirchhofbefestigung ragt nun die einschiffige Markgrafenkirche mit Fassadenturm und vieleckiger Apsis auf. Der Würzburger Landbaumeister J. Albert, der auch die Grafschaftskirche in Castell hat neuerrichten lassen, war Schöpfer dieses schlichten Neubaus mit Pilastergliederung und modernem Kanzelaltar im Innern.

Der auf seinem Grundriß L-förmige, zweigeschossige, jetzige Gasthofbau zur Goldenen Krone, wurde in den Achtziger Jahren des 18. Jh. als **Station der Thurn- und Taxispost** erbaut. Dies ist nicht verwunderlich, da der Ort Wegstation von Prag nach Brüssel war. Das Wegstück Würzburg-Nürnberg führte durch Langenfeld und das Bibarttal. Die Poststelle war im frühen 17. Jh. Rast- und Pferdewechselstation der Kaiserlich Thurn- und Taxisschen Reichspost. 1627 wird die Station mit dem Postillion Johannes Scharrer sicher bezeugt. Offene Loggia zum Hof im Obergeschoß. 1808 königlich-bayerische Postexpedition, die 1865 aufgelöst wurde. Von alter Zeit zeugen auch noch alte **Wegweiser** mit blauweiß gestreiften Stangen und Hinweisen in Frakturschrift. Fassadengestaltung im Jugendstildekor. Beispielhafte fränkische Hofanlagen im Ort zu erkennen.

Ehemalige Reichspoststation

Ippesheim *K369 C6*

Landkreis Neustadt an der Aisch - Bad Windsheim

ANFAHRT/WEGBESCHREIBUNG
BAB A7 Würzburg-Ulm, Abfahrt Gollhofen, in Gollhofen links ab über Herrnbrechtheim nach Ippesheim fahren.

SEHENSWÜRDIGKEITEN
Pfarrkirche Heiligkreuz, Schloß, Wohnstallhäuser, Pferdeschwemme, Laternenbildstock

ORTSTEILE/SEHENSWÜRDIGKEITEN
Bullenheim, Bullenheimer Berg, Herrnberchtheim

ORTSGESCHICHTE: Eine erste, gesicherte Erwähnung finden wir 820 im klösterlichen Güterverzeichnis von Fulda als *„Ippinesheim"*. Hiermit auch als merowingische oder erst karolingische auf „-heim" endende Ortssiedlung in einer die ganze Iff-Bucht ausfüllende Orts- und Rodungssiedlungs-Gruppe. Der ortsansässige Adel (Burgstelle unter, neben der jetzigen Kirche) nennt sich gleichermaßen. Offenbar gab es schon eine frühe Befestigung in Form eines Pfahl- und Heckenzaunes hinter einem Graben, der von den Flüßchen Enz und Iff gespeist worden war. Weinanbau ist schon zur fränkischen Zeit, sprich zur Zeit der Landnahme wahrscheinlich. Allerdings sind erst 1495 große Mengen Wein an das Heilsbronner Münster verzeichnet worden.

SEHENSWÜRDIGKEITEN: Die auf einem Hügel stehende, ehemalige Kirchenburg, einschiffige **Pfarrkirche Heiligkreuz** mit Westturm aus dem 12./13 Jh. wurde im späten 16. Jh. neu unter Veit von Lichtenstein erbaut. Sie wurde auch nach einem Brand von 1634 erst 1667 mit späteren Veränderungen wiederhergestellt. Interessant ist das **Epitaph** des Pfarrers Johann Conrad Schlez (gest. 1788) und seiner Frau. Dargestellt ist eine trauernde Vestalin.
Im ehemaligen **Schloß**, 1594 erweitert, fand die Hochzeit zwischen Eva von Hutten und Veit von Liechtenstein statt. Im Markgrafenstil mit Walmdach nach Brand umgestaltet. So 1753 im Besitz derer von Hutten, im 19. Jh. im Besitz der Freiherrn von Pölnitz (Wappenstein über Portal). Nun sind hier die Volksschule und Gastronomie untergebracht.
Ein auffallendes **Wohnstallhaus** ist das der Nr. 12, ein langgestrecktes Doppelhaus mit Mittelbau und schöner, hoher wie breiter **Hofeinfahrt**, mit der Inschrift „Erbaut von Johann Georg Püll 1783".
Sehenswert sind auch eine vierseitig geschlossene, unregelmäßige **Hofanlage** aus dem 18. Jh. mit Schuppen, Tenne, Scheuern) oder einige Fachwerkhäuser aus dem 19. Jh. Im nördlichen Ortsteil kann man noch eine eher unscheinbare, aber restaurierte **Pferdeschemme** mit Tränkbrunnen und Trögen besichtigen. Ein **Laternenbildstock** aus dem 15.-16. Jh. liegt im Norden der Straße Gollhofen-Bullenheim, am Abzweig Gnötzheim an einer Gartenmauer innerhalb der Ortschaft.

ORTSTEILE/SEHENSWÜRDIGKEITEN: **Bullenheim** liegt etwa 3 km nordwestlich von Ippesheim. Vom Zeugenberg, Bullenheimer Berg überragt, geht der Ortsflecken *„Zebullem"* als Ausstattungsgut des im Jahre 816 gegründeten Klosters Megingaudeshausen zurück, wurde aber erst 1361 urkundlich beschrieben. Auf einer Lößscholle liegend wird der Ort auch als „Heim des Bullo" gedeutet. In den nächsten sieben Jahrhunderten wechselten die Besitzer, bis 1412 Erkinger von Seinsheim den Ort zum größten Teil aufgekauft hat. Schwarzenbergisch wird er erst unter dem Namenswechsel der Seinsheimer, die die Burg Schwarzenberg erhalten und sich in dieser Linie nach dieser benennen. Die Gegenreformation macht 1627 von sich reden. Mit der Wiederherstellung der evang. Pfarrei unter dem Schutz von Schweden wechselte das Gotteshaus 1664 zu einer Simultankirche, wobei die Gemeinde Gnötzheim die evangelische Seelsorge und Kircharbeit, Seinsheim die katholische übernahm. In den letzten Kriegstagen 1945 wurde das bis dato schöne Ortsbild unwiederbringlich kriegszerstört.
Evang. Pfarrkirche – ehemalig St. Leonhard: Die rechteckig angelegte Gadenkirchenburg mit Wehrmauern (spätmittelalterlich) zwischen Gadenkirchenburg

ihren Gadenhäusern ist auch als Grablege des Grafen von Schwarzenberg bekannt. Nach Anbau eines Seitenschiffes und anderen Erweiterungen geriet die Chorturmkirche St. Leonhard mit kreuzrippigem Chorgewölbe und Langhaus-Flachdecke 1634 während des Dreißigjährigen Krieges und 1669 in Brand. So wurde sie endgültig 1731 in den Aufbau- und Ausbauarbeiten verändert. Der Chorturm entstammt noch dem späten 13. Jh., wurde aber im 18. Jh. erhöht und durch ein Pyramidendach mit Laterne abgedeckt. Das Langhaus ist bis auf seine Flachdecke aus dem 14. Jh., 1525 und im späten 16. Jh. erweitert worden. Rechteckiger Saalbau unter Einbeziehung der älteren Bauteile mit umlaufender Empore. Schönes **Epitaph** (um 1600) eines stehenden, geharnischten Ritters von Schwarzenberg auf einem Löwen.

Rathaus

Das pittoreske **Rathaus** mit Rundbogenpforte, rechts und links von Wappenreliefs der Familie von Schwarzenberg flankiert, vorkragendem Fachwerkgeschoß und Giebel wurde 1583 errichtet. Ihm zur Seite steht noch ein alter **Ziehbrunnen**.

Sühnekreuz

Ein spätmittelalterliches, steinernes **Sühnekreuz** mit der Darstellung eines Messers, von einem einfachen Kreis umgeben, steht am nördlichen Ortsrand.

Im Ort beginnt ein Wein- und Rebsortenlehrpfad, der an der 400jährigen Hutteneiche vorüberführt.

Der **Bullenheimer Berg** (456 m) ist wegen seiner auf seinem Plateau liegenden 2,5 km langen Befestigung, die schon wohl mit der Urnenfelderzeit (1200-700 v.Chr.) begann, besuchenswert. Der „Ringwall" kann von drei Stellen aus erwandert werden: 1. Man folgt dem Rebsorten-Lehrpfad vom Dorf aus. 2. An der Verbindungsstraße zwischen

Die alte St.-Leonhard-Kirche

Rathaus von Bullenheim

Nenzenheim und Schloß Frankenberg gibt es unterhalb des Berges ausgewiesene Parkmöglichkeiten, wobei die 3. dem Keltenwanderweg folgt. Der markant, dem Steigerwald exponierte Tafelberg bot wegen seiner allseits steil abfallenden Hänge einen hervorragenden Befestigungsplatz von ca. 30 ha dar. Die Nordsüdausdehnung mißt nahezu 1200 Meter, die größte Ostwestausdehnung 400 m. Das unregelmäßige Plateau, von einem durchgängigen Wall-Graben-Komplex am Rand, wird von zwei Querwällen durchschnitten, die auf die ständige Besiedlung – Oppidum und mehrphasige Befestigung und Ausbauung der Befestigung des Berges angefangen bei der jüngeren Urnenfelderzeit, über die Hallstattzeit (700-450 v.Chr.) bis ins Frühmittelalter hinweisen. Die vier Befestigungsphasen bestanden aus der ersten, einer bronzezeitlichen mit einer zweischaligen Wehr aus Palisadenreihen und zwischen den Pfählen eingezogenen Flechtwerkwänden. Die zweite auf einem Wall zeigte sich als eine mühevolle angelegte Befestigung: waagrecht aufeinandergelegte, bei der nächsten Lage um 90° gedrehte Baumstämme und durch senkrecht stehende Pfähle an der Front errichtet. Die in Abständen aufgerichteten Pfähle wurden wieder durch Flechtwerk miteinanderverbunden. (1060-1300 v. Chr.) Die dritte Befestigung muß man als eine auf einem durch verlegte Steine gut begehbaren Wall verstehen, auf dem eine Bohlenwand (waagrechte verlegte Stämme zwischen paarweise aufrecht stehenden Pfählen) zur Angriffsseite hin angelegt war. Eine letzte urnenfelderzeitliche Holzkonstruktion im Erdwall wurde verbrannt und umgestürzt entdeckt. Der Wall wurde durch waagrecht verlegte Hölzer gehalten. Die bretterähnliche Wand wurde durch aufrecht stehende Stämme in regelmäßigen Abständen gebildet, oben durch das Flechtwerk mit zinnenähnlichen Aussparungen abgeschlossen. Zum Plateau hin zeigte sich ein befestigter Umlauf. Unter den Ottonen wie auch Karolingern (500 und 1000 n.Chr.) kam es zur erneuten Nutzung der Befestigung. Der Ringwall soll 1973 bei einer Ortsbegehung „entdeckt" worden sein, wenn er auch heute an einigen Stellen kaum noch kenntlich ist. Östlich, am Fuß des Berges wird die dreiteilige Anlage von einer ehemals durch Wall und Graben eingeschlossenen, grob rechteckigen Erweiterung, die Quellen einschließen, gekenn-

auch Kapell(en)berg oder Matzenberg

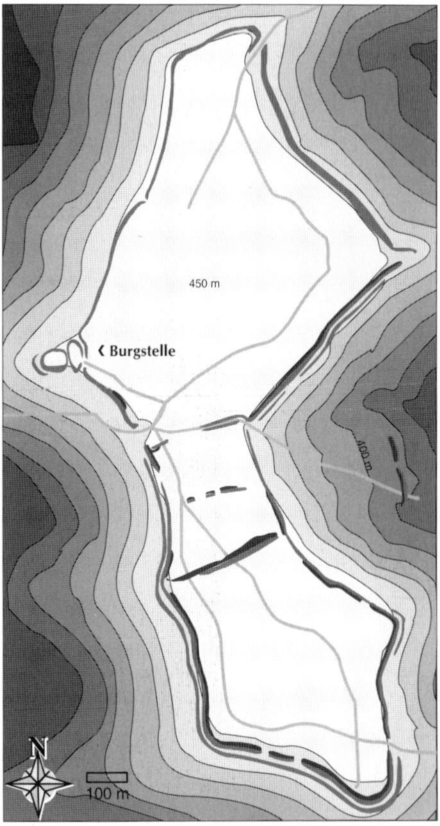

zeichnet. In der Mitte der Westseite (Zangentor) an der Einschnürung des Berges, der Nord-, Ostseite und auch an der Ecke der Südostseite, finden sich auch alte Zugänge, hingegen die Befestigungsspuren auf dem kleinflächigen, westlichen Bergsporn auf Reste des Burgstalls *„Burkertsgräben"* hinweisen. Im ehemaligen „Zentrum der Burg" mit verfülltem Halsgraben, zweiten Graben und Wall mit Terrasse steht der moderne Aussichtsturm. In der Nähe der Befestigungen finden sich noch auf den vorgeschobenen Terrassenabschnitten verflachte Grabhügel, sieben konnten nachgewiesen werden. Bei Ausgrabungen auf dem Bullenheimer Berg stieß man z. B. auf Keramikreste aus der Urnenfelder- und Hallstattzeit, einen ganzen Hortfund neben Barren- und Guß- und Gußkuchenformen, die auf eine örtliche Bronzeverarbeitung hinweisen. Radachsenkappen eines Zeremonialgefährts, spätkeltische Münzen, auf der Stelle eines ehemaligen, hölzernen Kultbaus neben Hausspuren in der typischen Pfostenbauweise, so auch eine Scherbe aus dem frühen Mittelalter, das insbesondere die schon in vorgeschichtlicher Zeit angelegten Befestigungen an der Südzunge des Berges kennzeichnet. Ausgegrabene Goldgegenstände lassen die Vermutung zu, daß hier auch eine religiöse Stätte bestanden hat. Auffällig war auch, daß sich die Besiedlungsspuren mit metallverarbeitenden „Betrieben" innerhalb der Befestigung direkt an diese anschließend aufspüren ließen.

Ruine der Kunigundenkapelle

Die ganz in der Nähe der prähistorischern Grabhügel befindliche **Kunigundenkapellruine** stammt allerdings erst aus der Zeit des 15. Jh., die an der Stelle einer wegen der Reformation und zu Zeiten des Dreißigjährigen Krieges zerstörten und verfallenen Kapelle steht. Ihr nicht mehr sichtbarer Vorgängerbau könnte aus dem 11. Jh. stammen. Soll sie doch Stiftung der später heilig gesprochenen Kunigunde, der Gemahlin Kaiser Heinrich II. gewesen sein. Eine geologische Rarität sind auch die örtlichen Sandgruben. In kulturgeschichtlicher Hinsicht von Bedeutung, da schon 1532 von sogenannten „Sandbrechern" berichtet wird. Sand wurde unter anderem als Scheuermittel für die Reinigung von Gefäßen und Fußböden in den Stuben benutzt.

So ist auch interessant, daß der Berg eigentlich zwei Namen trägt. Die „Seinsheimer-" und damit „urfränkische" Berghälfte heißt „Kapellenberg". Der ältere Name jedoch ist „Matzenberg", so sagt auch heute noch die Hüttenheimer Bevölkerung (Nordflanke). Im übrigen führt hier der sogenannte Kunigunden-Wanderweg vorüber, der von der Kunigundenkapelle und dem Kunigundenstein bei Aub bis nach Bamberg führt (siehe Kunigundenweg→).

2 km westlich von Ippesheim durchfährt man den Ort **Herrnberchtheim**. 1136 wird er namentlich nur als *„Ber(h)theim"* erwähnt, und am Ende des 15. Jh. wissen wir von einem *„Berchtheim sub arbore"*. Das „sub arbore" verweist wohl auf einen bedeutenden Baum möglicherweise einer alte Gerichtsstätte. Zu diesem Zeitpunkt war es wohl als Dorf unter mehreren Ganerben aufgeteilt. Die Reichsstadt Windsheim nimmt Kaufgesuche des Adels von Wenkheim, von Fronhofen an und

verkauft den gesamten Neuerwerb in der zweiten Hälfte des 17. Jh. an die Markgrafschaft Ansbach. Heute ist der Ort Marktzentrum.

Eine Wehrmauer der ehemaligen **Kirchbefestigung** mit schönen Schießscharten des 15. Jh. umschließt in der Ortsmitte die Chorturmkirche - nun evangelische Pfarrkirche. Während das Turmuntergeschoß noch romanischen Ursprungs ist, aber gotische Fenster aufweist, ist das Langhaus des Jahres 1710 mit einem Querhaus aus dem beginnenden 20. Jh. verbunden worden. Ansehnliche - mitunter barocke **Epitaphe**, von denen zwei am Kirchenportal und weitere, teilweise monumental ausgeführt an der Wehrmauer stehen. Kirchenburg

Neben dem Gemeindehaus aus der Mitte des 17. Jh. finden sich auch noch schöne Privathäuser und ein stattliches, zweigeschossiges Fachwerkwohnstallhaus mit Ställen aus dem 19. Jh. Einst stand hier auch ein Bauernhaus von 1772 mit zur Hofanlage gehörigerer Scheune von 1600 und Schweinestall des 19. Jh. Jetzt steht das Anwesen im Freilandmuseum in Bad Windsheim→.

Das Turmhügelrelikt einer mittelalterlichen Burg findet man südöstlich vom Ort jenseits des kleinen Baches.

Ipsheim *K369 G3*

Gemeinde, Landkreis Neustadt an der Aisch - Bad Windsheim

ANFAHRT/WEGBESCHREIBUNG
BAB A7 Würzburg-Ulm, Abfahrt Bad Windsheim, der B470 in Richtung Neustadt/Aisch 20 km folgen.

SEHENSWÜRDIGKEITEN
Pfarrkirche St. Johannes der Täufer, Zehnthaus, Weiherhaus

ORTSTEILE/SEHENSWÜRDIGKEITEN
Kauben-/Menheim (Kirche)

ORTSGESCHICHTE: Ipsheim war wohl auch einer der Orte, der in der „-heim-Siedlunsgruppe in diesem Teil des Rangaus innerhalb der fränkischen (merowingischen und karolingischen) Rodungs- und Siedlungswellen hervorgegangen ist. Der Name des führenden Grundherren dürfte Ippeto gewesen sein. Das 1189 erwähnte *„Ippetesheim"* (hier auch die Namensverwandtschaft zum Personennamen zu erkennen) gelangte von den Staufern - als oberste Partei der Lehensherren an ein Ministerialadelsgeschlecht. Der Ort war früher Eigentum der von Hoheneck und der Burggrafen von Nürnberg, bevor es an die Sekkendorff kam. Später wurde es von den Markgrafen zu Ansbach annektiert. Desweiteren war es unter drei Grundherren aufgeteilt, dem wohlhabendem Markgrafentum Bayreuth und der nicht minderen Reichsstadt Windsheim. Dritter im Bunde war der Adel von Lehrberg-Pirkenfels.

SEHENSWÜRDIGKEITEN: Die evang.-luth. **Pfarrkirche** – ehem. St. Johannes der Täufer, ist ein ständig im Laufe der Epochen (Romanik, Gotik, Barock) modifizierter Bau, der 1273 als Pfarrei, 1293 mit Nennung eines ersten Pfarrers genannt, im Dreißigjährigen Krieg brandzerstört wurde. Der im Untergeschoß noch romanische Westturm, als eingezogener Anschluß an die Kirchfassade, ist in der Gotik um drei weitere Geschosse erhöht worden. Auffällig an der Chorapsis ist die äußerliche Lisenengliederung und verdeutlicht die romanische Prägung des Chorbaues. Der Ostchor zeigt sich noch in einem schönen Kreuzgratgewölbe, das Langhaus hat eine Flachdecke und einfachen Rahmenstuck. In dem Kirchhaus erhebt sich auch die barocke Orgel mit dem unübersehbarem Hoheitswappen. Der ehemalige Wassergraben umläuft noch die Kirche. Der nördlich angebaute Treppenturm ist im schmucken Fachwerk aufgeführt und trägt einen Dachreiter. Im 17. Jh. wurden die Türme instandgesetzt und das Langhaus mit dem Chor neugebaut. Die ehemalige Kirchgadenbefestigung ist durch die zerstörten Gaden noch kaum als solche zu erkennen. In der Friedhofskapelle steht ein **Kanzelaltar**, mit einer schön gearbeiteten **Kreuzigungsgruppe** (1614) aus der Hand Georg Brencks des Älteren .

Kreuzigungsgruppe

Das schloßverwandt wirkende Gebäude ist das **Rathaus** des 18. Jh.
Das massiv erscheinende, dreigeschossige **Zehnthaus** aus der 2. Hälfte des 16. Jh., diesenorts als „Bau“ bezeichnet, besitzt noch einen schmuck aufgeführten Treppenturm. Auch als „Kasten“ des Kammeramtes bezeugter Bau.
Zweigeschossiges Fachwerkwohnstallhaus des 17. Jh., ein weiteres: die ehemalige Schmiede, die noch im Erdgeschoß als ein an drei Seiten offener Bau erkennbar ist. Wohnstallhaus mit Fachwerk von 1581.
Am westlichen Ortsrand liegt der sogenannte Wassergarten der Markgrafen zu Bayreuth. Eine Art **Weiherhäuschen**, von 1733, steht zentriert auf einem terrassiertem Hügel inmitten eines quadratisch ausgegrabenen Wassergrabens und war vermutlich Bestandteil einer großzügiger gestalteten Gartenanlage der Markgrafen. Das Pavillongebäude mit Mansarddach trägt über dem Portal noch das Zollernsche Wappen und stellt hiermit den Bezug zum verwandten Markgrafentum her. Vielleicht sollte sich aber doch noch einmal diese Stelle als ehemalige Burgstelle des 10. oder 11. Jh. herausstellen, die vielleicht später gänzlich beseitigt und überbaut worden war.

Ungefähr 1 km nördlich (Richtung Berolzheim) gelangt man in den Doppelort **Kaubenheim** und **Menheim**. Auch ursprünglich gab es zwei Siedlungen mit der grundherrlichen Eigenkirche St. Michael an der oberen Aisch und dem Tiefbach. Beide Orte sind wohl auch auf die merowingische Rodungs- und Siedlungswelle zurückzuführen. Der nördliche Ortsteil des heutigen Kaubenheim ist urkundlich im Codex Hirsaugiensis (Hirsauer Klosterkodex) 1103 als *„Cubenheim"* fixiert. Der Name des fränkischen Grundherrn dürfte Cubo gewesen sein. Mundartlich wird der Ort als *„Kauma"* bezeichnet. Menno, Menniko war hingegen Begründer und Führungskraft der Siedlungsgruppe zu dem später zugehörigen *„Män/-Menheim"*. 1182 erscheint im Güterverzeichnis des Klosters St. Theodor als *„Mennen, Menne"*. 1226 als *„Mennech"*. Die hier anstehenden guten Ackerböden waren mitsamt den darauf befindlichen Gütern Besitze von acht bekannten Grundherren, so der nahen Reichsstadt Windsheim, Ipsheim, Kloster Birkenfeld (bei Neustadt/Aisch) und Burghaslach. 1518 kam es wohl zum Verschmelzen beider Gemeinden, deren Gotteshäuser Tochterkirchen der Mutterkirche in Unternesselbach waren. Nach der Reformation war die Kirche dem Patronat der Markgrafschaft Bayreuth unterstellt. Die eine Kirche mit dem Laurentius-Patrozinium erhob sich an der alten Grenze zwischen *Kauma* und *Menna* und wird als Altheiligtum von Menheim angesehen. Im Kirchkern wohl noch alt. Schlichter Chorschluß, innen mit Netzrippen gewölbt, Dachreiter als Turm. Die ehem. St.-Martins-Kirche steht westlich beider Siedlungen auf einem Gipshügel, der lediglich als erodierter Teil des Kollerberges anzusehen ist, aber seit jeher schon der Flur mit seinem Kirchbau eine besondere Stimmung verliehen hat. Vorgänger der grundherrlichen Eigenkirche St. Michael soll eine vorchristliche Kultstätte gewesen sein. Die alte Kirche der Siedlung Kaubenheim wurde aber durch Blitzschlag zu Ende des 17. Jh. stark beschädigt, so daß ein Wiederaufbau mit einer Langhauserhöhung – man brauchte Platz für die Emporen, die Folge war. Der dreigeschossige Turm trägt eine barocke Haube und bildet den Abschluß der Chorturmkirche. Die Kanzel ist im schlichten Julius-Echter-Stil, der späten Renaissance ausgeführt.

Die ehem. Martinskirche als alte Grenze zwischen Kauma und Menna.

Kleinlangheim *K367 D2*

Landkreis Kitzingen

ANFAHRT/WEGBESCHREIBUNG
BAB A3 Würzburg-Nürnberg, Abfahrt Kitzingen/Schwarzach, Richtung Volkach fahren, rechts nach Hörblach abbiegen, über Großlangheim gelangt man nach Kleinlangheim.

SEHENSWÜRDIGKEITEN
Kirchenburg (Gaden), Rathaus (Markt- und Gerichtslaube)

ORTSGESCHICHTE: Band- und Körpergrabfelder nördlich vom Ort lassen eine erste Besiedlung vom 1. bis 8. Jh. nach Chr. bis in die heutige Moderne vermuten. Neben dem Reihengräberfeld konnten bei Grabungen in der heutigen Pfarrkirche mehrere kleine Vorgängerkirchen – teilweise wohl aus Holz nachgewiesen werden. So eine frühchristliche Sepultur des 8. Jh. mit Steinkistengräbern. In einer solchen kam ein koptischer Altarstein zum Vorschein. Darauf eine ottonische Holzkirche mit dem 250 m nordwestlich gelegenen Reihengräberfeld, hierauffolgend eine grundherrliche, erste Steinkirche (Eigenkirche), später dann romanische Kirche des 12. Jh. Sicherlich muß man den Ort seit altersher als Urpfarrei ansehen. Das castellsche Dorf besaß auch einen ortsansässigen Adel – die Herren von Kleinlangheim, die sicher den Casteller Grafen als Dienstmannen unterstanden. Eine sichere Bezeugung gibt es aus dem Jahre 1023 und besteht mit der Nennung und Verzeichnung auf der Wildbannkarte des Ortes als *„Lanchem orientalis"* – einer Schenkung Kaiser Heinrich II. an den Würzburger Bischof Meinhardt. 1283 gelangen die Güter als Pfandobjekte zum größeren Teil vom Casteller Grafen Hermann II. an den Nürnberger Burggrafen Friedrich III. (Dieser war durch Heirat mit der burggräflichen Tochter Schwiegervater des Casteller Grafen) So war der Ort auch umkämpfter Ort im Krieg zwischen dem Bistum Würzburg und den Markgrafen von Ansbach. Hierbei wird auch schon eine Kirchenburg (Chorturm um 1300, Langhaus 15. Jh.) des 13. Jh. mit umlaufendem, tiefen Graben erwähnt. 1461 wird die Kirchenburg vom Würzburger Bischof Johann III. eingenommen. Ebenso 1554 im 2. Markgräfler Krieg. Die Kriegszerstörungen und Plünderungen blieben auch im Dreißigjährigen Krieg nicht aus, bis in den letzten Kriegstagen 1945 durch amerikanischen Panzerbeschuß die Kirche und das Dorf abermals beschädigt wurden.

SEHENSWÜRDIGKEITEN: Von der ehemaligen Dorfumwehrung in Form von 4 Toren, Dornenhecke und Graben ist nichts mehr zu sehen. Die Friedhofskapelle ist ein Auftragswerk des Christian Friedrich von Sekkendorff und wurde in der ersten Hälfte des 18. Jh. errichtet. Die geschlossenen, bis zu 6 m hohen Wehrmauern der **Kirchenburg** (partiell

Gadenkirchenburg

12.-14. Jh.) sind stellenweise im althergebrachten „Fischgräten"muster gemauert. Der sechsgeschossige Turm scheint in seinem unteren Geschoß noch aus dieser Zeit zu sein, während er erst gut zwei Jahrhunderte später aufgestockt wurde. So fanden auch um 1600 bauliche Erweiterungen des gotischen Langhauses statt. Das Innere stammt größtenteils aus dem 17. Jh. Die Emporen tragen Ölgemälde mit Szenen aus der „heiligen Geschichte". Kanzel, Altar und Orgel stammen in ihrer Ausführung aus der Zeit um 1680. Beachtung findet das **Epitaph** Dr. Christian Beyer, dem Freund und Gevatter Luthers, der 1530 als kurfürstlicher Kanzler auf dem Reichstag in Ausgburg die „confessio augustana" verlesen hatte. An der Außenwand der Kirche ist ein einfaches **Sandsteinrelief** mit der Gefangennahme Christi (um 1530) eingemauert. Besuchenswert ist die befestigte Kirche aber wegen der **Gaden**, die mit ihren Kellern durch die hier regional typisch vorgesetzten und hüttenähnlich gestalteten Kellerhälsen auffallen.

Ein profanes Baudenkmal und zugleich ältestes Rathaus des Landkreises Kitzingen ist das 1487 errrichtete **Rathaus** mit seiner von sieben Säulen getragenen Markt- und Gerichtslaube. Das alte Rathaus mag jedoch im Torhaus der Kirchenburg bis zu der Zerstörung durch den Bischof Johann III. von Grumbach bestanden haben. Das Fachwerk ist barockzeitlich - wurde doch das Rathaus im 18. Jh. umgestaltet. So hängt hier auch noch der Waagbalken der Gemeindewaage. Großes **Rundbogentor** mit Rundbogenpforte der Renaissance mit Wappen als Scheitelstein an Toreinfahrt (1616).

Rathaus

Knetzgau *K368 B8*

Landkreis Haßberge

ANFAHRT/WEGBESCHREIBUNG
BAB A70 Schweinfurt-Bamberg, Abfahrt Knetzgau.

SEHENSWÜRDIGKEITEN
Altes Wasserschloß „Knetzberg", Chorturmkirche, Siechenkapelle, Grabhügel

ORTSTEILE/SEHENSWÜRDIGKEITEN
Eschenau, Großer u. Kleiner Knetzberg, Oberschwappach (Schloß), Sand am Main, Unterschwappach, Westheim, Wohnau, Zell am Ebersberg

ORTSGESCHICHTE: Zum heute, nahe am Main liegenden Ort gehören jetzt nur noch vier Ortschaften, früher waren es mindestens 10 Siedlungen. Die hier anstehenden guten Böden waren hervorragende Voraussetzung für eine vorgeschichtliche Besiedelung. Für diesen

Gaunamen und Ortsnamen gibt es keine eindeutige Erklärung, dafür aber zwei in Frage kommenden Herkunfts-Deutungen: die eine beschreibt kurzerhand den Gau eines Königs, *„knez"*=slawisch „König". Allerdings ist diese Variation umstrittener. In der Umgebung gab es auch slawische Siedlungen, siehe auch in den benachbarten und nahen Haßbergen. Andere verweisen auf das hochdeutsche Wort *„knet"*, das die Bodenart eines zähen Lehms, Tons beschreibt, bezüglich eines so oder ähnlich beschaffenen Main-Ufersaums. Überleitung zum althochdeutschen *„kneten"*, fränkisch *„knötschen"*. Offenbar gab es zwei frühkarolingische Siedlungen: das planmäßig angelegte West- und Ostheim. Letzteres ist als das heutige Knetzgau zu deuten. Bedeutend für die Orts- und allgemeine Gaugeschichte ist aber auch die Wüstung *„Chnezziseo"*, der spätere Dürnhof, südwestlich vom heutigen Knetzgau, zwischen dem Westheimer Bach und dem Gemilschgrund gelegen. 906 ist es also der im Knetzgau begüterte Graf Adelhart, ein Graf Hesso besitzt wahrscheinlich Chnezziseo. Natürlich sind die Besitzungen teils königlich und teils eigengrundherrlich zu verstehen, das sich auch in Bekundungen von 911 zeigt: da schenkt der fränkische König Ludwig das Kind dem Priester Gozpolt Güter des Volkfeldes, so in der Grafschaft des Hesso mit dem Ort Chnezziseo und mit Einkünften aus Lehensgütern Knetzgau und Nozhart (abgegangen) seines Neffen Graf Konrad und darüberhinaus mit denen des Grafen Adelhart in Knetzgau. Die früh- und hochmittelalterliche Gerichts- oder Malstätte ist in den Wüstungen Milz und Malhol(t)z(!) rechterhand der Verbindungsstraße Westheim nach Knetzgau liegend, zu suchen. Beide erscheinen im Centbuch als früher einmal existent. Von großer Wichtigkeit war auch schon im Frankenreich die Bestraßung dieses Landstrichs. Bedeutende Wege und Straßen, wie auch Furten verliefen in allen Himmelsrichtungen, so daß mit dem Knetzgau eine bedeutsame Wegespinne entstanden war. Daß unter der fränkischen Verwaltung auch die Slawen eine gewisse wichtige Rolle hier spielten, beweist uns die ehemalige Slawensiedlung „Winden" in der Flur „Windenleiten". Offenbar wie an vielen Stellen im heutigen Steigerwald waren diese treue, wichtige und hilfreiche Arbeitskräfte, in friedlicher Hinsicht zu forst- und agrarwirtschaftlichem Nutzen eingesetzt. Im Hochmittelalter wurde der früher noch königliche und auch hochadlige Ort zwischen den Bistümern Bamberg und Würzburg als sogenanntes Ganerbendorf aufgeteilt. So lag die Cent bei der Stadt Haßfurt (jenseits des Mains), die Dorf- und Gemeindeherrschaft mit dem Zehnten war Bamberg zugewiesen. Ende des 18. Jh. sind noch sieben Grundherren in der Ortschaft bekannt, dazu zählten beispielsweise die Universität Bamberg oder das Kloster Ebrach. Sicher erscheinen uns seit dem Spätmittelalter die halbstädtische Bedeutung der Ortschaft mit zwei Bürgermeistern.

SEHENSWÜRDIGKEITEN: Das alte Wasserschloß Knetzberg in der Flur „Schloßhof" ist nordöstlich der 1224 erwähnten Kirche in Form eines rechteckigen Burgplatzes (90 x 65 m) mit noch 2 m tiefen und bis zu

15 m breiten Graben, der sicherlich vom nahen Main flutbar gewesen ist, nachweisbar. Ringmauerreste eines vierseitigen Grundrisses innerhalb des Grabens, gegen die Dorfseite Torturm des 16. Jh. Der Burgzugang lag wohl südlich. 1547 als Wüstung erwähnt, zwischen 1511 und 1694 den Herren von Fuchs vom Bamberger Bistum zu Lehen gegeben. Bis 1578 Besitz der Herren von Heßberg, später der Fuchs von Schweinshaupten, 1615 an Bamberg verkauft und mit dem Schloß wurde Knetzgau „Oberschultheißendorf"genannt.
In der ersten Hälfte des 13. Jh. wird die Kirche sicher erwähnt. Die jetzige Erscheinung von **St. Bartholomäus** stammt aus der Zeit nach 1760. Das spätgotische Untergeschoß des jetzt viergeschossigen Turms stellt den Chorraum dar, wobei es sich hiermit um eine Chorturmkirche handelt. Langhausneubau um 1760 belegt. Chor und Langhaus wurden im frühen 20. Jh. auf kreuzförmigem und langgezogenem Grundriß erneuert. Innen interessante **Orgelempore** und beachtenswerte **Gemälde** an Decke und Wänden, von Rokokostuck eingerahmt. Darstellung der 12 Apostel mit der Aussendung dieser. **Kreuzwegölgemälde** aus der Zeit um 1750. Der **Hochaltar** von Peter Wagner ist auch rokokozeitlich und stellt ein stilistisches Gegenstück zu der **Kreuzgruppe** (1500) und dem **Vesperbild der Maria** (1520) mit auffallend langer und gerader Nase, dar. Der Hochaltar, wenn auch verändert, stammt aus der Haßfurter Ritterkapelle. Daß die Kirche früher zumindest durch eine Kirchhofmauer „geschützt" war, zeigt sich in Resten einer solchen.

Hochaltar

Im Ort zeigt ein Haus mit **Hofeinfahrt** ein schön gestaltetes Tor – 1731 bezeichnet. **Pfostentor** mit kasettiertem Pfeiler mit Kugelaufsatz, und Radabweiser. Das „Läuferle" (Fußgängerpforte) ebenfalls mit kasettiertem rundbogigem Zugang unter Sturzstein mit übereinander angeordneter Konsole mit volkstümlicher Pietà. Beidseitig durch schöne Voluten bekrönte Abdeckplatte. Ornamentierung in Sturzbalken und Ornamentik in Bogenzwickeln.

Hoftore

Hofeinfahrt mit hohem Pfeiler mit Kugelaufsatz und reich verziertem Läuferle. **Rundbogige Pforte** mit Sitznischen und -konsolen. Ornamentik in Bogenzwickeln, großer Fratzenstein durchbricht Inschriftsband unter schmaler Abdeckplatte. Auf dieser ein muschelförmiger Giebelabschluß, rechts und links schließen Kugeln auf schmalen Konsolen die Pforte malerisch ab. Erbauer war wohl Joh. Georgius Kraus 1721.
Neben der an der Straße nach Sand am Main gelegenen überlebensgroßen **Kreuzgruppe** von 1620 ist die noch zum Ort gehörende **Siechenkapelle** früher Bauteil eines Siechenhauses des 17. Jh. gewesen. Eher schlicht wirkender Bau mit eingezogenem Chor. Innen neugotisches Inventar und ein Vesperbild aus der Zeit um 1700. Mehrere **Grabhügel** liegen im westlich vom Ort gelegenen Oberholz, direkt bei der Autobahn im Wald.

ORTSTEILE/SEHENSWÜRDIGKEITEN: Den nahen, südöstlich von Oberschwappach und 6 km südwestlich von Knetzgau gelegenen Ort **Eschenau** wurde 1303 und 1333 mit *„Eschenowe"* bezeugt.

Die **Ortskirche** liegt schön anzusehen solitär auf einem Hügel außerhalb des neuen Ortes. Sie erhebt sich anstelle einer Eigenkapelle zu einem feudalen Lehensgutshof. Ihr massiver Chorturm ist spätgotisch, der Chor um 1600, das Langhaus um 1720 verändert, bezeichnet. Vermutlich lag auf dem nordöstlich vom jetzigen Ort befindlichen Kirchberg eine frühere Kirche, vielleicht sogar der Ort, der nach Kriegszerstörungen einen neuen Platz fand. Im Ort steht ein kleines **Rathaus** mit Glockentürmchen und Fachwerk im Obergeschoß.

Fährt man die Landstraße von Eschenau weiter in Richtung Süden, so passiert man einen rechterhand liegenden Wanderparkplatz, von dem man, sowohl zum **Böhlgrund**, als auch zu den beiden Knetzbergen gelangt. Man kann aber auch zum Forsthaus Neuhaus (ein Abzweig vorher) fahren, um auf den Großen Knetzberg zu wandern. Die Knetzberge sind zwar nicht so schön anzusehen wie etwa der Bullenheimer Berg, der Wildberg, der Hohenlandsberg oder der Vollberg, aber sie zählen zu den höchsten Erhebungen des Naturparks Steigerwald. Der **Große und Kleine Knetzberg** lagern sich in westöstlicher Richtung längs des Böhlgrundes (siehe Zell am Ebersberg) hin.
Auf dem Großen und dem nahen Kleinen Knetzberg konnten Spuren verschiedener Siedlungshorizonte nachgewiesen werden.

Großer Knetzberg

Großer Knetzberg: mit 488 m Höhe ist der Berg einer der höchsten Erhebungen des nördlichen Steigerwaldes und stellt sozusagen den äußersten Eckpfeiler des alten Mittelgebirges dar. Die Hochfläche ist annähernd einem unregelmäßigen Trapez ähnlich und die Hänge sind allseitig steil abfallend, so daß sich die ehemaligen Befestigungen nicht als besonders mächtig darbieten mußten. Eine jungsteinzeitliche (5500-1800 v. Chr.) Siedlung wurde ebenfalls nachgewiesen. Die Reste der Wallanlagen finden sich lediglich an den Enden des Trapezes. An der Nordost-Ecke fällt jedoch eine stärkere, bogenförmige Wall-Befestigung auf. Auf diesem Bergsporn lag vermutlich eine mittelalterliche Befestigung, die 1547 mit dem Wort „wüst" Erwähnung findet. Vor dieser Erwähnung ist diese als schützender und verwaltender (?) Bestandteil der Umgebung. Ein Bamberger Lehen, den die Fuchs in der ersten Hälfte des 16. und bis zur ersten Hälfte des 17. Jh. als Lehen aufgetragen hatten. Vermutlich lag das durch die Wallenden zangenartige herausgearbeitete Tor der Siedlungsbefestigung an der Westflanke. Eine alte Zisternenanlage – kenntlich in einer verflachten Mulde wurde im Nordosten der Befestigung nachgewiesen. Im übrigen konnten auf dem Großen Knetzberg dreierlei Befestigungen festgestellt werden: Erstere, eine brandzerstörte Holz-Erde-Befestigung, dann eine verfallene Zweischalenmauer und im dritten Fall eine schwächere Steinbefestigung. Anhand von Keramik- und Bronzefunden (wie Hort-/Depotfunde – Gußbrocken, Schmelzstücke und Amuletten, die auf eine solche verarbeitende Produktionsstätte verweisen), konnte das Alter der Befestigung, einer vermutlichen Höhensiedlung, auf die Urnenfelder- und Hallstattzeit bestimmt werden – also ca. 960 v. Chr. Der nur durch einen sattelartigen Bergeinchnitt vom Großen getrennte, 449 m hohe **Kleine Knetzberg** (so wurden hier auch hallstattzeitliche und mittelalterliche Keramik gefunden.) weist dagegen auch auf einen frühmittelalterlichen Siedlungshorizont hin. Dies wird auf eine herausgearbeitete Terrasse im Osten der Befestigung scheinbar deutlich. Hier ein noch teilweiser 1 m hoher Steinwall und vorgelagerter Graben. Auch war die Erhebung von Natur her steil abfallend und bot so genügenden Schutz. Das Plateau umschließende Befestigungen sind nicht mehr zu sehen. Nördlich verweisen noch Geländeformen auf ein typisches Zangentor hin, weitere Wälle, Gräben und künstliche Böschungen sind noch bei der Begehung des Geländes sichtbar. Ein Standort zur handwerklichen und eisenerzverhüttenden Phase konnte ebenfalls anhand von Funden nachgewiesen werden. Bei Grabungen kamen bronzene Maskenfibeln zu Tage. Der Wall der Hügelgräberbronzezeit ist ebenfalls aus zwei Bauperioden entstanden: Aus einer *murus gallicus* erwuchs eine Pfostenschlitzmauer, die eine hölzerne Bohlenkonstruktion als Kern mit einer verschalenden Steinmauer mit innenseitiger Verstärkung aufzeigte.

Kleiner Knetzberg

Nicht mehr als 6 km in südwestlicher Richtung erreicht man von Knetzgau aus die Ortschaft **Oberschwappach**. Die Umgebung von Oberschwappach gilt als das reichste Faustkeilfundgebiet Unterfrankens und beweist indirekt eine altsteinzeitliche Besiedlung durch aufgefundenen Schaber und Faustkeile in dieser Region. Neben einem 100.000 Jahre alten Acheul-Keil wurden auch jungsteinzeitliche Geräte gefunden. Der fuldische Eberhard-Kodex erwähnt um 800 einen Flecken namens *„Suabaha"*. Das alte *„aha"* ist eine Gewässerbezeichnung. In der mittelhochdeutschen Sprache gibt es das Verb *„sweiben"*, was soviel wie „schwanken" bedeutet. Damit könnte eine natürliche Geländeform umschrieben sein. Nämlich ein schwankender/ schwabbelnder (mundartlich geläufigerer) Wiesengrund, also eine Art Moor. In dieser Steigerwaldregion gab es viele Moor- und Sumpfflächen. So gibt es aber auch noch eine andere Deutung, die fast schon plausibler klingt: Eher könnte mit dem *„sueben"* ein Schwabenbach, also eine Ansiedlung von Mainschwaben (1. Jh. v. Chr.) gemeint sein. Bekannt ist, daß Elbgermanen im 6. und 7. Jh.vor Christus auf die hier im Maingebiet siedelnden keltischen Stämme trafen. Die Elbgermanen rückten mainaufwärts vor, wobei die mainkeltischen Befestigungen nacheinander zerstört worden sein könnten. Manche Sprachforscher deuten die Knetzgau-Sprache als eigenständigen Dialekt mit alemannischen Sprachwurzeln. z. B. *„böhl-puol"*=Hügel, *„knetz - knitze"*=klein. So sind im Ersten Band des Eberhard Kodex Schenkungen einer gewissen Reginsunt – einer als hochfränkisch angesehen Adligen bezeugt, die in das schwäbische Herzogshaus eingeheiratet hatte. Die Schenkungen an das Kloster Fulda – das neben Schwappach zum Beispiel auch Riedfeld, Urfersheim oder Willanzheim im südlichen Steigerwald vermacht bekam. Eine karolingische Straße führte auch durch diese Talregion. Das heutige Haufenwegedorf geht sicher auf eine ähnliche Siedlung im Mittelalter zurück. 1285 wird

Hochaltar

aufgemalt sind. Thema ist hier jedoch die Heilige Barbara, die aus dem Morgenland kommend, eine der bedeutsamen Heiligen aus der Kreuzzugszeit war. Am **Hochaltar** mit Tabernakelaufsatz und freistehender Mensa stehen Figuren der 14 Nothelfer, die selbst vom Hochaltar aus der Klosterkirche Ebrach stammen und um 1612 von Nikolaus Lenkhart gefertigt worden waren. Zwei Beichtstühle stehen dem Altar zu beiden Seiten nahe. Ein reich dekorierter Schalldeckel (um 1700) deckt eine sechseckige **Kanzel** mit den vier Evangelisten. Interessant sind auch die **spätgotischen Holzfiguren** der Hl. Katharina und Hl. Klara (um 1500). Hier werden auch die **Beeck-Monstranz** von 1665, sowie der **Eugen-Montagskelch** und **Kaseln** aus dem Nachlaß des Abtes aufbewahrt. Bemerkenswert ist auch ein **Grabstein**, bestehend aus einem Kreuz mit Dreipaßenden auf herzförmigen Sockel.

Hoftore

Die zum Ortsbild dieser Steigerwaldvorlandregion gehörenden, typischen **Hoftore** sind auch in Oberschwappach als gepflegte Hofzufahrten zu entdecken. Schöne Portalplastik mit Putto und Volutgiebelstücken. **Kreuzschlepper** aus der 2. Hälfte des 17. Jh.

Siebenschläfer-Marter

Bemerkenswerter ist aber die sogenannte **Siebenschläfermarter** am Feldweg nach Wohnau: Zwei barocke Säulchen tragen einen Baldachin, auf dessen Rückwandrelief die Hl. Dreifaltigkeit, Marienkrönung mit den sieben an einer Brüstung lehnenden Figuren dargestellt worden sind. Die bekannte Bauernregel hat nämlich einen historischen Hintergrund, wenn auch mehr eine legendenhafte Bibelauslegung: die „septem dominetes“ sollen eine blutige Christenverfolgung in Kleinasien in ihrer Höhle, in der sie wohl Schutz suchten, „verschlafen“ haben. Erst nach Generationen erwachten sie wieder und kamen aus der Höhle. ...

Burgstelle Scherenberg

Das einstige Stammhaus derer von **Scherenberg**, auf einem nach drei Seiten steil abfallenden Bergsporn über Oberschwappach gelegen ist heute **Burgstall** von 95 m Länge und 40 m Breite. Westlich, zur Bergseite hin stößt man noch auf die Reste des breiten und tiefen Halsgrabens. Ansonsten findet man nur noch Bodenunebenheiten und Schuttreste oder spärlich einige Quader vor. Ritter von Scherenberg sind mit dem Jahr 1212 mit einem Ritter Hartmut von Scherenberg bezeugt. Die Burg ist im Scherenberger Wald (1476 ans Bistum Bamberg fallend, früher schon unter bambergischer Verwaltung) 1271 erstmalig genannt. Ob die Burg Allodial- oder Lehenssitz war, ist nicht eindeutig geklärt. Die heute spärlichen Überresten in Form von Steinhaufen zeigen schon einen frühen Verfall an, der im Jahre 1436 urkundlich beschrieben wird. In diesen Zeugnissen ist von einem neuen Besitzer, einem Dietrich von Bickenbach von Hohenberg (der heutigen Ruine Homberg ob der Wern) die Rede, der die Burg, wohl schon im Verfall, mit anderen Gütern verkauft. Letzter des Adels war der bedeutende Würzburger Bischof (1466-95) Rudolf von Scherenberg. Im übrigen waren die Scherenberger, auch durch ihr Wappen ersichtlich mit den Zabelsteinern verwandt. Hier als zweiter Begründer des Bistums beschrieben, da er durch geschickte Handlungen vorher verlorengegangene Besitzungen zurückgewinnen konnte. Sein Grabmal befindet sich im Dom zu Würzburg. Außerdem wurde das Scherenbergtor auf der Veste Marienberg zu dieser Zeit nach ihm benannt.

Etwa 4 km östlich von Knetzgau liegt die Gemeinde **Sand am Main**. Eine sichere, urkundliche Erwähnung mit *„(am) Sande"* von 1231 zeigt zumindest eine hochmittelalterliche Siedlung auf, deren Ursprung sicherlich auf das Frühmittelalter zurückgeht. Zu dieser Zeit lag der Ort sicherlich viel näher am Mainfluß. Die Altmaingewässer liegen deutlich nahe dem Ort. Im zum größeren Teil ritterschaftlich aufgeteilten Ort gab es 70 Untertanen, die dem Bistum Bamberg dienten, gegen 50 Personen, die einem Adligen von Schaumberg untertan waren. Ab 1389 trug das Bistum die Dorf- und Gemeindeherrschaft und richtete laut eines Vertrages auch eine Vogtei ein. Die Cent oblag Eltmann, das Amt hatte das jenseits des Mains liegende Zeil inne. Verwüstungen im Bauernkrieg und dem Dreißigjährigen Krieg suchen auch diesen Ort heim. Obwohl die Bewohner auch im 18. Jh. im großen und ganzen arm waren, schafften sie es durch Verkauf von hier hergestellten Korbwaren einen wohlhabenden „Neuen Ort" aufzubauen. So ist der Ort noch heute durch seine Korbwaren bekannt.
Der sichtlich, recht große Platz um die katholische **Kirche St. Nikolaus** wird als Stelle einer ehemaligen Burg des hier ansässigen Ministerialadels angesehen. Einziger Überrest ist wohl die im 12. Jh. erbaute Schloß- oder Ritterkapelle. Jene ist aber auch nur unterhalb der jetzigen Kirche im Zustand der ersten Hälfte des 18. Jh. zu suchen. Zählte die Kirche fortwährend zur Diozöse Würzburgs, so war sie seit dem späten 17. Jh. Filialkirche von Zeil, vor dieser Zeit jene von Knetzgau. Sie erhebt sich im nördlichen, älteren Ort als einfache Barockkirche mit Turmhaube, eingezogenem Chor und einem in der Moderne erweiterten Langhaus. Das Inventar ist überwiegend barockzeitlich. Der Hochaltar, von zwei Säulenpaaren mit Kuppel und Akanthuszier erhaben gestaltet, geht wie die beiden Seitenaltäre auf eine Stiftung des Fürstbischofs Franz von Hatzfeld und des Domprobstes Christoph Neustetter, genannt Stürmer aus dem frühen Barock zurück. Vermutlich aus der Franziskanerkirche in Bamberg.

Nicht weit Oberschwappach gelangt man in den Ort **Unterschwappach**. Die katholische **Kirche St. Laurentius** ist ein Saalbau mit eingezogenem Chor und verweist in der heutigen Form auf die Bauzeit um 1555/56. Schöne spätgotische Fenster und solches Maßwerk. Bauinschrift der Margarethe von Schaumburg. Neben einem Hochaltar um 1720 und älteren Seitenaltären gibt es eine einfache Kanzel aus der Zeit um 1700. Interessant ist ein **Bildstock**, etwa 400 m nordwestlich vom Friedhof: Der schöne Bildstock besteht aus einer Säule mit Fußteil, Platte und Kapitell, Volutverzierung und einem bogig abgeschlossenen Reliefblock. Die **„14-Heiligen-Marter"** aus dem frühen Rokoko zeigt St. Michael mit der Seelenwaage, der den sich windenden Teufel zertritt. Christus gegenüber stehen die 14 Nothelfer. 14-Heiligen-Marter

Westheim bei Haßfurt liegt 4 km südwestwärts von Knetzgau. Als *„Vestheim"* 980, Ende des 13. Jh. als *„villa ..."* bezeugt. Mundartlich wird der Ort einfach *„wesdum"* genannt. Die Alt- und Hochstraße führte von Bamberg kommend, über den Ebersberg nach Westheim. Im Mittelalter besitzrechtlich über die Maßen aufgeteilter Ort, ein Ganerbendorf mit wechselnden Besitzverhältnissen (Kloster Ebrach, Mariaburghausen und Bistum Bamberg). In der Neuzeit (1617) zum Beispiel unter der Stadt Schweinfurt, einem Zweig des Wettiner Adels und drei ritterschaftlichen Familien (Wonfurt, Fuchs von Bimbach und von Willmersdorf) aufgeteilt. Westheim ging 1808 an das Großherzogtum von Würzburg, erst 1814 an das junge Königreich Bayern. Es gibt hier eine katholische und protestantische **St.-Michaels-Kirche**, die in etwa gleichzeitig neuerbaut worden waren. In der katholischen steht ein **spätgotischer St. Sebastian** (um 1500). Im Ort gibt es auch zwei **Bildstöcke**, einer davon mit der Darstellung der Anbetung des Altarsakramentes durch Engel (spätes 17. Jh.).

Wohnau liegt als ehemaliges Weilerdorf (eine Ebracher Rodungszone) abseits der Straße zwischen Oberschwappach und Donnersdorf. 1340 erscheint es als *„Wunnawe"* (Wiesenau). In der örtlichen Kapelle **St. Wendelin** (1753) mit einfachem Dachreiter steht ein Hochaltar mit gewundenen Säulen und Akanthusschmuck aus der Zeit um 1700. Malerische **Fachwerkhäuser** und schöne alte **Hoftore** und **Bildstöcke** im Ort. An der Straße zwischen Donnersdorf und Oberschwappach steht ein **Sühnestein** in Form eines Kreuzes mit eingeritzter Pflugreute. Ein Berufszeichen der Bauern. Das Kreuz verdeutlicht einen Unfall, bei dem der Sohn eines Bauern unter unglücklichen Umständen von seinem Vater tödlich verletzt worden war.

Fachwerkhäuser und Bildstöcke

Die Hauxmoor-Mühle bei Wohnau ist einziger Rest eines 1303 bezeugten Ortes *„Haudes-, Hauts- oder Hutzmor"*. 1527 wurde der Ort als *„wüst"* bezeichnet.

3 km südlich von Knetzgau liegt zwischen den Steigerwaldhöhen eingebettet der kleine Ort **Zell am Ebersberg**. Der absolute Ursprung des in einem Taleinschnitt des Steigerwaldes liegenden Ortes ist ungewiß. 1275 wird hier die *„Celle"*, also Wohnung eines Mönchs bezeugt. Trotzdem bleibt das für die Ortsgeschichte maßgebliche Alter der Pfarrei unbekannt. Die mittelalterliche Bevölkerung setzte sich aus Bauern und Taglöhnern zusammen, die in den Wintermonaten zu Forstarbeiten herangezogen wurden. Die bekannte Pfarrei und das Patronat scheinen eine Gründung der Truchsesse von Wetzhausen gewesen zu sein. 1606 wurde die Pfarrei an das Hochstift Bamberg übertragen. Nach dem Bauernkrieg kam es zur Einführung der neuen Lehre, die unter Fürstbischof Julius Echter von Mespelbrunn unter seiner tatkäftig durchgesetzten Gegenreformation ein Ende fand.

Die katholische **Pfarrkirche Unbefleckte Empfängnis** hieß früher noch Maria Magdalena. Der dreigeschossige, gotische Chorturm entstammt dem 15. Jh. und wurde im 19. Jh. erhöht. In diesem Zeitraum wurde (1854) auch das Langhaus neoromanisch auf alter Substanz neu errichtet. Das ältere Langhaus (1608) geht auf den baulichen Einfluß der Echterzeit zurück. So ist der älteste Teil im geosteten Chorturm zu finden. Hier wölbt sich ein schönes spätgotisches Sternrippengewölbe über ein beachtenswertes circa 5 m hohes **Sakramentshäuschen** des 15. Jh. mit Baldachinaufbau, Stabwerk und Türbeschlägen ebenfalls aus gotischer Zeit. Das Sakramentshäuslein soll von der Burgkirche des Ebersbergs stammen. Tischartiger Vorsprung, über einer Nische der doppelte Baldachin. Auch an der Sakristeitür fallen spätgotische, schmiedeeiserne Beschläge in Lilienform auf. Am Hochaltar mit seiner thronenden barocken Marienfigur stehen zwei schöne, **spätgotische Figuren** des Hl. Wolfgang und des Hl. Kilian. Das im Chor sich erhebende, leider schon recht verwitterte **Epitaph** mag der der letzten Burgvogtin (Ende des 16. Jh. verstorben) des Ebersberges gewesen sein. Man muß die moderne Kirche betreten um im „hinteren" Teil den ursprünglichen sakralen Ort zu finden. Im Ort stehen auch schöne **Bildstöcke** aus den zweiten Hälften des 17. oder 18. Jh.

Sakramentshäuschen

Östlich über dem Ort erhebt sich der steile Ebersberg, eigentlich aus einem Großen (450 m) und Kleinen Ebersberg bestehend. Ersterer wird schon in Urkunden, bis in die heutige Zeit als bedeutender Versammlungsort erwähnt. Von ihm ist eine schöne Umsicht auf den Böhlgrund, die Knetzberge und das Maintal mit den Haßbergen möglich. In seiner näheren Umgebung lief die alte Hochstraße Bamberg-Schweinfurt durch den sogenannten Lisberger Wald vorüber. Auf dem 451 m hohen Kleinen Ebersberg stehen noch die spärlichen Reste einer ehemaligen Burg. Der **Burgplatz** befindet sich auf einen nach drei Seiten steil abfallenden Bergsporn. Vielleicht anstelle eines fränkischen Wachtturms, möglicherweise eines Turmhügels mit Steinfundament und Holzaufbau, entstanden. Die frühe und spätere Burg hatte sicherlich aufgrund ihrer günstigen Lage zur nahen Hochstraße hin auch eine gewisse Schutz- und Überwachunsgfunktion. Die Burg bestand wohl sicher bezeugt seit 1011 (Lehen des Bamberger Bistums, so 1115 unter dem später heiligen Bischof Otto von Bamberg) und wurde von Ministerialen des Hochstifts Bamberg bewohnt. Der hier unter dem Bistum sitzende Ministeriale, nannte sich nach dem Berg mit jener Befestigung. Im 14. Jh. wird dieses Geschlecht mit einem Eberhard der Linie Wetzhausen-Ebersberg 1377erwähnt. Hartung und Gernot Truchseß besaßen die Burg pfandweise. Nach der Rückgabe 1452 durch Bischof Anton von Rotenhan als Amt und Burg zu Lehen gegeben. Im Bauernkrieg wurde sie 1525 verwüstet und im Dreißigjährigen Krieg 1634 durch die Schweden zerstört, war danach aber wieder aufgebaut worden. Noch 1644 als Amtssitz bezeugt gewesen, danach aber verfallen und sicher auch als Steinbruch benutzt. Außer einem 8 m langen, 4 m hohen und 1,20 m starken Ringmauerrest stehen keine Gebäude der Burg mehr. Ein Abschnittswall und ein noch 4 m tiefer Halsgraben trennen den 100 x 50 m messenden Burgplatz vom Berg. Von dem alten Burgplatz hat man eine schöne Aussicht auf das Umland.

Burgstelle Ebersberg

Im Ort bietet der Weinbauer Schamberger eine der ältesten Weinsorten, den „Elbling“ an, der vermutlich schon in keltischer Zeit genossen wurde und in originellen Flaschen zum Verkauf steht.
Ein Landschaftsidyll südwestlich des Ortes ist das Wiesental des Böhlgrundes. Der idyllisch gebliebene **Böhlgrund** beginnt südwestlich von Zell am Ebersberg und erstreckt sich in gleicher Richtung, längs des Böhlbaches bis westlich „vor“ den Gangolfsberg. 1575 wird der als altes Pfarrgut bezeichnete „Grund des Böhel“ beschrieben. Dem Kleinen Knetzberg gegenüber stehen Überreste eines kleinen, offenbar nach Umfang der Anlage und Funden mittelalterlichen Kleinschlosses, volkstümlich als **„Heidenschloß“** bezeichnet. Kann als Vorgänger des unterhalb des Großen Knetzberges gelegenen „Neuhaus“ (eine Art Jagdhaus) angesehen werden. War in den Bamberger Wäldern, zum früheren Amt Ebersberg gehörig. 1584 gibt es Nennung eines „Hans Olt, Forstknecht aus dem Neuen Haus“.
Das Heidenschlößchen oder die Trauburg wird jedoch auch als mittelalterlicher Turmhügel bzw. Turmbau angesehen. 1225 werden Herren von Böhl, verwandt mit dem Haus Lisberg genannt. Die meranischen Vasallen scheinen vom Würzburger Bischof Herman I. von Lobdeburg, da sie im Dienste des Bistums Bamberg standen, als „Heiden“ bezeichnet worden zu sein.

Langenfeld *K370 B6*

Landkreis Neustadt an der Aisch - Bad Windsheim

ANFAHRT/WEGBESCHREIBUNG
BAB A7 Würzburg-Ulm, Abfahrt Bad Windsheim, der B470 in Richtung Neustadt/Aisch folgen, vor Neustadt/Aisch links der B8 in Richtung Markt Bibart folgen. Nach ca. 8 km links abbiegen.

SEHENSWÜRDIGKEITEN
Hôtel de Franckenstein (ehem. Poststation), Orts-Kirche, Lamprechtsmühle

ORTSGESCHICHTE: Der Ort war wohl schon zu Zeiten des Mittelalters ein Haufendorf. 1265 gibt es eine erstmalige urkundliche Erwähnung als *„Lengenvelt“*, der ortsansässige Niederadel erscheint 1305 mit Hiltmar von Langevelt. Lehensherren waren die Seckendorff, diese sind 1380 bestätigt. Später als Lehen der Markgrafen an den bedeutenden Adel von Franckenstein übertragen, so daß diese neben der örtlichen Cent, die Dorf- und Gemeindeherrschaft unter sich hatten.

Das Rittergut Ullstadt unterhielt hingegen Kirchhoheit und Patronat der evang. Pfarrei. 1380 erlangte die Kirche mit dem altfränkischen Patrozinium Michael Selbständigkeit.

SEHENSWÜRDIGKEITEN: Das ehemalige Rittergut mit seinem Seckendorffschen Schloßbau – dem **Neuen Schloß** von Joachim Ernst von Seckendorff, das Reste des Alten Schlosses als Besitz von Georg Robert von Seckendorff 1393 bezeugt, in seinem „Innern" bewahren konnte, besitzt auch einen langgezogenen, zweigeschossigen Steinbau im Zopfstil mit breiter korbbogiger Toreinfahrt, das wohl seit 1805 als **„Hôtel de Franckenstein"** genannte Poststation war, die aber lediglich das alte Wirtshaus „Zur Sonnenblume" ist. Hier ein von einem Genius gehaltenes Wappenschild der Familie Stöcker. Das Alte Schloß wurde im Bauernkrieg zerstört, trotz Wieder- und Neuaufbau zum Bau des Neuen Schlosses verwendet, das als schlichter, zweigeschossiger Massivbau mit Walmdach und Fledermausgaupen noch im ausgehenden 17. Jh. durch einen Gang mit dem Alten Anwesen in Verbindung gestanden haben soll.

Hôtel de Franckenstein

1488 wurde die erhöht liegende Kirche zu einer **St. Nikolaus-Kirche** umgebaut. Dennoch blieb das alte, romanische, dickwandige Untergeschoß des Chorturms erhalten. Eine doppelte Haubendachkonstruktion schließt das Turmgebäude ab. Beachtung verdienen die **Epitaphe** aus der Zeit des späten 18. Jh., frühen und Mitte des 19. Jh. von ortsansässigen Posthaltern. Verschwunden ist jedoch eine altehrwürdige Michaelskapelle auf einer sanften Anhöhe nördlich des Eheflüßchens. Erhoben hat sie sich dort bis ins 19. Jahrhundert.
Auffallend ist an dem kleinen Ort die recht stattliche Anzahl noch ehemalig genutzter Gasthäuser. Dies läßt sich mit Hinweis auf die bedeutsame Stellung des Ortes als Poststation recht einfach erklären. Da der Ort an der bedeutenden Frankfurter Geleitstraße lag, die später teilweise auch als Postweg genutzt worden war, gibt es auf dem Friedhof einige interessante **Grabdenkmäler** der damaligen Postangestellten zu sehen: ein Famliengrab mit drei hohen Aufsätzen für Georg Stöcker, kaiserlicher Reichsposthalter und Gastgeber „Zur goldenen Sonnenblume" (1784 verstorben); David Stöcker, Kaiserlich-französischer Posthalter zu Langenfeld (verstorben 1809) und Georg Moritz Stöcker, königlich-bayerischer Posthalter und Landtagsabgeordneter (1850).

Nördlich von Langenfeld am Tiefenbach bei Ullstadt liegt die **Lamprechtsmühle**. Die wohl 1370 als Besitz der Herren von Lenkersheim bezeugte wechselte durch Verkauf 1571 an Joachim von Seckendorff. Der heutige Name verweist auf den Besitzer von 1591: Hans Lamprecht. Erdgeschossiger Fachwerkbau mit Dachreiter.

Lisberg *K368 E5*

Landkreis Bamberg

ANFAHRT/WEGBESCHREIBUNG
BAB A70 Schweinfurt-Bamberg, Abfahrt Viereth-Trunstadt, zur B26 Richtung Eltmann bis zur Ortseinfahrt Trunstadt folgen, hier linkerhand weiter nach Trabelsdorf fahren, im Ort links in Richtung Kolmsdorf, von der Straße nach Kolmsdorf rechts nach Lisberg abbiegen.

SEHENSWÜRDIGKEITEN
Burgruine Lisberg, Ortskirche (Fresken)

ORTSTEIL/SEHENSWÜRDIGKEITEN
Trabelsdorf (Schloß, Kirche)

ORTSGESCHICHTE: Das einstige wie heutige Burgdorf, mit Ober-, Mittel- und Unterlisberg verteilt sich wie ein offener Ring um den prägnanten und deutlich wahrnehmbaren Bergsporn.

Eine der ältesten Burgen Frankens

Der Ort findet bereits im 9. Jh. schon Erwähnung, ein burglicher Ansitz dürfte wohl dann auch schon bestanden haben, taucht auch schon im 8. und 9. Jh. der Name *„Elitzberg"* auf. Somit zählte Lisberg zu den ältesten Burgen Frankens. Vor allen Dingen ist auch die Nähe der Burg zur alten Hochstraße zwischen Bamberg und Schweinfurt kein Zufall. Hierbei drängt sich der Gedanke auf, später mitunter zum Schutze dieser einen Hochstraße errichtet worden zu sein. In nahen Burgen sehen Historiker auch einen vordringlich geplanten Burgengürtel „um" Bamberg. Ehrfürchtig wird auch Lisberg als „Verbindungsburg" zum *castrum Theres* zur Zeit der Volkfeldgrafen erläutert. Da die Burghistorie vor dem Jahr 1200 recht im Dunkeln bleibt, ist die

Ansicht der Burg Lisberg vom Steinhügel aus. Hauptburg und Vorburg

Bewohnung einer solchen Volkfeldburg auf dieser beispielhaften Geländeform durch einen solchen Grafen durchaus möglich. Lisberg war später Sitz der gleichnamigen Familie, die mit dem Freiherrn Gundelach von Lisberg um 1200 bezeugt bleiben. Diese Lisberg erscheinen aber als bambergisch-schlüsselfeldsche Ministerialen erst unter dem Namen einer Linie derer von Tunfeld, bevor sie sich nach der freieigen bezeugten Burg benennen. Bezeugt mit einem gewissen Gundelach, Domdechant zu Bamberg. Nach diesem Jahr wissen wir von der Burg, daß sie erst im Besitz der von Lisberg (Tunfeld), dann an die Schaumberg, Giech und Aschhausen (um 1525) ging. Zwischenzeitlich erfahren wir von einem Ruotwich von *Liebsberc* um 1249 auf einer Burg *Lieb(e)sberg*. Erst Ende des 14. Jh. kam es zu einer Lehens-Teilung der Burg, wobei die Vorburg, das Dorf und mehrere Güter schon seit 1279 dem Bistum Würzburg zugehöriges Lehen waren. Die Hauptburg wurde den Nürnberger Burggrafen zu Lehen gegeben. Somit war der Sitz eine Doppellehensherrschaft auf centfrei bezeugten Besitz. Deutlich waren zu jener Zeit auch die Besitzverhältnisse von beiden Lehensherren ausgehend auf der Burg auf mehrere adlige Familien aufgeteilt, so gab es neben den Verbliebenen von Lisberg die von Herbilstadt, von Miltz, von Schaumberg und von Thüngfeld. In der ersten Hälfte des 16. Jh. starb die Familie von Lisberg mit dem Erben Fabian aus. Hiernach waren im Zeitraum zwischen der ersten Hälfte des 16. Jh. bis in die zweite Hälfte des 17. Jh. (1512-1600) die Familien von Giech, von Lauffenholz und von Aschhausen Lehensinhaber in punkto Burg und Güter. Der Bauernkrieg brachte 1525 erste und einzige Beschädigungen der Burg, genauer der bischöflich würzburgischen Vorburg mit sich, hingegen die Hauptburg als markgräfliches Lehen ausser Acht gelassen wurde. Nach ihnen besaßen zwei Linien den großen Besitz – hier wurde unter der protestantischen und katholischen Linie unterschieden: Den Reformierten von Münster von 1600-1707, den Katholischen von 1707 bis 1790. Das große Burgschloß wurde durch Um- und Anbauten stark geprägt. Selbst in der Zeit der Markgrafenkriege und des berüchtigten Dreißigjährigen Krieges wurde die Burg nicht einmal, auch nur im geringsten Umfang, beschädigt, dies im krassen Gegensatz zum Umland und Flecken, wo nicht ein Stein auf dem andern geblieben sein soll und keine Seele überlebte. Das heutige, teilweise verfallene Erscheinungsbild ist erst im 19. Jh. eingetreten. Mitte des 19. Jh. erscheint das Schloß als Besitz der Herren von Castell.

Ansicht Hauptburg mit Torhaus, Wohnbautrakt und Bergfried vom Vorburggelände aus.

SEHENSWÜRDIGKEITEN: Die zweiteilige Burg, auf einer steil abfallenden Bergzunge gelegen wurde durch zwei tiefe Halsgräben, die einmal die Vor- von der Hauptburg und die Vorburg vom übrigen Bergrücken trennten, geschützt. Eine Zwingeranlage umläuft noch die Hauptburg und teilweise die Vorburg. Die recht geräumige Vorburg ist durch einen zylindrischen Turmbau wehrfähig geblieben. Am Torbau ist noch das Wappen der Familie von Giech kenntlich, 1521 bezeichnet. Die größtenteils romanische Hauptburg mit ihrem Bergfried und dem Torhaus geht noch auf die hochmittelalterliche Zeit zurück. Der im Grundriß runde Bergfried wurde zu Beginn des 19. Jh. zum Teil stockwerkig abgetragen, da er im Laufe der Zeit baufällig geworden war. Der hohe, dreigeschossige Palasbau mit den Treppengiebeln und Vorhangbogenfenstern des 16. Jh. und den anderssteinigen Eckquadern und Fenstereinfassungen belebt die unregelmäßig mehreckige Burganlage. Der mehreckige Treppenturm des dreiteiligen Wohnbaues stammt im übrigen aus der Zeit um 1600. Bemerkenswert ist das frühbarocke Portal mit dem Wappen der Münster mit Ernst (1598/1619) und der Rüd von Kollenberg. An der westlichen Schmalseite des Burgplatzes erhob sich einstmals der älteste und bekannt nachgewiesene Wohnbau der Burg. Ihm wird auch der an der Nordwestecke befindliche wohnturmartige Eckbau mit Staffelgiebel gegen Osten zugerechnet. Dem Wohnturm folgt jetzt der oben schon angesprochene Renaissancebau mit Treppenturm. Hier schließt sich wiederum bis zur Nordostecke weisend ein weiterer engerer gebauter Dreigeschoßbau der Gotik an – jetzt mit einem frühbarockem Giebelteil gegen Osten gerichtet. 1421 wird eine Burgkapelle St. Nikolaus und St. Anna erwähnt, die vermutlich noch aus der Erbauungszeit der Burg an sich stammt. Wir müssen sie rechts des Torhauses suchen. Westbau zu Beginn des 16. Jh. Dafür richtete man im Wohntrakt im 17. Jh. eine Kapelle ein, die anhand von **Fresken**resten kenntlich geblieben ist. Die Zwingermauern zeigen sich stark abgetragen, überhaupt ist die Burg trotz ihrer erhalten gebliebenen Gestalt und beeindruckenden Baugeschichte ein wenig repräsentatives Vorzeigeobjekt. Bausünden der Moderne verleihen dem Bau einen befremdenden und hier ungastlichen Charakter.
Eine schöne Aussicht auf den nahen Steigerwald ist vom südlich der Burg gelegenen Steinhügel mit seinen altehrwürdigen Linden empfehlenswert. Hier vermuten Fachleute auch eine Art Wach- und Signalturm des Mittelalters.
Die **Pfarrkirche zur Heiligsten Dreifaltigkeit** von 1719 , unweit der Burg, auf dem fortgesetzten Bergrücken gelegen, steht wohl anstelle einer mittelalterlichen Burgkirche. 1421 als Burgkaplanei bekannt. Die Dorfherrschaft der Münster bescherte der Gemeinde einen Wechsel von einer Konfession in die nächste. Aufgrund von anhaltenden Glaubensstreitigkeiten und einem Rechtsstreit konnte die umgebaute und neue Kirche erst 1756 geweiht werden. In der zweiten Hälfte des 19. Jh. kam es zu einem Erweiterungsbau, der das alte Kirchenschiff als
Fresken Querhaus nutzte. Hier sind auch noch **Fresken**reste im Innern an der

Seitenwand zu erkennen. Die neoromanische Prägung mit gleichem Inventar zeigt aber noch alte Objekte in ihrem Innern. So barocke Figuren von Kamm und **Epitaphe** des Adels von Münster mit Hans Eirich und Magdalena (beide in der 2. Hälfte des 17. Jh. verstorben).

ORTSTEIL/SEHENSWÜRDIGKEITEN: Etwa 1 km in nördlicher Richtung liegt der kleine Ort **Trabelsdorf**. Dieser geht als grundherrlicher Besitz eines Trabold hervor. 1182 mit einem in der näheren Umgebung gegründeten *„Nuwenhausen"* (Neuhausen) urkundlich bezeugt. 1317 als *„Drabelsdorf"* bekannt. Im Verlauf des Dreißigjährigen Krieges teilte der Ort das gleiche Schicksal wie andere Ortschaften, so daß im Jahre 1641 nur noch sechs Bewohner gezählt werden konnten.

Das ortszugehörige **Schloß** ging aus einem ehemaligen Burgsitz hervor, der als Würzburger Lehen bezeugt ist und danach in den Besitz der Familie von Lisberg überging. 1522 stirbt der letzte Lisberg namens Fabian, so daß von nun an die Münster hier sitzen. Nach diesen die Marschalk von Ostheim. In der zweiten Hälfte des 18. Jh. verstirbt der letzte dieser Familie - das Schloß wird 1874 ein weiteres Mal verkauft. Das Schloß stellt sich heutzutage im renovierten Zustand des späten 16. Jh. dar. Die später folgenden baulichen Veränderungen sind auch noch sichtbar. Es zeigt sich auf einem normalen hufeisenförmigen Grundriß mit zwei zum kleinen Dorfplatz hin ausgerichteten, zylindrischen Ecktürmen und einem zum kleinen Park hinweisenden mittleren Flügelbau. Die zwei Geschosse werden durch unverzierte Gesimsbänder nachgezeichnet, der Giebelbau wird durch Treppengiebel belebt. Schloß

Die **evang.-lutherischen Pfarrkirche** mit einem großzügigen Emporensaal (1737) könnte durch ihren schönen **Altar** und **Orgel**schmuck in reichem Rokoko einen Aufenthalt wert sein. Die Kirche geht auf einen ersten Bau eines Erich von Münster zurück, der auch die protestantische Lehre ins Dorf einführt. Beachtenswert sind jedoch auch die schön gearbeiteten **Epitaphe** der Lisberg und Münster. Hierbei fallen zwei, auch in Bezug auf die Ortsgeschichte besonders auf: Eines zeigt den 1522 verstorbenen, letzten von Lisberg, Fabian und das andere stellt in einer fast schon monumentalen Art Erich von Münster, dessen Frau Amelie mit Kindern und einen darüber angeordneten Gnadenstuhl dar. Ein beispielhaftes Werk aus der zweiten Hälfte des 16. Jh.). Epitaphe

Lonnerstadt *K370 F8*

Landkreis Erlangen-Höchstadt

ANFAHRT/WEGBESCHREIBUNG
BAB A3 Würzburg-Nürnberg, Abfahrt Pommersfelden, Höchstadt/Aisch durchqueren und im Ort nach Lonnerstadt abzweigen.

SEHENSWÜRDIGKEITEN
Amtsschloß, Kirche

ORTSTEIL/SEHENSWÜRDIGKEITEN
Sterpersdorf, Lauberberg

ORTSGESCHICHTE: Bei Lonnerstadt fließt das Weisachflüßchen der Aisch zu. Die genauen Daten zur Entstehung des Ortes fehlen. Vage sind die Vermutungen, daß der Ort mit und bei einer frühchristlichen Missions- und Taufkirche – also einer Urkirche iroschottischer Mönche enstanden sein könnte. Möglicherweise war die Kirche eine der 14 oft zitierten Slawenkirchen. Die „Stätte des Lonher", eines fränkischen Grundherren geht zu Beginn des 9. Jh. als *„Lonre"* – später auch *„Lorn, Lonerstat"* urkundlich hervor. 1008, trotz der Gründung des nähergelegenen Bistums Bamberg, blieb das Hochstift Würzburg Besitzer mit Pfarreirecht in einer Art Insellage, war doch die Umgebung bambergisch. Im Hochmittelalter war der Ort stark unter diversen Grundherren aufgeteilt. Mit dem Aussterben der Grafen zu Höchstadt als Lehensherren treten die Bistümer Bamberg und Würzburg, die Grafen von Castell, sowie die Schenken von Limpurg in Erscheinung. Das Bistum Bamberg setzt beispielsweise die Burgmannen von Lonnerstadt ein, die jedoch Anfang des 15. Jh. mit einem Kunz erloschen. Nach ihnen werden als neue Lehensinhaber nun die Thüngfeld, Vasant, Haut und Tezel benannt. Hierbei wird schon ein Burgstall (verfallene Burg) erwähnt, der von Hans von Vestenberg an einen Heinrich Rumel weiterverkauft wird. Der Hussitenkrieg brachte erste Verwüstungen im Ortsbild mit sich, so daß die Kirche als Filiale von Höchstadt erschien. 1527 reformieren sich Ort und Kirche, und letztere wird eigenständige Pfarrei. Den Wirren im Bauernkrieg folgen 1553 im Markgrafenkrieg Brandschatzungen.
Der Nürnberger Patrizierfamilie Rummel gehörte alsbald der Ort, ehe dieser mit dem ersten Kriegsjahr des Dreißigjährigen Krieges an die Stadt Nürnberg selbst ging.

Amtsschloß

SEHENSWÜRDIGKEITEN: Das **Amtsschloß** von Lonnerstadt ist ein neuzeitlich geprägtes Wasserschloß an der Weisachmündung. Weiheranlagen schützten den späteren, bedeutenden Nürnberger Amtssitz. Vormals Besitz der Nürnberger Patrizierfamilie Rummel. Ort und Schloß waren ab 1618 Vogtei und Amtshaus der Vögte der Reichsstadt

Nürnberg (siehe Wappen an der Pforte zur Wendeltreppe). In der älteren Erscheinung handelte es sich um einen querrechteckiger, zweigeschossiger Kernbau aus dem 16. Jh. mit Verlies, das mit 1566 bezeichnet ist. Die modifizierte und derzeitige Bauerscheinung ist von 1728 mit Mansarddach und Mittelgiebel. Eine regelmäßige, aber ältere Wehrmauer umgibt das Schloß mit zwei runden Ecktürmchen.

Kirchenburg

Die **Ortskirche** (ehem. St. Matthäus und Oswald) steht vermutlich anstelle der bereits erwähnten Burg des ortsansässigen Adels. Die im Süden und Westen noch erhaltene Befestigung ist spätmittelalterlich und durch ein Torhaus zugänglich. Der an der Nordwestecke aufragende Turmbau ist das Beinhaus mit einer Kapelle aus dem 16. Jh. Der Chorturm ist in seinem Aufbau (siehe unteres Geschoß) noch recht massiv und ragt immerhin dreigeschossig über dem übrigen Kirchbau auf. Die oberen Turmgeschosse sind barockzeitlich und das Ende bildet eine gleiche dreifache Barockhaube mit zwei Laternen. Im gotisch kreuzgewölbten Chor sind zwei figürlich verzierte **Konsolsteine** bemerkenswert. Sie zeigen offenbar den Baumeister und dessen Frau neben einem Mönch. Die Sakramentsnische dürfte aus dem 14. Jh. stammen. Das barockzeitliche Langhaus, errichtet zwischen 1740 und 1745 steht sicherlich auf alten Grundmauern. Hier ein **Doppelsäulenaltar** von 1680 mit altem **Altarblatt**, welches die Auferstehung Christi nach Michelangelo zeigt. Neben dem Barockaltar von 1680/81 gibt sich das Kirchinnere nicht nur durch Langhausstuck, sondern auch in Kanzel und Orgel im reichen Rokoko. An der Orgel befindet sich auch das Wappen der Stadt Nürnberg.

Nördlich der Kirche erhebt sich ein viersäuliges **Brunnengebäude** – der „Verkündbrunnen" mit Holzarkaden des 18. Jh.

Die ortszugehörige Steinbrücke über den Aischfluß stammt aus dem Jahre 1765. Interessant ist auch die alte **Zollsäule** von 1671 an der Alten Aischbrücke, die von der Stadt Bamberg hier aufgestellt wurde.

Sybilla Weiß, die fränkische Mythengestalt soll den Legenden nach, auch Edelfräulein von Lonnerstadt gewesen sein. Im Wolfsgraben der Waldabteilung Spitalwald, zwischen Siebenmorgen und Thonbrücke sehen Heimatforscher den Standort eines abgegangenen Schlosses. Bezeichnet die dortige Brunneneinfassung den ehemaligen Schloßplatz? Einen ähnlichen Ort gibt es bei Ailsbach, von dessen Schloß sie gegen Lauberberg zum Antoniusbildnis gelaufen sein soll.

Das Brunnengebäude von Lonnerstadt.

ORTSTEIL/SEHENSWÜRDIGKEIT: In dem auf der anderen Aischseite von Lonnerstadt

Vesperbild

liegenden **Sterpersdorf** steht die **St. Veitskirche** mit ihrem teilweise noch gotischem Chorturm, später als Juliusturm ausgebaut. Im Chorturm ist das hohe, kreuzrippengewölbte Untergeschoß bemerkenswert. Im Kirchinnern gibt es auch ein ansprechendes **Vesperbild** des 15. Jh. zu sehen.

Vermutlich war ein gewisser Starcfried Gründer der Siedlung, die 1174 als *„Stertzfriedesdorf"* sicher bezeugt ist. In einer Schenkungsurkunde des Klosters Ebrach wird der Ministeriale Henricus de Sterpersdorf genannt. Das aus dem gräflich höchstadtischen Erbe genommene Sterpersdorf wurde früher zum größeren Teil als Bambergischer Bistumsbesitz angesehen.

Lauberberg

Südlich von Lonnerstadt bei Mailach, jenseits der Aisch, liegt auf dem sogenannten **Lauberberg** einer jener von Besuchern oft als mystisch empfundenen Orte des Steigerwalds und Frankens. Der Bergname bezeugt einen nunmehr gänzlich verschwundenen Ort namens *„Laub"*, der urkundlich 1484 belegt ist. Im oder beim Ort erhob sich auch früher eine **Wallfahrtskapelle St. Antonius**, die 1617 textlich *„im cappelen Laub"* erwähnt wird, aber später – während des Dreißigjährigen Krieges zerstört worden sein soll. Ein Wiederaufbau ist jedoch 1674 bezeugt. Die Kanzel steht jetzt in der Kirche von Gremsdorf. Ein umgestaltender Neubau mit Weihe findet im 18. Jh. statt, wird aber aus unerfindlichen Gründen in der ersten Hälfte des 19. Jh. gänzlich abgetragen. Das Inventar wurde nach Thüngfeld verbracht. Der neue Bau im Mauernrund ist im 20. Jh. begonnen worden. In dieser befindet sich auch eine die zeitlichen Wirren unbeschadet überstandene **spätgotische Marienfigur** und ebensolche **Reliefs** der Hl. Katharina und Hl. Barbara. Man schreibt die Darstellungen dem Marthameister zu, zum Schrein eines ganzen Flügelaltars zugehörig.

Mythische Frauengestalt Sibylla Weiß

Als Gründerin der Kapelle wird besonders im Volksmund die fränkische Mythengestalt Sibylla Weiß angesehen. Eine Seherin, die an mehreren Orten im Frankenland als verschiedene Persönlichkeiten erscheint. Hier als Edelfräulein von Lonnerstadt oder Ailsbach bekannt. Diese erscheint in Bischofsgrün im Fichtelgebirge als Bauerntochter mit gleichem Namen. Die Sagen berichten, sie habe auf dem Schloß von Ailsbach gewohnt, stammte aber aus der fernen Wetterau. Sie sei gerne (wohl zum meditieren) auf den Lauberberg zur Antoniuskapelle mit dessen Abbild gezogen. Der Teufel selbst habe sie einmal in Versuchung führen wollen, so daß sie den Hl. Antonius um Hilfe anrief und der Teufel freilich Reißaus genommen haben soll. Zu Lebzeiten weissagte sie, daß in späteren Zeiten Frauen Hosen tragen würden und es Fahrzeuge geben würde, die ganz ohne Ochsenkraft angetrieben werden würden. Man sagt, sie sei hier auf ihren Wunsch hin beerdigt worden. Das ihrige, umfriedete Grab soll jenes dicht vor der Kapellmauer sein. Diese soll auch Überrest des einstigen Dorfes sein. Die hohe Nischenmauer umgibt den Hofbezirk, der als freieigenes Bauerngut bezeichnet wurde. Leo Weismantel setzte der mythischen Frauengestalt ein literarisch, wertvolles Denkmal.

Mainbernheim *K369 C8*

Landkreis Kitzingen

ANFAHRT/WEGBESCHREIBUNG

BAB A7 Würzburg-Ulm, Abfahrt Biebelried, der B 8 über Kitzingen in Richtung Markt Bibart folgen, nach 15 km erreicht man Mainbernheim.

SEHENSWÜRDIGKEITEN

Stadtmauer/Tortürme, Rathaus, Stadtkirche, Ansbachisches Patrizierhaus, Kastenamt, Friedhof (Friedhofskanzel, Arkaden, Epitaphe)

ORTSGESCHICHTE: Die uralte und sicherlich sehr früh entstandene Handelsstraße, die wohl unter der modernen Straßendecke der B 8 zu vermuten ist, war schon zu Zeiten der Merowinger und Karolinger von Bedeutung, so ist von einem Straßendorf und Umsteigquartier für Könige als Tor zum späteren Steigerwald zu sprechen. Als „Heim des Bero" vermutlich im 6./7. Jh., während der Kolonisationsvormachtstellung der Franken als Ansiedlung unter der Führung eines Königlichen entstanden. Eine zweitorige, karolingische Siedlung „berenheim" findet gegen Ende des 9. Jh. dank einer königlichen Urkunde König Arnulfs Erwähnung. Hier ist auch der bischöflichen Kirche der Zehnte, auch aus anderen Königsgütern eingeräumt. Freilich übernahmen die Staufer die bedeutende Stellung des Ortes und ließen ihm eine gebührende Stellung in ihrer Reichslandplanung zukommen. 1172 Reichsdorf und kaiserlicher Landsitz unter dem Staufer Friedrich Barbarossa. Früher castellscher Besitz, dann 1230 dem Hochstift zu Würzburg übertragen. Das Kloster Ebrach erwirkt den Bau eines zisterziensischen Klosterhofes in *„Berenheim"*. Ein Weinanbau ist gegen Mitte des 13. Jh. verzeichnet. Kaiser Karl IV. beschließt für den Ort 1365 Reichsunmittelbarkeit und das Vorrecht, *„... daß jeder, der im Orte kaufe oder verkaufe vom Würzburger Zoll und Umgeld befreit sei. ..."* Ein Jahr später ist er oberster Eigentümer des Ortes. Als Verpfändung ab 1381 ist der Ort dem Königreich Böhmen unterstellt, das unter König Wenzel die Privilegialrechte bestätigt bekommt, und ein Jahr später Stadtrecht erhält. „Bürgerliche Selbstverwaltung, Wehrpflicht und Selbstverwaltung" lauteten damals die neuen Regeln im städtischen Zusammenleben. Dafür blühte die Stadt als Markt mit Weinanbau und unter der Bildung der Gilden auf. Somit erhielt auch Bernheim das Umwallungsrecht und das Stadtwappen, einen Bären im gelben Feld. Die Mainbernheiner Stadtmauer mit Graben (gegen Westen hin sogar doppelt ausgebaut) auf unregelmäßig rechteckigen Grundriß, mit nahezu 20 Wehrtürmen, ragt noch heute bis zu 8 m auf, und war als steinerner Schutz anstelle der alten Pfahlhecken-Umwehrung nebst Graben schwerer einzunehmen. Kaiser Sigmund spricht 1414 der Stadt Wochenmarktrecht und 4 Jahrmärkte zu. Zeitweise gelangte Bernheim auch in den Besitz Balthasars und Sigmunds von Thüngen, als Pfändung an das Hochstift zu Würzburg oder an die Stadt Nürnberg. 1442 bekam die Stadt von Kaiser Friedrich III. den sogenannten „Blutbann" zugesprochen, das hieß die Stadt hatte das Recht über Leben und Tod zu richten. Ein Ritter Burian von Gutenstein wurde neuer Pfandherr über die Stadt. 1494 wurde im Zuge einer Fehde zwischen diesem und den Herren Anton von Bibra und Neidhard von Thüngen die Stadt überfallen und eine Übergabe zu deren Gunsten erwirkt. Ihren jungen Besitz verkauften sie schließlich 1500 an den Landgrafen von Hessen, der ihn zur Zeit des Bauernkrieges an den Markgrafen von Ansbach weiterverkaufte. Die markgräfliche Regentschaft dauerte so von 1525 bis 1792. Unter der Obhut der markgräflichen Führung Friedrichs von Brandenburg-Ansbach-Bayreuth, wurde Mainbernheim 1528 evangelisch. Im ortseigenen Gasthaus „Zur güldenen Krone" wurden nachweislich im 16. Jh. Schätze und Reichinsignien auf ihrem Weg von Nürnberg nach Frankfurt verwahrt. So auch 1742 findet die Deutsche Kaiserkrone am 24. Januar sichere Verwahrung. Erwähnt wird hierbei der Wirt Johann Siegfried Gebhard. 1548 gilt die Stadt als markgräfliche Handels- und

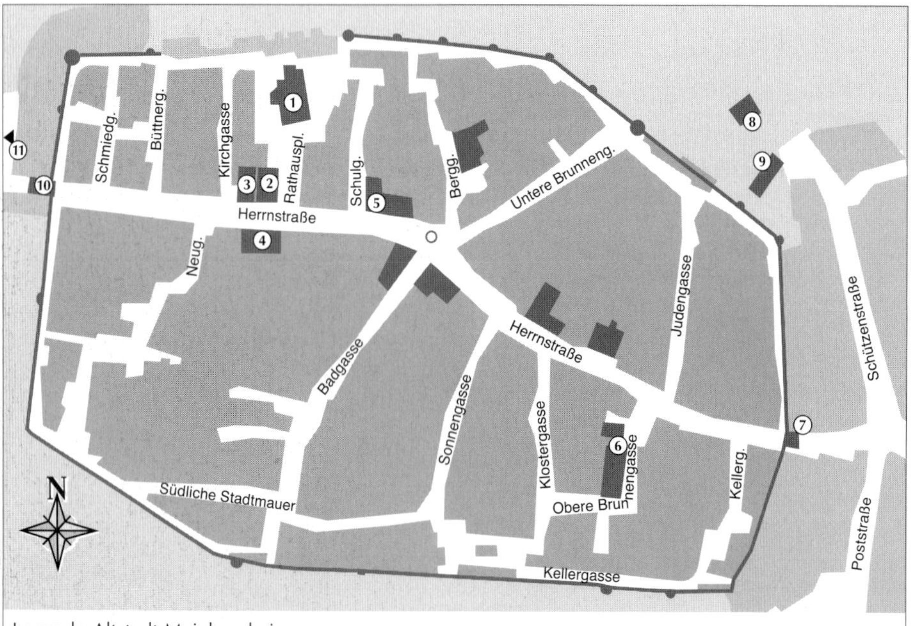

Legende Altstadt Mainbernheim
① Stadtpfarrkirche ② Rathaus ③ Gasthaus „zum Schwarzen Adler" ④ Gasths. „Zur güldenen Krone" ⑤ Gasthaus „zum Schwarzen Bären"/Fachwerkhaus von 1608 ⑥ Kastenamt ⑦ Oberes Tor ⑧⑨ Altes und Neues Schützenhaus ⑩ Unteres Tor ⑪ Friedhof

Gewerbestadt. In den unruhigen und kriegerischen Zeiten des 30 Jahre dauernden, Europa zerrüttenden Krieges (auch Schwedenkrieg genannt) sorgte die Unterbringung „von Kriegsvolk" für Seuchenausbrüche in der kleinen Stadt. 1628 wurde unter Kaiser Ferdinand II. die „böhmische Pfandschaft" in ein Lehen des Königreiches Böhmens umgewandelt. Auch führten die Ansbacher, um Verwechslungen mit anderen Bernheim-Orten zu vermeiden das vorgesetzte Wort „Main" ein. 1673 kam es unter dem Raubkrieg - Erbfolgekrieg Ludwig des XIV. in Mainbernheim zu Raub und Plünderungen. 1792, mit dem Erlöschen des letzten Markgrafen von Ansbach „erbt" Preußen die Stadt. 1799 übernachtete in der „Güldenen Krone" Kaiser Friedrich Wilhelm III. mit seiner Gemahlin auf einer Durchreise. Nach 1806 wurde der Ort dem jüngst entstandenen Königreich Bayern zugeordnet. Die alljährliche Abgabe von Naturalien, später waren es Geldbeträge an das Reich endeten erst gegen Mitte des 19. Jh.

Bekannt ist Mainbernheim wohl auch wegen der Lebkuchenfabrik Gebrüder Schmidt, die mit der Firmengründung 1893 die weltweit beliebten Spezereien herstellt. Der Konditormeister Johann Schmidt erwarb 1863 eine Konditorei und Spezereihandlung „Steghöfer" am Marktplatz. Siehe den Fachwerkbau neben dem Vierröhrenbrunnen. (1683 errichtet)

SEHENSWÜRDIGKEITEN: Das fünfgeschossige **Untere Stadttor** oder **Würzburger Tor** fußt auf einem quadratischen Grundriß, stammt aus dem ausgehenden 15. Jh. und wird durch ein vorgelagertes Torhaus in Fachwerk des 17. Jh. in punkto Wehrdemonstration (aber nicht wehrfähig gegen die damalige Waffentechnik) ausgezeichnet. Das fünfte Geschoß wurde um 1600 hinzugefügt. Im Unteren Turm ist auch der sogenannte „Schweizer" verwahrt. Das ist ein steinerner Landsknecht, das Stadtwappen haltend aus dem 16. Jh., der offenbar eine Brunnenfigur selbst darstellte.

Das spätgotische **Obere Tor** mit spitzbogiger Durchfahrt ist im unteren Grundriß rechteckig, wandelt sich dann aber zum achteckigen Bau mit typischen Mansard-Dachabschluß und Laternenaufsatz 1648 erbaut, im 18. Jh. verändert.

Neben den stattlichen Tortürmen des Oberen und Unteren Tores und dem spätmittelalterlichen Stadtbild ist das großzügig 1548 vollendete **Renaissance-Rathaus** mit seinem dreigeschossigen Staffelgiebel seither als „schönstes und größtes Haus

Das „Würzburger Tor" mit Torhaus und Torturm.

der Herrenstraße" betrachtenswert. Im Erdgeschoß waren damals Kaufläden untergebracht, während im Fachwerk-Obergeschoß (verputzt) die Fest- und Feiersäle mit den drei schönen frührenaissancezeitlichen Vorhangbogenfenstern mit altem Glas, wo auch die Verwaltungsräume (2. Geschoß) – Ratssaal südlich, untergebracht waren. Hier auch der Sinnspruch: *„wilst du nit wissen wer du bist, so sag auch eim anderen nit werer ist.* 1548").

Der **Brunnen** mit dem steinernen Wappentier der Stadt stammt aus dem Jahre 1681.

In der Herrnstraße gibt es auch ein auffälliges rundbogiges **Portal** mit reich profiliertem Gewände, Sitzkonsolen und Muschel.

Der Verlauf der Herrenstraße zeigt auch noch schön den Verlauf der hier durchführenden alten Handelsstraße von Südost nach Südwest

Gasthof

auf. Beachtung verdient auch das **Wirtshausschild** am alten **Gasthof Schwarzer Adler** in der Herrenstraße. Die leicht erhöht stehende goti-

Pfarrkirche

sche, evang.-luth. **Stadtpfarrkirche (St. Johannes)** entstammt mit den vier Untergeschossen des mächtigen Chorturmes noch dem 13. Jh., während Chor und Langhaus wohl 1732/33 unter Johann David Steingruber (Leiter des markgräflichen Bauwesens) als Neubau fertiggestellt wurden. 1621 wurde der sechsgeschossige Turm nochmals erhöht. Eine Laterne schließt den Bau ab. Neben einer **Kreuzigungsgruppe** von 1498 als Relief zeigt sich ein **Altarbau** von 1744 mit Darstellung eines „apokalyptischen" Lammes mit Buch.

Neben den anmutigen Gebäuden fallen zum Beispiel auch das **Ansbachische Patrizierhaus** oder das **Kastenamt** mit gegliederter Fassade und Walmdach, der Sitz im 15. Jh. des ansbachischen Kastners auf. Hier steht auch ein moderner Brunnen mit dem Wappentier Mainbernheims.

Der fränkische Heimatdichter Georg Schuerlein wurde im nebenstehenden Gebäude im späten 17. Jh. geboren.

Gasthaus „Schwarzer Adler neben dem Rathaus

Wirtshausausleger von 1771

Der vor dem malerischen Unteren Tor liegende Friedhof mit seiner hohen Friedhofsmauer und dem prächtigen, korbbogigen **Renaissanceportal** ist laut einer Inschrift auf Beschluß von Vogt, Bürgermeister und Rat, 1545, nordwestlich vor der Stadt, umweit vom Unteren Turm, angelegt worden. Der alte Gottesacker befand sich rund um die Kirche im Ort. Die Inschriftplatte über korbbogigem Portal (1564) vermerkt die Restaurierung und Erweiterung von 1618. Abschließend Pilasterschmuck und Dreiecks-Giebel als klassizistischer Aufsatz mit Voluten und Jahreszahlen sowie Wappen. Im Friedhofsinnern steht die hier regional typische **Friedhofskanzel** von 1618 gegenüber den hölzernen, zum Friedhof hin offenen Arkaden. Unter dem beachtenswerten Arkadengebälk steht eine interessante Sammlung kunstvoll bearbeiteter **Epitaphe** von Rats- oder Pfarrherren, Bürgerlichen oder einem Stadtvogt.

Friedhofsportal

Im örtlichen **Schützenhaus** kann man eine **Schützenscheiben**sammlung der Kgl.-privaten Schützengesellschaft Mainbernheim besichtigen. Der Ursprung der Vereinigung ist im Jahre 1382 - der Stadterhebung, verzeichnet. Die älteste der 186 Scheiben stammt aus dem Jahre 1783.

Schützenscheiben

Flankierungstürme in der alten Stadtmauer

Renaissance-Portal zum Friedhof

Mariaburghausen *K368 A9*

Stadt Hassfurt, Landkreis Hassberge

ANFAHRT/WEGBESCHREIBUNG

BAB A70 Schweinfurt-Bamberg, Abfahrt Knetzgau, Richtung Haßfurt durch Knetzgau fahren, auf dem Weg nach Haßfurt kommt man am ehemaligen Kloster vorbei.

ORTSGESCHICHTE: Die Gründung des Altortes ist sicherlich innerhalb der karolingischen Siedlungswelle zu suchen. Diese ist anhand von einer Reihe auf „-hausen" endenden Siedlungen abzulesen, die auch den nahen Haßgau und das Grabfeld abdeckte. Jedenfalls taucht der Name um 770 im Klosterbesitz der Abtei Fulda auf. Der alte Name um 820 lautete *„Marcburghusa"*, also ein Haus und Gut der Marcburg. Hiermit ist nicht etwa eine Burg angesprochen, sondern der weibliche Personenname Marcburga. Zwischenzeitlich, etwa in der zweiten Hälfte des 16. Jh., taucht der Name *„Wallburg"* beziehungsweise *„Walberhausen"* auf. Mundartlich sagt man heute noch *„Walberhausen"*, beide Namen bekräftigen den Frauennamen Wallburga. Diese soll die Mutter des rheinfränkischen Grafen Walah gewesen sein. Mit Sicherheit war sie jedoch im Knetzgau selbst reich begütert. Der Flecken lag zwischen dem Ort Horhausen und dem nunmehr abgegangenen Bernhausen.

Die katholische Kirche St. Johannis der Täufer im Gutshof war eine ehemalige Zisterzienserinnenklosterkirche. Ein erstes Kirchgebäude stand anstelle des heutigen Dorfes in Kreuztal (bei Bergtheim in Unterfranken) und wurde dort mit Erlaubnis des Würzburger Bischofs von Lobdeburg gegründet. Die Äbtissin Jutta und das Konvent des Klosters Heiligenthal gingen im Jahre 1237 als Begründerinnen hervor. Wegen Unwirtlichkeit bereits 1243 (Äbtissin Lukradis) nach Marcburghausen verlegt. Hier trat auch Sibto von Etzelshausen sein Lehen vom Würzburger Hochstift ab. Damit war ausreichend Möglichkeit zum Bau des neuen Klosters nach Zisterzienservorbild gegeben. (vgl. Ebrach) 1255 wurde die Bestätigung der Privilegien unter Papst Alexander IV. erteilt. 1270 entsteht wohl die erste Kirche mit Johannes dem Täufer-Patrozinium auf bischöfliche Erlaubnis. Schon 17 Jahre später kam es durch Brand zu einer ernsten Beschädigung des Gebäudes. Der wiederhergestellte Kirchenbau entstand im Verlauf des endenden 13. Jh. (1287) und beginnenden 14. Jh. (1336), vermutlich aus Ablaßbriefen - zur Brandwiederherstellung, finanziert. Das heutige Kirchengebäude ist auch aus dieser Zeit zu ersehen. Schenkungen und Käufe des Umlandes - so auch der Gemeinde „Marpurghausen" unterstützten das Nonnenkloster im Fortbestehen. Das Kloster war für land- und stadtadelige Frauen zugänglich organisiert worden. Nach dem Bauernkrieg, 1525 mit den einhergehenden Zerstörungen und auch 1552 während des 1. Markgräfler Krieges wurde der klösterliche Betrieb 1582 unter Fürstbischof Julius Echter säkularisiert, das heißt aus Klostergebäuden wurden Gebäude zu profanem, weltlichem Nutzen, sprich Wirtschaftsgebäude, der Kirchenbau wurde Haßfurt unterstellt. Hierbei kamen die Liegenschaften an die Universität Würzburg. 1586 wird der Klosterplatz als „wüst" bezeichnet. Beeindruckend ist noch die Zahl des gesamten Besitzes: 1350 Morgen mit ungefähr 235 Hektar klostereigenem Forst.

SEHENSWÜRDIGKEIT: **Ehemalige Zisterzienserinnen-Klosterkirche:** Das 50 m lange, 10 m breite Kirchengebäude zeigt sich noch heute als einschiffiges, langes und hohes Gebäude, mit regelmäßiger Strebepfeilergliederung mit Nonnen- und Laienchor in Kreuzrippengewölben des 13. Jh. Der Dachreiter ist ein Aufsatz der Barockzeit. Dem Kirchenschiff ist ein dreischiffiger, siebenjochiger **Gruftraum** mit schönen gotischen achtseitigen Pfeilern angegliedert. Auch hier sind die figürlichen Details der Schlußsteine recht anschaulich gestaltet worden. Im Boden finden sich zahlreiche **Epitaphe** der vornehmlich besser gestellten Damen aus Adels- und Patrizierkreisen. Westlich, über dem Gruftraum schließt sich die flachgedeckte Nonnenempore an. (Nutzung als Getreidespeicher im 17. Jh.). Die Schlußsteine im

Blick in den dreijochigen Gruftraum

Blick auf Scheidemauer mit Empore vom Chor.

Epitaph des Heinrich von Seinsheim (1. Hälfte 14. Jh.)

Gewölbe zeigen einen Christuskopf aus dem Schwerter wachsen und einen Pelikan als christliches Attributstier. Der einjochige **Chor** ist gleich der zweijochigen Laienkirche gewölbt. Hier eine schmale Empore auf der Scheidemauer zwischen Laienhaus und Chor. An der südlichen Chorwand tut sich eine dreiteilige Nische mit Kreuzgewölben auf, die offenbar für Sedilien gedacht war. (*Sedile* = lateinisch Sitz) Sitze für die Priester und seine Assistenten bei der Eucharistiefeier, Wortgottesdiensten, vielfach bewegliche Hocker. An den Säulen- und Pfeilerkapitellen kunstvolle Figurenstücke. Auffälliger, barocker **Hochaltar**, mit oben angebrachtem Wappen der Würzburger Fürstbischöfe Julius Echter (1579-1612) und Johann Philipp von Greiffenclau (1699-1719). Das Altarblattgemälde zeigt die Himmelfahrt Mariens. Seitenaltar von 1750 mit spätgotischer **Holzfigur St. Maria mit dem Kind** um 1520. **Epitaph**: Bemerkenswert hierbei ist das des Heinrich von Seinsheim (+1345), das als ältestes und künstlerisch wertvollstes Abbild eines Ahnherrn der Familie von Seinsheim – in voller Rüstung, allerdings teils abgelegt, teils noch am Leib. Ebenfalls um 1520 entstanden die spätgotische Flügelaltarreste. Diese wurden übrigens von hier ins Martin-von-Wagner-Museum in Würzburg gebracht. Schönes Kirchenportal am Langhaus des 14. Jh. mit **Gedächtnistafel** des Würzburger Fürstbischofs Julius Echter von 1587. Die ehemaligen, zur Abtei gehörigen Gebäude sind im jetzigen Gutshof noch erhalten. So der ganze Westflügel, direkt an die Kirche anschließend, der Ostflügel des 17. Jh. birgt sogar noch mittelalterliche Bauteile - deutliche Gewölbeansätze eines früheren Kreuzgangs. Gastbau 1701. Schön gearbeitete **Bildstöcke** stehen an der Straßenkreuzung, und an der Umfassungsmauer des früheren Klosterkomplexes. Die Universität zu Würzburg ist bis heute Besitzer der Klosteranlage, die es zur Neugründung der Universität von Fürstbischof Julius Echter erhalten hatte.

Markt Bibart *K369 F7*

Landkreis Neustadt an der Aisch - Bad Windsheim

ANFAHRT/WEGBESCHREIBUNG
BAB A7 Würzburg-Ulm, Abfahrt Biebelried, der B 8 über Kitzingen bis Markt Bibart folgen.

SEHENSWÜRDIGKEITEN
Pfarrhaus, Wohnhäuser

ORTSTEILE/SEHENSWÜRDIGKEITEN
Altenspeckfeld (Bildstock, Burgstelle), Altmannshausen (Kirche)

ORTSGESCHICHTE: Das heutige Markt Bibart mit seiner gänzlich verschliffenen Befestigung lag schon im merowingischem Siedlungsbereich. Den Namen erhielt die Siedlung vom damaligen Fluß *„Biberah"* selbst. Als *„Byberach"* 816 bezeugt. Interessant ist auch, daß die Siedler wohl auf die hier damals, wohl auffälligen Biberbehausungen aufmerksam wurden, nach denen sie den Flußlauf nannten. Dies drückt sich auch in den spätmittelalterlichen Namensformen *„Biberot, Piparodi"* (*„Bibar"* und *„odi"*= Flurname Biberhaus) aus. Offenbar war der Ort im Hochmittelalter Besitz des Bistums Würzburg, 1007 bestand hier vielleicht schon eine Filialkirche. Die Ortskirche war wohl Mutterkirche für Scheinfeld und Taschendorf.

SEHENSWÜRDIGKEITEN: Der Ort wird im 1231 als Besitz der würzburgischen Vögte und Reichsvögte von Truhendingen, Speckfeld und Henneberg erwähnt. Die Nennung 1290 als Oppidum zog sieben Jahre später eine Befestigung mit Gräben, Mauern und Türmen unter dem würzburgischen Fürstbischof Mangold von Neuenburg nach sich, der es nach denen von Hohenlohe als seinen Besitz nennen konnte. So wechselte 1390 der Marktflecken auch an die Pröpste St. Stefans aus Bamberg an das Hochstift von Würzburg. Das Recht sich Markt nennen zu dürfen erhielt der Ort wohl unter Kaiser Karl IV., der eine zeitlang auch die Burg Neuenburg→ besaß. Als Ort des Halsgerichts machte der Markt ebenfalls von sich reden und behielt im weiteren Sinne als staatliche Verwaltung und Gerichtsbarkeit bis ins 19. Jh., ehe diese nach Scheinfeld übertragen wurden. Dreimal geriet der Markt an Bayern. Ehemals führte hier auch eine bedeutsame Poststraße vorüber, die heute noch zwischen Oberlaimbach und Altmannshausen nördlich des Baches nachweisbar ist. Die **Ortskirche** wurde 1615 unter dem Würzburger Fürstbischof Julius Echter von Mespelbrunn auf alten Mauern von Grund auf im nachgotischen Stile neu aufgebaut. So ist hier auch noch eine **Inschrift** bezüglich des seinerzeits typischen Umbaus zu sehen. An der Orgelbühne kann

Echter-Kirche

man noch **12 Apostelfiguren** aus dieser Bauphase sehen. Die **Altäre** zeigen sich im späten Rokokostil mit beispielhaftem Übergang zum sogenannten Zopfstil. Altarbauten und Kanzel sind Werke von Johann Peter Wagner. Bemerkenswert sind die kleine Grabplatte und das **Totenschild** von 1721 vom Amtskeller Johannes Linck. Neben dem katholischen **Pfarrhaus**, 1602 genannt, einem zweigeschossigen Walmdachhaus mit Fachwerkobergeschoß, fallen ansehnliche Wohnhäuser am Julius-Echter-Platz, der Nürnberger- (Ehem. Rentamt, 18. Jh., Hausnr. 31, ehem. Gerichtsgefängnis - Walmdachgebäude im Rundbogenstil) oder Würzburger-Straße auf.

ORTSTEILE/SEHENSWÜRDIGKEITEN: Etwa 4 km von Markt Bibart in nordwestlicher Richtung erreicht man abseits der B 8 in Richtung Castell den Weiler **Altenspeckfeld**. Als „Speckevelt", 1153 bezeichnet. Deutung als „speckiges" sprich fettlehmiges Feld oder als Hinweis auf „Specke" = einem Knüppeldamm, übers Feld führend. Der große Burgstall (**Burgstelle**) am nördlichen Rande des Gutes Altenspeckfeld, welches im frühen Mittelalter schon als Besitz der Herren von Speckfeld bezeugt ist, später aber an den Baron von Franckenstein überging, läßt sich noch auf einer Erdwelle, etwa 10 m über dem Wiesengrund mit einem Basisdruchmesser von etwa 60 m und einem wohl ehedem bebauten Plateau von 30 m Durchmesser und einem sichtbaren Ringgraben mit vorgelagertem Erdwall erkennen. Wohl wurde die Burg zum Schutze des Hofes und der vorüberziehenden Straße Hellmitzheim-Altmannshausen erbaut. Nach Keramikfunden aus dem 10. oder 11. Jh. in jene Zeit sicherer datiert. Die Edelherren von Speckfeld werden im Zusammenhang mit einer Ruine des 12.-14. Jh. erwähnt, während das Dorf *„Spekevelt"* am Bibartbach 1153 von Kartäusermönchen der Kartause Tückelhausen urkundlich durch einen Erwerb erwähnt wird. 1414 taucht erstmals der Name Altenspeckfeld auf. Durch den Bau und die Bewohnbarkeit der neuen Burg, der Höhenburg Speckfeld → über dem Neubauhof wird im frühen 16. Jh. zwischen einem Orts- und Bergschloß unterschieden.
Südlich von dieser Burgstelle erhebt sich ein rokozeitlicher **Bildstock** (Mitte 18. Jh.) aus dem Grund. Ein Relief stellt die Marienkrönung dar.

Altmannshausen liegt etwa 2,5 km nördlich an der B 8 Richtung Castell. Der heutige Haufenwegeort wird im Jahre 1280 als *„Altmannshusen"* - „zu den Häusern des Altmann" oder eines „Altmar" erwähnt. Einige ansehnliche Hofanlagen gehen noch auf den Ausbau unter Würzburger Bistums-Herrschaft zurück. Die Kirche wurde zu Zeiten des Fürstbischofs Julius Echter 1612 erweitert. Betritt man das Kirchinnere durch spitzbogigen Triumphbogen ist das Inventar aus dem 18. Jh. auffällig, hier durch den Altarbau mit klassizistischem Zopfwerk und noch barocken Elementen. Die Holzfigur des Jakobus ist im gotisierenden Barock geschaffen worden. Brücke mit Brückenheiligen St. Nepomuk über dem Bibartfluß erhalten.

Markt Einersheim *K369 D8*

Landkreis Kitzingen

ANFAHRT/WEGBESCHREIBUNG
BAB A7 Würzburg-Ulm, Abfahrt Biebelried, der B 8 über Kitzingen in Richtung Markt Bibart folgen, nach Mainbernheim und der Abfahrt Iphofen erreicht man Markt-Einersheim.

SEHENSWÜRDIGKEITEN
Iphöfer Tor und Hellmitzer Tor, Kirchenburg (Grabsteine, Tor- und Rathaus), Gräflich Rechteren-Limpurgisches Schloß, Kelterhaus

ORTSTEIL/SEHENSWÜRDIGKEIT
Burgruine Speckfeld

ORTSGESCHICHTE: Im Raum der Hellmitzer Bucht weisen zahlreiche Funde des Neolithikums (Jungsteinzeit) von 3000 v. Chr. wie Mahlsteine oder Pflugkeil auf eine zeitige Besiedlung hin. Am Küchbuck im Steinbühl verdeutlichen merowingische Reihengräber des 6./7. Jh. die fränkische Landnahme unter der Führung hierzu bestimmter Adliger, in diesem Fall eines „Einheres“ , aus dem der Ortsname sich ableiten läßt („Heim des Einheres“). Die Einheimischen sagen zu ihrem Ort *„Ennerschi“*. Das 1023 in einer Wildbannurkunde Kaiser Heinrich II. verzeichnete Wingersheim muß als abgegangene Ortschaft bei Einersheim belegt sein. Eine erste Matthäuskirche soll schon um 1000 erbaut gewesen sein. 1424 schreibt man den Ort als Besitz derer von Hohenlohe-Speckfeld zu. Deren Besitzungen gelangten nach dessen Ableben partiell an die von Limpurg oder zu Teilen an die von Castell, die ihren Teil wieder an die von Limpurg veräußerten. 1524 erhält der Ort unter dem Schenken Carol von Limpurg Marktrecht.

SEHENSWÜRDIGKEITEN: Einst besaß Markt Einersheim drei Tore: zwei folgten dem Verlauf der alten Reichsstraße zwischen Nürnberg und Würzburg, ein drittes, das „Mönchsondheimer Tor“ öffnete sich in die Wiesen. Das Tor nach Würzburg, das **„Iphöfer Tor“** mit Fachwerk im Obergeschoß, sowie das modern umgestaltete nach Nürnberg weisende Tor **„Hellmitzer Tor“** bezeugen neben geringen und verbauten Mauerresten der Wehrmauer die frühere Befestigung. Im Würzburger Tor ist nun das **Heimatstuben-Museum** untergebracht. Die Tore sind Fachwerkbauten aus der Zeit des 17. /18. Jh.

Iphöfer Tor

Hellmitzheimer Tor

Die Vorstadt mit mehreren Mühlen, das Unterdorf mit dem Markt und schließlich der obere Dorfteil mit dem Schloßberg, an dessen einem Sporn sich später die vierseitige Kirchenburg erhob, bildete die große Siedlung.

Die **Kirchenburg** mit ehem. Matthäuskirche. Die evang-lutherische Pfarrkirche, 1297 als Pfarrei bezeichnet, beweist ihr frühes Entstehen

Kirchenburg

mit dem Erdgeschoß ihres hohen und massiven Ostturms, das auf Anfang des 13. Jh. datierbar ist. Eine Erhöhung ist im 14. Jh. belegt. Der Chorbau mit Kreuzrippengewölbe stammt aus dem 2. bis 3. Viertel des 13. Jh. Zur Mitte des 17. Jh. wurde das Langhaus erweitert, der Turm um einige Geschosse erhöht. Laterne auf welschem Dach. An der kassetierten Flachdecke mit zentralem Oktogon des Langhauses sind schön gearbeitete Wappen der Reichserbschenken von Limpurg-Speckfeld zu sehen. Drei **Grabsteine** der von Limpurg, ein schönes Epitaph, zeigt so den Schenken Carol von Limpurg unter dem Kreuz Christi, der im übrigen Zeitgenosse Luthers war und hier die Reformationen einleitete. Beachtung verdient auch das **Kruzifix** aus der Hand Georg Brencks (1602). Der Wehrcharakter wird durch das 1414 erwähnte, sicherlich wenig früher gebaute Torhaus „zum Kirchhof", später Rathaus und die dem Rechteck folgenden, unterkellerten – allerdings verbauten Gadenhäuser der Kirchenbefestigung deutlich. So auch das alte Beinhaus, das als Garage zweckentfremdet, kaum mehr als solches zu erkennen sein kann und 1596 bezeichnet ist. Der Kirchhof war bis 1599 Begräbnisstätte.

Torhaus der Kirchenburg Rathaus der Gemeinde

Ansehnlich ist die Nordseite der Kirche mit ihrem im Obergeschoß fachwerkig abgesetzten **Torhaus**, später Rathaus mit dem Walmdach von 1567. Der Umbau – heutige Gestalt und die Anbringung der farbig bemalten Limpurger-Wappen dürften im Jahre 1742 erfolgt sein. Über die Treppe gelangte man direkt in den Ratssaal. Hier befinden sich noch einige **historische Wandbilder**.

Mitunter findet man schöne **Bürgerhäuser** mit schmucken Fachwerkgiebeln vor. Das Fachwerkhaus (1738) der Bäckerei fällt noch durch sein Bäckereifenster auf einem achtseitigen Pfeiler an der Giebelseite auf. Ein barocker **Wirtshausausleger** ist am Gasthaus „Zum goldenen Stern" zu sehen. Im „Roten Roß" steht noch ein gußeiserner Ofen mit schönen Ofenplattenreliefs. Auffälliger **Historismus-Ausleger** von 1870.

Tor- und Rathaus der Kirchenburg von Markt Einersheim

Das **Gräflich Rechteren-Limpurgisches Schloß**. Schenk Vollrath, der die Höhenburg Speckfeld→ wegen der andauernden Lehensstreitigkeiten zwischen Bamberg und Würzburg verließ, um sich in Einersheim aus seinem „herrschaftlichen Absteigquartier" ein repräsentatives Wohnschloß zu bauen, legte hiermit den „Grundstein" für ein im Stil niederländisches Stadtpalais (1685) anstelle eines Bürgerhauses errichteten Schlosses, das heute noch im Besitz der Nachfahren ist. Seine Tochter ehelichte Joachim Heinrich Adolph Reichsgraf von Rechteren, das nun den Familiennamen von Rechteren-Limpurg-Speckfeld erklärt. 1859 kam es zum neugotisch geprägten Umbau unter Graf Friedrich Ludwig von Rechteren-Limpurg-Speckfeld. Es handelt sich um einen massiven, dreigeschossigen Neugotik-Quaderbau mit schiefergedecktem Satteldach und Hof, der von den beiden Flügeln des Vorgängerschlosses umgeben wird. Zweigeschossige Fachwerktrakte. Das **Kelterhaus** (um 1630) erhebt sich in der Nähe des sogenannten Rosengartens. Der für die Öffentlichkeit zugängliche Schloßpark liegt im Norden.

Ein spätgotischer **Bildstock** erhebt sich in der Flur östlich am Fußweg zur Ruine Speckfeld →. Gestiftet von den Schenken von Limpurg.

ORTSTEIL/SEHENSWÜRDIGKEIT: Ein markierter Wanderweg führt von der Bildeiche zur **Höhenburgruine Speckfeld**. An der Landstraße zwischen Iphofen und Birklingen befindet sich linkerhand ein Wanderparkplatz an einer alten Bildeiche.

Wie bereits unter Altenspeckfeld → erwähnt, zog der Adel von Speckfeld vom leicht einnehmbaren Hügel auf die Höhenburg in Spornlage (407 m) oberhalb des Ortes. Dies ist sicherlich nach den Kreuzzügen geschehen. Von einer bewohnten Burg wird z. B. 1226 und 1354 berichtet. Daß die heutige Ruine Stammburg des gleichnamigen Geschlechts, einer Seitenlinie des Hauses Hohenlohe war, ist sicher. Mit Erlöschen des letzten männlichen Erben von Hohenlohe-Speckfeld 1412 gelangte die Burg mitsamt den Gütern durch die weiblichen Nachkommen an die Reichsschenken von Limpurg (Friedrich III.) und an die von Castell. Der castellsche Teil entstand aber auch aufgrund eines Teilungsvertrages zwischen beiden Häusern. Wobei die von Castell ihren neugewonnenen Besitz zu einer weiteren Hälfte an die von Limpurg veräußerten. Letztenendes, mit dem Aussterben derer von Limpurg und dem Wechseln des Besitzes an die Grafen von Rechteren kam also die Burg zum größeren Teil an dieses Geschlecht, das sich seitdem „von Rechteren-Limpurg-Speckfeld“ zu nennen beliebte. Da die hierzugehörigen Oberlehensherren – die Bistümer Würzburg und Bamberg – mit von der Partie waren, kam es zu der kuriosen Namensgebung der geteilten Burg: der westliche oder zu Bistum Würzburg gehörige Teil , wurde „Frankenland“, der östlich gelegene „Steigerwald“ genannt. 1525 kam es während des Bauernkrieges zu Zerstörungen. Nach einem Brand im Jahre 1558, der Nord- und Ostseite des Bergschloßes beschädigte, scheint ein Verfall

Ruine des Torturmes, Hauptburg

der Burg sich anzubahnen, da Ende des 17. Jh. der jetzige Besitzer Vollrath Schenk zu Limpurg-Speckfeld das Schloß aufgrund der wohl andauernden und belastenden Streitigkeiten mit dem Bamberger Teil verläßt und eine „herrschaftliche Absteige" zu einem repräsentativen Schloß in Einersheim ausbauen läßt. Während des Dreißigjährigen Krieges kam es 1632 durch Kaiserliche Friedländer zu Plünderungen des Schlosses, 1647 zu einem Überfall der Schweden. Grund war hierfür sicherlich auch die Sympathie des Hauses Limpurg zur neuen Religion. Hierbei kam es jedoch zu gewaltsamen Bekehrungen der Protestanten durch Katholiken des Fleckens Einersheims. Protestantische Messen wurden deswegen, teils im Geheimen auf dem Schloß abgehalten. 1673 suchte die örtliche Bevölkerung vor Soldaten des französischen Königs Ludwig XIV. Zuflucht auf dem Schloß. Schon 1700 berichten Chronisten von einem Giebel-Einsturz an der Hauptburg, die mit dem Ableben des nachkommenlosen Herrn in den Besitz der Fürstbischöfe von Bamberg und Würzburg übergeht. Bereits 16 Jahre später ist von einem Niederreißen des Würzburger Teils, bis auf den Turm Frankenland (heutige, aufragende Ruinenfassade) die Rede, von 1724 bis 1730 widerfuhr dem bambergischen Burgteil gleiches Schicksal, das mit dem Schleifen des Steigerwald-Turmes 1741 ein endgültiges Ende fand.

Geheime Treffen der Reformierten

Umlaufende Grabenanlagen und Wälle umgrenzen die rechteckige Höhenburg in einer dreiseitig steil abfallenden Spornlage. Auf dem Hauptburgplatz finden sich Schutthalden des geschliffenen Mauerwerks, wohl teilweise weggeschaft, sowie Mauerzüge eines Palas, Gewölbereste und Zisternenstelle (?). Westlich liegt die dreigeschossige Ostfassadenruine des Torturms (Turm Frankenland) mit schön bearbeiteten Fensterstürzen und tonnengewölbter Tordurchfahrt. Durch alte Überlieferungen bildet der Torturm (als eines von mehreren anderen Toren) das Bindeglied von dem Hauptbau und Südtrakt. Ein drittes Tor bestand mit einer Bastei vor der ehemaligen Zugbrükke und stellte zur Mitte des 17. Jh. einen Haupteingang dar. So war der Frankenlandturm vermutlich Brückentor und Tor zum Innenhof. Eine weitere Wehr stellt sich in dem stellenweise noch sichtbaren, umlaufenden Wallgraben dar. Ein äußeres Palisadentor hatte ebenfalls zu hochmittelalterlicher bis spätmittealterlicher Zeit Bestand. Der sogenannte Judenbrunnen am Waldabhang, 100 m nördlich, stellte sicherlich die Wasserversorgung in Form eines Ziehbrunnens dar. Ostsüdöstlich unterhalb des Schloßberges liegt der ehemalige Meiereihof zum Schloß: Der Neubauhof. Ein langgestrecktes, zweigeschossiges Wohnstallhaus mit Satteldach und Fachwerkgiebel zeugt von dem nach Ende des 30jährigen Krieges neu erbauten Gutshofes. Ein Baumveteran ist die sogenannte Bildeiche am Wanderparkplatz, hier gibt es auch schöne Wanderwege, z. B. zum Schwanberg → (Teil des Kelten-Erlebnisweges).

Markt Nordheim *K369 E5*

Gemeinde, Landkreis Neustadt an der Aisch - Bad Windsheim

ANFAHRT/WEGBESCHREIBUNG
BAB A7 Würzburg-Ulm, Abfahrt Uffenheim/Langensteinach nach Uffenheim fahren, hier rechts abbiegen, nach Ulsenheim, links nach Markt Nordheim abbiegen.

SEHENSWÜRDIGKEITEN
St. Georg (Orgel, Totenschild), Wohnstallhäuser, Burgruine Hohenkottenheim

ORTSTEILE/SEHENSWÜRDIGKEITEN
Herbolzheim (Burgstelle), Seehaus (Schloß), Ulsenheim, Wildberg

ORTSGESCHICHTE: Das Haufen- und Platzdorf, teilweise auf einem Gipshügel stehend ist innerhalb, aber zu späterer Zeit der fränkischen Siedlungswelle mit (Kraut)ostheim entstanden. So hat sicher schon eine Kirche im frühen 10. Jh. dieser Siedlungsgründungen im Iffgau um 850 bestanden, dessen Namenspatrozinium das des heiligen Kilian war. Seinetwegen will man eine Missionskirche in dem ersten Kirchenbau erkennen. Anfang des 13. Jh. wird der Ort *„Northeim"*, erstmalig bezeugt. 1338 nennt sich im Zusammenhang mit der Stiftung einer Messe ein Erkinger von Seinsheim von Hohenkottenheim. Offenbar war die um diese Zeit erbaute Kirche Tochterkirche der von Kottenheim. Der Ort mit der Burg Seehaus → selbst muß als Mittelpunkt der aus dem Wald gerodeten Bucht verstanden werden. 1547 wurde der Ort unter Georg Ludwig dem Älteren von Seinsheim reformiert. Später kam es auch zur Markt-Nennung seit dem 6. März 1730 mit zwei jährlich stattfindenden Jahrmärkten.

SEHENSWÜRDIGKEITEN: **St. Georg** ist der Namenspatron der gotischen Kirche, die im 14. Jh. mit dem Bau des dreigeschossigen Chorturms zu bestehen scheint, während aber der Chor nicht vor dem 15. Jh. und das Langhaus schließlich im 16. Jh. (unter Georg Ludwig dem Älteren von Seinsheim) errichtet zu sein scheinen. Am Kirchportal ist noch das Allianzwappen der Seinsheim-Heßberg sichtbar. Die Saalkirche mit eingezogenem Polygonchor mit Strebepfeilern und dem leicht seitlich gestellten Turm wird in ihrem Innern von dem grünbemalten und vergoldeten Prospekt der **Orgel** aus der Zeit um 1770 dominiert. **Altar** und **Kanzel** sind im klassizistischen Stile gefertigt worden und zeigen sich in vergoldeten Ornamentierung. Unter dem Altar befindet sich die **Familiengruft** der Seinsheim mit acht Totengebeinen. So ruht hier noch Melchior von Seinsheim (1520 verstorben) in einem mit Zink ausgekleideten Eichensarg neben seinen bei-

Totenschild mit „Heidenmännlein"

den Frauen. Auffällig ist das **Totenschild** an einer Chorseitenwand des Freiherrn Georg Ludwig von Seinsheim zu Hohenkottenheim. Ein gotisches Dreiecksschild mit schönem und auffälligem Zierwerk. Auffällig ist hierbei das im Volksmund erwähnte „Männlein" – „Heidenmännlein" mit abgefressenen Händen und Füßen und einem Pfauenfedergeschmückten Hut. Dies „Zeichen" taucht auf weiteren Wappenschildern des Hauses auf. Im übrigen sollen die blausilbernen Streifen im Wappengrund auf die vermutliche Ahnen-Herkunft (drei Flüsse des nördlichen Südslawiens) derer von Seinsheim aus dem slawischen Raume hinweisen.

Bemerkenswert ist aber auch das **Epitaph** Georg Ludwig des Älteren von Seinsheim: 1587 schuf ein gewisser Wilhelm Sattler aus Eichstätt diese Pilaster-Ädikula für den 1591 verstorbenen Georg Ludwig von Seinsheim zu Hohenkottenheim und seiner beiden Gattinen Barbara von Heßberg und Margareta von Rüdigheim. Hauptthema ist die Dreifaltigkeit (Gottvater, Hl. Geist in Taubengestalt und Christus am Kreuz) „über" dem auf einen Löwen knieenden Adligen und seinen kaum noch erkennbaren Gemahlinnen. Die einrahmenden Friese zeigen 30 verschiedenen Adelshäuser, die mit denen von Seinsheim in Verwandtschaft standen. Die beiden **Traglöwen**-Kopien eines Tischsarges (jetzt im Germanischen Nationalmuseum in Nürnberg) eines Freiherrn von Seinsheim im Langhaus (einer als Opferstock) trugen mit zwei weiteren, sitzenden Löwen einen Sarkophag. Im Ort gibt es noch einige schöne, zweigeschossige **Wohnstallhäuser** (18.-19. Jh.) mit einfachem Gitterfachwerk im Obergeschoß. Haus Nr. 22 mag vielleicht ein Wirtshaus (Weißes Roß) mit Pferdeställen gewesen sein. Den unteren Ortsteil beherrscht der breite Fachwerkgiebel des zweigeschossigen Gasthauses zum Schwarzen Adler.

Unweit des nahen Ortes **Kottenheim** liegt westlich in 423 m Höhe die stark verfallene **Burgruine Hohenkottenheim**, die wohl wenig vor dem Umzug der Familie de Chottenheim erbaut wurde.

Kottenheim – ein kleines Haufendorf, einst ein hohenlohscher Ministerialadelssitz. Der Niederadel wird 1148 mit Adelbero erstmalig bezeugt. Mit dem kleinen, fast ganz verschwundenen, nordwestlich gelegenen Burgstall der von Kottenheim, 1164 als *„Chottenheim"* bezeugt. In fränkischer Besiedlungszeit wird ein Cotto als Begründer angenommen. Später gehörte der kleine Flecken wie auch der nahe Hohenlandsberg zur Familie Seinsheim-Schwarzenberg. Die bestehende Höhenburg ist erst 1356 urkundlich belegt, während der Name erst viel später (1442) aufgezeichnet ist. Mit dem 14. Jh.

werden die von Seinsheim als Besitzer, eine Plünderung im Jahre 1473, erwähnt. Im späten 15. Jh. ist sogar von einer Schloßkapelle die Rede. Im Bauernkrieg wurde der Sitz wohl zerstört, aber 1532 unter den Brüdern Erkinger und Georg Ludwig wiederaufgebaut, ehe der Burg durch Markgraf Albrecht Alkibiades 1553 im 2. Markgräfler Krieg erneute Beschädigungen widerfuhren. An dieser Stelle werden auch drei Kemenaten, einem *„Bau über dem Torhaus"* und *„etliche"* Wirtschaftsgebäude bezeichnet. Im Jahre 1800 müssen noch beschreibendere Mauerreste auf dem Bergsporn zu erkennen gewesen sein. Heute findet man lediglich nur noch Halsgräben, den rechteckigen Vorburgplatz und die scheinbar dreieckige Hauptburgstelle mit Bauschuttresten und einem Gewölberest vor.

ORTSTEILE/SEHENSWÜRDIGKEITEN: 5 km südlich von Markt Nordheim erhebt sich der Ort **Herbolzheim**. Die Region der Umgebung wird als Osing bezeichnet. Zu Füßen des Osings am Ehebach-Ursprung war Herbolzheim Urpfarrei des Ehegaus und unterstand später als Patronat den Burggrafen zu Nürnberg. Eine erste urkundliche Erwähnung von 1250 gibt Nachricht über einen Ort *„Herboldesheim"*. Der Ortsname könnte sich vom Personennamen Heribold – als Grundherr und Siedlungsführer ableiten lassen. Offenbar das gewisse *„Chariovalda"* der spätmerowingischen Zeitstellung, also zu dieser Zeit der fränkischen Landnahme als Heim und Siedlung des Heribold genutzt.

Der Ort besitzt neben zwei Burgstellen zwei Kirchen unterschiedlich christlicher Bekenntnisse, aber gleichen Patroziniums, das durch die im Mittelalter schon zeitig herausgebildeten Besitzverhältnisse unter dem Würzburger Hochstift und dem Adel von Schwarzenberg seinen Ursprung hatte. 1298 wird der Ort offensichtlich urkundlich erwähnt, jedoch 1349 erst seine jetzt **evang.-luth. Pfarrkirche** – die ehem. St. Michael im Rund der älteren Hausgebäude der Gemeinde, deren polygonaler Chor mit dem schönen Kehlrippennetzgewölbe noch aus gotischer Zeit stammt. Die Kirche mit viergeschossigem, gotischen Nordturm und Juliushelm steht wie viele hierzulande im einstig befestigten Friedhof (1405 bezeugt) mit einigen Kirchgadenresten, die auf eine alte Gadenkirchenburg hinweisen könnten.

Die **katholische St. Michael** ist sichtlich klassizistisch von Ph. Geigel 1799-1805 geprägt. Dem einfachen rechteckigen Saal ist ein in zwei Geschossen zylindrisch ausgebauter Turm mit Kuppelhaube und Girlandenschmuck vorgesetzt. Ort und Kirchen wurden in den letzten Kriegstagen stark beschädigt. In der Nähe befindet sich ein schönes, katholisches Pfarrhaus.

Herbolzheim wird von zwei **Burgstellen** umgeben, wobei der östliche, in einem Gartengrundstück eines rechtsseitigen Anwesens an der Straße nach Krautostheim gelegen, ein wohlerhaltenes Beispiel eines mittelalterlichen, vierseitigen Turmhügels darstellt: Das 15 bis 17 m durchmessende Plateau mit eingetiefter Turmstelle und einer Höhe von ca. 4 m wird von einem bis zu 15 m breiten Sohlgraben Turmhügel

umgeben, der seinerseits von einem nach Norden, Süden und Osten noch recht hohen Wall geschützt wurde. Sicher hat der Ehebach den Graben über noch sichtbare Zu- und Ablaufgräben gespeist. Möglicherweise ist das nahe Hof-Anwesen zur Bewirtschaftung der kleinen Burg genutzt worden. Auf diesem Urhof und Wehranlage saß möglicherweise der besagte Heribold, und war später Ansitz eines Niederadligen, mit Konrad von Herboltesheim 1245 bezeugt.
Ein anderer, umfangreicherer Burgstall mit tiefem und breitem Wallgraben und geringen Bruchsteinmauerresten kann südwestlich vom Dorf auf dem Schloßberg aufgesucht werden. Der Schimmelsteig trennt diesen ehemaligen Burgplatz zu einem dritten Burgstall (siehe Ergersheim →), oberhalb des Ortes Seenheim.

Unweit von dem Markt Nordheim liegenden Ortsteil **Seehaus** befindet sich auch das ehemalige **Wasserschloß**: So wird 1382 ein Hans von Seinsheim *„ym See"* genannt, sechs Jahre später verweist die Bezeichnung *„seyhaus"* auf eine burgliche und älteste Veränderung an einer Stelle, etwa 100 m südlich von der heutig sichtbaren und jüngeren Bebauung hin. Vermutlich dort, wo eine inselartige, ringförmige Erhebung aus dem trockengelegten Seegrund sichtbar ist. 1525 muß es zu einer Zerstörung des Schlosses Seehof gekommen sein, da 12 Jahre später eine Burgstelle beschrieben wird. 1552 während des Markgräflerkrieges widerfuhr ihm eine erneute Verwüstung. Erst im späten 16. Jh. erfolgte der Abschluß des Wiederaufbaus unter dem Seinsheimer Georg Ludwig. Der Name eines Diakons und einer Taufe im Schloß zeigt uns, daß das Schloß eine Kapelle besessen haben muß. 1655 waren das Schloß und das genannte Gut im Schwarzenbergschen Besitz. Mitte des 18. Jh. wurde der See trockengelegt, gegen Ende des gleichen Jahrhunderts das Schloß in Form von der Wiedererrichtung der beiden Seitentrakte umgestaltet. Die typische, ländliche, hufeisenförmige Anlage birgt einen offenen Hof. Mittig, zwischen den parallel ausgerichteten Magazingebäuden und der Zehntscheune, erhebt sich das zweistöckige Herrschaftshaus. Im Südosten liegen die Meiereigebäude, im nordwestlichen Flügelbau die doppelgeschossige Kapelle mit Inventar aus dem 18. Jh. Vom einst mächtigen Befestigungsgraben und massigen Ecktürmen an der West- und Südecke zeugen noch deutliche Geländespuren oder Erhebungen.

Südöstlich des Ortes Ulsenheim liegt auf einem markanten Zeugenberg vor dem Bergholz der **Burgstall Wildberghof**. Dieser Berg ist einer der recht eindrucksvoll im Steigerwaldlandschaftsbild liegenden Zeugenberge in Insellage. Neuzeitliche und moderne Bauten und andere Veränderungen haben die Überreste der einstigen mittelalterlichen Burganlage stark entstellt, so daß nur noch Spuren geblieben sind. 1248 *„mons qui diatur Wielbergh"*, 1315 *„castrum Wielberg"*. Sicher ein zum Schutze der Altstraße und der Eigengüter befestigter Ansitz. Das vor dem burglichen Ausbau in der ersten Hälfte des 14. Jh. unter

Erkinger von Seinsheim-Schwarzenberg schon eine Burg dort gestanden haben muß, erscheint durch die Anordnung des Würzburger Bischofs Otto, die stiftseigene Feste Wildberg als erbliches Burglehen des erwähnten Adels weiter und stärker zu befestigen, als höchstwahrscheinlich. Dies sollte auch innerhalb eines Jahres geschehen. Unter dieser Prämisse wird die Fortifikation folgendermaßen beschrieben: *„...eine vier Schuh dicke und dreißig Schuh hohe Ringmauer mit acht Schuh hohen Zinnen und inwendigem Wehrgang um die Kemenate...“* Weiter ist von einem Aufstocken des Bergfrieds, dem Bau einer zweiten Kemenate und einigen neuen Nebengebäuden die Rede. Die Burg wurde im Verlauf einer Fehde mit Wilhelm von Seinsheim-Herbolzheim durch Rothenburger 1399 zerstört und danach wohl nicht wieder aufgebaut. Ende des gleichen Jahrhunderts werden zwei Lehensvasallen als Inhaber der Burg genannt: Wilhelm von Seinsheim und Otto von Heßberg. Die von Heßberg sollten schon 1421 beide Hälften der Burg in Besitz nehmen, um einen Teil an Konrad von Hartmann abzugeben. Das Bistum Würzburg zog sein Lehen in Folge einer Fehde gegen Sigmund von Seinsheim-Schwarzenberg zurück. Weitere geschichtliche Daten zur Feste Wildberg fehlen seit dem 15. Jahrhundert bis in die erste Hälfte des 19. Jh. Ab 1845 sind dann mehrere Besitzerwechsel verzeichnet, die auch die noch aufragenden Burgteile niederreißen ließen.
Die erwähnte alte Hochstraße führte von Ergersheim über den Hammelsteg. Der Steg war im Hochmittelalter eine bedeutende Zoll- und Geleitstelle. In unmittelbarer Nähe zur sogenannten Holzspitze liegt ein Erdfall (Doline), der bereits 1754 bezeugt ist und der den Namen Königsstube trägt.

Markt Taschendorf *K370 B8*

Landkreis Neustadt an der Aisch - Bad Windsheim

ANFAHRT/WEGBESCHREIBUNG

BAB A3 Würzburg-Nürnberg, Abfahrt Schlüsselfeld, Richtung Burghaslach, vorher an Kreuzung links nach Gleißenberg, hier rechts ab über Breitenlohe nach Hombeer, hier rechterhand weiter nach Markt Taschendorf.

SEHENSWÜRDIGKEITEN

Ortskirche (Taufsteinrelief) und Beinhaus

ORTSTEILE/SEHENSWÜRDIGKEITEN

Hombeer, Obersteinbach

ORTSGESCHICHTE: Die weitere Umgebung vom besagten Ort war schon nachweislich im Neolithikum (Jungsteinzeit) besiedelt. Zur Zeit der späteren fränkischen Landnahme durch die Karolinger kam es zur Landerschließung durch eine Vielzahl von Rodungen, die durch auf „-ach, -bach" und „-dorf" endende Siedlungen ersetzt worden waren. Vermutlich vollzog sich diese Erschließung und Urbarmachung vom östlich gelegenen Lonnerstadt über die Alte Markung Burghaslach. Der Ortsname hat freilich nichts mit der Tasche zu tun. Eher kommt er vom Personennamen des (St.) Dag(izo). 1285 erstmalig bezeugt. Urkundlich erscheinen ab 1340 unterschiedlich geschriebene Ortsnamen wie *„Taschen-, Toschen-"* und *„Tachsendorf"*, wobei hier auch schon die Trennung zwischen einem *„Obern-"* und einem *„Nidern-taschendorf"* – dem späteren Untersteinbach amtlich erscheint. Offensichtlich war der Flecken Lehensbesitz der Grafen zu Castell, so daß hier ein Konz von Estenfeld als Dienstmann sitzt, der seine Güter 1415 an den Seinsheimer Erkinger verkauft. So werden auch zu gleicher Zeit die Rieter von Kornburg genannt. Nach 1406 haben hier die von Seckendorff einen recht umfassenden Besitz. *„Niderntaschendorf"* wird im 16. Jh. als Markt erwähnt, bis ins 19. Jh. bleibt ein Markt Taschendorf bekannt. Die Reformation wurde im Dorf 1540 durch die von Lenkersheim eingeläutet. Das hier bestehende Rittergut Obersteinbach-Taschendorf gelangte 1546 teilweise in den Besitz von Erkinger von Lenkersheim, der es von Ludwig Probst von Herrieden erwarb. Vorbesitzer waren die von Eyb und vor diesen der Adel von Stiebar.

SEHENSWÜRDIGKEITEN: Die Chorturmkirche des Ortes **St. Johannes Baptist** mit nördlich angebautem Fachwerk-Treppenturm und Mansarddach liegt auf einem südlich im Dorf liegenden Hügel und wird in seiner älteren deutbaren Bauphase auf das Jahr 1400 datiert. Aus dieser Zeit stammt auch noch der Chorturm, dessen Obergeschoß früher in Fachwerk in einen Achteckshelm übergeht. Der noch in seinem Tonnengewölbe aus der Zeit des Jahres 1403 bestehende Chorturm ist einem kurzen, saalförmigen Langhaus vorgelagert. So stoßen wir im tonnengewölbtem Altarraum auf die **Vier-Evangelisten-(Fresken)**-Darstellungen des frühen 15. Jh. mit ihren Tierattributen. Beachtenswert ist in der Kirche der **Taufstein** des als Jörg Bertlein bezeugten Stifters von 1604 mit seinen volkstümlichen Reliefs. Interessant ist die Treppenstiege zu den Emporen im Treppenturm. Die frühere

Fresken in der Johannes-der-Täufer-Kirche – Markt Taschendorf.

Kirchhofmauer schreibt man als Befestigung dem Rieter von Kornburg zu (1406). Von 1424 mag noch die kaum hohe Mauer der einstigen Kirchhofbefestigung herrühren, die aber in der Zeit des Dreissigjährigen Krieges auch keinen rechten Schutz mehr bieten konnte. Der ehemalige Karner der Gemeinde liegt als kleines Gewölbe unter der Sakristei.
Die sicher schon im Hochmittelalter existierende Burg muß man sich anstelle der Gastwirtschaft Scharf vorstellen.

ORTSTEILE/SEHENSWÜRDIGKEITEN: Südlich von Burghaslach, auf dem Weg nach Markt Taschendorf durchfährt man den kleinen Ort **Hombeer**. Der mittelalterliche Ort *„Hunburc"* scheint der Cent Castell und Schwarzenberg anzugehören. Wigericus von Ehenheim und Ulrich von Lauffenholz verkaufen Güter ihrer Castellschen Lehen an die Abtei Ebrach. Später wird Hombeer größtenteils burggräflich (Nürnberg). Neben dem Namen *„Hunburc"* kommt es in Urkunden zugrunde liegenden Namens„um"bildungen wie *„Hunbur, Hunbauer"*, 1575ff. *„Hunberg, Haberich"*. Mundartlich existiert da die Form *„Hoberich"*. Manche sehen also in dem Namen eine Beziehung zu einer ehemaligen „hohen" Burg, die auch als ehemaliges und späteres Schloß (Stelle Forsthaus) zu suchen wäre oder als althochdeutsches *„bura"*=Gebäude, wobei mit einem Gebäude, in diesem Sinn wohl bedeutenden Charakters, nun doch auch eine Burg gemeint sein könnte.

Etwa 7 km südöstlich von Markt Taschendorf gelegen ist der Ort **Obersteinbach**. Im Kettenort Obersteinbach an der Steinach führt eine Kastanienalle zum Schloß, das in erster und frühester Nennung, freilich in anderer und alter Form 1101 bestanden haben muß, kann im Zusammenhang mit einer Stiftung des Klosters Münchsteinach des Edelfreien von Steinach vermutet werden, der hier eine Rodungsherrschaft unterhielt. Offenbar auch mit eigenem Halsgericht behaftet. Im frühen 14. Jh. jedoch im Seckendorffschen Besitz. Aus dem teilweisen Eigengut, teils auch als Mannlehen ausgegebenen Besitz der Markgrafen zu Ansbach, entstand ein ritterschaftlicher Ort mit insgesamt vier Rittergütern. Diese waren neben Obersteinbach, Markt Taschendorf, Roßbach und Stübach. Als solches gehörte auch dieses zum Ritterkanton Steigerwald, dessen hier ansitzige Inhaber derer von Seckendorf eine eigenen Linie gründeten, die Seckendorff-Gutend zu Steinbach und Ullstadt. Ein anderer Ortsteil blieb unter Schwarzenberger Herrschaft. 1466 erhalten die Schwieger-

Der Taufstein in der Taschendorfer Kirche.

söhne Georg von Absberg und Albrecht Stiebar von Heinz von Seckendorff dessen Güter. 1515 Weiterverkauf der Stiebar an die Wilmersdorf, und später von diesen an die Eyb. 1525 Bauernkrieg, in diesem Zeitraum verschmilzt die Ortsgeschichte mit der Schloßgeschichte. Das Kloster Münchsteinach übergibt der Herrschaft ein Gericht. 1563 war die Herrschaft offenbar ein Lehen des Markgrafentums Ansbach, von dem Lentersheimer Adel an diese aufgegeben. 1598 können die Lentersheimer sogar umliegende stiebarschen Güter aufkaufen. Auch wurden in dieser Zeit Zuzüge von Protestanten aus Kärnten verzeichnet. Als weitere Käufer der Herrschaft werden die von Auriz oder die Künsberg genannt. Im 19. Jh. noch Kaufwechsel unter wohlhabenden Bürgerlichen und Fabrikanten.

Die Schloßhistorie liest sich nicht minder abwechslungsreich: 1504 Erwähnung eines Burgschlosses. Als solches in Händen verschiedener Besitzer. Unter denen von Lentersheim kommt es 1546 zum renaissancezeitlichen Neubau eines seit dem Bauernkrieg verwüsteten Schlosses. Georg Erkinger von Lentersheim läßt das Schloß zweiflüglig umgestalten. Da ist von einem Treppenturm, der zwei Kemenaten miteinander verbindet die Rede. Am 7.12. 1727 kam es zum ersten Unglücksfall auf dem Schloß. Eher ein Mordfall, denn Luise Christiania, eine geborene Eyb, wurde auf Anstiften ihres Schwiegersohns Franz Teusch von Buttlar von einem Diener ermordet. Zwei Jahre später verstarb übrigens der unter Kuratel gestellte Witwer Erhard Gustav von Lentersheim. 1791 wurde das Haus erneuert und ein Jahr später unter den Brüdern von Künsberg als Neubau errichtet. Nach weiteren Besitzern geht das Schloß 1911 in den Besitz eines Constantin von Schwerin über, der es im Stil der Neorenaissance neuerstehen läßt. Dieses Erscheinungsbild ist bis heute zu sehen. Vor dem Zweiten Weltkrieg kommt es 1937 und -38 durch den Architekten Steidle ermöglicht, zu weiteren Veränderungen unter Adolf von Grafenstein und dessen Frau Frida Maria. Bedauerlich war auch das im Jahr 1764 sich ereignete Schicksal des Schlosses und Schloßherrn Carl Wilhelm Friedrich Eichler von Auriz, der wegen seiner Spielleidenschaft in einer Nacht sein Hab und Gut an Georg Erasmus Wurster von Creutzberg verspielte. Daraufhin wurden zunächst die vier Rittergüter als Pfandobjekte dem Gewinner überlassen. Gegen diese Transaktion wehrte sich aber die mit dem Schloß und Gütern vermählte Fränkische Ritterschaft und erlangte eine Einlösung durch die Brüder Künsberg. 100 Jahre später mußte das Schloß durch seinen letzten Besitzer schließlich zwangsverkauft, 1862 sogar zwangsversteigert werden. Nunmehr ist das **Schloß** Landschulheim. Einem stattlichen, dreigeschossigen Flügelgebäude entragen Neorenaissancegiebel, ein Eckturm und ein vorgesetzter Balkonbau.

Schloß

Das Gasthaus zum Schwarzen Adler, ein zweigeschossiger Traufhausbau fällt durch sein reichverziertes Auslegerschild aus der Mitte des 18. Jh. auf. Der an Wirthausauslegern oft zu erkennende Stern gilt als Zeichen des Braurechts. Geschmückt ist das Schild auch durch den Doppeladler mit Schwert und Reichsapfel.

Die einschiffige, evangelisch-lutherische Pfarrkirche **St. Rochus** mit ihrem alten Polygonchor, dem Langhaus als Saalbau und der Kampanile wurde erst Ende des 16. Jh. schriftlich erwähnt. Ihr Vorgänger ist eine um 1500 bezeugte Kapelle des Pestheiligen Rochus. Unter dem Lentersheimer Adel kommt es im Ort zur Reformation. Bauteil der alten Kirche ist der jetzige Chor. Hier erheben sich auch einige **Grabsteine** der Familie von Lentersheim (1584-1691): Bemerkenswert ist das Epitaph des Georg Erkinger, 1616 verstorben neben den 12 figurhaften Darstellungen der sämtlich vorzeitig verstorbenen Kinder aus den zwei Ehen. **Taufstein** von 1581.

Der neugotische, achteckige Zentralbau der **Friedhofs- oder Marienkapelle** mit schönen Maßwerkfenstern, Dreiecksgiebeln erscheint Mitte der 60er Jahre als Leichenhaus. Dieser 1805 errichtete Bau stand vor dieser Zeit im Garten des Chemikers Heyne aus dem Ort Steinbühl bei Nürnberg und soll als Laboratorium gedient haben. Marienkapelle

Beim östlich gelegenen Mittelsteinach gibt es das Naturdenkmal der „Streiteiche" zu bewundern.

Michelau im Steigerwald

Landkreis Schweinfurt *K367 F6*

ANFAHRT/WEGBESCHREIBUNG

BAB A70 Schweinfurt-Bamberg, Abfahrt Haßfurt, Richtung Gerolzhofen nach Donnersdorf, hier links weiter über Falkenstein nach Hundelshausen, im Ort erst links in Richtung Fabrikschleichach, gleich aber wieder rechts nach Michelau.

SEHENSWÜRDIGKEITEN:

Pfarrkirche St. Michael und St. Georg (Plastiken, Hochaltar, Kreuzwegreliefs), Bildstöcke, Vollburg (frühmittelalterliche Befestigung)

ORTSTEILE/SEHENSWÜRDIGKEITEN

Altmannsdorf, Prüßberg

ORTSGESCHICHTE: Unweit vom heutigen Haufendorf liegt die Saudrachshofsiedlung, die auch als älteste Siedlung am Platze hervorgeht („*Sauderaha*", 9. Jh.) Mitte des 12. Jh. findet „*Sudra*" erstmals urkundlich Erwähnungen. Der Name beschreibt eine Art Sickerbach. Das damalige „*Michelawa*" erhielt seine Kirche, die jetzige Pfarrkirche St. Michael und St. Georg erst durch die Versetzung der Sudra-Kirche. Früher war der Sudrahof ein an Erbbauern vergebener Hof der Abtei Ebrach. Später wurde auch das Schwergericht nach Michelau übertragen.

SEHENSWÜRDIGKEITEN: Ein schleichender Verfall erlaubte einen umfassenden Neubau des Gotteshauses, der nach Plänen und Bauleitung des Barockbaumeisters Balthasar Neumanns 1738 bis 1742 vonstatten ging. Eine kleine, auf rechteckigem Grundriß stehende **Kirche** mit halb aus der Fassade springendem Fassadenturm und geschweiften Giebeln. Im Innern des Chors und des tonnengewölbtem Langhauses Stuckarbeiten in Form von Bandwerken, Kränzen und Medaillons. Das Gewölbe wird durch wuchtige Wandpfeiler gehalten. Ein gewisses Aufsehen erregt der viersäulige **Rokoko-Hochaltar** mit den seitlichen Durchgängen von 1750. Aus dem Inventar der Vorgängerkirche sind zwei Figuren erhalten geblieben, die der Hl. **Anna Selbdritt** und die des Hl. **Sebastian** (um 1500). Beachtenswerte **Kreuzwegreliefs** ruhen in einer neuzeitlichen Friedhofsmauer aus der Zeitspanne 1750-1780.

Pfarrkirche

Hochaltar

Im Ort stößt man auf recht schön gearbeitete **Bildstöcke**, so eine Vierzehn-Nothelfer-Figurendarstellung an einem Hausgiebel und ein schön gestaltetes **Hoftor**.

Um auf die frühmittelalterliche Befestigung der **Vollburg** zu gelangen, verläßt man den Ort in Richtung Rauhenebrach. Kurz vor dem Ortsende ist linkerhand in einer Einbuchtung zu einem Forstweg eine Parkmöglichkeit. Hier führt ein markierter Weg zur Vollburg. (liegendes, rotes Turmsymbol) *„Volcburg“*, 1161 urkundlich in einer Bischöflich Würzburgischen Wald-Schenkungsurkunde an das Kloster Ebrach erwähnt. Die vermutlich, frühmittelalterliche Befestigung liegt 456 m hoch auf einem Bergplateau, das sich an drei Seiten als steil abfallend erweist, zum östlichen gelegenen Berg aber mäßig abfällt, so daß hier auch eine stärkere Befestigung zu erkennen ist. Während dem Plateau mit einer nutzbaren Fläche von 240 x 120 m sichtbare Wallreste zu folgen ist, ist noch an der leicht zugänglicheren Seite ein Vor- und Hauptwall, sowie ein Graben im Gelände zu erkennen, die vermutlich aufgrund ihrer Baulücke auf die alte Toranlage verweisen. Der verschliffene Name bezeichnet im Grunde auch den Namen des alten Volkfeldgaues, der sich aus dem hier entspringenden Volkachfluß bildete.

St.-Michael und St.-Georg von Michelau

Eine weitere frühmittelalterliche Befestigung ist das volkstümlich bezeichnete **Nonnenkloster** südlich von Sudrach. Man erreicht die dreiteilige Abschnittsbefestigung über einen Waldweg, der rechterhand vom Fuhrweg zur Sudrach-Siedlung längs des Baches abzweigt. Auf dem Bergsporn gelegene Anlage, östlich steil abfallend, der

Burgplatz wird von teilweise verflachten Gräben und Wällen gebildet. Typisch frühmittelalterliche Toranlage mit zangenartig eingezogenen Wallenden sichtbar.

ORTSTEILE/SEHENSWÜRDIGKEITEN: Im kleinen Haufendorf **Altmannsdorf** mit Wein- und Obstanbau, 4 km nördlich, erhebt sich in einem Steinrund eine alte Dorflinde. In der unscheinbaren, kleinen Ortskirche befindet sich eine spätgotische, volkstümlich geschnitzte **Maria mit Kind**. Der Flecken war wie der Weiler Neuhof – unweit des Zabelsteins – früher Würzburgisch.

Östlich von Michelau liegt auf dem Weg nach Neuhausen der kleine Ort **Prüßberg**. Die ehemalige Weinlage, *„in monte dicto Brusteberg"* geht 1298 als hochstiftisches Dorf hervor. In der Kapelle stehen zwei **spätgotische Heiligenbilder**, so der fränkische Weinpatron St. Urban und eine Madonna mit Kind (um 1480). **Bildstöcke** aus der Zeit nach dem Dreißigjährigen Krieg und ein solcher neuzeitlicher an der Verbindungsstraße nach Neuhausen, mit einem markantem Kopfteil auf hoher Säule.

Mönchstockheim *K367 E7*

Gemeinde Sulzheim, Landkreis Schweinfurt

Hoftor im Zabelsteiner Umland

ANFAHRT/WEGBESCHREIBUNG
BAB A 70 Schweinfurt-Bamberg, Abfahrt Schonungen, nach Gochsheim fahren, links nach Grettstadt abbiegen. Über Sulzheim, Alitzheim gelangt man zum Ort.

SEHENSWÜRDIGKEITEN
Rokokohochaltar, Heiligenfiguren, Hoftor

ORTSGESCHICHTE: Der Flecken entstand wohl schon zur fränkischen Siedlungszeit auf einer eiszeitlichen Bodenwelle. Nahe dem Steigerwald hatte er auch im Mittelalter Bezug zum Kloster Ebrach, wurde als dessen Besitz und als Klosterdorf bezeichnet. Der mittelalterliche Weinanbau ist in der heute noch bestehenden Lage „Mönchberg" nachzuvollziehen.

SEHENSWÜRDIGKEITEN: Die kath. Kirche Mariä Himmelfahrt wurde als Chorturmkirche mit dreigeschossigem „Ecter"turm des späten 16. Jh. in der ersten Hälfte des 18. Jh. erweitert. Fürstbischof Julius Echter von Mespelbrunn hat auch dieser Kirche ihr typisches Aussehen verliehen. Eine Immaculata aus der 1. Hälfte des 18. Jh. erhebt sich in einer Nische des Fassadengiebels. Das Inventar zeigt sich barock-, rokokozeitlich und klassizistisch. Die Stuckarbeiten gehen ebenfalls auf die Veränderungen in der späten Neuzeit zurück. Markant ist der viersäulige Rokoko-Hochaltar (ebenfalls um 1738) und die prunkvolle Kanzel mit den Evangelistenfiguren aus der Zeit um 1700. Die Nebenaltäre sind frühklassizistisch aufgebaut. In der Kirche gibt es auch ein Vesperbild - um 1500 entstanden, und einen spätgotischen (um 1520) Hl. Stephanus zu sehen.

Hochaltar

Hoftor

Ein schönes **Hoftor** mit Sitzkonsolen und reicher Ornamentik gibt es in unmittelbarer Nähe zur Ortskirche zu bewundern.

Unweit westlich von Mönchstockheim liegt der kleine Ort Vögnitz. Der mittelalterliche Rodungsort, als *„Vochentz"* („Fuchsstätte") im 14. Jh. bezeugt, ist ein ehemaliges Pfründengut zum Hof Kaulenbach in Würzburg. Ein am Nordende des Dorfes gelegener, stattlicher Bauernhof in Vierecksanlage.

Mühlhausen *K368 F2*

Landkreis Erlangen-Höchstadt

ANFAHRT/WEGBESCHREIBUNG
BAB A3 Würzburg-Nürnberg, Abfahrt Höchstadt-Nord, Richtung Burgebrach fahren.

SEHENSWÜRDIGKEITEN
Pfarrkirche St. Maria (Altarstaffel), Egloffsteinsches Schloß

ORTSTEIL/SEHENSWÜRDIGKEITEN
Decheldorf, Treppendorf

ORTSGESCHICHTE: Im Tal der Reichen Ebrach gelegen. Iroschottischen Missionaren schreibt man hier eine frühe Missionsstelle mit einer sogenannten Taufkirche zu. In karolingischer Zeit Siedlung. Möglicherweise gab es hier auch eine der 14 Slawenkirchen. Im Hochmittelalter um 1007, fiel diese Siedlung wie auch andere der Region nicht an das junge Bistum von Bamberg, sondern hatte weiterhin als würzburgische Siedlung mit 1008 erwähnter Pfarrei im vom Kaiser Heinrich II. dem Bistum Würzburg bestätigten Radenzgau Bestand. Als *„Mulinhausen"* (hier der Bezug zum romanischen *„molina"* als geplantes

Wassermühlendorf deutlich) urkundlich bezeugt. *„Mulinhausen"* hatte damals schon einen echten Ortskern mit einem rechteckigen (Markt)-Platz. Es kam also nicht zur Ausbildung einer im Steigerwald auch vorherrschenden Marktstraßenform. Als Lehen des Hochstifts zu Würzburg war es an verschiedene Adlige mit vielen Wechseln ausgegeben. So erscheinen die von Egloffstein mit Hans als Käufer von Gütern im Ort. Diese richten ein Rittergut ein, haben den Kirchensatz und die Dorf- und Gemeindeherrschaft inne. Zur Cent Wachenroth gehörig. Andere Grundherren waren neben dem besagten Rittergut zum Beispiel die Truchsesse von Pommersfelden. Im Dreißigjährigen Krieg wird der Ort als protestantisch bezeichnet.

SEHENSWÜRDIGKEITEN: Die **evangelische Pfarrkirche** (ehem. St. Maria und Kilian) besteht aus einem barock umgestalteten und im 18. Jh. erweiterten Langhaus, neben einem gotischen Turm im Untergeschoß (1467), sonst mit barocken Obergeschossen und einem spätgotischem Chor mit Strebepfeilern. Dieser ist, so wie der Turm mit 1467 bezeichnet und mit der Inschrift des Baumeisters Hans Jobst an einem Strebepfeiler versehen. Der vierseitige Kirchturm zeigt noch das Wappen der Dorfherren - des Adels von Egloffstein - die auch mit zwei schön gearbeiteten **Epitaphen** im Innern vertreten sind. Der Chor wird jetzt durch eine Flachdecke abgedeckt, früher spannte sich sicher einmal ein schönes Kreuzgewölbe empor. Ein teilweise aufgedeckter **Apostelzyklus** im Chor stammt aus der Barockzeit. Beachtung verdient eine kunstvoll geschnitzte **Relief**darstellung, um 1500 entstanden, in der Predella des neugotischen Hochaltars. Christus ist zwischen den Aposteln dargestellt. Ein Selbstbildnis des Meisters - man schreibt die Arbeit dem Marthameister selbst zu, vermutet man in der Figur des Joseph von Arimathäa. Einfache dargestellte Szene der Grablegung aus dem gleichen Zeitraum. Das große **Kruzifix** im Chorbogen stammt aus der Mitte des 16. Jh. Früher konnte man in der Kirche noch einen spätmittelalterlichen Marienaltar und zwei Altarflügel mit dem Martyrium des Hl. Kilian bewundern. In ersterem Falle muß man heute den Dom zu Bamberg besuchen. Die Altarflügel gelangten nach Würzburg.

Apostelzyklus

Schnitzrelief

Kruzifix

Von der Gestalt des **Egloffsteinschen Schlosses** vor dem jetzigen Bau weiß man sehr wenig. Heute ist es ein einfacher, schmuckloser dreiflügliger Zweigeschoßbau, der sicherlich Kern einer ehemaligen Wasserburg des 14. Jh. war. Diese wird urkundlich 1368 unter Bischof von Bamberg Johann von Egloffstein mit Erlaubnis desselben erbaut. Sowohl 1525 wurde diese im Bauernkrieg, wie auch im Markgrafenkrieg und im Dreißigjährigen Krieg zerstört und wieder neu errichtet. Zur Mitte des 18. Jh. wurde das Schloß barock umgestaltet. In der zweiten Hälfte des 19. Jh. war es Witwensitz. Die Eingangsseite wurde kunstvoll durch Quader und Szenen räumlich bemalt. Die Burgstelle „Bergstuhl" verweist möglicherweise auf einen Vorgängerbau oder den Bauplatz eines hier auch ansässigen Kleinadligen.

Egloffsteinssches Schloß

ORTSTEILE/SEHENSWÜRDIGKEITEN: Vielleicht 4 km nördlich von Mühlhausen liegt das 1317 als *„Teckeln"* bezeugte **Decheldorf**, sicherlich als Dorf des Techilo zu verstehen. Aus zwei Ortsteilen bestehend. Am östlichen Ende des größeren liegt ein kleines, fast schon unscheinbares und zweigeschossiges Schlößchen mit Walmdach. Früher Cent-Grenzort, wie Reichmannsdorf. Südlich vom Dorf liegt am Waldrand ein großes Hügelgrab und unweit von diesem eine Burgstelle und im Grund bei der Eckartsmühle eine Ortswüstung:

Burgstelle Weigelsberg

Der **Weigelsberg** im Hochwald war im Mittelalter eine Burg. Hochmittelalterliche Anlage des 11./12. Jh. unterhalb der alten Höhenstrasse, die den versumpften Albachsgrund mied. Ursprünglich als Jagdsitz gedeutete *„Wildveste"* in dem Wald westlich und östlich des Elchsgrundes. Im Volksmund heute noch als *„Weilersberg"* bezeichnet. 1303 noch als *„Wichmannsberg"*, 1340 *„villa Weichnants-Berg* und 1358 waren Berg und Dorf des *Wicnand* bezeugt worden. Vielleicht war der 1136 bezeugte Namensgeber einer Burg – diese erscheint als Würzburger Lehen jener Domherr Wicnand zu Würzburg. Jedenfalls fällt dieses Lehen 1358 an Eberhard von Stolzenrode, hier Burgplatz *„in Wichantsberge"*. Der vermutliche Bauplatz der Burgstelle wird auf 52 x 53 m, auf einem herausgearbeiteten Burgsandsteinfelsen geschätzt. Sichtbar ist noch der tiefe, Rundgraben und eine verflachte Berme. Der Graben wird durch zwei tiefe Seitenschluchten fortgesetzt, die an ihrer Vereinigung einen alten, breiten Staudamm aufweisen. Die spätmittelalterliche Dorfsiedlung wurde früh aufgegeben. Die Eckartsmühle scheint hierbei Rest und Nachfolgerin von mehreren Dorfgebäuden zu sein.

So zeigen die Ausführungen zu folgender Burgstelle Liebenau entweder eine Übereinstimmung oder eine Unterscheidung beider Burgplätze auf. Südlich von Treppendorf, am Weg nach Decheldorf liegt in der heutigen Forstabteilung **Liebenau** eine **Burgstelle**, die ebenfalls nahe der alten Hochstraße gelegen haben soll. Zwar erscheint hier in älterer Literatur keine eindeutige Unterscheidung, geschweige denn Übereinstimmung zum Weigelsberg. Ebenso verhält es sich mit der Beschreibung der Liebenau-Burgstelle. Leider sind sich die Ausführungen zu der Lokalität zu ähnlich – widersprechen sich hier aber die geschichtlichen Daten Liebenaus: *„nemus in Liebenowe"* (1303). Die um 1500 zerstörte Burg wurde als ein von den Herren von Windeck ausgegebenes Ritter-Mannlehen bezeugt. Die Örtlichkeit gelangt in der Neuzeit (1769) an die von Schönborn, wobei das erwähnte *„castrum"* als *„verfallen"* bezeichnet worden war.

Im nördlich gelegenen **Treppendorf** erhebt sich ein ehemaliges Schloßgebäude des 18. Jh. mit Fachwerkobergeschoß und Walmdach.

Münchsteinach *K370 C7*

Landkreis Neustadt an der Aisch - Bad Windsheim

ANFAHRT/WEGBESCHREIBUNG

BAB A3 Höchstadt/Ost, der B 470 in Richtung Neustadt/Aisch fahren, in Gutenstetten rechts abbiegen.

SEHENSWÜRDIGKEITEN

Pfeilerbasilika des ehem. Benediktiner-Klosters, (Lettner, Fresken, Kapitellschmuck), „Schlößchen", Fachwerkbauten, „Tal der Kunst"

ORTSGESCHICHTE: In der im frühen 9. Jh. schon urkundlich erstmals erwähnten Mark Steinach *(Steinaha)* entstand im Hochmittelalter eine der bedeutendsten Benediktiner-Klosterbauten des Steigerwaldraumes. Dank einer 1102 vorgenommenen Stiftung des edelfreien Adligen Albrecht von Steinaha und mit Zuspruch seiner Gattin Adelheid von Burleswaag (ein Adelshaus im württembergischen Franken), dessen Stammsitz wir im heutigen Obersteinbach → finden können, konnte mit dem Bau des in den 70er Jahren des 12. Jh. vollendeten Benediktinerklosters begonnen werden. 1133 *„cella st. nicolaus"*, 1139 erstes Auftreten eines geistlichen Würdenträgers namentlich Hartmann, der als erster Abt Erwähnung findet. Das Klostergebäude scheint von Geistlichen des Klosters Komburg (im Schwäbischen) aus besiedelt worden zu sein. 1181, 1272 und 1405 bestätigen die deutschen Kaiser gewisse und bestimmte Privilegien des Klosters. 1220 findet ein Umbau der östlichen Bauteile statt. Besitzer und Inhaber der Schutzvogtei waren die Staufer und 1265 die Burggrafen von Nürnberg. Im Bauernkrieg sind 1525 Zerstörungen und Plünderungen belegt, so daß eine Aufteilung des gering reparierten, ehemaligen Klosters mit reichen Gütern und Sitz des Halsgerichtsprengels im Zuge der Säkularisation 1528 unter den Markgrafen von Ansbach erfolgt. So wurde der westliche Teil, das Langhaus als Getreidespeicher zweckentfremdet, der östliche Teil vom Lettner aus, als evangelische Kirche benutzt. Spätere und notdürftig vorgenommene Instandsetzungen und Ausbesserungen folgten. Darüberhinaus gestaltete man das Klosteramt zu einer Kameral- und Steuerbehörde um, so daß 19 Orte in dieser erfaßt waren. Eines davon ist zum Beispiel der von hier recht ferne Ort Frickenhausen am Main, in dem sich der vormals errichtetete Mönchshof befand. Das Kloster blieb bis 1792 Amts-

Ansicht der ehemaligen Benediktinerabtei

sitz, geht 1810 an Bayern. Dank umfassender Renovierungsarbeiten zwischen 1964 und 1970 konnte der sehenswerte und beispielhafte Basilika-Bau in seinem ehemaligen Charakter und dem typischen Raumbild bewahrt bleiben oder zurückgeholt werden.

SEHENSWÜRDIGKEITEN: Nähert man sich von Süden her dem oberhalb der Steinach gelegenen, ehemaligen Konventsbau, so fällt die beherrschende Lage mit seiner Umwehrung, trotz des malerischen Bildes auf, das eher eine schlichte und kleine Dorfkirche vermuten läßt. Auf dem Roßberg über dem Ort soll bis zum Dreißigjährigen Krieg eine Burg, später ein Burgschloß gestanden haben. Bedeutend ist jedoch die Lage des ehemaligen Klosters deswegen, weil sich an der Geländeform die optimale Lage für eine Burg ergeben hatte. Der, wenn auch niedrige Bergsporn, ins Tal hineinlaufend, trug sicherlich die Burg des Albrecht von Steinaha – möglicherweise auch einer zur Stiftung aufgegebenen. In den Klosterbauten (Vorhof und Innenhof mit Tor und dem verbauten Konventsgebäude) wollen manche Historiker den ungefähren Grundriß der Burg erkennen. Anstelle der noch gut erhaltenen **Basilika** vermutet man im übrigen die Eigenkirche des Adligen. Daß die dreischiffige Pfeilerbasilika mit zwei Türmen auf kreuzförmigem Grundriß mit drei Apsiden und östlich anschließendem Querhaus eine Besonderheit in der gesamten Steigerwaldregion darstellt, ist im Folgenden nicht verwunderlich.
Schreibt man den Bau auch der Hirsauer Schule zu. Der Chor in gotischer Bauform, wurde im 14 Jh. renoviert, und das Langhaus stammt noch aus der Gründungszeit. Das Querhaus wurde ursprünglich durch drei Apsiden abgeschlossen. Einer der beiden früher noch vorhandenen Osttürme ist abgebrochen worden. So zeigt aber der noch verbliebene romanische Rundbogenfriese und Blendarkaden. Äußerlich bestimmen rundbogige, gleichmäßig auftretende Fenster das Bild des Langhauses, während nur das Seitenschiff mit Fachwerk aufge-

Legende
Abtei Münchsteinach

① Portal
② Lettner
③ urspr. Standort des Lettners
④ Ölberg
⑤ Chor-Apsiden
⑥ Hof
⑦ Friedhof

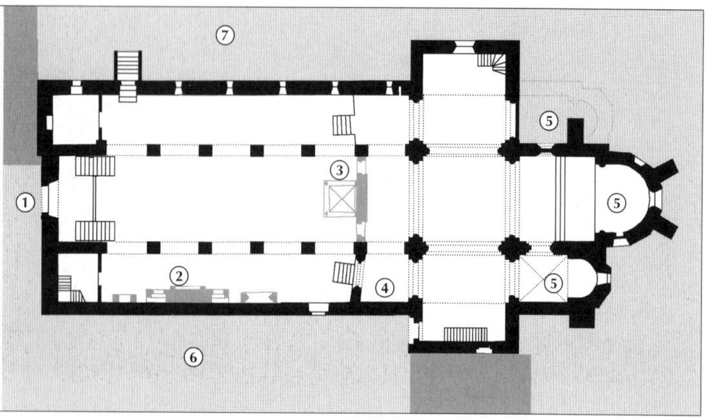

stockt erscheint. Betritt man das Langhausinnere ist rechterhand der **Lettner** (Trennbau zwischen Chor und Langhaus) aufgebaut, dessen Formenschmuck beeindruckend ist. Die typische Erscheinung der Pfeilerbasilika ist durch die an den vierkantigen Pfeilern der Spätromanik aufgedeckte **Freskenmalerei** belebt, die uns in den Farben Rot, Weiß und Gelb (an den Scheidbögen: rot-gelbe Quaderung) sowohl diverse textile **Ornamentik** und an dem zweiten, linken Pfeiler (vom Chor hin zum Ausgang) eine noch erkennbare figurale Darstellung eines Heiligen zeigt. Auch sind mannigfaltiger **Kapitellschmuck** (Adlerkapitelle), wie auch Kopfplastiken und Wappensteine auffällig. Durch seine Zerstörung ist der Kreuzgang verschwunden. Der siebeneckige Chor wird durch zwei gotische Wandpfeiler eröffnet und zeigt noch Überbleibsel eines romanischen Rundbogenfrieses. Der Rokokoaltar (1750) mit dem Wappen der Hohenzollern stört ein wenig die rein hochmittelalterliche, speziell romanische Erscheinung des basilikalen Inneren. Aus der zweiten Hälfte des 15. Jh. stammt ein vermauerter **Ölberg**. Jetzt ist die Kirche die evang.-lutherische Pfarrei St. Nikolaus. Die Neue Abtei zeigt sich als dreigeschossiger Bau, 1520 erbaut, Konventsgebäude (nach Zerstörungen im Bauernkrieg und dem Dreißigjährigen Krieg nur im Ostflügel erhalten), Hof und Klosterumwehrung mit Schießscharten.

Lettner

Fresken

Das sogenannte **„Schlößchen"** ist ein gotischer, stattlicher Turmhausbau mit Umwehrung, den 1519-29 der letzte Abt Christoph von Hirschaid erbauen ließ. Gedrungener, rechteckiger, hoher Hauskörper mit Erkern. Wappen des Abtes über dem Portal.

Das „Schlößchen"

Zum Klosterbau gehören auch das Torhaus (18. Jh.) und das Amtshaus (1793) mit Fachwerkobergeschoß und einer gewölbten Sakristei.

Blick auf Seitenschiff

Lettner

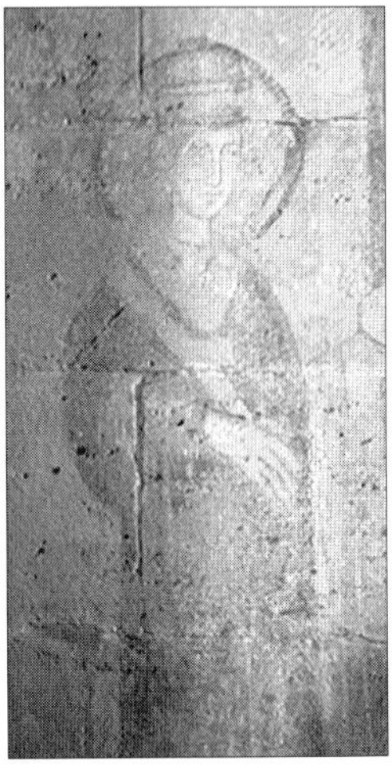

Heiligen-Fresko

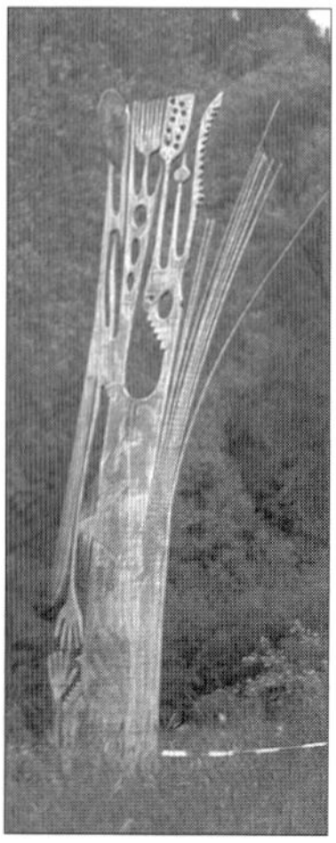

Skulptur im „Tal der Kunst“

Teile der Klostermauer aus dem späten 15. Jh. blieben auch erhalten. Die ehemalige **Klostermühle** von 1736 ist uns noch als großer Bau mit Fachwerkobergeschoß und Walmdach neben anderen früheren, zum Kloster gehörigen Bauten erhalten geblieben.
Münchsteinach ist auch Geburts- und Bestattungsort des deutschen Film- und Theaterschauspielers Günther Strack.
An der Straße nach Obersteinach liegt das ständig geöffnete **„Tal der Kunst“**, eine großzügig geschaffene Kunst- und Kulturstation. Auskunft: Tel. 0 91 66/8 80.

Neustadt an der Aisch

Landkreis Neustadt an der Aisch - Bad Windsheim *K370 D5*

ANFAHRT/WEGBESCHREIBUNG

BAB A7 Würzburg-Ulm, Abfahrt Bad Windsheim, der B470 bis Neustadt/Aisch folgen oder BAB A3,Würzburg-Nürnberg, Abfahrt Höchstadt-Ost, der B470 bis Neustadt/Aisch folgen.

SEHENSWÜRDIGKEITEN

Nürnberger Tor, Altes- oder Inneres Schloß, Neues- oder Äußeres Schloß, Seckendorffsches Schlößchen, St. Wolfgang, St.-Michaelskapelle, Stadtpfarrkirche St. Johannes Baptist (Ölberg, Fragmente niederl. Schnitzaltar, Holzplastiken, Bibliothek), Rathaus, Spital, Gefängnis „Fronfeste“, Rote und Weiße Marter, Steinkreuze,

ORTSTEILE/SEHENSWÜRDIGKEITEN

Riedfeld, Birkenfeld (ehem. Klosterkirche, Mühle) , Gerhardshofen, Schauernheim (Kanzelaltar), Unternesselbach (Kirchenburg), Virnsberger Haag

ORTSGESCHICHTE: Neustadt an der Aisch kann als eines der größeren und ebenfalls sehenswerten Tore zum Steigerwald, wie auch als eine Grenzstadt zwischen Naturpark Steigerwald und Naturpark Frankenhöhe in „Frankens gemütlicher Ecke“ angesehen werden. Jetzt gilt die Schul-, Amts- und Einkaufsstadt als Mittelzentrum. Auf könglichem Grund, bald dem König entzogen entstand aus (handels)wirtschaftlichen und politischen Interessen eine spätmittelalterliche Stadtsiedlung und bildete so im Gegensatz zu Windsheim einen interessanten Entwicklungsprozeß. Ein fränkischer Königshof (6./7. Jh.) namens „Reotfeld“ im Rangau (822 erwähnter Grafengau) – dem heutigen Riedfeld wird 741 mitsamt der Königskirche St. Martin, einer kleinen Sachsen-Siedlung, sowie mit den Rangaugütern Burgbernheim und

Ickelheim dem jungen Bistum Würzburg zugeeignet. Nach Besitzwechseln im 9. Jh. an Fulda oder Lorsch kam im 11. Jh. die Mark Riedfeld an das Bistum Regensburg, dessen damaliger Bischof Gebhard seiner eigenen Familie - den Grafen von Raabs - einem Regensburger Grafengeschlecht, dieses vermachte. Diese waren seit dem beginnenden 12. Jh. Burggrafen von Nürnberg, die hier in ihrem Lehen eine Turmhügelburg errichten ließen (vgl. späteres Seckendorffsches Schlößchen). Mit Einsatz einer stellvertretenden Ministerialenfamilie kam es zu der Namensgebung derer von Riedfeld. Die Siedlung an einer bedeutenden Straßenkreuzung bekam um 1200 auch das Marktrecht zugesprochen. Heute noch durch die für den Handel und ehedem militärisch wichtigen von Südost und Nordwest verlaufenden Straßen ersichtlich. Nachdem im Erbfall der Siedlungsbesitz im späten 12. Jh. an die Zollern (als Burg- und Markgrafen) fielen, ließ der Nürnberger Burgraf Friedrich III. in 23jähriger Bauzeit (ab 1274) den Markt zu einer befestigten *„Newenstat"* ausbauen. Hierbei wurde sicherlich der Stadtumfang in weiser Vorraussicht auf die Zukunft um das doppelte geplant und erweitert. Entstand auch dann die zweite Burg Neustadts (an der Stelle der heutigen Kellerei zu suchen). Die ursprüngliche Siedlung Riedfeld scheint außerhalb der Befestigung verblieben zu sein, denn die bäuerliche Siedlung wurde kaum noch erwähnt. Die Kirche St. Martin, aufgrund von Ablaßbriefen um 1274 neu errichtet behielt jedoch den Status einer Pfarrkirche und konnte sich als Mittelpunkt des burggräflichen Rangaus wichtig machen. Eine erstmalige, urkundliche Nennung der Stadt *„Nivenstat"* fand am 22. Dezember 1285 statt. Die Gutend von Seckendorff sind um 1297 Statthalter in dem Keimort Rietfeld. 1318 erstmals als Stadt anerkannt. 1331 wird ein erster Bürgermeister erwähnt, 1345 erscheint ein Stadtsiegel (Neustadt „bey der" Aisch). 1386 bis 1456 offenbar Sitz des kaiserlichen Landgerichts und eines Landeshauptmanns des kaiserlichen Lehensgerichtes der Burggrafen von Nürnberg. Mit dem Anfang des 15. Jh. besitzt die Stadt das Münzprägerecht für kleine Gulden durch ein Vorrecht Karl IV. Mit der neuerrichteten St. Johannis-Kirche (um 1400), die eine Ablösung von St. Martin bedeuten sollte, wuchs Neustadt bis 1490 um das dreifache seiner Siedlungsfläche. Erweiterungen nach dem verheerenden Hussitensturm von 1430 sind um 1443 und zwischen 1450 und 1490 bekannt. Freilich zog dies eine erneute und der modernen Fortifikation angepaßte und abschließende Befestigung in der Regierungsphase des Kurfürsten Albrecht Achilles nach sich. Nach dem die Stadt nicht minder betreffenden Bauernkrieg 1525, wurde 1528 Neustadt reformiert, deshalb war in der Stadt eine Superintendentur untergebracht. Seit dieser Zeit gab es in Neustadt keinen einzigen katholischen Prediger mehr. Gegen Mitte des 16. Jh. wurde Neustadt Residenzstadt unter dem Markgrafen Albrecht Alcibiades. Mit den Wirren der Revolution gegen diesen kam es während des Markgräfler Krieges zu argen Zerstörungen in der Stadt. 1553 wurden stadtumfassende Brandzerstörungen aufgezeichnet. 1564 war in der Stadt das Dekanat für den mittleren Aischgrund untergebracht. Während des Dreißigjährigen Krieges - 1632 und 34 - brandschatzten Kaiserliche die Stadt, schwere Verwüstungen sind hier gleichfalls erwähnt. Urkundlich ist von der „Stadt an der Aschen" zu lesen. Der Wiederaufbau der Stadt zog sich schleppend hin. Seit 1679 bestand hier der Sitz der Superintendentur der Dekanate Neustadt und Baiersdorf. In der Stadt wurde eine über die Stadtgrenze hinaus angesehene Lateinschule, das „Collegium georgi Friedricianum" von dem Markgrafen Georg Friedrich Carl 1731 gegründet. Die Stadt wurde auch Sitz der Landeshauptmannschaft. Die geheime Convention und nach dem Vertrag von Ostende mit dem nach sich ziehenden Abdankungspatent vom 16.1.1791 von dem Markgrafen Christian Friedrich Carl Alexander kam die Stadt wie das ganze fränkische Land (das ehemalige Unterland des Fürstentums Brandenburg-Culmbach-(Bayreuth) an den preußischen König Friedrich Wilhelm III. 1791 wurde auch der Theologe und Freund Platens, Dr. J. G. Veit Engelhardt geboren, der 1855 verstorben war. Im Februar 1792 erfolgte die preußische Machtübernahme, so daß die Stadt durch Umstrukturierung von Behörden und Ämtern königlich, preußische Hauptstadt mit einem Magistrat, Stadtgericht und Stadtrendantur wurde. So auch Garnisonsstadt mit dem hier untergebrachten Husaren-Bataillon von Bibra. In den Napoleonischen Kriegen ab dem 2. Januar 1806 unter französischer Militärregierung, die jedoch die preußische Bürokratie unverändert beließ. Durch den Vertrag von Paris übergab Napoleon am 28.2.1810 die fränkische Stadt dem Land Bayern, das nicht nur in punkto Stadtgerichts- und Rendanturauflösung in ein Justiz- und Kirchamt seinen Führungsanspruch zu behaupten wußte. 1815 bis 1887 war hier nach der preußischen Husarenkaserne eine Kavalleriegarnison untergebracht. Während dieser Besatzungszeit wurde die Hauptbahnlinie Nürnberg-Würzburg-Frankfurt 1865 eröffnet, so daß Neustadt als bedeutende fränkische Stadt am Fernverkehr angeschlossen war. Die beständigen und offensichtlichen Einnahmen in die Stadtkasse wurden durch die nahen Forste (ehemalige Königsforste), die hier typischen Fischweiher (Zuchtgewässer der Aischgründer Spiegelkarpfen) und die industriellen Betriebe ermöglicht. Zögerlich entwuchs die große Gemeinde den alten Stadtmauern, die im übrigen in den 70er Jahren des 19. Jh. zum großen Teil eingerissen wurden.

SEHENSWÜRDIGKEITEN: Vom ältesten und ersten Mauerring des mittelalterlichen Neustadts sind keine Reste mehr erhalten, aber man vermutet diesen um den quadratischen Marktplatz (um diese seit 1285 gewachsenen Stadtsiedlung) im Lauf folgender Straßenzüge: Obere Schloß- , Bleich-, Waag-, Schmied- und Hintere Kellereigasse. An dieser östlichen Ecke muß sich auch (1275) die Burg der Nürnberger Burggrafen befunden haben, die zum Schutze des Marktes gedacht war. An der Westecke muß außerhalb des Mauerrings die zeitig abgegangene Burg der Grafen von Raabs-Riedfeld (12.Jh.)

vermutet werden. Die Nordecke der Befestigung bildete das Alte oder Innere Schloß. Eine letzte, jetzt noch teilweise sichtbare Erweiterung im Südwesten und Süden der Befestigung ist im 15. Jh., (1460 bis 1488) anzunehmen, so daß sich ein unregelmäßiger, polygoner Stadtgrundriß ergab. Diese spätmittelalterliche - neuzeitliche (etwa 1600 Meter lange) Stadtbefestigung kann noch in Resten im Süden und im Norden und Nordwesten nachgewiesen werden. Mit der Bastei werden hier 15 Mauertürme bezeichnet. Auffällig ist hierbei die noch heute sichtbare tiefe Rechtecksbucht im Stadtwesten mit dem Kugletsweiher. So bezeichnet das Stadtwappen am Windsheimer Tor das Jahr 1488. Die vorstädtischen Siedlungen wurden wohl in diesem Zeitraum miteinbezogen, so daß eine Stadterweiterung bis hierhin abgeschlossen erscheint. Der Dreißigjährige Krieg mit seinen üblichen Beschädigungen zog Wiederaufbauten in der zweiten Hälfte des 17. Jh. mit sich. So stehen nach dem Abriß zu späterer Zeit immerhin noch ein Torturm (ehemals vier) und sechs (ehemals 11) erkennbare Mauertürme der **Stadtbefestigung**.
Vom Nürnberger Tor im Uhrzeigersinn gehend seien folgende an der südwestlichen und südöstlichen Stadtmauer vorgestellt: Das Wahrzeichen Neustadts an der Aisch - das **Nürnberger Tor**: Aus drei Bauteilen bestehend. Fünfstöckiger Torturm mit gotischen Toröffnungen, mit achteckigem Pyramidendach und Laterne. Wehrgangsreste und Fallgitterführungsschienen. Torhaus mit Fachwerk und kleinem Vorbau mit Spitzbogentor. Das Relief zeigt den Geißbock von Neustadt/Aisch. Reste der Bastei aus dem 16. Jh. stehen noch vor der Toranlage. Ganz in der Nähe des Stadttorturms erhebt sich der **Kastenboden**, ein ehemaliger Speicher für Naturalabgaben aus markgräflicher Zeit. Der mehrgeschossige Keller diente als Aufbewahrungsort für die Abgaben der Wein- und Bierbauern. Der Flurersturm ist ein typischer Schalenturm. Vögeleinsturm, quadratisch mit Buckelquaderverkleidung. **Hirtenturm** mit vorkragendem Fachwerk, mit Buckelquadern und Walmdach. Schauflersturm, ein aus der Stadtwehr vorspringender Rundturm mit achteckigem Spitzdach. **Pulverturm**, ein dreigeschossiger, zylindrischer Turm mit schönen Kreuzschlüsselscharten. Die Stadtmauer selbst ist nach Nordosten, Südosten und -westen deutlich verfolgbar. **Altes** oder **Inneres Schloß** an der Nordostecke der Stadtmauer: Unter dem Markgrafen Albrecht Achilles in der ersten

Das „Nürnberger Tor“

Hälfte des 15. Jh. erbautes Wasserschloß, 1451 nachweislich von ihm bewohnt. Mit dem Bau des Neuen Schlosses seit 1626 stiefmütterlich behandelt. Wohnsitz des Landeshauptmannes und als Musensitz der Witwe des Kurfürsten Albrecht Achilles, Anna von Sachsen, verstorben 1512, ist von gewisser Bedeutung. Hier auch ein zylindrischer, zweigeschossiger, spätmittelalterlicher Turm, nur zwei Geschosse erhalten geblieben. Einst war hier auch eine Kapelle untergebracht, wie Rundbogenfenster im Obergeschoß verdeutlichen. Zweigeschossiges Torhaus des 15. Jh. mit barocken Umbauten. Am Seitenflügel des zweigeschossigen – aber veränderten Hauptbaues prangt das Wappen der Zollern. Jetzt **Heimatmuseum**: Auskunft: Tel. 0 91 61/6 66 11 oder 97 48. Also ein durch viele Um- und Anbauten veränderter Schloßbau mit Innenhof und sechseitigem Treppenturm, auf mehreckigem Grundriß mit hufeisenförmig angebauten Gebäuden. Dem Schloß zugehörig ein klein angelegter Schloßpark aus der ersten Hälfte des 18. Jahrhunderts.

Neues Schloß

Neues oder **Äußeres Schloß**: mit Vorburg gegen Süden nahe dem Alten Schloßbau: 1575 ließ Markgraf Georg Friedrich I. von Brandenburg-Bayreuth den Bau des 1. Residenzschlosses Frankens durch den Baumeister Georg Fahrenschon beginnen, der jedoch erst 1626 unter dem Markgrafen Christian sein Ende fand. Im späten 18. Jh. bis späten 19. Jh. Husarenkaserne, brannte 1906 aus. Jetzt Volksschule. Nur der achtseitige, vierstöckige Treppenturm in der Mitte der dreigeschossigen Schloßfassade zeugt noch vom früheren Bau.

Ehemaliges Seckendorff-Schlößchen neben dem Spital: Wie schon eingangs erwähnt, Burggründung unter den Grafen von Raabs-Riedfeld, dessen späterer Herr, Burggraf Friedrich III. diese an die Herren von Seckendorff veräußerte. Mitte des 16. Jh. sicherlich abgebrannt, danach wiederhergerichtet, aber 1632 endgültig zerstört.

Das **Spital** wurde 1419 (Vorgängerbau aus der Zeit um 1300) erbaut und geht hierbei als städtische Stiftung mit der Vicedom-Familie von Seckendorff hervor. 1598 neu erbaut. 1708 kommt es zum nahen Bau eines Pfarrwitwen- und Waisenhauses unter dem Superintendenten Räthel. Die Einrichtung bestand nur 23 Jahre und ist im sogenannten „Hinteren Haus“ zu sehen. Zweigeschossiger Satteldachbau mit Schlepp- und Fledermausgauben, einst an die Spitalkirche anstoßend. Reste der ältesten Burg (um 1300) werden in der Bruchsteinmauer in der Hinteren Kellereigasse vermutet.

Kirchliche Bauten: St. Martin, die frühe Kirche des alten Neustadts wurde 1274 völlig neu erbaut und galt als Mittelpunkt der burggräflichen Rangaulandschaft. Sie ist anstelle der Friedhofskirche Christi Himmelfahrt zu suchen. Ein ehemaliges, aber abgegangenes Franziskanerkloster, welches 1458 aus einem überschriebenen Kirchenbau namens St. Wolfgang hervorging wurde unter den Markgrafen Albrecht und Johann von Brandenburg ermöglicht. Eine weitere finanzielle Unterstützung zum Ausbau des Konventsgebäudes und der Ausstattung ist von einer Anna Usymayrin (1460 bez.) beschrieben. 1462 ist vom Einzug der Franziskaner aus Nürnberg kommend die

Rede. Vier Jahre nach der Kircheinweihung des neuen St. Wolfgangs 1484 muß das verschwundene Kunstobjekt des Marienaltars, einer Stiftung des Kirchenmeisters der Nürnberger St. Sebalds-Kirche vollendet gewesen sein. 1553 läßt der Markgraf Georg Friedrich den Klosterbau abreißen und läßt hier einen Friedhof anlegen. Im 16. Jh. wurde der Friedhof der Stadtpfarrkirche auf das Gelände des ehemaligen Klosters (1525 zerstört) verlegt, auf dem sich nun auch eine **Friedhofskirche** (ehemalige St. Martin) neben der breiten Saalkirche (von 1724) **Christi Himmelfahrt** mit eingezogenem, kreuzrippengewölbtem Rechteckchor befindet. So war dies vermutlich eine Seitenkapelle der Klosterkirche. Gegen Mitte des 18. Jh. entstand das neue Langhaus mit barockem Deckengemälde zum Thema Christi Himmelfahrt. Zu Ende des 2. Weltkriegs wurde diese Kirche im Februar 1945 durch Fliegerbomben beschädigt. Im Innern: **Bronze-Epitaphe** aus dem Jahre 1580 und 1740.

Friedhofskirche

Bronze-Epitaphen

Die frühere Michaelskapelle von Riedfeld wurde zur Schwelle des 15. Jhs. als gotisches **Beinhaus** erbaut. Mitte des 16. Jh. erhielt sie das zweite Obergeschoß, Treppenaufgang mit Überdachung.

Evang.-luth. Stadtpfarrkirche, ehedem St. Johannes Baptist, im ehemals ummauerten Kirchhof: Nachfolgebau der Pfarrkirche St. Martin im Riedfeld. Im späten 14. Jh. stoßen wir auf eine erste urkundliche und sichere Erwähnung. 1438 ist von einem Ölberg im Bauwinkel zwischen Chor und Langhaus berichtet worden, so daß man die Kirche also als fertiggstellt oder nahezu fertig ansehen darf. 1557 Instandsetzung nach einem Brand. Die Kirche erhebt sich nach Nordost musterhaft solitär auf dem Kirchplatz im nördlichen Stadtviertel Neustadts. Die dreischiffige gotische Säulenbasilika mit eingezogenem Polygonchor und südwestlich stehendem, sechsgeschossigem Turm (einem von zweien) mit Haube und Laternenaufsatz verlor ihren basilikalen Charakter durch Anbauten, die eine Erhöhung der Seitenschiffe durch Fachwerkaufsätze erforderlich machten und besticht jetzt durch ihren Stufenhallencharakter. Der später noch einmal um das Uhrgeschoß erhöhte dreigeschossige Turm endet in einem achteckigen Spitzdach. Im Erdgeschoß gotisches Portal mit Tympanon und Maßwerk. Die auffällige Vorhalle an der sogenannten **„Ehtür"** wurde 1532 angebaut. Dem Langhaus wurde eine Doppelempore eingebaut. Der kreuzrippengewölbte Chorbau mit Strebepfeilern zeigt am östlichen Schlußstein ein Osterlamm, diesem gegenüber im westlichen einen Christuskopf. Der **Altar** zeigt sehenswerte **Fragmente** eines fränkischen **Schnitzaltar**s zu Ende des 15. Jh. (bis 1820 vollständig erhalten): Drei Relieftafeln mit den vier Evangelisten, Predellafiguren (Die Predella zeigt das Abendmahl) und anderen Statuen. Auf einem Flügel wird die Auferstehung verdeutlicht, dessen rückseitiges Bild wohl das Rothenburger Topplerschlößchen und eine stark befestigte Burg zeigt. Die mittige Tafel beschreibt in teilweise plastischer Schnitzerei die Kreuzigungszene mit Christus zwischen den Schächern, Berittenen und Frauen, die allesamt in einer felsigen Landschaft dicht gedrängt erscheinen. Im Hintergrund Kreuztragung.

Stadtpfarrkirche

Fragmente eines Schnitzaltars

Die linke Tafel hebt die Szene um den Ölberg hervor. Die **Mosesfigur** am Kanzelfuß geht sicherlich auf Georg Brenck dem Älteren (1616) zurück. Chorgestühl aus dem 17. Jh. Der gewölbte Raum über der Sakristei birgt über seiner Balkendecke eine bedeutsame **Bibliothek**, die mitunter die alte, hierher gerettete Riedfeld-Bibliothek aus dem abgebrochenen Franziskanerkloster beinhaltet. (Besichtigung nach Vereinbarung, Tel.: 0 91 61/22 13, evang.-luth. Pfarrhaus)

In der neugotisch errichteten katholischen **Stadtpfarrkirche St. Johannes Enthauptung** (1881-1883) ist eine um 1520 gefertigte **Marienfigur im Strahlenkranz**, sicher aus Markt Bibart stammend, zu bewundern.

Rathaus

Das **Rathaus** entstand aus den brandzerstörten Ruinen des alten, markgräflichen Kaufhauses (bis 1553). 1568 wurde es unter der Fürsprache des Hauptmanns Friedrich von Oberwitz neu erbaut. Der Markgraf selbst hatte den an die Stadt vererbten Bau gestattet. Es stellt den vierten Rathausbau an der gleichen Stelle dar. Der jetzige, beeindruckend dreigeschossige Bau (1711-1715) mit seinen korbbogigen Arkaden beherrscht an der Nordseite den von vielen Barockhäusern, dem Neptun- oder volkstümlich **„Gabelmann"-Marktbrunnen** (Johann Friedrich Maucher, 1734/35)) umstandenen Marktplatzes. Den Plan zum Neubau des 1632 abgerissenen Baus lieferte Johann Georg Kannhäuser. Im 19. und 20. Jh. weitere Veränderungen und 1948 nach Brand ein Jahr zuvor widerhergestellt. Das Walmdach mit Giebelgaupen trägt ein Uhrtürmchen mit dem Geißbock, dem anderen Wahrzeichen der Stadt, der pünktlich die Mittagsstunde mit Meckern ankündigt. Im Innern des Rathauses befindet sich ein Arkadengang mit einfachen Kreuzgratgewölben.

Gabelmann-Brunnen

Als dreigeschossiger, massiver Quaderbau in den Bauformen florentinischer Renaissance mit Toren fällt das **Gefängnis**, die sogenannte **„Fronfeste"** von 1840/42 auf (Bamberger Straße).

Fronfeste

Gasthof zur Sonne

Der alte **Gasthofbau zur Sonne** besticht durch Fachwerk im Obergeschoß und einen Erker. 1568 bezeichnet.

Interessant ist auch das denkmalgeschützte **Hauptgebäude der Deutschen Bundesbahn**. Der Bahnhofsbau von 1865 wurde nach Plänen von E. Rüber errichtet, restauriert und teilweise umgebaut. Ein dreigeschossiger Quaderbau mit stichbogigen Fenstern und kleineren Rundbogenfenstern im Mezzaningeschoß.

Ehemalige Fürstenschule von 1737-40, ein langgestrecktes, zweistöckiges Gebäude.

Sehenswerte **Fachwerkhäuser** in der Bamberger-, Ludwig-, Nürnberger- und Würzburgerstraße (hier ein Fachwerkbau von 1554), so auch am Marktplatz und in der Kirchgasse. Hintere Kellereigasse, zweites Obergeschoß mit Fachwerk (spätes 18. Jh.) und mit massivem Steinbau im Erdgeschoß, laut Inschrift 1495 bezeichnet.

Rote Marter

„Rote Marter" in Riedfeld: 1488 bezeichnet, am Pfalzbach gelegen. Kreuzigungsszene mit St. Laurentius und St. Christopherus.

Weiße Marter

Weiße Marter, an Weggabelung Diespeck/Kleinerlbach. 1518 datiert, zeigt gekreuzte Sensenblätter und Inschrift, die auf einen Unfall mit Todesfolge hinweist: *„1517 - an S. Barbara abent verschit Hanns Ulnbam..."* Spät- oder nachmittelalterliche **Steinkreuze** finden sich am Feldweg nach Oberschweinach (eines mit geöffneter Schere), südlich der Straße nach Unterstrahlbach als Sühnekreuz für den 1628 gewaltsam zu Tode gekommenen Edelherrn zu Strahlbach (Johann Georg von Gartz). **Schwedenkreuz** im Gerichtswald mit abgeschlagenem Arm, Bildnische und untenstehender Pflugschar.

Steinkreuze

Grenzsteine der Gräflich Pücklerschen Schweinehatz, begrenzten den Niederjagdbezirk Brunn, der 1746 eingerichtet wurde und als Privileg galt. Südlich der Bahnlinie, Am Schnerrer, einer Weggabelung gelegen. Landwirtschaftlicher Lehrpfad, Lehrpfad über gefährdete Lebensräume, Schulzentrum. Auskünfte über die Stadt: 0 91 61/6 66 46.

ORTSTEILE/SEHENSWÜRDIGKEITEN: **Riedfeld**, als Mutterort von Neustadt an der Aisch bezeichnet, liegt jenseits des Aischflusses, südlich einer mit „Hohe Straß" bezeichneten Flur. Hier erhob sich demnach der alte Königshof. Im Spätmittelalter saßen auf der hier bezeugten Burg die Schnappenstein und andere Dienstmannengeschlechter. 1147 ist ein Cunrad de Rietfeld bezeugt. Der gleiche Adel erlischt 1291. Der Marktort war schon im späten 13. Jh. Besitz der Burggrafen zu Nürnberg, die es vom Hochstift Regensburg als Lehen erhalten haben. Wenig später (1274) wird die Gemahlin des Casteller Grafen Heinrich, Adelheid, mit dem Flecken belehnt. Bedeutungslos wurde der Ort durch die Marktverlegung. Die dem Bistum Würzburg zugehörige Pfarrei erlosch mit der St. Martinskirche als ein altfränkisches Kirchpatrozinium nach dem 1430 erfolgten Hussitensturm. Mit der Genehmigung des damaligen Papstes entstand hier unter den Franziskanern 1459 das Kloster St. Wolfgang. 1525 wurde dieses verwüstet. 1591 im Salbuch des Kirchamtes nur noch als „Weiler" bezeichnet.

In **Birkenfeld** an der Aisch, südwestlich von Neustadt an der Aisch stellt die evangelisch-lutherische Filialkirche das **ehemalige Frauenkloster St. Maria** unter dem Zisterzienserinnen-Orden dar. Im 13. Jh., genauer zwischen 1275 und 1278 ist die Stiftung eines solchen Klosters durch den Nürnberger Burggrafen Friedrich III. und seiner Gemahlin Helena (Herzogin von Sachsen) aus dem Hause des sächischen Kurfürsten Albrecht und sicherlich auch unter finanzieller Unterstützung des Adels von Seckendorff-Rinhofen und Rechberg überliefert. Unter Aufsicht des Abtes von Ebrach muß der Bau schon im 14. Jh. vollendet gewesen sein. Im sogenannten Städtekrieg wird das Kloster wohl beschädigt gewesen sein, bis es 1525 unter bäu-

Ehemalige Klostermühle von Birkenfeld

erlichen Plündereien abbrannte. Weitere Zerstörungen und Plünderungen während des 1. und 2. Markgräfler Krieges sind anzunehmen. Mit dem Ableben der letzten Äbtissin (Die letzte Äbtissin muß Kunigunde von Gottsfeld gewesen sein - verstorben 1534) wurde das Stift zwei Jahre später säkularisiert. Es kam, wie auch bei anderen kirchlichen Objekten, zu der Teilung des Komplexes in einen weltlichen und einen kirchlichen Teil: so unterstanden die westlichen Gebäude einer profanen Nutzung. Das hier untergebrachte Halsgericht wurde mit dem von Neustadt vereinigt, die kirchlichen Bauwerke zu anderen, meist profanen Zwecken mißbraucht oder zum fürstlichen Amt erklärt. Hingegen der östliche Teil dem Klerus überlassen blieb. In den Jahren 1553, im 30jährigen Krieg 1632 und 1645 erneut beschädigt und hernach wieder als schleppender Wiederaufbau unter dem Markgrafen beschrieben. Burgräfin Elisabeth von Nürnberg, die Mutter der Äbtissin Anna vermachte 1664 diverse Ausstattungsobjekte dem Kloster und stiftete auch den bezeugten Erhardsaltar. Das Dorf entstand erst im späten 17. Jh. Nach der protestantischen Kirchen- und Klosterordnung gab es lediglich noch Verwalterinnen und Amtsmänner. 1724 wurde auch der Äbtissinnenbau verändert. Im 18. Jh. hörten aber die baulichen Entstellungen in Form von Umbauten des Klosters nicht auf, so wurde es auch im 19. Jh. noch als Steinbruch benutzt. Der Aufbau der verbliebenen Kirche läßt sich als ein langer, im abgetrennten Westteil dreigeschossiger Bau mit zurückgesetztem Chor mit zweijochigem Kreuzrippengewölbe beschreiben. Zugemauerte Bögen im Westen bezeugen noch den früheren Anbau. Äußerlich zeigt sich der Chorbau mit dreistufigen Strebepfeilern und einer deutlich übersichtlichen Gliederung. Spätgotisches **Relief** an Chormauer. **Kanzelaltar** im Kirchenschiff von 1760. **Epitaphe** im Chor zeigen unter anderem die Gemahlin des Burggrafen Heinrich IV. von Nürnberg und ihr Sterbejahr 1348, sowie einen geharnischt dargestellten Ritter von Seckendorff. Auch die Wappen der adligen Familie Gottsfeld (Als Stifterin machte sich die Äbtissin von Gottsfeld aus dem Kreis des Meisters der Ansbacher Schwanenordensritter einen Namen) und von Trockau sind zu erkennen. Das ehemalige Klostergebäude überdauerte als stark verbaute, kaum noch sichtbare Vierflügelanlage. Der Südflügel zweigeschossig mit barocken Umbauten und Satteldach stellt den sogenannten Äbtisinnenbau dar, später zum Amtshaus umfunktioniert. Hier zeigt uns ein stichbogiges Tor den alten Teil des Klosters. Der Westflügel mit Fachwerkobergeschoß öffnet sich durch ein korbbogiges Tor. Der barocke Nordflügel unterscheidet sich stilkonträr vom Ostflügel, dem ehemaligen Dormitorium, mit der gotischen Bausubstanz.

Das ansehnliche, zweistöckige Fachwerkhaus mit Mannfiguren und Andreaskreuzen, Satteldach und Bachhaus im Garten, nahe des Klosters muß die **ehemalige Klostermühle** aus der 1. Hälfte des 18. Jh. gewesen sein.

Etwa 17,5 km nördlich von Neustadt/Aisch liegt an der B 470 **Gerhardshofen**. Das ursprünglich als Hof des Gerhard oder Gerold bezeichnete *„Gerhartehoven"* läßt sich sicherlich auch mit seiner Ortsggründung zur Zeit der fränkisch geprägten Siedlungswellen einordnen. Schon früh bildete sich urkundlich hier dabei eine zum nordwestlich am westlichen Steigerwaldrande gelegenen Gerolzhofen schriftliche Unterscheidung heraus: so als *„Geroldshoven an der eysche"* bezeichnet. Mitte des 12. Jh. erscheint hier allerdings in dieser Region der Namen des Grafen Gerhard von Bergtheim. Die grundherrliche Aufteilung war schon zur mittelalterlichen Zeit recht kompliziert. Doch fallen unter den überwiegend Bayreuther Ämtern der Markgrafschaft jene auch die zur Herrschaft Brunn gehörigen Güter der Grafen von Pückler und Limpurg auf. Die in der Ortsmitte des Kettendorfes stehende **Pfarrkirche** (ehem. St. Peter) dominiert mit ihrem fünfgeschossigem, schlanken Kirchturm mit welscher Haube und Glockentürmchen dem breiten Kirchhaus vorgesetzt, das Ortsbild. In ihr sieht man aufgrund ihrer Lage eine frühere „Wehrkirche", sprich, daß der sie umgebende Kirchhof befestigt gewesen sein könnte. 1450 wissen wir von einer Zerstörung und einem Neubau nach gut dreißig Jahren. Während den Wirren und Überfällen des Dreißigjährigen Krieges wird die Kirche erneut als zerstört bezeichnet, ein vier Jahre währender Wiederaufbau findet 1653 statt. Der Langhausumbau ging in den neunziger Jahren des 18. Jh. vonstatten. In dem Kirchinnern beeindrucken die **Emporenbemalung** (1680) und die vergitterte Herrschaftsloge. Der regional typische **Kanzelaltar** ist in schwerem Barock aus der zweiten Hälfte des 17. Jh. gestaltet worden.

Emporenbemalung

Auf der anderen Aischseite, gegenüber Birkenfeld erhebt sich **Schauerheim**. Der an der Aisch gelegene Haufenwegeort wird wohl ebenfalls auf eine Siedlung zur Zeit der fränkischen Landnahme zurückzuführen sein, dessen adliger Führer den Namen *Scuro* oder *Savo* gehabt haben könnte. 1196 *„Schureim"* – Andere Deutungen des Namens verweisen auf das mittelhochdeutsche Wort *„schauer"* = Scheuer, Scheune. Verglichen mit dem Ortsnamen Stadelhofen eine mögliche Form. Jedenfalls erscheint diese Form im Namen des Jahres 1421 als Schauer/Schauernheim. Eine Quelle unterhalb der heute auf einem Hügel gelegenen Chorturmkirche St. Katharina wird als vorchristliche Wasserkultstätte gedeutet – und dies wird wohl auch in hiesigen Dorfsagen bekräftigt. Der Urhof der folgenden frühmittelalterlichen Siedlung, als *„dr Hof"* genannt, mag in dem jetzigen Wirtshaus nördlich der Kirche stecken. Im 13./14. Jh. gehörte der Ort mit dem nahen Diebach und Hasenlohe zur hohenlohschen Herrschaft Wernsberg. Schon 1338 kaufen die Nürnberger Burggrafen Schauerheim, in dem nun überwiegend brandenburgische Untertanen lebten und der als eng mit den Markgrafen verknüpfte Ort fortbestand. Der Zehnt wurde zu einem Teil von der Stadt Neustadt, sowie zu drei Teilen von Würzburg beansprucht. Das im Mittelalter eine Burg bei oder in Schauerheim gestanden haben könnte, konnte bis jetzt noch nicht

Kanzelaltar in der Kirche von Schauerheim

bewiesen werden, da bislang keine entsprechende Stelle gefunden wurde. Diese Burg mag als Ansitz des Orts- und Ministerialadels durch den Bau einer späteren „Fürstenburg" des Burggrafen Friedrich III. um 1287 verändert worden sein (Vgl. Burg Schnappenstein über Riedfeld.).

In westlicher Richtung vom Ort erhebt sich zwischen dem Aischfluß und dem Nesselbach der Mar(k)berg, der als Grenzmarke zwischen den Markungen Hasenlohe und Schauerheim angesehen wurde.

Das Untergeschoß des Chorturmes der **St.-Katharina-Kirche**, heute evang.-luth. Pfarrkirche mag zu Beginn des 16. Jh. (1509) angelegt worden sein, dies laut der Inschrift:*„...ao an St. Margaretentag hat man gelegt den ersten Stein"* Im unteren Altarturmgeschoß befindet sich auch ein „kultisches" Ostfensterchen. Die übrigen Turmgeschosse des dreigeschossigen Chorturmes sind erst zu späterer Zeit aufgesetzt worden. Auffällig hierbei das dritte Geschoß, das deutlich zurückgesetzt erscheint. Offenbar wurde dieses nach den Zerstörungen im Dreißigjährigen Krieg hochgezogen. Ebenso auch die barocke Kuppel. So stammt das neugebaute, barocke Langhaus auch erst aus der ersten Hälfte des 18. Jh. Einen Besuch wert ist die Kirche, im erhöht stehenden, früher recht starken von einer Wehrmauer mit Stützpfeilern umgebenen Kirchhofs, wegen ihres im Chorbogen aufragenden und diesen fast ganz einnehmenden **Kanzelaltars**, der wie schon oft erwähnt zu den regionalen Besonderheiten gehört und auf eine reformatorische Inventarisierung von Kirchen hinweist.

Ca. 8 km südwestlich von Neustadt an der Aisch liegt unterhalb des 421 Meter hohen Eulenberges einer der ältesten Orte des Aischgrundes – **Unternesselbach**. Schon 881 geht der Ort am namensgebenden Nesselbach als *„Nezzilbach"* aus Urkunden hervor. Hier führte auch die bedeutende Altstraße Ullstadt-Altheim vorbei. Vermutlich rührt der Ortsname tatsächlich von der Nesselpflanze her, die hier wohl reichlich vertreten war. Die kleine Siedlung ging vermutlich als salisch verwalteter Flecken in ein staufisches Gut über. Der Flecken war noch vor 1238 Besitz der Reichsministerialen von Tiefen. Ab diesem Jahr erscheinen hier die von Tiefen-Güper und als Lehensherr Gottfried von Hohenlohe, der das Lehen von Kaiser Friedrich II. zugewiesen bekommt. 1300 Nennung eines *„superior nesselbach"* – also gab es schon vermutlich zu jener Zeit zwei Nesselbachortsteile. 1310 sind beide Ortschaften als Reichsdörfer der Reichsstadt Rothenburg zugehörig. 1327 war ein Teil des Burggutes eine zeitlang in den Händen der burggräflichen (Nürnberg) Lehensträger Rindsmaul, die auf der Burg Wernsberg (vgl. Virnsberger Haag→) ihren Sitz hatten. Ein anderer Teil blieb jedoch hohenlohscher Besitz. Jedoch erscheint erst 1347 eine deutliche Unterscheidung zwischen einem *„Obern-"* und *„Niedern Nezzelbach"*. Dies im Zusammenhang einer Bestätigung der an Ludwig von Hohenlohe verliehenen Burglehen durch Kaiser Karl IV. 1350 wird die Pfarrei erwähnt, die später auch als Mutterkirche fungierte. Deren Tochterkirchen im nahen Altheim, Dottenheim, Hambühl, Kaubenheim und der abgegangenen Siedlung Albach. Vermutlich als „bischöflich-würzburgische" Konkurrenzkirche bestehend, die Teile des Riedfelder Sprengels bis 1491 besaß. Der geistliche Seelsorger Nesselbachs war gleichermaßen als Prediger dem Zisterzienserinnenkloster Birkenfeld zugetan. Andreas von Rindsmaul verkauft das Gut 1365 an den Burggrafen. Nachfolgend erscheinen die Neustetter, genannte Stürmer (einer dieser Stürmer war Johann – Domherr zu Würzburg). So waren diese während des späten 15. Jh. Lehensträger der Grafen zu Castell. In der zweiten Hälfte des 15. Jh. war das Burgschloß als Castellsches Lehen und Erbteil an Jörg Neustetter, dessen Vater Melchior Neustetter gewesen ist, gekommen. Das befestigte Anwesen wird an der Südwestecke des Dorfes Unternesselbach vermutet. 1702 war hierbei noch von sichtbaren Resten die Rede. Nun sind es nur noch Flurnamen wie Schloßacker oder Schloßwiese, die an eine spätmittelalterliches Schloß denken lassen. Die Burggrafen tragen hingegen denen von Seckendorff und ihren Nachfolgern Gut und Rittergut Ullstadt als Lehen auf. Im Ort selbst treten weitere Grundherren in Erscheinung: neben dem Juliusspital von Würzburg das nahe Kloster Birkenfeld. Um 1491 hatte sich der erwähnte Kirchsprengel auf die beiden Orte Nesselbach verkleinert. Seit 1440 bezeugte bis zur Reformation Ortspfarrei, hiernach Oberpfarrei des Würzburger Domprobtes, danach unter markgräflichem Patronat. Während des Bauernkrieges trat die Reichsstadt Rothenburg ihre Hoheitsrechte auf die beiden Nesselbach-Orte an das Markgrafentum von Ansbach-Bayreuth ab. Mit dem Jahre 1520 hielt die neue Glaubenslehre im Ort Nesselbach Einzug. Der ortsansässige Pfarrer Caspar Löhner, war ein bedeutender Schüler des Reformators Martin Luthers. An den Aufenthalt Luthers im Ort soll die altehrwürdige Lutherlinde erinnern. Löhner war im übrigen der erste evangelische Pfarrer Frankens. Und Melanchthon verkündete nach dessen Ableben: *„Innerhalb weniger Wochen haben wir Luther und Löhner verloren."* Die offizielle Reformierung fand eher 1528 statt. 1558 war der Ort Sitz der bayreuthischen Superintendentur. Um 1607 sind Pestnöte erwähnt. Überfälle im Dreißigjährigen Krieg: 1631 Verwüstungen durch marodierende Landsknechtshaufen, 1635 durch Kroaten. 1638 stirbt zwischenzeitlich das mit Unternesselbach verwurzelte Geschlecht Neustetter aus. Der Besitz fällt daraufhin an den Adel von Seckendorff. Nach den schweren Kriegsjahren ist 1654 ein Zuzug von Österreichern, Böhmen und Schlesiern bekundet. Um

1700 Nennung der Limpurger Grafen-Herrschaft. Mit dem Regierungsverzicht der Markgrafen von Ansbach wurde der Ort bis 1807 preußisch. Der Weinbau war bis ins Jahr ins frühe 20. Jh. eine Erwerbsquelle für den Ort, kam jedoch während des Dreißigjährigen Krieges zum Erliegen.

ehem. Gadenkirchenburg

Am nördlichen Ortsrand im befestigten Friedhof liegt die im frühen 14. Jh. vermutlich erbaute **Chorturmkirche** (ehemalige St. Bartholomäus) mit vierstöckigem Turm und einem Chor mit gotischem Kreuzrippengewölbe. Die Glocken im Turm sollen teilweise noch aus dem frühen 14. Jh. stammen, die kleinste ist auf das Jahr 1402 bezeugt. Von den ehemals 35 Gaden, die inseitig an die grobquadrige Wehrmauer angebaut waren, steht jetzt nur noch einer. Von 1551 ist eine Zugbrücke überliefert, so daß ein umlaufender Graben um die Kirchwehr wahrscheinlich ist. Verblieben ist ein **Torhaus** von 1627 mit Glockentürmchen (Noch in der ersten Hälfte des gleichen Jahrhunderts umgebaut und im 19. Jh. teilweise renoviert). Die den Kirchbau umgebende Mauer aus Quadern ist stellenweise bis zu einer Höhe von 4 m mit Fensternischen und Schießscharten erhalten. Das Kircheninnere birgt ungeahnte Kleinodien, ein **Totenschild** des Melchior Neustetter von 1493 mit dessen Wappen und Gedenktext. In der Altarmitte des schlichten, zweisäuligen Barockaltars erhebt sich eine **Kreuzigungsgruppe** von 1480 (wahrscheinlich Nürnberger Kunsthandwerk der Gotik), deren Predella (17.Jh.) eine Abendmahlszene zeigt. Der Chorraum ist vom Langhaus durch einen runden Chorbogen getrennt. Im Langhaus erheben sich an zwei Seiten die Doppelemporen, auf deren **Brüstungsfeldern** die 28 Artikel der Augsburger Konfession niedergeschrieben wurden. Die Emporen wurden bei der Erweiterung der Kirche durch Geschoßerhöhung von 1769 eingebaut. Vermutlich geht die Beschriftung auf diesen Zeitraum zurück. Im späten 17. Jh. kam es bereits schon zu Instandsetzungen. Der **Taufstein** in der Kirche (so auch der der Ortskirche von Altheim) ist aus dem Jahre 1600 und wurde wie die Steinkanzel von dem örtlichen Pfarrer Leonhard Christian Lietzheimer selbst gefertigt. Dieser hat vermutlich auch das **Epitaph** an der äußeren Südwand für seine 1594 zweijährig verstorbene Tochter gefertigt. Inschriften mahnen mit kurzen und prägnanten, lateinisch abgefaßten Sätzen: *„Sei des Todes eingedenk und Lerne zu sterben.* Diesem Pfarrer wurde 1617 von dem regional bekannten Künstler Georg Brenck dem Älteren aus Windsheim ein **hölzernes Epitaph** geschaffen, das nun an der

Texte der „Augsburger Konfession" in der Kirche von Unternesselbach

Chornordwand zu finden ist. Ursprünglich deckte es als Grabplatte die Gruft des 1616 Verstorbenen. Es zeigt die Familie Lietzheimer unter dem gekreuzigten Christus. Hinweis darauf, daß dessen Schaffenskraft im Namen Christi geschah. Vor der Kirche erhebt sich die sogenannte Martin-Luther-Linde. Im Ort stehen auch noch schöne Wohnstallhäuser aus dem Zeitraum 18. und 19. Jahrhundert.
1993 wurde das Dorf mit der Goldmedaille des Wettbewerbs „Unser Dorf soll schöner werden" ausgezeichnet.

Der **Virnsberger Haag**, ein ehemaliger Landsitz aus der ersten Hälfte des 19. Jh. liegt südlich unterhalb des 392 m hohen Schloßbuck östlich von Unternesselbach. An der Ortsausfahrt nach Langenfeld, einer Kreuzung mit Flurweg, parken und der Markierung mit rotem Tropfen bis zum Hof Virnsberger Haag folgen, hier führt ein Pfad zum Schloßbuck bergauf. Die Burg erscheint im 13. und 14. Jh. als Besitz des Hauses Hohenlohe. Die Burg Wernsberg wurde im Hochmittelalter der Familie de Wernsperc zugesprochen. Im Jahre 1319 wird nämlich ein Heinrich von Hohenlohe erwähnt, der sich selbst dann Wernsberg nennt. Ende des 13. Jh. noch Wernsberg. Heinrich von Hohenlohe vermacht sie 1327 für seinen Todesfall dem Bischof zu Bamberg. Vermutlich noch vor 1338 erhalten die Nürnberger Burggrafen den Besitz. 1409 erscheint in einer Quelle die Nachricht von einem „rindsmaulischen Raubnest", das von den Burgggrafen zu Nürnberg zerstört wurde. Passend hierzu die Nennung dieses Kleinadels in der Ortsgeschichte von Unternesselbach, in der eine Familie dieses Namens auf Wernsberg im 14. Jh. erwähnt wird. Andere Quellen besagen: 1412 wird die Burg im Zusammenhang eines Heiratsgutes der Tochter des Burggrafen Johann Elisabeth genannt. *„1412 auff vesten Wernsperg bey Newnstat an der Eysch"*. So war die Burg bis zum Jahre 1440 noch erhalten. Noch in der zweiten Hälfte des 15. Jh. wurde sie zerstört und wurde wohl auch nicht mehr aufgebaut. Ein konstanter Verfall und die kostenfreie Abtragung der Steine als Baumaterial sorgten für ein rasches Verschwinden der Burg. Sie wird als zweitürmige Burg erwähnt, dessen einer, als achteckige Bergfried-Ruine im 18., Jh, noch gestanden haben soll. Die Länge der Burg wird auf 241 m geschätzt. Lediglich Bodenunebenheiten zeugen noch vom Hauptburgplatz, der durch einen sichtbaren Graben von der Vorburg getrennt war. Weiter ist auch ein tiefer, breiter Abschnittsgraben vor der Burgstelle und ein fast umlaufender Wallkomplex zu sehen. 1504 wird diese bereits als *„alt öd schloss"* bezeichnet. 1541 erscheint eine kleine Siedlung *„hac"*. 1629 gibt es die Nennung eines Jagdhauses der Waldmark Nesselbach.

Oberaurach *K368 B7*

Landkreis Haßberge

ANFAHRT/WEGBESCHREIBUNG

BAB A70 Schweinfurt-Bamberg, Abfahrt Eltmann, nach Eltmann fahren, hier weiter in Richtung Oberaurach-Trossenfurt.

ORTSTEILE/SEHENSWÜRDIGKEITEN

Dankenfeld (Schloß, Friedleinsbrunnen), Fatschenbrunn (Schloß), Kirchaich (Fresken Ortskirche), Neuschleichach, Oberschleichach, Priesendorf, Tretzendorf, Trossenfurt

ORTSTEILE/SEHENSWÜRDIGKEITEN: Die Höhensiedlung **Dankenfeld** findet 1303 als *„Dankenvelt“* (Feld des Danko) als mittelalterliche Rodungssiedlung mit nicht sonderlich gutem und ertragreichem Boden in der Mark „Münsterisches Gehülz“ Erwähnung. Daß es in der Umgebung von Dankenfeld (z. B. in der Flur „Alter Keller“) in der Hallstattzeit - um 750-450 v. Chr. und sicherlich auch noch später Besiedlung gegeben hat, ist durch Funde bewiesen. Interessant daß sich südlich des Ortes zwei bedeutende alte Höhenstraßen kreuzen: Bamberg-Zabelstein, Nürnberg-Eltmann, über Burgebrach führend. Die den beiden Bistümern Würzburg und Bamberg zugehörige Adelsrodung war in Händen verschiedenster Lehensnehmer: Die Herren von Lisberg treten seit 1336 mit einer Burg in Erscheinung, dann die von Thüngfeld, von Schaumberg zu Thundorf, später die von Giech, von Milz, von Aschhausen und die von Münster. Die Cent oblag dem Amt Eltmann.

Burgschloßgut

Wesentliche Bauteile des renaissancezeitlichen **Burgschlossgutes** gehen auf die von Münster, Mitte des 17. Jh. aber in den Besitz der Marschalk von Ostheim über. In der ersten Hälfte des 18. Jh. (1714-18) ließen die Marschalk von Ostheim unter Christian, Bamberger Generalmajor, Oberjägermeister und Kommandant der Stadt Bamberg, einen erweiternden Flügel errichten. Dankenfeld und der nahe Friedleinsbrunnen werden als literaturgeschichtlich bedeutsame Orte mit Charlotte Kalb, geborenen Marschalk von Ostheim in Verbindung gebracht. Bezüglich des Schlosses sei erwähnt, daß sie hier in der Schloßkapelle Heinrich von Kalb am 25.10.1782 ehelichte. Siehe auch die bescheidene Inschrift am Schloß. Ansonsten ist das Schloß insgesamt ein schlicht gehaltener rechteckiger Bau mit östlich gelegener Kapelle. Wenn auch in der 1. Hälfte ds 18. Jh. unter den Marschalk von Ostheim erweitert, schmälerte man den baulichen Habitus durch den 1827 abgerissenen Westflügel. Im Nordosten zeugt noch ein recht tiefes Grabenstück von der einstigen Wehrhaftigkeit des Schlosses. Die klassizistisch geprägte Kapelle Maria Himmelfahrt, die auch als Ortskirche durch Anbau einer Apsis genutzt wurde (19. Jh.) ist wegen eines **Ölbild**es des Jüngsten Gerichts aus der Zeit um 1600 besuchenswert. Das Bild zeigt, die nur selten in Erscheinung tretende Darstellung der Trennung der Schafe von den Böcken. Die Figur der Muttergottes stammt aus dem 17. Jahrhundert. Ölgemälde

Südlich des Ortes liegt, über einen Wanderweg erreichbar – der auch im Zusammenhang mit Charlotte Kalb bedeutsame **Friedleinsbrunnen**. Hier im Wald lag früher, der schon im Mittelalter 1336 bezeugte „Friedrichsbrunnen", Teil eines vermutlichen Schafhofes, der schon 1574/76 als „wüst" bezeichnet wurde. Die Freundin und Gönnerin Friedrich Schillers und Jean Pauls traf sich oft am Friedleinsbrunnen, um in ihrem zeitgemäßen Romantisieren diesen noch heute atmosphärisch besonderen Ort etwas archaisches abzugewinnen. Er wird so in ihren Erinnerungen als „alter Opferhain mit drei uralten Eichen, einem Genoveva-Bild, steinernen Tischen und Sitzen" beschrieben. Allerdings sind weder hervorragende Bäume, noch irgendwelche bearbeitete Steine zu sehen. Neben der Quelle liegt ein etwa kreisrunder Tümpel, von hier aus öffnet sich ein kleines Waldtal. Friedleinsbrunnen

Folgt man hingegen der Straße nach Hummelsmarter, in dem sich sicherlich auch einmal eine solche Marter erhob, vielleicht als Zeichen an eine mittelalterliche Waldgerichtsstätte erinnernd, liegt rechterhand in der Forstabteilung Schwarzwald der **Mordstein**.

Der kleine Ort **Fatschenbrunn** liegt circa 3 km südöstlich von Oberschleichach, über Unterschleichach zu erreichen. Das Wort Fatschen erklärt, daß der Brunnen, das Quellwasser aus Torf- oder Riedwasen quellt. Die ältere und ursprüngliche Siedlung Altfatschenbrunn vermutet man östlich des Kirchhofs St. Michael. 1411 gibt es erst eine namensentsprechende Nachricht von *„Fawtzenbrunn"*, einer Adelsrodung mit Eigen- und Lehensgütern. Der Großteil war bis 1401 Besitz derer von Schaumberg, die es als hochstiftische Lehen von Würzburg erhalten hatten. Inbegriffen war auch das damalige Burggut, einem Anteil des Rittergutes zu Traustadt. Durch Verkäufe sind diese 1593 und 1608 an Voit von Rieneck gegangen.

Das jetzige Schulhaus erhebt sich als ursprüngliches, zweistöckiges **Schloß** von 1755. Die Weiheranlage ist noch zu erkennen. Schloß

Am nahen Grundbach erhob sich früher, jetzt sind nur noch Spuren zu erkennen, die „Trossenmühle", die gegen Ende des 19. Jh. verlassen worden war. Hier wurden erste Glasbereitungsversuche im Steigerwald durchgeführt.

Bemerkenswert sind auch die 16 **Grenzsteine** von 1686 im Wald. Sie zeigen die Grenze zwischen den Jagdsprengeln vom Bambergischen Spital und den würzburgischen Lehens-Waldungen auf. An den Steinpfeilern sind die Relief-Initialen B.S. , W.L. und ein Jagdhorn zu sehen.

Kirchaich, an dem Aurach-Flüßchen gelegen, ist auch einer jener früh bezeugten Orte des Steigerwaldes. Bereits um 741 oder 775 wird ein *„Aich"* mit Priesendorf in den Schenkungen des Grafen Gumbert an das junge Bistum Würzburg erwähnt. Es wird als einer der Grenzorte des Wildbanns von 1023 angesehen. Der bedeutende Baum *„Hertnidesaich"* – als markierte Grenzmarke ist aufgezeichnete Erinnerung an diese Siedlung und der nahen Wildbanngrenze. Im Hochmittelalter beweist noch der Name *„Eich"* einen gewissen möglichen Zusammenhang, 1303 fügte sich schon das Baudenkmal „Kirch" an „Eich" an. Die Kirche ist als Filialkirche zuerst von Eltmann, dann von Priesendorf verzeichnet. Erste Eigentümer waren offensichtlich freie Adlige. 1511 war Kirchaich, wie Trossenfurt, unter 6 Herrschaften gestückelt: Zum Beispiel neben dem Adel (Marschalk von Ostheim zu Trabelsdorf, Münster zu Lisberg, Truchseß von Pommersfelden) die Hofkammer zu Bamberg. In der zweiten Hälfte des 8. Jh. wurde Kirchaich dem nahen Priesendorf zugeschlagen.

St. Ägidius-Kirche

Aus der Spätromanik, hier um 1300, gibt sich noch die **Kirche St. Ägidius** mit ihrem eingezogenen Chorturm und dem gedrungenen Langhaus. Das Langhaus weist in seinem Obergeschoß einen oft als zur Wehr gedeuteten Aufsatz auf, der wenn nicht in der Erbauungszeit, dann nur wenig später als deutlich aufgesetzt zu erkennen ist. Hier befinden sich auch zugemauerte Schlitzöffnungen. Der Chorturm auf quadratischem Grundriß mit Rundbogenfensterchen und einem Kreuzgewölbe ist im Untergeschoß mit einer Mauerstärke von 1,60 m recht mächtig ausgefallen. Innen scheint die Kirche fortlaufend in jeder Epoche vom 14. bis zum 18. Jh. verändert worden zu sein. Ein deutlicher Umbau mit einer Vergrößerung des Raumes nach Westen war 1717 wichtig geworden. Dies wird auch durch die barocken und

Außenfresken

eher landläufigen Deckenbilder deutlich. Die **Bemalung** mit Rahmen- und Rankenwerk an der Südseite außen gehen allerdings auf das 15. bzw. 16. Jh. zurück. Bemerkenswert ist auch die reiche Barock- und Rokoko-Ausstattung, die sich in dem viersäuligen **Hochaltar** mit einigen Nischenfiguren des Hl. Ägidus und Johannes des Täufers und dem Rokoko-Tabernakel von Johann Bernhard Kamm repräsentativ zeigen. Nicht minder repräsentativ und reich im Schmuck ist das spätrokokozeitliche **Orgelgehäuse**. Beachtung findet auch eine **spätgotische Madonna** des späten 15. Jahrhunderts.

Fresken an der Kirche St. Ägidius von Kirchaich

In der modernen Wegkapelle an der Straße nach Lembach findet sich eine beachtenswerte spätgotische Arbeit. Die **Marien-Holzfigur** vom ausgehenden 15. Jh. kann jedoch ihren volkstümlichen, typisch ländlichen Charakter nicht nur zu ihren Ungunsten verheimlichen.

Ein kultur- und kunsthistorisch bedeutsames Unikum ist auch der **„Messingene Herrgott“**. Ein im Steigerwald oft zitierter Bildstock, der 1540 erwähnt, 30 Jahre später auf einer Centkarte als Grenze zwischen der Cent Eltmann und Hohenaich als markantes Landschafts-Mal erscheint. Er steht auch an der ehemaligen Kreuzung der von Bamberg in Richtung Schweinfurt führenden Hochstraße und der alten Straße zwischen Kirchaich und Trunstadt. Der steinernen Säule ist ein kleines Kruzifix aus Bronze (erste Hälfte 16. Jh.) an das Kopfteil gesetzt. Unweit östlich vom „Messingenen Herrgott“ befinden sich **Hügelgräber**. So auch ein spätmittelalterliches **Steinkreuz** mit Pflugschar und Pflugmesser, an der Straße Lembach und Priesendorf.

„Messingene Herrgott“

Steinkreuz

Neuschleichach zählt zu den jüngsten Dorfsiedlungen des Steigerwaldraumes, war aber dennoch Muttersiedlung der Mark, ursprünglich nur aus einem Hof bestehend. 1691 wird der Flecken anläßlich eines Kaufs urkundlich erwähnt. Die dortige Glashütte wurde 1686 errichtet, später verlegt.

Oberschleichach im Seebachtal geht in mittelalterlichen Urkunden als „Obere Schleichach“ in einer gleichnamigen Mark liegend, hervor. Die spät erbaute St.-Laurentius-Kirche und Pfarrei war Mutterkirche vom nahen Unter-/ Neuschleichach, Fatschenbrunn und Trossenfurt. Der Hauptgrundherr war das Bistum Würzburg, das auch die größere Zehnt einnahm, während die kleine Zehnt Eigentum der Familie von Löffelholz war – vorher sicherlich das Katharinenspital in Bamberg. So ist es um 1344 niedergeschrieben. Der Würzburger Fürstbischof Julius Echter von Mespelbrunn läßt die Kirche 1597 errichten – siehe **Bauinschrift** über dem Portal. In der ersten Hälfte des 17. Jh. wird sie erneuert, erhält aber ihre jetzige Gestalt 1775. 1883 Anbauten. In ihrer Erscheinung eine einfache schlichte Kirche mit eingezogenem Chor mit geradem Abschluß, ohne Turm, dafür mit Dachreiter. Inventar überwiegend klassizistisch.

Bauinschrift

Priesendorf. Möglicherweise geht die, im östlichen Aurachtal liegende Kettensiedlung auf eine der vielen gräflich Gumbertschen Schenkungen zurück. Als Dorf des Priso – *„Prisendorf“* – 1317 bezeugt. Ob es jener war, der vielleicht auch „Brisendorf“, das heutige Prichsenstadt während der fränkischen Landnahme gegründet hatte, ist nicht bewiesen. Zur Cent Eltmann, Amt Wallburg gehörig. Neben dem Hochstift Würzburg und Bistum Bamberg erscheinen weitere Grundherren wie die von Aschhausen und die von Schönborn. Der schönbornsche Jagdmeister Gregel scheint der Gemeinde dazu verholfen zu haben 1756 endlich eigenständige Pfarrei zu werden.

Von der älteren Kirchanlage **St. Bartholomäus** - ehemals im Rund einer hohen Kirchhofbefestigung, zeugt noch ein im Grundriß quadratischer, romanischer Chor. Nach dem Dreißigjährigen Krieg 1663 wiederhergestelltes Gotteshaus, in der ersten Hälfte des 18. und 19. Jh. erweitert. - Die jetzige, fast schon burgartige Bauerscheinung rührt vom Umbau von 1931 her. In dem Innern der Kirche findet der Besucher **Messingreliefs** und eine **Kreuzigungsgruppe** (Frühes 18. Jh.), die offensichtlich von Johann Bernhard Kamm hergestellt wurde. Bemerkenswert auch in Zusammenhang mit der örtlichen, wie auch kirchenbaulichen Geschichte ist der **Grabstein** des besagten schönbornschen Jagdmeisters Gregel in der Kirchaußenwand. Er war auch der Stifter des damaligen Kirch-Neubaus und einflußreicher Fürstimmer für die örtliche Ernennung zur selbständigen Pfarrei. Sein Grabmal ist der reiche Dank der Gemeinde und in seiner Erscheinung eines der einmaligsten, neuzeitlichen Grabdenkmäler des Steigerwaldraumes. Eine Reliefdarstellung schön zusammengestellter Jagdinsignien, bestehend aus einem im Hintergrund liegenden Waldhorns, zwei gekreuzten Flinten und einem Hirschgeweih.

Messingreliefs
Kreuzigungsgruppe

Gregel-Epitaph

In jedem Fall besichtigenswert ist auch die barocke **Marienkapelle** wegen ihrer inneren Kostbarkeiten: Die hier befindliche **Christusbüste** an der einen Seitenwand gilt bei den Steigerwaldkennern als eine Art Muß. Der unter Dürers Einfluß geschnitzte Christuskopf ist von H. Nußbaum nach 1510 geschaffen worden. Er wird als wahrscheinlicher Rest einer ganzen Abendmahlsgruppe angesehen. Die hier ausgeformte Mimik ist durchaus aufsehenerregend. Die im 19. Jh. erweiterte Marienkapelle geht im übrigen auf eine seit 1550 stattfindende Wallfahrt vom nahen Ampferbach nach Priesendorf zurück. In diesem Zusammenhang muß auch das Wallfahrtsbild erwähnt werden: eine thronende **Muttergottes**, enstanden um 1500 und wahrscheinlich Werk vom Marthameister selbst.

Christus-Büste

Unweit nördlich vom Ort erhebt sich die **Rote Marter**.

Das Schloß von Tretzendorf

Tretzendorf am Seebach, unweit von Trossenfurt, südlich von Eltmann gelegen. Das alte **Schloß** ist ein zweigeschossiger hochrechteckiger Baukörper mit Mansarddach aus der 2. Hälfte des 18. Jh., Wappentafel über dem Portal. Im 13. Jh. verschenkt eine Elisabeth von Panzendorf ihren Besitz an das Katharinenspital in Bamberg. Aus dem ehemaligen Wasserschloß wurde ein *„...neues, herrschaftliches Gebäu“*.

Trossenfurt - heute zu Oberaurach gehörend, dem der hier vorbeifliessende Aurachfluß seinen Namen gegeben hat. Zwei Gewässer, der Grundbach und Aurach bestimmten die Ortslage. Die Ortsbrücke liegt sicher an der Stelle einer alten Furt. Diese erscheint im Ortsnamen *„Drusefurt"* 1307 und verweist auf einen Grundherren von Trosdorf. Beide Siedlungen gehörten zum Bistum Würzburg. Im Lauf der Jahrhunderte gab es viele wechselnde Besitzer, noch zu Ende des 18. Jh. werden 10 Grundherren genannt. So folgend die Truchsesse von Pommersfelden, die Münster, die Aschhausen, das Kloster St. Katharina neben den beiden Hochstiften. Auf einem kleinen Hügel liegt das Kleinod der Ortschaft: Die spätromanische **Kirche St. Jakobus der Ältere** inmitten einer fast verschwundenen Befestigung. Die späte Romanik des 13. Jh. zeigt sich noch am dreigeschossigen Chorturm mit einer halbrunden Altarapsis im Erdgeschoß. Die darüberliegenden Geschosse zeigen eine gotische Bauphase sowie Zubauten des 16. Jh. mit barocker Kuppel und Laterne. Das Langhaus wurde im 18. Jh., wie auch im 20. Jh. erweitert und umgestaltet. Im Chorturm gibt es noch ein spätromanisches Kreuzgewölbe auf Eckpfeilern mit Würfelkapitellen. Der Schlußstein im Gewölbe zeigt ein *H*-ähnliches Symbol, ähnlich dem „Glückszeichen" am romanischen Türgewände. Markant ist auch die Sakramentsnische mit dem Christushaupt, gotischen Fialen und einem gotischem Riegelbalkenverschluß mit Sichelzier. Im Kirchinnern erheben sich bemerkenswerte **Altäre** aus dem frühen Rokoko, allerdings ländlichen Charakters. Am Hochaltar (1730) steht eine hölzerne, spätgotische **Marienfigur mit Christus-Kind** aus der Zeit um 1500, die man dem „Bannkreis des Marthameisters" zuschreibt.

St.-Jakobus-der-Ältere-Kirche

Marienfigur

Oberscheinfeld *K369 G9*

Landkreis Neustadt an der Aisch - Bad Windsheim

ANFAHRT/WEGBESCHREIBUNG

BAB A3 Würzburg-Nürnberg, Abfahrt Geiselwind. Nicht nach Geiselwind einfahren, sondern entgegengesetzt in Richtung Scheinfeld über Haag, Prühl fahren.

SEHENSWÜRDIGKEITEN

Kirche St. Gallus (Wandgemälde), Amtsschloß, Burgruine Scharfeneck, Bildstöcke

ORTSTEILE/SEHENSWÜRDIGKEITEN

Appenfelden, Herpersdorf, Prühl, Stierhöfstetten

ORTSGESCHICHTE: Der als Kreuzfahrer sicher bezeugte Edle Friedrich von Scheinfeld (Dessen Familien-Wappen war eine scheinende Sonne, in der ein Bamberger Löwe „steht") erhält 1202 dank eines Abkommens mit seinem obersten Lehensherren den Ort als Besitz. Der Ort an der Scheine gelegen, ist auch als Bamberger Marktsitz mit einer entsprechenden Verfassung und als Amtssitz 1313 sicher erwähnt. Kirchlich gehörte es aber zur Diozöse Würzburg.

SEHENSWÜRDIGKEITEN: Der Besuch der barockzeitlich geprägten, katholischen **Ortspfarrkirche St. Gallus** - zusammen mit der Pfarre 1480 genannt, ist wegen der teilweise freigelegten, aber noch schwer zu erkennenden und figurenreichen **Fresken** aus dem 14. Jh. im gotisch gewölbten Chor ein Besuch wert. Im Chor erhebt sich auch der barocke Altar nebst zwei Seitenaltären. Der echterzeitlich veränderte Turm, im Untergeschoß jedoch noch aus dem 15. Jh. zeigt sich in das Gotteshaus eingezogen.

Amtshaus

Das ehemalige **Amtshaus** im Habitus eines kleinen Schlosses, deshalb auch „Schlößchen" genannt, erhebt sich als stattlicher, dreigeschossiger Walmdachbau mit Fachwerk. Wappen verweisen auf die Familie von und zu Franckenstein und den Würzburger Bischof Veit.

Am Sporn des 425 m hohen Schloßberges liegt die stauferzeitliche Bergfriedruine der eher kleinen **Burg Scharfeneck**, die früher als Eigentum der Herren von Kappel, die auch den Ort zu verwalten hatten bezeichnet wird. Als vom Hochstift Bamberg unter Fürstbischof Leupold II. eingerichteten Amtssitz ging die Befestigung 1339 als Lehen an den Ritter und Vogt Johann von Dachsbach. 1345 als „Veste Scheinfelt" und drei Jahre später als Burg urkundlich bezeichnet . Weitere, spätere Besitzer im 14./15. Jh. waren unter anderen die Leonrod, Werheim, Seckendorff, Vestenberg. Vor 1504 muß wohl das Schloß verlassen worden sein, denn seitdem ist die Bezeichnung *„öd"* vorstellig - 1545 wird ein Abbruch bezeugt, der aber den vierseitigen Turm mit seinen Buckelquadern des frühen 14. Jh. als *„unterhaltungspflichtig"* nennt. Ende Mitte des 17. Jh. wird die burgeigene Kapelle St. Katharina letztmalig genannt und hernach wohl abgerissen. Außer dem hohen Bergfriedrest mit ehemaligem, hochgelegenem Einstieg und Schlitzöffnungen, zwei tiefen Halsgräben nordöstlich von diesem und geringen Mauerresten an der Bergseite, die vermutlich auf eine Schildmauer hinweisen sind keine nennenswerten Reste mehr erhalten geblieben.

Bergfried der Burgruine Scharfeneck

Über Wanderwege erreichbar sind die nordöstlich liegenden, schon verflachten Kuppen einer Reihe bronzezeitlicher **Grabhügel**.

Außerdem der **Wildbannstein** des 17./18. Jh., der den Verlauf der Jagdgrenze kennzeichnete 800 m südwestlich des Roten Kreuzes 17./ 18. Jh. An der westlichen Steinseite das Casteller Wappen, darunter Wappen Limpurg-Speckfeld. Wildbannstein

An der Verbindungsstraße zwischen Oberscheinfeld und Erlabronn fallen zahlreiche **Martern** auf.

In der Umgebung des Ortes stehen zwei stilgeschichtlich interessante **Bildstöcke**: der eine, nachgotisch, liegt östlich des Ortes und zeigt die 14 Nothelfer. Ein weiterer, spätbarocker mit Rocaillerahmen und Reliefs erhebt sich an der Straße nach Prühl. Bildstöcke

In Oberscheinfeld wurden zwei bedeutende Mediziner des 18./19. Jh. geboren. Dr. Johann Eugen Roßhirt (1795-1872), Professor der Geburtshilfe und Direktor der Entbindungsanstalt von der Universität Erlangen. Dessen Bruder Dr. Eugen Roßhirt (1793-1873) war seinerzeit Universitäts-Professor der Stadt Heidelberg.

ORTSTEILE/SEHENSWÜRDIGKEITEN: 6 km nordöstlich von Oberscheinfeld gelangt man nach **Appenfelden**. In diesem Hochtal entstand schon 1317 urkundlich bezeugt *„Appenvelt“*, – bis heute ein Kleindorf geblieben. Der adlige Besitzer mag *Appo* geheißen haben. Zuerst als Hohenlohscher Besitz bekannt, danach in wechselndem Besitz. 20 Untertanen mögen zur Herrschaft Schwarzenberg (Wappenstein über Kirchportal) dem Amt Geiselwind unterstellt, gehört haben. Das Castellsche Centgericht war das zu Burghaslach. Die eher schlichte Barock-Kirche liegt an einer höheren Stelle des Dorfes und ist wegen einiger schöner **Heiligenfiguren** der Gotik besuchenswert. Offenbar wurde der mittelalterliche Ort von einem burglichen Bau eines Bernard von Steinau, genannt „Steinrück zu Feuerbach und Appenfelden“ geschützt. Name der Waldabteilung Schloßberg.

1258 wird der nördliche Ort **Prühl** als *„Bruel“* am ehemaligen Rande der altfränkischen Großmark Scheinfeld gelegen, urkundlich erwähnt. In dem Platzdorf befinden sich einige klassizistische **Hoftore** mit Vasenaufsätzen. Hoftore

Folgt man der Landstraße nach Castell gelangt man nach 2,5 km in den Ort **Stierhöfstetten**. Der vom Buchbach durchflossene Ort wird erstmals 1321 mit *„Hofstet“*, im 17. Jh. noch mit *„Höfstetten“* bezeugt. Das Anhängsel „Stier“ geht vermutlich auf die aus Großlangheim stammende Familie gleichen Namens zurück, die mit Hans Stier dem Älteren und Hans Stier dem Jüngeren den Zehnthof (vom Bistum Bamberg ausgegebenes Lehen) als Besitz unterhielten. Der ehemalige Zehnthof trägt heute noch über seinem Portal den Bamberger Löwen von 1768. Ein erster geistlicher Gemeindevertreter wird im 15. Jh. genannt. Die hier lebenden Untertanen gehörten überwiegend zur Markgrafschaft Ansbach, die auch den Oberdorfsherrn darstellte. Mitdorfsherr war Bamberg mit einem Kellergericht, das in der Neuzeit eingezogen wurde. 1546 wurde das Dorf protestantisch.

Besuchenswert ist die kleine **Chorturmkirche** - ehemalige St. Sixtus mit dem quadratischen, kreuzrippengewölbtem Chor und ihrem barocken Langhaus in Saalform wegen der **Wandmalereien** im Altarraum und dem Schnitzaltar aus der Zeit des 15. Jh. Der Chorbogen stammt vermutlich noch aus dem späten 13. Jh. Er ist farblich wechselnd abgesetzt und weist selbst gotische Bemalung auf. Dargestellt sind hier die Thronwesen aus der Offenbarung. So weisen auch die Süd- und Ostwand Fresken auf, hier Jüngerfiguren und Gnadenthrondarstellung. Ebenfalls gotisch aus der Zeitspanne 14. und 15.Jh. So stellen die Fresken Apostel und ihre in den Gewölbezwickeln zu entdeckenden vier Attribute der Evangelisten (Adler für Johannes, Stier für Lukas, Löwe für Markus und den Engel für Matthäus.) und den Erzengel Gabriel, der früher wohl noch mit einer ganzen Verkündigungsgruppe zu deuten war. Der gotische **Schnitzaltar** wird für eine nürnbergische Arbeit, sprich einer Riemenschneiderschule gehalten. Die drei Personen stellen mittig Johannes mit Lamm, Petrus und vermutlich den meditierenden Mönch Sixtus dar, dem im Mittelalter die Kirche geweiht war. Die Ortskirche war laut Aufzeichnungen in früheren Zeiten nach dem 5. Papst Xystus benannt. Ein durchaus seltenes Patrozinium. In der Predella ist der Gebetskampf Jesus Christus unter seinen schlafenden Jüngern als Ölbergsszenerie dargestellt. Die Vorderseiten der Flügel sind mit Szenen des Leidensweges Christi bemalt, die Rückseiten stellen obig Johannes, untenstehend vier Bischöfe dar. Der dreigeschossige Chorturm stammt aus derselben Zeit wie die die Kirche umgebende Mauer, nämlich aus der Zeit um 1582. Das Langhausdach weicht in regionalen Sinne aufgrund seiner mittelfränkischen Zeltdachform von den Dächern der umliegenden Kirchen ab. Im Ort stehen auch einige fachwerkgieblige Wohnhäuser.

Fresken

Fresken

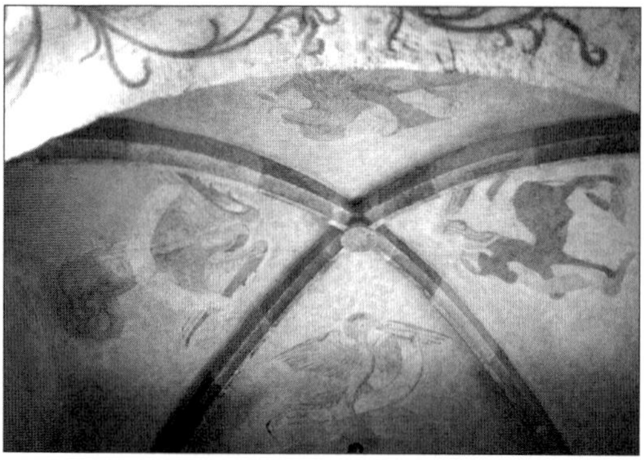

Fresken der Apostel-Attributstiere im Chor-Gewölbe der Kirche von Stierhöfstetten.

Oberschwarzach *K367 F5*

Landkreis Schweinfurt

ANFAHRT/WEGBESCHREIBUNG
BAB A3 Würzburg-Nürnberg, Abfahrt Wiesentheid, der B 286 bis Neuses am Sand folgen, hier abfahren der B 22 in Richtung Ebrach bis zum Hinweis linkerhand nach Oberschwarzach folgen.

SEHENSWÜRDIGKEITEN
Pfarrkirche (Relief, Figuren), Schloß, Fachwerkhaus, Steinkreuz

ORTSTEILE/SEHENSWÜRDIGKEITEN
Handthal, Mutzenroth, Burgruine Stollberg, Wiebelsberg

ORTSGESCHICHTE: Der Ort geht als *„Curia Swarza"* – einem *Hof Schwarzach* sicher bezeugt 1151 aus Urkunden hervor. Heutzutage wie einst breitet er sich in sanften Hügeln und Hängen, an der namensgebenden Schwarzach unterhalb des deutlich in Schichten angestuften Geiersknocks aus. Als Besitz des Würzburger Hochstifts Teil der Stollberger Herrschaft, die als solch flächenreiches Refugium wesentlicher Bestandteil des alten Steigerwaldes war und somit von großer Bedeutung für das Hochstift. Später gelangte Oberschwarzach als Schenkung an das Kloster Ebrach. Der Ort war sogleich im Mittelalter Sitz einer Oberpfarrei, die von einem Domherrn geleitet wurde. Mit der 1525 erfolgten Zerstörung der nahen Burg Stollberg und ihres Amtes gelangte der Amtssitz nach Oberschwarzach. 1611 ist der Ausbruch der Pest verzeichnet, die hier zahlreiche Todesopfer gefordert hatte. Hiervon kündet auch das **Epitaph** des Pfarrers Johannes Kraus, der hier selbst an den Folgen der Pest starb, nachdem er Kranke gepflegt hatte. Am Sebastiantag wird alljährlich an diese Pestnot gedacht. 1621 war der Ort bischöfliche Münzprägestätte. 1723 ist eine letzte Hinrichtung im Ort, einer Kindsmörderin im Schloßhof bekundet. Im Siebenjährigen Krieg wurde der kleine Ort von preußischen Truppen besetzt.

SEHENSWÜRDIGKEITEN: Katholische **Pfarrkirche St. Peter und Paul:** Ortskirche
Die spätgotische Pfarrkirche wird erst im 14. Jh. erwähnt. Sie ist mit dem viergeschossigem Turm in der Julius-Echter-Zeit 1606 bis 1607 restauriert worden. Erweiterungen erfolgten in der zweiten Hälfte des 17. Jh. Johann Gottfried von Aschhausen ließ den Turm und die Renaissancegiebel ergänzend errichten. Ein mittelalterliches **Relief** der romanischen Kirche ist in der Kirche vermauert. Die Mauern des zum Langhaus eingezogenen Chores stammen von 1478. Die Langhausflachdecke ist durch mächtige Balken unterfangen und durch Stuck- und Rahmenwerk verziert. Im Kirchinnern am rechten Seitenaltar

befindet sich eine anspruchsvolle **Holzfigur des Hl. Sebastian** aus dem frühen 16. Jh. offenbar ein Werk Tilman Riemenschnieders um 1510. Viersäuliger **Hochaltar** von 1726 mit gedrehten Säulen mit einem Altarblatt von Christi Geburt handelnd. Darüber Wappen des Fürstbischofs Johann Gottfried von Guttenberg. Prunkvolle **Kanzel** von 1714, gotische **Madonna** um 1450 auf einer Stele neben der Kanzel. **Maria Immaculata** von Johann Wolfgang von der Auwera von 1750 unter der Orgelempore.

Mariensäule

Zwischen Kirche und Amtsschloß erhebt sich eine **Mariensäule**.

Bei dem Schloßvorgängerbau handelte es sich um den Ansitz der hier begüterten Truchsesse von Henneberg. 1546 ist hierbei Albert Truchseß von Henneberg genannt. 1575 wurde das Schloßgut von Fürstbischof Julius Echter aufgekauft, der hier ein Amtshaus, das vor dem Bauernkrieg auf der Stollburg eingerichtet war, entstehen lassen wollte. Vollendet wurde das heutige Erscheinungsbild im Jahre 1614. Später als „Maßstabsgebäude von 1669" beschrieben.

Amtsschloß

Das renaissancezeitliche, dreigeschossige, einflüglige **Schloß** mit runden Ecktürmen an dessen Ende, Treppengiebel und achtseitigem Treppenturm zum Hof hin besitzt schöne **Renaissance-Portale** in Rustikaquaderverbund an Treppenturm und Toreinfahrt. **Inschrifttafel**, in der auch erwähnt wird, daß Julius Echter in selbstbeweihräuchernder Manier Spitäle, Schulen, Kirchen, Klöster und Schlösser erbauen ließ. Unterhalb des Schlosses, an der Kreuzung zum Handthal erhebt sich ein prächtiges, mehrstöckiges Schmuck-**Fachwerkhaus**.

Kreuzstein in Oberschwarzach

Das (Amts-)Schloß von Oberschwarzach

An der Ortseinfahrt nach Oberschwarzach, von der B 22 kommend fällt rechterhand ein schöner, mittelalterlicher **Kreuzstein** auf. Eingeritztes und erhabenes Reliefkreuz in Platte mit Abrundung.

Kreuzstein

ORTSTEILE/SEHENSWÜRDIGKEITEN: Unterhalb der Stollburg liegt das im 19. Wettbewerb „Unser Dorf soll schöner werden – Unser Dorf hat Zukunft" im Landesentscheid 1998 mit der bronzenen Plakette ausgezeichnete Dorf **Handthal**. Östlich über dem Tal steht auf einer kleinen Lichtung das **Magdalenenkreuz**. Interessant auch das **„Steinerne Kreuz"** mit einer Jahreszahl 1793 mit Wappen und lateinischer Inschrift, und in dessen Nähe auch ein kleineres **Steinkreuz** von 1617. Der Ortsname Handthal hat übrigens nichts mit der menschlichen Hand zu tun. Das verschliffene Wort *„han"* bezeichnet einen Hagen, vermutlich einen Schweinehagen, in dem Schweinemast mit Eicheln betrieben worden ist. Vermutlich ist das nunmehr unscheinbare kleine Handthal aus drei oder vier Kleinsiedlungen zusammengewachsen, die teilweise abgegangen sind. So sind die Siedlungen Winkel, Bramberg und Babenthal bekannt, die schon im 14. Jh. als *„wüst"* bezeichnet worden waren.

Das nördlich von Oberschwarzach liegende **Mutzenroth**, ging aus der Rodung eines Muzilo hervor und gehörte später auch zum Würzburger Amt Oberschwarzach. Das alte Weindorf besitzt nordöstlich ganz in seiner Nähe, auf einem Berg eine mittelalterliche **Ortswüstung**. Die „Wildfeste" geht 1320 auch als stollbergisches Dorf hervor.

Amtsschloß und Fachwerkhaus in Oberschwarzach

Detail Fachwerkfassade

Im Ort **Schönaich** - 4 km südwestlich von Oberschwarzach, stehen zwei interessante Flurdenkmale. Zum einen, eine nordöstlich des Dorfes verwitterte **Steinplatte** von rechteckigem Umfang und einem eingekerbtem Grasstumpf, zum anderen ein ganz in der Nähe, am Hang stehendes **Steinkreuz**. Dies ist in einem besseren Zustand und zeigt ein spanisches Kreuz neben dem bäuerlichen Zeichen der Pflugreute. Sicherlich mittelalterliche Sühnekreuze - volkstümlich „Pestkreuze" genannt.

Um zur über dem Handthal liegenden **Stollburg** zu gelangen, kann man zwischen zwei Wanderwegen wählen: einer führt von Handthal aus durch die Weinberge, der andere vom nördlichen Waldparkplatz aus bei Wiebelsberg auf die Ruine.

Bezeugt sind in Urkunden die Edlen von Stollberg im Zeitraum von 1151 bis 1201 unter anderem als Reichsministerialherren. Weiter ist im 13. und 14. Jh. von diesen die Rede. Hierbei stellt das Haus Domherren zu Würzburg. Ihr Wappen war der schwarze Hirsch mit herausgestreckter Zunge im goldenen Feld. Als erbitterter Gegner des Würzburger Bischofs Hermann von Lobdeburg wird Ludwig von Stollberg genannt. Der Bischof war zu dieser Zeit als streitbarer und „besitzgieriger" Mann bekannt, der auch um die Grenzen des Bistums zu erweitern, nicht vor einem gewaltvollen Rückgewinn der „verlorenen" Besitze zurückschreckte. Nämlich dann, wenn die auf gerechte Weise handelnden Schiedsgerichte oder umgesetzten Verträge, mit seinen „Widersachern" keine Erfolge zu bringen schienen. Im übrigen sind auch Hilfestellungen des derzeitigen Papstes nach den Anfragen des Bischofs belegt. Opfer gewisser Streitigkeiten war jener Ludwig von Stollberg, der seinerseits vom Bischof als *„...einer dieser Reichsblutegel"* bezeichnet wurde. Im Jahre 1236 soll zwischen Wiebelsberg und Gerolzhofen dieser auf freiem Felde von bischöflichen Reitern eingekreist, und hernach auch auf tödliche Weise verwundet worden sein. Ein Vergleich von 1237 beendete den Zwist zwischen Klerus und Adel. Bischof Hermann mußte auf seine Kosten zwei bewaffnete Ritter ins Heilige Land auf Pilgerfahrt schicken, so auch 400 Mark Silber an die Witwe Ludwigs und ihre Kinder auszahlen und den Hinterbliebenen eine bequeme Wohnung auf Stollberg einräumen. Ludwigs Sohn - Wernher, sollte nach dessen Volljährigkeit die Burg zu Erblehen erhalten. Blieb dieser aber kinderlos würde der Besitz mit all zugehörigen Gütern an das Hochstift zu Würzburg fallen.

Wohnturmruine Kernburg Stollburg

Wir lesen von Burglehen diverser Herren auf Stollberg im 14. Jh. Der Würzburger Amtssitz mit adeligem Verwalter hatte seinen Sitz auf Stollberg – ihm unterstand die Cent- und Vogtsgerichtsbarkeit. Hierbei sind uns die zehntbaren Orte, zum großen Teil abgegangen, bekannt. Einige waren Winkel, Bramberg, Babenthal (als Urzellen des Handthals bezeichnet), Wildveste, Kaltenklingen und Wüstenronbach. Bischöfliche Dienstmannen hatten Stollberg als Besitz inne, ehe am 3. Mai 1525 von einem Bauernhaufen, der aus einem Lager bei Gerolzhofen stammte, die Burg belagerte und schon bald darauf zerstörte wurde. Da kein zwangsweiser Wiederaufbau erfolgte, ging der Amtssitz nach Oberschwarzach. Teile der abgebrochenen und verfallenen Mauern wurden zum Bau anderer Schlösser, zum Beispiel Bimbach → wiederverwendet.

Die **Burgruine** liegt in südöstlicher Spornlage oberhalb des Ortes Handthal. Zu drei Seiten steil abfallend, bot der Berg bis dahin ausreichenden Schutz, die Burg wurde durch einen dreifachen Halsgrabenkomplex zur Angriffsseite hin abgeriegelt. Die beiden so herauspräparierten Plateaus trugen Vor- und Hauptburg. Der Hauptburgplatz mit den noch hochaufragenden Ruinen des eher selten auftauchenden, achtseitigen, buckelquadrigen Wohnturmes (13. Jh.) mit schöner Erkerzier aus späterer Bauzeit, Kellergewölbe- und anderen Mauerresten, mißt circa 45 x 30 Meter.

Über Mutzenroth gelangt man in den Ort **Wiebelsberg** an der Bocksbeutelstraße, wo sich etwa 2,6 km nordöstlich der Ortskirche auf einer Westen vorspringenden Terrasse eine Burgstelle der Stollbergschen – Hochstift-Würzburgischen Ministerialenfamilie Toldir von Oberschwarzach nachweisen läßt. Ein nun verflachter, breiter Halsgraben grenzt den ehemaligen Burgplatz ab. Der Ortsname wird als Berg des Wibilo gedeutet. Im 12. Jh. mit *„Wibilsperc“* urkundlich erwähnt und bezeugt.

Pfaffenhofen *K369 D3*

Gemeinde Burgbernheim, Landkreis Neustadt an der Aisch - Bad Windsheim

ANFAHRT/WEGBESCHREIBUNG

BAB A7 Würzburg-Ulm, Abfahrt Bad Windsheim, der B 470 in Richtung Bad Windsheim bis zur Kreuzung mit der B13 fahren. Hier in Richtung Uffenheim auf der B13 bis zur Abfahrt Pfaffenhofen fahren.

SEHENSWÜRDIGKEITEN

Ortskirche, Rannachbrücke und Alexanderbrunnen, Mühlen

SEHENSWÜRDIGKEITEN: Laut einer Chronik muß die Gründung des Haufendorfes im Rangau auf einen Geistlichen zurückgehen, der von Ergersheim kommend sich hier einen eigenen Hof aufbaute. Weitere Höfe siedelten sich an. Ein gewisser Cunrad von Pfaffenhofen ist als Ministerialer im Mittelalter genannt. Kirchliche Grundherren waren das Bistum Würzburg und auch Fulda. Die Kirche war bis 1636 Gotteshaus einer Pfarrei. Das Patronat war das des Deutschen Ritterordens. Außerdem herrschte im Ort die volle Gerichtsbarkeit.

Auf einem kleinen Hügel oberhalb der Rannach erhebt sich die auf einem älteren Bau 1733 und 1734 barock veränderte **Kirche**. Vom älteren Objekt zeugt noch der zweigeschossige Chorturm (Kern spätes 14. Jh.). Im Kirchinnern zeigt sich auch wieder einer der regional reich vertretenen Kanzelaltäre (Georg Brenck, 1610), wenn auch in seiner Erscheinung hier recht bescheiden.

Die Straße, die die Rannach überqueren soll, führt über die sogenannte **Rannachbrücke** aus der zweiten Hälfte des 18. Jh., die nach dem Plan Johann David Steingrubers erbaut wurde, der auch die Kirchhäuser der Umgebung (Neuherberg, Rudolzhofen) neu erbaute.

Alexanderbrunnen

Die Ortsmitte wird durch den auffälligen Bau des **Alexanderbrunnens** bestimmt, der 1753 durch den Ansbacher Markgrafen Alexander begünstigt wird. In einer Anekdote heißt es da, daß beim Bau der Staatsstraße zwischen Ansbach und Ochsenfurt, die im groben der heutigen Bundesstraße folgt, der Ziehbrunnen eines Wirtes Hanselmann zugeschüttet worden war. Der gute Mann richtete seine Beschwerde an höchste Stelle, an den Markgrafen persönlich, der dem ehemaligen Brunnenbesitzer einen ganz neuen versprach, der durch den Markgrafen und dessen Nachfolger unterhalten werden würde. Die Reliefmedaillons des Markgrafen und des Brandenburgischen Wappens zieren nebst zwei Urnen und Ruhebänken den Brunnenbau. Obelisk im Zopfstil mit Inschrift auf vierseitigem Sockel mit daraus zweigenden Podesten mit Urnen.

Längs der schmalen Rannach erheben sich drei **Mühlengebäude.**

Prichsenstadt *K367 E4*

Landkreis Kitzingen

ANFAHRT/WEGBESCHREIBUNG

BAB A3 Würzburg-Nürnberg, Abfahrt Wiesentheid, der B 286 in Richtung Gerolzhofen bis zur Abfahrt Geesdorf folgen.

SEHENSWÜRDIGKEITEN

Vorstadttor (Stadtbefestigung), Bürgerhäuser, Gasthaus zum Adler und Storch (Wirtshausschilder), Rathaus, Freihof, Pfarrkirche (Ölberggruppe), Friedhofskanzel

ORTSTEILE/SEHENSWÜRDIGKEITEN

Altenschönbach (Holzdecke, Epitaph, Burgruine), Bimbach (Schloß, Keltenschanze), Ilmbach, Kirchschönbach (Schloß), Laub(Madonna), Neuses am Sand (Schloß), Rüdern

ORTSGESCHICHTE: Ein fränkischer Adliger namens „Briso" muß im 8./9. Jh. Urheber der ersten Siedlung, zu *„Priesendorf"* wortlautlich verschliffen, gewesen sein. 1258 als örtlicher Besitz von Castell bezeugt, später ging er wohl an die Fuchs von Dornheim. Ob hier die Kirche mit einer Wehranlage umgeben war, ist nicht sicher. Jedenfalls erscheint uns Mitte des 14. Jh. die Bekundung einer eigenständigen Pfarrei. 1366 verkaufen die Fuchs von Dornheim für 6500 Heller Priesendorf an Karl IV. von Luxemburg. Das Dorf lag ohnehin günstig an der Geleitstraße vom kaiserlichen Iphofen zur Reichsstadt Schweinfurt und war idealer Standort zur Sicherung seiner Hausmacht. 1367 erscheint uns erstmalig die Bezeichnung des Stadtrechts unter dem Sohn Karl IV., dem böhmischen König Wenzel. Somit erhält sie auch den Titel einer kaiserlichen „Freistatt" und ein entsprechendes Umwehrungsrecht und einen Wochenmarkt. Diese Befestigung (noch 14. Jh./ erste Hälfte des 15. Jh.) wird als ovaler Bering, der den alten Stadtkern mit früherer Burg, Bauhof und Kirche bildete, umgeben, der aber die Ansiedlung von Kleinschönbach außen vorließ. Im frühen 15. Jh. gehörte die Kleinstadt den Burggrafen von Nürnberg, nachdem sie infolge einer Pfandschaft eingelöst worden war. Erst ungefähr 100 Jahre später, als der Markgraf Albrecht Alcibiades diese Vorstadtsiedlung überfiel und zerstören ließ, wurde diese in einen zweiten Befestigungsring mit Türmen und zwei Toren miteingeschlossen. So erscheint uns Prichsenstadt als zweiteilige Stadtbewehrung. Die Würzburger Bischöfe sahen in der markgräflich gewordenen Stadt als eigenständige und rechtlich unabhängige Siedlung eine Bedrohung ihres Umlands und belagerten zweimalig die befestigte Stadt nach vorangegangenen nutzlosen Verhandlungen. Von 1404 bis 1791 war Prichsenstadt ansbachisch. Im Juli 1462 – dem Ersten Markgräfler Krieg ist eine Einnahme verzeichnet, war es der Würzburger Fürst-

Bischof Johann III. von Grumbach, der die Stadt nach einer Belagerung in Besitz nahm, ausplündern und die Festungswerke niederlegen ließ. 1466 wurde der Weiler Kleinschönbach in einer Fehde zwischen den Bistümern Bamberg und Würzburg geschleift. Das markgräfliche Prichsenstadt nahm die fliehenden Kleinschönbacher auf. So fanden auch 1524 Iphöfer Bürger in Prichsenstadts Mauern vor den fürstbischöflichen Häschern Schutz. Gab es damals - noch bis ins 18. Jh. - Asylrecht in Prichsenstadt. Im Bauernkrieg waren einige der Bürger bei der Einnahme der bischöflichen Burg Zabelstein mit von der Partie. In der ersten Hälfte des 16. Jh. unter dem Markgrafen Georg von Brandenburg-Ansbach reformierte Gemeinde. Wenig später gab es auch eine Zusiedlung von Gerolzhofer Handwerkern, die die Stadt im gewerblichen Sinne bereicherten. 1610 Tagungsort der fränkischen Reichsstädte, folgend Tagungen der fränkischen Reichsritterschaft im Freihof, die ihre Rechte durch das mächtige Hochstift Würzburg beschnitten sahen. Plünderungen und Zerstörungen während des Dreißigjährigen Krieges (1632 durch Wallensteiner, 1648 erneute Überfälle), brachten einen Wiederaufbau von Stadt und eine verbesserte Fortifikation mit sich. Das später an Preußen gegangene Prichsenstadt wurde letztenendes doch wieder würzburgisch. Zu späterer Zeit wurde in Prichsenstadt der bürgerliche Johann Sigismund Schulin als Pfarrers Sohn 1694 geboren, der nach einem Studium in Jena, Helmstadt und Leyden in die Dienste des Markgrafen Christian Heinrich von Brandenburg-Bayreuth-Kulmbach trat und durch die Tochter, der dänischen Königin Sophia Magdalena an den

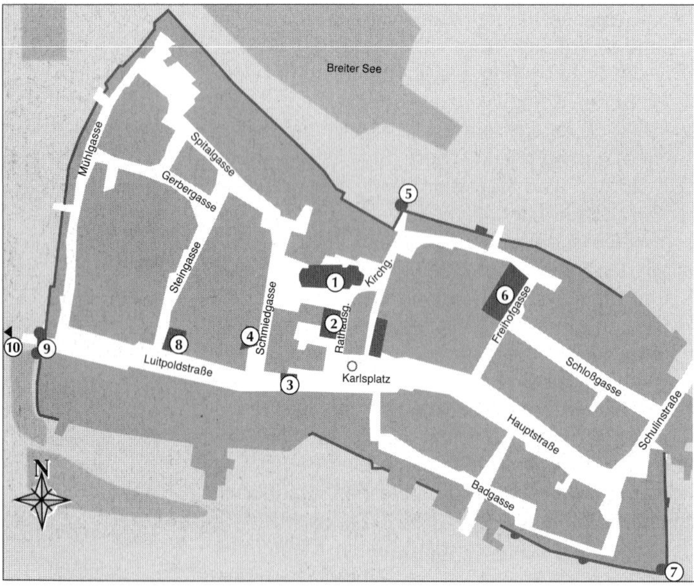

Legende
Altstadt Prichsenstadt

① Stadtpfarrkirche
② Rathaus
③ Stadttortum
④ Fachwerkhaus von 1597
⑤ Schäferturm
⑥ Freihof
⑦ Eulentum
⑧ Staffelgiebelhaus von 1599
⑨ Westtor
⑩ Friedhof

dänischen Königshof gelangte und - nachdem geadelt (Graf von Schulin) - als dänischer Außenminister der Völkerverständigung hervorging. 1729 wurde die kleine Stadt durch eine Feuersbrunst arg in Miteleidenschaft gezogen, zu der sogar Leute aus den umliegenden Ortschaften hinzukamen. In preußischer Besatzungszeit litt die Bevölkerung unter der Einquartierung von Soldaten und Pferden und den damit verbundenen Kontributationen. Im 19. Jh. sorgte der bayerische Staat für Aufsehen in dem kleinen fränkischen Städtchen, bezog hier auch Quartier. Im Zweiten Weltkrieg wurden in den letzten Kriegstagen Wohnhäuser der Stadt durch Fliegerbombardement zerstört. Hierbei wurde auch das Spitalsgebäude bis zu den Grundmauern zerstört.

SEHENSWÜRDIGKEITEN: Der teilweise noch von Wehrweihern (vom Alt- und Beibach gespeist) umgebene Ort mit seiner auch teilweise noch erhaltenen doppelten Wehranlage mit Stadttoren (Vorstadttor) besticht durch schöne Bürgerhäuser mit Schmuck- oder einfachem Fachwerk. Schönster Teil der Vorstadtbefestigung ist das von zwei gedrungenen Rundtürmen flankierte **Vorstadttor**. Als Grenze zwischen Vorstadt und Altstadt erhebt sich ein hoher, rechteckiger **Torturm** mit Türmerwohnung und einem spätrenaissancezeitlichen

Das Vorstadttor von Prichsenstadt

Torturm, Ausleger Gasthaus zum Storch

Dach und Laterne. Der **Eulen-** oder **Faulturm** als stadteigener Gefängnisturm erhebt sich noch an der Südostecke der Stadtmauer. Die schönen Bürgerhäuser reihen sich mit gleicher Giebelausrichtung - zur Straße hin zwischen den Toren aneinander.

In unmittelbarer Nähe der Kirche erhob sich einst das Narrenhaus. Die **evang.-luth. Pfarrkirche** - besitzt einen dreigeschossigen Turmbau, der als Teil der Stadtbefestigung später in den Langhausbau miteinbezogen wurde, ehemals aber solitär von diesem stand. Eine Doppelhaube und eine Laterne krönen den Turmbau. Die Saalkirche (spätes 16. Jh.) mit Polygonchor wurde 1725 letztmals erweitert. Die hufeisenförmige Doppelempore ist zum viersäuligen **Barockhochaltar** von 1675 hinorientiert. An diesem schlichter Akanthussschmuck, Putten und ein Altarblattgemälde mit der Auferstehungsgeschichte. Bemerkenswert ist die bemalte **Kanzel** von 1720. Der **Orgelprospekt** stammt noch aus dem Jahre 1668, und geht auf eine Stiftung des in Prichsenstadt geborenen Breslauer Oberkämmerers Johann von Götz zurück. Außerhalb des Langhauses erhebt sich an der Mauer

Ölbergfiguren

eine spätgotische **Gethsemanegruppe** des späten 15. Jh. mit schön gearbeiteten, lebensgroßen Steinfiguren. Um die Kirche erhob sich früher der Friedhof, mußte aber in der ersten Hälfte des 16. Jh. infolge der Pestnöte vor das Westtor der Vorstadt verlagert werden.

Fachwerkrathaus

Das stattliche, barocke **Fachwerkrathaus** am Marktplatz mit seinem hohen Giebel stammt aus der Zeit um 1682 und wurde anstelle des Vorgängerbaus nach den Verwüstungen im Dreißigjährigen Krieg neuerrichtet. Drei Geschosse und zwei Giebelböden, eine Verkaufshalle im Erdgeschoß - noch durch die zwei Torbögen kenntlich, bestimmen den kleinstädtischen Rathausbau. Im zweiten Geschoß

Fachwerkhäuser in Prichsenstadt

Ölberg-Szene Steinfiguren

befindet sich der Sitzungssaal mit Portrait des letzten Markgrafen von Ansbach-Bayreuth.

Als Tagungsort der fränkischen Ritterschaft - um 1592 erwähnt, ragt der als alter Bauhof des Schlosses bezeichnete **Freihof** auf. Der Freihof zu Prichsenstadt gewährte jedem Flüchtigen (eingegrenzt auf Totschlag aus Notwehr oder Fahrlässigkeit), der sich bis in die Stadt stehlen konnte, solange Asyl, bis dessen Schuld oder Unschuld in einem ordentlichen, gerichtlichen Verfahren bewiesen werden konnte. Das zweigeschossige Giebelhaus (1599) zeigt sich noch heute als breit dahingelagerter Bau mit schönem **Renaissancesäulenportal** mit markgräflichen Wappen und Volutsegmenten, renaissancezeitlichen Treppengiebeln, Schmuckfachwerk nebst kleinen Löwenköpfen. Freihof

Das schön gebliebene Stadtbild wird von einer Reihe schmucker Häuser des 17 Jh. in der Haupt- und Luitpoldstraße bestimmt: Mitunter durch Fachwerk (Feuerböcke, Andreaskreuze) und durch Erker verziert. In Rathausnähe ein spätrokokozeitliches **Haus mit Girlandenschmuck** von 1779. Beachtung verdienen auch die rokokozeitlichen-klassizistischen **Wirtshausschilder** der Gasthäuser Adler und Storch. Der Ausleger des Storchen ist durch die in einer Bogenform gefaßten Pflanzenornamente mit Taube am Ende auffällig. Der rundliche Rahmen mit Storch und anhängendem Brauzeichen wird von der Taube gehalten. Wirtshausausleger

Im Ort gibt es auch malerische Gäßchen, so zum Beispiel das Arm-Sündergäßchen: der Name erinnert an die zur lebenslangen Haft Verurteilten, die ihr letztes Tageslicht in diesem Gäßchen sahen, bevor sie in den Eulen- oder Faulturm gebracht wurden.

Der Freihof - das sogenannte Schloß

Der 1534 vor das Westtor verlegte Friedhof weist noch die regionale Besonderheit einer protestantisch gestalteten Friedhofsanlage mit

Friedhofskanzel

Friedhofs- oder **Predigtkanzel** auf. Diese ehemals allseitig offene Renaissancekanzel steht der gedeckten **Halle mit Arkaden** gegenüber. (vgl. Wiesenbronn, Abtswind, Mainbernheim)

ORTSTEILE/SEHENSWÜRDIGKEITEN: Etwa 5 km östlich, am Steigerwaldrand liegt **Altenschönbach.** Am namensgebenden Schönbach gelegen geht der Ort als ältester der drei Schönbachorte hervor. Die Gründung soll im 7. Jh. vollzogen worden sein. Eine sichere urkundliche Erwähnung nennt den Ort 1230 als Lehen unter der Vogtei der Casteller Grafen. Der Ort ging aber als Afterlehen an die Herren von Thünfeld, dessen alte Burg als Turmhügel auf einem nach Westen vorspringenden und nach drei Seiten steil abfallenden Bergsporn des Schloßberges, in Form einer künstlichen Geländeeinebnung mit einer Grundfläche von etwa 40 qm noch nachweisbar ist. 1442 ging das Dorf mit Burg – hier jetzt die noch sichtbare Tieflandburg an die Herren von Esel, wobei sich Peter von Esel maßgeblich an einer Erweiterung der Mitte des 14. Jh. erbauten und erstmals erwähnten Kirche hervortut – dies ist laut Inschrifttafel an der östlichen Turmmauer verzeichnet.

Die hochmittelalterliche, aber kleine **Kirche** ohne Turmbau gehörte offenbar zur Vorburg der Wasserburg. Die zur Wende des 14. Jh. bezeugte Wasserburg soll unter Martin Kotner entstanden sein, wird aber später in veränderter Form nach einer Brandzerstörung während des Bauernkrieges neu errichtet. 1543 erwirbt Wolf von Crailsheim mit dem Beinamen Wolf der Glückselige (wegen seiner großen Zahl Nachkommen) von den von Esel für 12100 Gulden Wasserschloß, Ort und Kirche, der die Gegenreformation 1545 in diesen Ort bringt, das Schloß instandsetzt und 1619 eine erste Schule gründet. 1604 und das folgende Jahr ordnet Hans Siegmund von Crailsheim eine Renovierung der Kirche an, die eine volkstümliche **Holzdeckenbemalung** erhält. Diese zeigt, in Rankenwerk eingebettet 64 Wappen namhafter fränkischer Adelsgeschlechter (Von den von Bibra bis zu den von Zobel). Hier wird die Genealogie des letzten Crailsheim zu Altenschönbach, Hans Sigmund junior (1596-1634) und seiner zweiten Ehefrau Johanna von Zobel anhand von zwei Stammbäumen nachgezeichnet. Ein Balken unterteilt die beiden Ahnreihen, so daß die nördliche die der von Zobel aufweist. Hierbei kann man über

Geneaologie an der Kirchendecke in der Kirche von Altenschönbach.

fünf Generationen beider Eheleute Vorfahren ersehen, die bekannte, fränkische Adelsgeschlechter waren. Da erscheinen uns die von Berlichingen, bekannt durch Götz, die von Geyer (siehe Florian Geyer, Unterhändler des Bauernheeres während des Bauernkrieges), die von Bibra, dessen Lorenz als Bischof den Reformator Luther „als lieben Gast" in Würzburg willkommen hieß, hingegen Conrad von Thüngen von der Reformation nichts hielt und gegen diese auf dem Reichstag stimmte. Sehenswert ist auch das **Renaissanceepitaph** des Georg Wolf von Crailsheim, seiner Gattin Helena von Geyer und 13 Kindern. Die Kirche St. Marien besitzt einen unsymmetrisch angebauten Chor und einen bescheiden aufgeführten Turm mit untergeschossigem, ehemaligem Beinhaus. Die groß eingebrochenen Fenster des Langhauses verdeutlichen den Ausbau zur Zeit des frühen 17. Jh. An der Langhausinnenwand fallen zehn **Grabsteine** der frühzeitig verstorbenen Nachkommen auf. Ein Grabstein zeigt gar ein im Mutterleib verstorbenes Kind. Während die Kanzel barock gestaltet ist, ist das Altarbild durch seine rokokozeitliche Einfassung geprägt.

Epitaphen

Auffällig ist auch ein barockes **Steinpfostentor** von 1780. Urnenartige Vasenstücke zieren die Pfosten und Sturzbalken ebenso wie fein herausgearbeitete Blütengehänge und Profilleisten.

Hoftor

Mitte des 19. Jh. wird der See um das Schloß trockengelegt. Das alte **Wasserschloß** ist Privatbesitz und kann nicht besichtigt werden. Mitte des 19. Jh. wird unter den Freiherrn von Crailsheim, denen der Ansitz heute noch gehört, ein amtshausähnlicher Bau angebaut. Jenseits des Grabens, inmitten des unregelmäßigen, vieleckigen, stellenweise bis zu 12 m hohen Berings, steht ein dreistöckiger, im Grundriß quadratischer, spätgotischer Wohnturm. Die Burg wurde nach Zerstörungen im Bauernkrieg noch im 16. Jh. wiederhergestellt und verändert.

ehem. Wasserburg

Befährt man die B 22 in Richtung Ebrach, so führt eine linksseitige Straße zum Ort **Bimbach**, das noch Gemeindeteil von Prichsenstadt ist. Im 8. Jh. bestätigt eine Urkunde einen Ort *„Bunebach"*. Das bezeichnende Wort *„bune"* könnte als Hinweis und Beschreibung auf einen Bach mit Flechtwerkschutz - als mittelalterliche Wehranlage hinweisen. 1329 und 1336 wird das Hochstift Würzburg als Besitzer von einer Burg genannt, die einem Lampertus von Gerolzhofen zu Lehen gegeben wird. Die damalige Burg wechselte ab 1411 in den Familienbesitz der Fuchs von Bimbach über. Ort und die freilich die dazugehörige Burg waren im Mittelalter Streitgegenstand zwischen den Bistümern Würzburg und Bamberg. In der Pfarrkirche im Markgrafenstil findet man auch die **Epitaphe** einiger der dort bestatteten Fuchs (16./17. Jh.). Während die Fuchs von Dornheim als eine der Fuchs-Linien ausstarb, blieb die andere Linie bestehen, die sich im übrigen auch für Kaiserhaus und Reich verdient gemacht hatten. So war die Witwe des Reichsgrafen Ernst Fuchs von Bimbach Erzieherin und Obersthofmeisterin der späteren, habsburgischen Kaiserin Maria Theresia. Ernst Fuchs fiel 1704 als General auf der Schlacht bei Rain am Lech, war vorher aber auch 1683 bei der Befreiung Wiens von den Türken dabeigewesen. Bemerkenswert ist hierbei die Tatsache, daß diese „Fuchsin" als einzige nicht zum Habsburger-Adel gehörige Dame, in der Kapuziner- oder Kaisergruft in Wien bestattet liegt.

Durch Zerstörungen im Bauernkrieg mitunter durch Bauern des Ortes, zur selben Zeit wie zum Beispiel während der Belagerung Stollbergs, ließ man die Bauern das **Schloß** 1585 wiederaufbauen. Seit 1700 entstand, nachdem der neuzeitliche Nachfolgebau wieder als baufällig bezeichnet wurde, ein ehemals dreiflügliger, spätbarocker

Fuchssches Schloß

Schloßbau unter Ludwig Reinholf Fuchs. Im Zweiten Weltkrieg, April 1945 wurde das herrschaftliche Anwesen von amerikanischen Soldaten besetzt, die hierbei das steinerne Treppengeländer nach Amerika verbracht hatten. Der Schloßbau kann als Paradebeispiel eines fränkischen Landadelsitzes angesehen werden, der mit einem Wirtschaftshof recht dominant ausfällt. Der Hauptbau und der Nebentrakt sind dreigeschossig. Der Hauptflügel besteht aus einem Mittelrisalit, profilierter Portalseite und abschließendem Dreiecksgiebel. Eine breite Freitreppe führt zum Teich hin. Das spätmittelalterliche Torhaus von 1488 – jetzt Ruine wurde in den Schloßbau miteinbezogen und erhebt sich neben dem Hauptbau. Die Schloßkapelle ist in einem Saal des Haupttraktes untergebracht und birgt einen Rokokoaltar, Muschelwerkstuck und ein Ölgemälde des frühen 17. Jh. Heute ist das Schloß Gutshof und Weingut.

Keltenschanze

Von der keltischen **Viereckschanze** – eines keltischen Kultplatzes im ortsnahen Wäldchen „Geheeg" zeigt sich noch ein 5 m breiter Graben und ein teilweise bis zu 1 m hoher Wall. Der Platz stellt ein Rechteck mit einer nach Osten breiten Toröffnung und Vorwall dar. Angelegt wurde diese Anlage im 1. Jh. vor Christi Geburt.

Das Fuchs-Schloß von Bimbach

Ca. 4 km südwestwärts liegt im Steigerwald **Ilmbach**, wo sich früher ein Kartäuserkloster erhob. Von dem ehemaligen Kartäuserkloster „Hortus Mariae", „Mariengarten" ist heutzutage nichts mehr zu besichtigen. Bevor das Kloster ins Leben gerufen wurde, war 1421 ein Ritter Burckhardt von Wipfeld, Lehensbesitzer einer Burg, die mit einem Freihof *„Ilmech"* (beschreibt Ulmengehölz, Steigerwald-Franken sagen zu Ulme auch Ilme) wohl Bestandteil einer Vogtei der Grafen von Castell war, das von ihnen auch zum Verkauf an das Benediktiner-Kloster Schwarzach gegeben wurde. Die hier bezeugte Burg geht mit dem Hofweiler nach einigen Besitzerwechseln 1421 an Burkhard von Wipfeld. 1453 erwerben der Edelknecht Ferer von Berg und dessen Frau Magdalene von Vestenberg (Witwe Albrechts von Rotenhan) das Anwesen und wiesen die Stiftung des Kartäuserklosters *„Hortus Mariae"* vor. Mit dem Auftrag und der Erlaubnis des Fürstbischofs Gottfried von Limburg an die Kartäusermönche, hier anstelle des Dorfes und der Burg ein Ordens-Kloster zu gründen, mag der Ursprung der Kartause zu finden sein. Im folgenden 15. Jh. wird dann auch schon eine solche bezeugt: 1456 ist eine Kirche mit 13 Mönchszellen bezeichnet, die auch auf der Castellschen Wildbannkarte von 1497 verzeichnet ist. 1525, also im Bauernkrieg und im Dreißigjährigen Krieg ist von Beschädigungen und Plünderungen die Rede. So soll es im späten bis ausgehenden 17. Jh. noch einmal zu einem „Erblühen" des wohl partiell oder ganz aufgebauten Klosters gekommen sein, bis zur Säkularisation 1803, die einen gänzlichen Abbruch nach der Auflösung mit sich brachte. Dabei wurden die Altäre nach Langenfeld bei Neustadt/Aisch verbracht. Das Gut wird 1842 von den Schönborn aufgekauft. Dieses muß an der Stelle der ehemaligen Jagdschloßmeierei zu suchen sein. Der untenstehende Prospekt zeigt uns eine

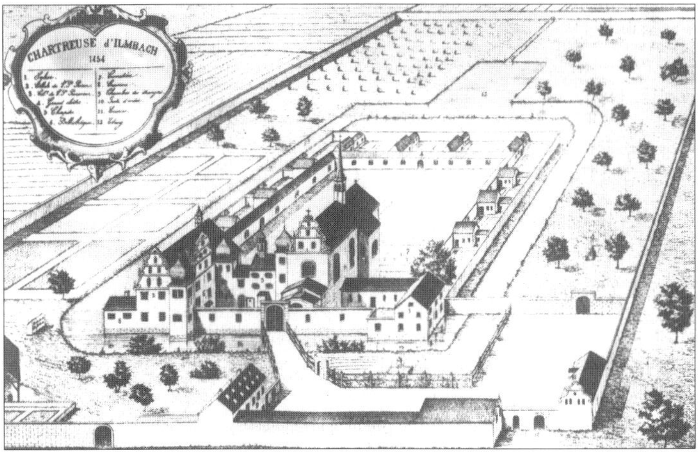

Prospekt der ehemaligen Kartause Hortus Mariae zu Ilmbach

typische Kartausen-Anlage: Den Mittelpunkt bildete die Kirche, die sich links als querstehender Bau dem Kapitelsaal anschließt. Das linke, schloßähnliche Gebäude mit dem Volutengiebel war Priorat und Bibliothek. Auffallend ist aber der an den Kirche- und Verwaltungsbau angeschlossene, hufeisenförmige Kreuzgang mit den von ihm ausgehenden Zellzugängen zu den Mönchszellen. Der Klosterbau scheint durch einen umlaufenden wasserverfüllten Graben mit Mauer umgeben gewesen zu sein. Neben den Gärten, einem Weiher und dem Friedhof, sind Küche und Wirtschaftsgebäude zu erkennen. Ein bedeutender, baubeweislicher Rest der Kartause ist das in Gräfenneuses→ wiederaufgebaute Tor im Anwesen Dietmayer, das als Geschenk des Grafen Erwein von Schönborn „an seinen Jagdfreund" vor dem zerstörerischen Abriß bewahrt wurde. Im heutigen Ilmbach steht noch ein kleines und schlichtes Jagdschloß der Grafen von Schönborn von 1870. Bewirtschaftung. Auf der anderen Straßenseite der Zufahrt liegt Rüdern. Es ist nunmehr Mittelpunkt des Schönbornschen Wildparkes. 1281 namentlich Rudern – *„zu den gereuten"* Ackerflächen. Urprünglich nicht mehr als ein Hof mit Freilandgärtnerei. Ferer von Berg übergab diesen auch Ilmbach. Im Park stehen auch noch stattliche Eichen.

Nicht ganz einen Kilometer südlich von Altenschönbach, östlich von Prichsenstadt, durchfährt man den zweiten Schönbachort – **Kirchschönbach**. Der Ort scheint um 800 gegründet zu sein. Dorf und Burg, die im 13. Jh. sicher genannt *„als erbaut"* wird gehört zu den zahlreichen Lehen des Hochstifts zu Würzburg, die dieses Lehen an die Grafen von Castell übertragen. 1306 ist von einem Verkauf der Vogtei an das Kloster Ebrach die Rede. Von nun wechseln sich verschiedene adlige Besitzer ab. 1411 gibt es Zeugnis von einem Arnolf Fuchs von Kirchschönbach. Auf der Castellschen Wildbannkarte ist ein hoher, dicker Rundturm verzeichnet.

Die modern umgebaute katholische **Pfarrkirche St. Jakob** birgt im Untergeschoß noch spätgotische Mauern. Der Chorturm stammt aus dem späten 16. Jh. das Langhaus wurde im neugotischen Stil des 19. Jh. erbaut. An der nördlichen Außenwand der Kirche erhebt sich eine spätgotische **Ölberggruppe**. Ein **Bildstock** von 1740 zeigt die Marienkrönung.

Ölberg, Bildstock

Vor (1509) der Zerstörung im Bauernkrieg wird die Burg als Wasserburg mit Türmen, Toren, Zwinger und Graben, sowie beheizbaren Räumen (Kemenaten) als solche beschrieben. Die Freiherren von Guttenberg gehen als neue Besitzer nach den Fuchs und den von Wichsenstein hervor und sind auch Urheber des neu gestalteten, zweigeschossigen **Schloß**baus im Stile des Barock (1666-1785) auf hufeisenförmigen Grundriß. Stuckarbeiten aus der Bauzeit erhalten. Erneute Besitzerwechsel sind aufgezeichnet, bis zu den Grafen von Schönborn. In dem angrenzenden Park mit Baumveteranen findet sich auch eine Art Grotte. Heute ist das Schloß Marienhaus der Zeller Schwestern. An der Straße nach Rüdern steht im Wald vergessen, der

Schloß

in seiner Bestimmung als Mahnmal unerklärte **„Schlörstein"**. Ein Wegmal mit gotischem Maßwerk, der als ein Grabstein aus der Zeit um 1400 eingeschätzt wird.

Schlörstein

Fährt man von Prichsenstadt 3 km westlich in Richtung der Bundesstrasse, so durchquert man den Ort **Laub**. Eine Ortschaft namens *„Loube"* an der Schwarzach wird im beginnenden 13. Jh. erstmalig erwähnt. Durch den Verzicht auf das Vogteirecht Graf Ruperts zu Castell konnte das Kloster Schwarzach den Ort 1306 als sein eigen nennen. Doch mußte 1339 der Konvent aufgrund hoher Schulden das in seinem Besitz befindliche Dorf an die Würzburger Patrizier-Brüder Rüdiger und Wolffelin Teufel verkaufen, die schon ein Jahr später dieses unter Johann von Steren mit allen „Zugehörigkeiten" an das Würzburger Bürgerspital „Zum Heiligen Geist" weiterverschenken. Interessant ist aber der *„...für ewig..."* - aber freilich heute nicht mehr zu verwirklichende Aspekt die Lauber Bauern *„... von allen Steuern, Bet und Schatzung"* zu entheben. Dies wurde ihnen im Mittelalter vom Bischof Gerhard von Schwarzburg zugesichert. Im späten 14. Jh. kam das ganze Dorf, nachdem der Seinsheimsche Hof 1386 mit den Lehensgütern und Gütern des Ritters von Fuchs 1392 erworben worden war, grundherrlich an das Bürgerspital von Würzburg.
Die eher kleine, gotische Filialkirche **St. Nikolaus** (16. Jh.), die auf Kosten des Würzburger Bürgerspitals errichtet, aber erst mit ihrer Inneneinrichtung 1593 fertiggestellt wurde, birgt noch heute eines der sehenswertesten Meisterwerke fränkischer Kunst: die **Lauber Madonna**. Die überlebensgroße Marien-Vollplastik aus Sandstein - in einer Nische stehend, dürfte um 1310 entstanden. Sie steht auf einem herausgemeißelten Säulenstumpf, der auch noch das Wappen der Stifter, sprich der Teufel zeigt. Dem Stein schön und dezent abgewonnen: Madonna mit dem Jesuskind auf den Arm (dies mit segnend erhobenem Händchen) trägt ein hochgegürtetes Gewand, einen losen Schleier und einen Mantel. Auch kann man noch an der gleichen Wand das Wappen des Herrn von Steren erkennen. Die Figur kam aus einer Würzburger Minoritenkirche zum Kaufpreis für zwei Eimer Wein nach Laub. Leider ist bei diesem Transport die Figur nur unzureichend geschützt in den Wagen gelegt worden, so daß schon damals Teile der Maria abplatzten. Bei genauerem Hinsehen kann man auch sehen, daß die Statue früher auch einmal bemalt war. Die Originalfarbe ging bei einer unwürdigen Behandlung im Freien stehend verlustig. Beachtung verdient auch die **Kreuzigungsgruppe** (1590), die Teil eines Hochaltars war. An der Südseite der Kirche erhebt sich ein **Bildstock** von 1712, die Beweinung Christi darstellend.

Die „Lauber" Madonna

Der **„Zehnthof“** ist wohlerhaltenes Baumonument des ehemaligen Amtshauses (zum Spital gehörig) mit der Zehntscheune. Ein zweigeschossiges Renaissancegebäude mit hofseitigem Treppenturm.
Zu Laub gehörte auch einst ein Bildstock von 1727, der heute im Fränkischen Freilandmuseum→ steht. Er zeigt den unglücklichen Todesfall eines auf offenem Feld vom Blitzschlag getroffenen Bauern.

Neuses am Sand liegt 5 km nördlich von Prichsenstadt, an der B 22 bzw. B 286 und stellt heutzutage, wie auch in alter Zeit einen bedeutenden Verkehrsknotenpunkt dar. Der *„neue Sitz“* wird bereits im Mittelalter als Schnittpunkt der Altstraßen Würzburg-Bamberg und Schweinfurt-Iphofen erwähnt. Offenbar zum selben Zeitpunkt wie der Ort Neudorf *„nova villa“* im 11. Jh. gegründet. Der Neue Sitz war vormals ein Rittergut, das 1237 aus Stollberger Besitz an das Hochstift zu Würzburg gelangte. Würzburgische Lehensträger waren im späten 15. Jh. die Fuchs und die Seinsheim. 1587 wird gar ein Hans Dietrich Fuchs von Neuses erwähnt. 1634 gelangte das Schloß durch Erbschaft an die Wolfsthal, 1717 an die Grafen von Schönborn. Ort und Schloß kamen 1717 mit anderen Gütern von den Wolfsthal an die von Schönborn. Im 18. Jh. bezeugte Poststation, an der Napoleon Bonaparte mit Marie Luise auf ihrer Reise nach Dresden am 9. Mai 1812 verweilten.
In der **Ortskirche St. Michael** - einem schlichten Rechtecksbau mit Dachreiter steht eine ansprechende spätgotische (1480) **Maria mit Kind-Figur**. Das hölzerne **Kruzifix mit Pietà** sind um 1550 entstanden. Simpler, frühbarocker **Zweisäulenaltar** von 1700.

Maria mit Kind-Figur

Schloß

Vom ehemaligen **Schloß** zeugt noch ein zweigeschossiger Flügelbau mit dreigeschossigem Rundturm mit Schweifhaube (15. Jh.) an der Nordostecke und polygonem Treppenturm an der Westseite mit Fachwerk im Obergeschoß. Portalgiebel mit dem Wolfsthalwappen, 1663 bezeugt. Geschweifter Nordgiebel des Wohnbaues. Einstmals umgab ein Wassergraben die Viereckanlage.

Rauhenebrach *K368 B6*

Landkreis Haßberge

ANFAHRT/WEGBESCHREIBUNG

BAB A 70 Schweinfurt - Bamberg, Abfahrt Knetzgau, über Zell am Ebersberg nach Oberschleichach. Hier rechts ab nach Fabrikschleichach.

ORTSTEILE/SEHENSWÜRDIGKEITEN

Fabrikschleichach, Fürnbach (Kirchinventar), Geusfeld (Kirchinventar), Karbach (Kirchinventar), Koppenwind (Amtsschloß), Prölsdorf (Burghügel, Zehntscheuer, Kirche), Spielhof, Theinheim (Kirchinventar), Untersteinbach (Kirchinventar), Wustviel (Kirchinventar)

ORTSTEILE/SEHENSWÜRDIGKEITEN: **Fabrikschleichach**. Der Name rührt wohl von der ehemaligen Glas„fabrik" - einer Manufaktur aus der ersten Hälfte des 18. Jh. Erbaut und betrieben vom Barockbaumeister Balthasar Neumann. Die *„Neue Hütte"* ist wohl ein leider heutzutage teilweise verbautes Gebäude der ehemaligen Glasbläserei. Im Ort gibt es auch ein kleines Schloßgebäude. Ort und Schloß waren ehemals zum Hochstift Würzburg gehörig. Im Jahre 1726 ließ der Würzburger Fürstbischof Franz von Hutten eine St. Friedrichskapelle erbauen, die jedoch von der neoromanisch geprägten Kuratiekirche St. Kilian und Gefährten überbaut wurde.

Fürnbach, 2 km nördlich von Prölsdorf: 1278 wird *„Furhenbach"* im Zusammenhang mit der Übernahme an das Bistum Bamberg aus der Vogtei der Familie von Windsheim gelöst. Offenbar bestand der Ort aus zwei Ortsteilen (*„Tieffenfürenbach"* und *„Fürnbach am Berg"*), die beide immerhin bis ins 19. Jh. politisch getrennt blieben. Als Bamberger Lehen gelangte es an die Milz von Kleineibstadt, von diesen 1562 an die von Rosenau zu Ketschenbach, später an die Münster zu Lisberg. Nach dem Dreißigjährigen Krieg kam es 1661 als *„ein ganz verödetes Dörflein"* von den Münstern zu Lisberg an das Hochstift Würzburg. Der Zehnt ging an das Kloster Ebrach.

Die katholische Kirche Allerheiligen mit ihrem eingezogenen rechteckig gotischen Chor aus der Mitte des 13. Jh. wurde im barocken Stil im 17. Jh. später umgebaut. Innen steht auch ein frühbarocker **Hochaltar**, der rechte Seitenaltar zeigt mit seinem **Altarblattgemälde** aus der Zeit um 1700 den heiligen Leonhard. Dieser galt als Gefangenbefreier. Das **Ölbild** mit der betenden Maria mit dem schlafenden Jesuskind stammt aus der Zeit um 1600. **Kruzifix** um 1520. Ölgemälde

Im 3 km, hinter Prölsdorf entfernten Halbersdorf (Halbolds Dorf) erhob sich einst das Seckendorff-Rinhofsche Schloß (15. Jh.).

4 km westlich von Untersteinbach und über die Straße nach Untersteinbach, 12 km nördlich von Ebrach entfernt durchfährt man **Geusfeld**. Das ehemalige Ganerbendorf des Klosters Ebrach wurde 1303 als *„Gulsfelt"*, später als *„Geulsfeld"* oder auch *„Geulichsfeld"* (Feld des Gulich) erwähnt. Das Ganerbendorf war zur Hälfte ebrachisch, zur anderen gehörte es den Fuchs von Bimbach.
Der schlichtbarocke Kirchbau der kath. Filialkirche **St. Martin**, ein Neubau von 1781, unter dem Ebracher Abt Roßhirt, geht auf einen 1612 erfolgten Neubau und einer Umgestaltung einer mittelalterlichen Kapelle zurück. In das Langhaus eingezogener Kirchturm, viergeschossig mit Kuppel. Toskanische Säulen stützen den Chorbogen des an das Langhaus angeschlossenen Chors. Im Kirchgebäude steht ein viersäuliger **Barockhochaltar** aus der Zeit um 1700 mit dem Gemälde des Namenspatrons St. Martin. Rokokozeitliche Seitenaltäre mit durchbrochener Muschelwerkzier und einer Rokoko-Orgel, die sich in bemerkenswerter Weise um den eingezogenen Turmbau „drückt". Die Kanzel ist klassizistischen Stils und die Figur des **Hl. Sebastian** ist wohl als spätgotisch zu bezeichnen.

Im 1164 sicher bezeugten **Karbach** kam es noch vor Ausbruch des Dreißigjährigen Krieges 1617 zur Erwähnung einer Kapelle Mutter Anna, die nach vermutlichen Verwüstungen des Ortsbildes während dieses Krieges 1736 durch einen Umbau neu gestaltet wurde. Andere Quellen besagen sie sei anstelle eines Bildstocks von 1617 errichtet worden.
Kleine Saalkirche mit nicht ausgeschiedenem Chorbau und Dachreiter statt Turm. Anna Selbdritt-Figur über Zugang. Im Innenraum steht ein schwerer, frühbarocker **Altar**, wohl nach 1650 entstanden, der als offene, viersäulige „Halle" in seiner Mitte die Statue der spätgotischen (Ende 15. Jh.) **Anna Selbdritt** präsentiert. Die Figuren des Frankenapostels, dem **Hl. Kilian** und **Hl. Johannes Baptist** sind wohl kurz vor dem Jahr 1500 durch Tilman Riemenschneider entstanden. Die kleine Kanzel und die Orgel sind Werke des frühsten 18. Jh. Die in der Kirche befindlichen Ölbilder zeigen die Namenspatronin Anna Selbdritt mit dem Hl. Joachim, der als Nebenpatron der Kapelle hervorgeht, sowie ein Bildnis des Josef an der Schwelle zum 18. Jh.

Holzfiguren

Über eine, von der Verbindungsstraße zwischen Ebrach und dem Rauhen Ebrach-Tal, abzweigende Zufahrtsstraße ist der kleine Ort **Koppenwind** zu erreichen. Der Name könnte auf slawische Siedler, die wohl einem Grundherrn Kopp unterstellt waren, und die als Kohlenbrenner, Pechsieder und Holzfäller - somit auch Rodungshelfer waren - diesem dienten. Sicher im 12. Jh. bestätigt, über eine frühmittelalterliche Ansiedelung kann man lediglich nur spekulieren. So war auch in Waldschwind, einer durch angesiedlete Slawen entstandene Siedlung im Stollberger Forst ein ähnlich genutzter Ort. Hierbei scheint das Kohlenbrennen, Pechsieden und Teerbrennen eine bis in die Moderne anhaltende Arbeit im Ort gewesen zu sein, denn der das westliche Dorfbild mitbeherrschende Feuerofen ist noch der einzige des Steigerwalds. Die Vogtei geht 1278 durch Ludwig von Windheim an das Bistum Würzburg. Anscheinend hat es eine kurzfristige Aufgabe des Ortes gegeben – vielleicht durch Abwanderung um die Zeit von 1340, da in diesem Jahr in einem Eintrag in das Zehntbuch des Klosters Ebrach die Bezeichnung „wüst" erscheint. Im späten 14. Jh. als Sitz des Götz von Seinsheim bezeugt. Später wahrscheinlich Kirchbesitz des Wolf von Rotenhan, der auch Teile des umliegenden Fortes besaß, denn hier gibt es noch einen sogenannten Rotenhanwald. 1628 verpfändet er die Kirche an das Kloster Ebrach. Dessen Abt Hieronymus Held legt den Grundstein für ein **Amtsschloß** 1772 und scheint hierbei das mehr oder weniger verfallene Schloß zu überbauen. Die leichte Hügellage ist noch heute sichtbar. Der Zisterzienser-Abt W. Rosshirt vollendet es wenig später. Das Haus war Sommerprälatur des nahen Zisterzienserklosters. Nach der Säkularisation wurde es 1803 gleich von Bayern eingezogen. Amtsschloß

Das spätbarock-rokokozeitliche Hauptgebäude, ein kastenförmiger, unschmucker zweigeschossiger Rechtecksbau mit Lisenengliederung und hohem Mansarddach stammt laut Bezeichnung von 1773. In diesem Erdgeschoß befindet sich eine bescheiden ausgeführte Hauskapelle unter einfachem Tonnengewölbe. Hier steht ein frühbarocker Altar mit Altarblatt der Maria von Gutem Rat, sowie zwei geschnitzte Wandleuchter mit Blumen und Vögel im Rokokostil. Das Wappen über dem Portal verweist auf den für die Fertigstellung verantwortlichen Abt. Neben- und Hauptgebäude befinden sich hinter einer recht hohen, regelmäßig umgebenden Mauer mit einer von Pfeilern gebildeten Durchfahrt.

Der recht große Ort **Prölsdorf** an dem Fluß der Rauhen Ebrach geht vermutlich auf eine fränkische Rodungssiedlung im frühen Mittelalter zurück. Die mittelalterlichen Ortsnamen wie 1116, 1146 *„Praeliubesdorf"*, 1317 *„Prelsdorf"* zeigen die Möglichkeit auf, man habe es hier mit einem Dorf des Prelub zutun. Dieser Name mutet durchaus slawisch an. Ein 1116 hier sitzendes Ministerialgeschlecht nannte sich nach dem Dorf und war Lehensträger des Bistums Bamberg. Die hier bezeugte Burg und der Ort waren jedoch größtenteils Würzburger Lehen. 1453 wird die Pfarrei genannt. Das Hochstift verkaufte 1496 einen ersten Teil, 1516 den Rest des Ganzen an einen Philipp von Herbilstatt und hatte mit diesem hier wohl einen Amtssitz eingerichtet. Das heutige Prölsdorf ist eigentlich eine neue Siedlung, denn so soll nach örtlicher Überlieferung das entsprechende *„Alte Prölsdorf"* im sogenannten „Alten Dorfgrund" rechts der Straße nach Fatschenbrunn gelegen haben.

Markant ist die Siedlungsform. Sie folgt als Kettendorf dem Umriß eines ehemaligen **Burghügel**s, der die Kirche und die Reste einer spätmittelalterlichen Burg trägt. Diese Befestigung muß als würzburgisches Burgsitzlehen der von Herbilstatt angesehen werden. 1516 wurde die Burg verkauft und nach dem Bauernkrieg wiedererrichtet.

Das Pfarrhaus, ein als **Zehntscheuer** benannter Bau bezeichnet ebenso die Stelle wie auch ein noch nachvollziehbarer Halsgraben. Jedoch steht das Pfarrhaus selbst anstelle des alten Amtshauses. Es ist ein zweigeschossiger Rechtecksbau mit Wappenstein des Würzburger Fürstbischofs Johann Philipp von Greiffenclau. Die 1678 sicher bezeugte und zum Schloß gehörige Zehntscheuer diente laut Aufzeichnungen 1628 auch als Fruchtspeicher für das Amt Wallburg. Bemerkenswert ist aber in dem Pfarrhaus-Innern eine spätgotische

Kasula

Kasula. Das 1,10m hohe Fastentuch stammt aus der 2. Hälfte des 15. Jh. und stellt neben Passionsszenen die Kreuzigung Christi dar.

Die in ihren ältesten Teilen spätromanisch-gotische, kath. **Pfarrkirche St. Sebastian** mit eingezogenem Chor wurde von 1764 bis 1766 nach Plänen von J. M. Fischer im späten Rokoko umgebaut. Im zweiten Geschoß des leicht aus der Baumasse vorstoßenden, dreigeschossigen Fassadenturmes mit einer hochgezogenen Kuppel, fallen hervortretende Voluten als die Fassade belebende Ergänzungen auf. Unter

Rokoko-Hochaltar

der Langhausflachdecke des Saales ist der mächtige **Rokoko-Hochaltar** auffällig.

Der bekannteste Prölsdorfer war jedoch der hier geborene Dr. Johann Philipp von Gregel (1740-1841), Kanonist und Professor an der Universität Würzburg.

Gegen Schindelsee (3 km nördlich) steht eine barocke **Wegkapelle** (um 1700) mit in gleicher Zeit entstandener **Vespergruppe**.

Und gegen dem etwa gleich entfernten Fürnbach steht die **Weiße Marter** mit der hier dargestellten Dreifaltigkeit und Altartisch.

Interessant ist auch der nordöstlich von Prölsdorf liegende **Spielhof**. Der 369 m hohe Spielberg gab hierbei einem im Mittelalter bezeugten (1303) Hof seinen Namen. Der *„Spiel(berg)hof"* erscheint noch zu besagter Zeit (Bischof Andreas von Gundelfingen, 1303-1314) als *„villa spilberg"*. Zur Zeit Albrechts von Hohenlohe wird der Ort 1345-1372 als Wüstung auf dem gleichnamigen Berg bezeichnet. Um 1400 ist von einem *„Spielhof"* die Rede, der Stelle des heutigen Hofweilers. Der besagte Berg war zu mittelalterlicher Zeit auch Gerichtsstätte – vergleiche dies mit dem Spielberg bei Rüdisbronn→. Die angesprochenen Wüstungen sind in den „Walzenmosen" und der Flur „Weiler" auf der Höhe des Hofes zu suchen. Der vom Bistum Würzburg zu Lehen gegebene Ansitz lag inmitten des Weilers auf einem Hügel und wurde von den Rittern von Münster bewohnt. Ein tonnengewölbter Keller bezeichnet die **Burgstelle**. Nach dem Tode des Erhard von Münster (Mitte 16. Jh.) sollen nach einer örtlichen Überlieferung sechs Töchter das als „Sechsmädelhaus" bezeichnete Anwesen bewohnt haben. Im Dreißigjährigen Krieg sollen hierbei die letzten des Hauses ermordert worden sein.

Etwa 3 km östlich von Untersteinbach durchquert man den Ort **Theinheim**. Der fränkisch-karolingische Grundherr Thegan mag der frühmittelalterlichen Siedlung seinen Namen gegeben haben. Ein ehemaliges - aus dieser Zeit stammendes *„Alt-Theinheim"* will man auf der nördlich gelegenen Anhöhe erkennen. Fakt ist, daß Ludwig von Windeck 1278 den hier bestehenden Vogteibesitz an das Bistum Würzburg überträgt. Das Bistum Bamberg verschafft dem Ort Hohe und Niedere Gerichtsbarkeit.

Die katholische Pfarrkirche St. Laurentius und Barbara unterstand der Mutterkirche von Burgebrach und besaß ihre Tochterkirchen im nahen Falsbrunn und Koppenwind.

In Theinheim wurde der größte deutsche Tenor (1789-1810) dieser Epoche Adam Baader geboren. Er war Mitglied der Berliner Staatsoper, begann seine Karriere am E.T.A. Hoffmann-Theater in Bamberg als königlich-preußischer Hofsänger.

Die ursprüngliche **Chorturmkirche** wurde unter dem Zisterzienser-Abt Leonhard Rosa von Ebrach im 16. Jh. renoviert und verändert. So „wanderte" der Chorturm neben den im Grundriß quadratischen Chor, der wie das Langhaus unter dem Erwähnten erneuert wurde. 1791 erfolgte ein erneuter Umbau, wobei das Langhaus zu einem zurückhaltend klassizistischen Saal (hier barockisierter Chorbogen) umgestaltet wurde und von Materno Bossi 1793 seine Stuckierung und das Inventar erhielt. Beachtenswert sind die **Seitenaltäre** im Zopfstil und der **Hochaltar**. Hier steht auch eine rokokozeitliche **Immaculata** (Unbefleckte Empfängnis) mit Blume, Blumensternkrone.

Wandert man das idyllische Schulterbachtal entlang gelangt man auch an die **Ortswüstung** des 1278 als wüst bezeichneten „Schulter". An der Verbindungsstraße zwischen Theinheim und dem östlich gelegenen Falsbrunn steht ein schönes **Sühnekreuz** mit einem in den Stein gemeißelten Kreuz.

Der an der Rauhen Ebrach gelegene Ort **Untersteinbach** ist Hauptort dieses oberen Talabschnitts und war zusammen mit Obersteinbach 1330 als *„ville Staymbach et Steymbach"* genannt. Früher *„Nidern"*-statt *Untersteinbach*. Der namensgebende Zufluß erfolgt von Norden her zur Rauhen Ebrach. Im Hochmittelalter muß die Siedlung bereits schon bedeutender, forstwirtschaftlicher Mittelpunkt des nördlichen Wildbanngebietes gewesen sein. Laut Überlieferungen wird die ortszugehörige und auch im Hochmittelalter sicher schon dagewesene Kirche als *„Wildbrethalle der Herren von Zabelstein"* beschrieben.

Bemerkenswert ist an dem Ort neben der romanischen Kirche die einstige Ortsbefestigung durch einen im Nordosten noch sichtbaren, früher gänzlich umlaufenden und breiten Graben oder durch Weiher und Wall oder Mauer im Süden. Durchbrochen wurde diese mittelalterliche Umwehrung durch zwei Tore.

Kleinod ist im Ort aber die romanische **Kirche St. Veit** im Südwesten mit ihrem massiven, dreigeschossigen Chorturm (romanisch und gotisch) mit Achteckshelm. Die Bauteile der Romanik sind noch durch solche, kleinen Rundbogenfenster und Gurtbögen im sonst gotischen Altarhausgewölbe zu sehen. Das in der Südwand noch romanische Langhaus (2. Hälfte des 13. Jh.) wurde zu späterer Zeit im Norden und Westen modern erweitert. Bei Besichtigung der Kirche sollte man auch den spätgotischen Arbeiten Beachtung schenken. Eine stellt den **Hl. Veit im Ölkessel** dar, die andere ist eine **Anna Selbdritt** – offenbar ein Werk des Marthameisters, der die Hl. Maria als einfache und recht weibliche Bürgersfrau dargestellt hat. **Orgel** und die überlebensgroße **Kreuzgruppe** sind um 1720 entstanden.

Bildstöcke

Im und vor dem Ort stehen schöne, barocke **Bildstöcke** (frühes 18. Jh.) Von der örtlich nahen „Mosesruh"schöne Aussicht auf das „Gelobte Land" – das breite Rauhe Ebrachtal mit seinen zahlreichen Ortsinseln im umgebenen, bergigen Steigerwald aufsuchenswert.

Der Name des Haufenwegedorfes **Wustviel**, an dem rauhen Ebrach-Fluß bezieht sich wahrscheinlich tatsächlich auf „wüstliegende Felder" also natürliche oder vernachlässigte Ödflächen. Im 11. Jh. als *„Wuhstwild"*, 1323 als *„Wustvilden"* bekannt. Die hiesige Dorf- und Gemeindeherrschaft wurde abwechselnd zwischen dem Bistum Würzburg und dem Kloster Ebrach bestimmt. Die Pfarrei erscheint allerdings erst Mitte des 15. Jh. in Urkunden.

Besuchenswert ist die **Chorturmkirche St. Sebastian und Gefährten** wegen ihrer Altäre und dem neuzeitlichen Opferstock. Der dreigeschossige Chorturm weist in seinem spätgotischen Untergeschoß über einem massiven Mauerwerk ein zeitgleiches Kreuzrippengewölbe auf. Langhaus (um 1736 Umbau) und Turmhaube aus dem Barock stammend. Barock sind auch die **Seitenaltäre** und der zwei-

Hochaltar
Opferstock

säulige **Hochaltar** (1710). Beachtung verdient jedoch auch der 1609 entstandene **Opferstock** mit volkstümlichen Schnitzereien.

Nördlich des Ortes erhebt sich eine neuzeitliche **Marter** von 1610.

Rödelsee *K367 C1*

Landkreis Kitzingen

ANFAHRT/WEGBESCHREIBUNG

BAB A7 Würzburg-Ulm, Abfahrt Kitzingen, in Kitzingen der B 8 in Richtung Markt Bibart folgen, Ungefähr am Ortsende Kitzingen links ab über Fröhstockheim, an Kreuzung rechterhand nach Rödelsee einbiegen.

SEHENSWÜRDIGKEITEN

Crailsheim'sche Schloß, Crailsheim'sche Wirtshaus, Ebracher Haus und Zehnthaus, Barocke Pfarrkirchen, Jüdischer Friedhof

ORTSTEILE/SEHENSWÜRDIGKEITEN

Fröhstockheim, Schwanberg

ORTSGESCHICHTE: Daß das Kloster St. Stephan in Würzburg hier Güter besaß, ist urkundlich schon früh ersichtlich. *„Rotiense"* ist 1040 laut einer Schenkungsurkunde von Kaiser Heinrich II. an das Kloster Kitzingen gekommen. Die Nennungen *„Rödelsi"* und *„Rödelsa"* zeigen möglicherweise den frühmittelalterlichen Grundherren Rodilo auf. Die von Castell-Rüdenhausen, von Crailsheim, von Henneberg (Da die von Henneberg dem sächsischen Haus Weimar angehörten und die Winzer mit dem unweiten Mainbernheim, damalig böhmisches Lehen, Handel betrieben, kam das Sprichwort auf, daß *„Sachsen und Böhmen vom Rödelseer Wein leben."*) und das Kloster Ebrach hatten hier Besitzungen. Die Burg war früher (13./14. Jh.) als Lehensbesitz und Stammsitz den Fuchs von Rödelsee zugesprochen. Die frühere Insel, die einst die hohenlohsche Burg trug, liegt in einem kleinen Dorfweiher - dieser wohl eher als Rest eines großen und breit angelegten Grabens anzusehen. Nach 1616 erscheinen die vier das Dorf besitzenden Herrschaften Castell, Crewelsheim (Crailsheim), das Kloster Ebrach und das Bistum Würzburg. Das **Crailsheimer Schloß** - ein zweigeschossiger Langbau mit schönen Volutgiebeln und Freitreppe, um 1600 erbaut, ist jetzt Weingut. 1945 verkaufte es der Adel von Crailsheim an die Gebietswinzergenossenschaft. Das Landschloß war einst unter anderem im Besitz der von Wenkheim, von Berlichingen und den von Heßberg, bevor es an die Familie von Crailsheim gelangte. Die im Hof des Schlosses stehende **Holzkelter** stammt aus dem Jahre 1660.

Crailsheim-Schloß

Von der früheren, dreitorigen Stadtbefestigung sind keine Reste mehr vorhanden, das letzte Tor wurde 1809 abgerissen.

SEHENSWÜRDIGKEITEN: Im Ortsbild auffällig sind das ehemalige **Ebracher Amtshaus** und das ehemalige **Zehnthaus** (erste Hälfte 17. Jh.) der Grafen von Castell - heute Gasthaus zum Löwen. Der **Ebracher Amtshof** wurde um 1600 errichtet und fungierte neben dem castellschen als Zehnthaus (Klosterwappen) der Zisterzienser-Abtei. Das Gebäude wird durch schöne Volutgiebel an den Stirnseiten bekrönt. Die in ihm befindlichen Stuckdecken wurden um 1712 gefertigt.

Ebracher Amtshof

Das zweigeschossige **Rathaus** mit Rundbogentoren im Untergeschoß, wurde anstelle eines eingefallenen Vorgängergebäudes 1778 neu errichtet. Schöne **Holzschnitzerei** am Treppenaufgang: Ein Häkker zeigt einem Fremden den Weg zu einem guten Schoppen.

Rödelsee erhielt nach der simultanen Zeit (ab 1651) 1779 eine **evangelische** und **katholische Pfarrkirche St. Bartholomäus**, die beide nah beieinander in barocker Gestalt das Ortsbild fast schon beherrschen. Jedoch gab es eine erste St. Bartholomäus-Kirche, noch aus der Zeit vor 1770, die wegen Einsturz erneuert werden mußte. So entstand die evangelische am Platze der alten und wurde zur Emporenkirche im Markgrafenstil mit dem typischen **Kanzelaltar**, der in jener Epoche nicht nur in protestantischen Kirchen dieser Region eingebaut wurde. Die katholische St. Bartholomäus wurde 1779 begonnen und wohl 1783 vollendet. Der stolze Saalbau nach dem Würzburger

Baumeister Adam Valentin Fischer, besitzt einen Fassadenportalturm. Im Innern ist sie weitgehend klassizistisch gestaltet. Hierbei stellt der barocke **Hochaltar** aus der zweiten Hälfte des 17. Jh. ein Stil-Gegenstück dar. 1793 aus dem Dom von Würzburg hierher verbracht.
Bildstock von 1707 mit einfacher Pietà im Ort.

Jüdischer Friedhof

Eindrucksvoll ist auch der weitläufige **jüdische Friedhof**, der Mitte des 16. Jh. an der Iphöfer Steige, unterhalb des Schwanbergs, mit Erlaubnis des Moritz von Heßberg entstehen konnte. Hier wurden noch bis ins 19. Jh. die Verstorbenen der jüdischen Gemeindemitbewohner des südlichen Steigerwalds bis an die Schwarzach und von der Casteller Bucht bis Sommerhausen am Main beigesetzt.

ORTSTEILE/SEHENSWÜRDIGKEITEN: Westlich von Rödelsee führen Stichstraßen nach **Fröhstockheim**. Eine selbständige Pfarrei dieses Namens ist erst um 1330 bezeugt worden. Der als sicherlich fränkische Rodungssiedling aufgegangene Ort wird 1220 im Zusammenhang mit Albrecht Fuchs von Stockheim erwähnt, der als der Stammvater der Linien Fuchs von Bimbach und Fuchs von Dornheim gilt. Die mittelalterliche Burg und das dazugehörige Rittergut war vor den von Heßberg Besitz der Fuchs. 1393 noch *„Stockheim"* anläßlich einer Burg-Belehnung genannt, später erst kam das „Frosch" zu „Fröh..." gewandelt hinzu. Das im Ortsname auch verborgene, im fränkischen oft anzutreffende „stock" kann in einer Hinsicht als ein von Palisaden umwehrter Gutshof oder ein mit einem „aufgestockten" Bau als Versammlungs- oder Amtsraum ausgestatteter Gutshof gewertet werden.

Crailsheim-Schloß

Die Burg war 1455 durch Verkauf an die von Heßberg gekommen, im Bauernkrieg zerstört worden und später als **Schloß** wieder aufgebaut worden. Es war 1531 an Wolf von Crailsheim verkauft worden. Das renaissancezeitliche Wasserschloß ist seitdem Privatbesitz der

Ehem. Wasserschloß zu Fröhstockheim

Ansicht Crailshaimsches Schloß zu Fröhstockheim.

gräflichen Familie von Crailsheim und deswegen nicht zugänglich. Die regelmäßige Vierflügelanlage (spätes 16. Jh.) erhebt sich auf einem rechteckigem Grundriß mit zylindrischen Ecktürmen, von denen einer der Mauer entrückt im Graben steht und nur über eine kleine Brücke im zweiten Obergeschoß zugänglich ist. Die neuzeitlichen Dachstühle gehen auf das 18. Jh. zurück. Östlich erheben sich in einem weiten Rechteck angeordnet einige Vorburg- bzw. Ökonomiegebäude. Kleiner Park mit interessantem Baumbestand.

Fröhstockheims kleine, unscheinbare **Chorturmkirche St. Laurentius** mit der typischen Julius-Echter-Turmspitze stellt wegen ihres **Freskenschmuckes** (15. Jh.) ein echtes, sehenswertes Kleinod dar. Der kleine, gedrungene Chorturm des 15. Jh. entwächst kaum dem ebenfalls zierlichen Langhaus des frühen 17. Jh. Der Chorbogen zeigt noch das Wappen der Heßberg (um 1525). Im sterngewölten Chor sind die Lebenszyklen Jesu und die vier Evangelisten-Attribute in noch kräftigen Farben und schönen Kompositionen nebst feinen Zierelementen dargestellt. Im Chorraum fällt auch das eine ganze Chorlängswand einnehmende monumentale **Epitaph** (1596 verstorben) des Ernst von Crailsheim – in seiner Person Statthalter von Ansbach, auf. Das Epitaph wird als Frühwerk des Hans Juncker angenommen (vgl. Crailsheim-Epitaphe in Walsdorf). Darstellung dieses vor einem Kruzifix knieenden Ritters mit seinen drei Frauen. Die Gedichttexte am Grabmonument handeln von seiner Familie – den drei Frauen und 26 Kindern. Der Taufstein ist auf das Jahr 1581 datiert.

Chorraum-Fresken

Crailsheim-Epitaph

Am Gasthaus Schwarzer Adler – Besitz der Familie Lunz seit 1748, reckt sich ein frühbarocker **Wirtshausausleger** hervor. Renaissancezeitliche Grundelemente wie Spiralornamente „ergänzen" einen doppelköpfigen Adler. Anhängend der sechsstrahlige Stern als Zeichen des Braurechts.

Freskenzyklus im Chorraum von St. Laurentius.

Um auf den **Schwanberg** zu gelangen, fährt man von Rödelsee in Richtung Castell. Von dieser Landstraße zweigt rechterhand eine ausgeschilderte Zufahrtsstraße auf den Schwanberg ab. Gut markierte Wanderwege führen zu den Sehenswürdigkeiten des ganze Berges. Das langgezogene, bis zu 473 m hohe Schwanbergmassiv, ist von Westen und Südwesten schon von weitem zu erkennnen. Das Massiv hat sich nördlich vom Weinort Iphofen als südwestlicher Eckpfeiler des Steigerwald-Gebirges landschaftlich herausgebildet und hängt nordöstlich nur noch am Kugelspielberg. Wobei es die Natur bis jetzt nicht geschafft hat, den Schwanberg als Zeugenberg vom Gebirge zu trennen. An der östlichen Flanke des mit mehreren Spornen ausgestatteten Schwanbergs entspringt im übrigen die Bibart. Der Berg ist aus Sandsteinkeupern mit dazwischen anstehenden wasserstauenden Tonschichten aufgebaut. Diese waren somit Vorraussetzungen für gute Ackerböden und natürliche oder schon zu frühen Besiedlungsperioden der Menschen angelegten Teiche.

Dank Funden ist eine nahezu kontinuierliche Besiedlung des Schwanbergs zu vermuten. Die Funde reichen von altsteinzeitlichen Handspitzen und Schaberfunden, über mittel- (Kleinstgeräte) und jungsteinzeitliche Keramikfunde. Weiter seien beispielsweise ein bronzenes Lappenbeil aus der Zeit um 3000 v.Chr., ein urnenfelderzeitliches (1200-700 v.Chr.) tönernes Sonnenscheibenfragment, latènezeitliche Funde bis zum frühmittelalterlichen, sprich karolingischen Fund – Riemenzungen in Form eines Schwankörpers mit zurückgelegtem Kopf.

Eine urkundliche Erwähnung des Berges ist jene vom 18. Januar 1230, in der allerdings ein Grenzstreit zwischen *„Kastel, Yppehofen* und *Swaneberk"* beschrieben ist. Durch die legendenhafte Gründung Kitzingens durch Pippin den Kleinen (714-768) und seiner Tochter Hadeloga wird eine erste Burg auf dem Schwanberg plausibel gemacht. Sicher ist, daß das alte Bistum Würzburg den Schwanberg zum Schutz seiner würzburgischen Besitzungen (so auch das würzburgische Iphofen) in frühmittelalterlicher Zeit nutzte.

Besuchenswert ist der Schwanberg wegen seiner Aussichtspunkte auf die Umgebung und der vorzeitlichen bis frühmittelalterlichen Befestigung. Auch erhebt sich an seinem nordwestlichen Sporn das Schloß Schwanberg, heute Ausflugsziel und Tagungsstätte der Communität Casteller Ring.

Keltische und frühmittelalterliche Wallanlagen

Die **Befestigungen** des Schwanbergs: Der südliche gekrümmte und hier auch breite Schwanberg ist an zumindest drei Seiten steil abfallend und trägt ein ungefähr 169 ha großes, früher befestigtes Plateau. Der Berg zeigt im Osten eine Art natürliche Landbrücke mit zwei Einschnürungen, an denen sich auch erste und deutliche Spuren dreier, zu verschiedenen Zeiten entstandenen Befestigungen zeigen.

Die östlichste Befestigung ist aus der jüngeren Latènezeit und zeigt neben einem Zangentor einen deutlich sichtbaren Wall-Graben-Komplex, der sich die östliche Einschnürung des Berges (ca. 250 m) zunutze gemacht hat. Etwa 1000 m weiter westlich stößt man auf den sehenswerten Hauptwall: der Hauptwall, ist hier 4,5 m hoch, an der

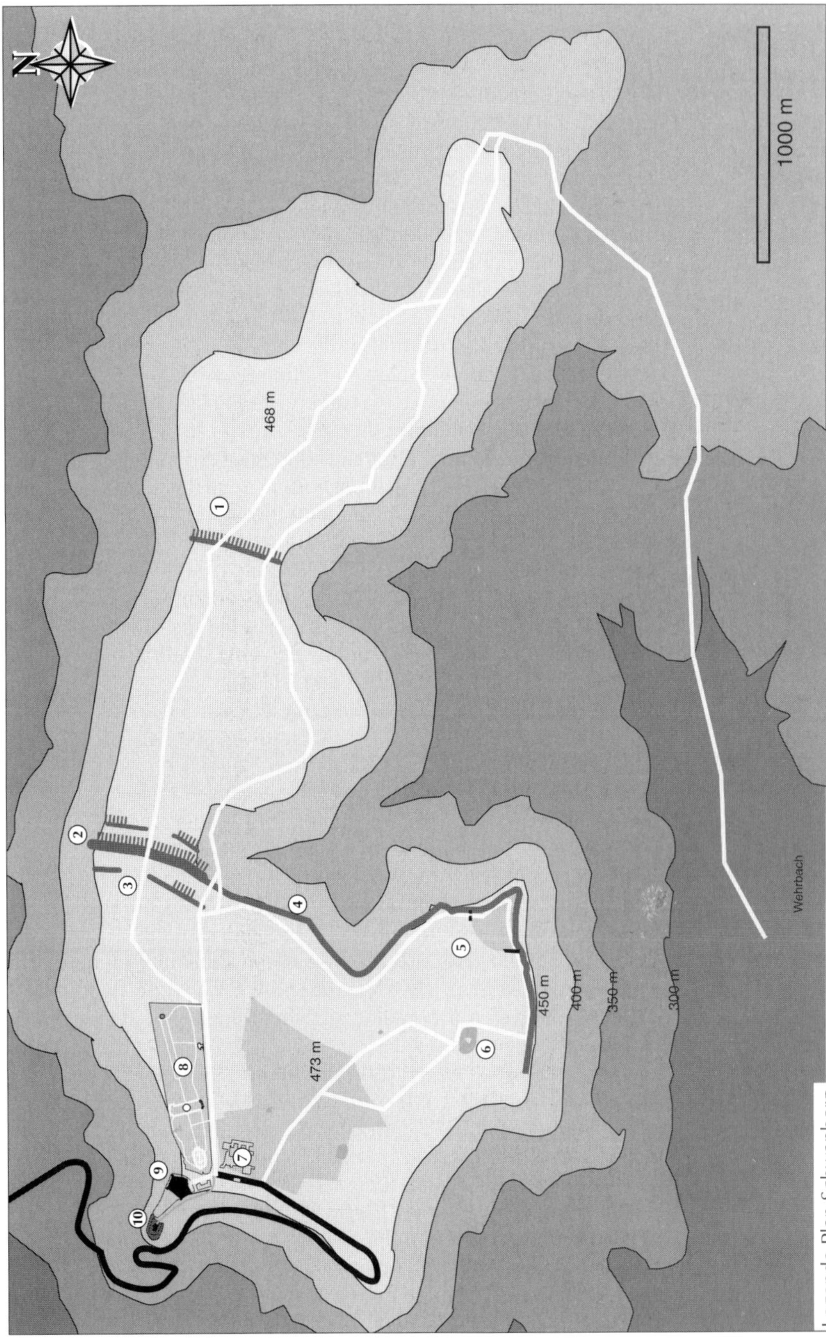

Legende Plan Schwanberg
① Abschnittswall: Jüngere Latènezeit ② Hauptwall (Urnenfelderzeit - Frühmittelalter) ③ Hauptwall Vorgänger (Bronzezeit ?)
④ Randbefestigung Urnenfelderzeit (?) ⑤ Abschnittsbefestigung „Iphöfer Knuck", Frühmittelalter ⑥ Birkensee ⑦ Ortswüstung, spätes Mittelalter
Kirchneubau ⑧ Schloßpark ⑨ Schloß und Standort der früh-spätmittelalterlichen Burg auf dem ⑩ Kappelrangen, ehem. St. Walburgis-Kapelle

Basis 30 m breit und ist in seinem Aufbau und seiner Entstehung ein mehrphasiges Objekt, das von der Urnenfelderzeit bis in das Frühmittelalter reicht. Die Befestigung entstand an der zweiten, westlich orientierten Bergeinschnürung und grenzte hiermit ein 135 ha großes Plateau ab. Dem Hauptwall (nach Funden der Urnenfelderzeit partiell auf 900 v. Chr. und der Spätlatènezeit datierbar) östlich und nah vorgelagert, überqueren zwei Wall-Graben-Anlagen den Berg. Zur Zeit der Ungareinfälle, also im frühen Mittelalter des 9./10. Jh. wurde der große Wall freilich verstärkt und erhöht. Hier auch die für die Ungareinfälle kennzeichnenden Reiterhindernisse (gestaffelte Grabenreste). Im Frühmittelalter (damals lag der Schwanberg in einer Königsgutlandschaft – beherrscht von Castell) wurden zur Aufschüttung eines Abschnittswalles vermutlich die verfallenen Teile des „Ringwalles" weiterverwendet. Westlich, dem inneren, breiteren Schwanberg zugewandt erhebt sich noch ein weiterer verflachter Wallgraben (südlich noch sichtbar), der in der Bronzezeit schon aufgeworfen worden war. Das der Schwanberg einst ein keltisches Oppidum trug ist wahrscheinlich, womit die oppidale Bewehrung des Schwanberges zu den größten Anlagen dieser Zeit Süddeutschlands gehören dürfte. Der westlichste und großflächige Teil kann hierbei als Markt- und Fluchtbereich angesehen werden. Die Wehranlage des keltischen Oppidums könnte wohl in der von Cäsar beschriebenen Weise des *murus gallicus* aufgeführt, und muß also eine allseitig die Hochfläche einschließende, mit einer zur Frontmauer aufgeschütteten Erdrampe gedeutet werden. So konnte auch durch Grabung festgestellt werden, daß ein stadtseitig angelegter Weg mit kleinem Steinpflaster belegt war. Bei archäologischen Untersuchungen wurden neben bedeutenden Funden wie denen des keltischen Regenbogenschüsselches, eines münzähnlichen Zahlungsmittels, keltischer Frauenschmuck und Zeugen einer lokalen spätlatènezeitlichen Eisenerzverarbeitung ergraben werden: 51 keltische Eisenbarren als Roh- und Handelsware erklären die am östlich Schwanbergrand liegenden Trichtergruben, die zum Erzabbau ausgehoben wurden. (450-15 v. Chr., Latènezeit). Strittig und noch Forschungsinhalt ist jedoch die Tatsache, ob die bronze- und urnenfelderzeitliche Besiedlung kontinuierlich durch Befestigungen solcher typischen Wehranlagen gewährleistet war und ob der Schwanberg eine Art gesellschaftlicher Mittelpunktsstandort während der Urnenfelderzeit war.

Frühmittelalterliche Befestigung

Am **Iphöfer Knuck**, ein südöstlicher, breiter Sporn des Schwanberges, fand sich ein fast 2 m breiter, mörtelloser Schalenmauerrest, abgeriegelt durch einen noch sichtbaren Spitzgraben. Am nordöstlichen Bergrand lag eine mehr als 2 m breite Toröffnung. Der den annähernd halbkreisförmigen Burgplatz umgebende Wall – als Rest einer zweischaligen Trockenmauer mit vorgelagertem Graben, ist im Gelände noch erkennbar. So wurden in diesem Bereich neben einer Bronzefibel eine spätmerowingische-frühkarolingische Zierscheibe gefunden. Da sich unterhalb des Knuck das alte Iphofen – *„ippihona"* erhob, wird hier der Dualismus einer frühmittelalterlichen und nicht

zufälligen Berg-Talsiedlung erkennbar. Hiermit erscheint der Iphöfer Knuck mit seiner spätmerowingischen-frühkarolingischen Befestigung als älteste der beiden frühmittelalterlichen Burgplätze des Berges.
Einer der vielen Seen auf der Schwanberghochfläche, der südlichste und größte mit seiner Insel – **Birkensee** genannt – ein naturkundliches Idyll wird oft als frühmittelalterliche Befestigung ausgegeben. Einige der Heimatforscher wollten in der kleinräumigen, flachen Insel Standplatz eines frühen Turmhügels inmitten eines künstlich angelegten Sees sehen. Abgesehen davon, daß hier die bewohnbare Fläche zu klein und statisch zu bedenklich gewesen wäre, konnte auf der künstlich geschaffenen Insel ein Bassin, zu dem Stufen herabführen entdeckt werden. Die durch Steinsetzung abgegrenzte, nicht einmal 7qm große Baufläche muß als neuzeitliche Anlage angesehen werden. An einem Teichufer erhebt sich ein großer monolither Gedenkstein von Graf Rudolf von Castell zu Rüdenhausen, der hiermit seinem im Zweiten Weltkrieg in Rußland gefallenen Kameraden Christian Schleelein gedenken wollte.
Bevor man zum Schloß gelangt, liegt zum Plateau hin die moderne **St. Michaelskirche**, ein großzügiger Ziegelsteinbau des Architekten Freiherr von Branca. Hier lag auch die mittelalterliche *„capella castri scwanberg"* und die spätmittelalterliche Ortswüstung.
Schloß Schwanberg: Auf einem nordwestlichen Sporn des Berges liegt ein fünfseitiger Gebäudekomplex mit Innenhof. Mittelalterliche Bausubstanz findet sich noch in den heutigen Schloßmauern in Form einer Ringmauer und einer zum tiefen Graben gewandten Schildmauer oder in den vermauerten, bossierten Quadern jüngerer Mauern. Ein Abschnittsgraben trennte den unregelmäig pentagonalen Burgplatz vom übrigen Bergplateau ab. Vögte des Hochstifts Würzburg bewohnten die von Fürstbischof Herman von Lobdeburg errichtete Burg (Erste Hälfte des 13. Jh.). Eine bauliche Vergrößung scheint mit der Aufnahme einiger Dienstmannen nötig gewesen zu sein. 1324 Besitz des Burggrafen Friedrich von Nürnberg. 1344 Rückgewinnung des Hauses an das Bistum Würzburg durch Begleichung von Pfandschulden einverleibten Schlosses, 1438 erscheint der Adel von Wenkheim bis 1605 als Erblehensnehmer. 1525 ist eine Zerstörung durch Bauern wahrscheinlich, da wir zwei Jahre später von einer Instandsetzung erfahren. Das gleiche Datum bezeichnet den Torbogen und den südöstlichen Flügel mit seinem hofseitigen Treppenturm. Während der Renaissance sind Renovierungen unter dem Würzburger Fürstbischof Julius Echter von Mespelbrunn 1605 erwähnt. So entstammen auch die beiden Rundtürme der Nordostseite dieser Bauzeit. Dem Schloßbau widerfuhr im Dreißigjährigen Krieg eine Brandzerstörung durch schwedische Reiterei (1633). Im 18. Jh. ist ein Wiederaufbau bekannt, der die zweigeschossigen Nordost- und Nordwestflügel als Wohnflügel vorsieht, während die westlich und südwestlich anschließenden Flügel Ökonomiegebäude waren. 1780 wird der Bergfried zum Bau der Rödelseer katholische St.-Bartholomäus-Kirche abgetragen. Mit der Säkularisation 1803 erwirbt ein

Schloß

Hofkonditor das Schloß und beginnt mit Umbauten für Ausflügler und Gesellschaften zu Festlichkeiten. Nach weiterem Besitzerwechsel gelangte das Schloß und Gut mit 300 ha schließlich 1911 an Alexander Graf zu Castell-Rüdenhausen, der neben dem Rittersaal (und anderen Umbauten) den Park schuf. Seit 1957 ist der Schwanberg ein geistliches Ordens-Zentrum, Tagungs- und Bildungsstätte der Communität Casteller Ring. Dem Schloß schließt sich östlich der **Park** an. Die Parkanlage ist erst 1919 entstanden. Dieser folgt den Angaben barocker Gartengestaltung bis zum klassischen Landschaftsgarten. Vom sogenannten Rondell, einer geometrisch angelegten, hufeisenförmigen Gartenanlage mit Obelisk und steinernem Tisch geht es durch eine Baumallee zu dem mittig liegenden Parkbestandteil mit Pergola, Neptunbassin und Lindenplatz. Die Aussichtskanzel und Alpinum sind verwachsen. Barocke Puttenfiguren stehen in der Nähe des jetzigen Eingangs. Den Schlußpunkt setzt das am Ende der Parkwiesen (Blickachse)1930 erbaute Mausoleum (Ruhestätte für Graf Alexander und Gemahlin). Am Westabhang, unweit des Schlosses findet sich die erst spät eingefaßte Quelle (um 1900) Eselsbrünnlein. Offenbar wurde hier das Wasser mit Eseln zum Schloß transportiert.

Schloßpark

Ebenfalls westlich der Burg erhob sich auf einer kleinen Terrasse – dem folgend noch näher beschriebenen **„Kapellrangen"**, die St.-Walburgakapelle, die im Bauernkrieg zerstört, im Dreißigjährigen Krieg brandzerstört worden war. 1796 wurde diese als stark verfallen bezeichnet.

„Kapellrangen"

Bei der Begehung des Geländes wird deutlich, daß dieser kleine Bergsporn durch einen Graben zum übrigen Berg hin abgeriegelt war und daß sich hier vermutlich eine frühmittelalterliche Vorgängerburg erhoben hatte. Erst später enstand dann hier die spätmittelalterliche **St. Walburgis-Kapelle** mit einem kleinen Friedhof, (Grundriß und Grabstellen durch Steinplatten markiert). Diese muß man sich als einschiffigen, fast regelmäßig rechteckigen Kirchbau mit rechteckigem Anbau vorstellen. Die *„capella super swanberg"* ist in einer Handschrift von Michael de Leone im frühen 14. Jh. neben einer weiteren, der *„capellea castri swanberg"* erwähnt. Erstere zeigt eine alte Burgkirche auf, der Vorgängerin der heutigen St. Michael-Kirche. So stellt der Kappellrangen die Nachfolgebefestigung des Iphöfer Knucks dar. Die frühmittelalterliche Abschnittsbefestigung in beispielhafter Spornlage wurde durch einen 10 m, in den Berg gegrabenen Abschnittsgraben vom übrigen Berg getrennt. Keramikfunde deuten eine karolingische Bauphase an. Ein im Hochmittelalter hier ansitzendes Adelsgeschlecht unbekannten Namens ließ hier eine erste Steinkirche errichten. Zu dieser Zeit wurde auch der Grabenbereich verfüllt und somit die Befestigung entschärft. Der große, befestigte Platz, der um das doppelte größer, als die hochmittelalterliche Burg war, bestand noch bis in das 12. Jh. und wurde in dieser Zeit unwesentlich genutzt und wohl auch aufgelassen.

Scheinfeld *K369 G7*

Landkreis Neustadt an der Aisch - Bad Windsheim

ANFAHRT/WEGBESCHREIBUNG
BAB A3 Würzburg-Nürnberg, Abfahrt Wiesentheid, der B 286 bis Markt Bibart folgen. Im Ort links abbiegen.

SEHENSWÜRDIGKEITEN
Stadtpfarrkirche Mariä Himmelfahrt, Friedhofskapelle St. Jakob
Oberer Turm (Heimatstuben), Hebammen- und Blasturm,
Fachwerkhäuser, Gasthaus Storch

ORTSTEILE/SEHENSWÜRDIGKEITEN
Scheinfeld-Schwarzenberg (Schloß), Scheinfeld-Klosterdorf (Kloster), Burgambach, Erlabronn (Gutshof), Kornhöfstadt, Oberlaimbach, Schnodsenbach, Schönaich, Unterlaimbach

ORTSGESCHICHTE: Zu früheren Zeiten, um 100 v. Chr., so nimmt man an, muß die Stelle, auf der sich nun das pittoreske Schloß Schwarzenberg→ erhebt Bauplatz einer Fliehburg gewesen sein. Hierfür spricht die später beschriebene Lage des Burgberges. Die keltofränkische, grundherrlich aufgeteilte Siedlung *„Scegifeldon"* in der Mark gleichen Namens scheint zur Zeit der Karolinger, noch im Herrschaftsbereich des Mattonengrafen Egilolf (795 als *„Scegifeld"* erwähnt) bewohnt gewesen zu sein. Laut Überlieferung hat dieser dem Kloster Fulda den dritten Teil seiner Güter in S. verschenkt. Der Ortsname hat jedoch mit dem Wort Schein recht wenig, eigentlich überhaupt nichts zu tun. Das althochdeutsche *„scahha"*, später mitteldochdeutsche *„schache"*, das ist ein zungenartiger Streifen, also eine keilförmige (die beiden Scheinearme, Schön- und Altbach bilden so eine natürliche Geländeform), in den Wald geschlagene Flurrodung. In einer schriftlichen Bezeugung wird hierbei folgende Ortsbeschreibung deutlich: *„... die Ehe hinauf, bis in die Scheinfelt"*. Ein anderer Flurname bei Unterlaimbach wird als Schachengraben genannt. Im 12. Jh. ist von einem ortsansässigen, edelfreien Adel ab 1165 ff. von *„Schefeld"* die Rede, der sich nach der erbauten Burg Schwarzenburg (Burggründer *Gerhardus liber de Swarzenberg*, 1235) benannte. Diese tragen denen im Ort sitzenden Grafen von Castell ihre Burg zu Lehen auf. Urkundlich 1271 vermerkt: *„Berthold „miles" comitum Henrici et Hermani"*. Nach dem Aussterben des Schefelder Adels bekommen die Grafen von Castell die Burg, die zur Mitte des 14. Jh. mit Anteilen am Ort an die von Hohenlohe veräußerten. Weitere Lehensträger waren vorher zum Beispiel die Estenfeld, Fuchs „von Niederscheinfeld, Mor, Stiebar, Haut von Adelsdorf. 1349 erscheinen so die Hohenlohe, an die nach Ausstreben der Edelfreien derer von Schwarzenberg Burg und Herrschaft Schwarzenberg (genauer Zeitpunkt ungewiß) überging. 1385 kaufen Albrecht der Ältere und J. von Vestenberg diesen die Burg ab. So erscheint jedoch 1362 die altfränkische Familie Seinsheim mit Erkinger (1362-1437), die den Casteller Grafen und den anderen Grundherren die Burg und die gesamten Güter der Mark Scheinfeld abkauft. Mit dem Burgbesitz wurde hier die Linie Seinsheim-Schwarzenberg begründet. 1405/15 erhält die Siedlung unter kaiserlichem Privileg das Stadt- und Marktrecht nach dem Gelnhäuser Stadtrecht. So besaß Erkinger von Seinsheim am (14.7.)1421 den Großteil Scheinfelds, das hierbei auch bezeugte Niederscheinfeld erhält die Familie durch die Söhne Erkingers im Jahre 1457. 1428 wird Scheinfeld mit der Burg Reichslehen, als Erkinger dem Kaiser die Besitzungen zu Lehen aufträgt und selbst zum Frei- und Bannerherr (1429) aufsteigt. So wird auch die Herrschaft Schwarzenberg 1433 mit einem Blutgericht unter Sitz eines Schultheißen ausgestattet. Eine im Bau befindliche Ortskirche, vormals dem Patronat Castell zugehörig, wurde in der zweiten Hälfte des 15. Jh. dem Seinsheimer Patronat unterstellt. Wahrscheinlich war diese Ortskirche im weiteren Sinne befestigt, so daß hier Quellen von einer Kirchenburg sprechen, die auch durch die Lage der um sie herumgestellten Häuser einen wehrhaften Charakter aufzeigt. 1462 wurde sie und der sie umgebende Ort während des Ersten Markgräflerkrieges zwischen dem Würzburger Bischof Johann von Grumbach und dem Markgrafen Albrecht Alcibiades von Brandenburg-Ansbach brandzerstört. 1511 wurde Scheinfeld letzlich doch Brandenburgisches Afterlehen, und von den von Schwarzenberg hierzu ausgerufen und besaß auch ein Centgericht. Schloß Schwarzenberg wurde seit 1670 wohl nicht mehr, von den in den Reichsfürstenstand erhobenen Schwarzenbergern bewohnt. 1806 konnte sich Bayern Eigentümer der fränkischen Ackerbürgerstadt mit Barockresidenz, Amtssitz und Lehensgericht für 43 Jahre aneignen. 1812 verschwand schließlich das Lehensgericht.

SEHENSWÜRDIGKEITEN: Die **Friedhofskapelle St. Jodokus** ist noch aus der Zeit des frühen 17. Jh. und wurde auf dem im späten 16. Jh. angelegten Friedhof errichtet. Drei spätgotische **Holzfiguren** sind noch im neugotischen Altarbau integriert.

Die spätbarocke, katholische **Stadtpfarrkirche Mariä Himmelfahrt** mit Einturmfassade, großem Wappenportal und Chor, wurde nach Plänen Balthasar Neumanns von Johann Philipp Geigel anstelle der älteren, spätgotischen Kirchanlage von 1766 bis 1771 erbaut. Deutlich frühklassizistisch geprägter Kirchbau mit abgerundeten Fassadenecken und vorspringendem Fassadentum. Wandpfeilerkirche mit mächtigem Tonnengewölbe und stark eingezogenem Chor. Der vom Amberger Bildhauer Franz Martin Mutschelle 1778 geschaffene, sechssäulige **Hochaltar** wurde vom Haus Schwarzenberg gestiftet und ist Teil einer prächtigen Spätrokokoausstattung. Oberhalb des Chorbogens befindet sich das Schwarzenberg-Wappen von einer

Hochaltar

Stuckdraperie gehalten. Das überlebensgroße **Kruzifix** stammt noch aus der Vorgängerkirche und wird der Veit-Stoß-Schule zugeschrieben, (16. Jh.). Kruzifix

Am Platz steht das aus der Mitte des 16. Jh. bezeugte, 1687 von Fürst Ferdinand *„für die Aufnahme armer Hofbediensteter, Untertanen und anderer armer Leute von gutem Rufe, welche sich nicht selber ernähren können"* gestiftete **Antonius-Spital**. Die jetzige Bauerscheinung stammt jedoch aus der Zeitspanne 1771-1773. Fürst Adam baute das stadteigene Spital aus.

Gegenüber des ehemaligen Spitals steht eines der ältesten Häuser Scheinfelds: das sogenannte **Austragshäuschen** oder **Altensitz.**

Das **Gasthaus zum Schwan** stammt aus der 2. H. des 16. Jh. und weist noch ein **Wirtshausausleger** von 1780 auf.

Da die spätmittelalterliche **Stadtbefestigung** im 19. Jh. letztendlich eingerissen wurde, steht nunmehr nur noch der Obere Turm – ein Torturm von 1460-1502 erbaut und umgebaut, sowie geringe Wehrmauerreste. Im **Oberen Turm** oder **Schwarzenberger Torturm** mit seiner Zeltdachlaterne sind die **Heimatstuben** untergebracht, die die bäuerliche und handwerkliche Vergangenheit dieser Kleinregion aufzeigen. Auskunft Tel.: 0 91 62/14 61. Dieser Torturm bildet das Ende der recht breiten Marktstraße. Die alte Stadtwehr läßt sich noch als ovale Befestigung aufzeigen, die über eine ursprüngliche vierseitige Befestigung heraustrat. Oberer Turm

Schloß Schwarzenberg. Wohntrakt des Hauptschlosses.

Schloß Schwarzenberg. Stilkonglomerat. Ansicht: Hungerturm, Schloßkirche, Schwarzer Turm.

Stattliche **Fachwerkhäuser** finden sich in der Haupt-, Kirch-, Schwarzenberger- und Würzburger Straße. Das **Gasthaus Storch**, ein zweigeschossiger Fachwerkbau stammt aus der ersten Hälfte des 18. Jh. Auskunft Tel.: 0 91 62/92 91 41.

ORTSTEILE/SEHENSWÜRDIGKEITEN: **Scheinfeld-Schwarzenberg**:Das **Schloß** kann man schon von weitem sehen. Den Ort Scheinfeld dominierend fällt der pittoreske Schloßbau schon durch sein Stilkonglomerat auf. Östlich, vom Ort her führt eine Lindenallee längs einer alten Pflastersteige mit einer hier stehenden Sebastiankapelle zum Schloß. Der burgliche Platz an bedeutender Heeres- oder Bambergerstraße zwischen Windsheim und Bamberg gelegen (Windsheim, Scheinfeld, Ziegelhütte, Breitenlohe, Weingartsgreuth und Bamberg) wird ehemals castellscher Besitz gewesen sein. 1150 erfahren wir erstmals von einem Bertold de Swarcenburc, der mit einem „Ansitz" erwähnt wird. Zu Beginn des 13. Jh. scheint noch das castellsche Lehen im Besitz der gleichen Familie (Gotfridus de Swartzeburg). Ob hiermit aber der jetzige Schloßplatz bestimmt gemeint ist, ist nicht sicher. Verwirrend sind auch Quellen von vorzeitlichen bis frühmittelalterlichen Befestigungen auf dem Altenberg (durch Schlucht vom Schloßberg getrennt) mit frühen Wehr- und Fluchtanlagen. 1258 *„Schwarzenberch"*, „mons niger", dieser Name stammt wohl von dem hier anstehenden, schwärzlichen Lettenschiefer. So war die Burg also Stammhaus der späteren fränkischen Schwarzenberg-Familie. Diese stirbt 1588 aus, – der letzte fränkische Schwarzenberg verstarb auf dem Schloß, – so daß die Stammgüter 1618 an die bayerische – gräfliche Linie gehen. 1328 Verkauf an die Herren von Hohenlohe, 1349 erscheinen die Herren von Vestenberg und Abensberg als Besitzer, die den Burgbesitz von den Casteller Grafen kaufen. 1405 bis 1421 gelangte durch weitere Veräußerungen der Seinsheimer Erkinger in den Besitz. Während der Hussitenkriege (gegen König Ladislaus von Polen) machte sich Erkinger I. von Seinsheim als erster der folgenden zu Schwarzenberg einen ruhmvollen Namen, so daß er von König Sigismund 1417 zum Reichspanier- und 1418 zum Reichsfreiherrn erhoben wurde. Als Reichsfreiherr hatte er Sitz und Stimme im Reichstag und gab seinem König seine fränkischen Besitzungen zu Lehen. Er war auch Begründer der Kartause Marienbruck bei Astheim. Hierbei erscheint auch urkundlich sein Amt Hohenlandsberg→,

Schwarzer Turm, Hauptschloß

das er mit der würzburgisch gewesenenen Burg erwerben konnte. So sollen auch seine sechs Söhne ruhmvolle Taten vollbracht haben und damit in der Gunst von Friedrich III. und Maximilians gestanden haben. Sie waren auch verdiente Würdenträger im Würzburger Bischofsstuhl und im Deutschen Ritterorden. 1463 wurde hier Johann Baron von Schwarzenberg geboren. Er verstarb 1528 und war seiner familieneigennützigen Berufung als Staatsmann Verfasser des ersten deutschen Kriminal-Gesetzbuches: der Bambergischen Halsgerichtsordnung. 1518 ist von einem Schloß-Neubau, der als „vollkommen" beschrieben wird, unter Johann dem Starken die Rede. Der renovierte und verbesserte Schloßbau muß schon zu Beginn des Bauernkrieges (1525) fertiggestellt gewesen sein, da bei einer Belagerung durch bäuerliche Haufen eine erfolglose und im Schaden geringe Belagerung des Schlosses berichtet wird. Eine endgültige Befreiung von den Belagerern muß durch verbündete Adlige von statten gegangen sein. Johann der Starke verstarb drei Jahre später, dessen Sohn Friedrich wurde Gefolgsmann des Kurfürsten Johann Friedrichs von Sachsen. Während des Schmalkaldischen Krieges in Ungnade gefallen und deswegen in Reichsacht gekommen, verließ Friedrich Schwarzenberg. Neuer Besitzer des Schlosses war nun Markgraf Albrecht Alcibiades von Brandenburg-Kulmbach-Bayreuth, der es den Casteller Grafen als Pfand überließ. So konnten dem Schloß mögliche Zerstörungen während des 2. Markgräfler Krieges erspart bleiben. Mit der Aufhebung der Reichsacht (1553) konnte sich Friedrich wieder als Schloßherr bezeichnen. In der zweiten Hälfte des 16. Jh. wurde die Schwarzenberger Herrschaft in den Reichsgrafenstand erhoben. Um 1568 sind Umbauten am Schloß benannt, die bis zum folgenschweren Brand 1607 erfolgten. Nun konnte der Augsburger Baumeister Elias Holl, mit den Fuggern verwandt, das Schloß neu erstehen lassen. Daß dieser den Auftrag hierzu erhielt ist nicht

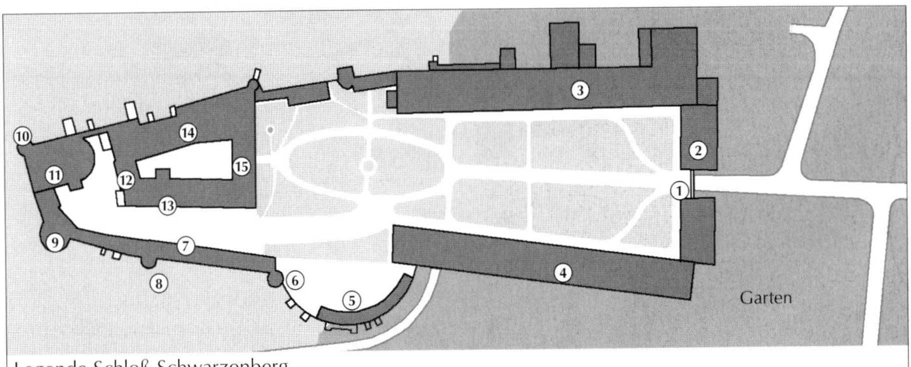

Legende Schloß Schwarzenberg
① Tor Äußeres Schloß ② Meierei- ③ Brauerei- ④ Ökonomiegebäude ⑤ Rondell ⑥ Uhrturm ⑦ Beamtenbau ⑧ Bauernturm ⑨ Stückturm/Rondell ⑩ Hungerturm ⑪ Schloßkirche ⑫ Schwarzer Turm ⑬ SO-Trakt mit Treppenturm und Wappensaal ⑭ NW-/Rollsaaltrakt ⑮ NO-Trakt

verwunderlich, da die Gemahlin des Grafen eine geborene Fugger von Weißenhorn war. Holl hatte die schwere aber doch gelungene Aufgabe die diversen Bauteile innerlich - Raumfolge und äußerlich des Schloßbaus miteinander in Einklang zu bringen. (Sichtlich am Schwanenturm). Der exekutive Erbauer war jedoch der Nürnberger Baumeister Jakob Wolff der Ältere mit Sohn. Die Bauarbeiten dauerten wohl bis 1609, da uns hier das Schloß als unbewohnbar gemeldet wird. Mit dem Ableben des Bauherrn, des Grafen Wolf Jakob zu Schwarzenberg und noch in der schweren Zeit des aufflammenden Dreißigjährigen Krieges war dennoch das Schloß fertiggestellt. Die Schloßkirche scheint 1610 aufgeführt worden zu sein. Während des Dreißigjährigen Krieges kam es zu Beschädigungen und Plünderungen unter den Schweden Gustav Adolfs (1631), - deswegen war es auch Lehen des schwedischen Generals und Grafen von Solms, und den Kaiserlichen (1636). So sollen in den Schützenturm eingemauerte Steinkugeln an diese Zeit erinnern. Die Fürsten von Schwarzen-

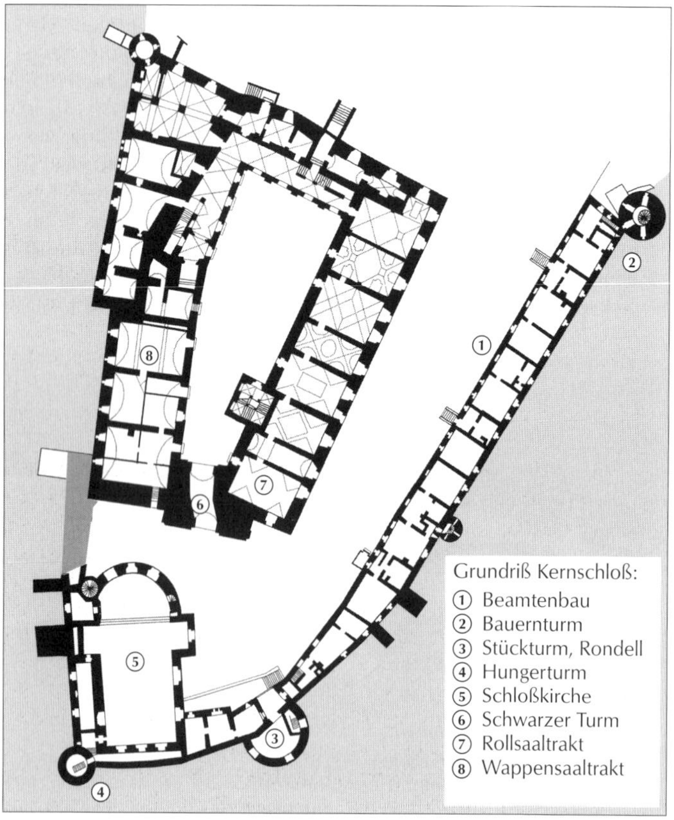

berg – 1670 in den Reichsfürstenstand erhoben, machten sich bis heute Namen in Politik und Wirtschaft: der österreichische Feldmarschall Karl Philipp während der Napoleonischen Kriege, und Felix von Schwarzenberg als österreichischer Ministerpräsident von 1848 entstammen ebenso der Familie, die auch durch ansehnliche Kunstdenkmäler wie in Wien der Schwarzenbergplatz und Büsten in der Walhalla verewigt bleiben. Der fürstliche Besitz mehrte sich auch durch Heiraten ins böhmische und österreichische, so daß der Besitz Böhmens etwa ein dreißigstel des Landes entsprach.

Der Burg- oder Schloßplatz ist auf einem durch zwei Schluchteinschnitte zum Alten- und Neuenberg gebildeten Berg zu sehen. Gartenanlagen, teilweise in jetzt privaten Gebäulichkeiten und Grundstücken zu finden, lagern nordöstlich und südöstlich dem Schloß mit seiner Vorburg vor. Die zum Hauptschloß offene Hufeisenlage des Vorburgareals ist durch ein schlichtes Tor mit Mannspforte zwischen dem nördlichen Meiereibau und dem südlichen Beamten-, Stall- und Remisenbau zugänglich. In langgestreckten Flügeln schließen der Brauereiflügel mit den anderen Verwaltungs- und Ökonomiegebäuden den Hof ein, der bis zum Hauptschloß Garten- beziehungsweise Parkcharakter hat. Hier auch beeindruckende Naturdenkmäler wie zwei Mammutbäume. Zwischen dem Hauptschloß und den zugefügten Wehranlagen bildet sich ein zwingerartiger Hof, an dessen südwestlichen Ende die große, katholische **Schloßkirche** Zu den Hl. Drei Königen steht. Die Schloßkirche (1610-16) ist ein renaissancezeitlicher Saalbau mit halbrunder Apsis und kurzen Querarmen. Sie zeigt sich in ihrem Innern als ein einschiffiger, tonnengewölbter Saalbau. Eine kleine Kapelle liegt unterhalb der Kirche. Herrschaftsstand über Portal zur Sakristei. **Hochaltar** von 1615, Stuckmarmoraufbauten im Stil des Florentiner Manierismus mit Intarsien. Seitenaltäre, als schwarze Aufbauten mit vergoldetem Ornamentwerk, wie auch **Kanzel** aus dem Jahre 1658. Im linken Nebenaltar spätgotische **Madonna**, im rechten Altarblatt von 1616. Einfache **Holzfigur des Hl. Jodokus** (frühes 17. Jh.) und renaissancezeitliches Kruzifix, aus der Kartause stammend und offenbar in der Riemenschneiderschule geschnitzt. **Totenschild** der Seinsheim von 1591.

Schloßkirche

Linkerhand zur Kirche hin erheben sich noch der schlicht gehaltene **Kleine Beamtenbau** mit seinen runden und halbrunden Wehrtürmen (im Uhrzeigersinn: Uhrturm, Bauernturm, Stückturm mit halbrund vorspringendem Rondell, Hungerturm und Kirchturm flankieren die Kirche. Wendet man sich dem Kernschloß zu, so ist der spätrenaisancezeitliche Ausbau der Südfassade mit seinen Giebeln und Erkertürmen beeindruckend, der durch den hohen, massiven Bau des Schwarzen Turms, der anläßlich der schwarzenbergischen Erhebung in den Reichsfürstenstand 1671 unter Melchior Beck aus Ansbach und Wilhelm Schneider aus Würzburg als mächtiger fünfgeschossiger Torturm den Zugang zum Innenhof des Inneren Schlosses bildet. Die glatten, bänderartig gelagerten Rustika-Quader unterstützen bis ins vorletzte Turmgeschoß einen trutzigen Eindruck. Das die ganze

Turmfassade dominierende, über der Tordurchfahrt hängende und ins Mauerwerk schön integrierte Wappen der Fürsten von Schwarzenberg mit dem sichtbaren Ordensmal des Goldenen Vlieses wurde im 17. Jh. als Signum der würdevollen Reichsfürsten geschaffen. Vom Hochmittelalter zeugen im Prinzip noch Baureste im Kern des Schwarzen Turms, der zu dieser Zeit den vierseitigen Bergfried der Burg repräsentierte. Der SO-Flügel mit Treppenturm und dem Wappensaal liegt dem NW-Flügel mit dem **Rollsaal**bau gegenüber, der als hochmittelalterlicher Pallasbau vom Neubau 1654 in seinen Resten überbaut wurde. Der **Wappensaal** besitzt eine bemerkenswert strukturierte Kassettendecke mit dem Wappen der Schloßherren. Die beiden Ahnensäle (1658) weisen beeindruckend schöne **Deckengemälde** des Niederländers Wilhelm van der Creutz auf: Szenische Zyklen der griechischen und römischen Mythologie und des Alten Testaments.

Den Hof schließt der Nordost-Flügel der wohl Fundamente der einst aufragenden Schildmauer in sich birgt. Dieser Wehrbau jenseits eines verfüllten Grabens deckte die sich ihm anschließenden oder die folgenden Gebäude zur flachen Bergseite hin gegen Angriffe. An der Hauptschauseite des südlichen Traktes bilden vier Zwerchgiebel und drei Erkertürmchen einen gelungenen Abschluß. Eine Besichtigung in Form einer hier angebotenen Schloßführung ist empfehlenswert. (Mai-Oktober, jeden Sonntag, 14 Uhr, Treffpunkt Äußeres Tor oder auf Anmeldung: Tel. 0 91 61/92 91 41)

Unweit vom Schloß Schwarzenberg liegt **Klosterdorf**, ein **Franziskaner-Minoritenkloster**, das aus einem „wundertätigen" Marienbild einer Bildeiche hervorgegangen ist. Nachdem die Bildeiche mit dem Mirakelbild als Wallfahrtsort auserkoren wurde, waren es die Gräfin Maria Justina von und zu Schwarzenberg, einer geborenen Starhemberg (seit 1670 Fürstin) und ihr Gatte Johann Adolf Fürst zu Seckendorff die quasi um und anstatt dieser Bildeiche eine Gnadenkapelle Mariahilf errichten ließen. 1683 erfuhr die Klosteranlage eine Erweiterung. So entstand ein dreiflügliges Konventsgebäude mit quadratischen Hof mit westlich aufgeführtem Wirtschaftshof. Die später und weiter hinzugebauten Häuser bildeten den Ortsnamen Kapellendorf – eine Siedlung also die noch vor 1700 als um das Kloster der Schwarzen Franziskaner entstand. Im Zeitraum 1732- bis 1735 wurde die **Klosterkirche** nach Plänen des Hofbaumeisters Balthasar Neumann erbaut. Bei der turmlosen Kirche Geburt Maria handelt es sich um eine Wandpfeilerkirche mit Polygonchor, in der ein vom Barock ins Roko-

Altäre

ko gewandelter, recht wuchtig ausladender **Hochaltar** von 1764, vier **Nebenaltäre** und überlebensgroße **Heiligenfiguren** stehen. **Altarblatt** von M. Schiestl. Die **Wandbilder** wurden von Rudolf und Matthäus Schiestl vollendet. Über dem Kirchportal kann der Besucher das Ehewappen des Fürsten Adam Franz von Schwarzenberg und dessen Gemahlin Eleonora, einer geborenen Lobkowitz erkennen. Dieser Fürst war Unglücksopfer einer Jagd, auf der er durch den Fehlschuß Kaiser Karl VI. am 11.6.1732 tödlich verwundet worden war. 1743 wurde jedoch noch eine **Mariahilf-Kapelle** angebaut, die auch das aus Passau stammende **Maria-Hilf-Bild** (Kopie) von 1622 in sich verwahrt. Das kleine Refektorium zeigt auch wieder Bilder von Rudolf und Matthäus Schiestl, die hier die Vita des Hl. Franziskus wiedergegeben haben. Das Haus Nr. 10 – „Kapellwirtshaus" (1663) wurde sicherlich zur Versorgung der Wallfahrenden genutzt.

Maria-Hilf-Bild

Nordwestlich von Scheinfeld liegt der Ort **Burgambach** – das frühere *„Nidernambach"*, über die vor Scheinfeld links abzweigende Straße, zu erreichen. Im 12. Jh. *„Oninbuoch"*, 1345 *„Anbuch under vesten Scheinfelt"*, hiermit wohl die Burg zu Oberscheinfeld gemeint. Hierbei hat die Endung *„buch"* nichts mit Buch sondern mit dem alten Wort für „Wald" zutun. *(Nidern-Ornbuch) „Onin"* weist auf das althochdeutsche Wort „orn" für Ahorn zurück. Oberambach war zweite Siedlung der beiden kleinen Ortschaften mit hohem und niederem Gericht. Mit allen Gütern auch Eigentum des Hochstifts zu Bamberg. Vormals gesamt zehntfrei, Folge des Verzichts der Pfarrei von Markt Bibart im 17. Jh. Burgambach ist als Nachfolgeform von *Nidernambach*, das als freies Eigentum vom Casteller Graf Wilhelm an den Ansbacher Bürger Konz Klett 1460 veräußert wird, zu verstehen. Mit dem nahen Schnodsenbach → zu Ende des 16. Jh. war es Besitz des Albert von Heßberg. Die Burgstelle einer Wasserburg ist am Südende des Dorfes zu suchen. Das eher unscheinbare **Schloß** aus der 1. Hälfte des 18. Jh., mit Fachwerkobergeschoß und der markante zweigeschossige **Gasthausbau „Löwe"** mit Fachwerk im Obergeschoß weisen malerische Blickfänge im Ort auf. Brauer-Zunftzeichen im Türsturz und Wirtshausausleger mit gemaltem Löwen, der Trauben hält, kennzeichnen das Wirtshaus.

Erlabronn – ist ein ungefähr 5 km nördlich von Scheinfeld zum Beispiel über Schnodsenbach erreichbares, in einer Bergbucht gelegenes Kettendorf. Bereits im 11. Jh. wird der Ort als *„Erlinbrunnen"* bezeichnet und war Lehensbesitz des Klosters Kitzingen, aber Wenkheimer Besitz. Die in der Neuzeit hiermit begüterten von Jaxtheim erhalten einen schloßverwandten Bau von den Markgrafen zu Ansbach, und haben diesen immerhin 200 Jahre lang in ihrem Besitz. Verwandt mit den von Jaxtheim war auch der Adel von Habermann, die das Gut bis 1935 führten. Zu diesem Zeitpunkt Eigentum des Freiherrn Hugo von Habermann, einem Professor der Akademie der bildenden Künste zu München. Der Architekt Hecker erneuert 1936/37 die malerische Schloßanlage zu einem fränkischen **Gutshof**.

Gutshof

Der Stadtteil **Kornhöfstadt** liegt nordöstlich von Scheinfeld. Hügelgräber aus der Hallstattzeit zeugen zumindest von einer Besiedlung zu dieser Zeit in der Ortsumgebung. Bei den Einheimischen heißt der Kettenort mundartlich heute „Körnöschti". Das althochdeutsche *„quirn-, kurn-"*, oder *„kürn"* steckt in dem mittelalterlichen Ortsnamen des 14. Jh. (1339 „Kornhöfe") und heißt soviel wie Mühle. Interessant daran ist, daß das romanische *„molina"* = Mühle, sich hier nicht festsetzen konnte, was das Alter der Ortschaft auch nicht leichter beurteilen läßt. Sicher ist, daß die Siedlung im 13. Jh. überwiegend unter Castellscher Herrschaft stand, als deren Lehensträger die von Seckendorff urkundlich benannt sind. In der zweiten Hälfte des 15. Jh. stoßen wir auf den Namen eines gewissen Eberhard von Laimbach, der anscheinend im Ort einen Sitz hat. 1485 ging ein erwähntes Rittergut an die bekannte Familie von Schwarzenberg über, das von ihrem Dienstmann Niedhard aus dem Geschlecht der Abenberg zu Stübach bewirtschaftet wurde. 1525 wurde der schloßartige Sitz zerstört. Nach dessen Tod während des Dreißigjährigen Krieges 1621 fiel es zurück zur Lehensherrschaft. Die Cent war zu Scheinfeld gehörig. Zur Zeit der Niederschlagung des Feudalwesens zählte man im Ort größtenteils Untertanen des Hauses Schwarzenberg.

Die Bauernkriegswirren verschonten 1525 natürlich auch Rittergut und Schloß nicht, so daß dieses jetzt nur noch anstelle des Weihers und beiliegender Wiese in groben Fantasie-Umrissen vorzustellen ist. Ein Kirchvorgänger der heutigen katholischen **Barockkirche St. Margareta** ist vor dem 14. Jh. bezeugt. Umbauten und Erweiterungen wurden 1730 und zuletzt 1803, auch wohl durch Beschädigungen im Dreißigjährigen Krieg aufgeschrieben. In der Kuratiekirche steht ein Barockaltar und ein in der Mitte stehendes, bemerkenswertes spätgotisches **Dreifaltigkeits-Relief**. Gezeigt ist die Krönung Mariens. Auffällig ist die hagere Körperstatur der Figuren mit wenig feierlichen, eher ernsten Gesichtszügen. Der Hochgotik entstammt eine nicht minder ansehnliche **Marienfigur mit Christuskind** auf dem Seitenaltar. Sie zeigt das in Franken gerne zum Vorbild genommene schmale Gesicht mit auffallend langer Nase. Hier auch ein Abbild des später heilig gesprochenen Bruders Konrad von Parzham.

Relief

Marienfigur mit Kind

In der nähren Umgebung des Ortes gibt es noch Ortswüstungen, die vermutlich weniger als Ergebnis der Kriegswirren des Dreißigjährigen Krieges oder des früheren Bauernkrieges hervorgingen, sondern Beweis für eine nicht immer sorgfältige Planung in wirtschaftlicher Hinsicht und auf Dauer sinnvollem Nutzens waren. Die erstere Wüstung Leiterbach, ein ehemaliger Weiler unter Schwarzenberg ist lediglich nur noch nordöstlich (*„auf dem wald"*) der Kirche zu suchen. Die ebenfalls nordöstliche Wüstung Tutelsbrunne, 1525 als solche bezeichnet liegt heute in der Abteilung Dettelbrunn und in nächster Nähe des Rohrkolbenbrunnens. Nördlich von ihr befindet sich auch die hier vorbeiführende Hochstraße.

Das heutige **Oberlaimbach** – 3 km südwestlich der Stadt Scheinfeld, an der Bundesstraße, am Zusammenfluß von Bibart- und Scheine-Flüßlein gelegen, wird im frühen 10. Jh. als *„Leimbach"* erwähnt. Gehörte mit Unterlaimbach und Frankenfeld zu der alten Königsmark Laimbach. In der natürlichen Inselausbildung zwischen den beiden Flüßen erhob sich wohl früher der königliche Meiereihof. 912 wird der

Flecken als *„Leimbach"* bezeugt, der offenbar aus mehreren Siedlungsteilen sich zusammensetzte. So wurde ein *„zu nydern Leinbach, Nyden Lempach"* schon frühzeitig bekundet. Vor nicht langer Zeit als vermutlicher Standort des an vielen Stellen gesehenen Klosters Megingaudeshausen, das 877 nach Schwarzach „verlegt" worden sein soll. König Konrad I. übergibt 816 den Ort Leimbach dem Abt von Münsterschwarzach und dem Bischof Drakolf von Freising. Der Ortsname hat anscheinend wirklich etwas mit dem Wort Lehm zu tun. Jedenfalls beschreibt das mittelhochdeutsche *„leim"* eine solche Bodenart. 1368 wird eine *„veste"* bezeugt - eine offenbar hochmittelalterlichen Befestigung, die im Bauernkrieg 1525 stark zerstört gewesen sein muß. Der Ort sah im Spätmittelalter viele Grundherren. 1559 wird er als castellsche Gemeinde reformiert. Auf der obig erwähnten Burg saßen offenbar die Hohenlohe-Speckfeld, die mit dem Ableben des Johann mit dem ortszugehörigen Gericht an Limpurg, die Pfarre mit Mannlehen an das Haus Castell verlieren. Beide Häuser waren mit dem verstorbene Johann verschwägert. Der Limpurgische Anteil ging nach Erlöschen des Hauses 1713 an den Herzog von Württemberg. 1750 kauften die Franckenstein zu Ullstadt diesen Besitz auf.
An und in der kleinen, evang. **Kirche** (ehem. St. Peter und Paul) mit ihrem gotischen Polygonchor (15. Jh.), dem Turm und dem Langhaus (18. Jh.) und barockem Inneren gibt es eine kunstgeschichtliche, nicht uninteressante Merkwürdigkeit zu bemerken: Der **Christuskopf** an der Kirche soll mit der Kirchstelle und verborgenen Mauern Rest des hier vermuteten Klosters sein. Über dem Chorbogen im Innern gibt es ein **Gemälde**, das den auferstandenen Christus mit Petrus als Geistlichen und Paulus als geharnischten Söldner mit gezücktem Schwert zeigt. Das Gemälde entstand im frühen 17. Jh.
Neben etlichen schönen **Fachwerkhäuser**n ist der querbreite Bau mit Fachwerk des Gasthofs Adler (1760) erwähnenswert. Die regional typischen **Felsenkeller** des 19. Jh. kann man am östlichen Ortsausgang mit ihren Quaderfassaden mit rundbogigen Zugängen entdekken. Ein Burgstall- und Flurname „Schlößchen" im Laimbachtal, noch 1900 als aufgeworfener Erdhügel beschrieben, könnte den alten Bauplatz eines niederadligen Ansitzes eines Sigmund vom Laimbach (1445 zu Oberlaimbach erwähnt) aufzeigen.

2 km westlich von Scheinfeld liegt im Scheinegrund der Ort **Schnodsenbach**. Daß der heutige Ort seine Entstehung der karolingischen Siedlungserweiterung, von der alten Großmark Scheinfeld kommend zu verdanken hat, ist nur wahrscheinlich. Hierbei als Bach und so auch Revier eines Gnozzo - Schnotz angesehen. Das Dorf (villa) *„Schnotzbach"* (1258) gehörte im ausgehenden Hochmittelalter den Grafen zu Castell, die es als eine dem Iffgau zugehörige Cent vom Bistum Würzburg als Lehen erhalten. Das frühzeitig bezeugte Burggut war Besitz eines Ritters Apel von Seckendorff-Rinhofen, der es später den Grafen von Castell verkaufte. Ab 1361 wird es als Lehen den Burggrafen von Nürnberg unter Friedrich aufgetragen. Das brandenburgische

Mannlehen geht infolge an die von Seckendorff, 1398 an die von Leonrod, die es bis 1487 behalten können. Die Ortschaft *„Snoczenbach"* an der Scheine wird im Zusammenhang mit Nennung eines Geistlichen in der ersten Hälfte des 15. Jh. (1444) bezeugt. Hiernach geht das Schloßgut an die von Zedwitz, die auch die Reformation 1540 einführen. Vorher, 1525 ist der Flecken Versammlungsplatz der Belagerer von Schloß Schwarzenberg. 1558 geht das Gut an die von Heßberg, und schließlich 1571 als ein Mann- und Tochterlehen an den heßbergschen Schwiegersohn, – Reichserbmarschall Erkinger von Pappenheim. Im Dreißigjährigen Krieg erscheinen die Heßberg wieder als Besitzer des Rittergutes. Die auf dem Schloß erzeugte Nebenlinie erlischt mit einem zweiten Friedrich Siegmund. Daraufhin fällt das Lehen an die Oberlender, welche in der zweiten Hälfte des 18. Jh. von denen von Furtenbach abgelöst werden. Schnodsenbach war bis 1806 fürstlich-schwarzenbergisches Vogteiamt, bis 1816 Schwarzenberger Amt.

Die alte **Chorturmkirche** (früher St. Michael) mit Langhaus im ehemals umwehrten Kirchhof wurde im Markgrafenstil 1749-54 erbaut. Sie gilt als eine Grablege des Pappenheimer, Oberlender und Jaxtheim von Erlabronner Adels. Eine ältere Kirche mit dem Patrozinium des fränkischen Hauptheiligen St. Martin kann in der heutigen, gewölbten Sakristei, dem ehemaligen Chor, erkannt werden. Die nachfolgende, auf der alten Kirche fußende Kirche zeigt sich in Bauresten eines recht mauerstarken, wehrhaft erscheinenden Chorturmes (Untergeschoß des 15. Jh.) . Der dreigeschossige Turm geht im dritten Geschoß ins Achteck über. Über dem Kirchportal ist noch das Wappen der Oberlender zu erkennen. Im Innern ist der Siebenerstand neben einem Kanzelaltar und Orgel aus dem 18. Jh. auffällig.

In früheren Zeiten deutete man eine abgegangene Befestigung auf dem östlich des Dorfes gelegenen Griesberges als die frühere und erste Burg, die 1361 durch einen Besitzerwechsel aus der Hand des Ritters Apel von Seckendorff an den Burggrafen von Nürnberg Friedrich erstmalig beschrieben wird. Sicherlich muß man aber diese frühe Burg eher in der Niederung als eine Art gutsherrlicher Turmhügelburg suchen. Die Anlage auf dem Griesberg wird nicht über die Größe eines Beobachtungsturmes hinausgekommen sein. So erscheinen später als Burgherren die erwähnten Leonrod mit Sigmund. So entstand aus der gutsherrlichen Befestigung im Scheinegrund ein Burgschloßartiger Komplex jenseits eines Vorhofs, Grabens und Weihers. 1468 bezeugt, freilich im Bauernkriege 1525 zerstört. Mit dem Jahre 1558 ging der Besitz an Albrecht von Heßberg aus den Händen der Familie von Zedwitz über. Treppenturm (Portal-Wappen) und der dreigeschossige Wohnflügel gehen auf diesen Herrn zurück. Weitere Bewohner wurden uns bis zum Wechsel an Jobst Wilhelm von Furtenbach 1768 überliefert, der auch wesentlich zu der heutigen Erscheinung beigetragen hat. Jedoch scheint der alte Schloßbau zwischenzeitlich baufällig geworden zu sein, denn jener von Furtenbach 1768 läßt ein Neues Schloß, die sogenannte *„Wiesenburg"* am westlichen Ortsrand erbauen – hier noch verlandetes Grabenstück sichtbar. Das **Schloß** zeigt sich als ein hufeisenförmiger Bau, durch zwei zweigeschossige Seitenflügel (18. Jh.) gebildet, die zwischen ihre Ecken einen dreigeschossigen Mittelbau (15./16. Jh.) mit achteckigen Treppenturm im Norden und Walmdach nehmen und so einen recht geräumigen südlichen Ehrenhof bilden. So stoßen die Gebäude mit den Ecken aneinander und bilden hiermit eine fast durchbrochene U-Form. Über der Toreinfahrt des Südostflügels bezeugt das Wappen der Familie von Furtenbach mitunter die rege Bautätigkeit am Schloß. Im oktogonalen Treppenturm befindet sich eine Wendeltreppe, die aus einer einzigen massiven Fichte als Tragesäule gezimmert wurde.

Schloß

Früher gab es im Ort auch eine ganz eigene und eigentümliche Festlichkeit, nämlich das Rosenfest, das durch die Inflation des 19. Jh./20. Jh. ein jähes Ende fand. Dieses Fest war durch eine testamentliche Verfügung des kaiserlich und königlichen Oberleutnants Friedrich Gottlieb von Oberlender für die beiden Dörfer *Kairlindach* und Schnodsenbach ins Leben gerufen worden. Sie geht also auf eine Stiftung von 1816 zurück, die zur Festigung und wohl Wiederbelebung der sittlichen Moral, insbesondere der weiblichen Dorfjugend in den genannten Kirchsprengeln zu verstehen war. Dieses alle fünf Jahre – *„für immer und ewige Zeiten"* zu organisierende Fest fand wohl darin seinen Bezugspunkt eine unschuldige Jungfrau auszuwählen und für ihren Anstand auch zu belohnen. Das Fest fand jeweils alle fünf Jahre am Geburtstag des verstorbenen Urhebers, am 14. Oktober statt. Die Wahl trafen die männlichen Bewohner der Gemeinden und die Belohnung war in erster Linie materieller Art: mit 100 Gulden als Ausstattungssumme. Die „zur Schau-Stellung" mit einem Kranz weißer Rosen und einer weißen Rosen am Busen, sollte wohl eher die symbolische Reinheit und sittliche Unversehrtheit unterstreichen.

Ein „Rosenfest" zur Festigung der Moral

Das Haufenwegedorf **Unterlaimbach** bei Oberlaimbach, von dem Laim- und dem Kaltbach an zwei Seiten umflossen, wird laut einer Beschreibung des Klosters Megingaudeshausen 816 als *„super fluvium Leymbach"* genannt. Die sichere Entstehung einer Burg im Hochmittelalter ist durch die Nennung der Burgherren von Seinsheim 1364 bestätigt. Gegen Mitte des 15. Jh. als eigenständige Pfarrei mit der früheren Filialkirche erwähnt. 1520 ist von einem evangelischen Pfarrer die Rede, 1525 durch den Markgrafen Kasimir niedergebrannter Ort. Ein Großbrand Mitte des 19. Jh. zieht auch die Kirche in Mitleidenschaft, so daß ein neoromanischer Bau 1847/48 auf der Kapelle des Hl. Vitus entsteht.

Auffällig und sehenswert ist neben anderen **Fachwerkwohnstallhäuser**n der ehemalige Schäfereibau, ein erdgeschossiges Giebelhaus in Fachwerk mit einem zweigeschossigen Schmuckfachwerkgiebel. (1. Hälfte des 18. Jh.)

Südöstlich im Ort bezeugt eine verflachte Bodenerhebung die Stelle einer einstigen und 1525 im Bauernkrieg zerstörten Burg, 1959 wird noch von einem runden Burghügel mit rechteckiger Erhebung inmitten eines kreisrunden Wall-Graben-Komplexes berichtet. 1782 sollen die letzten Mauerreste der 1666 verkauften Burg verschleppt worden sein. 1386 ist ein Teilverkauf der Burg von Oberlaimbach mit Kunz von Seinsheim, der sich eine neue, befestigte Niederlassung bauen läßt, überliefert. Nach 1400 waren die von Seckendorff erstmalig neue Besitzer, ehe nach weiteren Wechseln (von Heßberg, von Erlabronn und den von Wenkheim, die sich selbst Herren von Laimbach nannten) zum zweiten Male 1602 die Familie von Seckendorff das Schloß zugesprochen bekamen und es seit 1511 als markgräfliches Reichsafterlehen durch Abkauf erhalten. Die Seckendorff veräußern das Rittergut aber 1644 mit Ort an Schwarzenberg unter Johann Adolf. Hier erfahren wir dann auch von seiner Baufälligkeit.

Schlüsselfeld *K368 C2*

Landkreis Bamberg

ANFAHRT/WEGBESCHREIBUNG
BAB A3 Würzburg-Nürnberg, Abfahrt Schlüsselfeld.

SEHENSWÜRDIGKEITEN
Stadtbefestigung (Oberer Torturm), Rathaus mit Prozessionsaltar, Amtshaus und Zehntscheune, Kirche St. Kilian und Joh. Baptist (Kirchturm, Hochaltar, Epitaph, Ölbergrelief), Marienkirche (Kopie Gnadenaltar, Immaculata)

ORTSTEILE/SEHENSWÜRDIGKEITEN
Aschbach (Schloß, Kirchinventar), Eckersbach (Madonna), Elsendorf, Heuchelheim, Obermelsendorf, Rambach, Reichmannsdorf (Schloß, Kirche), Thüngfeld, Untermelsendorf

ORTSGESCHICHTE: Der große Ort an der Reichen Ebrach und zwischen der Mündung des Debersdorfer Baches und des Thüngbaches wird wohl um 1260 seine Entstehung gehabt haben. Dabei scheint die recht junge Gründung – im Vergleich zu anderen Ortschaften der näheren Umgebung auf das fränkische Adelshaus der edelfreien Schlüsselberger zurückzugehen. Der Name Schlüsselberg erwuchs ihnen erst später, noch im 12. Jh. werden sie unter „von Otlohestorf“ geführt. Im fränkischen waren sie auch aufgrund zahlreicher Burgneubauten in der Fränkischen Schweiz (Ailsbach-, Leinleiter- und Wiesenttal) „überall zuhaus". Die Schlüsselberger gründeten Linien mit den Häusern Meranien, Truhendingen, Zollern, Wertheim und Leuchtenberg, so daß sie eine ausreichend bedeutende Rolle in der Territorialpolitik der Bistumer Würzburg und Bamberg spielen konnten. Unter Geschichtskundigen ist der Name von Schlüsselberg auch deshalb ein Begriff, weil diese wichtige Geldgeber Ludwigs des Bayern waren und einer ihrer Angehörigen, der letzte Schlüsselberger, Konrad 1347 bei der Belagerung (durch Bistümer Würzburg, Bamberg und der Stadt Nürnberg) seiner Burg Neideck im Wiesenttal von einem Schleudergeschoß tödlich getroffen wurde. Dasselbe Jahr sollte auch Folgen für die Herrschaft dieses Adels im Ort haben. 1342 wird dieser als *„Slüzelfeld"* urkundlich bezeugt. Das Wappen: Roter Schlüssel auf goldenem Grund mit zwei roten Sternen. Diese Gründung ist das Ergebnis des Erwerbs Konrads der Hälfte der nahen Burg mit dem dazugehörigen Ort *Tunfeld* (Thüngfeld). Dieser ist (vgl. mit Thüngfeld→) also Mutterort und wurde aber durch die Ernennung des neuen Fleckens Markt und so zum wirtschaftlichen Kleinzentrum der Region. Am 11. Juni 1336 bestätigt Kaiser Ludwig der Bayer der jungen Markt-Siedlung alle Rechte und einen Wochenmarkt. Im Jahre 1347 schließlich, mit dem gewaltsamen und unglücklichen Aussterben des Adels wird der Ort als Reichslehen an die Nürnberger Burggrafen gegeben, die einen Teil der Mark und des ganzen Ortes durch strittige Lehensfragen an die beiden Bistümer Würzburg mit Friedrich von Hohenlohe und Bamberg mit Albrecht von Hohenlohe 1349 zugeschlagen bekamen. 1376 findet eine Pfarrei mit den alten Namenspatronen Maria und Kilian Erwähnung. Seit dem Jahre 1390 war der Ort mit einem jüngst eingerichteten Amtssitz schließlich ganz in Würzburger Besitz. Wenig später erhielt dieser städtische Besitz eine Umwehrung durch Graben, Mauern und Türme - die sich bis heute gut erhalten haben. Wenig später erhielt der Ort auch das Recht sich Stadt nennen zu dürfen. Diese Stadtwehranlagen (1466-1495) gehen sicherlich auf den Würzburger Bischof Rudolf von Scherenberg zurück, wie auch noch ein Wappenstein an einem Rundturm beweist. Im 16. und 17. Jh. schenkte Anna Amalia von Lauffenholz zu ihren Anteilen den 245 ha großen (Bürger)wald der Stadt. Das städtische Würzburger Centgericht als Bann- und Halsgericht wurde unter einem Schultheißen als eingesetzter Centgraf und 13 Schöffen abgehalten und fand sich auf dem freien Platz im Ort zum Gericht ein. Im Laufe der Zeit bald Oberamtssitz. Der Sitz des Beamten war in der Burg von Thüngfeld. Während des Dreißigjährigen Krieges kam es zu schweren Zerstörungen und Übergriffen auf den Ort und die Bevölkerung. In dieser Zeit aber wurde 1625 das Amtshaus errichtet. Im Zuge der Säkularisation wurde die Stadt 1802 zu Bayern geschlagen, galt 1806 als Großherzoglich-Toskanisches Amt und gehörte dann aber zum Großherzogtum Würzburg. Vier Jahre später wurde es letztlich wieder vom Land Bayern abhängig gemacht.

SEHENSWÜRDIGKEITEN: Die mittelalterliche, spätgotische Stadtwehranlage zeigt sich in der Gestalt eines Trapezes leicht erhöht über dem Talgrund. Ursprünglich war der Ort durch zwei Toranlagen zugänglich, jedoch ist nur eine erhalten geblieben, die andere brannte im 19. Jh. ab und wurde danach abgerissen. Der Obere Torturm mit einem Vorhof und Außentor (Barbakane) wurde vom Würzburger Fürstbischof Julius Echter von Mespelbrunn fertiggestellt. Barocke Mansarddachhaube mit Dachreiter. Stellenweise kann man noch den ehemaligen Stadtgraben neben Mauerzügen und einem Rundturm mit Wappen des Rudolf von Scherenberg besichtigen.

Oberes Tor

Das **Obere Tor** wird durch einen hohen, massiven Rechteckbau mit breiter Tordurchfahrt und Vortor gebildet. Obergeschoß und Dach stammen jedoch erst aus dem späten 17. bzw. 18. Jh. Schlüsselfeld konnte auch sein spätmittelalterliches-neuzeitliches Stadtbild recht schön über die Jahrhunderte bewahren, das durch eine von Linden gesäumte Marktstraße mit dem **Peterlesbrunne**n (1751) und einigen schönen Bürgerhäusern recht romantisch anmutet. Dieser Brunnen ist der volkstümlich verschliffene Namen für den heiligen Petrus.

Rathaus

Hinter ihm erhebt sich das barocke **Rathaus** von 1723, giebellos, mit dem Halseisen eines früheren Prangers und einem Wappenstein. An ihm die lateinische Inschrift: *„Dieses Haus haßt die Schlechtigkeit, liebt den Frieden, bestraft die Verbrechen, hütet das Recht, ehrt die Frommen“*.

Amtshaus

Auffällig ist auch das am Oberen Tor stehende fürstbischöflich-würzburgische **Amtshaus** mit seinen Spätrenaissancevoluten und dem Prozessionsaltar an seiner Fassade mit der Statue des Hl. Nepomuk – einem Heiligen, dem man in Franken oft auch als Brückenheiliger begegnet. 1626 wurde dieser Bau fertiggestellt. Hier schließt sich auch die dreigeschossige **Zehntscheuer** mit Hof und Brunnen an. Die Reihe der großen Steinkugeln soll eine an den Dreißigjährigen Krieg und einer damit verbundenen Belagerung erinnernde Sammlung von solchen Geschossen darstellen. Das ehemals stadtzugehörige Kommunbrauhaus von 1844 wurde abgetragen und im Fränkischen Freilandmuseum von Bad Windsheim → wiederaufgebaut.

Das **Stadtmuseum** ist jeden Sonntag von 10 bis 16 Uhr geöffnet und demonstriert dem Besucher die Lebensweise des frühen bis modernen Steigerwälders im Umfeld der Natur. Einen Besuch wert ist die städtische, katholische **Stadtpfarrkirche**, dem heiligen Frankenapostel Kilian und Johannes dem Täufer geweiht. Ruinen der ehemaligen Friedhofsumwehrung umgeben die 1408 bezeugte, gotische Kirche, die in ihrer jetzi-

Das Obere Tor von Schlüsselfeld

gen Form an das Baujahr 1423 (so an der Friedhofskapelle), sowie an ihre Umbauten durch den Fürstbischof Julius Echter von 1610 erinnert. 1631 wurde der Kirchbau im Dreißigjährigen Krieg brandzerstört, 1821 durch einen Blitzschlag abermals zerstört und im späten 19. Jh. im Innern nochmals umgebaut. Die erwähnte Friedhofskapelle ist als Obergeschoß des früheren quadratischen Beinhauses darüber gesetzt worden. Der auffällig massiv erscheinende dreigeschossige Kirchturm, ins Langhaus als Eingangsturm eingebaut, stellt im Grundriß einen langrechteckigen Baukörper mit den Seitenlängen im Verhältnis 1:2 dar. So doppelt so breit wie tief wird er oft als wehrhafter, schildartiger Turmbau beschrieben, der 1610 um weitere Geschosse erhöht und 1617 mit einem Achteckshelm abgeschlossen wurde. Im Turm wölbt sich eine Art Vorhalle und ein Emporgeschoß, das sich zum Mittelschiff hin öffnet. Am gotischen Chor mit seinen Strebepfeilern ist eine **Kreuzigungsrelief** eingemauert. Der alte zweijochige Chor beeindruckt durch sein hohes Gewölbe mit den schweren Rippen und dem Schlußstein mit Gotteslamm. Schöne Maßwerkfenster zeigen einen erheblichen Lichtfang ins Kirchinnere. Im Chor erhebt sich in Teilen der frühbarocke **Hochaltar** (1701/02) der Würzburger Universitätskirche - 1821 hierher verbracht. Das stuckmarmorne Werk mit zwei Säulenpaaren und den 12 Aposteln ist ein Werk von Kilian Stauffer und Balthasar Esterbauer, der die Schnitzkunst (Kaiserpaar, Apostel) hier zur Geltung brachte. Das **Altarblatt** ist 1701 von Oswald Onghers gemalt worden und stellt Maria Verkündigung dar. Die schöne **Dreifaltigkeitsgruppe** des Tabernakels ist hingegen ein Werk von Bernhard Kamm. In der Kartusche zwischen den Giebelstücken des Altars ist das Wappen des Würzburger Fürstbischofes von Greiffenclau zu erkennen. Spätgotische **Madonna-** und **Johannes-der-Täufer-Figuren** aus der Zeit um 1500. Das dreischiffige Langhaus mit Flachdecke wurde von Julius Echter umgebaut. In der Kirche gibt es auch mehrere **Epitaphe** von Geistlichen des frühen 16. Jh. und das des Adligen Wolff von Crailsheim (1556 verstorben) und seiner Gattin Elisabeth, einer geborenen Giech, zu sehen. Letzters schreibt man als Werk Jörgs, dem Stiefsohn von Tilman Riemenschneider zu.

Hochaltar

Heiligenfiguren

Nicht minder aufsuchenswert ist die hiesige **Marienkapelle** – vormals Kapelle der 14 Nothelfer (Maria – Helferin der Christen) oder auch als Ritterkapelle bezeichnet. Im Volksmund taucht aber auch der Name „Klein Maria Zell" auf, da der hier im Innern befindliche Hochaltar eine **Kopie** des berühmten **Gnadenaltars von Maria Zell** darstellt. Erbaut wurde die barocke Kapelle 1724-25 anstelle der 14-Nothelfer-Kapelle nach einem Entwurf von Balthasar Neumann. Diese Vorgängerkapelle besaß auch in kleiner Statur um 1625 gemalte Abbilder dieser 14 Nothelfer. Die neue Kapelle geht als Stiftung des in der Stadt Wien wohnhaften Schlüsselfelders Johann Lorenz Dotz hervor, der auch die Kopie des silbernen Gnadenaltars (Werk von J. B. Fischer von Erlach) hierher bringen ließ. Das kleine Gnadenbild der Maria im Strahlenkranz unter einem säulengetragenen Baldachin

Marienkapelle

wird von knienden Engeln angebetet. Der Barockstuck wurde von Franz Jakob Vogel geformt. Über diesem Kirchportal hängt das Wappen des Würzburger Fürstbischofs Christoph Franz von Hutten. Unweit der Kirche steht eine steinerne **Immaculata** und eine **Johannes Nepomuk-Figur** von J. P. Wagner aus der Zeit um 1730.

ORTSTEILE/SEHENSWÜRDIGKEITEN: Fährt man 5 km in westlicher Richtung so gelangt man nach **Aschbach**, im Tal der Reichen Ebrach gelegen. Der in der Mark des Edelfreien Winizo gelegene Ort muß noch vor dem Jahre 1136 mitunter Besitz dieses und anderen Grundherren gewesen sein. Das als „Eschenbach" zu deutende *„Ascabah"* an einem Kümmelbach gelegen, findet mit diesem Jahr eine eindeutige und sichere Erwähnung. Hier werden Güterwechsel an das Kloster Michelsberg beschrieben. Besitz hatten hier auch die Thüngfeld mit Eberhard 1385, zu Ende des 16. Jh. die Gleißenau mit Hans Fuchs und schließlich die von Pölnitz. 1136 ging auch die frühere Filialkirche von Burghaslach als Pfarrei an das Kloster. Die von Pölnitz ließen 1696 nach der Reformation ein Hospiz – wohl im kath. Pfarrhof zu suchen – der Dominikaner, später der Franziskaner enstehen.
Die heutige **evang.-lutherische Pfarrkirche** (früher Maria Tochter) des alten Patronats Pölnitz zeigt sich noch als dorftypische, spätgotische Kirche mit dreigeschossigem Turm mit welscher Haube und Laterne. Die spätgotische Turmhalle ist tonnengewölbt. Der nicht eingezogene Chor ist spätmittelalterlich (15. Jh.), das barocke Langhaus ein Neubau aus dem 18. Jh. mit Stuckzier. Interessant ist das barocke **Orgelgehäuse** von 1736 und die Nordempore mit dem Wappen der von Pölnitz. Beachtenswert aber ist der dem Marthameister zugeschriebene, um 1500 entstandene spätgotische **Schnitzaltar**. Die sorgfältig geschaffene Arbeit mit einer Muttergottesfigur auf einer Mondsichel wird durch die auffallend feinen Hände und den nicht minder gefertigten Flügelreliefs mit Maria Verkündigung, Heimsuchung Marias und die Anbetung der Hl. Drei Könige verdeutlicht. An der Predella und den Außenseiten der Flügel finden sich Malereien mit Passionsszenen. Neben dem **Taufstein** des 16. Jh. und der **Kommunionsbank** des ausgehenden 16. Jh (Werk von Veit Weiß) kann man das **Epitaph** eines Adligen von Thüngfeld, in Kettenhemd, spreizbeinig dastehend, verstorben 1438 und die **Säulenädikula** der 1597 verstorbenen Anastasia Fuchs von Rügheim bewundern.

Schnitzaltar

Am Dorf- und Schloßweiher mit Baumveteranen und Insel erhebt sich die **Neue kath. Pfarrkirche Mariä Himmelfahrt** des 20. Jh. mit einem schlichten Fassadenturm. In ihrem Innern findet sich der sehenswerte und beeindruckende **Engel-Hochaltar**, ein Werk aus der Zeit um 1700 von Giovanni Batista Brenno aus der Ebracher Michaelskapelle stammend: ein bestimmender Säulenbau mit ausladenden Giebelstücken und drei überlebensgroßen Erzengelfiguren. Der Kirchpranger steht seit dem 16. Jahrhundert.

Engel-Hochaltar

Seit wann ein burglicher Ansitz in Aschbach gestanden haben muß/ könnte ist nicht sicher, jedenfalls ist ein Altes Schloß – während des

Dreißigjährigen Krieges zerstört worden. Dieses darf als Vorgängerbau des Neuen Schlosses unter dem Adel von Pölnitz gelten. Dieser ältere Bau könnte in Mauerresten und einem Turmrelikt im heutigen Privatbesitz auffindbar sein. Am Südhang eines ins Dorf herabreichenden Bergsporns bildet der **Aschbacher Schloß**bau mit repräsentativen Park- und Gartenanlagen oberhalb des Weihers einen den Ort beherrschenden Mittelpunkt, wenn auch die äußere Erscheinung als nicht unbedingt spektakulär beurteilt werden dürfte. Sicherlich gab der Freiherr Christoph Friedrich von Pölnitz dem Aufbau und der Umgestaltung im Zeitraum zwischen 1680 (urkundlich festgehaltener Baubeginn) eine kennzeichnende Prägung, die sich in der Gebäude-Verbindung in Form eines Wirtschaftsgebäudes – zur Bergseite hin mit den beiden noch bestehenden Flügelgebäuden sichtlich zeigt. 1697 war dieser Bau mit dem Ableben des Bauherrn vollendet. Wiederherstellungs- und Umgestaltungsmaßnahmen blieben Ende des 19. und Anfang des 20. Jh. nicht aus. Trotzdem zeigt sich der Schloßbau heute eher schlicht und wartet mit keinerlei hervorstechenden Schmuckformen dem Besucher auf. Insgesamt zeigt sich das Objekt als zweigeschossiger Schloßbau mit langgezogenem Haupttrakt und einer sich nach Osten öffnenden Durchfahrt. Als Unikum könnte man den sichtbaren Bauknick am Hauptbau und der Durchfahrt bezeichnen. So stellt sich der Schloßbau durch die angeschlossenen Flügelgebäude im Westen und Osten auf einem Z-förmigen Grundriß dar. Am schmucklosen Portal hängt ein von der Ausgestaltung her schön gefertigtes Allianzwappen der Freiherren von Pölnitz. Arkadenbögen öffnen sich zum Hof hin. Im Schloßinnern sind neben einem Saal und zwei Salons mit Bibliothek, die recht bemerkenswerte Anzahl von Wildgeweihen, welche die Korridore und die Vorhalle zum Treppenhaus auf groteske Weise schmücken, erwähnenswert. Den **Geweihköpfen** der erlegten Tieren gab man sogar noch holzgeschnitzte Köpfe, die in ihren Formungen durchaus menschliche Züge zeigen. Die Räume wurden durch Barock- und rokokozeitliche **Stuckarbeiten**, belebt, puttenhafte Vogelabbilder in ansprechendem Pflanzenschmuck bemalt. Dem ansteigenden Berghang folgend, hinter dem Schloß, erhob sich der als englischer Landschaftspark gestaltete, jetzt eher verwildete Park mit einem recht weitläufigen Barockgarten. Unterhalb des Schlosses befindet sich ein Terrassengarten mit einem barocken **Gartenpavillon** (frühes 18. Jh. mit Malereien aus der zweiten Hälfte des 18. Jh.), dessen kleines Orangeriegebäude man sich jetzt nur noch vorstellen kann. Die Terrassenstirnmauern tragen Schmuckplastiken in Form von Vasen. Der Skulpturbestand muß noch zu früheren Zeiten größer gewesen sein, verblieben jedoch noch einige der Figuren. Wie die Malereien im Gartenpavillon muß die künstliche Grotte um 1771 entstanden sein. Das Schloß ist Privatbesitz und daher nicht zugänglich.

Schloß

3 km nordwestlich von Schlüsselfeld liegt das Weihermuldendorf **Eckersbach** am gleichnamigen Bach – erst im 14. Jh. sicher bezeugt.

Im späten 14. Jh. gibt es Nachricht von einem Ulrich Truchseß von E., später Laufenholzscher Besitz mit dem nahen Untermelsendorf. Viele weitere Besitzerwechsel folgten, zuletzt an den Adel von Schrottenberg. Aus der alten **Kapelle** des 18. Jh. gelangten einige Kunstschätze in den Neubau: so eine spätgotische Marienfigur, die als **„Muttergottes vom Steigerwald"** bekannt ist neben zwei männlichen Heiligen (Hl. Burkard), die man der Werkstatt Hans Nußbaums zuschreibt, im 19. Jh. neu gefaßt. Vom barocken Schrottenberg-Schlößchen (Ende 17. Jh.) durch Abriß aus dem Ortsbild verschwunden, zeugen nur noch Überreste inform eines Portals sowie eines schlichten Eckpfeilers.

Vielleicht nicht ganz 3 km östlich von Schlüsselfeld, liegt jenseits der Reichen Ebrach der Ort **Elsendorf**. 1115 erfahren wir von einem *„Dorf des Eliso"*. Mitte des 15. Jh. ist hier die Stiftung einer Frühmesse erwähnt. Die katholische Kuratiekirche St. Laurentius mit dem wesentlich übergroßen Langhaus und dem zum Gegensatz kleingeratenen spätgotischen Turm birgt in ihrem Innern neuzeitliche **Holzfiguren** (beginnendes 16. Jh.): St. Laurentius als Namenspatron, Anna Selbdritt, sowie die Apostel Petrus und Paulus. Die Annen-Figur stammt „vom Meister der Wachenrother Figuren". Das Langhaus wurde im 19. Jh. erweitert.
Interessant ist auch das Fachwerk-Gasthaus „zum Stern", das Tor- und Gasthaus in sich vereinigte, da früher hier die Straße nach Buchfeld durchführte. Über dem Flüßchen spannt sich eine Brücke mit barokkem Brücken-Nepomuk.

Westlich unweit von Schlüsselfeld durchfährt man den Ort **Heuchelheim**, ebenfalls an der Reichen Ebrach gelegen. Er geht aus den Fuldauer Schenkungen als das von Edelfreien geschenkte *„Hucheleheim"* bzw. *„Huchilheim"* (856) hervor. Vom Rheinland stammende Altfranken scheinen im Zuge einer frühmittelalterlichen Rodungserschließung der Karolinger von Osten nach Westen diesen Ort in der Reihe der -heim-Orte Burgwindheim, Theinheim zu begründen. Der Ortsname *„Heuchel"* – „Hügel"heim erläutert die bauliche Zusammensetzung des frühen Ortes. Der Hof des Grundherren liegt auf einem Hügel über den Behausungen der Kleinbauern. Im Hochmittelalter scheint ein gewisser Gunderun den persönlichen Erbteil 1136 an das Kloster Michelsberg bei Bamberg zu geben. Ab 1406 erscheint der Adel von Crailsheim für 250 Jahre, der einen Teil der fuldischen Güter besitzt und der hier einen Familienbesitz unterhält, sowie die Reformation einläutet. Die Gegenreformation fällt ab 1661 mit dem Verkauf der von Crailsheim an das Hochstift Würzburg an. Zu Ende des 17. Jh. Besitz der von Pölnitz. In der barocken **Kapelle St. Joseph** stehen Kanzel, **Taufstein**, dieser mit Fruchtbüscheln aus der Zeit um 1700 verziert sowie eine volkstümliche, spätgotische **Maria**. Auf der anderen Ebrach-Seite erhebt sich das sehenswerte **Mühlengebäude** mit durchbrochenen Volutgiebeln der Spätrenaissance.

Erwähnenswert ist auch das **Crailsheimsche Wirtshaus**, das wohl anstatt einer zu Ende des 16. Jh. als „Heuchelheim an der Herberge" sicher bezeugten – aber durchaus noch älteren Herberge steht. 1575 ist uns Georg Wolff von Crailsheim bekannt, der das Wirtshaus sein Eigen nennen durfte.
Die ortszugehörige, 1410 erwähnte crailsheimsche **Schloßstelle**, ist in einem modernen Bauernhof zu suchen. Im Bauernkrieg wurde sie 1525 zerstört und nach weiterem Verfall des Wasserschlosses blieben jenseits eines noch sichtbaren Grabens immerhin noch Mauerreste und ein im Bauernhaus verbautes Schloßgebäude mit Treppengiebel und einem renaissancezeitlichen Portal, erhalten.

Obermelsendorf, 6 km nördlich von Schlüsselfeld, an der Verbindungsstraße nach Reichmannsdorf gelegen war mit Untermelsendorf ein ritterschaftlicher Ort. In der heutigen Namensform erst 1303 bzw. 1455 bezeugt. Der Name könnte vom „Dorf des Milizzo" herrühren. Im 11. Jh. erscheint uns ein *„Malischenthorph"*. Andere Deutungen sehen im alten Wort *„mahal"* = Gerichtsstätte einen erklärenden Zusammenhang. Das Lehen, unter dem Bistum Würzburg und dem Markgrafentum von Brandenburg aufgeteilt, gehörte mit einem Flekken Bernrod zu drei bezeugten Burgen, die durch regen Besitzerwechsel belegt wurden. Die Ortschaften werden wie auch Reichmannsdorf und Eckersbach bald lauffenholtzisch. 1457 verkauft ein Hartung von Rabenstein an die Brüder Konrad und Ulrich von Lauffenholtz, 1513 an Bernrod, durch Erbteilung erhält Kaspar von Laufenholtz 1566 Untermelsendorf und Eckersbach; Adam erhält Bernrod und Reichmannsdorf. Nach dessen Tod 1588 auf dem Sitz in Obermelsendorf überläßt das Bistum Würzburg 1687 Obermelsendorf und Bernrod *„alles für freieigen und einem Rittergut"* Wolf Philipp von Schrottenberg, der 1684 Untermelsendorf vom Adel der Seckendorff gekauft hatte. Hierbei zählte die Umgebung bis zum Bach zur Cent Schlüsselfeld, jenseits diesem zur Cent Burgebrach. Eine **Burgstelle** beim Ort, liegt rechts an der Straße zwischen Thüngfeld und Reichmannsdorf und ist noch relativ gut erkennbar: quadratischer, breiter – versumpfter Graben. Von dem als Turmhügel eingeschätzten Bau sah man in der ersten Hälfte des 19. Jahrhunderts noch Mauerreste.

„Muttergottes vom Steigerwald" in der kleinen Kirche von Eckersbach.

Unweit nördlich von Schlüsselfeld liegt **Rambach**. 1062 wird hier eine Siedlung namens *„Ramesbach"* urkundlich bezeugt, dessen Herkunftsnamen vielleicht vom Pflanzennamen „Rams" = Bärlauch stammt. Im späten Mittelalter (1456) werden ein Hans und ein Stephan Seuboth als Lehensträger eines vormals hohenlohschen, danach castellschen Mann-Lehens genannt. Weitere Lehensträger waren auch die von Bibra, von Thüngfeld und die von Dobeneck.

Der Ort besitzt einige schöne **Fachwerkhäuser** mit Mansard- oder Walmdächern der typisch fränkischen Hofanlagen.

Eine Kirche **St. Sebastian** wird erst 1592 erstmals erwähnt, war sicherlich aber nicht so jung im Ortsbild eingebunden. Noch im ausgehenden 16. Jh., wenig später wird diese als baufällig beschrieben. 1813 renoviert und in der zweiten Hälfte des 19. Jh. von Grund auf neuerrichtet. Von der alten Kirche stammt lediglich noch der Barockaltar in ihrem Innern. Hier gibt es aber auch zwei spätgotische **Relieffiguren** der Hl. Barbara und der Hl. Katharina zu sehen.

Dort, wo sich heutzutage der Bauernhof, „Zum Schloßbauern" genannt, befindet, erhob sich im Mittelalter der burgliche Ansitz des ortsansässigen Adels. Im Dreißigährigen Krieg wurde dieser wohl zerstört und danach auch nicht mehr aufgebaut, da er 1674 als *„verödet"* beschrieben wurde. Hierbei diente die Ruine nun auch zur Abtragung als ortsnah gewordener Steinbruch. Nur noch Spuren erhalten.

Am Rande des Naturparks, etwa 8 km in nordöstlicher Richtung von Schlüsselfeld entfernt, liegt **Reichmannsdorf**. Das als hochmittelalterliche Rodungssiedlung 1303 bezeugte *„Richalmsdorf"*, also das Dorf eines Grundherrn Richalm zerfällt in zwei als Mannlehen ausgegebene Teile. Der erstere wird von der Markgrafschaft Brandenburg 1346 an die Lauffenholz zu Lehen gegeben, 5 Jahre später wird die dem Hochstift Würzburg gehörige Hälfte mit einem Rittergut an Konrad von Truchseß verliehen. Die Truchseßschen Nachfolger waren seit 1687 die von Schrottenberg. Dieser Adel ist in seiner Herkunft und dem zeitlichen Ursprung nicht mehr aufzuspüren, da die entsprechenden Quellen wegen eines Familienzwists verschwanden. So erscheint ein Adel dieses Namens mit dem Jahre 1163, der durch seine recht vage Genealogie nicht unbedingt ernst genommen werden kann. Im 18. Jh. gab es eine Art Modeerscheinung, bei der die Abstammungen oft auch durch vermeintliche heroische Taten oder Adelungen korrigiert worden waren. Weiter gibt es da eine aus Tirol stammende Familie, die von Schrettenperge (1270). So gab es auch eine fränkische Linie dieser Familie, die mit der Einheirat ins fränkische von Johann Paul Schrotimpergher und Anna Eva von Hutten 1594 belegt ist. Nach weiteren Einheiraten scheint dieser Adel tatsächlich in Franken seßhaft geworden zu sein. 1474 wird im Ort eine Pfarrei, begünstigt durch den Würzburger Fürst-

Das Schloß von Reichmannsdorf

bischof Rudolf von Scherenberg erwähnt. Eine im Ort sitzende Familie von Mäntlein hatte hier auch ein Schloß, das im Bauernkrieg offenbar zerstört worden war und unter den Truchsessen von Pommersfelden neuerbaut worden war. Ab 1570 ist von einem truchseßschen Sitz im Ort nichts mehr zu lesen. Ort und Schloß im Dreißigjährigen Krieg beschädigt.
Gegenüber des das Dorfbild dominierenden Schlosses erhebt sich, nur durch die Dorfstraße getrennt die katholische **Kuratie-Kirche St. Sebastian**. Die alte Chorturmkirche wurde 1473 als Querschiff in die Kirchanlage integriert. Das Langhaus wurde zur Mitte des 16. Jh. erweitert, da seit 1528 die Kirche auch Grablege der Familienmitglieder von Truchsesse von Pommersfelden gewesen war. Im Dreißigjährigen Krieg zerstört, aber 1664, jetzt als Filialkirche Schlüsselfelds bezeugt, neuerbaut. 1921 wurde die Kirche im historisierenden Stil neu errichtet, wobei die Vorgängerkirche als Seitenbau miteinbezogen wurde. Beachtenswert ist die frührenaissancezeitliche **Reliefarbeit** des Fürstbischofs Rudolf von Scherenberg. Loy Hering war vermutlich der Bildhauer dieses Reliefs mit Schwert und Bischofsstab. Im Kirchinnern sind Decke und Empore mit volkstümlicher **Motiv- und Blumenmalerei** verziert. Der Hochaltar des frühen 18. Jh. ist im Stuckmarmor aufgebaut und geht auf eine Stiftung des Schrottenbergers Wolf Philipp zurück. Ansehnliches **Bronzeepitaph** von 1750.

Innenraumbemalung

Schloß

Schloß: Wolf Philip von Schrottenberg vermochte durch Aufkauf des örtlichen Besitzes den Grundstein zu einem späteren Schloß, einer kleinen Residenz legen zu können. Als Besitzer der Dörfer Ober- und Untermelsendorf, Bernroth, Treppendorf und des truchseßschen Güterteils in Reichmannsdorf verfügte er neben dem Erbe seiner Mutter über ausreichende Geldmittel. Da sich das Eigentum später weiter vergrößerte bedurfte es eines repräsentatives Landschlosses eines fränkischen Reichsritters. Im übrigen wurde der Adel ab 1709 durch die Verdienste Wolf Philipps in den Freiherrenstand erhoben. Der Familienbesitz vergrößerte sich zudem durch geschickte Heiratspolitik. Als hohe Amts- und Würdenträger der Bistümer hatten die Schrottenberger bedeutende Titel inne: Otto Philipp mit mehreren militärischen Dienstgraden und Ämtern (auch Oberschultheiß), war Kommandeur der Bamberger Truppen oder später der fränkischen Festungen Kronach und Forchheim. In Bamberg entstanden deswegen auch Schrottenberger Stadtpalais. Der Entwurf zum Schloßbau soll auf Leonhard Dientzenhofer zurückgehen, der dies aber nicht umsetzen konnte, da er 1707 verstarb. So erscheint dessen Sohn Johann als damaliger Bauherr, wenn auch Wolf Philipp von Schrottenberg als einer der Baudirigenten unter dem Fürstbischof Lothar Franz von Schönborn bekannt war und entscheidende Ideen miteingebracht hatte. 1715 verstarb Wolf Philipp, so daß dessen Sohn Otto Philipp den Bau bis zu seiner Vollendung weiter beaufsichtigte. Wollte man diesem immer noch schöne, an einigen Stellen jedoch durch Wasserrohre und einen dicht neben dem Schloß modernen Neubau entstellten Schloßbau charakterisieren, so liegt man mit einem in der Stadt, eher als auf dem Lande, anzutreffenden Adelspalais recht nahe. Die Erscheinung ist dank seiner reichsritterschaftlichen Demonstration in dem barocken kastenartig gelagerten Schloß mit nicht minder repräsentativen Park- und Gartenanlage gelungen und bis heute bewahrt geblieben. So kann man ruhig das Schloß als Paradebeispiel eines städtisch erscheinenden Landschlosses einer ehrenvollen Familie ansehen. Wenn auch im Barock errichtet, so blieb die Fassade des mehrgeschossigen Hauptschlosses recht schlicht durch Rustikalisenen und großflächige Gliederung gestaltet. Insgesamt zeigt sich das Schloß mit Nebengebäuden in einer typischen hufeisenförmigen Form mit Park- und Gartenanlage. Zur Straße hin öffnet sich die Anlage durch einen Ehrenhof, durch schmiedeeiserne Gitterwerke zwischen Pfeilern abgeschlossen. Augenmerklich stechen aber die beiden, kaum hervortretenden Mittelrisaliten durch ihren reich geschmückten Dreiecksgiebel heraus. Im hellen Rankenwerk mit Figuren ist das schloßherreneigene Wappen gut zu erkennen. Das Schloßportal zum Mittelbau ist auch durch figürliche Werke eingerahmt. Der wenig geräumige Ehrenhof wird durch Pfeiler mit dazwischenliegenden, schmiedeeisernen Zäunen und Mauern gebildet. Unterhalb des Schlosses und dem zum Park hin ausgerichteten Portal des Hauptschlosses schiebt sich jetzt eine Art Terrasse – mit Treppen bis zum großen See hin, der Teil eines englisch gestalteten Landschaftsparkes war. Auch jetzt noch läßt sich der damalig typisch berücksichtigte Aspekt eines stufenlosen Übergangs von Garten, Park in die „unbezwungene" Natur erkennen. Küchel lieferte übrigens die Pläne für eine 1763 begonnene Gartenerweiterung. Eine Allee diente hierbei als westliche Eingrenzung, an deren Enden sich Kabinette und mittig ein Pavillon erhoben. Auch wurde die in Sektionen aufgeteilte Parkanlage durch einen zentral stehenden Springbrunnen bestimmt. Das Schloßinnere weist ein **Treppenhaus** unter einer kunstvoll stuckverzierten Decke mit Fresken auf. Die doppelläufige Treppe wandelt sich auf halber Höhe zu einem einzigen Treppenstieg. Die **Stuckierung** geht auf Johann Beuntner, die dortigen Gemälde auf Johann Jakob Gebhard zurück. Nicht minder ausgestattete Salons und Kabinette unterstreichen die vornehme Inventarisierung. Im Erdgeschoß liegen die Bibliothek und ein rokokozeitliches, gewölbtes Gästezimmer mit einer schön umgesetzten Architekturlandschaft. Weitere schöne Gemächer stellen das Mars- und das Didozimmer mit seiner eigenartigen Flocktapete aus dem 17. Jh. dar. Die in den Räumlichkeiten aufgestellten Porzellangeschirre stammen von den örtlichen – eingegangenen Porzellanmanufakturen. Heute ist das Schloß im Privatbesitz und kann nicht besichtigt werden.

Mutterort von Schlüsselfeld

Wenn auch heutzutage **Thüngfeld** Vorort von Schlüsselfeld ist, so ist dieser Ortsteil und Ort älter als das größere Schlüsselfeld und obendrein noch Mutterort dieser Siedlung. Geht dieser auch als Stammsitz der Familie von Thüngfeld hervor, die 1154 als Ministerialen mit Eberhard von Tuntevelt des Bistums Bamberg genannt werden. Die

Einheimischen sagen zu ihrem Ort einfach *„Dümpfld"*, 1370 erscheint es in Urkunden als *„Tünfelt"*, 1520 dem heutigen Namen schon ähnlicher als Tungfeldt. An der Stelle des von Norden in die Reiche Ebrach stoßenden Thüngbaches entstand im Mittelalter eine Burg, die von einem vom Bistum Bamberg begünstigten Dienstmannenadel bewohnt wurde. In Urkunden ist darüberhinaus vermerkt, daß der Bischof Arnolf Graf von Solms, 1293 den Brüdern Heinrich und Hermann den Ort Tunfeld *„als ewig erbliches Burggut"* überläßt. Doch mit Erlöschen dieser Familien erscheinen die Schlüsselberger, die in der gotischen Zeit das Schlüsselfeld vor den Toren Thüngfelds errichten lassen. Zur Mitte des 14. Jh. wird der Schlüsselberger Teil zwischen beiden Bistümern (Bamberg und Würzburg) aufgeteilt. So war die hier stehende Burg Oberamtssitz von Schlüsselfeld. Nach 1464 gehen die tunfeldischen Besitztümer in würzburgischen Besitz über. Das Bistum Würzburg hatte hier ein Gericht, sowie die Dorf- und Gemeindeherrschaft eingerichtet. 1477 wird eine Frühmesse im Ort erwähnt. Vor der Reformation war die Pfarrei zu der von Burgebrach gehörig, mit Einzug der Neuen Lehre aber zu Schlüsselfeld gehörig.

St.-Bartholomäus-Kirche

Die Erscheinung der regional typischen **Ortskirche St. Bartholomäus** wird durch ihren massiv wirkenden zweigeschossigen Chorturm (Ende 14. Jh.) bestimmt. Dessen spitzer, achtseitiger Dachabschluß des 17. Jh. kann über das gotische Alter (hohe Schlitzfenster und Wappen an den Schlußsteinen des Gewölbes des Peter von Thüngfeld und seiner Gattin einer geborenen Schaumberg) nicht hinwegtäuschen. Das barocke Langhaus wurde im 19. Jh. baulich erweitert und zeigt in seiner Nähe ein regional weit verbreitetes Kultur- und Kunstdenkmal: einen spätgotischen **Ölberg**. Auch die nahe **Kreuzgruppe** soll aus dem abgerissenen Kartäuserkloster Ilmbach stammen. Ebenfalls gotisch sind die Kirchturm-Glocken von 1436. Das Innere der Kirche ist nicht nur durch Spiegeldecken mit Stuckzier und eine neuzeitliche Empore von 1561 und 1604 belebt. Auffällig sind auch der mit reicher Plastik von Leonhard Gollwitzer geschmückte **Rokoko-Säulenhochaltar** mit seinem plastisch gut gearbeiteten Baldachin, unter dem die Figur des hl. Bartholomäus neben einer Darstellung der Marienkrönung steht. Der Hochaltar ist ein Werk von F. A. Thomas Böhm. Hier auch eine schöne Rokokokanzel und der **Taufstein** mit meisterlichen Schnitzarbeiten. Der Hochaltar, die Kanzel und das Beichtgestühl sollen aus der abgerissenen Kirche von Lauberberg stammen. Beachtung verdient auch das Abbild des jüngst Heiliggesprochenen (Bruder Konrad von Parzham) an der Südwand.

Ölberg

Hochaltar

Die **ehemalige Wasserburg**, mit breitem Graben wird als Sitz des bischöflichen Dienstmannenadels gegen Ende des 13. Jh . erst sicher bezeugt. Der spätere Schlüsselberger Besitz wird unter beiden Bistümern aufgeteilt und fällt ab 1390 letztendlich ganz und gar an das Bistum Würzburg. 1609 läßt der Fürstbischof Julius Echter von Mespelbrunn das Burgschloß umgestalten. Im Dreißigjährigen Krieg wird das herrschaftliche Amtsanwesen beschädigt, so daß zu Ende des 17. Jh. erneute Instandsetzungen nötig waren. Von der früheren Burg sind kaum noch sichtbare Reste erhalten. Grabenreste und ein mäßig sichtbarer Vorwall begrenzen die Stelle einer ehemals wahrscheinlich vierflügligen Schloßanlage um einen rechteckigen Innenhof. Zwei Flügel, ein Nord und Westflügel sind erhalten geblieben, wenn auch moderne Zubauten das Gesamtbild der Reste stören. Der westliche Flügelbau zeigt noch zum ehemaligen Graben hin Stützpfeiler. Hier erhebt sich jetzt der Bauernhof.

Untermelsendorf, nahe bei Obermelsendorf und südlich der alten Hochstraße Bamberg-Würzburg liegt in einer Talmulde. Der einst ritterschaftliche Ort erscheint erst wie Obermelsendorf 1303 bzw. 1455 als Dorf des Milizzo. Die alte Burg von Untermelsendorf erhebt sich im Schloßweiher, als ein zweistöckiges Wohnhaus.

Schönbrunn i. Stgw. *K368 D5*

Landkreis Bamberg

ANFAHRT/WEGBESCHREIBUNG
BAB A 70 Schweinfurt - Bamberg, Abfahrt Viereth-Trunstadt, der B 26 ein kurzes Stück Richtung Bamberg bis zur Ortsabfahrt Viereth folgen, hier über Trabelsdorf, Lisberg in Richtung Burgebrach fahren. An Kreuzung vor dem Ort Steinsdorf rechts abbiegen.

SEHENSWÜRDIGKEITEN
Kirchinventar, Grabhügel

ORTSGESCHICHTE: In der ersten Hälfte des 12. Jh. (1125) als „Sconenbrunnen" urkundlich bezeugte Siedlung - jetzt recht großer Haufenwegeort, der wohl um/bei den „schönen Brunnen" - sicherlich Burgbrunnen (diese jetzt als verschüttet angegeben) entstanden war. Jenseits des Rauhen Ebrachs lag noch ein kleiner Vorort, heute noch im Volksmund mit *„Gelabi"* bezeichnet. (als Laubgehölz deutbar). Der hier besitzende Ludwig von Windheim verkauft 1278 diese Burg als Würzburger Lehen mit Kirche und den beiden Dörfern Grub und Schönbrunn an den Bischof Berthold, der diese zwei Jahre darauf mit dem Bistum Bamberg vertauscht. Daraufhin wurde der Ort Amtssitz und wurde zu Lehen ausgegeben. So erscheinen im 13. Jh. noch der Windsheimer Ministeriale Otto von Schönbach. Später erhalten unter anderem auch die von Stiebar, von Pölnitz zu Aschbach den Besitz zu Lehen. In der zweiten Hälfte des 18. Jh. übergibt der Fürstbischof Adam Friedrich die Ämter an die Pölnitz, Cent, Vogtei und die Dorf- und Gemeindeherrschaft bleiben aber beim Hochstift selbst.

SEHENSWÜRDIGKEITEN: Vom ehemaligen **Amtshaus**, einem typischen Weiherhaus zeugen nur noch spärliche Geländeformen. Besuchenswert ist die örtliche katholische **Pfarrkirche Mariä Himmelfahrt** mit ihrem in zwei Geschossen noch als gotisch einzustufenden dreigeschossigen Turm mit barocker Haube. Ihr Inventar besteht unter anderem aus drei Altären eines in der Säkularisation aufgelösten Karmeliterklosters von Bamberg, nebst einer spätgotischen **Muttergottes**, die man zumindest der Werkstatt Nußbaums zuschreibt. **Hochaltar** von 1706, die Seitenaltäre von 1714. Interessant ist auch der dem Jugendstil nahe **Kreuzweg**. **Gruftkapelle** mit Epitaphen. Vorchristliche Bodendenkmäler sind drei große **Grabhügel** in nordnordwestlicher Richtung in der Abteilung Brämisholz.

Hochaltar

ORTSTEILE/SEHENSWÜRDIGKEITEN: In der näheren Umgebung gibt es auch noch die Ortswüstung *Hoenrode*, als intaktes Dorf 1278 beurkundet, wird bis in die erste Hälfte des 18. Jh. als noch bewohnt beschrieben. Spuren des „Hahnrothbrunnen" im Forstdistrikt Hahn. Im nahen **Niederndorf** erhob sich einst ein Schloß, dessen letzte Reste noch bis in die erste Hälfte des 19. Jh. sichtbar waren. 1140 als *„Niederendorf"* des Hochstiftes Bamberg bezeugt.

2,5 km östlich von Schönbrunn liegt die Ortschaft **Steinsdorf**. 1504 wird ein *„Steinsdorff"* in der Cent Burghaslach mit dem gleichnamigen Ministerialengeschlecht als Lehensträger des Bistum Würzburg bezeugt. Jedoch erscheint 1490 die hier stehende Burg als Besitz eines Karl von Bastheim. Noch am Anfang des 16. Jh. wird das Geschlecht Steinsdorff genannt. Um 1525, während der Zerstörungen der Burg im Bauernkrieg leben hier die von Bernheim. Von der Burg waren noch bis zum Jahr 1833 Ruinen im östlich gelegenen Wiesengrund erkennbar.

Unweit, in südlicher Richtung von Lisberg durchfährt man das Weilerdorf **Frenshof,** 1540 als *„Franishof"* (Hof des Frawin) bezeugt. Einen halben Kilometer südlich lag in der Abteilung Seeleite ein nunmehr ganz vom Erdboden verschwundener Turmhügel.

Westlich Schönbrunns, im Tal der Rauhen Ebrach liegt das 1313 bezeugte *„Sedmannsdorf"* - heute **Zettmannsdorf**. Möglicherweise rührt der Name vom slawischen Personenname des „siebten" - „sedman" her. In einem Bauernhof ruhen noch Reste einer in Ortsmitte, am Hang liegenden, kleinen Burg. Diese gehörte wohl auch zu Lisberg. Später vermutlich als Besitz der Grafen zu Castell ausgewiesen.

Seinsheim *K369 C7*

Landkreis Kitzingen

ANFAHRT/WEGBESCHREIBUNG
BAB Würzburg-Ulm, Abfahrt Marktbreit, Richtung Auffahrt B13 (Uffenheim), nach Enheim, hier links nach Martinsheim, nach Martinsheim links nach Gnötzheim, Bullenheim, links ab nach Seinsheim.

SEHENSWÜRDIGKEITEN
Gadenkirchenburg St. Peter u. Paul (Gaden, Pranger, Kirchinventar)

ORTSTEILE/SEHENSWÜRDIGKEITEN
Iffigheim (Kirchinventar, Tiefenstockheim (Rathaus), Wässerndorf (Schloß)

ORTSGESCHICHTE: Der kleine Ort wird im Jahre 881 als *„Sauwesheim"* (Heim eines Sauno) genannt. Er ist sicher während der fränkischen Landnahme entstanden und dürfte als Urpfarrei und als Keimzelle des zu späteren Jahrzehnten nach Norden und Osten ausufernden Iffgaues bestanden haben. (Die Endung „-heim" ist oft als Indiz für diese merowingisch-karolingischen Besiedlungszeiträume zu verstehen). Offenbar auch Sitz eines Centgerichts und bis zum 13./14. Jh. Mittelpunkt der Reichsvogtei *„Unter den Bergen"* – eine schriftliche Nennung des Steigerwalds. Bereits in der ersten Hälfte des 10. Jh. berichten Chronisten von einem Ritter des altfränkischen Adels auf einem Turnier in Magdeburg. Das uns als fränkisches Reichsgut überlieferte *„Souvensheim"* wird als Sitz eines Eispertus de Souvensheim 1147 genannt. Die Seinsheim hatten hier ihren burglichen Besitz. Als Vater der später, sich herausbildenden Zweigfamilien geht 1245 ein Appollonius von Seinsheim zu Stephansberg (ehemalige Burg bei Volkach am Main) hervor. Das fränkische Geschlecht konnte sich unter den größeren Adelshäusern wie das von Castell und von Hohenlohe oder auch auf der späteren Festung Marienberg (ehedem Frauenberg: Michael von Seinsheim, Burghauptmann) über Würzburg bei Diensten (Waffen-und Burgdienste) hervortun, und gewann so an Besitz. In zahlreichen fränkischen Orten, wie zum Beispiel Erlach, Gnötzheim→, Ulsenheim→, Hohen-Kottenheim→, Schwarzenberg→ oder Wässerndorf→ entstanden die Seitenlinien. Die von Schwarzenberg-Linie (Stammvater dieser gräflichen und fürstlichen Linie war Erkinger von Seinsheim auf Stephansberg und Schwarzenberg) sollte später zu weitreichendem Ruhm und Besitz kommen. Aus den beiden Ehen gingen 14 Nachkommen hervor, die in den obig genannten Ortschaften ihre Familiensitze hatten, die auch als „Erlacher Ast " bezeichnet wurden. Die frühste und künstlerisch wertvollste Darstellung eines von Seinsheim kann man als Epitaph in der Klosterkirche Mariaburghausen → am Main, südlich von Haßfurt bewundern. Es zeigt den am 21. Januar 1345 verstorbenen Heinrich, der seinen Sitz auf der Burg Kottenheim beim Markte Nordheim → hatte. Grablege war unter anderem auch das von den Seinsheim gestiftete Kloster Pons Mariae zu Astheim (1409). Die letzten von Seinsheim, viele ihrer Seitenlinien waren im Mannesstamm ausgestorben, übersiedelten ins oberpfälzische Sünching an der Großen Laaber, bis ihre nach einem andauernden und komplizierten Erbstreit (Mitte des 17. Jh., im sogenannten Straubinger Vergleich) weiträumige und besitzreiche Reichsherrschaft von Seinsheim an das Haus Schwarzenberg gelangte. Der Ort gehörte im 12. Jh. dem Kloster Michelsberg über Bamberg und bekam unter Kaiser Sigismund 1434 das Marktrecht verliehen, wobei auch die Befestigung des Marktes sicher gewährleistet war. 1504 vom Hause Schwarzenberg auf Seehaus → verwaltet.

SEHENSWÜRDIGKEITEN: Der befestigte Kirchhof mit der **Kirche St. Peter und Paul** hatte 17 Gaden und freistehende Kellergebäude. Die Keller besitzen sogenannte Kellerhälse unter Fachwerkgaden. Ein unterirdischer Seitengang führt zu Vorratskellern. Stützpfeiler stützen teilweise die eher schwachen Wehrmauern. 1552 ist erst eine Befestigung des Kirchhofs laut Inschrifttafel bezeichnet. Der Kirchinnenraum der katholischen Pfarrkirche besitzt ein modernes Deckenfresko und besticht im Stile des frühen 19. und 20. Jh. Spätmittelalterliche Schlüsselscharten, ein ehemaliger **Pranger** mit Standkonsole und Halseisen ist auch noch zu entdecken. Im Pfarrhaus steht eine spätgotische, hölzerne **Madonna**, die man der Riemenschneiderschule zuordnet. Hier sind auch **Glasgemälde** aus Wässerndorf aus der Zeit um 1530 verwahrt.

ehem. Gadenkirchenburg

Glasgemälde

Schöner Dreiseithof mit **Steinpfostentor** von 1813, Läuferle mit kassettiertem Pfeilerbau und Pinienzapfenaufsätzen wie auch Pfeiler der Toreinfahrt.

Bezüglich des Seinsheimer Adels sei gesagt, daß auch das Ortswappen in typischer Manier gestaltet wurde: Fünfmal von silber und blau gespalten, und schrägem Wellenbalken überdeckt.

ORTSTEILE/SEHENSWÜRIGKEITEN: Kaum einen Kilometer westlich von Seinsheim erhebt sich der am Iffbach gelegene Ort **Iffigheim**. Dieser war vermutlich zur Zeit der fränkischen Landnahme Siedlung eines Uffo, Als *„Uffenheim"* 1281, *„Uffenhem"* 1351 urkundlich belegt. Einer der Dorfherren war ein Herr von Seinsheim. Im 13. Jh. wird der erste Bau einer befestigten Kirche (St. Johannes der Täufer) nachgewiesen. Im dritten Jahrzehnt des 14. Jh. erscheinen als Pfandnehmer die von Hohenlohe. Im vierten Jahrzent des gleichen Jahrhunderts teilen sich das Zisterzienser-Kloster Ebrach und der Adel von Schwarzenberg den Besitz, der im späten 16. Jh. reformiert wurde. Nachrichten über Zerstörungen im Dreißigjährigen Krieg sind verlorengegangen, – solche müssen aber angenommen werden.

Die leichte Höhenlage des im 13. Jh. gegründeten Kirchenbaues verdeutlicht die Bedeutung als wehrhafte Kirche – eine katholische **Pfarrkirche Johannes Baptist.** Der Turm zeigt Rundbogenfriese und wurde später erhöht, das Langhaus ist 1808 klassizistisch umgestaltet worden (man beachte den klassizistischen **Tabernakelaltar**) und birgt einen unikaten und eigentlich ortsfremden Hinweis: verdeutlichen zwar die **Deckenfresken** die Taufe Christi und die vier Evangelisten,

Spruchband

so verweist aber ein **Spruchband** bei Johannes nicht auf das Evangelium, sondern auf eine Orts-Neuigkeit des 19. Jh. in Iffigheim. So ist hier am 16.8.1898 die Post von Marktbreit nach Hüttenheim durchgefahren. Von der Kirchhofbefestigung stehen heute nur noch bescheidene Mauerreste und einige verbaute Gadenhäuser. Hier er-

Bildstock

hebt sich auch ein spätgotischer **Bildstock** an der Treppenstiege zur Kirche. Auf einer hohen Säule ruhen ein Gehäuse mit Maßwerk und Fialen. Dargestellt ist die Marienkrönung.

Etwa 3 km nordwestlich von Seinsheim gelangt man nach **Tiefenstockheim**. Laut archäologischen Untersuchungen müssen sich hier und in der Umgebung schon zur Zeit der Bandkeramiker zwei benachbarte Siedlungen befunden haben. Eisenfunde der Hallstattzeit zeigen weitere Siedlungshorizonte der Ortsumgebung auf. Urkundlich erwähnt sind Besitzanteile im Ort des Domkapitels zu Würzburg.

Rathaus

Das schöne und stattliche **Rathaus** steht unterhalb der auf einer kleinen, aber steilen Anhöhe liegenden katholischen Pfarrkirche. Die Rathausuhr stammt noch aus dem Jahre 1686. Obergeschoß und an Giebelseite sind im schmucken, renaissancezeitlichen Zierfachwerk ausgebaut worden. Schön ist auch der erkerartige Eckvorbau und das kleine Glockentürmchen. Am obersten Eckstein des Erdgeschosses kann man ein Spott- oder auch Trotz-Gesicht als Relief entdecken.

ehem. Gadenkirchenburg

Von der überlieferten, ältesten Kirche, einer Holzkirche, ist heutzutage freilich nichts mehr zu sehen. Die Kirche **St. Peter und Paul**, mit der ehemaligen Gaden- und Friedhofswehr, ist 1581/82 erbaut worden. So beweisen noch eine aufragende Wehrmauer und geringere Baureste ähnlicher Mauern den einstigen Wehrcharakter der hierbei verwinkelten Anlage mit ihren nunmehr in Restauration befindlichen Gaden und den dazugehörigen Kellern. Teilweise sind diese Zeugen der einstigen Kirchbefestigung samt Gaden des 15./16. Jh. verschwunden, da noch im 19. Jh. das Langhaus beträchtlich verlängert wurde. Während des Dreißigjährigen Krieges, währte von 1631-1637 der frühbarocke Umbau der Kirche im sogenannten Juliusstil. In dem Kircheninnern fallen dem Besucher die Evangelisten mit ihren Symbolen aus der Zeit um 1700 auf. Die am Chorbogen stehenden Figuren zeigen die Namenspatrone der Kirche – vermutlich aus der älteren Bauzeit der Kirche.

Hausfiguren und **Bildstöcke** beleben den Ort. Hinter der Kirche erhebt sich ein **14-Nothelfer-Bildstock**.

Brücken-Nepomuk des 18. Jh. über dem Breitbach.

Südwestlich vom Ort liegt am Breitbach die **Gumpertsmühle**, ein stattlicher, zweigeschossiger Mühlenbau aus der 2. H. des 18. Jh. mit Walmdach, Fachwerk im Obergeschoß, Wasserrad und Felsenkeller.

Nicht ganz 1 km westlich von Seinsheim liegt **Wässerndorf**. Früheste Beweise einer Besiedlung sind durch Grabungsfunde der sogenannten Bandkeramiker-Kultur aus dem Neolithikum (Jungsteinzeit: ca. 4500 - 1800 v. Chr.). Sicher ist aber auch eine Rodungssiedlung während der fränkischen Landnahme. *„Westerndorf"* ging im Mittelalter 1263 als Siedlung der Familie zu Seinsheim am Iffbach hervor. Hierbei wird eine Witwe des Gottfried von Seinsheim – Gisela von Hermersheim erwähnt. Der Ortsname bezieht sich auch tatsächlich auf die Himmelsrichtung (Vgl. Ost- und Westheim im Knetzgau). Die Lage zum nahen Seinsheim ist westlich. Damalige Besitzüberschreibungen erfolgten an das Hochstift Würzburg, wobei auch die Familie von Seinsheim hier als Ansässige eines Stammsitzes erwähnt wird. Die Annahme des Ortsnamens erfolgte durch diese Linie später. Diese Familie starb jedoch 1529 aus, der Besitz wurde jedoch von der Erlacher Linie „weitergeführt". Von den Seinsheimern stammt auch das – nun als **Schloßruine** den Ort überragende Schloß. Nach 1502 und auch 1538 erwarb der Freiherr Johann von Schwarzenberg Teile des Wässerndorfes Besitzes, dessen Sohn 1550 sich nun auch den Rest kaufte. Bis in die ersten Jahrzehnte des 20. Jh. blieb es dann als Schwarzenbergscher Amtssitz in diesem Verhältnis. Im Bauernkrieg wird von Zerstörungen und Plünderungen der Wirtschaftsgebäude berichtet. Ein Familienstreit mit der zu Schwarzenberg heimischen

Schloßruine

Schloßruine Wässerndorf: Stufengiebel Wohnbau

Schloßruine Wässerndorf: Torturm und Pallasrest

Nebenlinie brachte einen renaissancezeitlichen Ausbau des Burgschlosses im Osttrakt mit sich (Mitte des 16. Jh.). Gotische Bauteile finden sich hier und da an der Schloßruine. Später war das Anwesen zu Wässerndorf Schwarzenbergischer Amtssitz. Die Grundfesten der Wohn- und Wirtschaftsgebäude stammen wohl noch aus dem 13. bzw. 14. Jh. Das Gut vor der Burg wurde im 20. Jh. neuer Wohnsitz der vom späteren Truppenübungsplatz Bonnland evakuierten Bonnland-Bauern. Das Schloß ging in der ersten Hälfte des 20. Jh. in den Besitz derer von Pölnitz über. Durch einen unglücklichen Umstand wurde das Schloß mit den vom Staatsarchiv Würzburg ausgelagerten Beständen am 3.4.1945 von amerikanischen Soldaten zerstört und brannte aus.
Erhalten ist ein mächtiger, tiefer Wall-Graben mit regelmäßig den grob rechteckigen Burgplatz umlaufenden Wehrmauern mit acht Türmen. Die hohe Ringmauer und die vorspringenden runden Ecktürme und mittig stehenden Flankentürme entsteigen direkt der Grabensohle. Eine steinerne Steinbogenbrücke führt zum halbrunden Torturm. Vielleicht befand sich hier noch zu mittelalterlicher Zeit eine bewegliche Brücke. Vier Schloßtrakte als dreigeschossige Wohn- und Wirtschaftsgebäude umgeben einen rechteckigen Innenhof mit Treppentürmen. Die Gebäudetrakte entwachsen allseitig erst jenseits eines zwingerartigen Vorhofes hinter der Ringmauer dem Baugrund. Der nördliche Trakt war zum Innenhof hin durch eine Fachwerk-Arkadengalerie einstmals gestaltet. So barg der Ostflügel wahrscheinlich die Schloßkapelle, so tun sich hier gotische Doppelfenster in der Mauer auf.
Die katholische **Kirche St. Cyriakus** birgt noch einige **Grabdenkmäler** der Adelsfamilie von Seinsheim. Laut Überlieferungen soll sich die spätgotische Saalkirche mit Polygonchor (1496) anstelle eines vorchristlichen Wasserkultheiligtums erheben. Im Kirchinnern stehen eine spätgotische **Holz-Madonna** (1480) und das bemerkenswerte, bemalte **Epitaph** des Kilian von Seinsheim, 1502 verstorben. Die Porträtfigur hält bildlich Zwiesprache mit dem auf einer Wolke erschienenen Schmerzensmann. In übersetztem Latein hierzu der Ausspruch: *„Gott erbarme Dich meiner."* Auffällig ist die an einem Astwerk abgehängte Mütze des Zwiesprache haltenden. Die qualitätvolle Arbeit wird dem Meister des Schwanenritterordens – Jörg Ampauer zugeschrieben.
Andere **Grabsteine** und Denkmale finden sich unter einem Schutzdach an der modernen Michaelskirche oberhalb von Wässerndorf (Straße nach Gnötzheim). Hier auch einige schöne Bonnländer Grabsteine. In dem nahen, kleinen Friedhof ist ein relativ gut erhaltenes **Epitaph** eines Mädchens, das 1596 verstorben ist und offenbar im Schloß gewohnt hat eine Betrachtung wert.

Sugenheim *K369 G6*

Landkreis Neustadt an der Aisch - Bad Windsheim

ANFAHRT/WEGBESCHREIBUNG

BAB A7 Würzburg-Ulm, Abfahrt Uffenheim, in Uffenheim links nach Ulsenheim, weiter über Herbolzheim nach Sugenheim.

SEHENSWÜRDIGKEITEN

Torhäuser, Wohnstallhäuser, Schafscheune, Ehem. Thurn- und Taxis'sche Reichspoststation, Brauhaus, Altes Schloß, Spielzeugmuseum, Neues Schloß

ORTSTEILE/SEHENSWÜRDIGKEITEN

Deutenheim, Dutzendthal, Hohenholz, Ingolstadt, Krassolzheim, Krautostheim, Ullstadt

ORTSGESCHICHTE: Das alte *Sugenbach* am Ehebach – der Ehegau war schon zu merowingischer Zeit (siehe „-heim"-Endung) besiedelt und gehörte zum Ritterkanton Steigerwald. Als fränkischer Siedlungsgründer wird ein Sugo angeführt. 1044 wird der Flecken mit dem benachbarten Hürfeld und Rüdern als das „volksreichste Gut" im Ehegau genannt. Das Haufenwegedorf mit dem Markttitel erscheint 1298 als *„Subenheim"* und konnte bis in die heutige Zeit seinen Marktstrassencharakter trotz der vielen geschichtlichen Wirren bewahren. Seit 1504 gab es hier ein Halsgericht der seckendorffschen Herrschaft Sugenheim, die hier auch die Dorf- und Gemeindeherrschaft innehatte. Neben den einflußreichen und wohlhabenden von Seckendorff, von Castell und von Hohenlohe konnten sich auch niederadlige, fränkische Häuser aus den staufischen Reichsvogteien größtenteils geschlossene Herrschaften aufbürden. Zerstörungen sind im Bauernkrieg und dem Dreißigjährigen Krieg zu verzeichnen gewesen. Im 18. Jh. schaffte es Preußen diese Region mit Sugenheim gewaltsam zu okkupieren.

Bekanntester Sugenheimer dürfte der 1768 hier geborene – 1824 verstorbene Johann Andreas Georg (von) Rebheim gewesen sein, der als Präsident des Mainzer Kriminal-Gerichtshofes 1803 den aufsehenerregenden Prozeß gegen den Räuber Damian Hessel, alias Schinderhannes leitete.

SEHENSWÜRDIGKEITEN: Neben den nachfolgend beschriebenen beiden Schlössern sind in Sugenheim einige **Fachwerkhäuser** sehenswert: an der Hauptstraße liegende, mit dem Giebel zu dieser hin ausgerichtete Giebelhäuser, die ein gutes Beispiel des Straßenbildes eines kleinen Ortes im 19. Jh. darstellen. Weitere Wohnstallhäuser mit Fachwerk stehen in der Mühl- und Schloßstraße.

Torhäuser

Das eine der beiden **Torhäuser** (18. Jh.) zeigt sich an der Straße nach Deutenheim noch als zweigeschossiges, gedrungenes Haus mit Fachwerk im Torobergeschoß.

Schafscheune

Ein schönes Beispiel bäuerlicher Baukunst ist auch die ehemalige **Schafscheune**, ein erdgeschossiges Wohnstallhaus von 1679 im Fachwerk mit tief herabgezogenem Walmdach und einem dreigeschossigen Fachwerkgiebel, der südlich folgende deutsche Vers-Inschrift eingeritzt zeigt: *„Die schönen Mädchen hat Gott geschaffen für die Mauerer und nicht für die Pfaffen."*

Ehem. Reichspoststation

Stattlich ist auch der Bau der ehemaligen **Thurn- und Taxis'schen Reichspoststation** von 1716/18, welcher jetzt Amtshof ist. Das mächtige, hölzerne Treppenhaus wurde von Greisel geschaffen.

Brauhaus

Weiter sind ein zweigeschossiges **Brauhaus** von 1797 mit durchgehendem Tonnengewölbe-Keller und Glockentürmchen in der Mitte des Satteldachs, der ehemalige Pferdestall und das alte, zweistöckige, im Obergeschoß im Fachwerk gebaute **Amtshaus** aus der Zeit um 1800 mit Walmdach und Fledermausgaupen sehenswert.

Altes Schloß

In Sugenheim stehen zudem zwei ansehnliche Schlösser: Das **Alte (Innere) Schloß**: Wasserschloß des 14. Jh., 1376 als Casteller Lehen dem Ritter Hans Zolner zugesprochen. 1412 Besitz von Hans von Seckendorff 1512 wahrscheinlich abgebrannt, da 1529 Wiederaufbau bezeugt. Jetzt modern verputzt und gelb-weiß flächig im Tudor-ähnlichen Stil bemalt (frühes 19. Jh.) demonstriert der hohe dreigeschossige Schloßbau alte Bauart. Zu dieser Zeit ließ Freiherr Alexander Friedrich Wilhelm von Seckendorff die vier Ecktürme geschoßbezogen zum Teil abtragen und den Schloßbau derartig bemalen.

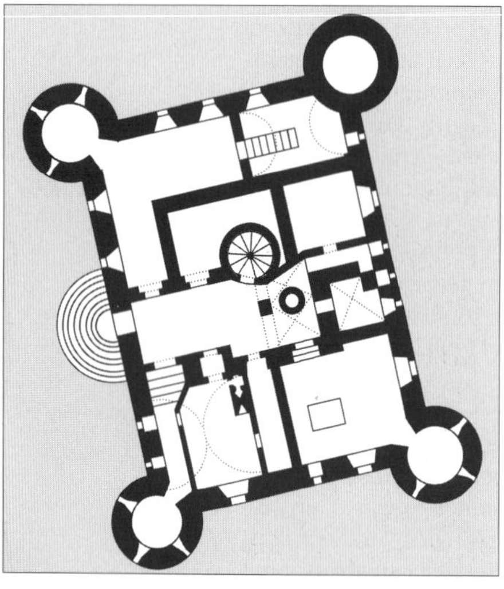

Grundriß Altes Schloß von Sugenheim

Altes (Wasser)-Schloß von Sugenheim

Der einstige Wassergraben ist noch im Geringen sichtbar. Vier zylindrische Ecktürme mit alten Scharten und Maueröffnungen deckten eine noch dreiflüglige Anlage mit dem nach Westen hin geöffneten, engen Hof, der im Obergeschoß stirnwandig belebend, schöne Baudetails in Form einer Arkade mit Beschlagwerkbrüstungen (1526-28), aufweist. Heute beherbergt das Schloß ein **Spielzeugmuseum**, mit schönen Beispielen des 18./19. Jh., (Auskunft 09165/650) ansonsten Privatbesitz. April-Oktober, Sonn- und Feiertage von 14-17 Uhr

Spielzeugmuseum

Das **Neue (Äußere) Schloß**. In der zweiten Hälfte dse 16. Jh. wohl als Neubau nach dem Brand des Alten Schlosses gedacht. Zweigeschossiger Nordflügel mit kurzem Ostflügel im schlichten Markgrafenstil (1746 - 49) unter Freiherr Christoph Friedrich von Seckendorff in der äußeren Form verändert. Anbau des kürzeren Ostflügels. Im Obergeschoß des Nordflügels gibt es ein Rosen- und Spiegelzimmer, Blauer Salon mit Wandmalerein im pompejanischen Stil und Ahnenporträts der Familie von Seckendorff.

Neues Schloß

Der **Schloßpark** wurde vom Bauherrn Alexander von Seckendorff selbst im anglistischen Stil 1796-1802 angelegt. Hier erheben sich Obelisken, ein neugotisches Brunnenhaus, die künstlichen Ruinen eines römischen Monuments und auch ein Gedächtnismonument für die Ahnen und ein Hügel mit Plattform, auf dem wohl einst ein Pavillon in Form einer Belvedere stand.

Auf einem kleinen Hügel erhebt sich die evangelisch-lutherische **Pfarrkirche** (ehem. St. Erhard), dessen recht massiver und alter Turm (im Kern noch 14. Jh.) vier Geschosse hoch ist und eine barocke Haube mit Laterne trägt. Dem barocken Langhaus sind zwei zylindrische Treppentürme angefügt. Im Innern erhebt sich ein **Kanzelaltar** mit darüberliegender Orgelanlage aus der zweiten Hälfte des 18. Jh. Mehrere Seckendorff-**Epitaphe** im Kirchinnern.

ORTSTEILE/SEHENSWÜRDIGKEITEN: 3,5 km südwestlich von Sugenheim entfernt liegt das schon 816 als *„Dyttenheim"* erwähnte **Deutenheim**. Sicherlich auch einer der innerhalb der fränkischen Siedlungswelle gegründeten„ heim"-Orte. In der 1. Hälfte des 13. Jh. als *„Titen-"*später *„Teytenheim"* bezeugt. Heim des Diet(rich). Offensichtlich castellscher Besitz, denn die Castell nahmen sogar den Namen auf und waren bis in die 2. Hälfte des 15. Jh. hier noch begütert. Der Zehnt ging an die Seckendorff-Rinhofen, die hier auch Güter als Grafschaftslehen besaßen.

Der Kirchhügel mit seinem Kirchhof trug im Mittelalter noch eine Burg, die durch einen bogenförmigen Halsgraben zum mäßig ansteigendem Gelände hin leichter verteidigungsfähig gemacht worden war. Jetzt erhebt sich hier die Kirche mit ihrem viergeschossigen, hohen Chorturm mit Juliushelm und dem Langhaus, das nur gering aus der Mauerflucht mit dem Turm ausbricht. Hufeisenförmige Empore mit den Wappen der Familie Seckendorff. Die Friedhofsbefestigung ist spätmittelalterlich, auch hier ein Seckendorff-Wappen.

Centsitz Schopfenlohe

In westlicher Richtung vom Ort lag der **Centsitz Schopfenlohe** auf dem „Vordern Berg". Der Flurabteilungsname Schopfenloh verweist auf den abgegangenen Bezirksitz mittelalterlicher hoher Gerichtsbarkeit – ehedem den gesamten Ehegau abdeckend. Dieser befand sich auf dem Knock am Schopfenlohe. Zum Gericht heißt es urkundlich: *„...hinten hinab gegen Deittenheim und der, der die Zehnt besessen, vorne auf dem Knock am Schopfenlohe gestanden...."* Der dazugehörige Centgraf aber saß mit seinen beiden Schöffen im unweiten Krautostheim. Die im späten Mittelalter schon als abgegangen bezeichnete Cent wurde als Reichslehen von König Karl V. dem Würzburger Bischof Konrad von Thüngen übertragen.

Wasserschlößchen

Südlich von Sugenheim, über einen Fahrweg zu erreichen (oder über Straße vom Rehhof aus) liegt das **Wasserschlößchen Dutzenthal**. Ein Mansarddach mit Fledermausgaupen deckt das gedrungene, zweigeschossige Gebäude auf rechteckigem Grundriß, über eine steinerne Brücke begehbar, das von Johann Neidhard von Seckendorff Mitte des 17. Jh. – kurz vor dessen Tode an der Stelle eines Vorgängerbaus erbaut wurde. Er galt als Prachthof der Seckendorff zu Sugenheim. Südlich schließen sich noch im Rechteck angeordnete Wirtschaftsgebäude an. Ein pfeilerartiger Vorbau an der hochgelegenen Zugangspforte verweist auf einen früheren Zugbrückenbau. 1381 war dies noch ein Besitz eines Ritter Seibrecht von Kropff, der es 13 Jahre später an die Ritter von Seckendorff verkauft. Ein Ansitz, freilich in anderer Erscheinung als heute, als eine *„Behausung Totzzentale"* bezeichnet, wurde 1326 erstmalig überliefert. Ursprünglich vom Kloster Michelsberg bei Bamberg zu Lehen gegeben.

Westlich, linkerhand der Verbindungsstraße zwischen Langenfeld und Unternesselbach liegt über einen Flurweg erreichbar, der **Gutshof Hohenholz**. Der Gutshof oberhalb des Rempelsbachs wird 1303 erstmalig urkundlich erwähnt, war bis Ende des 18. Jh. im Seckendorffschen, später Franckensteinschen Besitz. Ein zweigeschossiges Gebäude, mit Fachwerk im Obergeschoß und Giebel.

Fährt man ca. 4 km in westlicher Richtung erreicht man den kleinen Ort **Ingolstadt** – im Steigerwald. Erstes Zeugnis über den Ort ist im Jahre 1220 mit *„Ingelenstatt"* überliefert. Dennoch mag der Ort als der älteste dieser Bucht im südlichen Steigerwald hervorgegangen sein. Jedenfalls wird er als eine mit „Stätte" bezeichnete Gründung des fränkischen Grundherren Ingilo angesehen. 1331 ist von einer hiesigen Pfarrei die Rede. Der ritterschaftliche Besitz war in Besitz mehrerer, sich durch Übernahmen und Kauf ablösender Geschlechter, so im 16. Jh. in den Händen der Seckendorff. Südöstlich liegt der Ansbacher Ranken". Dieser Name bezeichnet also auch Besitzanteile der Markgrafen. Einige schöne Privathäuser des 18. Jh. mit meist zweigeschossigem Fachwerkgiebel finden sich im Ort.

Nördlich des Dorfes liegen auf einem Bergsporn, der von zwei tiefen Taleinschnitten gebildet wird, dem verlängerten Schloßbuck (428 m) die spärlichen Reste einer wohl dreiteiligen Burganlage (Vor- und Hauptburg) mit sichtbaren Wällen und tiefen Hals- und Abschnittsgräben. **Neuenburg**: Das *„castrum"* erhob sich sicherlich auf den Grundfesten einer älteren Burg, die als „Wildveste" der Ehe- und Iffgaugrafen bezeichenbar bleibt. 1123 und 1147 wird ein Heinrich de Nuinburg urkundlich bezeugt. Sie wurde unter dem Nachkommen Crafftos de Nuinburg (1165) am 3.6.1220 an den Casteller Grafen Rupprecht verpfändet. Das Geschlecht stirbt 1303 im Mannesstamm aus. Bekannter und angesehener Vertreter der Familie war der spätere Würzburger Bischof Mangold von Neuenburg. Zwischenseitlich ist Heinrich von Truhendingen Besitzer, der sie wiederum 1296 an Würzburg verpfändet. Der Truhendinger Adel besaß im übrigen auch die Burgen Burgbernheim und Marktbergel. 1299 ist es der besagte Würzburger Bischof Mangeold „de Miwenburc", der die Burg Friedrich von Truhendingen abkauft. Von 1305 bis 1313 hat Walter von Seckendorff die Burg inne, später abermals geht diese an eine andere Familie: Friedrich und Heinrich von Hohenlohe über. So muß auch Kaiser Karl IV. die Burg zeitweilig als Teil seines Besitzes innegehabt haben. Der Würzburger Lehensmann Hans von Meyenthal, später Meyenthal-Neuenburg, der 1453 die Burg in Besitz nimmt. Im ausgehenden 15. Jh. wird die Neuenburg noch als Schloß aufgeführt, im Bauernkrieg erlitt die Befestigung 1525 Zerstörungen und wurde nach diesem wohl wieder aufgebaut. Auf der Casteller Wildbannurkunde ist sie 1629 noch als Schloß oberhalb von Krassolzheim sichtbar eingezeichnet. Im übrigen wissen wir, daß die hochmittelalterliche Wildbanngrenze von 1023 an der Burg vorüberlief.

Burgstelle der Neuenburg

Burgstall Steinbürg: In 426 m Höhe auf der Spitze eines Bergsporns im Limpurger Forst in nordöstlicher Richtung über Krassolzheim gelegenene Burgstelle. Der in seinem Grundriß ovale, ehemalige Burgplatz (wohl frühmittelalterlich) erwächst aus einem künstlich herausgearbeiteten Hügel, der zur östlich mäßig ansteigenderen Bergsattelseite hin und westlich durch einen noch sichtbaren Graben geschützt war. Nördlich und südlich fällt der Berg steil ab.

Burgstelle Steinbürg

Etwa 7 km westlich von Sugenheim – Richtung Nenzenheim fahrend, durchquert man den kleinen Ort **Krassolzheim**. Das im Ortsname steckende *„solz"* zeigt den sprachlichen Zusammenhang mit *„sulz"*. einer sauerwässrigen Wiese oder eben den namensmitbestimmenden Personennamen *Grasold*. Hierbei wird wieder der regional typische Bezug zu den frühmittelalterlichen Rodungssiedlunsgruppen auf -„heim" endend augenfällig: der Ort entstand nicht ganz zufällig am nordwestlichen Ende der hier deutlich zu verfolgenden Ortsgruppe Sugen-, Ezel-, Deuten-, Kotten- und den wenig später entstandenen Orten Nord- und Krautostheim. Sicher als mit *„Grassulz"* bezeichnete Randflur – mit „-heim" sehr viel später ergänzt. So 1023 auf der Wildbannkarte als *„Graszulzun"* genannt, in der 1. Hälfte des 14. Jh.

Chorturmkirche von Krassolzheim

„villa Grassulz“ und während des Dreißigjährigen Krieges *„Graselsee“*(!). Im beginnenden 9. Jh. wird auch dieses als zur Gründungsausstattung des Klosters Megingaudeshausen gehörig genannt. Natürlich gehörte Krassolzheim auch zur Cent Schopflohe (zum Bistum Würzburg), das als altfränkische Cent alle jene Orte dieser Gruppe unter sich hatte. An der Jahrhundertwende des 13./14. Jh. besaßen offenbar die Grafen von Truhendingen hier eine Burg und Siedlung - diese wenig später schon ans Würzburger Bistum fallend. 1338 ist eine Pfarrei bezeugt, die Kirche St. Nikolaus aber erst 1460. Durch Einheirat der von Seckendorff in das hier auch besitzende Haus Seinsheim wechselt das Dorf an diesen Adel. Die Hälfte des Dorfes mit Kirche wird von Wilhelm von Seckendorff an das Kloster Michelsberg (Bamberg) übertragen und als freies Rittermannlehen zur Verfügung gestellt. Hierauf sind mehrfache Besitzer verzeichnet, als erneute Besitzer der freien Hälfte werden die wohlhabenderen Seinsheim-Schwarzenberg genannt. Selbst die Lehensverhältnisse wurden zwischen dem Kloster Michelsberg, dem Haus von Schwarzenberg und auch von Limpurg abwechselnd gehandhabt. So erwirbt zum Beispiel 1471 Martin von Seinsheim Burg und Ort, und war somit auch im Schwarzenbergischen Besitz. Grundherrlich war der Ort durch zahlreiche und zügige Besitzerwechsel ständig zerpflückt.

Von der hier einst stehenden Burg weiß man sehr wenig. Ihre Entstehung scheint im Hochmittelalter sicherer, als etwa eine frühere Befestigung der Karolinger. Dennoch erhalten wir eine gewissermassen „beschreibende“ urkundlich, sichere Erwähnung erst 1504 mit der Nennung eines „Wasserhauses“. Über die genaue Gestaltung jener Befestigung läßt sich weiter streiten. Sicher erscheint nur, daß sie als Tieflandburg von einem Wassergraben (durch Stauung der ohnehin wässrigen Wiese) geschützt war. Wann diese nun eindeutig zerstört wurde, ist weiter unbekannt. Offenbar befand sie sich schon 1664 im Verfall. Wir müssen sie wohl anstelle der Wiese bei der Chorturmkirche vermuten.

Die teilweise noch gotische Chorturm- und **evang. Filialkirche** - ehem. St. Nikolaus wird durch ihre drei zum Dach hin wenig zurücktretenden Geschosse im schönen Fachwerk (spätes 17. Jh.) belebt. Innen stehen ein einfacher Altar (um 1700) und eine Kanzel (17. Jh.).

Südlich von Sugenheim liegt im Ehebachtal **Krautostheim**, ein Haufendorf, das als *„Krutheim iuxta Windsheim“* urkundlich Bestand hat. Eine andere Nennung (*Crutheim*) stammt aus dem Jahre 888. Sie war offensichtlich Teil des Patronats von Schwarzenberg. Jedoch gab es hier auch Würzburger und Ansbacher Untertanen. In der einfachen

Barockkirche mit Turmhaube sind Altar und Orgel übereinander im Chorraum angeordnet. Die umlaufenden Doppelemporen weisen eine einfache **Ornamentmalerei** auf. Ältester Teil ist der Kern des Turmes (15. Jh.).

Östlich, im Ehebachtal durchfährt man das Haufendorf **Ullstadt**. Dieses geht urkundlich schon 816 als Ortschaft und Flecken aus den Urkunden des viel zitierten Klosters Megingaudeshausen hervor. Die Siedlung wird mit dem Personennamen eines *Ulicho* als Gründer und Grundherr in Verbindung gebracht. Zur Stauferzeit gehörte die Gemeinde zum größeren Teil zu den Edlen von Speckfeld, die ihre Herrschaft an die von Hohenlohe-Hohenlohe (Ende des 13. Jh.), die nördlich von Ullstadt auf dem nahen Grubsberg eine Burg unterhielten, abtreten mußten. Das Kloster Münsterschwarzach als Rechtsnachfolger des bis heute nicht sicher lokalisierten Klosters Megingaudeshausen hatte bis zum Ende der Stauferepoche hier Anspruch auf den Zehnten. Auf der genannten Burg saß der Hohenlohsche Ministeriale Johann, Cropff genannt, der 1319 die „mittlere Markung" vom Ort innehatte. Die ortseigene Johanniskapelle wird 1349 als Pfarrkirche bezeugt. Im 14. Jh. war der Ort unter vielen Adelshäusern zum Beispiel den von Sugenheim, von Seinsheim und von Seckendorff aufgeteilt gewesen, bis er aber unter den einflußreichen und wohlhabenderen von Seckendorff in Gütern und als Rechtsbesitz - Dorfherrschaft allein unterhalten wurde. Die von Faustheim bewohnten (um 1432) eine Burg im Ort als seckendorffsches Lehen. Neue Lehensherren der Burg in Ullstadt wurden später die Nürnberger Burggrafen. Seit 1522 ist von einer evangelischen Gemeinde die Rede. In Ullstadt gab es auch ein Halsgericht, das zur Cent Schopfenlohe - Eigentum des Bistums Würzburg, gehörte (noch bis 1576). Ab diesem Jahr wird hier die Cent Ullstadt im Iffgau genannt. Jetzt auch Lehensbesitz der Seckendorff-Gutend, deren ernannter, familienangehöriger Centgraf den Blutbann zu Lehen erhält. So war auch das Kirchpatronat in Händen der Seckendorff. Gute 300 Jahre herrschten die Seckendorff in Ullstadt, ehe diese das gesamte Gut Ullstadt und Langenfeld, inklusive der Cent am 21.10.1662 an die Ritter Johann Friedrich und Johann Peter von und zu Franckenstein - ab 1670 mit dem Titel eines Reichsfreiherrn versehen, veräußerten. Die erworbene Herrschaft blieb bis heute als Eigengut in deren Besitz. Ab 1796 war der Ort bis zur Anheimfallung an Bayern 1810 unter preußischer Landeshoheit.
Ullstadt besitzt drei Kirchen: eine von diesen ist die schräg gegenüber dem Schloß seit Einführung des Protestantismus evangelische **Dorfkirche** (ehem. Johannes der Täufer) mit dem 1492 bezeichneten gotischen Seitenportal, kreuzrippengewölbtem, eingezogenen Chor und Fassadenturm mit echterzeitlichem Juliushelm und einem auffälligen, überdachten Vorraum und jetzigem Emporenaufgang. Diese bauliche Besonderheit wird als ehemalige **Gerichtslaube** gedeutet. Die Kirche ist unter dem Adel von Seckendorff entstanden (siehe Wappen am Herrenstand der Emporen).

Ortskirche

Mariä-Himmelfahrts-Kirche zu Ullstadt

Mariä Himmelfahrt heißt die 1594 begründete katholische Pfarrkirche an der Straße nach Langenfeld. Der neoromanische Quaderbau mit Apsis und emporragendem Fassadenturm, kreuzrippengewölbtem Chor und Langhaus ist ein Wiederaufbau von 1877. 1725 wurde sie reichlich mit Fresken und Stuckschmuck ausgestattet. Hier befindet sich auch die Grablege der Freiherren von und zu Franckenstein. Ein Allianzwappen der Stifter Georg Franckenstein und Maria, einer geborenen Prinzessin Öttingen-Wallerstein befindet sich über dem Kirchportal. 1667 wurde zum Ort gehörig auch ein Franziskanerhospiz, das im späten 18. Jh. erneuert worden war, eingerichtet.
Die ehemalige **Dorfmühle** ist ein schönes Fachwerkhaus von 1709. Ein **Jüdischer Friedhof** liegt südlich des Ortes am Nordabhang des „Judenrangen", ein von Bäumen umgebener Platz mit Leichenhaus und circa 400 Grabsteinen mit hebräischen Inschriften.

Burgstelle Kropfsberg

Am Sporn des Grubsberges, nordwestlich vom Ort liegt der **Burgplatz** der alten Burg **Kropfsberg**: fünf tief in den Berg eingeschnittene Halsgräben und Trümmerreste auf einigen und zwischen diesen herausgearbeiteten Erhebungen weisen eine dreiteilige, mittelalterliche Befestigung nach. Die erhaltenen Wälle gehen in die Grabenanlagen über. Offenbar erst Besitz des Ministerialadeligen Geschlechts von Kropfsberg – auch „Ratz" genannt. Diese besaßen auch Güter in Sugenheim, Ullstadt und Langenfeld. Ein Chropho von Chrophesberg wird 1258 mit dessen Verkauf von einigen seiner Güter an einen Hildebrand von Seinsheim bezeugt. Später, ab 1349 wohl im Besitz der von Hohenlohe, die die Burg an einen Konrad Kropf und Rüger von Sugenheim weiterverkaufen. So soll die Burg laut einer Überlieferung möglicherweise auch während einer Fehde zwischen den Seckendorff und den Kropfsberg um 1400 zerstört worden sein – das als „Raubrittergeschlecht" bezeichnete Geschlecht gänzlich vernichtet worden sein. Hierbei muß schon von einem Verfall der unwichtig gewordenen – wohl auch geschliffenen Burg ausgegangen werden, da 1415 nur noch ein Flurname überliefert ist. 1949 soll ein „Wacht"turm ergraben worden sein.

Barockschloß

Folgt man der Straße nach Oberlaimbach so passiert man das weitläufige, aus mehreren Flügeln bestehende, aber schlicht gehaltene **Barockschloß**, das bis heute im Besitz der Freiherren von und zu Franckenstein ist. Eine Anmerkung verdient das im Schloß untergebrachte Franckensteinsche Zentralarchiv, einer Bibliothek mit ungefähr 20.000 Bänden und historisch und kunstgeschichtlich wertvollen Urkunden, wie etwa Königs- und Kaiserurkunden. Die Ursprünge des Schlosses liegen wohl an gleicher Stelle in einer 1432 beschriebenen Behausung der von Faustheim mit Zäunen und Graben in Ullstadt. 1490 wohl im Besitz der Seckendorff, die sich eine mächtige Herrschaft geschaffen hatten. Dies blieb bis zum Bauernkrieg mit seinen üblichen Zerstörungen. Letztendlich wurde das befestigte Haus 1662 Besitz der Freiherrn von Franckenstein, dessen Herkunft aus dem Odenwald in Hessen zu suchen ist. Mit dem Jahre 1718 dachte der damalige Besitzer der Familie von und zu Franckenstein an einen vollkommenen Abbruch des alten Wasserschlosses, um mit den Plänen Johann Dientzenhofers der Familie ein wohnlicheres und repräsentativeres Barockschloß zu schaffen. 1725 war wohl der Bau laut Rechnungsbelegen mit letzten handwerklichen Arbeiten fertiggestellt. Die so gewandelte Sommerresidenz wurde 1718-25 unter der Witwe Margaretha Franziska des Johann Philipp Adolf von Franckenstein, Fürstbischof von Bamberg und ihrem Bruder dem Bamberger Domdekan Reinhard Anton von Eyb als Vormund ihrer Kinder beim Bamberger Hofbaumeister Johann Dientzenhofer in Auftrag gegeben (Allianzwappen über Hauptportal). Das Kernschloß, anstelle des Alten Schlosses dominiert, wenn auch in bewußt schlichter Manier gehalten, den von zweigeschossigen Flügelbauten umschlossenen Ehrenhof. Einst war das Kernschloß von einem Wassergraben umzogen. Der zweigeschossige Kernbau mit Obermezzane stellt ein rechteckiges Gebäude mit kleinem, ebenso rechteckigen Innenhof dar. Neben Empfangszimmer, Kabinett, Merkur- und Amorzimmer und so auch anders wertvoll ausgestattete Zimmer und Räumlichkeiten mit einheitlich zusammengestellten Möbeln finden sich im Hauptschloss. Die **Stukkaturen** im Saal und der Kapelle wurden vom Schüler des Bamberger Hofstukkateur Johann Jakob Vogel – Sebastian Pinckhert gestaltet. Hingegen scheint der Bamberger Hauptmann Johann Jakob Michael Küchel die Entwürfe und Ausführung für die Ausbau-Gestaltung des Vorhofs geliefert zu haben. Beidseitig einen länglichen Vorhof umspannend lagern sich frei vom Hauptschloß zwei langgestreckte, zweigeschossige Flügelgebäude in Richtung des Säulengitters mit Wappen präsentierenden

Das Franckensteinsche Schloß von Ullstadt

Löwenskulpturen. Trophäen, Urnen und Wappen am neubarocken **Ehrenhofgitter** stammen vom Bamberger Hofbildhauer Ferdinand Dietz. An den zur heutigen Straße hin ausgerichteten, pavillonartigen Gebäudestirnseiten tun sich je eine Nische mit innenstehenden bemerkenswert plastisch ausgeführten **Figuren** - ebenfalls von Ferdinand Dietz auf. Die Figuren stellen die weiblichen Gottheiten Krieg und Frieden dar. Westlich am nördlichen Flügelhaus schließen sich Meiereibau, Scheune und Remise an, vis-à-vis der Schloßgarten mit Ummauerung und Gärtnerhaus. Das zu besichtigende Rokokohäuschen mit gemalter Architektur-Szene, das **Salettl**, stellt sich als ein reich mit spätrokokozeitlichen Rocailleornamenten (vermutlich Antonio Bossi) stukkierter, im Grundriß querrechteckiger Mansarddachbau dar, der innerhalb der Gartenmauer vielleicht 1764 zum Anlaß einer Hochzeit durch Franziskas Söhne Philipp Anton und Ludwig Ignaz erbaut worden war. Das Haus Nr. 21, ein stattlicher Massivbau mit Mansarddach gilt als der von Margareta Franziska Freifrau von Franckenstein bis zu ihrem Tode bewohnte Witwensitz. 1729/31 von Nikolaus im Auftrag der Freifrau von Nikolaus Kümmel errichtet. Das Schloß ist Privatbesitz und nicht zugänglich. Salettl und Park können auf Anfrage hin besichtigt werden.

Uehlfeld *K370 E7*

Landkreis Neustadt an der Aisch - Bad Windsheim

ANFAHRT/WEGBESCHREIBUNG

BAB A3 Würzburg-Nürnberg, Abfahrt Höchstadt-Ost, der B 470 in Richtung Neustadt/Aisch bis Ortsdurchfahrt folgen.

SEHENSWÜRDIGKEITEN

Torhäuser (Unteres Tor), Pfarrkirche St. Jakob (Tafelbild), Hochstraße

ORTSTEILE/SEHENSWÜRDIGKEITEN

Schornweisach (Kirche)

ORTSGESCHICHTE: Das im Ortsbild grob stadtähnliche Haufenwegedorf liegt unweit der Weisach-Mündung in die Aisch. Die am Ort vorbeiführende Alt-Straße hatte natürlich eine große Bedeutung für die Siedlung. Eine eindeutige Namensdeutung erscheint schwierig in Bezug auf den heutigen Namen. Ab 1100 gibt es den Ortsnamen *„Ultevelt"*, der in dieser Form eine gewisse Verwandtschaft zum Personennamen Ulda erkennen läßt. Vormalige Besitzer waren sicherlich die Grafen von Abenberg, denen die erbberechtigten Nürnberger

Burggrafen folgten. 1189 wird ein gewisser Ministerialer namens Dietmar von U. genannt. Die Burggrafen teilen den Besitz in zwei Burggüter auf, wobei beispielsweise die Familie Seckendorff als Lehensträger eines dieser Ansitze erhält. Wenige Zeit später wird schon die große Anzahl jüdischer Familien in der Gemeinde offenkundig. Hier saß auch in späterer Zeit ein Bezirksrabbiner. Der erste Markgrafenkrieg brachte nach dem Bauernkrieg 1525 erste ernsthafte Zerstörungen oder Verwüstungen mit sich. 1528 hielt die neue Lehre Einzug in die Gemeinde. 1535 wird laut dem Dachsbacher Landbuch der Lentersheimer Adel mit einem Friedrich als Besitzer der *„gemauerten Kemenaten"* bezeugt. Die ausdrückliche Betonung einer „gemauerten" und beheizbaren Behausung durch einen Adligen läßt den Schluß zu, daß sich zumindest einer der Burgsitze zu einem befestigten Sitz ausgebildet hatte. Jedoch erscheinen 1613 beide Burggüter als Besitz eines Caspar Szwolinsky, später die Nürnberger Patrizierfamilie Muffel. Mit Erlöschen der niederadligen Bewohner kam auch der Ort in markgräflichen Besitz. Der Dreißigjährige Krieg brach auch über den Ort mit seinen üblichen Kontributionen und Verwüstungen herein. 1810 gelangte die Ortschaft an das Land Bayern. Während der Zeit der Napoleonischen Kriege kam es zu erneuten Zerstörungen durch Truppenbewegungen in den Jahren 1812 und 1813. In früheren Zeiten war für Uehlfeld noch der regionale Hopfenhandel von Wichtigkeit, jetzt ist der Ort auch Mittelpunkt eines regionalen Pfefferminzanbaus. Hier wurde 1856 der 1882 verstorbene Mathematiker Dr. Peter Vogel geboren.

SEHENSWÜRDIGKEITEN: Uehlfeld an der Aisch ist auch wegen seiner fachwerkgeschmückten Torhäuser der ehemaligen Ortsbefestigung und der Fachwerkhäuser einen Besuch wert. Die evang.- lutherische Chorturm- und **Pfarrkirche** (ehem.) St. Jakob steht inmitten des befestigten Friedhofs mit ihrem massigen, viergeschossigen Turm in den unteren Geschossen aus dem 14./15. Jh. Das nach einem verheerenden Ortsbrand erneuerte Langhaus mit Flachdecke (Bergpredigt-Darstellung) und Doppelempore (1583 bez.) wurde 1872 bis auf den Ostturm abgebrochen und neugotisch wiedererrichtet. Das Langhaus mit seiner auffälligen Doppelempore beherbergt auch ein eher ungewöhnliches **Tafelbild** mit der Auferweckung des Gebeinfeldes durch Ezechiel. Die **Stuckarbeiten** im Chorraum gehen auf Johann Georg Beuntner (1719) zurück. **Kanzel** und **Viersäulen-Altar** mit Akanthussegmenten zeigen sich im barocken Knorpelwerk belebt. Der Turm auf quadratischem Grundriß, mit 9,4 m langen Mauerzügen, wurde 1608 erstmals renoviert, 1680 um weitere Geschosse erhöht und 1703 und 1927 wieder instandgesetzt. Hingegen blieb die Friedhofsmauer stellenweise noch bis zu einer Höhe von 4 m erhalten. Auch wurden an der westlichen Ecke der Mauer die Reste des abgegangenen Torhauses und einer Galluskapelle (1480) durch Ausgrabungen nachgewiesen. Vermutlich war die Kapelle als ehemalige Friedhofs- und Taufkapelle benutzt worden.

Tafelbild

Altar

Neben der ortszugehörigen Synagoge aus dem 17. Jh., findet sich auch noch ein 1737 angelegter, jüdischer Friedhof auf einer Anhöhe an der Straße nach Vestenbergsgreuth.
1189 wird ein Dietmar von „Ultevelt" als vermutlicher Burgherr einer heute noch in Gebäuden verborgenen und doch sichtbaren Burg erwähnt. Sie liegt als **„Wiesenburg"** bezeichnet in der Priel (Brühl) genannten Flur und in der Burggasse. Die erhaltenen Burgreste (die oben bezeichnete Kemenate) verweisen auf die gotische Zeit. Besitzer waren unter anderem auch später die von Lentershausen und die von Wetzhausen. 1525 sicherlich zerstört, 1633 (30jähriger Krieg) nochmals durch Zerstörung ruinös geworden. Mit der Überbauung 1750 begann das Verschwinden des dominierenden Baus. Schlichte, rechteckige Burganlage. Jetzt noch sichtbar in einem eingeschossigen Wohnstallhaus, an dessen NO-Ecke ein im Untergeschoß bestehender Rundturm, der ins Achteck übergehend, noch runde Schießscharten aufweist. An der Südseite liegt das rundbogige Tor, deutlich hochliegend beweist es ein zugbrückiges Zugangstor über einem Wassergraben, der noch heute erkennbar ist.

Torhäuser

Die bereits eingangs erwähnten, schönen Torhäuser wären das **Obere Torhaus** am südwestlichen Ortsende - ein zweigeschossiger Bau von 1704, sowie das noch erhaltene **Untere Torhaus** (2. H. 18. Jh.) am nordöstlichen Ortsende, ein ebenfalls zweigeschossiger Fachwerkbau mit Mansarddach.
Am Ostausgang, die Dorfgrenze aufzeigend,erhob sich noch bis in die 90er Jahre der sagenumwobene **Kreuzstein**, ein einarmiges (anderer Arm wurde abgeschlagen) Steinkreuz. Es handelte sich hierbei um ein Steinkreuz mit Pflugschar und Reliefkreuz. Durch Vandalismus mußte das Steinkreuz durch ein modernes, das alte nachempfindend ersetzt werden. Eine lange Wanderung kann man auf der **Hochstrasse**, einer alten Handelsverbindung, streckenweise als Höhenwanderung unternehmen. In Uehlfeld beginnt der markierte Weg.
Die unweite Ortswüstung *Mechelwind* bezeugt den Standort eines schon zeitig abgegangenen Ortes, der möglicherweise von einer Grundherrin namens Mechthild gegründet worden sein könnte. Mit dem Anhängsel „wind" könnten auch Wenden gemeint sein, also Slawen derjenigen Mechthild.

ORTSTEILE/SEHENSWÜRDIGKEITEN: Im Steigerwaldbergland, etwa fünf km westlich von Uehlfeld liegt **Schornweisach**. In den fränkischen Steigerwalddialekten gibt es heute noch das Wort *„schornschoren"*, das als „umgraben" also „gerodetes Land" gedeutet werden kann. Sicher verwandt mit dem althochdeutschen *„scora"*= Schaufel. Die bischöflich-bambergische Siedlung erscheint im Jahre 1348 im Zusammenhang mit einer sogenannten „Schornzehnt". Diese ging noch bis in die zweite Hälftes des 17. Jh. an den Oberamtmann in Höchstadt. Güterreichster Herr war offensichtlich das Hochstift selbst. Die Siedlung war als Rodungsinsel unter bis zu neun Grundherren (mitunter das Rittergut Rockenbach) aufgeteilt.

Dem Kirchamt vom Kloster Münchsteinach war eine Martinskirche unterstellt. Jedenfalls erscheint sie im gotischen Mittelalter 1393 als hochstiftischer Besitz - an die Burggrafen von Nürnberg übergeben. 1524 erfuhr sie eine letzte bedeutende Erneuerung. Die außergewöhnliche Bauerscheinung der **Kirche** (ehem. St. Roswinda) ist ihrem viergeschossigen Kirchturm mit verdrehter Spitze zu verdanken. Die drei ersten Turmgeschoße stammen noch aus der gotischer Bauphase. Auffällig ist auch die Lage auf steil ansteigendem Hügel als ehemalige Befestigung durch einen Wehrfriedhof mit noch gut erhaltener Mauer. Das Langhaus ist barockzeitlich. Bei Betreten der Kirche ist die bemalte Spiegeldecke ein schöner Bauschluß über einem vorwiegend barocken und frührokokozeitlichen Inventar - hingegen der Chor noch durch das Kreuzgratgewölbe gebildet wird. Das Kirchinnere belebend erscheinen die **Doppelempore**, die einfache **Holzkanzel** und der **Taufstein**, die allesamt bunt bemalt wurden.

Ortskirche

Vor einem Gasthof im Ort steht noch ein schöner zweisäuliger **Brunnen** mit sechseitigem Spitzdach.

Die in ihrer Lage noch nicht aufgespürte ehemalige Dorfanlage *Wolfersbach* und der sogenannte *Wallmershof*, urkundlich als *„Waltmannshofen uff dem Hawge"* (Hof des Waltmar auf dem Hügel) erwähnt, scheinen eine möglicherweise frühmittelalterliche Besiedlung dieser Rodungsinsel zu beweisen.

Der hier geborene (1767-1796) Dr. Johann Georg Heinrich Feder war durch seine Kontrahaltung zu Kant bekannt geworden und beschäftigte sich mit der systematischen Philosophie.

Uffenheim *K369 C4*

Landkreis Neustadt an der Aisch - Bad Windsheim

ANFAHRT/WEGBESCHREIBUNG

BAB A7 Würzburg-Ulm, Abfahrt Uffenheim

SEHENSWÜRDIGKEITEN

Burgstall, Jagd-Schloß, Pfarrkirche, Spitalkirche (Standbild, Tumbaplatte), Friedhofskirche St. Jobst, Ansbacher-, Würzburger Tor, Stadtmauertürme, Wohnhäuser (Haus Marktplatz 7), Rathaus, Scherenhof, Feldhüterhäuslein, Heimat-, Landwirtschafts- und Gewerbemuseum, Landwirtschaftlicher Lehrpfad

ORTSTEILE/SEHENSWÜRDIGKEITEN

Herrensitz Asbachhof, Custenlohr (Keltische Schanzen)

ORTSGESCHICHTE: Uffenheim bildet als Stadt den südlichsten Eckpfeiler des Steigerwalds, liegt an den Bächen Custenloher Bach und Haimbach und wird von der Gollach nördlich umflossen. Im südlichen gelegenen Hochholz kann man einige Dolinen aufspüren. Funde aus der Mittleren Steinzeit lassen den Schluß einer frühen Besiedlung zu. In der 2. Hälfte des 6. Jh. – zur Zeit der fränkischen Landnahme, die diese fruchtbare Gaulandschaft nicht außer Acht ließ, geht eine Siedlung mit einem Salhof (nicht lokalisiert) unter dem merowingischen Grundherrn Uffo hervor, als „Uffos Heim" bezeichenbar. Diese Siedlungswelle der Merowinger beschreibt im Grunde den gesamten Aischgrund zwischen Neustadt an der Aisch und Windsheim mit Uffenheim als einen der zahlreichen auf „-heim" endenden Orte. Schon später erscheinen andere Familien als Grundherrn. So wird in einem Schenkungsverzeichnis des Klosters Fulda unter dem dort sitzenden Mönch Eberhard um 1000 der Besitz in einem *„Hoveheim"* und anderen Orten von einer Gräfin Reginsunt dem heiligen Bonifatius geschenkt. Ortsadel, der die Herrschaft nach Abgang der gräflichen Herrenverwaltung über den Ort zu Reichslehen erhält, ist erst ab Anfang des 12. Jh. bekannt. Ein Gebeno de Offenheim wird als Ortsadliger 1106-39 bezeugt, dessen bischöflicher Zeitgenosse der Bamberger Bischof Otto gewesen war. So ist 1161/68 von dem Adel von Speckfeld mit einem Wasmont de (Speckfeld)-Huffenheim die Rede, der im Jahre 1217 den gesamten Eigenbesitz an die von Hohenlohe vergibt. Gut möglich, daß der speckfeldische Adel neben den Hohenlohern mit einem Sigiboto und Friedrich schon vor dieser bekannten Zeit in Uffenheim ansässig war. Die Hohenlohe stammten vom nur 7 km entfernten Hohlach her, und begründen hier eine Linie Hohenlohe-Uffenheim. Überhaupt muß der Hohenlohsche Adel in Uffenheim auf der„Alten Burg" – einem vormals gräflichen Amts-Besitz des Gollachgaues gesessen haben. Jene rechteckige Burgstelle ist heute noch als Burgstall im Ort sichtbar. Von der Ruine sollen bis nach Mitte des 18. Jh. noch solche Reste vorhanden gewesen sein. Wir wissen, daß die Speckfeld ihre Höhenburg nordöstlich von Markt Einersheim um 1200 errichtet haben, und daß dieses Bauvorhaben ihre Finanzen arg in Beschlag genommen hat, so daß eine erste Verschuldung durchaus Grund für einen späteren Verkauf der erworbenen Güter gewesen sein könnte. Diese mindestens drei Jahrhunderte währende Herrschaft der Hohenlohe-Uffenheim wurde durch den Erwerb Fuldischer Güter und des Marktes ermöglicht. Nach Erlöschen des ortsansässigen Adels wurde der Ort zum Zankapfel zwischen denen von Hohenlohe und von Henneberg, die ihn 1253 von dem verschwägerten Wilhelm von Holland erhielten. Nach gerichtlichem Streit kam es zu der Ritterschlacht bei Kitzingen, die schließlich den Ort an das zu Hohenlohe verbündete Würzburg gelangen ließen. Die würzburgische Burg ist im späten 13. Jh. belegt. Uffenheim wird nun zum Amtssitz. Die Hohenlohe besaßen 1266 neben Uffenheim *„sub montibus"* weitere Ortschaften der Umgebung mit dem Hohen Gericht und hier liegenden Reichsgütern. Ludwig von Hohenlohe, der sich auch kaiserlicher Landrichter nennen durfte, war laut einem Teilungsbrief von 1330 Herr von den Burgen Speckfeld, Frankenberg, Hohenlandsberg, Uffenheim und Hohlach. Innerhalb der Hohenlohschen Besitzes wird zwischen 1333 und 1347 die noch teilweise gut erhaltene Stadtbefestigung auf quadratischem Grundriß erbaut. 1349 wird Uffenheim Stadt und Amt genannt. Als Adelssitz kommt es hierbei zum Bau einer Tieflandburg (Uffenheims zweite Burg) mit nassem (?) Graben im Talgrund neben einem Ansitz der Gebsattel, die als Ministerialen von Hohenlohe-Uffenheim erwähnt worden sind. Dieser Ansitz war das sogenannte Rackenhofschlösschen. 1360 stiften Gerlach von Hohenlohe und dessen Gattin Margareta, die Tochter des Kaiser Ludwigs das Spital. Ab diesem Jahr sind gewichtige Verschuldungen bei den Hohenlohe-Uffenheim, wie etwa durch eine selbstgönnerische Hofhaltung und Verschwendung neben einem nicht minder den Geldsäckel belastenden Reichsdienst zu verzeichnen gewesen. 1369 erhalten zwei Rothenburger Patrizier die Stadt von Gerlach von Hohenlohe zu Pfand. 1378 erfolgt der Verkauf der Stadt mit Amt und Burg an die Burggrafen von Nürnberg. Vier Jahre später verkaufen Gerlach und Gottfried die mehr als siebzig Jahre besessenen Reichsgüter mit dem Amt und der Burg von Entsee (heute Naturpark Frankenhöhe) an die Reichsstadt Rothenburg. Johann, Gottfrieds einziger Sohn ist der letzte dieser Linie, so daß die verbliebenen Güter an seinen Schwager Linhard, den Grafen von Castell und Friedrich Erbschenk von Limpurg gelangten. Unter den Hohenzollern - bekannt als Burggrafen und Markgrafen, erhält der ideal gelegene Ort mit Hochgerichtsbarkeit weitere Privilegien in Form von abzuhaltenden Jahr- (vier benannte) und Roß-/Viehmärkten, so daß die markgräfliche Umgebung sich reichlich stiefmütterlich von Uffenheim behandelt schien. Die nahen Orte Ober- und Unterickelsheim und Gnodstadt fallen 1434 an die Stadt Uffenheim. Der Fürstenkrieg - der sogenannte 1. Markgrafenkrieg von 1461/62 zwischen dem Würzburger Bischof Johann III. von Grumbach und den Markgrafen Albrecht Alcibiades von Brandenburg belasten das städtische Leben durch Verwüstungen und Brandschatzungen ungemein. Nach dem Bauernkrieg, in dem sich die Stadt Rothenburg auf die Seite der Bauern stellte, wurde die Stadt neben der Zuteilung von Hoheitsrechten von 18 Dörfern des Gollachgaues Oberamtssitz. 1608 ist von einem organisierten Stadtregiment und vier Bürgermeistern die Rede. Zu jenem Jahr wurde auch Dr. Johann Höfelm in Uffenheim geboren, der sich einen Namen als Rechtsgelehrter gemacht hatte (1606-1683). Ein Feuer von 1620 schien die Zerstörungen und Plünderungen zur Zeit des Dreißigjährigen Krieges anzukündigen. 1632 ist die zweimalige Hofhaltung des Schwedenkönigs erwähnt, Oktober 1673 plündern und brandschatzen Tillys Kroaten die Stadt. 1714 werden sieben Märkte im Jahreslauf bezeugt. 1791 fällt die Stadt an das Preußische Reich. In dieser Zeit wurde auch ein alter ortsansässiger Brauch, verbunden mit einer sogenannten Hirsebreikirchweih verboten. Den Ursprung will man in altfränkischer Zeit sehen. Der Stifter dieser Kirchweih war der *„Brey-Graf"*, der als ein in der Jugend schon verstorbener Sohn des Ludwig von Hohenlohe angesehen wird. Jedenfalls wurde in dieser Zeit, auf dieser Kirchweih Hirsebrei gekocht um ihn auf den Spitalplatz an Bedürftige auszugeben. Ab 1806 drückt das Land Bayern der Stadt seinen Stempel auf. Trotz der unsinnigen amerikanischen Bombardements von Februar bis März 1945, die das Ortsbild erheblich beeinträchtigten, konnte sich Uffenheim das Ansehen einer Markt- und Amtsstadt bis heute bewahren.

SEHENSWÜRDIGKEITEN: Im östlichen Teil Uffenheims, liegt im Winkel von Heßbach und der Gollach der **Burgstall** der alten Burg. Die weitläufige Wallgrabenanlage – undatierbaren Alters kann als vermutlicher Ansitz des Ortsadels angesehen werden. Der noch bis zu 5 m tiefe Graben umgibt ein rechteckiges Plateau von ungefähr 3300 qm. Erkennbare Bodenunebenheiten auf dem Hauptburgplatz und dem Vorwerk, jenseits eines inneren Grabens verweisen auf Aufbauten. Sicher war die abgegangene Burg Besitz der Herren von Hohenlohe (12. Jh.), die als Dienstherren den Ortsadel von Uffenheim einsetzten. Die ehemalige, im Grundriß unregelmäßige Wasserburg war neben der obig beschriebenen und abgegangenen Burg Lehensbesitz der Herren von Uffenheim, sicher aber später auch hohenlohisch. 1378 an die Hohenzollern gekommen, ist eine Zerstörung durch Brand 1462 im Krieg zwischen Würzburg und Brandenburg wahrscheinlich. Hierbei sind wechselnde Kämpfe und Einnahmen der Burg beschrieben. Kurz danach folgten Wiederherstellungen und zu späterer Zeit (Dreißigjähriger Krieg) ein neues fürstliches **Jagd-Schloß**. 1724 bis 1754 Amtswohnung des Oberamtmannes. Viel später preußisch, zuletzt bayerisch. Von dem alten Vorgängerbau ist lediglich noch der Torturm des 15. Jh. im westlichen Bautrakt des engen Innenhofes erhalten. Über dem Tor das Wappen der Markgrafen von Brandenburg-Ansbach. Der ehemalige Schloßgraben mit Brücke von 1740 ist seit langem schon trockengelegt und ist jetzt Teil einer Gartenanlage. Die in der ersten Hälfte des 17. Jh. und um 1737 bis 1752 (Nordtrakt) umgestalteten Schloßtrakte zeigen korbbogige Arkaden (17. Jh.) und einen im Grundriß achteckig aufgeführten Treppenturm. Hierbei stammen der Treppenturm und südlicher Trakt, sowie Teile des nördlichen Traktes aus der ersten Hälfte des 17. Jh.

Fachwerkerker des Scherenhofs und Torturm des „Würzburger Tores.

Am Schloßplatz 5 mit Schnellerturm, Schranne und Oberamtskanzlei ist das örtliche **Heimatmuseum mit Landwirtschafts- und Gewerbe-**

museum untergebracht. Auskunft hierüber unter der Telefonnummer: 0 98 42/9 87 00, 3 48, 4 54 oder 28 31.
Das nebenstehende, ehemalige **Rackenhof-Schlößchen** wurde früher als neuzeitlicher herrschaftlicher Getreidespeicher genutzt.
1291 findet die evangelische **Stadtpfarrkirche** im Zusammenhang mit einem ersten Geistlichen erstmalige Erwähnung. 1349, dank einer Frühmesse-Stiftung unter Ludwig von Hohenlohe, erhalten wir so weitere Nachricht von der heute evang-lutherischen **St.-Johannes-der-Täufer-Kirche**. Die gotische Vorgängerkirche des 15. Jh. besaß drei Kapellen. Sein Sohn, Domherr vom Bamberg fand hier auch seine Grablege. Zu Beginn des 18. Jh. und einem Brand Ende des 19 Jh. wurde in erstgenannter Zeit die baufällige und vollkommen renovierungsbedürftige Kirche barock (1726 bis 1731) umgebaut bzw. neuerrichtet, nachdem 1690 schon der Turm abgetragen worden war. Dabei wurde die Leonhardskapelle von Wallmersbach mitvermauert. 1945 durch amerikanische Endkriegszerstörungen nach Abbrennen bis auf die Grundmauern modern – allerdings wieder im markgräflichen Stile renoviert.
Der **Markgrafenbrunnen** an der doppelläufigen Kirchtreppe ist von 1749 und wurde wohl zu Ehren des Markgrafen, der in dieser Zeit den englischen Hosenbandorden erhalten hatte, erbaut. Hinsichtlich der Verleihung zeugt noch die Inschrift *„hony soit qui mal y pense"*. Treppenanlage und Brunnen wurden nach Entwürfen Johann David Steingrubers in die Stirnseite der Treppe zur Pfarrkirche gebaut. Zwei Adler halten eine Schriftkartusche. Schmiedeeiserne Brüstungsgitter mit Initialen des Markgrafen.
Wie schon angedeutet wurde das Armen- und Reichenspital 1360 (neben der Spitalkirche) errichtet und 1704 renoviert. Danach Knabenschule, 1738 Gymnasium, als Nachfolgeanstalt einer mittelalterlichen Lateinschule.
Evang. **Spitalkirche**: 1360 ist von einer Stiftung eines Spitals und einer Kapelle unter Gerlach von Hohenlohe die Rede. 1710 bis 1711 sind bauliche Veränderungen (Turmfassade), Erweiterungen und Renovierungsarbeiten verzeichnet. Die freistehende, einschiffige Kirche mit Polygonchor und eintürmiger Westfassade. Hohe Rundbogenfenster erhellen mit einer gleichförmigen Flachdecke die so gemeinsam verbundenen Bauteile Chor und Langhaus. Im Chor befindet sich das gotische **Standbild** des Spital-Stifters Gerlach von Hohenlohe-Uffenheim. Hier befindet sich auch die hierher verbrachte **Tumbaplatte** des Bamberger Domherren und Probstes von St. Michael: Ludwig

Der „Scherenhof" in Uffenheim

Markgrafenkirche von Uffenheim

von Hohenlohe-Uffenheim-Entsee – als Sohn des Messe-Stifters bezeugt. Neben dem barocken Altar gibt es eine **Kanzel** des Windsheimers Georg Brenck dem Älteren von 1610.

Von der von einem Graben (jetzt teilweise Garten- oder Parkanlagen) umgebenen und partiell noch gut erhaltenen Stadtmauer des 14. Jh. künden noch eine Reihe Wehrtürme: Der Torturm des **Ansbacher Tor**s mit neuzeitlicher Barbakane, im Obergeschoß in Fachwerk und Walmdach. Das **Würzburger Tor**, im Kern noch dem 14. Jh. zugehörig, aber mit Barbakane des späten 16. Jh., Zwiebeldach und Laterne und spitzbogiger Durchfahrt. Schön sind auch die zylindrisch gemauerten Türme namens **Schiller-, Folter-, Bürger-** und **Schulzenturm**.

Auffallend ist noch die kriegsunversehrte mittelalterliche Straßenführung der Innenstadt. Hierbei sind auch die vielen, für Franken untypischen, klinkerverkleideten **Wohnhäuser** auffällig.

Hierbei sollte auch erwähnt werden daß Uffenheim einst zwei Vorstädte besaß, eine dieser Vorstädte war die um 1400 bekannte, als um die Feld- und heutige Friedhofskapelle St. Jobst gebaute „untere" Vorstadt.

Das Dekanatshaus fällt als stattliches und zweigeschossiges Walmdachhaus auf.

Das 1945 wieder neuerrichtete **Rathaus** aus dem 18. Jh. besticht als viergeschossiger, massiver Walmdachbau. Die Enstehung ist um 1580 bezeugt, wurde 1620 abgerissen und später wiederaufgebaut.

Neben zahlreichen, schönen Häusern, teilweise in Fachwerk in der Alten Bahnhofs-, Ansbacher, Friedrich-Ebert-Straße, der Judengasse und am Marktplatz seien im letzteren Falle folgende als sehenswert empfohlen: Marktplatz 7: ein dreistöckiges **Fachwerkhaus** aus dem ausgehenden 16. Jh. mit massivem Unterbau, Voluten, Schachbrettmuster, Mannfiguren und Rosetten. Ein Türsturz bezeichnet ein altes Gasthaus zum goldenen Hirschen. Mit 1593 ist ein Eckpfosten zum Fachwerk der Südwand bezeichnet, hingegen die gegenüberliegende Wand als Werk des 18. Jh. anzusehen ist. Die rundbogige Toreinfahrt gehörte zum ehemals dazugehörigen Hof.

Scherenhof

Der **Scherenhof** in der Würzburger Straße gilt als schönes Beispiel des städtischen, mittelfränkischen Fachwerkbaus. Ein zweigeschossiges Giebelhaus mit Mannsfiguren und Feuerböcken. 1571 bezeichnet. Das Fachwerk geht in einen vorkragenden Erkerbau über.

Südlich der Stadt, an der Straße nach Ansbach stößt man auf das sogenannte **Feldhüterhäuslein**, ein kleiner, im Grundriß kreisrunder Steinbau mit Kegeldach, Fenstern und schmaler Tür (18. Jh.).

Stadtführungen unter der Telefonnummer 0 98 42/2 07 34 buchbar.

Die **Drei Kreuze**, südlich von Uffenheim, an der Straße nach Custenlohr, heute eiserne Kreuze auf pyramidenförmigen Sockeln belegen den Standort dreier ehemaliger, hölzerner Sühnekreuze.
Interessant ist auch ein Besuch des **Gollachgaumuseums**, das eine idyllische Region außerhalb des Steigerwalds vorstellt. Ein **Landwirtschaftlicher Lehrpfad** informiert über einheimische Obstsorten.

Gollachgaumuseum

ORTSTEILE/SEHENSWÜRDIGKEITEN: Der **Herrensitz Asbachhof** liegt in westlicher Richtung von Uffenheim, nördlich vom Ort Brackenlohr. Seine erste Erwähnung als Eigentum der Familie Fürbringer findet der Sitz 837 als bezeichneter Ort. Während des 15. Jh. erscheinen folgende Familien als Besitzer: die von Beheim, Hans von Absberg und Ludwig von Hutten zu Vorderfrankenberg. Als Erbe ging der jetzt schloßähnliche, langgestreckte zweigeschossiger Bau an die von Lichtenstein. Der derzeitige Herrensitz geht auf die Patrizierfamilie Holzschuher zurück. Von diesen zwischen 1707 und 1744 errichtet. In der zweiten Hälfte des 19. Jh. wurde der Bau aufgestockt. Schöne Lisenenwandfeldgliederung, Eingangsportal mit Segmentgiebel, im Innern Räumlichkeiten mit Stuckarbeiten und Öfen des 18. Jh.

Herrensitz

Custenlohr - 3 km südlich von Uffenheim liegendes altes Haufenwegedorf. - Für diesen Führer hart an der Grenze zum Naturpark Frankenhöhe gelegen. 1424 wissen wir vom Ort *„Küstenlohr"*, in einem mittelalterlichen Salbuch *„Kustenlar"*, wo dann auch die ethymologische Verwandtschaft leichter zu erklären ist: *„lohr"*, verschliffen zu *„lara"*, dem rheinfränkisch-hessischen Wort für Weideplatz. Möglicherweise war Rheinfranken die Heimat des Grundherren Custo. Der Ort lag wohl schon seit jeher an der bedeutenden Altstraße Mergentheim-Neuherberg. Sicherlich größtenteils Besitz der von Hohenlohe, der mit anderen Orten mit allen Hoheitsrechten 1387 an die Reichsstadt Rothenburg verkauft wurde. Rothenburg mußte aber nach dem Bauernkrieg als Kriegsentschädigung diesen Ort an die Markgrafschaft Ansbach abgeben. Bis 1550 Pfarrsitz, dessen Chorturmkirche (ehem. St. Jakob) auf einem Hügel liegt. Der dreigeschossige Chorturm mit dem im späten 16. Jh. aufgesetzten Fachwerkgeschoß ist in seinem Untergeschoß noch hochmittelalterlich. Das Langhaus besitzt den hier manchmal typischen Aufgang zur Empore. Ehemalige Friedhofs- und Kirchwehr ist durch die erhaltene Pforte noch sichtbar. In dem Kirchinnern steht ein barocker Altar mit wertvollem **Altarblatt**. Charakteristische **Zweifirsthofanlage** aus dem 18. Jh. Im Giebel ist ein preußischer Adler eingelassen.
Südlich von Custenlohr, allerdings schon zum Naturpark Frankenhöhe gehörig, bei dem Ort Hinterpfeinach, liegt im östlichen Wald eine im Unterholz schwer zugängliche **Keltenschanze**. Sehenswerter ist eine weitere, weitläufige, „mehrteilige" Wall-Graben-Anlage, die als **„Altes Schloß"** linkerhand im „Buchholz" genannten Wald an dem Verbindungssträßchen zwischen Vorderpfeinach und Langensteinach liegt. (Wegweiser).

Keltenschanzen

Vestenbergsgreuth *K370 D8*

Landkreis Erlangen-Höchstadt

ANFAHRT/WEGBESCHREIBUNG
BAB A3 Würzburg-Nürnberg, Abfahrt Höchstadt-Ost, der B 470 in Richtung Neustadt an der Aisch bis zum Ort Uehlfeld folgen, hier rechts abbiegen. Nach 5 km erreicht man Vestenbergsgreuth.

ORTSTEILE/SEHENSWÜRDIGKEITEN
Burgweisach, Kleinweisach (Marienflügelaltar), Pretzdorf

ORTSGESCHICHTE: Der Ort lagert sich in einer Talmulde des Ezelbaches um einen kleinen See und zeigt in seiner Geschichte, eng verknüpft mit der des Feudalsitzes (Ortsgründung im Jahre 1115) einige interessante Apekte auf. Das am Namensende stehende „-greuth" verweist schlicht und einfach auf eine mittelalterliche Rodung hin. Dabei spielte für die Entstehung freilich die nahe vorüberführende Hohe Straße eine weitere wichtige Rolle. Interessant deswegen, weil sie in einer Großrodung des Steigerwaldes entstanden war, die den Namen des begründenden Rodungsherren wiedergibt. Die Herren von Vestenberg sind als Dienstmannen der Burggrafen von Nürnberg als gewordene Besitzer von der Burg und Cent Haslach bezeugt. Sie erschlossen aber als Lehensträger der Casteller Grafen den bereits von Norden (Weisach-Siedlungen), Süden (Schornweisach) und Südwesten (Altershausen) teilweise urbar gemachten Wald durch eine großangelegte Restrodung. Die hier mitbezeugte Siedlung wurde im Spätmittelalter Marktort der umliegenden Kleinsiedlungen. Zu diesem Zeitpunkt auch Sitz der Herren von Vestenberg, die im späten 17. Jh. ausstarben. Der Dreißigjährige Krieg, verbunden mit den einhergehenden Pestnöten forderte in den Siedlungen den größten Teil der Bevölkerung. 1642 wurden drei verbliebene Bewohner, drei Jahre später gerade sechs gezählt. Erst um 1720 besaß der Ort immerhin wieder 20 Häuser, bewohnt von zugezogenen Emigranten. 1806 ist das junge Königreich Besitzer dieser Ortsregion.
Nach dem Aussterben des landläufigen Vestenberg-Adels, die hier ein Rittergut unterhielten, kam der Besitz an den Nürnberger Patrizier-Adel. Hierbei sind die Holzschuher seit 1756 nach anderen Besitzern des Gutes bekannt. Der wirtschaftliche Aufschwung unter den Holzschuhern förderte das Ansehen der Ortes. Dieser konnte sicherlich unter anderem auch durch die Ansiedlung eines Berliner Fabrikanten, der hier das sogenannte „Berlin Bal-Salmiak" (1756-60) herstellte, neue wirtschaftsfördernde Aspekte dazugewinnen. 1784-86 ließ Elias Freiherr von Holzschuher das Schloß (neu)errichten.
Das **Schloß** ist eher ein kleiner, bescheidener Bau, zweigeschossig auf rechteckigem Grundriß mit typischem Mansarddach. Nach 1838

kaufen die Künsberg-Thurnau, die zum fränkischen Landadel gehörten den Besitz. Zwei der regional häufig auftauchenden **Felsenkeller** sind an der Straße nach Kienfeld zu sehen.

ORTSTEILE/SEHENSWÜRDIGKEITEN: Circa 4 km von Vestenbergsgreuth, liegt **Burgweisach**, früher einfach *„die Burg"* der Markung genannt. Die namensbezeichnende Burgstelle liegt am Westeingang, nördlich der Straße auf einer Hügelzunge. Durch moderne Gebäude sichtlich überbaute und verbaute Stelle, Graben und Bering sind aber noch sichtbar. Die Burg geht als altcastellscher Lehenssitz zur Überwachung von Forst und Tal hervor. Die Cent lag früher bei Burghaslach, fünf der Güter gehörten zur nahen Herrschaft Vestenbergsgreuth. Der Dreißigjährige Krieg hinterließ auch hier viele Opfer. So wurden bei der Abtragung eines Hügels menschliche Überreste in Form von zahlreichen Knochen entdeckt.

Interessanter ist eine Fahrt nach **Kleinweisach**, dem größeren der Weisach-Orte, das etwa 0,5 km westlich von Burgweisach im Weisachtal liegt. Schlicht und ergreifend in seiner heutigen Namensform nach dem Flüßchen benannter Ort, der 1317 als *„Wisach"* = Weißwasser urkundlich hervorgeht. Ihren Ursprung hat die Weisach in Neuses bei Scheinfeld, die bei Lonnerstadt in die Aisch fließt. Das Alter der Pfarrei liegt im Ungewissen – dürfte aber durchaus im Hochmittelalter zu suchen sein. Die Cent unterhielt das Amt Burghaslach, während der ganze Zehnt, laut Amts- und Salbuch zu Schlüsselfeld, an Würzburg ging. Zu Kleinweisach zählen die sieben Gemeinden Burgweisach, Pretzdorf, Kienfeld, Dietersdorf, Oberwintersbach und Ochsenschenkel. Im späten 16. Jh. tauchen fünf Herrschafts- und Patronatsanteile auf – das Bistum Bamberg mit der Benediktinerabtei Michelsberg, die Patrizierfamilie Rieter aus der Reichsstadt Nürnberg, die Markgrafschaft Bayreuth, die Casteller Grafen und die von Münster-Breitenlohe. Mit den Casteller Grafen kam die Reformation nach 1530 in die Weisachgemeinden. Nach den Wirren des Dreißigjährigen Krieges konnten sich hier Aussiedler aus dem österreichischen Salzburg zwischen 1640 bis 1660 niederlassen. Erst 1765 eigenständige Pfarrei. Der Ort war 1824 Sterbeort des evangelischen Bibeltheologen Pfarrers Christian Friedrich Buchrucker (1794-1824), der als bekannter Freund Lavaters auch als Gegner des Rationalismus bekannt wurde.

Der „Marien-Flügelaltar" von Kleinweisach.

Im südlichen Ortsteil erhebt sich als ehemalige **Kirchbefestigung** Maria oder Mauritius und Margareta auf einer mäßig ansteigenden Bodenwelle. Doch dürfte die heutzutage unter Denkmalschutz stehende Kirche mit ihrer teilweise erhaltenen Kirchhofbefestigung Nachfolgerin einer wesentlich älteren Kirchanlage der Romanik sein. Um das Jahr 1250 dürfte der Bau enstanden sein. Eine erste sichere Erwähnung in Urkunden erhalten wir erst 1444. Dieser ist durch einen Schriftverkehr zwischen dem Bistum Würzburg und der Pfarrei der Gemeinde benannt worden. Hierbei wurden Reparaturen einer Kirche aufgezeichnet. Das Nürnberger Patriziergeschlecht der Rieter erbot sich hierbei das Gotteshaus pflegerisch zu erhalten. Die Taufglocke ist so schon mit dem 14. Jh. bezeugt. Aus dem Hochmittelalter stammt noch das untere Turmgeschoß eines recht massiven und dreigeschossigen Turms, dessen letztes Obergeschoß ein aufgesetzter Fachwerkaufbau von 1704 darstellt. Über diesem der häufig vertretene Achteckshelm. So zeigen Portale, Chorbogen und Kreuzgewölbe gotischen Charakter und untermauern den Rieterschen Reparaturbau. Ebenso massiv erscheint die Wandstärke des Langhauses der Chorturmkirche. In der Mitte des 18. Jh. schlicht barock umgestaltet und mit einer Flachdecke versehen. Bemerkenswerter Blickfang der

Marienflügelaltar

Kirche ist in ihrem Innern der spätgotische **Marienflügelaltar** – vermutlich Ergebnis anspruchsvoller Schnitzkunst der Wolgemutschule. Offenbar war der wertvolle Altar auch Zeitpunkt einer überlieferten Wallfahrtsstätte. Der Kirchweihtermin liegt nahe dem kirchlichen Feiertag Mariä-Geburt. Als Auftraggeber ist uns der Lehensherr von Rieter überliefert. Der Altar zeigt eine Maria mit Kind als sein Haupt-

Szenenmotiv Heilige Drei Könige

Maria mit Kind, Hl. Katharina und Hl. Barbara

augenmerk, die hier mit der sie begleitenden Hl. Barbara und Hl. Katharina als deutlich schlanke und anmutig geformte Großfiguren erscheinen. Maria hält auf dem linken Arm das Jesus-Kind und verweist mit der rechten Hand auf den Erlöser. Zur Rechten und zur Linken von Maria stehen die Hl. Katharina und die Hl. Barbara. Rankenwerk umgibt den Altar. Vermutlich ist die Marienfigur der älteste Bestandteil des Werkes. Die Arbeitsmuster weisen auf Bamberger Kunst an der Zeitenwende des 14./15.Jh. hin. Ergänzend gibt es sieben bildhafte Szenen aus Marienleben (Verkündigung, Begegnung mit Elisabeth, der Geburt Christi, die Anbetung der Könige, Christi im Tempel, Tod und Krönung Marias) und separat in der Altarstaffel der Tod Mariens. Altarrückseiten wurden zu Beginn des 20. Jh. bemalt.

Weiter westlich von Kleinweisach erhebt sich das Kettendorf **Pretzdorf**, im Grund der Kleinen Weisach liegend. Eine erste urkundliche Erwähnung von 1152 beschreibt ein *„Breezendorf"*, aus dem später auch *„Pretzels-"* oder *„Pretzendorf"* wurde. Möglicherweise hat hier der Personenname Brez(z)o Pate gestanden. Im Mittelalter waren die meisten der zum Ort gehörenden Güter ein Allodialbesitz von Nürnberger Patrizierhäusern. Der Ort unterstand ohnehin der Stadt Nürnberg in punkto Landeshoheit. Die ehemalige Katharinenkirche stammt vermutlich noch aus der Zeit der Ersterschließung der Umgebung. Die Grundfesten des Chorturms entstammen dem 14. Jh., während die darüberliegenden Geschosse und das Langhaus aus dem 15. Jh. stammen. Das Fachwerkobergeschoß des Turmes ist aus dem 17. Jh.

Viereth-Trunstadt *K368 F6*

Landkreis Bamberg

ANFAHRT/WEGBESCHREIBUNG

BAB A 70, Schweinfurt-Bamberg, Ausfahrt Trunstadt-Viereth, auf die B26 kommend in Richtung Bamberg bis Viereth fahren.

SEHENSWÜRDIGKEITEN

Kirche St. Jakob (Inventar)

ORTSTEILE/SEHENSWÜRDIGKEITEN

Trunstadt (Schloß, Kirche St. Petrus und Marcellinus (spätgotische Vespergruppe, Hochaltar), Weiher

ORTSGESCHICHTE: Fährt man in östlicher Richtung nach Bamberg durchfährt man Viereth, das mit Trunstadt einen Doppelort bildet. Im Jahre 911 vermacht König Konrad I. dem Gumbertuskloster in Ansbach Güter in der Gemeindeflur von *„Fihuriod"*, einer der sicher bezeugten Slawensiedlungen im behandelten Raume. Interessant ist auch die Aufteilung der Siedlung zwischen dem älteren Bistum Würzburg und dem noch jungen Bistum Bamberg, bei der 1008 der rechts des Baches liegende – östliche Ortsteil an das Bistum Bamberg fällt. 1124 erscheint hier ein, auf einem Feudalsitz unter der Bamberger Oberherrschaft lebender Sigebertus de Viherith. Ab 1251 ist als wichtigster Lehensträger das Kloster Michelsberg genannt. Offenbar war der mittelalterliche Ort schon wegen seines Weinanbaus ein Begriff. In der Gotik und der nachfolgenden Zeit erscheinen mehrere, wechselnde Lehensherren über 11 bezeugte Lehen wie zum Beispiel die Voit von Rieneck und die beiden Bistümer.

In erhöhter Lage über dem Dorf erhebt sich die katholische **Kuratiekirche St. Jakob**, die im 18. Jh. gänzlich umgebaut wurde. Deren Inneres drückt auch diese Umbauphase in Form von zierlichen **Seitenaltären** von Johann Bernhard Kamm, einer **Rokoko-Kanzel** von Johann Thomas Wagner und dem meisterlichen **Säulenhochaltar** von 1763 aus. – Dieser offensichtlich ein Gemeinschaftswerk von Chr. Groß aus Bamberg und Johann Gottfried Gollwitzer. Das Kirchinnere belebt ein Deckengemälde.

Kanzel
Hochaltar

ORTSTEILE/SEHENSWÜRDIGKEITEN: **Trunstadt**: Haufenwegeort, zu dem die Einheimischen *„Truschet"* sagen. Der B26 in Richtung Eltmann folgen. Die Ortsstelle könnte schon in vorfränkischer Zeit eine Rolle gespielt haben. Mit dem Namen *„Truonasteti "* wird 796 ein Ort als Teil der Fuldaer Schenkungen bezeichnet, wobei wahrscheinlich auch hier Slawen angesiedelt waren. Dieser soll auch neben Eltmann, Ober-und Unterschleichach, dem nahen Viereth, Trossenfurt, Kirchaich, Priesendorf und Schönbrunn, Besitz des legendären Grafen Gumbert gewesen sein, der die Orte an das Bistum Würzburg verschenkt haben soll. Historisch wissen wir von bezeichnenden „Gumbertschen Schenkungen". 1003 sicher als *„Drvondestat"* (Stätte des Druant) erwähnt. War noch 1003 dem Bistum Würzburg unterstellt und selbst im Gründungsjahr des Bistums Bamberg auch noch würzburgisch. 1322 wird im Ort eine selbständige Pfarrei genannt. Die Grundherrliche Aufteilung war im Spätmittelalter natürlich durch das Hochstift Würzburg, die Domprobstei Bamberg und einigen Adelsgütern bestimmt. So wurde von den Lehensherren auch die Niederlassung von dem hiesigen Dienstmannenadel begünstigt.

Neben einer frühen, mittelalterlichen Kirche ist das Bestehen einer Burg im späten 12. Jh. laut Quellen wahrscheinlich, die im Verlauf der Jahrhunderte bis ins beginnende 19. Jh. von mehreren sich ablösenden Ritterfamilien als Lehen bewohnt wurde. 1493 ist es ein Hans von Rüsenbach, der diesen hier noch freieigenen Besitz – mit Zugehörigkeiten dem Bistum Bamberg als Lehen aufgibt. Im Bauernkrieg wird

1525 das Burgschloß beschädigt, so daß Ernst von Rüsenbach dieses zwischen 1543 und 1564 durch die unter Entschädigungspflicht gekommenen Bauern wiederaufbauen läßt. 1574 erlöscht der Adel. Nach den Rüsenbach erscheinen nun als Lehensträger die von Redwitz, von Schaumburg, von Bronsart und ab 1665 die Grafen Voit von Rieneck. Der derzeitige Bauzustand entspricht im groben dem im späten 16. Jh. wiederhergerichteten **Schloß**. Innerhalb der spärlichen Ringmauerreste und eines teilweise noch sichtbaren Grabenrelikts erhebt sich das Ortsbild beherrschende *„Hohe Haus"*. Früher besaß die Schloßanlage auf regelmäßig rechteckigen Grundriß an jeder Ecke einen zylindrischen Ringmauerturm des inneren Berings. Zwei zylindrische Wehrtürme umlagern noch den im Grundriß rechteckigen Dreigeschoßbau mit einem markanten Staffelgiebel. Über dem Schloßportal kann man noch das Ehewappen der Rüsenbach/Lüchau nebst einer Inschrift erkennen. Im gleichen Gebäude ist auch eine Kapelle mit gotischen Fenstern zu sehen. Die Inschrift *„Vor Schad und Schand dem völlig graust, der über sein Vermögen Haust"* zeigt den wohl schon damalig bewußten Bauwahn und Lebenswandel manch anderer, die ihren repräsentativen Besitz aus Geldnöten verpfänden lassen mußten. Amthaus und Zehntscheune, beide mit den auch hier zu Treppen abgewandelten Giebeln stehen noch im Bereich der ansonsten verschwundenen Vorburg. Schloß

Der doppelhaubige Kirchturm von **St. Petrus und Marcellinus** mit Laternenaufsatz überragt in seiner schmächtigen Gestalt die frühbarock gewandelte und im 19. Jh. restaurierte, nüchterne Pfarrkirche mit ihrem hohen, eingezogenem Chor aus dem ausgehenden 17. Jh. Das Innenleben des Gotteshauses zeigt sich im Inventar ab dem 15. Jh. (späte Gotik) bis in das 18. Jh. (Spätbarock-Rokoko). Aus dem 15. Jh. stammt beispielsweise das **Vortragekreuz**. Ebenfalls spätgotisch ist das **Vesperbild**, um 1520 entstanden. Beachtung verdient neben den eher unspektakulären spätbarocken Seitenaltären der frühbarocke **Hochaltar** aus der Bamberger Franziskanerkirche. Dieser, im Dekor des Rokoko ähnelt im Aufbau einem Tor, über dem Heilige wachen. **Marienfigur** aus der Werkstatt von Jakob von der Auwera.

Etwa 2 km südwestlich, am Rande des Naturparks Steigerwald liegt das alte Rodungskleindorf **Weiher**. Langer Zeit wurden hier nur 13 Behausungen bezeugt. 1433 *„Weier"* oder *„Weyer"*. Im Ort liegt auch noch das ehemalige **Jagdschlößchen** der Trunstadter Herren von Rüsenbach und von Rieneck.

Schloß von Trunstadt: Kernbau „Hohes Haus"

Wachenroth *K368 E2*

Landkreis Erlangen-Höchstadt

ANFAHRT/WEGBESCHREIBUNG
BAB A3 Würzburg-Nürnberg, Abfahrt Höchstadt-Nord.
Über Mühlhausen nach Wachenroth fahren.

SEHENSWÜRDIGKEITEN
St. Gertraud (Inventar), Rathaus, Torhaus

ORTSTEILE/SEHENSWÜRDIGKEITEN
Weingartsgreuth (Schloß), Reumannswind

ORTSGESCHICHTE: Den Ursprung des Ortes sieht man entweder in einer auf die Karolinger zurückreichenden Slawensiedlung mit Kirche oder als iroschottische Missionsgründung während des 6./7. Jh. In ersterem Falle würde der Bischof Wolfger von Würzburg als Begründer dieses - als Slawenkirche bezeichneten Gotteshauses (nach 810) hervorgehen. Als iroschottische Kapellen-Gründung zwecks der „Heiden"missionierung im 7. Jh., wobei hier ein Grundherr namens Wacho in Frage käme. Jener hätte die Rodung unter Arbeitseinsatz von Slawen (?), um beide Möglichkeiten miteinander zu verbinden, geschaffen. Diese Rodung wäre dann nach ihm als *„Wahhanrod"* (dies ist urkundlich belegt) benannt worden. Der an der Mündung des Eckersbaches in die Ebrach gelegene Ort könnte Nachfolgesiedlung von Sand dicht bei Wachenroth sein. Urkundlich als *„Sancta iuxta Wachenrode"* beschrieben. Die mittelalterliche Cent Wachenroth gehörte zur Grafschaft des Rapoto. Als Teil des Radenzgaues war dieser Landstrich der am weitesten in den Westen hineinragende Teil. Hier erscheint auch die Schenkung eines Gutes des Regensburger Erzpriesters Gottfried an das Kloster Michelsberg in Bamberg. Vor dem Jahre 1008, wo es noch zum Bistum Würzburg gehörte, war es Besitz von Fulda nach 1000. Im 12. Jh. kam es an das jüngere Bistum Bamberg, das es an ein Dienstmannengeschlecht (seit 1136 bezeugt) vergab. Hier gab es auch ein Bamberger Amt mit örtlichem Halsgericht. Im Laufe des Spätmittelalters wird ein *Groß-* (links des Ebrachflusses) und ein *„Kleinwachenroth"* (rechts des Flusses) bezeugt. Der kleinere Ortsteil des Marktes geht vermutlich auf eine Gründung aus der Zeit vor 1415 zurück. Die Zusiedlung kam wohl durch das Verlassen des nahen, auf dem Schellenberg südlich gelegenen Hohenroths (1217 erwähnt) zustande.

SEHENSWÜRDIGKEITEN: Die enge, geschichtliche Beziehung zum fernen Bistum Würzburg macht sich auch in der Kirchengeschichte der katholische **Pfarrkirche St. Gertraud**s bemerkbar. Bis 1810 gehörte sie zu Würzburg. Ältester, sichtbarer Teil ist der rechteckige, spätgotische Chor mit seinen zwei Kreuzgewölben, der als das alte Langhaus der alten Chorturmkirche bezeichnet wird. An dieses angebaut erhebt sich der barocke Turmbau auf altem Kern mit Kuppel und Laterne und das erweiterte, neue Langhaus von 1593 mit neuzeitlichem Dachreiter. In der 1. Hälfte des 18. Jh. nochmals barock verändert. Im Langhaus unter einer Lattentonne befindet sich ein hufeisenförmiger Emporenaufbau, sowie neugotisches Inventar. Der ebenbürtige neugotische **Hochaltar** mit seinen gleichzeitigen, von Mutschelle geschaffenen Figuren der Immaculata und der Gertraud wird durch die alten, spätgotischen **Heiligenfiguren** der Hl. Gertraud, Katharina und Anna Selbdritt noch ansehnlicher betont. Beachtung verdienen auch die im Chor befindlichen **Epitaphe** der Familie von Lauffenholz. Im Flachrelief auffällig das der 1519 verstorbenen Margareta, das des Kaspar (1563) und der Cordula von Lauffenholz (1560) der Verstorbene mit zwei Frauen (?) vor dem Gekreuzigten. Das barocke Gebäude nahe der Kirche ist der **Pfarrhof** von 1630 von Wolff Henft.

Hochaltar

Heiligenfiguren

Ganz in der Nähe erhebt sich das **Rathaus** mit Mansarddach und leichtem Rokokodekor aus der Zeit um 1750.

Die örtliche, wohl spätmittelalterliche-neuzeitliche Befestigung ist nur noch durch ein breites **Torhaus** im Osten ersichtlich. Das andere im Westen ist abgetragen worden.

Torhaus

Verbunden mit der Ortsgründungsgeschichte fällt es nicht schwer an eine wenn nicht früh-, dann zumindest hochmittelalterliche Befestigung in Form einer Burg, als Sitz von Ministerialen zu denken. Eine solche Tieflandburg, eine spätere **Amtsburg** ist an der südlichen Stelle vor dem Ort, wo der Ebrachfluß eine Kurve beschreibt zu suchen. 1136 und später wurden Ministerialen von Wachenroth beschrieben, später von diversen anderen Familien infolge oder nebeneinander bewohnt. Da tauchen die von Seckendorff, die Irrer, die von Vestenberg, die Stiebar oder die von Lauffenholz auf, die durch Verpfändungen und Verkäufe einander abwechseln. Sicher muß eine Zerstörung im Bauernkrieg angenommen werden. Schwerwiegender aber war die Brandschatzung während des Dreißigjährigen Krieges – im letzten Kriegsjahr. 1648 überfielen – ohne Wissen des Generals an die 500 Franzosen das Amtsschloß und steckten es in Brand. Auf dem „Alten Schloßplatz" stand bis kurz nach 1652 das verbliebene Schloßtor mit dem Wappen der Schlüsselberger. Vom höher gelegenen Vorschloß zeugen jedoch noch das ehemalige Bad- und Kellerhaus, sowie der Pfarrhof und das Burggut.

ORTSTEILE/SEHENSWÜRDIGKEITEN: **Weingartsgreuth**. Südlich oberhalb dem Tal der Reichen Ebrach liegt der erst 1357 urkundlich sicher erwähnte Ort namens *„Weyngartengereuth"*. In dem Namen verweist die Tätigkeit *„gereuth"*, also „gerodet" auf eine hochmittelalterliche Rodung unter dem Bistum Bamberg. Auffällig ist auch das im Namen vorkommende „weingarten", das eine Anlage von Weingärten in der Rodung belegt. Ungefähr 400 m östlich liegt in der Abteilung Kappel-

schlag eine im groben Grundriß rechteckige Schanze, vielleicht Überrest eines mittelalterlichen Turmhügels – der dann der Familie Lauffenholz als Bamberger Lehensträger zugeschrieben werden könnte. Jedenfalls erscheint diese Familie als Besitzer der Rodunsgssiedlung seit 1368 bis 1568. In diesem Jahr starb der letzte Lauffenholz. 1530 wurde der Ort reformiert. Nach dem Erlöschen der Lauffenholz fiel das an den Adel ausgebene Lehen als Gut und Ort wieder an das Bistum zurück, das es 1574 an den Adel der Marschalk von Ebneth zu Frensdorf veräußerte. Dieser Adel entstammt einem alten Haus (Region um Burgkunstadt), vormals dem der Herren von Kunstadt, als dessen Ahnherr Wiccer im 11. Jh. bezeugt ist. Die Marschalk von Ebneth begründeten sicherlich 1574 das frühere Wasserschloß. Während des Dreißigjährigen Krieges wurde 1620 die Gegenreformation im Ort eingeleitet. Jedoch sollten die Marschalk von Ebneth keine zweihundert Jahre später den Besitz verlieren, nachdem sie im Mannesstamm ausgestorben waren. Der letzte Nachkomme, Friederike Wilhelmine, ehelichte 1782 Christoph Friedrich von Seckendorff-Aberdar, so daß der frühere Familienbesitz seckendorffisch wurde. Diese Seckendorff-Aberdar waren nun Herren von Weingartsgreuth. Christoph Friedrich ist eine der herausragendsten Familienmitglieder, so war er ehedem kaiserlicher Landrichter des Burggrafentums Nürnberg, Geheim- und Hofrat, Premierminister vom Markgrafentum Brandenburg-Ansbach, Präsident und Oberamtmann von Castell, Mainbernheim. Prichsenstadt, Stephansberg (bei Kitzingen) und Uffenheim. Der Name der Seckendorff begegnet uns im gesamten Steigerwald, wie auch zum Beispiel in Sugenheim.
Wie schon angedeutet ist ein möglicher Vorgängerbau des Wasserschlosses aus dem späten 16. Jh. nicht bewiesen. Auch ist über die

Schloß Weingartsgreuth. Hauptgebäude und Uhrturm

bauliche Erscheinung dieses neuzeitlichen und repräsentativ gestalteten Schlosses nichts Eindeutiges aufzuzeigen. Ende des gleichen Jahrhunderts ist da von einer den gesamten Bau umschließenden Ringmauer zwischen, an den Ecken sich erhebenden zylindrischen Türmen die Rede, von denen alle bis auf den heutigen Glockenturm abgetragen wurden. Dieser wurde noch vor Ausbruch des Dreißigjährigen Krieges erhöht und zum Glockenturm umgestaltet. Im alles verwüstenden „Schwedenkrieg" wurde er genauso wie das übrige Schloß in Mitleidenschaft gezogen. Im Barock und Rokoko kam es zu Renovierungen und zum Aufsatz von weiteren Geschossen und einer Dachhaube mit Laterne. Im letzten Weltkrieg sorgten Einquartierungen für spätere Renovierungsarbeiten im Innern des Schlosses.
Nähert man sich dem Schloß, gelegen in einem kleinen Park und Garten von Wachenroth, so passiert man einen der landestypischen Fischteiche und erkennt neben einem anmutigen Schloß mit heller Fassade und dem hohen Glockenturm eine Allee stattlicher Baumveteranen. Rechterhand vom Schloß erhebt sich die **Kirche**, ein unscheinbarer Bau, die gegen Mitte des 18. Jh. in dieser Gestalt fertiggestellt wurde. Im Kirchinnern einige neuteitliche **Epitaphe** und ein wertvolles **Altarblatt** des 17. Jh. Unbestreitbar eigenartig und überhaupt nicht regionaltypisch stellt sich der Hauptbau des Schlosses dar. Die zum Fischteich weisende Front des dreigeschossigen breitkastigen Baues ist durch einen mittig halbrund hervortretenden Risaliten gestaltet. Er verhilft dem barocken **Schloß**bau mit den eigenartig vorspringenden Eckanbauten zu seiner besonderen Erscheinung. Die durch Lisenen betonten Ecken springen aus dem Baukörper in einem spitzen Winkel hervor, zeigen sich als halbturmähnliche Ergänzungen, ohne daß sie jedoch einen turmartigen Charakter, gerade im Abschluß an das gleichhohe vierseitige Objekt, ausdrücken können. Sie zeigen mit dem Risalitbau einen spätbarocken Baugedanken auf. Einen krassen Gegensatz hierzu bildet der sich nördlich anschließende Flügelbau, der auf einem älteren Vorgängergebäude errichtet worden ist. Sicher erhob sich hier der vom Hauptschloß entrückte stehende Küchenbau. Während des Dreißigjährigen Krieges wurde neben dem Glockenturm ein kleineres Gebäude zwischen Hauptschloß und Küchengebäude zerstört. Zu dieser Zeit gab es auch noch einen Verbindungsgang, sowie Stallungen. Anfang des 18. Jh. erfolgte zuerst ein Wiederaufbau in Fachwerk, wenig später schon ein steinerner Umbau. Im Innern des Hauptbaues zeigen sich barocke Stuckverzierungen und wertvolles, familieneigenes Inventar aus der Renaissance, dem Barock und dem Biedermeier mit kunsthandwerklich beachtenswerten Formgebungen. Schloß

Ungefähr 1 km westlich von Wachenroth liegt die interessante **Dorfanlage Reumannswind**. Diese hebt sich deutlich von dem regional typischen Dorfbild ab. Es handelt sich hierbei um einen Rundling mit mittigem Weiher, dessen Gebäudegiebel in einer Flucht zum Weiher ausgerichtet wurden.

Der Ortsname hat sicherlich mit einem im Frühmittelalter lebenden Herrn namens Ruwin zutun, der hier „kriegsgefangene und oder angeworbene Wenden" unter sich arbeiten ließ. Als *„Ruwenswind"* 1317, ein irreführendes *„Röhmischwind"* taucht im Amtsbuch von Schlüsselfeld auf, dann gibt es ein *„Remschwind"* oder gar *„Rennprechtswinden"* 1348, hier als an das Schloß Wachenroth zinspflichtige Siedlung erwähnt.

Walsdorf *K368 F5*

Landkreis Bamberg

ANFAHRT/WEGBESCHREIBUNG
BAB A70 Schweinfurt-Bamberg, Abfahrt Viereth-Trunstadt, in Viereth links ab über Tütschengereuth nach Walsdorf.

SEHENSWÜRDIGKEITEN
Dorfkirche (spätgotische Figuren, Emporen, Epitaphe, Hochaltar)
Crailsheimsches Amtshaus, Fachwerkhaus Gasthof Stirnweiß

ORTSGESCHICHTE: Über eine dreibogige Steinbrücke erreichbar, liegt die Gemeinde Walsdorf im breiten Aurachtal. Die Ursprünge des Ortes, so wird vielfach angenommen, lagen im frühen Mittelalter. Das in der Region vorherrschende rheinische Grafengeschlecht der Alwahalonen, hatte mit seinen zahlreichen Besitzungen möglicherweise auch den karolingischen Flecken - Walsdorf aus dem Namen Walah zu Wals-Dorf verschliffen. Hierbei erscheint uns das 1317 urkundlich erstmals erwähnte *Wahesdorf* aus dem Würzburger Lehensbuch hilfreich. So war es zu dieser Zeit ein dem Bistum Würzburg unterstelltes Lehens-Rittergut des Adels von Lisberg. Ab 1399 war es den Lisberg abgekaufter Besitz derer von Thüngfeld. Ein Epitaph in der Orts-Kirche erinnert an dieses Haus mit Heinz v. T. Die nachfolgende Dorfherrschaft mit Besitzanteilen in dem Umland der Familie von Crailsheim führte ab 1524 zur Annahme des protestantischen Glaubens, nachdem der Adel von Thüngfeld seinen Besitz an die von Crailsheim verkauft hatte. Die Gegenreformation bewirkte eine Glaubensumkehr seit dem Jahre 1628. Jedoch war der Ort nach 1649 erneut evangelisch geworden. Mit der unter den Crailsheim eingezogenen Glaubenslehre begann ein hundertjähriger, recht bewegter Konflikt zwischen den Bistümern Bamberg und Würzburg. So kam es zur Verhaftung eines evangelischen Pfarrers in Bamberg, der Vertreibung eines nun eingesetzten katholischen Pfarrers und einer Reihe übler Nach-

100 Jahre Religionskonflikt

reden gegen die Crailsheim. Diese Aktionen führten zur Besetzung des Ortes von 200 würzburgischen Musketieren und der Neueinsetzung eines katholischen Priesters. Die Crailsheim verloren auch ihre Besitzungen, ließen aber im Schloß evangelische Gottesdienste abhalten. Im Herbst des Jahres 1628 wurde die Kirche gewaltsam heimgesucht und laut Meldungen „entheiligt". Den sturen und unvernünftigen Bewohnern wurde daraufhin eine *„starke, bewehrte Einquartierung"* (bis zu 12 Mann in einem Haus) oder gar eine kurzweilige Haft auferlegt. Während des Dreißigjährigen Krieges sollte auch gerade die katholische Lehre nicht dazu verhelfen, daß der Ort verschont blieb. 1631 und nachfolgend kam es zu Überfällen, Brandschatzungen und Drangsalierungen der örtlichen Bevölkerung. Viele Jahrzehnte nach dem grauenvollen Glaubenskrieg suchten hier Vertriebene, meist aus dem Salzburger Land eine neue Bleibe. Während dieser Zeiten hielt sich die Crailsheimsche Grundherrschaft bis zu der allgemeinen Aufhebung von 1848. Das bambergische Walsdorf erhob sich in unmittelbarer Nähe zu einer würzburgischen Gerichtsstätte, der für den Steigerwaldraum bedeutenden Zent Hoheneich. Die einst von Schranken umgebene Stätte stand der Galgenstätte nahe und erhob sich ehemals unweit der Kreuzung am Hetzentännig, etwa 2 km nördlich vom Ort.

SEHENSWÜRDIGKEITEN: Einen Besuch wert, ist die protestantische **Chorturmkirche** (ehemals) St. Lorenz wegen ihrer gemalten Epitaphen. 1417 wird eine Vorgängerkirche bezeugt. Aus der Spätromanik stammt noch das Untergeschoß (14. Jh.) des viergeschossigen Chorturms mit seiner hochgezogenen Haube. Die Schlitzfenster im Untergeschoß sind allerdings in gotischer Zeit in die Mauern eingebrochen worden. Möglicherweise stand auch tatsächlich eine Vorgängerkirche am gleichen Platze, denn 1007 ist Walsdorf Pfarrei gewesen und so verweist auch das Namenspatrozinium des Laurentius auf jene Kirchgründungszeit unter dem Bischof Otto I., der im Umland weitere Kirchen dieses Patroziniums gründen ließ. Nach den erwähnten Bränden wurde die Kirche umgestaltet (so 1577 am Chorbogen bezeichnet). Das Langhaus wurde 1608 verändert und wurde durch ein Lattengewölbe des 19. Jh. zum Dach hin abgeschlossen. Etwas über die ganze erste Hälfte des 18. Jh. barockisierte man die Kirche im äußeren und inneren Erscheinungsbild. Kirchunrühmlich war hierbei der Verkauf der von den Grabplatten entfernten Messingbuchstaben, um eine Mitfinanzierung des Bauvorhabens zu ermöglichen. Überhaupt geht die jetzige Innenausstattung auf Hannibal Friedrich von Crailsheim zurück.

Im Altarraum des Chorturms können zwei wertvolle und bemerkenswerte, **gotische Schnitzstatuen** in Nischen bewundert werden. Die Maria mit dem Jesuskind ordnet man dem Kreis des Marthameisters selbst zu, während der Hl. Laurentius ein spätgotisches Werk (15. Jh.) von H. Nußbaum ist. Der vom Bamberger Leonhard Gollwitzer 1729 meisterlich gefertigte **Viersäulenhochaltar**, von der Moses und Jesus-

Schnitzfiguren

Hochaltar

Figur umgeben, besticht durch die Vergoldung der Girlanden, Kanten und Nischenrahmen. Altarblatt mit der Darstellung der Verklärung Christi. Gollwitzer hat im übrigen auch den Taufstein nebst der prächtig bemalten und vergoldeten Kanzel und der Orgel, zusammen mit dem Schreiner Georg Neser geschaffen.

Empore

Weitere und eingehendere Beachtung verdient die von korinthischen Säulen getragene **Empore** (Nord- und Westwand) mit dem gegenüberstehenden **Herrschaftsstand**. Hier an der ersteren, an der geschwungenen Emporenbrüstung hängen 36 volkstümliche gemalte **Bilder der Heilsgeschichte**. Der Herrschaftsstand der Crailsheim wird durch Krone, Wappen und vier Feiertagsbilder geziert.

Das reich verzierte **Kirchgestühl** von 1726 paßt gut in das gänzlich geschmückte Innenleben dieser Kirche.

Epitaphen

Auffallend sind hier jedoch auch sieben bemalte hölzerne **Epitaphe** in lebendiger Umrahmung und figürlichem Schmuck des 16./17. Jh., die als einzigartige Objekte im Steigerwaldraum gelten. Verewigt wurden hier drei junge – lebensgroß dargestellte Familenmitglieder der Crailsheim (verstorben in der 1. Hälfte des 17. Jh.) neben dem nicht minder reichen Epitaph des Johann Rochus Kneutzel, 1631 verstorben und zum Andenken an seine Familie und der Mutter der ersten Gattin, der Witwe von Erasmus Braun, der als Baumeister der Alten Hofhaltung von Bamberg im Fränkischen bekannt geworden ist. Eine Marien- und eine Margarethenfigur rahmen ein großflächiges Gemälde mit der Anbetung der Hirten ein. In den Rahmen von Sokkel und Fries finden sich neben den Bildnissen der Verstorbenen, die Szenen Verkündigung, Heimsuchung, Anbetung der Hl. Drei Könige, Beschneidung. Die Engel zwischen den Giebelstücken halten die Wappen derer von Löffelholtz, Braun und Kneutzel. Linkerhand die

Epitaphen-Galerie in der Ortskirche von Walsdorf.

Figur Johannes Baptists und die Symbolfigur des Glaubens, rechterhand der Pestheilige Rochus mit der Hoffnungsfigur. Die kunstvolle Epitaphkrönung ist jetzt Teil des Kanzelaufgangs. Offensichtlich sind sie Werke des Bildhauers Zacharias Juncker und seiner Werkstatt.

Sehenswert sind auch eine **Wappentafel** der 1609 verstorbenen Katharina Margaretha von Seckendorff oder das Mal der Familie Reuß-Lober mit der Darstellung des Jüngsten Gerichts, kleinen Figurabbildern und Wappenschildern. Das steinerne Epitaph mit dem auf einem Löwen knieenden Adligen zeigt den 1519 verstorbenen Christoffel von Thüngfeld, sowie den vollplastischen Heinz von Thüngfeld (im Jahre 1500 verstorben) in seiner Rüstung.

Wappentafel

Schräg gegenüber der Kirche liegt das im schönen Fachwerk aufgeführte **Amts-** und **Forsthaus** von 1714 der Familie von Crailsheim. Der anbei liegende Flurname Schloßgarten, sowie geringe Mauerreste in einem Grundstück und Grabenspuren weisen auf die ehemalige Burg hin, die im 18. Jh. noch als „vorhanden" erwähnt wird.

Crailsheimsche Amtshaus

Im Ort gibt es auch noch recht schöne **Fachwerkhäuser** zu sehen. So zum Beispiel der **Gasthof Stirnweiß** mit ehemaliger Brauerei, 1707 errichtet, ein breitgelagerter Fachwerkbau (Andreaskreuze und K-Streben) mit Hof und Tor konnte bei einem katastrophalen Großbrand von 1929 vor einem Abbrennen bewahrt werden. Hier hängt auch ein **Wirtshausschild** von 1735.

Gasthof Stirnweiß

Südwestlich des Dorfes, an der Straße nach Steinsdorf liegt der 1529 bestätigte **jüdische Friedhof** mit barocken und gotisierenden Grabdenkmälern.

Im 2,5 km nordwestlich liegenden **Kolmsdorf** erhob sich früher auch ein Schloß der Marschalk von Ostheim, die es durch den Lehensverkauf des Bistum Würzburg von Hermann von Lisberg erhalten hatten. Der Ort wird auch als karolingische Gründung eines Cholbo – um 800 als *„Cholbendorf"* bezeugt, angesehen. Beachtenswertes Flurdenkmal ist der „**Radstein**" – ein Kreuzstein.

Kreuzstein „Radstein"

Weigenheim *K369 C5*

Landkreis Neustadt an der Aisch - Bad Windsheim

ANFAHRT/WEGEBECHREIBUNG
BAB A7 Würzburg-Ulm, Abfahrt Gollhofen, in Gollhofen links nach Geckenheim, an der Kreuzung nach Geckenheim rechts abbiegen.

SEHENSWÜRDIGKEITEN
Klassizistische Saalkirche

ORTSTEILE/SEHENSWÜRDIGKEITEN
Frankenberg (Schloß, Burgruine), Geckenheim, Hohenlandsberg (Burgruine), Reusch (Flügelaltar)

ORTSGESCHICHTE: Aufgrund seiner Endung ist der Ort am Steigerwaldrand in der Zeit der merowingischen (fränkischen) Siedlungsgründungen enstanden. Der Name des Ortsgründers könnte ein Wigo gewesen sein. „Weigenheim am Riederbach“ wird schon in der 1. Hälfte des 9. Jh. als Pfarrei bezeichnet. So wird hier urkundlich der Wechsel einer Kirche in „Wiganheim vom Würzburger Bischof Wolfger an einen Grafen Wigbold - dieser war vielleicht auch zur Ortsgründerfamilie gehörig, beschrieben. 1220 wird als Lehensherr Kraft von Neuenburg genannt, der seinen Ministerialen Eberhard von Weigenheim als Lehensträger einsetzt. Nachfolgend war der Neuenburger Besitz Teil des Besitzes der von Hohenlohe, der Seinsheim von Schwarzenberg und der Grafen von Castell. Nach dem Bauernkrieg war der Ort evangelisch, wurde jedoch später wieder gegenreformiert. Die Reformation wurde unter Johann von Schwarzenberg hier im Ort um 1544 eingeführt, wurde jedoch unter der katholischen Familie von Schwarzenberg, die die Dorfherrschaft erwirkt hatte mit dem Jahre 1626 die Wiedereinführung der alten Lehre begünstigt. Dies hatte zur Folge, daß zum einen die protestantischen Dorfbewohner zwar ihre Glaubensrichtung fortführen konnten, aber dafür kein eigenes Gotteshaus besaßen und daß zum anderen die Güter der protestantischen Kirchenstiftungen von der katholischen Kirche in Hüttenheim überwiegend eingezogen wurden. Zwar ist heute der Ort wieder evangelisch-lutherisch, doch war es 1644 der über den anderen Lehensherren stehende Markgraf selbst, der den evangelischen Weigenheimern ein „Mitbenutzungsrecht“ der hiesigen Pfarrkirche einräumte.

SEHENSWÜRDIGKEITEN: Das spätere Patronat der Fürsten von Schwarzenberg begünstigte auch durch einen Stiftungszuschuß den Bau der klassizistischen **Saalkirche** von 1832. Der mittelalterliche Vorgängerbau mit Graben und Mauer umgeben, ist wohl nördlich der jetzigen

klassizistische Saalkirche

Kirche zu suchen. Die heutige Kirche (im April 1945 abgebrannt) zeigt sich jetzt als wieder klassizistisch erbaute Saalkirche mit Ostturm. Die hierzulande unytpische Kircherscheinung ist zwar ein kleiner Kirchbau, doch ist die klassizistische Monumentalität durch die mächtige, halbrunde Eingangstüre nur zu deutlich. In ihrem Innern sind Apsis und Langhaus typisch klar gegliedert. Die Kasettendecke unterstreicht die klassizistische Prägung. Hier auch ein regional, weitverbreiterter **Kanzelaltar** und eine säulengetragene Empore. Die frühere, spätmittelalterliche Kirchhofbefestigung zeigt sich noch anhand von drei erhalten gebliebenen Gadenhäuschen und einem stark verflachten Grabenrest. Das **Gasthaus zum Adler** zeigt sich als zweistöckiges Fachwerkhaus mit Satteldach aus dem frühen 17. Jh. Auch gibt es ein sehenswertes **Wohnstallhaus** mit Fachwerk des 18. Jhs.

ORTSTEILE/SEHENSWÜRDIGKEITEN: Nördlich von Weigenheim liegt, schon von weitem sichtbar das **Schloß Frankenberg**. Das Schloß Vorderfrankenberg und die Burgruine von Hinterfrankenberg liegen auf einem in den Uffenheimer Gau ragenden Berg, wobei Vorderfrankenberg dessen Sporn als Bauplatz in Anspruch nimmt. Die Bauhistorien beider Bauten sind eng miteinander verknüpft.

So sollte auch die nahe vorbeiführende Altstraße (weiter in Richtung Hohenlandsberg) erwähnt werden, die in den mittelalterlichen Befestigungen eine zusätzliche Funktionsbedeutung erkennen läßt. Der ältere Bau der beiden Schloßbauten ist freilich **Hinterfrankenberg**, dessen Geschichte mit einer Zerstörung 1166 durch Friedrich Barbarossa einer Burg Frankenberg - hier wieder als „Raubnest" in Zusammenhang gebracht wird. Jedoch ist hiermit eine Verwechslung des häufigen Burgnamens geschehen. Richtig ist, daß in der Stauferzeit eine Burg über dem bekannten Uffenheim um 1200 als bestehend angenommen werden kann. Diese diente - offenbar von dem Würzburger Bischof Konrad von Querfurt als wichtige Befestigung angelegt, als solche zum Schutze der hochstiftischen Besitzungen in einem von den anstoßenden Territorialherren begehrten Terrain. Dieser Gauabschnitt war ja schon im Frühmittelalter stark besiedelt worden. Jetzt standen dem Bistum die Burggrafen von Nürnberg und die Herren von Hohenlohe gegenüber. Jene besaßen mit dem unweiten Burglehen Entsee an der Steinach des Ministerialen Konrad von Entsee (Burgstelle im Naturpark Frankenhöhe) in dem jüngst befestigten Frankenberg einen ihnen trotzenden Angelpunkt ihres Territoriums. Im 13. Jh. uferte diese angespannte Lage der Territorialherren zu einer Fehde aus. Konrad von Entsee nahm daraufhin die Burg Hinterfrankenberg ein und behielt sie als Erweiterung seines Territoriums. Später scheint sie aber wieder in Besitz des Hochsiftes gewesen zu sein. Im Verlaufe des Interregnums folgten weitere Fehden und gewaltsame Übergriffe der Feudalherren. In der zweiten Hälfte des 13. Jh. wissen wir von der Unterscheidung eines Vorder- und Hinterfrankenberges, der auf die direkt aneinanderstoßenden Territorien der beiden fränkischen Mächte (Nürnberger Burggrafen mit Friedrich dem

Burgruine Hinterfrankenberg

Älteren und Friedrich dem Jüngeren und dem Hochstift Würzburg) verweist: 1254 wird eine Burg in unmittelbarer Nähe von Hinterfrankenberg – der Vorderfrankenberg unter den Nürnberger Burggrafen erbaut. Der Burggraf Friedrich der Jüngere setzte als Ministerialen die Brüder Hildebrand (um 1240) und Gottfried von Seinsheim auf der Burg Vorderfrankenberg ein. Um 1270 wurde Gottfried von Hohenlohe, Schwiegersohn Friedrich des Jüngeren, Schutzherr von der Burg Hinterfrankenberg und setzte hierauf 1271 Siegfried von Ehenheim als seinen hochstiftischen Vogt ein. Der Würzburger Fürstbischof Berthold von Sternberg, der Hinterfrankenberg in gewisser Weise als Würzburgisch verwalteten Besitz ansehen konnte, bemühte sich nun noch um das burggräfliche Vorderfrankenberg. 1281 erkaufte er die Burg, wenn er erst auch durch eine Pfandschaft mit Gütern den zu zahlenden Kaufpreis (in seiner Kasse fehlte das flüssige Geld) den Handel perfekt machen konnte. Nun besaß das Hochstift beide Burgen. Doch schon drei Jahre später wurde der Vorderfrankenberg erneut vom Bistum verpfändet. Käufer der Burg mit allen Zugehörigkeiten war Gottfried von Hohenlohe. Hiermit gelang den Hohenlohe ein weiteres mal ein „Eindringen" in das bischöflich regierte Land. Ab 1290 scheiden sich die Schicksalswege der beiden Nachbarburgen, die erst im 19. Jh. wieder ein gemeinsames Schicksal teilen sollten. 1290 fiel Hinterfrankenberg wieder an die Domprobstei zu Würzburg, wobei hier schon ein beginnender Verfall angezeigt ist, 1344 also als runinös bezeichnet werden konnte und der in der ersten Hälfte des 15. Jh. unter dem Fürstbischof Johann von Brunn gestoppt wurde und der den Bau wieder herrichten ließ. Allerdings gingen diese auferlegten Instandsetzungsarbeiten aufgrund erheblichen

Burgruine Hinterfrankenberg, Zwillingsturm

Geldmangels nur mäßig voran. In der zweiten Hälfte des 15. Jh. brannte das Burgschloß im Fürstenkrieg zwischen dem Ansbacher Markgrafen Albrecht Achilles und dem Hochstift zu Würzburg unter dem Fürstbischof Johann von Grumbach im sogenannten ersten Markgräfler Krieg aus. In diesen kriegerischen Auseinandersetzungen war der Würzburger Fürstbischof mit dem Kurfürsten von der Pfalz und Herzog Ludwig von Bayern-Landshut ein Bündnis eingegangen. Die später erfolgte Wiederherstellung unter dem Domprobst Kilian von Bibra von 1481 hielt trotz Verschonung im Bauernkrieg nicht lange vor, da das Schloß im 2. Markgräfler Krieg 1554 unter Albrecht Alcibiades Beschädigungen erfuhr. Der Schwager des Domprobstes Paul von Heßberg wird als Amtsmann auf dem hierbei als „Under"-frankenberg bezeichneten Schlosses eingesetzt. Die Verschonung im Jahre 1525 geht wohl auf den glücklichen Umstand zurück, daß die der Bauernbewegung gesonnenen Hutten auf dem benachbarten Vorderfrankenberg lebten. Im schon erwähnten 2. Markgräfler Krieg zwischen dem Markgrafen Albrecht Alcibiades von Brandenburg-Kulmbach und denen von ihm in den Krieg gezwungenen Bistümern Bamberg und Würzburg, und der Reichsstadt Nürnberg wird Mitte März 1554 der Hinterfrankenberg gebrandschatzt. Hierbei wurde der Überfall von dem auf dem Hohenlandsberg sitzenden (nachdem man dort den rechtmäßigen Besitzer vertrieben hatte – siehe Hohenlandsberg) markgräflichen Hauptmann Hieronymus Stöcklein angeführt. Um das Jahr 1600 ist eine Ruine Hinterfrankenberg in einem Salbucheintrag bezeugt. Während des Dreißigjährigen Krieges wurde sicherlich der unaufhörliche Verfall der Burg nicht gestoppt, eher denn beschleunigt. Zu dieser Zeit waren jedoch immerhin noch vier der „vielen" (?) Ringmauertürme nebst einem zylindrischen Bergfried erhalten geblieben. Bis in die Zeit des frühen 19. Jh. und der regional massiv die Kulturgüter zerstörenden Säkularisation – gerade unter der bayerischen Regierung – erfahren wir weder von beachtenswerten Renovierungsarbeiten, noch von bedeutsamen Besitzerwechseln. 1803 Burgruine, nebst dem Schloß und Wald bayerischer Besitz. Die königlich-bayerischen Kriegs- und Domänenkammer zu Ansbach verpachtet dem Kammerherr Carl Ludwig Freiherr von Pölnitz die Ruine. Nach einer langen Phase kontinuierlichen Verfalls (So soll das Torhaus nur zu Wohnzwecken des Försters des angrenzenden Domprobsteiwaldes mäßig „erneuert" worden sein), kaufte der auf Vorderfrankenberg sitzende Ludwig von Pölnitz die Ruine auf. Heute gehört die Burgruine, die als Bodendenkmal mit dem nötigen Respekt betreten werden sollte, zum Besitz des Barons von Lerchenfeld.

Aufgehende Mauerreste des Hinterfrankenbergs finden sich noch auf einem rechteckigen, durch tiefe Abschnittsgräben gen den ins Hinterland fortlaufenden Berg getrennten Burgplatz. Die gesamte Befestigung in Form der erwähnten Gräben und Wälle mißt ungefähr 230 Meter, an ihrer breitesten Stelle 87 Meter. Die Burgruine und Burgstelle wird heutzutage von zwei Wegen umgeben. Der südliche, der vom Hohenlandsberg kommend zum Schloß Frankenberg führt, ist jüngeren Datums. „Original" ist somit der nördliche, der die Altstraße in östlicher Richtung fortsetzt. Von dieser zweigte der alte, mittelalterliche Burgweg ab, führte von Osten kommend auf die aus zwei Vor- und zwei Hauptburgen bestehende – in dieser sichtbaren Form des 13. Jh. zu. Die Burg stellte den Abschluß einer Bergzunge dar. Zuerst galt es einen breiten und tiefen Halsgraben zu überwinden, der gen Norden mit einem Außenwall und gen Süden fortgesetzt wurde und vermutlich auch die weiteren westlich gelegenen Burgteile umgab. Die westlich sich erhebende nahezu quadratische äußere Vorburg erscheint noch heute höher als der Bereich vor dem Halsgraben und wurde zu der inneren Vorburg durch einen weiteren Graben von dieser getrennt. Der Zugang zu den westlich gelegenen Hauptburgen erfolgte sicherlich über diese Vorburgen. In den beiden Markgrafenkriegen wurden beide Vorburgen nach den Zerstörungen aufgegeben und zum Bau eines tiefen und breiten Grabens vor der Hauptburg wurde die innere Vorburg abgetragen, so daß sich die sichtlich schmalere Form ergab. Dieser Graben umlief die beiden Hauptburgen und stellt also möglicherweise mit spätmittelalterlichen Befestigungen, die jedoch aus Geldmangel nie vollendet werden konnte, in dieser Form einen Ausbau des 15. Jh. dar. Die östliche und innere Hauptburg zeigt noch Ruinen: Der mittelalterliche Zugang ist an der Südostecke zu vermuten, hier erhebt sich auch noch ein Brunnenrest, so verschüttet wie der tonnengewölbte Keller eines parallelöstlich zum Graben laufenden Gebäudes, das noch einen Torbogen mit dem Wappen der von Seckendorff trägt. Geringe Mauerreste belegen noch eine Ringmauer, die die zylindrischen Flankierungs- und Ecktürme miteinander verbunden haben muß. So wurde am Nordostrand noch ein solcher Turmplatz nachgewiesen. Bemerkenswert sind aber die noch recht hohen Türme an der nordwestlichen Seite, die in den Grabenbereich der verschwundenen Mauer flankierend vorspringen. Die beiden runden Türme, durch eine Mauer verbunden und mit leicht vorkragenden Obergeschossen zeigen sich noch als ruinöser doppeltürmiger Wehrbau mit Kammern und Schießscharten (spätmittelalterliche Schlüsselscharten). Von der westlichen Hauptburg – offenbar in der Zeit nach den Markgrafenkriegen verfallen und vernachlässigt, sind keine aufgehenden Mauerteile mehr erhalten. Vermutlich war somit die innere Hauptburg der letztlich einzig stark befestigte Burgteil (1480-88) des späten Mittelalters bis in die Neuzeit. Mit der Anlage und Erweiterung des Umfassungsgrabens wurde auch der Anfahrtsweg zu dem Schloß nicht über die bedeutungslos gewordenen Vorburgen geführt, sondern von der Altstraße nordwestlich rechtzeitig weggeführt (Friedhofsweg), um über die äußere Hauptburg westlich an die innere Hauptburg herangeführt zu werden. Das ruinöse erwähnte und auf alten Darstellungen noch sichtbare Torhaus lag dicht vor dem im Grundriß runden Bergfried. Die Lage des Bergfriedes verweist auch auf die spätlochmittelalterliche Zugangsführung zwischen den beiden Hauptburgen. Wie schon erwähnt, zeigen Darstellungen des 19. Jh. den Vorderfrankenberg zwar als Ruine, doch kann man hier noch den zylindrischen Berggfried neben den Rundtürmen der Ringmauer (Doppeltürme) ebenso gut erhalten ansehen wie das Torhaus.

Schloß Vorderfrankenberg

Nicht minder bewegend ist die Burggeschichte vom **Vorderfrankenberg**. 1284 erscheint die Burg mit allen zugehörigen Gütern und Leibeigenen als Pfandbeitz des Dienstmannen Gottfried von Hohenlohe, der diesen Besitz für gute 100 Jahre von dem Würzburger Fürstbischof Berthold von Sternberg erhält. 1314 ist eine Schenkung aus diesem Besitz an das Zisterzienserkloster Ebrach beurkundet. 1330 folgte eine größer organisierte Güterteilung zwischen den Brüdern Albrecht und Ludwig von Hohenlohe. Ludwigs Sohn Gerlach trägt 1362 die Burgen Frankenberg und Kropfsberg Kaiser Karl IV. als böhmisches Lehen auf. Nach diesem Jahr erfolgten weitere Güterverkäufe der von Hohenlohe. Das böhmische Kronlehen geht von 1390-1423 an Burkard von Seckendorff, ist 1414 als Reichslehen unter König Sigismund bezeugt. Doch können die Seckendorff, obwohl sie und ihre Verwandtschaft mitunter auch Zölle in Ortschaften unter Zustimmung König Ruprechts erheben können, den Besitz nicht finanziell unterhalten, so daß dieser an das Bistum Würzburg übergeht. Hier erhalten wir Nachricht vom bischöflichen Vogt und Amtmann Martin von Heßberg. König Sigismund bestätigt 1430 den Erhalt der Zölle von Frankenberg, Gecken-, Ippes- und Nenzenheim, 1434 wird der Blutbann über das Ippesheimer Gericht verhängt. Ab 1452 bis ins Jahr 1462 veräußern die von Heßberg stückweise an die Herren von Absberg. Hans von Absberg war unter der Regentschaft des Markgrafen Albrecht Achilles von Brandenburg-Ansbach Vogt und Amtmann zu Uffenheim. Dieser unterstellte die Burg als vormaliger Allodialbesitz mit seinen Gütern, einem Hofbau und den Wäldern dem Markgrafen zu Ansbach als Mannlehen. Bis 1520 war es also markgräflicher Besitz der Lehensträger Absberg, die es im Februar

Ansichtsstudie Vorderfrankenberg: Ost- bzw. Portalseite Hauptschloß

dieses Jahres an die Brüder Ludwig, Georg und Ulrich von Hutten für 20000 Gulden verkauften. Etwas mehr als 100 Jahre später war der Besitz unter den huttenschen Brüdern aufgeteilt. Auf dem Kurfürstentag 1630 in Regensburg erschien zu dieser Zeit der Name Hutten auf einer Art Schwarzen Liste der katholisch orientierten Kaisertreuen, die alle jene Herren des Fränkischen Adels mit Enteignung ihres Besitzes erfaßte, die angeblich gegen den Kaiser und die „wahre " Kirche gekämpft hatten. Die Beteiligung der Hutten an der sogenannten Durlachischen und mansfeldischen Rebellion auf Seiten des Winterkönigs Kurfürst Friedrich V. von der Pfalz unter Ernst von Mansfeld und Markgraf Georg Friedrich von Baden-Durlach wurde damals publik gemacht. So reiste Veit Ludwig stellvertretend und ehrenwerter Bruder von Hans Philipp und dem zwischenzeitlich gefallenen Wolf Albrecht nach Regensburg und bat den Markgrafen durch einen Brief um Einspruch beim Kaiser. Doch ehe dieser Brief überhaupt Wirkung zeigen konnte, nahm ein kaiserlicher Kommissar das Schloß in Beschlag und ließ einige Musketiere zur Überwachung zurück. Zum Weiterverkauf eingezogen wurden hierbei Wertgegenstände und Kleider, während das Inventar zur Versteigerung freigegeben werden sollte. 1631 machte sich die Gegenreformation bemerkbar. Die auf dem Frankenberg gesessenen Hutten konnten jedoch nach zähen Verhandlungen das Unrecht während dieses folgenschweren Religionskrieges als beseitigt ansehen, denn sie erlangten – wohl auch unter der Annahme des Katholizismus zwischen 1638 und 1640 wieder ihren konfiszierten Besitz und erschienen seitdem wieder als Lehensträger der Markgrafschaft. Im weiteren Verlauf des Dreißigjährigen Krieges überfielen 1645 Weimarische Reiter die Huttensche Familie auf Frankenberg und raubten ihnen so ziemlich alles, was nicht niet- und nagelfest war, so daß der Familie Veit Ludwigs (verstorben 1655) ein ungeheurer Schaden entstand. 1772 erhält der markgräfliche Oberstkammerherr Ludwig Carl Freiherr von Pölnitz von dem Markgrafen Alexander von Ansbach-Bayreuth das Schloß mit den zugehörigen Gütern zum Geschenk, sobald der letzte männliche Hutten-Frankenberg verstorben war. Dieser war der ohnehin schon kränkelnde und langem Siechtum verfallene Johann Philipp, der 1783 schließlich verstarb, so daß die Familie von Pölnitz diesen Besitz letztendlich übernehmen konnte. Ende des 18. Jh. ging Frankenberg an Preußen, 1806 an den nächsten Herren, dem Land Bayern, wobei sich die vorderfränkische Burghistorie wieder mit der hinterfränkischen als Ganzes lesen läßt.

Das im groben Grundriß rechteckig angelegte Vorderfrankenberg, bestehend aus einer Vorburg und einem Hauptschloß wird zum mäßig ansteigenden Berghang mit einem tiefen, gefütterten Wallgraben umgeben. Die Vorburg wird durch einen langrechteckigen Bau, der auch eine Pförtnerwohnung und eine Kapelle neben der Torhalle enthielt, parallel zur flachen Bergseite stehend gebildet. Das rustikale Portal ist mit der Jahreszahl 1593 bezeichnet. Im weiten Hof steht auch noch ein späteres Amtshaus von 1759. Jetzt Bewirtschaftung.

An den Enden des einflügligen Baues erheben sich runde Ecktürme. Über den tiefen, befestigten, im Querschnitt rechteckigen, gefütterten Graben, der sich zweiseitig um das Hauptschloß winkelt, spannt sich eine dreibogige Steinbrücke. Der Grabenbereich war von im Hauptschloß angelegten Wehrgängen aus verteidigungsfähig. Das dreiflüglige (früher vermutlich geschlossene Randhausanlage) bis zu zweigeschossige Hauptschloß wurde an drei Ecken durch mächtige Rundtürme mit schöner Quaderbearbeitung und markanten Giebel- und Schmuckzinnenabschlüssen gesichert. Das unter einem rechteckigen Rahmen eingetiefte rundbogige, aber schmucklose Tor wird durch das Wappenrelief der von Hutten (16.Jh.) geziert. Über dem Torbau ein hochragender Giebelbau. An der Nordostecke des rechteckigen Hofes ein achsteitiger Treppenturm. Während des Umbaus im 18. Jh. wurden die Wohnräume an die Außenmauern verlegt, hierbei wurden auch die Schießscharten zu wohnlichen Fenstern ausgebrochen. Ein umlaufender Korridor wurde hofseitig eingerichtet. Das Schloß ist nur bis in den Vorburghof zugänglich - sonst Privatbesitz der Familie von Lerchenfeld. Auskunft Büro: Tel. 0 93 39/9 71 40.
Zwischen Vorder- und Hinterfrankenberg, liegt umgeben von alten Lebensbäumen ein Familienfriedhof, mit Gedenktempelchen. Dieser **Monopteros** ist ein Werk des 18. Jh. und stellt in kunsthistorischer Hinsicht etwas Besonderes dar, da er vor dieser eigentlichen Modeerscheinung hier errichtet wurde. Im Park, der sich bis zur Burgruine Frankenberg fortsetzt stehen derzeit Skulpturen, die aus den Werkstoffen rostiges Metall und Stein geschaffen wurden.

Skulpturenpark

Östlich, unterhalb des Schlosses Vorderfrankenberg liegt das säulenartige Ahndenkmal Hexenstuhl von 1710.

„Hexenstuhl"

Folgt man dem Waldweg linkerhand von der alten Straße abzweigend auf eine Anhöhe zum Scheinberge hin, stößt man auf einen Tümpel mit Insel und einem darauf befindlichen Grabstein - grober Felsen mit Inschrift: hier ließ sich auf eigenen Wunsch hin ein Karl Freiherr von... Herr zu Frankenberg, am 10. Mai 1820 gestorben bestatten.

3 km nordwestlich von Uffenheim, ca. 3 km südöstlich von Weigenheim kann man den Ort **Geckenheim** anfahren. Geckenheim am Riederbach im Steigerwaldvorland gehört zu einer „-heim"-Dorf-Gruppe, die während der fränkischen Landnahme enstanden ist. Das „Heim des Grundherrn Gecko" wird 1155 *„Gekenheim"* genannt. In der ersten Hälfte des 14. Jh, der Gotik ist von einer Pfarrkirche *„St. Georgs in Gegen- und Wygenheim unter der Burg Landsberg"* die Rede.

Monopteros im Familienfriedhof

Als hohenlohsches Erbe gehörte der Flecken als Ritterschaft zu der Adelsfamilie der Hutten zu Frankenberg. Jene führen im Ort die Lehre Luthers ein. Mit dem Aussterben der Familie wurde der Ort dem Oberlehensherrn, dem Markgrafentum Ansbach zugeschlagen. In gotischer Zeit (1355) errichtete Pfarrkirche, die möglicherweise als eine Art Erweiterung der bis zum Jahre 1589 noch daneben stehenden Kapelle anzusehen ist. Beide Baukörper verfielen, so daß ein Neubau der Kirche im späten 17. Jh. nachzuvollziehen ist. Später auch im 18. Jh. und im 19. Jh. erweitert. Im Dreißigjährigen Krieg gab es Verwüstungen im reformierten Dorf. Ende des 2. Weltkriegs auch hier starke Zerstörungen, – am 10. April 1945.

Der Ort sollte wegen einiger schöner Fachwerkwohnstallhäuser, einer typischen hufeisenförmigen **Hofanlage** und dem ehemaligen Frankenbergischen **Amtshaus** des frühen 18. Jh. und seinem Kellerbau vom Vorgängerbau (16. Jh.) angefahren werden. Die evang.-luth. **Pfarrkirche** erscheint uns in verborgenen Bauteilen aus dem 14. Jh. im Gewand der Neuzeit. Sie liegt auf einem in der Dorfmitte befindlichen Hügel mit Friedhofsummauerung. Die hier in ihrer Gründung alten – wohl ritterschaftlichen Gebäude umlagerten diesen Hügel. In ihrem Innern erhebt sich eine barockzeitliche **Emporkanzel**. **Pfarrhaus** aus der zweiten Hälfte des 17. Jh. In der Nähe erhebt sich auch das zweigeschossige **Schulhaus** aus dem Jahre 1717.

Burgschloßruine

Als höchste Steigerwalderhebung mit 498 m trägt der **Hohenlandsberg** eine ehemalige **Burgschloßruine**, die sicherlich schon anstelle einer keltischen – Historiker gehen sogar von einer kelt-illyrischen Wehranlage aus, die als Befestigung errichtet wurde. So ist es nicht verwunderlich, daß der Hohenlandsberg auf der Route des Kelten-Erlebnisweges liegt, der durch den gesamten Steigerwald, über die Haßberge, den Grabfeldgau bis weit nach Thüringen führt und dessen Begehung lohnenswert ist. Um auf den Berg zu wandern, folgt man im Ort Weigenheim einem Wegweiser, der auf einen Flurweg führt und der an einem kleinen Wanderparkplatz endet. Markierung: Liegendes Turmsymbol. Wenig später kann man auch dem Zeichen des Kelten-Erlebnisweges (rote Fibel) folgen.

Der markante Hohenlandsberg, ist schon aufgrund seiner schönen Kegelform von mehreren, auch weit entfernten Stellen des Steigerwalds aus zu sehen. Von der B 13 (zwischen Ochsenfurt und Uffenheim) zeigt er sich besonders schön. Zu längst vergangenen Tagen wäre der Burgbau folgendermaßen beschrieben: von einer stattlichen Palisadenwand und festen Ringmauern umgeben und von drei Türmen flankiert. In der Mitte erhebt sich das Wohnschloß, besonders auffällig hierbei ist der als Wachtmeisterlogis bezeichnete nördliche Turm. Gegen Norden und Süden schoben sich Bastionen für Geschütze vor. Von dem mittelalterlichen Festungsbau ist leider nicht mehr viel von den spätmittelalterlichen Befestigungen zu sehen: Der annähernd runde, eher ovale Burgplatz mißt im Durchmesser circa

100 m. Sichtbar sind aber noch die hohen und breiten Wälle mit einem tiefen Grabenverlauf und Vorwall. Aus dem Wall treten an einigen Stellen noch feste Mauerverbände turm- und bastionsartig hervor. An der Stelle des ehemaligen Tores, einem langen tonnengewölbtem Torgang aus groben Quadern sind auch noch Mauerteile sichtbar. Betritt man das annähernd ebene Burginnere fällt eine kleine Erhebung annähernd in der Mitte auf, das wohl Stelle der Wohnbauten war. Der kleinflächige Turmstumpf auf der einen Wallkrone ist wie oft angenommen kein mittelalterlicher Turmrest, er ist Zeugnis eines neuzeitlichen Aussichtsturmes, der sich auf dem Hohenlandsberg einmal erhoben hatte. In den Wällen tun sich noch stellenweise Gewölbeeingänge auf, die in tiefergelegene Wehrgänge zu den Kasematten und Geschütztürmen führen. Baugeschichte: Die hochmittelalterliche Vorgängerburg soll schon im Laufe des 12. Jh. zerstört worden sein. Hieß früher einfach *Landspurg, Landesberg.* Damit ist eine Burg beschrieben, die ein Land beherrscht, überwacht. Als kaiserliches Afterlehen war es im 13. Jh. Besitz des Würzburger Bistums. Die ersten Lehensbesitzer waren wohl die reich begüterten Herren von Hohenlohe, die aus dem Stammschloß Hohenloch, jetzt Hohlach kamen. 1382 ist es Gottfried von Hohenlohe, der dem Ritter Friedrich von Seinsheim und dem Juden Bern von Rothenburg Amt und Burg mit den Orten Weigen-, Seins-, Herrns-, Nenzen-, und Bullenheim und andere seiner Güter mit dem Recht auf Wiederveräußerung verkauft. Mehrmalige Wechsel der Besitzer durch Verpfändungen im Zeitraum von 1383 bis 87 folgten, wobei der Hohenlandsberg allein fünfmal an die Reichsstadt Rothenburg ging. 1383 sind ein Wiprecht Martin von Mergentheim und Heinrich Übel von Ehnheim Burgherren. Nach 1387 wechselten die Besitzer durch weitere Verpfändungen und Verträge (1393 an den Würzburger Bischof Gerhard), bis letztendlich der Seinsheimer Erkinger von Schwarzenberg Lehensherr wurde. Bis 1500 behielt diese Linie den Burgbau, den aber auch der Markgraf Friedrich von Brandenburg als brandenburgisches Lehen beanspruchte. Tatsächlich schaffte es der Markgraf mit einer Klage sich den Besitz, der ihm angeblich vom Hause Hohenlohe als Afterlehen zugetragen war durch winkeladvokatige Schachzüge anzueignen, so daß 1511 sich der Adel von Seinsheim-Schwarzenberg von ihm belehnen lassen mußte. Die Erlaubnis hierzu erhielt er von höchster Instanz, vom Kaiser selbst. Johann von Seinsheim-Schwarzenberg war es, der den Hohenlandsberg in der Zeit zwischen 1511 und 1524 nach den neuen (damals modernen)

Burgruine Hohenlandsberg: Tordurchfahrt zum Inneren Schloß

Fortifikationslehren im Zuge der Einführung von großkalibrigen Feuerwaffen grundlegend aus- und umbauen ließ. Auf diese Zeit dürften die jetzt ruinenhaften, bastionsartigen Türme mit den typischen Schießscharten und Kasematten entstanden sein. Während des Bauernkrieges 1525 kam es zu keinerlei schwerwiegenden Auseinandersetzungen um die Feste, da sich der Adel von Schwarzenberg zu diesem Zeitpunkt für die Verteidigung des Schlosses Schwarzenberg entschied. Am 4. März des Jahres fielen die Bauernscharen in den burglichen Besitz ein, zerstörten aber nichts. Friedrich von Seinsheim zu Schwarzenberg trat 1547 als Nachfolger seines Vaters in die Dienste des Kurfürsten Johann Friedrich von Sachsen, der Teilnehmer im schmalkaldischen Krieg war. Insofern stand er gegen seinen Lehensherrn auf gegnerischer Seite, die mit dem schlechten Ausgang für den Kurfürsten eine jähe Niederschlagung fand. So mußte der Seinsheimer mitansehen, wie ihm sein Lehensbesitz entzogen wurde, wenngleich er seinen alten Besitz später wieder zurückerhielt. Vorher kamen aber er und seine Anhänger in die Reichsacht, was der Markgraf Albrecht Alcibiades von Ansbach-Bayreuth als Gelegenheit nutzte, sich vom Kaiser Karl V. die Herrschaften Schwarzenberg und Hohenlandsberg übertragen zu lassen. Erst nach längeren Verhandlungen erklärte sich der Markgraf bereit Schwarzenberg wieder herauszugeben, hierfür beanspruche er aber den Hohenlandsberg mit den dazugehörigen Gütern als Entschädigung für die ihm verursachten Kriegskosten. Hierauf ging aber der Seinsheimer nicht ein, auch nicht auf den Vorschlag Königsberg in Franken gegen die Feste zu tauschen. 1552 wurde schließlich Friedrich von Seinsheim von der Reichsacht losgesprochen – aber der Markgraf weigerte sich den Hohenlandsberg herauszugeben, darüberhinaus war er noch mit Konrad von Castell wegen einer Pfändung auf dem Schloß Schwarzenberg in Streit geraten. 1553 begann der Ansbacher nun von der unrecht in Gewahrsam genommenen Feste die Anhänger und dem Seinsheimer untergebenen Untertanen durch provokative Raubzüge und Überfälle zu malträtieren. Hierbei sind uns die Brandschatzung vom Schloß Seehaus→, die Niederbrennung Hohenkottenheims→, sowie die Verschleppungen und Gefangennahmen von Amstleuten und Bauersleuten überliefert. So bleiben auch Übergriffe auf die benachbarten Seinsheim-schwarzenbergischen Besitzungen Bambergs und Würzburgs nicht aus, was schließlich zu einer gewaltbereiten Auflehnung gegen den Markgrafen führte. Die Verbündung der Geschädigten untereinander, führte zum Marsch gen die widerrechtlich besetzte Feste Hohenlandsberg, von dem ein regelrechter Kleinkrieg ausgeführt wurde. Ende März des Jahres 1554 sind Vorbereitungen zu einer Belagerung überliefert, wobei die Untertanen, die ohnehin schon frondienstpflichtig waren noch zu Spanndiensten eingeteilt wurden. Anfang April wurde die Feste auf dem Berg eingeschlossen, am 4. April beschossen und vier Tage später ergab sich das belagerte und beschossene Bergschloß. Feuersbrünste sind am 12. und 13. April beschrieben, Sprengungen der übrigen Baureste gaben dem stolzen Festungsbau den Rest. In der Festung fanden sich jedoch noch genügend Munition, Verpflegung und Feuerwaffen, die allesamt nach Nürnberg verbracht wurden. Friedrich von Seinsheim-Schwarzenberg verlangte nun eine Entschädigung. Die Entschädigung Nürnbergs erfolgte erst 1570 in Form einer Summe von 6000 Gulden.

Die kleine Ortschaft **Reusch** liegt etwa 1 km nördlich von Weigenheim. Ursprüngliche Ortsnamen des regional typischen Haufenwegedorfes waren zuerst das mittelalterliche *„Rische"*, dann *„Reische"*. Im 13. Jh. war der Ort offenbar Besitz derer von Hohenlohe. Die Besitzverhältnisse entsprachen später denen auf den beiden Burgen oberhalb des Ortes Frankenberg. Ab 1520 bis 1783 erscheinen die von Hutten als Besitzer des Ritterortes, die auch mit den Flecken Frankenberg, Ippesheim, Geckenheim, Nenzenheim und Bullenheim weitere Güter, durch Kauf innehatten. Hier galt nun auch die „Dorfordnung", die Schultheiße, Gerichtsknechte bestätigte, Gerichtstage, Hochgerichte, Zollverordnungen, Bürgergesetze und Strafkammern ansetzte und begünstigte.

Die evang. **Pfarrkirche**, ehemalig St. Marien, wird von 1491 bis 1511 durch die Herren von Absberg zu Vorderfrankenberg (Wappen im Chor) errichtet. Der Polygonchor mit seinem einjochigem Kehlrippennetzgewölbe, der Kirchturm und Teile des Langhauses (1700/01 nach Einsturz) erinnern noch an diese Bauphase, später kam St. Marien an die von Hutten. Unter diesen war sie auch **Grablege** der Familie mit 15 Grüften unter dem Erdgeschoß. Das Allianzwappen ist an Kirche und am Fachwerk im Schulhaus sichtbar. Beachtens-

Flügelaltar von Reusch: Linker Seitenflügel mit Hl. Augustinus, Schrein mit den Aposteln Petrus und Paulus und Maria mit Kind, rechter Seitenflügel Leopold von Österreich.

Flügelaltar

wert ist der spätgotische **Flügelaltar**, der im späten 15. Jh. unter dem Dürer-Lehrer Michael Wohlgemut aus Nürnberg entstanden sein soll. Die Predella zeigt ein Ölbergrelief vor gemalter Landschaft, links eine Darstellung des Hl. Bischof Ulrich und rechts der Hl. Filicitas. Die 1,25 Meter hohen Stand-Schreinfiguren, von einer vom Ulmer Bildhauer Michel Erhart beeinflußten Werkstadt geschaffen, zeigen Maria mit Jesuskind, links und rechts die Apostel Petrus und Paulus. Die Reliefs der Flügelinnenseiten zeigen den Kirchenlehrer Augustinus und Leopold von Österreich (rechts). Die stehenden Seitenflügel stellen links den St. Michael, St. Wolfgang und links unten St. Katharina mit Schwert und zerbrochenem Rad, die St. Barbara mit Kelch, Hostie, rechts oben St. Leonhard mit Kette und den Frankenapostel St. Kilian, rechts unten St. Dorothea (Blumenkörbchen) und St. Maria Magdalena (Salbgefäß) dar. Die Flügelaußenseiten zeigen auch Gemälde mit Szenen aus Mariä Leben. Schön bearbeitete **Epitaphe** sind die eines Karl Heinrichs von Hutten neben weiteren adliger Familien, zum Beispiel die der von Eyb, von Heßberg, von Thüngen, von Wehyers und von Berlichingen. Beachtung verdient das **Marmorgrabmal** (1783) mit Alabasterwappen, Porträtmedaillon und Vasenaufsatz des Johann Philipp von Hutten. Die kleine Kirche wirkt durch die u-förmige Doppelempore regelrecht verbaut. Der Gasthof „Schwarzer Adler" ist ein zweigeschossiger Fachwerkbau und stammt noch aus dem 17. Jh.

Epitaphen

Altaraußenseiten

Szenendetail Altarbildaußenseite

Wiesenbronn *K367 D2*

Landkreis Kitzingen

ANFAHRT/WEGBESCHREIBUNG
BAB A3 Würzburg-Nürnberg, Abfahrt Wiesentheid, der B 286 in Richtung Markt Bibart bis Rüdenhausen folgen, hier rechts ab nach Wiesenbronn.

SEHENSWÜRDIGKEITEN
Rathaus, Kirche Heilig Kreuz , (Ehem. Wehrkirche, Gaden, Epitaph, Emporgestühl, Fresken), Friedhofskanzel, Arkaden

ORTSGESCHICHTE: Der Ort Wiesenbronn an der fränkischen Bocksbeutelstraße gelegen, wird schon seit dem 9. Jh. als Weinort urkundlich bezeugt. Wohl bestand schon um 800 ein Ort, der Dank eines aufgezeichneten Wechsels in Form einer Stiftung von Gütern eines frühmittelalterlichen Gutes eines Appo von *„Wisibrunnen"* an Fulda, bezeugt wurde. 918 urkundlich wiederholt. Dieser Ortsname könnte schlicht und ergreifend als Brunnen der Wiese gedeutet werden. Um 1200 bis Ende des 19. Jh. tauchen die Namen castellscher Ministerialen von Wiesenbronn auf, die hier einen burglichen Ort bewohnen. Dieser wird als Wasserburg mit doppeltem Bering, tiefem Graben und Zugbrücke geschildert. Anscheinend birgt aber der Ort dreierlei Burgstellen: der erst 1517 erwähnte Burgplatz des Philipp Esel von Altenschönbach und der 1384 bezeugte von Castell. Beide zu lokalisieren ist nicht mehr möglich. So waren im Dorf auch Anteile der Burggrafen von Nürnberg und neben denen der Grafen von Castell die des Klosters Ebrach. Im Bauernkrieg kommt es wohl 1525 zu Zerstörungen der einstigen Burgen. Weitere Besitzverhältnisse blieben bis ins 18. Jh. hinein bestehen, in dem jetzt das Markgrafentum Brandenburg, das Kloster Ebrach, und das Bistum Würzburg als Mitherren erscheinen. Nördlich des Ortes ist ein früher zweigeschossiger Schloßbau des frühen 17. Jh. zu vermuten. Von diesem stehen nicht einmal mehr Mauerreste. Die erste Erwähnung liegt im 14. Jh. vor. 1480 ist schon von einem Verfall die Rede, 1525 restlos zerstört.

SEHENSWÜRDIGKEITEN: Das ist zum einen die **Kunstuhr** am schlichten, kaum von den übrigen Häusern zu unterscheidenden Barock-**Rathaus** aus der ersten Hälfte des 18. Jh., an der sich stündlich ein figuraler Bauer und ein Häcker mit den Gerätschaften ihrer Zunft schlagen. Über der Uhr steht noch der Sinnspruch: *„Stumm und mit stillem Mund, schlagen wir uns jede Stund!"* Der zweigeschossige Walmdachbau mit Dachreiter beschreibt den Standplatz der alten Dorflinde. Unter der seitlichen Freitreppe befand sich ehedem das Gemeindegefängnis. Neben dem Rathaus lag früher die Dorfschmiede. Rathausuhr

Steigt man zur evang.-lutherischen **Kirche Heilig' Kreuz** den Ort beherrschenden Berg empor, so stößt man auf die alte Kirchwehrmauer (13. Jh., Schießscharten an der Nordseite), deren Gadengebäude teilweise noch genutzt und erhalten geblieben sind. An der Stelle des jetzigen Schulhauses stand der Torhausbau der Kirchenburg, an der Westseite stand der ehem. Zehntkeller der Brandenburg-Ansbachischen Dorfherrschaft. Im Krieg zwischen den Ansbacher Markgrafen und dem Würzburger Bischof wird der Kirchberg als umkämpft beschrieben. Der vierstöckige Kirchturm stammt in seinen Untergeschossen noch aus der Erbauungszeit. Die übrigen Geschosse wurden Anfang des 18. Jh. draufgesetzt. Chor und Langhaus – mit seiner großen, zum Chorraum stehenden Säule, wurde 1603 neuerbaut. Das hölzerne Emporgestühl ist ebenfalls 1603 bezeichnet. Der **Altar** beinhaltet ein Abendmahlsgemälde und der Taufe Christi. **Epitaph** des brandenburgischen Geheimrates Johannes Buttner (1605) und seinen Frauen. Die **Fresken** im Chorraum stammen noch aus der Entstehungszeit und stellen das Jüngste Gericht, Christus, Johannes den Täufer, Evangelisten und Apostel dar.

Fresken

Auf dem westlich gelegenen Gemeindefriedhof steht eine der im Raum Würzburg und Kitzingen, besonders aber für die fränkische Region unikat und doch häufig anzutreffenden **Friedhofskanzel**n, die alle aus dem Zeitraum zwischen 16. und 17. Jh. stammen. Beispiele stehen auch in den Steigerwald-Orten Abtswind→, Prichsenstadt→, Mainbernheim→. Die Kanzel steht als kleiner Mittelpunkt, meist gegenüber den **Holzarkaden**, in denen die Trauergemeinde sich niederlassen konnte im eigentlichen Gräberfeld des „neu" eröffneten Friedhofs, nachdem man dazu übergegangen war den Friedhof aus dem Kirchhof zum Ortsrand zu verlegen.

Friedhofskanzel
Arkaden

Örtlich gibt es einen **Wein- und Rebsortenlehrpfad**.

Die nahe **Pulvermühle** ist vermutlich eine der ältesten Mühlen von 10 bekannten im fränkischen Reichskreis.

Kurios ist in jedem Falle die **Hochwassermarke** im Ort, die an einem schönen und typischen **Hoftor** des Steigerwald-Vorlandes erkennbar ist. Das Tor besitzt einen rechteeckigen Türeingang mit urnenförmigen Aufsätzen auf einer auskragenden Abdeckplatte. Über dem Radabweiserstein am Fuße kann man die Markierung „Wasserhöhe am 21. Mai 1860" ablesen. Tatsächlich erinnert die Inschrift an verheerende Regenschauer und einer für das Dorf katastrophalen Sturz- und Schlammflut von den Schwanberghängen.

Ein mittelalterliches **Sühnekreuz** erhebt sich am Ortsausgang nach Rüdenhausen. Es soll an einen hier umgebrachten Menschen erinnern, der hier wegen seines Geldes überfallen wurde.

Friedhofskanzel

Wiesentheid *K367 E3*

Landkreis Kitzingen

ANFAHRT/WEGBESCHREIBUNG
BAB A3 Würzburg-Nürnberg, Abfahrt Wiesentheid.

SEHENSWÜRDIGKEITEN
Schloß, Templerhaus, Gräfliche Domonialkanzlei, Rathaus, Apotheke, Mariensäule, Pfarrkirche St. Mauritius (Deckenmalerei), Neues Schlößchen, Kreuzkapelle (Deckenmalerei)

ORTSTEIL/SEHENSWÜRDIGKEITEN
Untersambach

ORTSGESCHICHTE: *„Wiesenheida"* erscheint urkundlich als Schenkung an das Kloster Schwarzach, - im 9. Jh. erstmals in einer Bestätigungs-Urkunde erwähnt. Der Flecken gehörte seit dem 13. Jh. zum castellschen Besitz. Zwischen dem einflußreichen Kloster Schwarzach und dem gräflichen Castell können sich fränkische Adelssippen, wie die von Schönstab, von Kottenheim und von Wipfeld als gräflich castellsche Vasallen auszeichnen, bis seit Mitte des 15. Jh. die Fuchs von Dornheim als Lehensinhaber von Wiesentheid nachweisbar erscheinen. Diese werden 1547 als erbbelehnte Herren von Ort und Burg nochmals bekundet. Aus dieser Zeit stammt der sogenannte, renaissancezeitliche, volutgiebligе Fuchsbau im Schloß, den 1576 Hans von Dornheim bauen läßt. Durch die zweite Ehe Hans von Fuchs von Dornheim mit Magdalena Echter von Mespelbrunn (der Schwester von Julius) wurde die Gegenreformation im Ort erleichtert. Schon wenig später erhält Wiesentheid die Privilegien der reichsunmittelbaren Stadt und gehörte zum Ritterkanton Steigerwald. 1584 gab es Pestnöte in Wiesentheid, die deshalb auch zur Anlage des Neuen Friedhofes führten. 1611/12 erneute Pestopfer. Die Buchstaben auf dem Turmkreuz sind die Abkürzungen einer Beschwörungsformel, mit der man damals wohl glaubte diese Seuche in Griff zu bekommen. Im frühen 17. Jh. gab es auch hier Hexenprozesse. 1673 starben die Fuchs von Dornheim aus. 1678 ist ein Graf Johann Otto von Dernbach als neuer Besitzer bekannt, der durch die Heirat an den Besitz gelangt. Er schaffte es Wiesentheid als reichsständische Grafschaft mit Sitz im Reichstag zu erheben. 1682 konnte sich der Ort Markt nennen. So kam es nach dem erbenlosen Tod des Grafen zu ernsten Streitigkeiten mit dem Würzburger Bischof, der die Hinterbliebene nicht als Gräfin anerkennen wollte und ihr Teile der Güter streitig machte, die zur Errichtung eines adeligen Frauenstiftes gedacht waren. 1701 wurde nach einem Vergleich der Witwe die gräfliche Regentschaft anerkannt, aber deren Besitz verringert. Graf Rudolf Franz Erwein von Schönborn wurde 1704 mit der neu geschlossenen

Ehe der Witwe Regent der Herrschaft, mit dem Markt Wiesentheid, Atzhausen, Goesdorf und dem Wald von Obersambach. So setzt eine weitere Bautätigkeit in Wiesentheid am und im Schloß und im Ort unter diesem ein. 1759 machte ein in den Ort einfallendes preußisches Korps im Siebenjährigen Krieg von sich reden. Am 2.3.1881 wurde in Wiesentheid der fränkische Dichter, der 1956 verstorbene Nikolaus Fey geboren.

Schloß

SEHENSWÜRDIGKEITEN: Das **Schloß** (1708-1724) wurde zu einem dreiflügligen Bau verändert, die Pfarrkirche St. Mauritius entsteht im neuen, damals modernen Äußeren anstelle einer älteren. Seit dieser Zeit nun, bis 1803 ist das Schloß im Besitz der Familie von Schönborn. Der Fuchsbau bildet den alten Kernbau des Schlosses und ist in seiner Art zweiflüglig mit den vier zylindrischen Ecktürmen angelegt. Später kommt es zu weiteren An- und Umbauten. Die barocke, eher schlicht gehaltene Residenz wurde Herz des kleinräumigen hochgräflichen und zum Kaiserreich gehörigen Territoriums. Die Bauleitung bis in die erste Hälfte des 18. Jh. hatte damals der Geistliche Nikolaus Loyson S. J. Das Schloß mit dem 1826 in einen englischen Park umgewandelte **Schloßpark** französischer Art (Figuren erhalten) beherrscht noch in der baulichen Erscheinung des ehemaligen Fuchsbaus mit den vier runden Ecktürmen den Markt. Der stattliche Portalbau mit Allianzwappen zur Straßenseite hin bildet den Zugang zum vierseitigen Innenhof mit der nordwestlich errichteten **Schloßkapelle**, die bis 1755 Ballspielsaal war. **Spätgotische Figuren** der Hll. Anna Selbdritt und der Barbara stehen an einem Altarbau Johann Georg Neßtfells. Erhalten ist auch der **Spiegelsaal** von 1730. Die **Stuckarbeiten** übernahmen seinerzeit die Bamberger Meister Johann Jakob Vogel, Joh. Caspar Vogel und Blasius Straub. Neben dem gut erhaltenen Rokoko-Inventar beherbergt das Schloß eine beeindruckende Bibliothek.

Kalvariengruppe

Die **Kalvariengruppe** auf dem Schloßplatz vor der Kirche St. Mauritius ist ein Werk des Lukas Auwera von 1766. Die barocke, aber unspektakulär unverputzte Fassade der Pfarrkirche steht dem Schloßbau schräg gegenüber und bildet mit dem Platz mit **„Templerhaus“** (dem dreigeschossigen Amtshaus der Deutschordenskommende Kitzingen, aus der 1. Hälfte des 17. Jh. mit Fachwerk im Obergeschoß und geschweiftem Giebel), den Bauten der gräflichen **Domonialkanzlei** (1723-29) und dem massiven **Barock-Rathaus** von 1741 mit Mansarddach und Uhrtürmchen, einen durchaus wohlständischen und erhabenen Charakter einer in sich geschlossenen, kleinen Residenzstadt. Der Heimatdichter Nikolaus Fey († 1956) wurde hier, am 2. März 1881 in einem 1728 bezeugten ansehnlichen Haus geboren. Schöne **Pforte** mit Pinienzapfen und muschelartigem Rundbogengiebel mit Pietà, in Rustikaquadern gehalten. In der Kanzleistraße erheben sich einige der in der ersten Hälfte des 18. Jh. errichteten Verwaltungsbauten. Die alte **Apotheke** am Marienplatz, ist ein schmucker Rokokobau, um 1750 entstanden. Die **Mariensäule** als Platzmitte ist erst im 19. Jh. aufgestellt worden. Hier befindet sich

Rathaus

auch das schlicht gehaltene **Neue Schlößchen**. Einen rokokozeitlichen **Wirtshausausleger** kann man am Gasthaus Anker bewundern. Die **katholische Pfarrkirche St. Mauritius** mit Schmuckfassade, wurde im Stil des Frührokoko von Johann Georg Seitz (der auch die Verwaltungsgebäude in der Kanzleistraße erbaute) unter Rudolf Franz Erwein von Schönborn zwischen 1727 und 1732 errichtet. Inwieweit der bekannte Barockbaumeister Balthasar Neumann an der Planung beteiligt war ist noch umstritten. Die Nischen in der säulenbesetzten, pilastergegliederten Fassade mit Fassadenturm werden durch die namenspatronalen Figuren des Hl. Mauritius, der Hl. Eleonore (links des Portals) und rechts durch den Hl. Franzikus belebt. Die Abbildung der Hl. Eleonore darf als Hommage an die Gemahlin des Schönborn-Grafen Maria Eleonore, vor Fertigstellung der Kirche verstorben, angesehen werden. Im Innern der Kirche sind die beeindruckend ausgemalten Flächen der Flachdecke und der Wände zu bewundern. Der italienische Künstler Giovanni Marchini schuf die sehenswert, gestaltete **Malerei** in schwerer Scheinarchitektur. Eine gewaltige, von Säulen und Pilastern getragene Kuppel auf die Flachdecke gemalt. Vier Kolossalfiguren stellen die Kirchenlehrer Gregor, Ambrosius, Augustin und Hieronymus dar. Die wertvolle Inventarisierung geht auf Jakob Thomas Wagner, die Schreinerarbeiten (**Tabernakel, Kanzel, Herrschafts- und Chorgestühl, Orgelgehäuse**...) auf den Würzburger Hof- und Kunstschreiner Johann Georg Neßtfell zurück. Der mächtige **Hochaltar** ist ein Werk Johann Christian Mayer-Dettelbach, durch sechs Säulen aus Stuckmarmor gestaltet. Die Hoch- und Seitenaltarfiguren fertigte Jakob von der Auwera.

Pfarrkirche

Deckenfresko

Interessant ist die auch westlich, an der Straße nach Kleinlangheim liegende **Begräbnis- oder Kreuzkapelle** der Grafen von Schönborn. Allerdings ist die so nicht öffentlich zugängliche Kreuzkapelle gräflicher Privatbesitz. Antonio Petrini errichtete wohl den Oktogonbau, der 1712 durch vier Anbauten unter Anleitung des Jesuitenpaters Loyson zur Kreuzkapelle (St. Jakob) wurde. Giovanni Marchini malte 1730 auch hier das **Deckengemälde**. Der Eindruck, die Gebäude in Scheinarchitkektur wären beim Einstürzen, sollte wohl die Bedeutung einer Vergänglichkeit jeden irdischen Schaffens und Wirkens hervorheben. **Altar** und **Kanzel** sind Werke des Hofschreiners

Illusionistische Deckenmalerei in der Pfarrkirche

Johann Georg Neßtfell. Jakob von der Auwera schuf die **Kreuzigungsgruppe** auf dem Altar.

ORTSTEILE/SEHENSWÜRDIGKEITEN: Etwa 4 km östlich von Wiesentheid liegt der Ort **Untersambach**. Besuchenswert ist die katholische **St. Barbara-Kirche** aus dem 16. Jh. wegen ihres spätbarocken **Hochaltars**, auf vorgedrehten Säulen getragen, in dem sich eine spätgotische **Madonnenfigur mit Kind** (um 1520) erhebt, einem typischen Rokoko-Altarkreuz und einem um 1570 entstandenen **Vesperbild**. Die Dorfherrschaft oblag den Grafen zu Castell und dem Bistum Würzburg. Castellsche Ministerialen waren hier die Fuchs. Nach dem Bauernkrieg wurde der Ort mit der Kirche im Dreißigjährigen Krieg und dem Schwedenkrieg schwer in Mitleidenschaft gezogen.

Willanzheim *K369 C8*

Landkreis Kitzingen

ANFAHRT/WEGBESCHREIBUNG
BAB A7 Würzburg Ulm, Abfahrt Kitzingen, in Kitzingen der B8 in Richtung Markt Bibart bis Mainbernheim folgen, hier rechterhand abbiegen.

SEHENSWÜRDIGKEITEN
Pfarrkirche St. Martin(gaden), Viereckschanze „Pfaffenburg", Feldkapellen und Bildstöcke

ORTSTEILE/SEHENSWÜRDIGKEITEN
Herrnsheim (Wehrkirche), Hüttenheim in Bayern (Wehrkirche)

ORTSGESCHICHTE: Der kleine Ort Willanzheim am Breitbachtal wurde bereits im 6. Jh. durch die fränkische Besiedlung namentlich *„Wielanteheim"* bedeutend, da hier ein Königshof mit königlicher Kirche entstanden war. Bezeugt ist dies durch eine Urkunde König Ludwig des Deutschen. Aus „Heim des Wielands" wurde später Willanzheim. Besonders interessant ist wohl der Fund einer Münze des Kaisers Justinus I. in einem merowingischen Grab der hier entdeckten Reihengräber einer älteren Kirchgemeinde. Die Tonscherbenfunde und Werkzeugreste von Ackerbauern um 4000 v. Chr. belegen eine noch frühere Besiedlung. Eisenzeitliche Hügelgräber finden sich am Hornheimer Schlag des Großen Mühlholzes. Schon 741 wird die Martinskirche erwähnt. 1137 wird eine Burg, an das Domstift zu Würzburg verschenkt, bezeugt. Anscheinend teilte sich das Stift mit den Herren von Wenkheim den Ort, die 1513 ihren Besitzanteil an die von Ehenheim verloren, die schon 1137 Eigentümer der hiesigen Burg gewesen waren. Vor dem wohl immer zerstörerischen Dreißigjährigen Krieg kam es in den Pestjahren 1606/11 zu einer schwindenden Bevölkerungszahl. Wiederholte Zerstörungen erlitt Willanzheim 1649 unter den Franzosen des Marschalls Turenne. Der Ort wurde 1803 an Preußen übertragen, vier Jahre später für weitere vier Jahre an das Fürstentum Bayreuth, ehe es an den späteren „Freistaat" gelangte. Im 2. Weltkrieg wurde der Ort durch amerikanische Tiefflieger am 5. April 1945 unsinnigerweise fast zur Hälfte zerstört.

Gadenkirchenburg

SEHENSWÜRDIGKEITEN: Die heutige, katholische **Pfarrkirche St. Martin** besteht aus ihrem später um ein Stockwerk erhöhten Turm (dieser aus dem 14. Jh. - 1948 erneuert) mit Haube und Laterne, und dem nach alten Plänen wieder neuerstandenen Langhaus. Das die Kirche als Kirchenburg genutzt wurde zeigen die noch an drei Seiten erhaltenen, aber ruinösen Wehrmauern mit ihren Schießscharten. Mitunter sind auch **Gadenhäuser** und das **Torhaus** (1587 bezeichnet) erhalten. Wie auch bei anderen Kirchburganlagen der Umgebung war hier das Torhaus auch Rathaus der Gemeinde. Hier finden sich auch die Maßeinheit der Würzburger Elle in einem Maßband wieder. Leider ist der Baukörper durch moderne Anbauten stellenweise arg entstellt. Rokokoaltäre aus der Mitte des 18. Jh. und klassizistischer Kanzelbau.

Keltische Schanze

So sind außer der Kirche ein **Turmhügel** einer 1137 genannten und an das Domstift zu Würzburg geschenkten Burg und die Viereckschanze „Pfaffenburg" aufzusuchen. Von der Burg 300 m östlich der Ortskirche in der Niederung eines Breitbachzuflusses stehen nur noch geringe Reste. Sicherlich wurden auch Teile der Ruinen überbaut und abgetragen. So wurden aber bei Erdarbeiten 2,2 m dicke Mauern gesichtet. Der Hügel mit seinem Durchmesser 30 x 20 m war gegen Norden durch einen jetzt verflachten Graben geschützt.

Die **Viereckschanze**, wohl zur Zeit der Germaneneinfälle ins vorher keltische Land zum Schutze der keltischen Bewohner angelegt, liegt westlich von Willanzheim im großen Mühlholz. Ein nunmehr seichter Graben und mäßig aufsteigende Wallreste, sind nur nördlich, westlich und südlich sichtbar. Das ehemalige, breite Schanzentor ist im westlichen Wall zu finden. Schöne **Feldkapellen** und **Bildstöcke** am westlichen Ortseingang (Bildstock, 1681) und an den Straßen nach Iphofen und Tiefenstockheim. Bildstock und Darstellung der 14 Nothelfer mit Blutwunder von Walldürn an Straße nach Iphofen.

An der klassizistischen **Zapfenmühle** erhebt sich ein barocker **Bildstock** von 1701.

ORTSTEILE/SEHENSWÜRDIGKEITEN: **Herrnsheim** liegt 2,5 km südöstlich von Willanzheim am ortseigenen Bach. Eine fränkische Besiedlung zur Zeit des 6. Jh. ist mit dem „Heim des Hemo" wahrscheinlich.

Dank einer Schenkungsurkunde von 1155 erfahren wir erstmalig sicher von einem Ort *„Hernesheim“*, der von einem Eispertus de Souvensheim dem Michelsberger Kloster zu Bamberg geschenkt wurde. Um 1300 erscheint das zum Reichsdorf „unter den Bergen“ erhobene als Dorf, das 1302 an Albert von Hohenlohe übertragen wird. Durch einen Kauf in der ersten Hälfte des 15. Jh. ist Erkinger von Schwarzenberg Dorfherr. Und dies ist der Schwarzenberger Adel bis 1806. Im späten 16. Jh. erhält auch der Ort von Erkinger das Marktrecht. Der Ahnherr Johann der Starke setzte sich 1524 für die Einführung der Reformation ein. Er war im übrigen ein guter und persönlicher Freund Martin Luthers. 1583 erhielt der Ort Marktrecht. Ortsname war nun Marktherrnsheim. Ein gutes Jahrhundert nach der eingeführten Reformation kam später die Gegenreformation der Ortsbewohner.

Gaden-Kirchenburg

Die jetzige Simultan- und frühere **Kirche St. Martin** liegt nördlich oberhalb des Ortes. Die Kirchenburg ist in einem sehenswert beispielhaften Zustand. Der romanische Turm mit Rundbogenfriesen paßt sich in das ausgehende 12. Jh. ein, während der Chor der Frühgotik und das rundabschließende (durch Erweiterung und Nähe zur Wehrmauer) Langhaus erst dem 18. Jh. angehören. Das Mauerwerk verweist auf das 13. Jh., Sakramentshäuschen das 14. Jh. Die **Pforte** mit kleinem Mannsloch und Beschlägen ist spätgotisch. Die **Gaden** innerhalb der ungefähr hexagonalen Wehrmauer sind unterkellert und tragen in ihren Obergeschossen Fachwerk. Auffällig sind auch einige herzförmige **Grabsteine** an der Ringmauer der Kirchbefestigung im Friedhof, sowie einige Epitaphe. Das Taufbecken in Kelchform stammt aus dem frühen 17. Jh. Die Simultankirche besitzt

Kirchenburg Herrnsheim

Eisenbeschläge am Tor

noch drei alte Glocken, die älteste ist um 1300 gegossen worden.
Im unteren Dorf ist der sogenannte **Eichbrunnen** aus dem Jahre 1524 einen kurzen Besuch wert. Dieser diente zur Prüfung und Eichung der Weingefäße der Weinbauern und Wirte.

Eichbrunnen

Das Rathaus stammt noch aus dem frühen bis mittleren 17. Jh.

Weitere 2 km südöstlich von Herrnsheim liegt der Ort **Hüttenheim** in Bayern. Eine frühest nachweisbare Besiedelung ist laut Bodenfunden aus der Bandkeramiker-Zeit (ca. 3000 v. Chr.). Bereits im 6. Jh. während der fränkischen Landnahme als „Heim des Hiddo" bezeichnet. Im Jahre 750 wird das karolingische Geschlecht der Mattonen, aus dem später das Grafengeschlecht zu Castell und Seinsheim hervorgehen sollte Mitbesitzer des Dorfes. 1213 bittet der Dorfadel von Hüttenheim unter Albert von Hüttenheim den Würzburger Bischof eine Niederlassung des Deutschordens gründen zu dürfen. Tatsächlich geht der Ort, als Ganerbendorf unter verschiedenen Herrschaften (Markgrafen von Ansbach, von Schwarzenberg, von Limpurg, von Seinsheim, von Seckendorff, von Wenkheim, dem Ebracher Kloster und dem Bistum Würzburg) aufgeteilt, als Zentrum der Deutschherren-Ritter hervor. Die mit Türmen, Bastionen und einem tiefen Wallgraben beschriebene Komturei geht 1288 an Nürnberg. Danach war sie im Besitz des Hochmeisters von Mergentheim, der es 1680 mit allen Rechten an Johann Adolf von Schwarzenberg verkauft hatte.
Die Stelle in Form eines gering tiefen, aber noch breit erkennbaren Grabenrestes (teilweise) des abgegangenen Komturschlosses liegt in westlicher Richtung in den Niederungen des Neuwiesenbaches. Ein **Burgplatz** von ca. 100 m Durchmesser scheint aus der Luft besser sichtbar zu sein. Die Flur wird „Kappl" genannt.
Von den alten Amtshäusern der Herrschaften im Ortsbild zeugen noch der **Ebracher Schultheißenhof** (1774), – ein massiver Barockbau mit Fachwerkobergeschoß und schöner **Hofeinfahrt** (Vasen auf rustikalen Pfeilern, Ebracher Wappen, Barockes **Steinpfostentor** am Fachwerkanwesen, rustikale Quaderung mit Urnenaufsatzen auf pyramidenförmigen Abschlüssen mit Blattwerk und Kartuschen. 1778), und das ehemalige **Schwarzenbergsche Amtshaus** von 1752 – nunmehr Gasthaus mit Mansarddach und Wappenstein.
Das zweigeschossige **Rathaus** von 1596, links der Kirchenburg, erscheint auch im Fachwerkschmuck.
Besuchenswert ist aber in jedem Fall die sehr gut erhaltenen **Kirchenburg** auf rechteckigem

Gadenhäuser der Kirchenburg Hüttenheim

Grundriß mit ihren Fachwerk-Kirchhäusern und den Kellern – um 1400 entstanden. Die umlaufende Wehrmauer mit Tor, an die die Gaden angebaut sind, hat stellenweise noch eine stattliche Höhe von 5 m. Interessant ist dabei die Tatsache, daß Keller und **Gaden** getrennt stehen und ein Eingangsvorbau besteht (vgl. umliegende Kirchenburgen). Der untere Turmteil der Kirche Johannes der Täufer stammt noch aus dem 13. Jh. (Rundbogenfries), die Kirche in Chor- und Langhaus und dem Turm mit der barocken Haube und Laterne aus dem 18. Jh. steht an der Stelle der hölzernen Taufkirche. 1596 ist der Torbau bezeichnet. Im Kircheninnern findet sich eine gotische

Marienfigur

„Maria mit dem Kinde“ (1480). Der Zweisäulenaltar stammt aus dem 19. Jh. und birgt ein Ölgemälde (Christus im Garten Gethsemane) von 1911.

Am Abhang des Tannenberges liegt ein **jüdischer Friedhof** (1808) für jüdische Gemeindebewohner des Steigerwaldraumes.

In der Flur Willmerskammer unterhalb des Friedhofes erhebt sich ein

Sühnekreuz

spätmittelalterliches **Steinkreuz**, das als Sühnekreuz an den tödlich endenden Streit zweier Metzgersburschen erinnert.

Auf dem Steinbühel, wo sich einst acht Dörfer (Wässerndorf, Ippes-, Bullen-, Seins-, Iffig-, Hütten-, Herrns- und Nenzenheim) zum Ruggericht über Waldfrevler trafen, und die auch alle teilhaftige Besitzer des aufgeteilten Waldes waren, pflanzte man im 20. Jh. die „Achtdörfer-Eiche“.

Die Hüttenheimer sagen im Übrigen teils noch heute zum nahen Bullenheimer Berg→ eher Matzenberg, als denn Kapellberg. Dem formschönen Zeugenberg nahe ist der schildartige Tannenberg. Beide erheben sich solitär vom südwestlichen Gebirge.

Gadenhäuser der Kirchenburg von Hüttenheim.

Wonfurt *K367 G9*

Landkreis Haßberge

ANFAHRT/WEGBESCHREIBUNG
BAB A70 Schweinfurt-Bamberg, Abfahrt Haßfurt, in Richtung Haßfurt bis zur nächsten Kreuzung, hier rechterhand nach Wonfurt.

SEHENSWÜRDIGKEITEN
Schloß, Kirche St. Andreas

ORTSTEIL/SEHENSWÜRDIGKEITEN
Dampfach

ORTSGESCHICHTE: Das am Main gelegene Straßendorf wird um 905 als „Wunfurten" urkundlich erwähnt. In der zweiten Hälfte des 10. Jh. wird es als Besitz eines Gaugrafen namens Adelhart bezeugt. 1015 erscheint in einem Fundationsbrief des Klosters Michelsberg der Name *„Wofurthe"*, da das Kloster einen Teil der Wonfurter Güter von Kaiser Heinrich II. geschenkt bekam. Hier wurden auch *Wallibehusen*, Rodeheim und Weritha vom Tauschpartner, dem Kloster Hersfeld eingetauscht. Beide bezeugenden Namen beschreiben die Örtlichkeit der Siedlung recht eindeutig - eine durch den Altmain führende Furt. Hierbei wird deutlich wie nah der Ort damals am Fluß gelegen haben muß. Das spätere Rittergut erscheint in Besitzurkunden der Fuchs im späten 16. Jh., nachfolgend bei den von der Beeck. In der zweiten Hälfte des 18. Jh. Besitz der Seckendorff-Aberdar. Im 19. Wettbewerb „Unser Dorf soll schöner werden - unser Dorf hat Zukunft" erhielt das Dorf im Landesentscheid 1998 die silberne Plakette.

SEHENSWÜRDIGKEITEN: Hinter der Kirche liegt im Grünen die **Schloßanlage** des späten 16. Jh. unter der Fuchsschen Herrschaft begründet, auf rechteckigem Grundriß und zwei von vier zylindrischen Ecktürmen, die im Obergeschoß ins Achteck hervorkragen. Der zweigeschossige Bau, der einen vierseitigen Hof mit Arkaden umschließt, weist zwei vorspringende Eckflügel auf, die an dieser Seite einen Außenhof bilden. Die früher allseitig von Wasser in breiten Gräben (eher eine Seeanlage) umgebene Schloßanlage ist bis heute über eine neuzeitliche, steinerne Grabenbrücke zugänglich. Die Böschungen des Grabenkomplexes sind verflacht. Am Schloßportal ist noch das Seckendorffsche Wappen zu erkennen. Im Vorgelände, mit auch noch im Innern älteren Gebäuden, bezeichnen eine weite Vorburg mit ehemaligen Wirtschaftsgebäuden. Die ersten Besitzer dieses Schlosses waren wohl die Herren von Fuchs mit Joachim, später dann der niederländische Adel der von den Sommerau-Beeck. Unter den von Seckendorff (seit 1764 hier wohnhaft) kommt es zu baulichen Veränderungen (barockisierte Anlage von 1695). Eine vierkantige

Schloß

Gedenksäule mit Giebel neben einer uralten Eiche erinnert an Maximilian Freiherr von Seckendorff, der geboren in der markgräflichen Stadt Ansbach, am 18.12.1841 als kaiserlich-königlicher Kämmerer und Major zu Wonfurt und Markt Sugenheim verstarb.

St.-Andreas-Kirche

Die schloßnahe **Filialkirche St. Andreas** erhebt sich seit 1824 im straffen Klassizismus auf der vom Geheimrat von Sommerau-Beeck 1754 neuerbauten Kirche, die womöglich selbst anstelle der alten Schloßkirche stand. Jetzt zeigt sie sich aber äußerlich in einem quadratischen, pilastergegeliederten Baukörper, der innen einen runden Zentralbau mit Oberlicht aufweist. Schon in dieser architektonischen Umsetzung gilt die Ortskirche als einziges und sehenswertes Beispiel dieser Stilform im Steigerwald und seinem weiteren Vorland. Ein südlich vorstehender, dreigeschossiger Turm unterscheidet sich markant von den vier Treppentürmen, deren Treppen zu den Emporen führen. An der Freitreppe vor dem Nordportal erheben sich die überlebensgroßen Heiligenstatuen aus der Zeit um 1700. Im Innern bestimmen ein **Hochaltar** und zwei **Seitenaltäre** des Rokoko bis zum Stilübergang des Klassizismus das Inventar. Die Altaraufbauten und die Steinfiguren stammen ursprünglich aus Obertheres. Beachtenswert sind hier aber diverse **Epitaphe**: das Prunkepitaph eines Georg Siegmund von Fuchs, 1593 verstorben, verewigt in reicher spanischer Tracht; desweiteren der des Heinrich Philipp von der Beeck, der 1662 in der Türkenschlacht bei St. Gotthard an der Raab gefallen war. Weiter das Epitaph der Anna Margareta Cobin von Neudingen, 1657 verstorben mit den Wappen ihrer drei Gatten. Kunstgeschichtlich wertvoll ist hier auch die **Totentafel** des Melchior Leopold von der Beeck und dessen Gattin (1693). Vor der Kirche erhebt sich auch ein schöner **Bildstock** mit tabernakelartigem Aufbau aus der Zeit um 1700.
An der Straße nach Steinsfeld steht ein **Bildstock** mit kleinem Absetzungsaltar, Baldachin und der seltenen Relief-Darstellung des Gastmahls bei Simon. Ein neuzeitlicher **Bildstock** (1655) am Fußweg nach Haßfurt geht auf eine Stiftung von Philipp von der Beeck und seiner Gattin Anna Margareta zurück.

ORTSTEIL/SEHENSWÜRDIGKEITEN: Etwa 7 km südwestlich liegt der Ort **Dampfach**. Aus dem einstigen Ganerbendorf mit 6 Lehensherren (Beispielsweise das Zisterzienser-Kloster Ebrach oder Benediktiner-Abtei Theres) entwickelte sich ein kleiner Ort, der sich ganz nach dem kleinen Flüßchen benannte. Nordwestlich des Ortes stößt man in der Flur Bißholz auf die alte Ortswüstung Buchsulz. Die vermutlich ehemalige, befestigte **Kirche**, zumindest eine Kirche im angelegten Wehrfriedhof St. Andreas zeigt sich mit dreigeschossigem Westturm und eingezogenem Choranbau. In der Nähe der Kirche ein

Kreuzweg

klassizistischer Kreuzweg (z. B. Darstellung des Grabes Christi als antike Ruine). In der 1611 bezeugten **St. Ottilienkapelle** steht die spätgotische **Holzfigur des St. Sebastian** um 1500, bemalt, und die **Holzfigur der Hl. Maria mit Kind** aus der Mitte des 15. Jh.

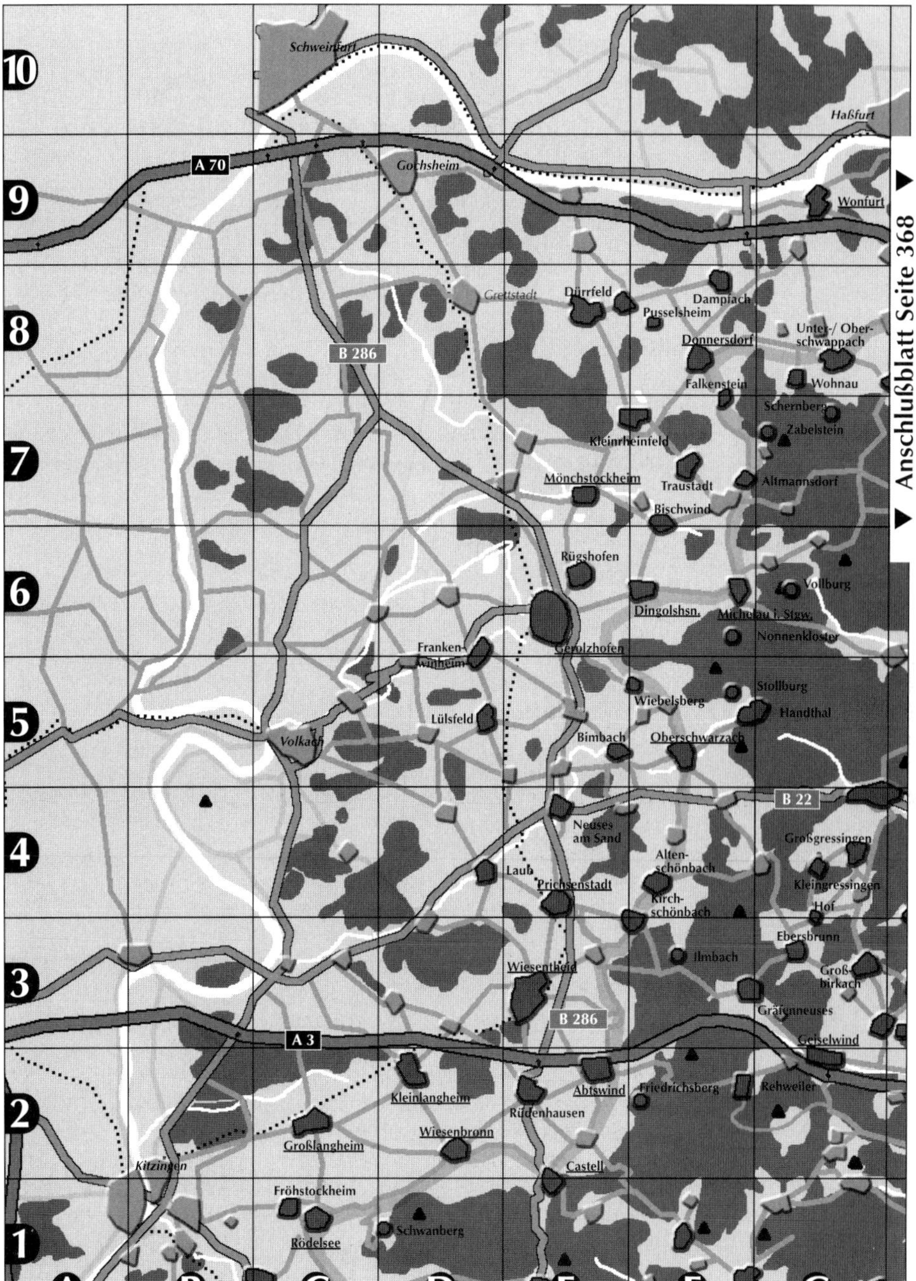

▶ Anschlußblatt Seite 368 ▶

▼ Anschlußblatt Seite 369 ▼

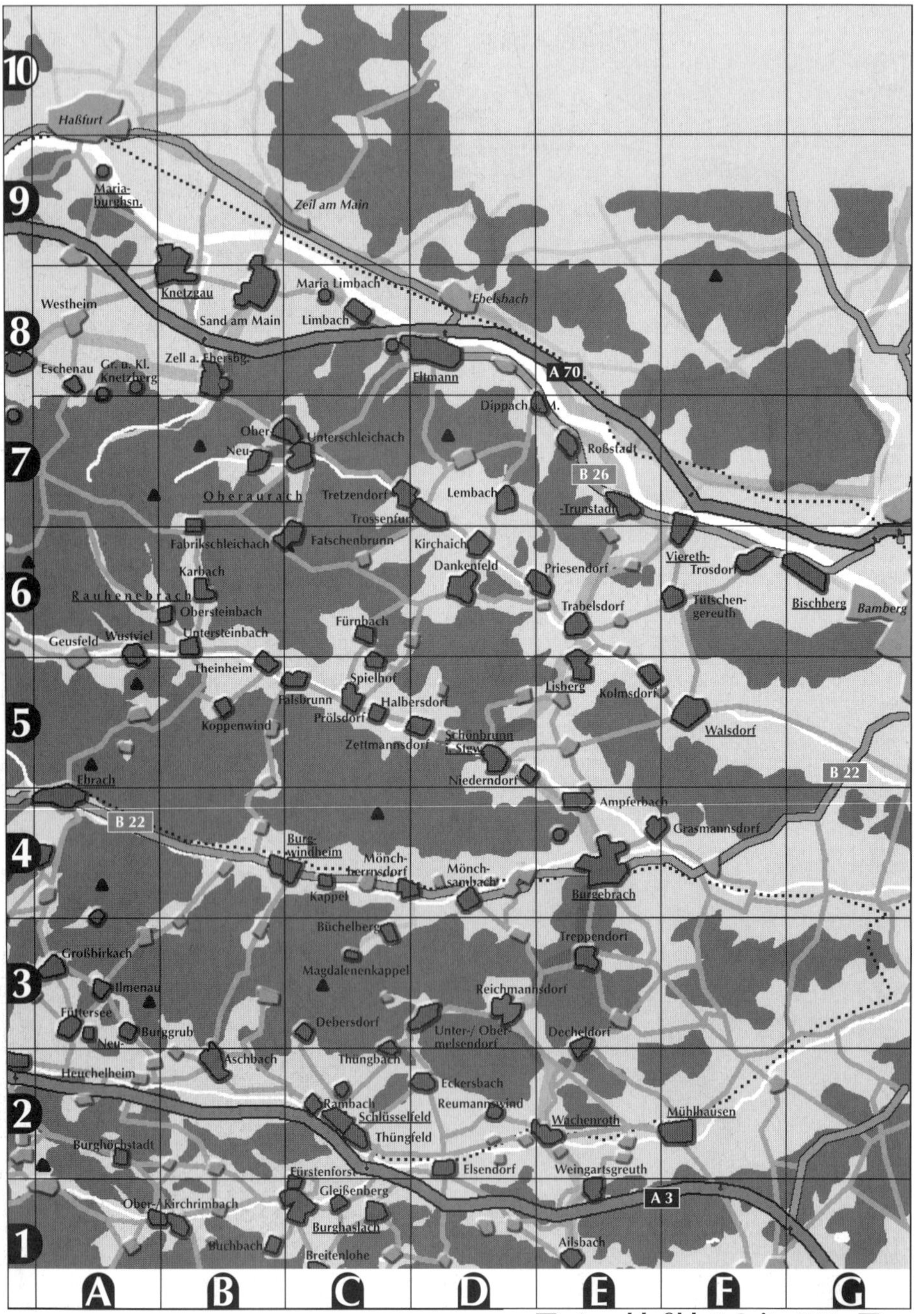

▼ Anschlußblatt Seite 370 ▼

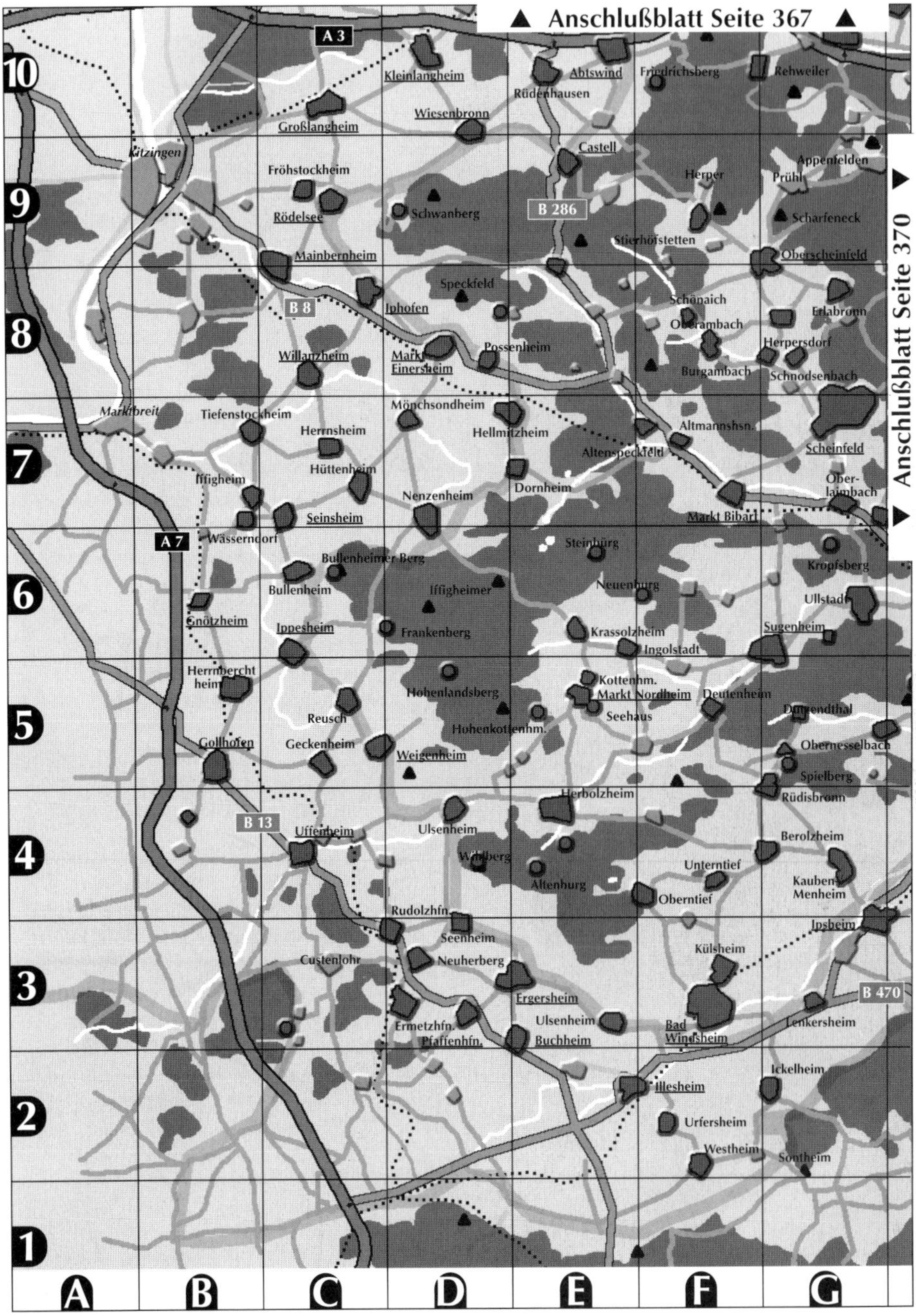
▲ Anschlußblatt Seite 367 ▲
Anschlußblatt Seite 370
A 3
A 7
B 8
B 13
B 286
B 470
Kleinlangheim
Abtswind
Friedrichsberg
Rehweiler
Rüdenhausen
Großlangheim
Wiesenbronn
Kitzingen
Castell
Fröhstockheim
Appenfelden
Herper
Prühl
Rödelsee
Schwanberg
Scharfeneck
Stierhöfstetten
Mainbernheim
Oberscheinfeld
Speckfeld
Iphofen
Schönaich
Oberambach
Erlabronn
Willanzheim
Markt Einersheim
Possenheim
Herpersdorf
Burgambach
Schnodsenbach
Marktbreit
Tiefenstockheim
Mönchsondheim
Herrnsheim
Hellmitzheim
Altmannshsn.
Altenspeckfeld
Scheinfeld
Hüttenheim
Iffigheim
Dornheim
Ober-laimbach
Nenzenheim
Seinsheim
Markt Bibart
Wässerndorf
Steinburg
Bullenheimer Berg
Kropfsberg
Iffigheimer
Neuenburg
Bullenheim
Ullstadt
Gnötzheim
Ippesheim
Frankenberg
Krassolzheim
Sugenheim
Ingolstadt
Herrnbercht heim
Kottenhm.
Markt Nordheim
Deutenheim
Hohenlandsberg
Seehaus
Dutzendthal
Reusch
Hohenkottenhm.
Gollhofen
Geckenheim
Obernesselbach
Weigenheim
Spielberg
Herbolzheim
Rüdisbronn
Uffenheim
Ulsenheim
Berolzheim
Wilhelmsberg
Unterntief
Altenburg
Kaubenheim
Oberntief
Rudolzhfn.
Ipsheim
Seenheim
Külsheim
Custenlohr
Neuherberg
Ergersheim
Ulsenheim
Lenkersheim
Ermetzhfn.
Bad Windsheim
Pfaffenhfn.
Buchheim
Ickelheim
Illesheim
Urfersheim
Westheim
Sontheim
10
9
8
7
6
5
4
3
2
1
A
B
C
D
E
F
G

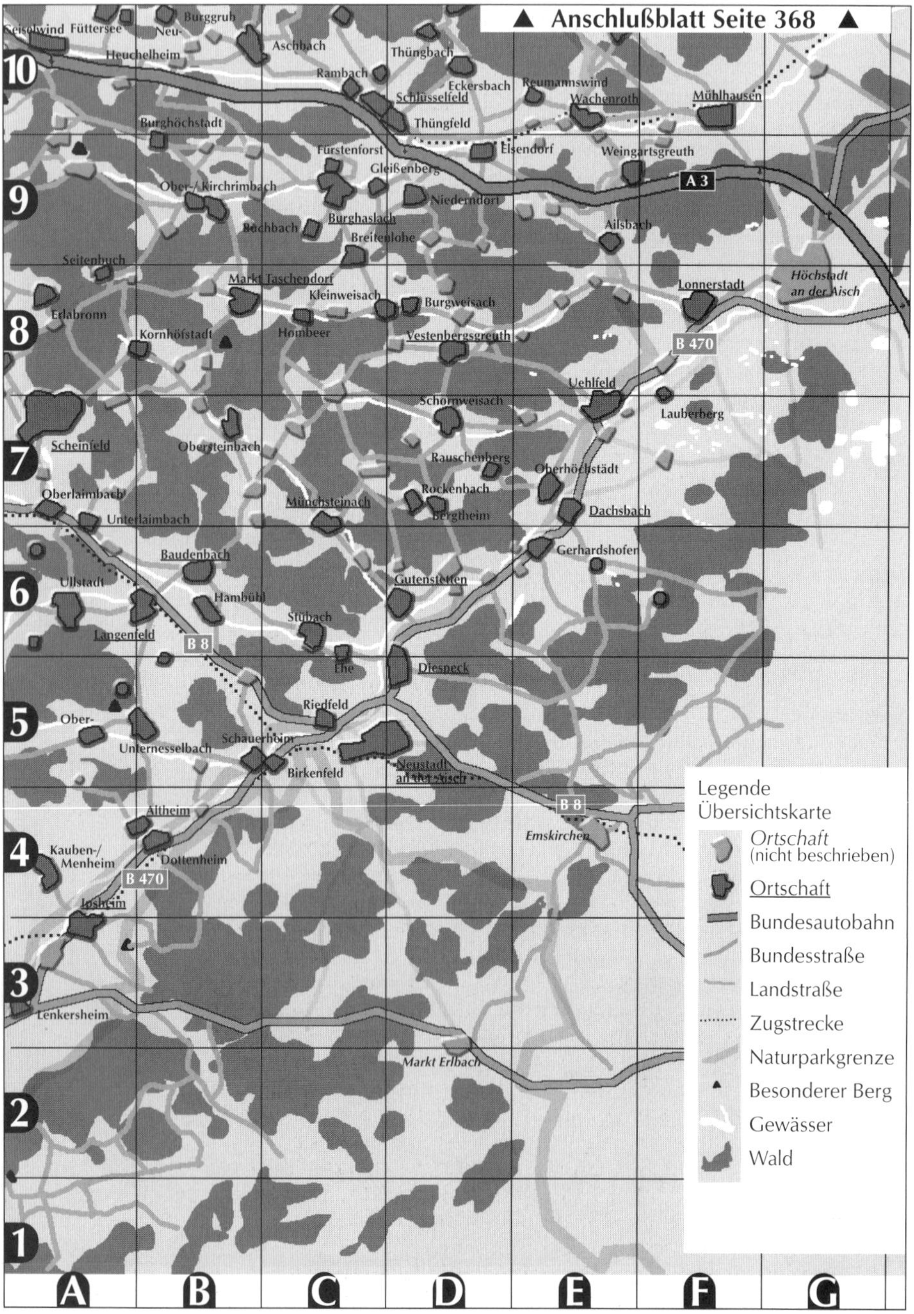
▲ Anschlußblatt Seite 368 ▲
Burggruh
Füttersee
Neu-
Heuchelheim
Aschbach
Thüngbach
Rambach
Eckersbach
Schlüsselfeld
Reumannswind
Wachenroth
Mühlhausen
Burghöchstadt
Thüngfeld
Fürstenforst
Eisendorf
Weingartsgreuth
Gleißenberg
A 3
Ober-/Kirchrimbach
Niederndorf
Bachbach
Burghaslach
Breitenlohe
Ailsbach
Seitenbuch
Markt Taschendorf
Lonnerstadt
Höchstadt an der Aisch
Kleinweisach
Burgweisach
Erlabronn
Kornhöfstadt
Hombeer
Vestenbergsgreuth
B 470
Uehlfeld
Schornweisach
Lauberberg
Scheinfeld
Obersteinbach
Rauschenberg
Oberhöchstädt
Oberlaimbach
Rockenbach
Münchsteinach
Dachsbach
Unterlaimbach
Bergtheim
Baudenbach
Gerhardshofen
Ullstadt
Gutenstetten
Hambühl
Stübach
Langenfeld
B 8
Ehe
Diespeck
Riedfeld
Ober-
Unternesselbach
Schauerheim
Birkenfeld
Neustadt an der Aisch
Altheim
B 8
Emskirchen
Kauben-/Menheim
Dottenheim
B 470
Ipsheim
Lenkersheim
Markt Erlbach
10
9
8
7
6
5
4
3
2
1
A
B
C
D
E
F
G
Legende Übersichtskarte
Ortschaft (nicht beschrieben)
Ortschaft
Bundesautobahn
Bundesstraße
Landstraße
Zugstrecke
Naturparkgrenze
Besonderer Berg
Gewässer
Wald

Adel und Adelsnamen

Zuunterst gab es den Niederadel mit dem Dienstmannen- oder Ministerialadel, dessen Dienstbezeichnung hier auch Namensbestandteil wurde: *Truchseß, Schenk, Marschalk ...*
Neben diesen und über den Niederadel gestellt gab es die nicht dienstbaren Edelfreien, über jenen die Grafen, Land- und Markgrafen und schließlich die Fürsten neuer Ordnung (seit 1180). Der Ministerialadel konnte jedoch auch in den Fürstenstand erhoben werden. Im Spätmittelalter erschien dann neben dem niederen Landadel der Stadtadel - das städtische Patriziat, teils selbst landadlig, teils bürgerlich. In der Neuzeit erscheint der Briefadel - aus dem Bürger- und Beamtentum des Fürsten stammend.
Betrachtet man die Namen der Adelsgeschlechter des behandelten Raumes fällt auf, daß im großen und Ganzen hier der fränkische Adel „herrschte". Die Zahl der bekannten Namen ist beträchtlich und wird durch weitere bekannte aus dem Außerfränkischen - aber hier niedergelassener Häuser ergänzt. Eine alte Chronik offeriert hierbei schon jene vier großen Namen, die den Steigerwald mehr als nur betreffen - dessen Ahnen so manche Ortsgeschichte spannend ablesen lassen: *„Die Seinsheimer - die Ältesten, die Enheimer - die stolzesten, die Grumbacher - die geschmeidigsten und die Seckendorffer* als - *die meisten."*
Bekannt und in aller Chroniken Munde erscheinen da die Edelfreien von Hohenlohe, vom kleinen Ort Hohlach bei Uffenheim stammend. Der Stammherr war Konrad von Weikersheim, nach dem sich das namensgleiche Kernland Hohenlohe, durch Obere Jagst, mittleres Taubertal, zum Maindreieck begrenzt, und auch im südlichen Steigerwald Einfluß zeigte. Später gelangte das Haus zu Grafen- und Fürstenwürde.
Nunmehr tausendjährig und bodenständig erscheint das Mattonen-Haus Castell. Die Iffgau-Grafschaft als Mittelpunkt besaß zahlreiche Besitzungen weiter nördlich weit ins Mainland reichend, fiel aber später zu den vier bedeutenden Ämtern Castell, Rüdenhausen, Burghaslach und Remlingen zusammen. Danach in den fränkischen Fürstenstand erhoben.
Noch bis heute vom mitteleuropäischen Rang der Schwarzenberger Adel, der als Zweig der „alten" Seinsheimer gilt. Die Ahnenreihe brachte zahlreiche, bedeutende Persönlichkeiten wie Politiker und Feldherren hervor. Noch heute Besitz in der Tschechischen Republik und Österreich. Das Stammschloß der Schwarzenberg steht in Scheinfeld. Später erlangt der Adel Grafenwürde und wurde auch in den Fürstenstand erhoben. Die Herrschaft erstreckte sich von Marktbreit bis in die Umgebungen Schlüsselfeld und Markt Bibart mit ihren sechs Ämtern: Scheinfeld, Unterlaimbach, Marktbreit-Erlach, Seehaus, Wässerndorf mit Hüttenheim, Gnötzheim, Geiselwind und Michelbach (Württemberg).
Rangauisch erscheint der Adel zu Seckendorff, mit seinem Stammsitz in Langenzenn und den Hauptsitzen in Sugenheim, Hallerndorf und Weingartsgreuth.

Die Fuchs von Bimbach und Dornheim hatten ihren Ursitz in Rödelsee, saßen meist als Lehensträger in Mainstockheim, Wiesentheid, Wallburg, Schwanberg, Dornheim und dem Amt Bimbach.
Um Burghaslach erscheinen die Vestenberg, die ihren Stammsitz in Ansbach hatten. Der Enheimer Stammsitz „Ehenheim“ liegt südlich von Marktbreit. Besitzungen im Gollach- und Iffgau.

Bildstock, Kreuzstein, Marter, ... Wegkapelle und Kreuzschlepper

Wer durch den Steigerwald reist wird an zahlreichen Flurdenkmälern wie Martern, Bildstöcken, Kreuzsteinen und Kreuzschleppern vorbeikommen. Deren Zahl ist hierbei so groß, daß man dazu einen Führer hierüber verfassen müßte. Die überlieferten Bedeutungen jener Mahnmale und christlichen Zeichen sind nicht minder interessant zu erfahren. So sind beispielsweise auch Kreuzigungsgruppen unter Baumveteranen als typisch fränkisch eingestuft. Die neuzeitlichen **Kreuzschlepper** (Christus in verschiedenen Darstellungen in punkto Mimik und Körperhaltung als Kreuztragender - auf seinem Leidensweg nach Golgotha) verblassen sicherlich gegen die formenreichen **Bildstöcke** und **Martern** an den Wegen zwischen den Ortschaften, an Wallfahrtswegen, auf Plätzen und Gassen in Orten.
Betrachten wir zuerst den **Kreuzstein** und die Marter, deren Aufstellen zum Glück und Unglück einer Person - und nicht zu Vergessen als Zeichen einer gottesnahen Bevölkerung zu verstehen sind. Der Ursprung jener christlichen Wegstätten und Gedenkmale liegt aber wohl schon in der vorchristlichen Zeit verborgen. So glaubten auch die Germanen daran, daß der Tote erst durch eine Steinsetzung Ruhe in seiner neuen Umgebung finden kann. So ist es nicht verwunderlich, daß die oft archaisch anmutenden Steinkreuze, Kreuzsteine oder **Sühnekreuze** auf diesen Glauben zurückzuführen sind, und nebenbei auch das - hier nun - christliche Miteinander aufzeigen. Die oft auch als Sühnekreuze bezeichneten Steinkreuze mit heidnischer, christlicher (Kreuze)und bäuerlicher Symbolik (Pflugreute) gemahnen den Reisenden ein Gebet für den oft unglücklich bzw. gewaltsam zu Tode gekommenen zu sprechen, damit dieser ewige Ruhe finden könne. So erheben sich diese Kreuze oft auch an Weggabelungen. Der Betrachter von heute kann hieraus die Todesart und die Berufsart des zu Tode gekommenen aus dem Stein der Martern oder Bildstökke erlesen. Oft handelte es sich bei den Steinkreuzen oder Kreuzsteinen hierbei um Mordtaten im Affekt, oft auch um unglücklich endende Auseinandersetzungen. In der mittelalterlichen Jurisdiktion galt der Totschlag als ehrenhaftes Verbrechen. Ein unehrenhaftes Verbrechen war zum Beispiel Diebstahl - gerade von Nahrungsmitteln. War durch einen Streit einer der Kontrahenten zu Tode gekommen, erhielten die Hinterbliebenen vom Täter das sogenannte *Mannsgeld* als Schadensersatz für die fehlende Dienst- und Arbeitskraft. Der Täter wurde hierbei nicht leiblich bestraft, sondern mußte für seine

Tat sühnen. Die Sühne bestand also aus einem materiellen Ausgleich mit dem Mannsgeld, dem am Tatort aufzustellenden Steinkreuz und einer in Zeugnissen nachgewiesenen Bußwallfahrt nach Aachen und Rom. So war er auch verpflichtet für das Seelenheil des zu Tode gekommenen/ *„Entleibten"* eine Messe zu stiften und vor dem Grab bei den Hinterbliebenen Abbitte zu leisten. Eine Überführung des Täters sollte durch die an den aufgebahrten Toten herangetretene Person bewiesen werden. *„Öffneten sich hierbei die Wunden bei der Nähe des Täters, so war dessen Schuld bewiesen. ..."* Hier galt es wohl den Frieden durch die Sühne in der dörflichen Gemeinschaft zu bewahren, indem man ohne die feudale Cent die Beteiligten an einen *Sühnevertrag* (13. - zweites Viertel des 16.Jh.) – also einer Einigung zwischen Schädiger und Geschädigtem binden wollte. Mit der Einführung (1533) der Halsgerichtsordnung Kaiser Karl V. endete dieser mittelalterliche Rechtsbrauch.
Seltener im behandelten Raume sind hierbei die grabsteinähnlichen Sühnemale. Die wenigen sind anscheinend als Rittersteine zu verstehen, das heißt Denkmäler an hier zu Tode gekommener Ritter.
In spätmittelalterlicher Zeit, der Neuzeit und Moderne erwuchsen aus den Steinkreuzen oft kunstvoll verzierte **Bildstöcke und (Unfall)-Martern**. Beispiele zeigen dann oft das Unglück, beschreiben es in kurzen Worten und sind oft Zeugen von unglücklichen Todesfällen, die die Hinterbliebenen, Freunde und Bekannte dem Verstorbenen als Erinnerung aufstellen lassen. So überdauerten diese steinernen, gottesfürchtigen Zeichen von Glück (Errettung aus Not, Krankheit und dergleichen), Unglück und Lobpreisungen, wie auch biblische Themen die Zeiten als Pfeiler oder auch Ädikulae (Säulenhäuslein), oder auch als kleine Wegkapellen. An den zahlreichen, den Steigerwald durchziehenden Wallfahrtswegen erheben sich ebenfalls reiche Bildstöcke als Betmale. Bei allen Bildstöcken und Martern (von der Spätgotik bis in die Moderne) wird die Dreiheit von Sockel, Schaft- und Kopfstöck bei den Bildstöcken augenfällig.
Beliebt – gerade in Franken sind Marienkrönungen, die 14 Nothelfer neben den allgemeinen Szenen wie das Thema Kreuzigung. Leider wurden infolge der Flurbereinigung die meisten jener Kreuze und Martern verstellt, Steinkreuze oft zu solchen „Nestern" zusammengestellt, wenn nicht sogar durch Vandalismus zerstört.

Burgen und Schlösser

Dank der nun mehrjährigen Erkundung der Burgen und Schlösser im Steigerwald und näherem Vorland konnte ich auf eine stattliche Anzahl von 205 solcher Objekte stoßen. Hierbei handelt es sich um Burgstellen, Ruinen von Burgen und Schlössern und erhaltenen Objekten. Die im Hauptteil des vorliegenden Buches erfaßten Objekte umfassen, soweit es für die touristischen Zwecke dienlich ist, die Zeitspanne Frühmittelalter bis späte Neuzeit. Nicht mit aufgenommen wurden die an anderer Stelle angesprochenen Kirchenburgen im Gegensatz zu Amtsschlössern. Hierbei gibt es auch Burgstellen, die nicht einmal mehr Burgstellen waren, da es sich nur noch um schriftliche Quellen handelt, in denen die Lokalität schwer oder gar nicht mehr zu bestimmen war. Wie angedeutet wird hier der Interessierte auf eine hohe Anzahl von Burgen und Schlössern stoßen. An diesen wird deutlich wie bedeutungsvoll der behandelte Raum in territorialer Hinsicht gewesen sein mußte. Der mit dem Steigerwald eng verknüpfte altfränkische Adel zu Castell neben anderen trug hier einen bedeutenden Teil bei. Die frühmittelalterliche Erschließung infolge der fränkischen Landnahme förderte die einfache Befestigung von Plätzen der kleinen Landverwalter und auch einige der schon in der Vorzeit befestigten Plätze. In den Rodungsgebieten wuchsen – teilweise dicht beieinander – Kleinburgen heraus, bildeten einen Verband, wie jener zu gaugräflicher Zeit. Im Hochmittelalter entstanden auch in dieser Region recht trutzige Höhenburgen – wenn auch in geringer Zahl im Gegensatz zu anderen Regionen. Auch hier verließ der Adel bald seine ungastlichen Burgen und erbaute sich repräsentative Burgschlösser und Schlösser. Der Patrizieradel aus den Städten – besonders Bamberg und Nürnberg ließen auch kleine Ansitze und Schlösser – mitunter auch anstelle älterer Vorgängerbauten entstehen. Barock- und Rokokoschlösser – jene angesprochenen repräsentative Landsitze entstanden auch als Amtsschlösser mit Erholungsfunktion (Sommerfrische der Bischöfe) und runden das Bild der vielfältigen Gestaltungs- und Nutzungsformen ab. Noch in vorindustrieller Zeit wurden im Raum einige schloßähnliche Villen erbaut. Die baulichen Erscheinungen reichen also von der frühmittelalterlichen Abschnittsbefestigung und auch Fliehburg, Turmhügelburg, Turmburg, stauferzeitlichen Höhenburg bis zum großzügig angelegten, mehrflügligen, symmetrischen Schloßbau. Hierzu möchte ich gleich anmerken, daß trotz der mitunter auch sehenswerten Objekte – gerade aus der Zeitstellung Hochmittelalter, wenige und doch der größere Teil der stattlichen Zahl in punkto Bauforschung berücksichtigt wurden. Zwar gibt es einige bekannte Objekte, die stapelweise Literatur hervorbrachten, jedoch müssen wohl auch diese Forschungen durch die moderne Burgenforschung hinterfragt werden. Somit fällt eine Beurteilung der Objekte schon generell schwer. Die frühmittelalterlichen Fliehburgen und Abschnittsbefestigungen können dank der letzten Bauforschungen weniger mißgedeutet werden, wie die zahlreichen „Turmhügel" im behandelten Gebiet. Ob es sich hierbei um wirklich frühmittelalterliche Holz-Erdebauten handelte, muß erst noch ergründet werden. Es ist wohl durchaus anzunehmen, daß einige Objekte als ebenso „erst" hochmittelalterlich und im Hochmittelalter abgegangen eingestuft werden könnten. Laut den historischen Überlieferungen scheinen viele hochmittelalterlich zu sein. Ob nun diese anstelle einer älteren bestanden haben, wird nur durch intensive Untersuchung feststellbar sein. Die wenigen Höhenburgen im Gebiet stellen sich meist in Spornlage dar, zeigen aber nicht jene Durchgängigkeit in punkto Aufbau, wie die Burgen in anderen Regionen, wie wir es beispielsweise von pfälzischen Höhenburgen als staufisch geprägte Fortifikationen kennen. Schon allein durch das seit 1300 gebräuchliche mittelhochdeutsche Wort *sloz* = Schloß verfließen die abzugrenzenden Bezeichnungen Burg oder Schloß. Die neuzeitlichen Schloßbauten fallen durch ihren im Grundriß weitergeführten Symmetrieanspruch und einfach gegliederten Habitus auf. Die ehemaligen Burgen im Steigerwald zeigen im Grunde „auch nur" den territorialen Machtkampf zwischen den Bistümern und Herrschaften auf, vermitteln bei nüchterner Betrachtung die Tatsache, daß es sich hier auch um landwirtschaftliche Feudalsitze unter Landeshoheiten handelte. Die Ansichten zu Mittelalter und Burg sind immer noch zu verklärt um diesem Thema der Mystifizierung mit all ihren „Fluchtgängen, Schatzkammern und wehrhaften Mauern" zu entkommen. So kann es gut sein, daß die zeitliche, epochale Zuordnung sicherlich auch hier etwas mehr in Richtung „nicht so alt" verschoben werden müßte. Aber um dies Kapitel schlüssiger und eindeutiger abzuschliessen, wäre eine sicherlich langwierige Erforschung der Region und ihrer feudalten Wehrarchitektur und ihrer wahren Historie vonnöten.

Cent, Zent

Das mittelalterliche Centgericht oder auch *Hundertschaftgericht* verweist noch auf die germanische Tradition. Das in einem Gau vereinigte Volk wurde durch eine *Hundertschaft* untergliedert, das heißt die in einem bestimmten Bezirk liegenden Ansiedlungen unterlagen diesem Gericht. Das Gericht - meist unter freiem Himmel (Gerichtslinde u. ä.) stattfindend, umfaßte die Hoch- und Blutgerichtsbarkeit, also Mord, Diebstahl, Notzucht und Grenzsteinfrevel - insgesamt vier prägnante, „unehrenhafte" Verbrechen.

Dorf und Wohnhaus

Der Steigerwald und sein Vorland stellt sich als eine Art Musterlandschaft für eine touristisch wertvolle Kulturregion dar. In seinen mitunter schön bewahrten Ortsbildern stehen sehenswerte, typische Fachwerkhäuser. Wenn auch leider die ländliche Tracht mit der schwarzen Bänderhaube (Frankenhaube) im behandelten Raume nicht mehr zum Ortsbild gehört und sehr selten noch sichtbar ist, so offeriert das „Ländle" schmucke Kleindörfer (Weiler), Weilerdörfer in charakteristischer Blockflur (Ebrachtäler) und große Dörfer mit kleinstädtischem Charakter. Geschlossene, im Dorfgrundriß regelmäßige Haufenwegedörfer findet man in der Iphöfer Bucht - also dem Vorland vor. Als Acker-, Vieh- und Weinbauer (nunmehr auch Pendler) prägte der Steigerwälder mit seinem Wohn- und Stallhaus sein Dorf, seine Gemeinde. Das Bild der typisch fränkischen Dörfer wandelte sich erst nach dem Zweiten Weltkrieg. Der Bauernhof fällt in manchen Gemarkungen noch als Rechteckshof auf, dessen Wohnhaus und Stall - Wohnstallhaus - meist linkerhand mit der Giebelstirnseite zur Straße hin ausgerichtet ist. Dem Wohnstallhaus gegenüber liegen die Nebengebäude mit gleicher Dachausrichtung. Der Eingang zur Stube liegt an der Hofseite, die Küche am Ende des Flurs, Wohn- und Schlafzimmer links vom Eingang. Der typische Steilgiebel, meist zweigeschossig ist beredtes Zeugnis einer bäuerlichen Traditionsbaukunst und verschwindet langsam aus den Ortsbildern, betrachtet man gerade die unschönen, neuen Ortsteile mit regionsfremden Baustoffen, Bau- und Dachformen. Der ganze Hof ist von einer Mauer mit Toreinfahrt und kleiner Pforte umgeben. Die Toreinfahrten wurden oft mit schönen Pfeilern gebildet, wie sie gerade im Zabelsteiner Umland beispielhaft erhalten sind. Die Gestaltung reicht von der barocken bis zur klassizistischen Ausformung. Im Fränkischen Freilandmuseum zu Bad Windsheim werden dem Interessierten die bäuerliche und kleinstädtische Wohn-, Lebens- und Baukultur nähergebracht.

Eigenkirche

Die Eigenkirche war ein auf dem Grund und Boden eines kirchlichen oder auch weltlichen Herren erbautes Gotteshaus. Jenem war es auch erlaubt, die Ein- und Absetzung des Geistlichen für seine Kirchgemeinde zu beschließen. Die in seinem Eigenbesitz stehenden Gebäude konnten ebenso von ihm frei und gemeinrechtlich verwaltet werden wie Erträge und Vermögen.

Friedhofskanzeln

Die regionale Besonderheit der Friedhofskanzel ist auch wie die des Kanzelaltars ein Kennzeichen protestantisch gewordener Gemeinden in Franken. Um 1600 begann man in den wachsenden Gemeinden, die Friedhöfe von den Kirchhöfen im Mauerrund an Plätze außerhalb des Dorfes zu versetzen. Hierbei wurde im Umland Würzburgs und dem Landkreis Kitzingen (Mainbernheim, Wiesenbronn und Prichsenstadt) eine Freikanzel gegenüber von Friedhofsarkaden errichtet. Die Trauergemeinde fand unter den zum Friedhof offenen Arkaden gegenüber der Kanzel (auch mit Haubenbedeckung) des Pfarrers Platz.

Hohe Jagd/Wildbann

1023 bezeugt eine sogenannte Wildbann-Urkunde die Überlassung eines Wildbanngebietes von Kaiser Heinrich II. an das Bistum Würzburg. Diese Verleihungsurkunde beschreibt hierbei das erwähnte Wildbanngebiet mit den an diesem angrenzenden und anteilhabenden Grafengauen mit dem Volkfeldgaugrafen Diotmar, Adelbert vom Radenzgau, Alberich vom Iffgau und Gumpert vom Ehegau. Der Kern des heutigen Steigerwaldes war ebenso Teil von diesem Jagdgebiet, wie die westliche Vorlandregion. Im Norden, in *„Eskinebach“* (Eschenbach) beginnend, zog sich die Grenze an der Eiche des Hartneid

(„Harndeseih")/Kirchaich im Aurachtal südwärts nach Ampferbach, weiter nach Burgebrach (*castrum eberaha*) und weiter südlich nach Wachenroth und Ailsbach (*Elesbach*). Hier biegt die Grenze leicht südwestwärts zu einem Ort ab, der mit *„wo der Ehefluss in die Aisch mündet"* (bei Stübach) umschrieben ist. So auch: über ein *„Rotenmannum"*... zu den „rothaarigen Männern" oder aber zu den „Rodungsmännern" (möglicherweise anstelle der Flur „Rothleiten am Rothenberg", nördlich von Oberhöchstädt zu suchen). Die Grenze folgte alsdann dem Ehefluß bis *„Ezelheim"* (Ezelheim), die kleine Ehe hinauf bis *„Grassulzen"* (Krassolzheim). Tangierte auch die Neuenburg bei Ingolstadt. Westwärts traf sie auf den nun mehr abgegangenen Ort „Kleindornheim", die auf dem Kirchberg genannten Erhebung, die westlich des heutigen Dornheim zu vermuten ist. Hierauf folgte die Grenze der Richtung gen Einersheim, Iphofen nach Kleinlangheim. Nun führte sie von Kleinlangheim nördlich über Düllstadt, Stadelschwarzach nach Lülsfeld und bildete mit dem nach Westen in das Vorland ragende Heideland (*Heide der Wisente* - Wiesentheid) ein beachtliches Großjagdgebiet. Dieses wurde nach Norden hin über Brünnstadt, Herlheim und der Moorgegend *„wustgefilde"*, über Horhausen zum Mainfluß hin abgeschlossen. Zur Kenntlichmachung des Jagdgebietes dienten auffällige Grenzbäume, die mit Zeichen versehen waren (Eiche des Hartnid).

Kanzelaltar

Man könnte den Kanzelaltar neben dem Ölberg und der Friedhofskanzel ebenso als fränkische - also regionaltypische Besonderheit anpreisen. In den meisten der protestantisch gewordenen, älteren Dorfkirchen Frankens wird man diese Besonderheit entdecken. Wie der Name schon sagt bilden die Kanzel - als Ort des predigenden, das Wort Gottes verkündenden Pfarrers mit dem Altar, als christliche Weih- und Zeremonialstelle, eine Einheit. Oft wurde hierbei auch der Taufstein in die gleiche - zentrale - bedeutende Achse versetzt. In anderen Teilen Frankens gibt es sogar noch die Ergänzung mit der kirchlichen Musik - der Orgel. Nachdem der Dreißigjährige Krieg - durch das Land gezogen war und hierbei so manche Kirche aufgrund dieser Glaubensstreitigkeit mitzerstört hatte, entstanden im Markgrafentum Ansbach und Bayreuth die sogenannten Markgrafenkirchen. Dieser schlichte Typus einer Saalkirche prägte innerlich wie auch äußerlich mit dem Einbau von Emporen und Kanzelaltären und der Erweiterung der Langhäuser (im späten 17. Jh. und auch im 18. Jh.) die Region. Gerade im ansbachnahen Umfeld (südlicher Steigerwald) erscheint uns immer wieder der aus Wassertrüdingen stammende markgräfliche Hofbaumeister Johann David Steingruber (1702-1787), der jene Gotteshäuser größtenteils im neuen Stile (zwischen 1730-1760) der protestantischen Kirche erbaute.

Kirchenburgen

Bevor auf die Fortifikation der Gotteshäuser im behandelten Raume eingegangen wird, sollte die Unterscheidung zwischen einer Wehrkirche und einer Kirchenburg zum einfacheren Verständnis vorweggenommen werden: als Wehrkirchen werden eigenbefestigte Kirchgebäude bezeichnet. Das heißt Turm, Chor und Langhaus - in anderen Regionen Europas bilden die drei Bauteile eine massive Einheit - sind wehrhaft ausgebaut worden und stehen einem befestigten Kirchhof - der meist auch Friedhof bis ins frühe 17. Jh. gewesen war - einer Kirchenburg gegenüber. Die Fortifikation des Kirchhauses oder des Chorturmes (es handelt sich zum größten Teil um Chorturmkirchen) an sich fehlt im Steigerwald gänzlich. Hingegen gibt es in der Region Kirchenburgen, die durch starke Wehrmauern (auch mit Wehrgängen, spätmittelalterlichen Schlüsselscharten), Tor- und Flankierungs- oder eher Ecktürmen ausgestattet worden waren. Allerdings finden wir auch gerade im Steigerwaldvorland - im Bergland sind mir keine Beispiele bekannt - eine recht große Zahl von sogenannten Gadenkirchburgen vor. Gadengebäude, also hier meist Vorratshäuschen mit Unterkellerung wurden direkt an die Ringmauer angebaut, besitzen vorwiegend ein Pultdach, zum Hof hin abfallend und sind auch zum größeren Teil aus Fachwerk aufgebaut worden. Auf einem gemauerten Kelleruntergeschoß mit Kellerhals erhebt sich meist ein erdgeschossiges Mauerwerk, das durch Fachwerkkonstruktionen im nächsten und auch dem gleichen Geschoß abgeschlossen wird. Bei Datierungen wurde zudem meist festgestellt, daß es sich sicherlich um Gebäude des späten Mittelalters und der Neuzeit handelte. Sicherlich weisen einige der im Hauptteil kurz beschriebenen Kirchenburgen eine recht stattliche Mauerstärke der Ringmauer auf, doch dienten die wenigen Schlüsselscharten in ihnen weniger einer sicheren Verteidigung, sondern - wie bei mittelalterlichen Burgen - einer eher wehrdemonstrativen Verteidigung. Die Scharten sind spätmittelalterlich und wurden mit dem Mauerbau eingerichtet - und nicht später hineingebrochen. Hieraus läßt sich meist schon das wahre Alter der Wehrmauern erkennen. Zu einer gut „funktionierenden" Wehranlage gehörte sicherlich auch eine Wallgrabenanlage, nebst einem massiven Torbau. In den wenigsten Fällen konnten wehrhafte Gräben nachgewiesen werden. Die oft massiven Mauern der Chorturmuntergeschosse weisen nicht nur auf ein hohes Alter aus der Romanik oder Frühgotik hin, sondern auch auf das statische Problem eines Turmbaus und seiner Hauptaufgabe als Glockenturm und den damit verbundenen Schwingungen der Glocken im geschlossenen Raum. Unsinnig erscheinende „Schießscharten" sollte man auch in Verbindung mit der Baustatik als schmale Licht- bzw. Lichtöffnungen ansehen. „Heilige Lichtöffnungen" oder „Sonnenkultschlitze" zeigen leider auch hier eine Mystifizierung harmloser, - spätmittelalterlicher Bauten auf. Auch gibt es in den Chortürmen keine Wehrkammern oder letzte Zufluchtsorte. Bei manchen vermeintlichen Kirchenburgen des Steigerwald werden wenig starke Kirchhofmauern zu einst hohen, oft schon der Frühromanik zugehörigen Wehranlagen

erhoben. Schon im Spätmittelalter waren die jetzt auf den Touristen trutzig wirkenden Stadtmauertürme eher eine Art Wehrdemonstration, aber keine wirkliche Schutzmaßnahme. Die Mauern - der nun zu Kirchenburgen erhobenen - in ihren Grundfesten sicherlich wirklich alten Choranlagen waren kein Hindernis für Kugeln der Feuerwaffen des 16. Jh., wenn sich auch im Mauerrund nicht einmal Spuren einer anderweitigen Bebauung finden lassen. So zeigen auch die Buckelquader an Stadttürmen (Neustadt an der Aisch, Iphofen) keine hochmittelalterliche Fortifikationsbauweise auf, sondern eine Art spätmittelalterliche, zuweilen auch neuzeitliche Renaissance und vorgespielte Wehrhaftigkeit der damaligen Zeit.
Laut Nachforschungen wurde das Alter der Kirchenburgen in Franken und Thüringen zu 70% aus der Zeitspanne Mitte des 15. bis Mitte 16. Jh. ermittelt, was anhand der Äußerlichkeiten auch einleuchtet. In jenen Zeitraum paßt recht gut, daß für die Region maßgebliche Mißverhältnis zwischen dem Bistum Würzburg und dem Markgrafen von Ansbach. In beiden Markgräfler Kriegen wurden bischöfliche Kirchenburgen vor Überfällen sicher gemacht. Ähnliches wissen wir von den Städten aus jenem Zeitraum. Laut Nationalkonzil von 1287 wurde zudem eine unerlaubte, auf Bauern- und Bürgerinitiative beschlossene Befestigung von solchen Bauten ausgeschlossen, so daß eine ältere Zeitstellung schwerer anzunehmen wäre. Dieses Verbot von höchster Stelle untersagte den Ortschaften die unerlaubte Befestigung und Zurüstung von Wehranlagen, sowie die gleichen Bauvorhaben an Kirchen und Türmen und drohte mit dem erzwungenen Wiedereinreißen des Erbauten. Eine Zufluchts- und Wehrfunktion - also einem Ausbau zu Zeiten drohender Kriege, wie etwa dem Hussitensturm, dem Türkensturm und dem Dreißigjährigen Krieg können nur in Bruchstücken als Beweis angeführt werden. Der Hussitensturm hat diesen Teil Frankens wenig berührt, die bewußte Türkengefahr erschien nicht groß genug gewesen zu sein, um von einer befürwortbaren Hauptursache zu sprechen. Für den Dreißigjährigen Krieg wären jene bekannten Befestigungen zu schwach gewesen. Oft werden kleine Scharen versprengter Soldaten als Übermacht dargestellt, denen eine kleine Schar, in eine Kirchenburg geflüchteter Bauern hinter „starken" Mauern" getrotzt haben wollen. So sollte man die Kirchenburg des Steigerwaldvorlandes als eine traditionell und regional eigenständige spätmittelalterliche bis neuzeitliche - aber letztenendes nach eingehenderer Betrachtung wenig starke Befestigung ansehen.

Namensgebungen

Wie in jeder Kulturlandschaft Europas künden für uns seltsame Ortsbezeichnungen und Ortsnamen von der sprachlichen und kulturellen Durchmischung der jeweiligen, regionalen Bewohner. Hierbei spielen ganz klar natürliche Begebenheiten schon von altersher eine größere Rolle als Empfindungen - wenn auch diese Ursachen eng miteinander verbunden blieben. Neben denen auf die fränkische Landnahme

verweisenden Namenszusammensetzungen von Personen mit dem stets endenden *„heim"*, den ähnlichen Bildungen mit *„hofen"*, den hochmittelalterlichen mit *„-reuth"* oder *„-lohe"* gibt es Orts- und Lokalnamen die in ihrem Präfix auf natürliche Umgebungen hinweisen.
Hierbei scheinen an gewissen, besiedelten Stellen Pflanzen Ausschlag hierfür gewesen zu sein: Ampferbach, (1023 *Ampharabach*), Distelberg, Droßberg (südlich von Knetzgau) vom althochdeutschen *„drus"* = Strauchwerk, Farnbachsgraben, Füttersee (althochdeutsch *„fudar"* = Riedgras), Kresengrund (bei Ühlfeld), Nesselbach, u. a.
Natürlich erscheinen auch die schon in der Vorzeit heiligen Bäume als Namensgeber: zum Beispiel in Schönaich, *Hertnidesaich* (*aich* = Eiche), die Buche als „buch" oder einfach nur Wald, *-tann* = Tanne. Jedoch gibt es auch die Deutungen *„aachene"* = harte – also steinerne oder *„buchene"* = weiche Bodenformen. Das im Altengresen (1204 – Ober- und Unter-Gressingen) enthaltene *„gresen"* deutet auf junge Föhrentriebe hin. Auf die ausgewachsene Föhre deutet der Ortsname Vorra bei Frensdorf hin. Ebenso in Fürnbach bei Prölsdorf, 1278 *Furchenbach*. Möglicherweise ist der Mantelberg bei Kleinsteinach ein Föhrenberg, da *„mantala"* das althochdeutsche Wort für Föhre ist. Limbach entstand aus einem Lindenbaum (alter Ortsname *„Lintbach"*). Auf Birkenbestand verweisen Birklingen, und auch Birkenrangen bei Schönbrunn. Die Esche erscheint im 1023 bezeugten *„Eskinebach"* (Eschenbach) bei Eltmann, das Ulmengehölz – der Franke sagt zur Ulme und Pappel Ilme – im *Ilmech* (12. Jh.), dem heutigen Ilmbach. 1062 wird ein *„Sconenerlaha"* genannt, „schönes Erlengehölz", bei Walsdorf erscheint ein Ort *„erel"*, das Erlau als Aulandschaft von Erlen.
Nicht minder kommen auch die Landschaft, die Umgebung durch Präsenz oder Laute beschreibenden Namen mit Tieren vor: so heißt hier eine Flur am Michelsberger Wald Amselgeschrey. Der Schelch, als Hengst des Wildpferdes hat den Schellenberg möglicherweise bezeichnet. So verweisen manche Orts- und auch Bergnamen des Steigerwaldraumes auch auf alte Tierarten: so könnte das nördliche Flüßchen *„uraha"* als Auerochsenwasser (das „Ur" mit dem Gewässersuffix *„aha"*) mit einem Euerberg (bei Fabrikschleichach) oder Eyerberg (bei Walsdorf) und den Gemeinden Ober- und Untereuerheim (Uraheim) gedeutet werden. Der Auerochse scheint sich sowohl in den Niederungen des Mains bei Obereuerheim wie in den Bergwäldern (Euerberg) aufgehalten zu haben. Dieser verschwand im späten Mittelalter aus dem Landschaftsbild. Der Urhahn soll im Hahnholtz, südwestlich von Markt Bibart, das Wildschwein mit seinem Eber an der *„eburaha"* = Ebrach, (Kleinebrach) und im 9. Jh. bezeugten *Ebeneresbrunno* (Ebersbrunn) präsent gewesen sein. Auf das Rotwild verweisen der Rehhof, Rehweiler, oder das 1303 bezeugte *„Hirzawe"* – die Hirschaue bei Eltmann. Der eher dem Menschen weniger gefährliche Wolf wurde im frühen 19. Jh. (1816/17) im Steigerwald gesehen. Flurnamen wie die „Wolfsgruben" im Michelsberger Wald stehen dem „Wolfsee" bei Dornheim gegenüber und zeigen die noch unbehelligten Wölfe an der Wasserstelle neben denen von Menschenhand ausgehobenen Fallen. Auf Wildkatzen

deuten der Katzenberg, auf Dachse der Ort Dachsberg hin. Vielleicht rührt der Ortsname Bibart, tatsächlich vom hier zahlreich vorkommenden Biber her. Die typische Redensart „drauflosstürzen wie ein Geier" untermauert die volkstümlich allgemeine - als Geier bezeichnete - Beurteilung von großen Greifvögeln: Geiersberg bei Oberschwarzach. Kleinere Greifvögel zeigten sich am Sperbersee, Falkenstein - ein beliebter Burg- und Adelsname, könnte auf die Zucht von Falken an der Burg am Zabelstein eher hinweisen, als eine Präsenz an steilen (im Steigerwald gibt es keine) Felsen, wo ehedem eine Burg entstanden sein könnte. Einen Eulenberg gibt es bei Castell, Raben- und Krähenvögel mögen am Krackenberg (typisch fränkischer Ausdruck) bei Geiselwind auffällig gewesen sein.
So erscheint auch die Namensgebung durch das Weidwerk auch recht plausibel: Das althochdeutsche *„drûhi"* drückt eine Wildfalle aus, die auf dem Trautberg bei Castell, Trauberg alt *„Trustat"* bei Zell bestanden haben könnten. Ebenso ist der Lausbühl ein Hügel, von dem nach Wild Ausschau gehalten wurde (*„lusen"*).
Der Steigerwälder spricht noch heute vom Geziefer und Ungeziefer und meint mit Geziefer Stalltiere, also opferbare Tiere wie Stallgeziefer - Hühner, Ziegen und Geißen (Geißberg, Geißleiten). Hilfreich erscheint hier das Wort *„zebar"* = Opfer, *„gezebere"* - opferbare Tiere. Als Ungeziefer gilt hingegen das „Gemück", „Geschmeiß" - das im Schnackenwald bei Zentbechhofen vorkam, die „Wüpsgaß" - ein von Wespen heimgesuchter Weg bei Grasmannsdorf, der Schnekkenberg, der Egelsbach bei Tragelhöchstadt oder die Wüstung Eglfurt. Allgemein sagen die Franken zu jedem stehenden Gewässer See.
Jener besaß aber auch neben der Fischfunktion eine gewisse Wehrfunktion. So Seenheim im südlichen Steigerwald. Züchtet man Fische im See, so wird der See Weiher genannt. Hingegen ist ein Teich für den Steigerwälder ein tiefgelegener Wiesengrund. Das Wort Weiher stammt auch vom lateinischen *„vivarium"* = Behälter lebender Tiere ab und verdeutlicht die schon mittelalterliche Haltung und Zucht von Fischen (Aischgrund). Der Überwinterung dienten kleinere Weiher, Fischständlein, Fischbottiche. Ein solches Fischständlein gibt es noch nördlich von Gollhofen, einen Fischhof bei Dornheim. Die Fischzucht mit Schleien und Karpfen hat im Steigerwald Tradition. Bodenformen wie Mulden schlugen sich auch in der Flurbezeichnung „in den Multern" bei Neustadt an der Aisch nieder. Anschwemmungen bewegter Gewässer zeigen sich im Sandwörth bei Sand am Main oder dem Wört bei Iphofen. Ausgedehnte Auenlandschaften zeigen sich in den Flurnamen Breitenau, Lichtenau (Au = *„awe"*). So erscheinen auch enge Hohlwege oder natürliche Schluchten als Höll, Höllbach oder Hellschlucht neben den aus Franken bekannten Leiten, also sanften, zuweilen aber auch steilen Anstiegen (Röthleiten, Rittersleiten bei Frankenberg). Neben der bekannten Berg-Endung treten hierzulande auch der Bühl (Steinbühl oder Seesbühl bei Lisberg) oder der *„Knock"* in Steinknock, Knöcklein oder der Buck (Schloßbuck bei Ingolstadt) in Erscheinung. Das *„Wete"* bei Hüttenheim ist verwandt mit dem Weed - der Wasserweed, also einer von Steinen eingefaßten Wasserstelle, die als Pferdeschwemme oder Waschplatz diente.

Noch heute stößt man im Wald vereinzelt auf große Eichenbäume, Wacholderbäume oder auf schöne parkähnliche Kleinlandschaften, die auf mittelalterliche bis neuzeitliche Weideplätze hinweisen – sogenannte Hutwaldrelikte oder Hutwasen (fränkisches Wort). Z. B. Unterhalb des Hohenlandsberg. Die Nutzhaltung von Vieh machen Namen wie „Hirtenranken“ (bei Schnodsenbach), Schafranken (bei Ilmbach) deutlich. Hierbei wird der dritte Teil der mittelalterlichen Allmende neben Wald und Wasser deutlich. Weidewirtschaft in der *„Wunnawe“*, dem heutigen Wohnau (Weidenau). Großviehweiden zeigen sich im Viehried, dem Ort Viereth, das 911 bezeugte Fihuriod für Rindstiere. Ortsnamen wie Sulzheim bezeichnen mit *„sulz“* (altgermanisch) auch mit der Sulzwiese, dem Sulzbach feuchte, also sumpfige – saure Wiesen, die an jene im nordwestlichen Steigerwaldvorland erinnern. Je länger man über die Bedeutung der Namen nachsinnt, so erscheinen auch totemistische Begriffe glaubwürdig: Ebrach (Eburaha) und Aurach (Uraha). Dies würde dann in die Bronzezeit zurückreichen, in der keltische Stämme beispielsweise weiße Rinder als heilig bezeichneten und als Totem-, Ahn- oder Schutztier der hier lebenden Sippe fungierten.
Vor Ort findet oft ein anderes Wort in Orts- und Flurnamen Gebrauch: das fränkische Wort *„Rannen“*. Zum einen gibt es hier die Unterscheidung zu urzeitlichen Versteinerungen im Schilfsandstein (gestaltlose Verbackungen von umgestürzten Kieselhölzern und Schachtelhalmbäumen im urzeitlichen Schlamm) und den Rannen, die der Franke als umgestürzte und oder verflößte Baumstämme gegenüber den noch aufrecht stehenden Hölzern, den *„stöcken“* und *„stotzen“* kennt. Laut der Nürnberger Waldordnung von 1294 – der ältesten Waldordnung dieser Art, durften Rannen während der „offenen Zeit“, das heißt zwischen Ostern und Lucia (13.12.) als abständiges und umliegendes Holz pfandfrei aus dem Wald geholt werden. So wurde die Kleinregion des Osing (südlicher Steigerwald, südlich der Ehe) nach einer mittelalterlichen Rodungsform benannt. Das *„â“* („nach“) des alten *„âsang“* – dem „sengen“ beschreibt die Methode den niedergeholzten Wald abzubrennen.

Ölberg/Gethesemanegruppe

Regional reich vertreten sind auch die Ölberg- oder auch Gethsemanedarstellungen in der behandelten Kulturlandschaft und somit auch Teil der gesamtfränkischen Volkstradition. Meist zu Zeiten der Spätgotik erhoben sich nicht ganz zufällig in der Nähe des Kircheingangs – bei gotischen Kirchhäusern oft zwischen den Strebepfeilern – jene Ölberggruppen, die das bedeutsame Bibelthema „Jesus mit seinen Jüngern am Ölberg (Gethsemane)“ in Stein gefaßt zeigen. Hauptfigur ist hierbei sicher der meist betend dargestellte Jesus, manchmal auch mit Kelch, und die schlafenden Jünger (vorwiegend Petrus, Johannes und Jakobus) im Garten Gethsemane vor der Stadt Jerusalem. Mitunter ist auch der Judas mit seinem Judaslohn auszumachen.

Rangau

Während der fränkischen Landnahme und den damit verbundenen Siedlungs- und Rodungswellen entstand im südwestlichen Steigerwald, neben einer Reihe von Königshöfen der an der Rannachmündung in den Aischfluß liegende Hof. Die Rannach war schon zu der damaligen Zeit ein Flüßchen, das in der Nähe von Ermetzhofen seinen Ursprung hat und im Umland von Bad Windsheim in die größere Aisch mündet. Der so bezeichnete Urgau wurde nach dem Fluß benannt - Rannachgau - Rangau. Mit dem weiteren Vordringen der Franken nach Süden und Südosten erwuchs aus dem anfangs kleinen Gau ein großer Rangau, der im Südwesten und Nordosten durch die Aisch, im Südosten durch die Flüsse Regnitz und Rednitz, im Süden durch die obere Altmühl und die Fränkische Rezat begrenzt worden war. 741 kam es zur ersten Nennung des Gaues. Desweiteren 1021 als „rangowe" in einer Schenkungsurkunde Kaiser Heinrich II., das Archidiakonat Rangowe erscheint in der zweiten Hälfte des 12. Jh. bezeugt. 1761 wird - bevor der bedeutungsvolle Rangau durch die Annektierung Bayerns in Vergessenheit gerät, in der *Franconia illustrata* mit seinen Grenzen nochmals beschrieben. Dank Bürgerinitiative konnte der auch kunsthistorisch wertvolle Gau wieder in Erinnerung und Traditionsbewußtsein gerückt werden.

Reichsritterschaft/ Ritterkanton

Die *„Reichsfrey unmittelbare Ritterschaft des Landes zu Franken"* galt seit dem frühen 16. Jh. als eine feste Organisation, die als reichsunmittelbarer - also königs- und kirchunabhängiger Zusammenschluß in sechs Ritterkantone aufgeteilt worden war: Die Ritterschaftskanzlei bestand in Erlangen oder Nürnberg. Herzland war hierbei der Kanton Steigerwald, um 1500 erwähnt neben den Ritterschaftskantonen Rhön-Werra, Gebürg (Fränk. Schweiz), Altmühl und Odenwald. Im Wappen der fränkischen Reichsritterschaft wurde das Einhorn geführt.

Rodungen und Siedlungswesen

Das in der behandelten Region mit dem weiteren Vorland schon zu vorzeitlichen Epochen - also der Jungsteinzeit bis in die keltisch geprägte Zeitenfolge Waldland gerodet worden war, steht - wenn auch nur durch Bodenfunde untermauert als Vermutung fest. Gerade in den leicht zugänglichen Landschaftsbuchten des Gebirges und seiner Zeugenberggebiete mit den weiten Vorgeländen boten sich erste und für Ackerbauern intensive Rodungen an. Daß zur „Keltenzeit" - man betrachte allein den Schwanberg mit seiner wasserstauenden Hochfläche, und die regional zahlreichen Siedlungen mit ihren

hölzernen Behausungen und Befestigungen - gerodet wurden, scheint mehr als nur wahrscheinlich zu sein.
Die bedeutendste Rodungs- und Besiedlungsphase scheint aber die in fränkischer Zeit vorangetriebene gewesen zu sein. Die erste Doppelrodungswelle scheint in der spätmerowingischen-frühkarolingischen Zeit von statten gegangen zu sein. Vermutlich ging jene Besiedlung von den südwestlichen Gauen (Iff-, Ehe-, Ran-, Gollachgau) aus, nachdem die Region um Würzburg kolonisiert worden war. Hierbei entstanden die Siedlungsräume der „-heim"-Orte bei Groß- und Kleinlangheim über Seinsheim und Uffenheim bis hin zur Aischquelle und den Fluß weiter bis nach Schauerheim. Maßgeblich mit auf den Wege gegeben wurde hierbei die hier ansässigen Sippen zu missionieren, also zum Christentum zu „bekehren". Zu Ende des 7. Jh. (der altfränkische König Chlowig - ein Merowinger - ließ sich im 6. Jh. bekehren.) wurden sogenannte Urklöster in meist unbebauten Gegenden gegründet. Zu jenen Klöstern zählten beispielsweise Ansbach, Kitzingen oder das ebenfalls steigerwaldnahe Schwarzach. Schwarzach - das heutige Münsterschwarzach, das als Nachfolgeabtei des altfränkischen Megingaudeshausen angesehen wird, war sicherlich Gründung der Mattonen - einem karolingischen Altadel, dem das Haus Castell entsproß. Jenes sorgte schon in frühmittelalterlicher Zeit für einen weiter vorangebrachten Rodungsauftrag für das Land. Am Beispiel der frühmittelalterlichen Berg- und Talsiedlung (Iphöfer Knuck und Ippihona) zeigt sich eine frühzeitige Besiedlung und somit auch Rodung. Nicht ganz zufällig entstanden jene Rodungen im mainfränkischen auf fruchtbaren Böden längs der bedeutenden Handelswege. Mit dem 742 durch Bonifatius gegründeten Bistum Würzburg führten Benediktinermönche das Rodungswerk der Franken fort. Bedeutend war der karolingische Landausbau mit großangelegten Rodungen und Anlagen von Königshöfen, die gerade im Südwesten des Steigerwald - dem Rangau (Altsiedelland) kennzeichnend war. Solche Königshöfe waren u.a. Gollhofen, Rügshofen, Iphofen, Windsheim.
Später wurden auch Siedlungen im weiteren Osten Frankens erschlossen - das Neusiedelland entstand. Der Rangau zählte wie auch der Gollachgau im Süden, der Volkfeldgau im Nordwesten, der Iffgau im Westen oder der Radenzgau im Osten zu den sogenannten Urgauen - also wichtigen Königsmarken, Königsgüter, die mit einem Fronhof den Mittelpunkt einer umfangreichen Gebietsverwaltung bildeten. Hierbei erscheinen die durch die Gebirgsabdachung erschließbaren „Buchten" im südlichen Steigerwald neben den Aischtalgründungen fast schon logisch. Unter den Karolingern, hier wird Karl der Große mit seinen *„capitulare de villis"* genannt, der die Grundzüge einer frühmittelalterlichen Allmende-Landwirtschaft - der lange noch gebräuchlichen Dreifelderwirtschaft (Sommer-, Wintergetreide, Brachland wird in dreijähriger Rotation genutzt) durchsetzte. Von den Urgauen mit den hier eingesetzten Gaugrafen wurde die Landnahme weiter fortgeführt, die mit den meist mit *„-heim"* endenden Orten im 10. und 11. Jh. abgeschlossen schien. In Verbindung mit dem in das Steigerwaldinnere deutlich vorangetriebene Roden bot sich auch die Verpflichtung und Ansiedlung von unterworfenen Slawen in den

Gauen an, die hierbei auch mitbekehrt werden konnten. (siehe Slawenkirchen). Offensichtlich sind die um Iphofen oder Windsheim weit ins Innere ausgebaute Rodungsbuchten. Fränkische Grundherren als Führer der kleinen Siedlungs- und Rodungsgruppen organisierten Rodung und Bewirtschaftung, besaßen mitunter auch Eigenkirchen (siehe Eigenkirche), um die sich eine neue Gemeinde in Form lose verstreut stehender Weiler und Behausungen bildete. So stellt der Osing im südlichen Steigerwald, das Eheflußtal eine alte Rodungszone dar, die auf eine besondere Art der Brandrodung des Mittelalters hinweist. Das „Nach“ *(â)* „brennen“ oder „sengen *(sang)* drückt das Abbrennen bereits abgeholzten Waldes aus.
Der im Laufe der Epochen weitere Landausbau infolge von Rodungswellen begann im Hochmittelalter, also in der Zeit zwischen 1000 bis 1300. Die alten Gauverfassungen, die um die Jahrtausendwende abgeschafft wurden, wandelten auch das ehemalige Königs- oder Reichsgut zu Erbgut, das durch den Adel als Grundherren die Zukunft der Siedlungen bestimmen konnte. Nachdem sich 1003 der Rednitzgaugraf Hezilo gegen König Heinrich in einem Aufstand erhoben hatte, verlor dieser als Teil der Jüngeren Babenberger das Grafenlehen, bewirkte aber von seinem Eigengut aus eine Besitzvergrößerung durch planmäßige Rodung und Besiedlung in den Steigerwald und sein östliches Vorland. Diese zweite große Rodungsbewegung ließ zum Ende des 9. Jh. und bis zum 12. Jh. jene Siedlungen entstehen, die ihre Entstehung durch die Endungen *-rod, -strut, -reuth,* bis zum, 14. Jh. jene auf *-lohe, -buch, -feld* aufzeigen. Auffällig sind – betrachtet man den Steigerwald aus der Vogelperspektive die heute noch teilweise kaum veränderten Rodungsinseln- und Buchten. Von Westen war ein planmäßiger Siedlungs- und Rodungsvorstoß durch das ansteigende Gebirge kaum möglich, hingegen die Buchten und die durch die Gebirgsabdachung gegen Osten ermöglichten weiten Gründe und Täler von Süden und Südosten bis in den Osten, also vom ehemaligen Radenzgau aus gut erschlossen werden konnten. Eine weitere Erschließung erfolgte sicherlich durch die Seitentäler der großen Flußtäler. Bestimmend waren hierbei die Bistümer Würzburg und Bamberg neben den weltlichen Feudalherren der Castell (Mattonen). Diese weltlichen und kirchlichen Grundherren setzten als ihre Lehensträger Ministerialen – Dienstleute ein, die in der neuerschlossenen Rodungssiedlung meist auch einen Ansitz oder eine Burg hatten. Möglicherweise gab es aber auch schon zur frühmittelalterlichen Siedlungspolitik frühe, burgähnliche Bauten der ansässigen Siedlungsführer. Jetzt entstanden auch Siedlungen im Bergland. Begründet waren diese weiteren Siedlungsausbauten durch das Bestreben des Adels neue Einkommensquellen zu erschließen. Im heutigen Mittelfranken enstanden beispielsweise solche Plansiedlungen wie die Bergdörfer um Pappenheim, die durch den bedeutenden Marschall Heinrich zu Pappenheim im 13. Jh. entstanden waren. Neben dem Casteller Adel erscheint im Steigerwald des Mittelalters nunmehr auch das noch jung gegründete Zisterzienserkloster Ebrach. Wenn auch das Bestreben der Abtei Ebrach die Reichsunmittelbarkeit zu erlangen mißlang, wurden unter klösterlichen Anstrengungen Flecken

wie Schmerb, Buch, Hof, möglicherweise Gressingen neben einer stattlichen Zahl wieder abgegangener Ortschaften zwischen der Rauhen und Mittleren Ebrach gegründet. Bei den älteren der Rodungsorte (etwa 100), die die Abtei zu vollem Teil oder teilweise besaß, wurden weitere Rodungsvorstöße angestrebt - lediglich um die Volkszahl und somit die Abgabensumme zu erhöhen. Was dem Kloster Ebrach gelang, mißlang beispielsweise dem Zisterzienserinnenkloster Mariaburghausen oder auch dem Kloster Birkenfeld - wenn auch jene Klöster zu Projekten des Hochadels zählten. Bedeutung bezüglich Rodung und Siedlung besaßen auch die regional nahen beziehungsweise regionalen Klöster Michelsberg (um 1015 gegründet), Münchsteinach (1102), die allerdings auch durch den Adel Besitzungen dazuerhielten. Ackerbausiedlungen, auf *„-dorf"* endend unterschieden sich deutlich von der grundherrlichen „-heim"-Siedlung. Das „dorf" verweist vielleicht noch auf das germanische *„thaurp"* = Acker, und bezeugt mit seinem Ackerbaucharakter die Entstehung von bäuerlichen Vollhöfen freier Bauern. Große Siedlungswelle des Hochmittelalters (Gotik) mit Ortschaften wie Donnersdorf im Norden, Järkendorf im Westen, Reupelsdorf im Osten und Wässerndorf im Süden. Insgesamt sind es rund 70 „-dorf"-Gründungen. Im mittleren Steigerwald wurde durch die weite Talöffnung und Zugänglichkeit eine starke Besiedlung möglich gemacht, die allerdings mit der Bergland- und Hochflächenbesiedlung während der Rodungsperioden im 11. und 12. Jh. einhergegangen war. Sowohl von Westen und Osten, also aus den älteren Rodungskeimzellen ging jener Ausbau vonstatten, der sich in den Ortsnamen, auf *„-wind, - birk, -brunn, -buch"* oder *„-haag"* endend, namentlich bemerkbar macht. Allerdings wurden hier wie kaum anderswo im Steigerwald soviele Siedlungen wieder aufgegeben und blieben wüst zurück.
Jedoch stagnierte der Landausbau im 12. und 13. Jh., wobei nun auch geschlossene Siedlungen, durch Graben und Wehranlagen geschützt (Holzgeflecht oder auch nur Buschwerk) entstanden waren. Fest abgesteckte Gemarkungsgrenzen wurden eingerichtet, in denen die Landesherren, also der kleine Adel (Ministeriale) über Grund und Boden verfügte. Wichtiger Teil der Grundherrschaft war der Leibeigene, der als früher noch königsfreier Mensch zu einem Grundholden wurde und somit sein als Lehen ausgegebenes Land bewirtschaften musste, hieraus den Ertrag mit Abgaben leisten mußte und zu Frondiensten eingesetzt werden konnte.
Die zahlreichen Wüstungen (siehe Wüstungen) legen Zeugnis einer bekannten Agrardepression, einer spätmittelalterlichen Wüstungsperiode im Zeitraum (1300-1500) ab. Als Gründe werden im Allgemeinen die Pestjahre 1347 und 1348 genannt, wobei sicherlich auch die Fehlplanungen, also einer Besiedlung auf ertragsarmen Boden und zu widrige Kleinklimata anzuführen wären. In jener Periode sprechen Historiker auch von einer kleinen Eiszeit, einer sich wohl bemerkbar auswirkenden Klimaverschiebung. Die großen Dörfer - gerade die des Altsiedellandes wurden Anlaufpunkt der vom Land flüchtenden Bevölkerung und wuchsen hierbei sogar, was eine zusätzliche Verschlechterung der Ortswirtschaft verursachte. Jedoch war auch

die Zeit des Interregnums angebrochen - einer „kaiserlosen" Zeit, in der der Adel weiter erstarkte und die Grenzen seines Feudalstaates erweitern wollte. Schon zur Mitte des 13. Jh. erstanden aus dem straff organisierten Stauferreich viele kleine Feudalländereien - kleine Territorialstaaten, die bewußt gegeneinander selbst regierten. Der mächtig gewordenen Adel ficht neben den Bistümern (Bamberg und Würzburg), den Burggrafen von Nürnberg, den Markgrafen zu Ansbach, dem Haus des Deutschen Ordens, der fränkische Ritterschaft und den unabhängigen Reichsstädten Rothenburg, Nürnberg oder Windsheim gegeneinander und war oft in andauernde Fehden verstrickt.
Der frühneuzeitliche Landausbau, um 1500 bis 1800, stellt im Grunde lediglich eine Nachbesiedlung dar, während dem die Leibeigenschaft immer noch andauerte. 1512 wird hierbei erstmals ein Fränkischer Kreis als Verwaltungseinheit erwähnt. Im 16. und 17. Jh. waren infolge einer stark anwachsenden Landbevölkerung und den ansteigenden Getreidepreisen neue Siedlungen nötig geworden, die jetzt von der Erbteilung gezeichnet wurden. Während des Bauernkrieges kam es im Laufe der Reformation zu geringen Aufgaben adliger Landwirtschaftsbetriebe, während des Dreißigjährigen Krieges aber zu Verwahrlosungen und Entvölkerungen von Siedlungen und Flecken. Der mitunter auch ertragreiche Steigerwald wurde wie die meisten der deutschen Länder schwer in Mitleidenschaft gezogen.
Sicherlich gab es noch vor und gegen die Eingliederung des trotz aller Wirren *„territorialen Fleckerlteppiches"* an das junge Königreich Bayern im frühen 19. Jh. Siedlungsgründungen, doch stellen diese im behandelten Raume eher eine kleine Minderheit dar.
Offensichtlich ist, daß der Wald, der oft Opfer der Rodungslust des Menschen geworden war, eine lohnende Erwerbsquelle im weiteren Sinne darstellte. Das Holzgewerbe fand schon in hochmittelalterlicher Zeit weitere Nutzungsarten neben dem obligatorischen Holzhandel und der damit verbundenden Verarbeitung, (siehe Koppenwind). Im Aurachtal sind neben den Schleichachorten immer noch Holzschnitzerei und Verarbeitung von Bedeutung. Nicht unerwähnt sollte die 1706 gegründete Glasmanufaktur von Fatschenbrunn bzw. später von Neuschleichach nach Fabrikschleichach verlegt, bleiben. 1869 wurde die damalige Fabrikation eingestellt.
Im Mittelalter und der Neuzeit waren große Waldgebiete Besitz des Adels (Castellscher, Schwarzenbergscher Wald) und der Klöster mit Ebrach. 1904 wurde der Steigerwald durch 815 qkm Waldland ausgezeichnet. Hiervon waren 324 qkm im staatlichen Besitz. Somit wird durch die Enteignung des Adels die Besitzgröße vor dieser Zeit angedeutet. Interessant ist auch, daß sich das Bild der Rodungsflächen im Laufe der Geschichte sehr wohl geändert - also gewissermaßen umgekehrt hat. Man sollte sich auch die Bebauung im Mittelalter mit ihren Burgen vor Augen halten, die um sich einen gewissen Sichtungsraum bildeten.
Noch heute stellen sich die Hochflächen zum großen Teil siedlungsleer dar und zeigen einen krassen Unterschied zu den siedlungsreichen Tälern auf, deren Ortsteile oft wie an einer Schnur aufgereihte Perlen erscheinen. (Aurach- und Ebrachtäler).

Säkularisierung und Säkularisation

Besonders nach den Bauernkriegswirren von 1525 und dem Dreißigjährigen Krieg (1618-48), sowie zu Beginn des 19. Jh. kam es zu umfassenden Verweltlichungen kirchlichen Besitzes, also der dem Reich unterstellten Mediatisierung kirchlicher Häuser – also Klöster und Ordenshäuser und auch deren Einrichtungen in einen weltlichen und kirchlichen, wenn nicht gar gänzlich verweltlichten Nutzen umzuwandeln. Kirchliche Besitztümer wurden eingezogen oder vernichtet, Räumlichkeiten zu beiden Ansprüchen aufgeteilt und der „Allgemeinheit" zugänglich gemacht. Hierbei wurden wertvolle Bibliotheken zerstört, kostbares Inventar als Abfall oder zu anderen Zwecken mißbraucht. Die Säkularisation stellt für den Franken auch die Verletzung seiner Gefühle zu bayerischer Zeit dar. Der Beamte im Süden hatte wenig Sinn für fränkisches Kulturgut und ließ es verschleppen (Herzogsschwert) oder gar vernichten (Abteikirche Balthasar Neumanns in Münsterschwarzach).

Siebener

Die Siebener waren eine Schwurgemeinschaft von sieben Männern mit gutem Leumund, die dazu auserkoren waren die Grenzen einer Gemarkung und Gemeinde zu wahren und zu überwachen. Das zu jeder Zeit beliebte Grenzsteinversetzen galt im Mittelalter als Diebstahl und war damit ein unehrenhaftes Verbrechen. Diese Feldgeschworenen legten auch einen gemeinsamen Eid ab und behielten die Kenntnisse über Zeichen bei den Grenzsteinen nur für sich. So konnte ein fehlender flacher Stein unter einem Grenzstein für einen Grundstücksbetrüger zum Verhängnis werden. Diese hochangesehene Geschworenengemeinschaft gibt es noch zu heutigen Zeiten.

Slawen

In Urkunden zur Zeit des fränkischen König Arnulf wird ein Land der Slawen – Main- und Radanzwenden *„inter moinum et radantium"* – innerhalb Main und Rednitz genannt. 531 waren es die Franken, die von dem dort ansässigen thüringischen Großadel verlangten, Slawen oder auch Wenden als erste (minder freie, thüringer Rodungssiedler in den Radenzgau siedeln zu lassen, bevor sie selbst dem ostfränkischen Gau kulturgeschichtlich prägen sollten. Karl der Große soll in diesem Landstrich den Bau von – wohl 14 bezeugten Slawenkirchen unter den hiesigen Bischöfen bestimmt haben. Mögliche dieser Missions- und Slawenkirchen waren unter anderem Gerolzhofen, Eltmann, Viereth, Burgebrach, Mühlhausen, Wachenroth, Burghaslach, Lonnerstadt, Gutenstetten und Seußling. (1017 *„siuslingun"*, verweist möglicherweise auf die Siusler, einem sächsich-wendischen Grenzstamm). Karolingische Großgrundbesitzer sprechen von „sclavi" –

Sklaven, also Kriegsgefangenen, die auch zu forstwirtschaftlichen Zwecken angesiedelt worden waren. Also durch Kauf vom Staat (Kriegsgefangene) oder über handelsprivaten Weg gekaufte Slawen, die unfrei oder minderfrei Rodungs- und Siedlunsgaufgaben zu erledigen hatten. So verweisen eine Reihe Ortsnamen mit „slawenverdächtigen Endungen auf Siedlungen des frühen Mittelalters. Gerade in der ostfränkischen Mark tauchen reich vertreten Ortsendungen mit *„-wenden, -wind“* oder auch *„-itz“* neben solchen auf, deren Endung im Laufe der Zeit sprachlich unterging. Jedoch muß gleich wieder hinzugesagt werden, daß nicht alle *-itz*-Endungen auf eine slawische Siedlung hinweisen. Prägnante Beispiele des Steigerwald sind hier die Orte Reinhardswinden (Wenden des Grundherrn Reinhard, Bischwind, die Wenden des Großgrundherren – dem Bischof zu Würzburg. Ausnahmen stellen hierbei die Orte Burgwindheim und Windsheim dar, da sie auf einen Personennamen (*Winid*) und gleichnamigen Adel zurückzuführen sind. Ortschaften slawischen Siedlungsursprungs ohne bezeichnende Endungen verweisen vielleicht auch auf Neusiedlungen des folgenden Mittelalters (9.-11. Jh.): Ober- und Unterköst, mglw. vom slawischen Wort *„costu“* = Knochen herrührend, zeigt ein sicherlich vorgeschichtliches Gräberfeld auf, das hier besiedelt worden war. Die nicht gänzlich unfreien Wenden vermochten in jener Zeit namensangebende Begründer von Siedlungen auf *„-dorf“* und *„-ruth“*-endend gewesen sein. Schlappenreuth – *„slapangeruite“*. Doch sollte man diese Orte nicht gänzlich jener Siedlungsphasen zuschreiben. Leider steht in den meisten Urkunden über Orte weniger etwas über die Grundherren und deren Arbeitskräfte, daß man den Steigerwald als von Slawen gerodeten Siedlungsraum beschreiben könnte. Von ca. 450 Ortsnamen des Raumes und dessen Vorland konnte der geringere Teil als slawisch beurteilt werden. Jedoch ist auch von Abwanderungen, sprich Umsiedlungen in andere fränkische Regionen die Rede. Inhalt einer Schenkung Konrads I. an das Gumbertuskloster in Ansbach im Jahre 911 sind „Slawendörfchen“ wie Viereth und andere. Im Ansbacher Umland erscheinen tatsächlich Orte mit *„-winden“*-Endungen.

Straßen: Hoch- und Altstraßen

Das heutige Straßennetz, das den Steigerwald durchzieht vermag kaum glaubhaft zu machen, das bis zum Jahre 1825 diese dünnbesiedelte Region durch eine große Straße erschlossen bzw. zugänglich war. Heutzutage wird der weitere Kulturraum in jeder Himmelsrichtung von modernen Verkehrstrassen eingerahmt, im engeren Sinne von zwei in West-Ost-Richtung und einer in Nord-Süd-Richtung tangiert, bzw. durchschnitten.
Da die Kelten schon Straßenstationen kannten, liegt die Vermutung nahe, daß in der heutigen Region zumindest an solchen frühzeitliche Straßen und bedeutende Handelswege vorbeiführten. Aus der fränkischen Siedlungszeit sind die merowingischen/karolingischen/ottonischen Streckenführungen im Tal überliefert. Die heutige

(Bundes-) Straßenverbindung Würzburg — Nürnberg könnte im groben der vor- und frühgeschichtlichen Völker-/ Heeresstraße folgen. An dieser entwickelten sich hierbei auch die Städte Kitzingen, Mainbernheim - so könnte die Herrenstraße im Ort als Teilstück angesehen werden - (Markt) Einersheim — (Markt) Bibart — Neustadt (an der Aisch). Im Hochmittelalter und sicherlich schon vorher war also diese kleinräumige Verbindung Teil der großen Handelstraße zwischen den bedeutenden Reichs- und Handelsstädten Frankfurt und Nürnberg, die weiter östlich nach Prag, westlich über Köln nach Flandern geführt hatten. Die ostwestliche Handelsverbindung (12. Jh.) von Nürnberg nach Windsheim war Teilstück einer größeren und sich weiter verzweigenden Straße: Nach Uffenheim weiterführend, von hier ins hohenloher Taubertal, durch das es weiter nach Worms oder Mainz führte und als *„Mainzer Geleitstraße"* gerade für die Stadt Windsheim von wirtschaftlichem Nutzen gewesen war. Erst später wurde diese durch die *„Frankfurter Geleitstraße"* ins Abseits gestellt, die gerade zur Zeit Kaiser Karl IV. durch mehrere, befestigte Besitzungen (Mainbernheim) - über Langenfeld (hier später Poststation) wegfähig gemacht worden war und die so manchen Transport der Reichskleinodien nach Nürnberg (bis 1424) oder nach Frankfurt erlebt hatte.
Solche weitverzweigten und langstreckigen Verbindungen hießen „diotweg" - Volksweg (8. Jh.). Zu Zeiten der Salier und Staufer wandelten sie sich zu Hochstraßen, da die Talwege meist jahreszeitlich durch Überflutungen schwer zu begehen/befahren waren. Beispielhaft erscheint hier die Fernverbindung „zwischen" dem Herzogshof und späterem Bischofssitz Würzburg über Königshöfe (Windsheim) — Markt Erlbach — Langenzenn nach Fürth. Die Straßen führten meist auf Hochflächen, den Bergrücken des Steigerwaldgebirges entlang und mieden meist größere Ortschaften, um Aufenthalte zu umgehen. Verließen diese Straßen die Berghänge und mündeten beispielsweise in überschwemmungsgefährdete Täler, so verweisen noch Ortsnamen wie „Diespeck" (*Dietspecke* - siehe Diespeck) durch Knüppeldämme wegbar gemachte Wegführungen darauf hin. Übrigens war diese alte Straße Teilstück der Ortsverbindung Würzburg — Weigenheim — Herzogenaurach — Nürnberg. Längs dieser durch Wälder und Gründe verlaufenden Straßen erhoben sich meist in regelmäßigen Abständen Herbergen oder Schmieden. Im Ortsnamen *„Herper"* am sogenannten *Klosterweg* zwischen dem Kloster Münsterschwarzach und dem Aischgrund noch zu erlesen. An der Hochstraße von Bamberg nach Würzburg erhob sich beispielsweise südlich von Schwappach die Linhartsschmiede - an der Diespecker Hochstraße die Hartschmiede. So ist es nicht ungewöhnlich, daß sich auch später einige Wegkapellen längs der Strecke erhoben. Hierbei erscheint uns figürlich in dem ihm geweihten Kapellen dann zahlreich der Hl. Leonhard, der neben dem altfränkischen Martin, dem Heiligen Georg (Ritterpatron), Wolfgang und Stephan als Schutzheiliger fungierte. Der mittelalterliche Reiseweg war beschwerlich und glich einer Reise, weg vom Gewohnten, dem Sicheren ins Ungewisse. Überliefert ist hierbei die St.-Leonhardskapelle außerhalb der Stadt Bamberg vor

dem Steigerwald und auch in Haßfurt. Kennzeichen der St. Leonhard geweihten Kapellen war eine schwere Kette mit Hand- und Fußschellen. Diese Attribute stammen von der Legende zu Zeiten des 6. Kreuzzuges, demzufolge sich ein Kreuzfahrer - aus dem Geschlecht der Stiebar (?) aus sarazenischer Gefangenschaft befreit haben soll. So lagen ja auch die Königshöfe zu karolingischer Zeit in regelmäßigen Tagesetappen längs der Wegzüge. An der Hochstraße Gerolzhofen — Ampferbach, also zwischen Bamberg und Schweinfurt lag der Hof Rügshofen, der vom Bischof Otto oft bereist wurde und seinerzeit durch seine Vergrasung als „Grasweg" bezeichnet wurde. Die vermutlich ältesten Ostweststraßen waren jene die nördlich (Gerolzhofen — Ampferbach — Stegaurach) und südlich (Münsterschwarzach — Treppendorf — Bamberg) durch weiten Wald auf den Höhen des Klosters Ebrach vorbeiliefen. Im Steigerwaldvorland stiegen (Namensdeutung „Steigerwald") jene Altwege bergauf und wurden örtlich durch kleine Verbindungswege erweitert. Die heutige Bundesstraße zwischen Stadelschwarzach (westliches Vorland) und Burgwindheim (östlich von Ebrach) hätte vor acht Jahrhunderten noch durch unbesiedeltes Land geführt, hier gab es im frühen 12. Jh. keine Siedlungen. Sicherlich ist mit der Zisterzienser-Klostergründung eine neue Wegstrecke entstanden, die von Würzburg als Sitz des Bischofs aus direkt erreichbar gemacht werden mußte. Der oft bezeugte *„Cisterzenweg"* ist identisch mit dem alten *„Strezzenweg"*. Im touristischen Sinne begehbar ist auch noch der alte *Kunigundenweg* - auf topographischen Wanderkarten mit einem blau eingerahmten „Ku" abgekürzt. Auf jenem Weg soll die später heiliggesprochene Kunigunde - Gemahlin Heinrich II. gepilgert sein. Ausgangspunkt ist an der romanisch geprägten Kunigundenkapelle bei Aub, über dem Gollachtal. Der Weg zog sich weiter nach Gnötzheim, ins Steigerwaldvorland, führte nach Bullenheim, auf den Berg - hier mit der weiteren Kunigundenkapelle. Auf der Höhe zog sich der alte Höhensteig an den Frankenberg-Burgen über den Iffigheimer Berg, an der Steinbürg vorüber. Bevor er von Markt Bibart nach Scheinfeld weiterverlief, mußte der Höhenzug des Hüßbergs begangen werden. Nördlich von Erlabronn zieht er sich längs des Rimbachtales an Kirchrimbach vorüber bis nach Burghaslach und von dort aus nach Schlüsselfeld. Auch liegen in unmittelbarer Nähe zum Steig die Magdalenenkappel und der Flecken Reichmannsdorf. Über Dippach und Burgebrach, Grasmannsdorf, Kreuzschuh findet der Weg der Kunigunde in der altehrwürdigen Stadt Bamberg sein Ziel.

Der in Mittel- und Süddeutschland oft zitierte *„Rennsteig", „Rennweg"* war der Weg für berittene Boten und Kuriere. Daher das „Rennen" in Verbindung mit dem für den Steigerwald zutreffenden Steig. Jener führte als Teilstück der alten Hochstraße von der Bischofsstadt Bamberg zwischen dem Main und der Aurach an Viereth vorüber auf den Höhen über die Kreuzung (Messingene Herrgott) und Lembach, an Eltmann vorbei, über den Ebersberg bei Zell zwischen den Knetzbergen und dem Ort Knetzgau nach Schweinfurt. Diese Wege waren breit ausgebaut. *„Mindest so breit wie die Lanze des Botenreiters lang war."* Oft auch als Heerwege bezeichnet, die in darauffolgender Zeit

uns zu„Herdweg“ oder Heuweg“ sprachlich gewandelt erschienen. Weitere - den Steigerwald durchquerende Hochstraßen waren jene zwischen der Aurach und Rauhen Ebrach, die an Lisberg vorüber, über Seesbühl, Hummelmarter, den Euerberg, „Täfelein“ zum Zabelstein; jene zwischen Rauher Ebrach und Mittlerer Ebrach über Ampferbach, Hirschberg, Murrleinsnest, Mahlholtz nach Gerolzhofen führte, die zwischen Mittlerem Ebrachtal und Reicher Ebrach von Bamberg, über die Rote Marter, Großbirkach, Schloßberg Kirchschönbach, Prichsenstadt nach Wiesentheid führte und jene die von Lonnerstadt — Breitenlohe — Dürrenbuch nach Castell verlief. Die „Alte Poststraße“ zwischen Sugenheim und Dornheim begründet sich ebenfalls auf einer älteren Wegverbindung.
Der Wasserweg des Mains ließ sich als Verbindung zum Rhein, über Rednitz und Regnitz (Schiffahrtsweg der Regnitz ab Fürth zu karolingischer Zeit.) mit Altmühl und Donau nutzen. Bamberg war im Mittelalter bedeutender Handelsumschlagplatz.

Wüstungen

Die im Steigerwald bekannten - hier allerdings keinesfalls vollzählig mit aufgenommenen Wüstungen mittelalterlicher Ortschaften werden oft als Folgen von Kriegs- und Pestnöten beschrieben. Zwar fielen die Verwüstungen im Dreißigjährigen Krieg wie in vielen Teilen Deutschlands nicht gering aus, und auch die während der großen Pestepidemien - dem „großen Sterben“, verwahrlost zurückgelassenen Siedlungen hinterließen vereinsamte Dörfer, doch ist die größere Zahl jener Wüstungen auch eine Folge von fehlgeplanten Ansiedlungen. Die Bischofsstädte Bamberg und Würzburg ließen neben der Stadt Nürnberg Rodungszonen oft an weniger geeigneten Stellen anlegen, sicherlich gut geplant, aber weniger sinnvoll in Bezug auf die Bodennutzung und Lage. In mittelalterlichen Chroniken erscheinen oft Dörfer schon nach kurzer Wohnzeit als *„wüst“*. Hierbei verweisen Flurnamen wie die oft anzutreffenden *„Wildenberge“* auf mittelalterliche Siedlungen, (verwildert - wild - wüst). Bestes Beispiel für eine wenig sinnvoll angesiedelte Stadt ist hier das am Steigerwaldrand gelegene Lenkersheim, das zwar nicht zur Wüstung wurde, dennoch aber in einen dörflichen Charakter zurückfiel. Obwohl es als Konkurrenz zur reichsunmittelbaren Stadt Windsheim angelegt worden war, aber wegen seiner entlegenen Lage zu den bedeutenden Verkehrswegen nie jenen Status erlangen konnte. Hierbei sei auch angemerkt, daß die heutige Waldfläche des Naturraums Steigerwald bei weitem jene des späten Mittelalters übertrifft. Das ist allein schon aus der Abwaldung rund um die zahlreichen Burgen und Dörfer im behandelten Raume nachvollziehbar. So verweisen oft nur einzeln stehende Gebäude wie Kirchen, Mühlen und Höfe auf ehemalige - abgegangene Ortschaften. So ist der Klebheimer Hof bei Untersteinbach Rest des 1575 bezeugten Bambergischen Dorfes Klebheim, oder die Kleinwindsheimermühle Rest der Urgemeinde Windsheim, die mit der Zeit gegen das neuangelegte Windsheim bedeutungslos blieb.

Danksagung

An dieser Stelle sei all jenen Personen gedankt, die mir in meinem „Steigerwald-Projekt“ mit Rat, Tat und Informationen direkt und indirekt beiseite standen. Ich denke hierbei an all die Gemeindemitglieder und ehrenamtlich tätigen Mitbürger jener Ortschaften, die ich besucht und aufgesucht hatte, um Zutritt zu den Sehenswürdigkeiten zu erlangen. Gedankt sei auch den Schloßbesitzern, die mir ihre meist knapp bemessene Zeit opferten.

Besonderen Dank gilt aber dem Archivar Herrn Ulrich Becker, der mir in punkto alter Literatur zum Thema und Ansichts-Stiche weiterhalf, meinen Freunden und der Familie, die mich mehr als nur einmal auf meinen Exkursionen interessiert begleiteten und die mir bezüglich der Verwirklichung meines Vorhabens zur Seite standen.

Gerbrunn, den 9. Februar 2001

Quellenverzeichnis

Grafiken: (zur Umsetzung zu Hilfe genommene Vorlagen)
S. 13: Die Generalkarte 7, Bayern Nord, Mairs Geograph. Verlag; S. 30 Archiv Ulrich Becker; S. 31 Archiv Ulrich Becker; S. 35: Touristik-Stadtplan Bad Windsheim; S. 75: Materialhefte Bayer. Vorgesch. Bd. 6; S. 80: Bay. KDM Bd. 32; S. 94, 95 Archiv Ulrich Becker; S. 125: Touristik-Stadtplan Gerolzhofen; S. 149: Touristik-Stadtplan Iphofen; S. 151, 159: Bay. KDM Landkreis Kitzingen; S. 165: Materialhefte Bayer. Vorgesch. Bd. 6; S. 177: KDM Bez. Amt Gerolzhofen; S. 192: Touristik-Stadtplan Mainbernheim; S. 220: Bay. KDM Landkreis Neustadt a. d. A.; S. 252: Touristik-Stadtplan Prichsenstadt; S. 259: Archiv Ulrich Becker; S. 273: Materialhefte Bayer. Vorgesch. Bd. 6; S. 281, 282: Bay. KDM Band 35, Ehem. Landkreis Scheinfeld; S. 310: Bay. KDM Landkreis Neustadt a. d. A.; S. 347: Bay. KDM Landkreis Neustadt a. d. A.; S. 367-370: Die Generalkarte 7, Bayern Nord, Mairs Geograph. Verlag
Grafische Umsetzung von Wolf-Dieter Raftopoulo.

Vierfarbabbildungen:
Alle Fotografien und den an diesen vorgenommenen Retuschen:
Wolf-Dieter Raftopoulo (1997-2003)

Literaturverzeichnis

Abels, B. U.: Die vor- und frühgeschichtlichen Geländedenkmäler Unterfrankens, Materialhefte Bayer. Vorgesch. Bd. 6, 1979

Bauer, H.: Kunst- und Kulturführer Landkreis Kitzingen, Kitzingen 1993

Bauer, H.: Hoftore und Pforten. Unbekanntes Franken Band I., Dettelbach 1996

Bay. Kunstdenkmäler Band 8, Bez. Amt Gerolzhofen, München 1970

Dehio: Handbuch der deutschen Kunstdenkmäler Bayern I: Franken, Deutscher Kunstverlag, München 1999

Diverse: Ausliegende Kirchenführer, Informationsblätter

Diverse: Ins Land der Franken fahren, Jahrgänge 58-69, Mainpresse-Verlag Richter und Meisner, Würzburg

Diverse: Jahrbuch des Landkreises Kitzingen, Kitzingen 1980, 1982, 1981

Egloffstein, Albrecht Graf von und zu: Burgen und Schlösser in Oberfranken, Frankfurt a. M. 1972

Gumpert, K. : Frühmittelalterliche Turmhügel in Franken, 70. Jahresbericht des Hist. Vereins für Mittelfranken, Ansbach 1950

Hessler, A.: 296 Burgen und Schlösser in Unterfranken, 1909

Hojer, G.: Bayerische Kunstdenkmale Band 35, Ehem. Landkreis Scheinfeld, München 1976

Kolb, K.: Wehrkirchen und Kirchenburgen in Franken, Würzburg 1977

Korth, T./ Limmer, I.: Franken: Die Region 4. Städte und Landkreise Bamberg, Coburg, Forchheim, Kronach, Lichtenfels, München 1991

Kunstmann H./Janssen W./Engel W.: Die Burgen Frankenberg über Uffenheim, Neustadt an der Aisch 1984

Leidorf, K./Ettel, P.: Burgen in Bayern: 7000 Jahre Geschichte im Luftbild, Stuttgart 1999

Malter, W.: Rangau – Franken, Nürnberg 1974

Mayer, H.: Die Kunst des Bamberger Umlandes, Bamberg 1977

Merian: Franken 1656 in „Topographia Franconiae", Bärenreuter Verlag Kassel

Treutwein, K. : Landkreis Gerolzhofen, Von Abtswind bis Zeilitzheim, Gerolzhofen 1970

Ramisch, H. K. : Bayerische Kunstdenkmale Band 22, Landkreis Uffenheim, München 1966

Stolz, G./ Jeiter, M.: Franken: Die Region 7. Städte Nürnberg, Fürth, Erlangen, Schwabach; Landkreise Nürnberger Land, Erlangen-Höchstadt, Fürth, Roth, München 1989

Strobel, R.: Bayerische Kunstdenkmale Band 32, Landkreis Neustadt an der Aisch, München 1972

Schneider, P.: Zwischen Main und Steigerwald, Würzburg 1950

Schneider, P.: Der Steigerwald in der Gesamtschau, Würzburg 1958

Zeune, J.: Burgen Symbole der Macht, Regensburg 1997

Verwendetes Kartenmaterial:

Bayerisches Landesvermessungsamt München

Topographische Karte 1:50.000, L 5928 Hassfurt, L 6130 Bamberg, L 6128 Gerolzhofen, L 6326 Kitzingen, L 6330 Höchstadt/Aisch, L 6528 Uffenheim, L 6528 Neustadt an der Aisch

Vorzeitliche - prähist. Befestigung *(B)*, Schanze *(S)*, Oppidum *(O)*

Burgstelle *(BS)*, Burgruine *(BR)*, Burg *(B)*, Schloß *(S)*, .. *Schloßruine (SR)*

Kirchenburgen *(KB)*, Gaden-KB *(GKB)* Kirchhofbefestigungen *(KHB)*

Spätgot. Flügelaltäre
F = Fragmente

Spätgotische Figuren

Mittelalterliche Fresken

Ölberggruppen

Reliefs

Stein- und Sühnekreuze

Martern, Bildstöcke

Besondere Epitaphen und Grabdenkmäler

Listen erheben keinerlei Anspruch auf Vollständigkeit, sondern sollen lediglich schöne und prägnante Beispiele aufzeigen.